大学赤本シリーズ

55

一橋大学

前期日程

教学社

は　し　が　き

おかげさまで，大学入試の「赤本」は，今年で創刊 70 周年を迎えました。

これまで，入試問題や資料をご提供いただいた大学関係者各位，掲載許可をいただいた著作権者の皆様，各科目の解答や対策の執筆にあたられた先生方，そして，赤本を使用してくださったすべての読者の皆様に，厚く御礼を申し上げます。

以下に，創刊初期の「赤本」のはしがきを引用します。これからも引き続き，受験生の目標の達成や，夢の実現を応援してまいります。

本書を活用して，入試本番では持てる力を存分に発揮されることを心より願っています。

編者しるす

＊　＊　＊

学問の塔にあこがれのまなざしをもって，それぞれの志望する大学の門をたたかんとしている受験生諸君！　人間として生まれてきた私たちは，自己の欲するままに，美しく，強く，そして何よりも人間らしく生きることをねがっている。しかし，一朝一夕にして，この純粋なのぞみが達せられることはない。私たちの行く手には，絶えずさまざまな試練がまちかまえている。この試練を克服していくところに，私たちのねがう真に人間的な世界がはじめて開かれてくるのである。

人生最初の最大の試練として，諸君の眼前に大学入試がある。この大学入試は，精神的にも身体的にも，大きな苦痛を感ぜしめるであろう。あるスポーツに熟達するには，たゆみなき，はげしい練習を積み重ねることが必要であるように，私たちは，計画的・持続的な努力を払うことによって，この試練を克服し，次の一歩を踏みだすことができる。厳しい試練を経たのちに，はじめて満足すべき成果を獲得できるのである。

本書は最近の入学試験の問題に，それぞれ解答を付し，さらに問題をふかく分析することによって，その大学独特の傾向や対策をさぐろうとした。本書を一般の参考書とあわせて使用し，まとはずれのない，効果的な受験勉強をされるよう期待したい。

（昭和 35 年版「赤本」はしがきより）

挑む人の、いちばんの味方

赤本創刊70周年

1954 年に大学入試の過去問題集を刊行してから 70 年。赤本は大学に入りたいと思う受験生を応援しつづけてきました。これからも，苦しいとき落ち込むときにそばで支える存在でいたいと思います。

そして，勉強をすること，自分で道を決めること，努力が実ること，これらの喜びを読者の皆さんが感じることができるよう，伴走をつづけます。

そもそも赤本とは…

受験生のための大学入試の過去問題集！

70年の歴史を誇る赤本は，500点を超える刊行点数で全都道府県の370大学以上を網羅しており，過去問の代名詞として受験生の必須アイテムとなっています。

なぜ受験に過去問が必要なのか？

大学入試は大学によって問題形式や頻出分野が大きく異なるからです。

赤本の掲載内容

傾向と対策

これまでの出題内容から，問題の「**傾向**」を分析し，来年度の入試に向けて具体的な「**対策**」の方法を紹介しています。

問題編・解答編

- 年度ごとに問題とその解答を掲載しています。
- 「**問題編**」ではその年度の試験概要を確認したうえで，実際に出題された過去問に取り組むことができます。
- 「**解答編**」には高校・予備校の先生方による解答が載っています。

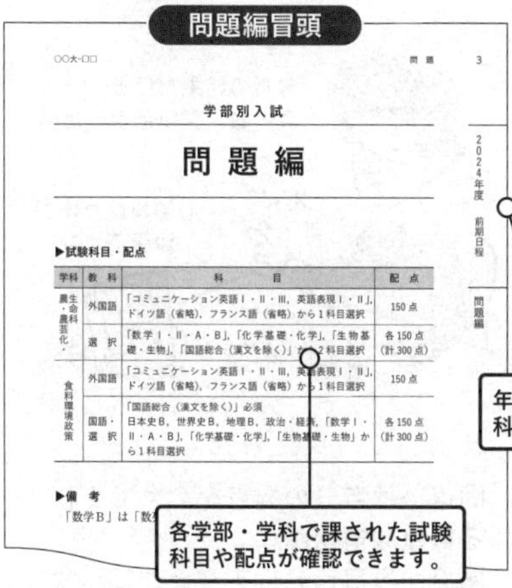

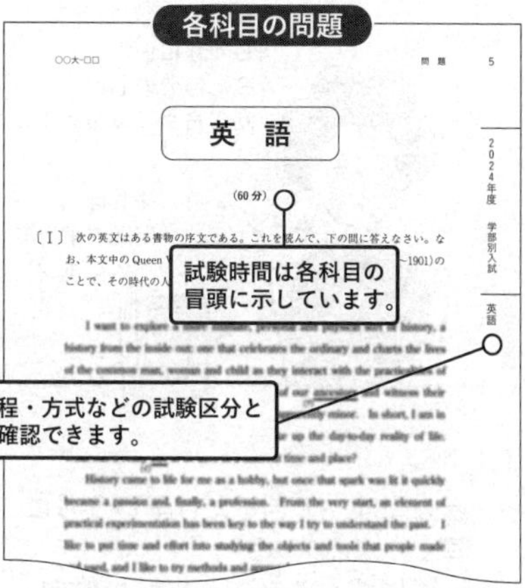

他にも，大学の基本情報や，先輩受験生の合格体験記，在学生からのメッセージなどが載っていることがあります。

掲載内容について

著作権上の理由やその他編集上の都合により問題や解答の一部を割愛している場合があります。
なお，指定校推薦入試，社会人入試，編入学試験，帰国生入試などの特別入試，英語以外の外国語科目，商業・工業科目は，原則として掲載しておりません。また試験科目は変更される場合がありますので，あらかじめご了承ください。

受験勉強は

過去問に始まり，

STEP 1 なにはともあれ

まずは解いてみる

しずかに…
今，自分の心と
向き合ってるんだから
ムーン
それは
問題を解いて
からだホン!

過去問は，**できるだけ早いうちに解く**のがオススメ！
実際に解くことで，**出題の傾向，問題のレベル，今の自分の実力**がつかめます。

STEP 2 じっくり具体的に

弱点を分析する

分析の結果だけど
英・数・国が苦手みたい
スリー
必須科目だホン
頑張るホン

間違いは自分の弱点を教えてくれる**貴重な情報源**。
弱点から自己分析することで，**今の自分に足りない力や苦手な分野**が見えてくるはず！

合格者があかす 赤本の使い方

傾向と対策を熟読
(Fさん／国立大合格)

大学の出題傾向を調べるために，赤本に載っている「傾向と対策」を熟読しました。

繰り返し解く
(Tさん／国立大合格)

1周目は問題のレベル確認，2周目は苦手や頻出分野の確認に，3周目は合格点を目指して，と過去問は繰り返し解くことが大切です。

過去問に終わる。

STEP 3

志望校にあわせて

苦手分野の重点対策

明日からはみんなで頑張るよ！
参考書も！ 問題集も！
よろしくね！
呼んだ？
なにを!?
どこから!?
グッ
グッ

参考書や問題集を活用して，苦手分野の**重点対策**をしていきます。**過去問を指針**に，合格へ向けた具体的な学習計画を立てましょう！

STEP 1 ▶ 2 ▶ 3

サイクルが大事！

実践を繰り返す

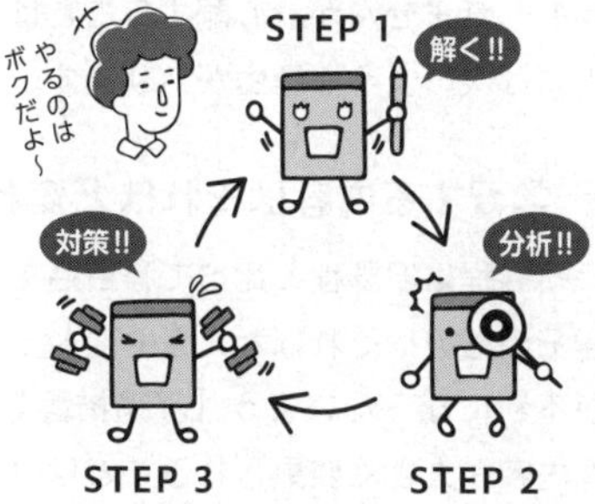
やるのはボクだよ～
STEP 1
解く!!
対策!!
分析!!
STEP 3
STEP 2

STEP 1～3を繰り返し，実力アップにつなげましょう！
出題形式に慣れることや，**時間配分を考えること**も大切です。

目標点を決める
(Yさん／私立大合格)
赤本によっては合格者最低点が載っているので，それを見て目標点を決めるのもよいです。

時間配分を確認
(Kさん／私立大学合格)
赤本は時間配分や解く順番を決めるために使いました。

添削してもらう
(Sさん／私立大学合格)
記述式の問題は先生に添削してもらうことで自分の弱点に気づけると思います。

新課程入試 Q&A

2022年度から新しい学習指導要領（新課程）での授業が始まり，2025年度の入試は，新課程に基づいて行われる最初の入試となります。ここでは，赤本での新課程入試の対策について，よくある疑問にお答えします。

Q1. 赤本は新課程入試の対策に使えますか？

A. もちろん使えます！

旧課程入試の過去問が新課程入試の対策に役に立つのか疑問に思う人もいるかもしれませんが，心配することはありません。旧課程入試の過去問が役立つのには次のような理由があります。

● 学習する内容はそれほど変わらない

新課程は旧課程と比べて科目名を中心とした変更はありますが，学習する内容そのものはそれほど大きく変わっていません。また，多くの大学で，既卒生が不利にならないよう「経過措置」がとられます（Q３参照）。したがって，出題内容が大きく変更されることは少ないとみられます。

● 大学ごとに出題の特徴がある

これまでに課程が変わったときも，各大学の出題の特徴は大きく変わらないことがほとんどでした。入試問題は各大学のアドミッション・ポリシーに沿って出題されており，過去問にはその特徴がよく表れています。過去問を研究してその大学に特有の傾向をつかめば，最適な対策をとることができます。

出題の特徴の例	・英作文問題の出題の有無 ・論述問題の出題（字数制限の有無や長さ） ・計算過程の記述の有無

新課程入試の対策も，赤本で過去問に取り組むところから始めましょう。

Q2. 赤本を使う上での注意点はありますか？

A. 志望大学の入試科目を確認しましょう。

過去問を解く前に，過去の出題科目（問題編冒頭の表）と 2025 年度の募集要項とを比べて，課される内容に変更がないかを確認しましょう。ポイントは以下のとおりです。科目名が変わっていても，実際は旧課程の内容とほとんど同様のものもあります。

英語・国語	科目名は変更されているが，実質的には変更なし。 **▶▶ ただし，リスニングや古文・漢文の有無は要確認。**
地歴	科目名が変更され，「歴史総合」「地理総合」が新設。 **▶▶ 新設科目の有無に注意。ただし，「経過措置」（Q3参照）により内容は大きく変わらないことも多い。**
公民	「現代社会」が廃止され，「公共」が新設。 **▶▶ 「公共」は実質的には「現代社会」と大きく変わらない。**
数学	科目が再編され，「数学 C」が新設。 **▶▶ 「数学」全体としての内容は大きく変わらないが，出題科目と単元の変更に注意。**
理科	科目名も学習内容も大きな変更なし。

数学については，科目名だけでなく，どの単元が含まれているかも確認が必要です。例えば，出題科目が次のように変わったとします。

旧課程	「数学Ⅰ・数学Ⅱ・数学 A・数学 B（数列・ベクトル）」
新課程	「数学Ⅰ・数学Ⅱ・数学 A・**数学 B（数列）・数学 C（ベクトル）**」

この場合，新課程では「数学C」が増えていますが，単元は「ベクトル」のみのため，実質的には旧課程とほぼ同じであり，過去問をそのまま役立てることができます。

Q3. 「経過措置」とは何ですか？

A. 既卒の旧課程履修者への対応です。

多くの大学では，既卒の旧課程履修者が不利にならないように，出題において「経過措置」が実施されます。措置の有無や内容は大学によって異なるので，募集要項や大学のウェブサイトなどで確認しておきましょう。

○旧課程履修者への経過措置の例

- 旧課程履修者にも配慮した出題を行う。
- 新・旧課程の共通の範囲から出題する。
- 新課程と旧課程の共通の内容を出題し，共通範囲のみでの出題が困難な場合は，旧課程の範囲からの問題を用意し，選択解答とする。

例えば，地歴の出題科目が次のように変わったとします。

旧課程	「日本史Ｂ」「世界史Ｂ」から１科目選択
新課程	「**歴史総合**，日本史探究」「**歴史総合**，世界史探究」から１科目選択※ ※旧課程履修者に不利益が生じることのないように配慮する。

「歴史総合」は新課程で新設された科目で，旧課程履修者には見慣れないものですが，上記のような経過措置がとられた場合，新課程入試でも旧課程と同様の学習内容で受験することができます。

要チェックだホン

新課程の情報は WEB もチェック！
より詳しい解説が赤本ウェブサイトで見られます。
https://akahon.net/shinkatei/

科目名が変更される教科・科目

	旧課程	新課程
国語	国語総合 国語表現 現代文A 現代文B 古典A 古典B	現代の国語 言語文化 論理国語 文学国語 国語表現 古典探究
地歴	日本史A 日本史B 世界史A 世界史B 地理A 地理B	歴史総合 日本史探究 世界史探究 地理総合 地理探究
公民	現代社会 倫理 政治・経済	公共 倫理 政治・経済
数学	数学Ⅰ 数学Ⅱ 数学Ⅲ 数学A 数学B 数学活用	数学Ⅰ 数学Ⅱ 数学Ⅲ 数学A 数学B 数学C
外国語	コミュニケーション英語基礎 コミュニケーション英語Ⅰ コミュニケーション英語Ⅱ コミュニケーション英語Ⅲ 英語表現Ⅰ 英語表現Ⅱ 英語会話	英語コミュニケーションⅠ 英語コミュニケーションⅡ 英語コミュニケーションⅢ 論理・表現Ⅰ 論理・表現Ⅱ 論理・表現Ⅲ
情報	社会と情報 情報の科学	情報Ⅰ 情報Ⅱ

目　次

解答編

※問題編は別冊

2024 年度

2023 年度

サンプル 問題

掲載内容についてのお断り

英語のリスニング問題については 2025 年度入試から実施されなくなる予定であるため（本書編集時点），掲載しておりません。

UNIVERSITY GUIDE

大学情報

基本情報

沿革

1875（明治 8）	森有礼が東京銀座尾張町に商法講習所を開設する
1884（明治 17）	東京商業学校と改称する
1887（明治 20）	高等商業学校と改称する
1902（明治 35）	東京高等商業学校と改称する
1920（大正 9）	東京商科大学となる
1944（昭和 19）	東京産業大学と改称する
1947（昭和 22）	東京商科大学の旧名にもどる
1949（昭和 24）	東京商科大学を改組し一橋大学とし，商学部・経済学部・法学社会学部を設置
1951（昭和 26）	法学社会学部を法学部と社会学部とに分離し，4学部とする
2004（平成 16）	国立大学法人一橋大学となる
2023（令和 5）	ソーシャル・データサイエンス学部を開設

シンボルマーク

一橋大学の校章マーキュリーは，ローマ神話の商業・学術の神マーキュリーの杖に2匹の蛇が巻きつき，頂に翼が羽ばたいているところをかたどり，「Commercial College」の頭文字を添えたものです。蛇は英知をあらわし，聡く世界の動きに敏感であることを，翼は世界に天翔け五大州に雄飛することを意味しています。

学部・学科の構成

大　学

●商学部

経営学科

商学科

●経済学部

経済学科

●法学部

法律学科（法学コース，国際関係コース，法曹コース）

●社会学部

社会学科

●ソーシャル・データサイエンス学部

ソーシャル・データサイエンス学科

（備考）商学部は第3学年進学時にいずれかの学科に配属される。法学部では，第3学年進学時に法学コース，国際関係コースのいずれかを選択する。法曹コース所属を希望する者は原則として第2学年時に選考を受ける。

大学院

経営管理研究科 / 経済学研究科 / 法学研究科 / 社会学研究科 / ソーシャル・データサイエンス研究科 / 言語社会研究科 / 法科大学院 / 国際・公共政策大学院

大学所在地

国立西・東キャンパス

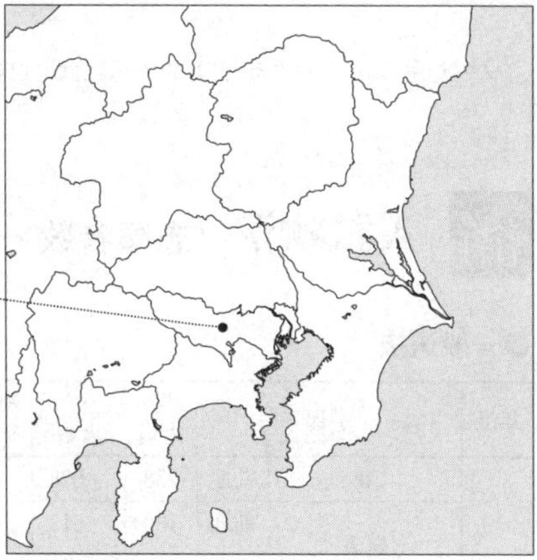

国立西・東キャンパス　〒 186-8601　東京都国立市中 2 丁目 1 番地

入試データ

○ソーシャル・データサイエンス学部は2023年度に設置された。

入試状況（志願者数・競争率など）

●一般選抜

年度	学部		募集人員	志願者数	第1段階選抜合格者数	第2次試験受験者数(A)	第2次試験合格者数(B)	競争率(A)/(B)
2024	商	前期	238	838	716	701	252	2.8
	経済	前期	180	613	548	544	200	2.7
		後期	58	1,145	770	160	70	2.3
	法	前期	144	463	434	423	154	2.7
	社会	前期	205	694	616	602	217	2.8
	ソーシャル・データサイエンス	前期	30	113	95	93	34	2.7
		後期	25	538	426	160	28	5.7
	合計	前期	797	2,721	2,409	2,363	857	—
		後期	83	1,683	1,196	320	98	—
2023	商	前期	238	721	718	703	250	2.8
	経済	前期	180	587	541	534	193	2.8
		後期	58	1,095	810	214	65	3.3
	法	前期	144	413	*	406	159	2.6
	社会	前期	205	738	653	641	210	3.1
	ソーシャル・データサイエンス	前期	30	182	94	93	37	2.5
		後期	25	644	457	168	31	5.4
	合計	前期	797	2,641	—	2,377	849	—
		後期	83	1,739	—	382	96	—

（表つづく）

年度	学部		募集人員	志願者数	第1段階選抜合格者数	第2次試験受験者数(A)	第2次試験合格者数(B)	競争率(A)/(B)
2022	商	前期	255	871	765	755	269	2.8
	経済	前期	195	474	473*	468	212	2.2
		後期	60	1,244	809	165	70	2.4
	法	前期	155	547	469	462	178	2.6
	社会	前期	220	696	662	650	229	2.8
	合計	前期	825	2,588	2,369	2,335	888	—
		後期	60	1,244	809	165	70	—
2021	商	前期	255	698	697*	694	268	2.6
	経済	前期	195	695	585	576	208	2.8
		後期	60	1,036	775	166	67	2.5
	法	前期	155	507	466	452	163	2.8
	社会	前期	220	664	662*	654	230	2.8
	合計	前期	825	2,564	2,410	2,376	869	—
		後期	60	1,036	775	166	67	—
2020	商	前期	255	752	752*	737	263	2.8
	経済	前期	195	538	538*	530	222	2.4
		後期	60	1,075	777	166	67	2.5
	法	前期	155	483	465	459	169	2.7
	社会	前期	220	717	672	662	226	2.9
	合計	前期	825	2,490	2,427	2,388	880	—
		後期	60	1,075	777	166	67	—

（備考）

- 2023 年度法学部前期日程，2022 年度経済学部前期日程，2021 年度商学部および社会学部前期日程，2020 年度商学部および経済学部前期日程においては，第 1 段階選抜は実施されなかった（＊印）。
- 2024 年度の志願者数には，無資格者を含む。

合格最低点（一般選抜）

年度	学部		第1段階選抜		総点（第2次試験の配点に基づく）	
			合格最低点（素点）	満　点	合格最低点	満　点
2024	商	前期	617	900	597	1,000
	経済	前期	620	900	575	1,000
		後期	678	800	637	1,000
	法	前期	629	900	602	1,000
	社会	前期	660	900	606	1,000
	ソーシャル・データサイエンス	前期	669	900	647	1,000
		後期	654	800	749	1,000
2023	商	前期	422	900	571	1,000
	経済	前期	614	900	570	1,000
		後期	664	800	610	1,000
	法	前期	—	900	592	1,000
	社会	前期	638	900	574	1,000
	ソーシャル・データサイエンス	前期	699	900	640	1,000
		後期	654	800	710	1,000
2022	商	前期	591	900	592	1,000
	経済	前期	—	900	540	1,000
		後期	638	800	649	1,000
	法	前期	577	900	571	1,000
	社会	前期	547	900	563	1,000
2021	商	前期	—	900	587	1,000
	経済	前期	612	900	574	1,000
		後期	679	800	547	1,000
	法	前期	639	900	593	1,000
	社会	前期	—	900	592	1,000
2020	商	前期	357	900	551	1,000
	経済	前期	176	900	550	1,000
		後期	692	800	533	1,000
	法	前期	604	900	575	1,000
	社会	前期	651	900	569	1,000

（備考）

- 第１段階選抜は大学が指定する大学入学共通テスト（センター試験）の教科・科目の得点を合計したものを受験者の成績とし，学部別に高得点順に一定数（前期日程は募集人員の約３倍，後期日程は募集人員の約 6 倍）を合格者とする。

• 2023 年度法学部前期日程，2022 年度経済学部前期日程，2021 年度商学部および社会学部前期日程，2020 年度商学部および経済学部前期日程においては，第 1 段階選抜は実施されなかった。

募集要項（出願書類）の入手方法

一橋大学では，web 出願が導入されています。詳細は大学ホームページでご確認ください。

問い合わせ先

一橋大学　学務部入試課

〒186-8601　東京都国立市中 2 丁目 1 番地

TEL　042-580-8150　　FAX　042-580-8158

（9：00〜17：00　土・日曜日，祝日，年末年始は除く）

※入試に関する問い合わせは，必ず入学志願者本人が行うこと。

ホームページ

https://www.hit-u.ac.jp/

合格体験記 募集

2025 年春に入学される方を対象に，本大学の「合格体験記」を募集します。お寄せいただいた合格体験記は，編集部で選考の上，小社刊行物やウェブサイト等に掲載いたします。お寄せいただいた方には小社規定の謝礼を進呈いたしますので，ふるってご応募ください。

応募方法

下記 URL または QR コードより応募サイトにアクセスできます。
ウェブフォームに必要事項をご記入の上，ご応募ください。
折り返し執筆要領をメールにてお送りします。
※入学が決まっている一大学のみ応募できます。

☞ http://akahon.net/exp/

応募の締め切り

総合型選抜・学校推薦型選抜	2025 年 2 月 23 日
私立大学の一般選抜	2025 年 3 月 10 日
国公立大学の一般選抜	2025 年 3 月 24 日

受験にまつわる川柳を募集します。
入選者には賞品を進呈！
ふるってご応募ください。

応募方法　http://akahon.net/senryu/　にアクセス！☞

気になること、聞いてみました！

在学生メッセージ

大学ってどんなところ？ 大学生活ってどんな感じ？
ちょっと気になることを，在学生に聞いてみました。

以下の内容は 2020～2023 年度入学生のアンケート回答に基づくものです。ここで触れられている内容は今後変更となる場合もありますのでご注意ください。

メッセージを書いてくれた先輩 ［商学部］M.I. さん ［法学部］T.K. さん ［社会学部］R.T. さん

大学生になったと実感！

授業内容と課題。高校までは大学受験のための勉強（基本的に答えのある問題に取り組む勉強）でしたが，大学に入るとより高度になってきます。答えのない課題であったり，より論理性や自分で考える力が問われるのが大学での勉強かなと感じています。ちなみに商学部では１年次からゼミがあるので，自分で考える力をしっかり伸ばすことができます。（M.I. さん／商）

自由に使える時間が増えたと思います。履修計画も自分で組むため，１日授業を受けない全休の日を作ることもできます。その時間でバイトに行ったり旅行に行ったりと趣味などの時間に費やすことができます。その分何もしないとただ時間が過ぎてしまうので，自分で積極的に動くことが大切です。（T.K. さん／法）

毎日好きな服を着ていけること，授業，部活動，アルバイトなどの選択がほぼ自分の裁量にかかっていて，自分次第で生活をいかようにもコーディネートできるところ。そのかわり課題を出していなくても高校までのように誰も注意してくれないので，自己管理能力が求められます。また，友達と旅行に行くなど，生活圏・生活の幅が広がりました。（R.T. さん／社会）

大学生活に必要なもの

全休。なんやかんや大学生って暇だと思われがちですが，レポートやテスト，バイトに部活やサークルと意外と忙しいです。部活をやるつもりの人は特に，適度に全休の日を設けることでしっかりと休むこともでき，理想的な大学生活を送れると思います !!（M.I. さん／商）

持ち運びできるノートパソコンとスーツは絶対必要だし揃えておいたほうが良いと思います。スーツは入学式で着ないとしてもバイトの面接とかであったほうが便利だし（教育系バイトなら普段も使う），大学の授業はパソコンを持っている前提で進むので，ないと苦労すると思います。（R.T. さん／社会）

この授業がおもしろい！

金融入門。入学当初は金融ってなんだかお固くて難しそう！と思っていたのですが，春夏ゼミが金融関係の教授であったことから興味が湧きました。受講していてなるほどなと思うことが多いです。会社は誰のものかといった抽象的なものから具体的な計算問題まで扱う内容は様々ですが，毎回発見がありおもしろいなと思っています。（M.I. さん／商）

会計学入門の授業で，損益計算書や貸借対照表といった企業の財務諸表を読み取るための知識を学びました。新しく学ぶ分野だったので，新鮮でおもしろかったです。就職活動の企業研究のとき，さらに社会人になって働くようになったときに役に立つ内容だなと感じました。（T.K. さん／法）

他学部の授業なのですが，現代経済史がおもしろいです。高校日本史の近代以降を経済史だけ取り出して，すごく深く解説してくれる感じ。頑張って暗記していたことが，実はこういう背景をもっていたのか！と気づかされて新鮮です。また，ベロックの『奴隷の国家』を原典で読む授業も難しいけれどおもしろいです。（R.T. さん／社会）

大学の学びで困ったこと＆対処法

ノートを iPad で取るかペーパーノート（紙）で取るかで悩みました。初めは iPad を使ってみたのですが重くて持ち歩くのが面倒くさくなったので，紙に戻しました。実際，紙のほうが書きやすく便利かなと思っています。荷物が多い人は紙のほうが個人的にオススメです。（M.I. さん／商）

学ぶ内容がより深く専門的になるため，わからない単語が出てくることが多くなりました。英単語も高度なものになったり，難しい法律用語が出てきたりします。その際に大切なことは，すぐ調べることです。わからないまま先に進んでしまうとその先の授業内容がわからなくなり困ってしまうので，早めに調べて理解することが大切です。（T.K. さん／法）

レポートの内容とか，個人の裁量に任されている部分が多くて，普段から問題意識をもっているかが問われている気がします。なお，同じ授業を取っている友達と話していると何を書こうか見えてきたりします。あとオンデマンド授業は放っておくと本当に見ないので，１週間の予定の中にいつ見るかを組み込むようにしています。（R.T. さん／社会）

部活・サークル活動

女子ラクロス部に所属しています。週 5 回練習がありますが朝練が多いので午後はかなり自由に過ごせます！ 同期や先輩とご飯に行くもよし，課題をやるもよし，バイトをやるもよしという感じで時間を有効活用し，充実した大学生活を送ることができています！（M.I. さん／商）

応援部でチアをやっています。活動は週 4 日で，練習に加えて野球，アメフト，ラクロスなど様々な体育会の応援に行くほか，学園祭などではステージも行います。一橋チアは全員チアと吹奏を兼任しているので，ダンスも楽器も両方できて 2 倍楽しいです。（R.T. さん／社会）

交友関係は？

部活の人たちとは週 5 で会うので高校のような感じで仲良くなれました。今ではサシでも少人数でも大人数でもご飯に行ったりしています。クラスの人とは新歓期にいろんなイベントがあるのでそこで話しているうちに仲良くなっていた感じです。（M.I. さん／商）

1 年生の必修授業の 1 つに英語の授業があり，そこで友人を作ることができます。 1 クラスを 2 分割して 1 年間通して授業があるため，仲が良い人は増えると思います。（T.K. さん／法）

いま「これ」を頑張っています

部活とバイトです。部活は努力が結果に出ずに悩んだりすることもありますが，学業だけでは得られない経験を積めているなと思っています。また，バイトは教育系 2 つと飲食系 1 つを掛け持ちしているので毎日非常に忙しいですが，どのバイトもやりがいを感じています。（M.I. さん／商）

普段の生活で気をつけていることや心掛けていること

生活リズムをなるべく整えるように気をつけています。大学生になり夜遅くまで活動することが増え，夜更かしをすることが多くなりました。しかし，授業は105分あり，睡眠不足のまま授業に臨むと途中で痛い目にあいます。私も何度か寝てしまいました。なので，生活リズムを整え，睡眠時間を確保することを心掛けています。（T.K. さん／法）

授業，課題，部活，バイトとやることがとても多いので，時間をうまく使うことを心掛けています。具体的には，やることリストを作り，今日はこの時間にこれをやる！というのを明確にするようにしています。（R.T. さん／社会）

おススメ・お気に入りスポット

国立駅周辺全体です。想像していた10倍くらいご飯屋さんがあり，学生に比較的優しい価格で食事ができます。部活帰りや授業終わりにどこに行くか考えるのが大好きすぎて，今では大体のお店を把握してしまいました（笑）。（M.I. さん／商）

国立西キャンパスにある附属図書館です。雰囲気の良い立派な建物で，中はとても広いです。蔵書数も多いためレポート作成のための調べ物などを行う際にとても役に立ちます。また，中には自習するスペースがあるため，授業の間の空き時間に勉強したり，オンデマンド授業を視聴したりして過ごす人が多いです。（T.K. さん／法）

入学してよかった！

すべてです。優しい人も多いし，美味しい店も周りに多いし，キャンパスも国立大学にしてはかなりきれいで言うことなしの良い大学だと思います。(M.I. さん／商)

こぢんまりしていて，スポーツ大会や一橋祭での模擬店などクラスでやる行事なども多く，人と人とのつながりが温かい。周りの人がみんな優しい。郊外にあるので静かだし，そんなに高くなくそこそこおしゃれなお店が周りに多い。友達がみんな優秀で刺激を受けられる。(R.T. さん／社会)

高校生のときに「これ」をやっておけばよかった

学校行事に熱中しておくべきです。大学には大規模な学園祭はあるものの，体育祭や合唱祭といった行事はありません。クラスの絆などを感じる機会が少なくなるので，高校生のうちに行事も楽しんでほしいです。(T.K. さん／法)

大学に入ってから，そういえばあれもやってみたかったなと思うことが幾つかあるので，思い込みで決めずにもっと進路を幅広く考えて調べればよかったです。また，大学に入ってから高校の友人と会う機会は意外と少ないので，もっと高校時代に友人を大切にして時間を使えばよかったと思いました。(R.T. さん／社会)

合格体験記

みごと合格を手にした先輩に，入試突破のためのカギを伺いました。入試までの限られた時間を有効に活用するために，ぜひ役立ててください。

（注）ここでの内容は，先輩方が受験された当時のものです。2025 年度入試では当てはまらないこともありますのでご注意ください。

・アドバイスをお寄せいただいた先輩・

Message

Y.S. さん　社会学部
前期日程 2024 年度合格，愛知県出身

合格のポイントは，成績が思い通りに伸びないときに，ただ落ち込むのではなく，自分の弱点をあぶり出してそれを潰すチャンスだと前向きに捉えることで勉強の気力を落とさないように頑張ったこと。

M.I. さん　商学部
前期日程 2023 年度合格，東京都出身

受験はメンタル勝負です。どんなに模試の成績が良くても本番で集中力を切らしたりすれば簡単に不合格となります。私は安定したメンタルで臨むためにも睡眠時間の確保を最も大切にしていました。私大受験の際に睡眠不足で集中できず落ちた経験から，ホットアイマスクや抱き枕などを活用し絶対に 7 時間睡眠が取れるようにしていました。

その他の合格大学　早稲田大（商），慶應義塾大（商），明治大（商，経営）

T.A. さん　経済学部
前期日程 2023 年度合格，愛媛県出身

合格の最大のポイントは，やはり自信です。長丁場となる入試本番において最後まで心を折られず戦い抜くことが合格には不可欠です。模試の結果や二次試験における共通テストのアドバンテージ，そしてなにより積み上げてきた努力への自負がいざというときに自分の心を支えてくれます。受験期は長く，何をすればいいのか迷うときも多いと思いますが，まずは手元の参考書を完璧にすることや直近の模試を目標にしましょう。そうした地道な積み重ねが自信となります。頑張ってください！

その他の合格大学　早稲田大（政治経済，法〈共通テスト利用〉），明治大（政治経済〈共通テスト利用〉）

Message

A.I. さん　法学部
前期日程 2022 年度合格，東京都出身

合格のポイントは，志望校に合格したいという熱い気持ちをもち，過去問を通して傾向を研究し，それに合う勉強をしてきたことです。一橋大は問題に癖があるので，傾向をつかむことが不可欠です。だからこそ，一橋大への愛が強い人ほど合格が近づくのだと思います。合格したいという強い気持ちをどうか大切にもち続けてください！

その他の合格大学　慶應義塾大（法，商），上智大（法，経済，総合グローバル），立教大（法〈共通テスト利用〉）

Message

R.T. さん　社会学部
前期日程 2022 年度合格，東京都出身

合格の理由としては，志望校に特化した対策を行ったこと，共通テスト後すぐに頭を切り替えて二次試験に向けた勉強に集中できたこと，得意な科目・分野をいかせる受験校を選んだことの大きく 3 つが挙げられると思います。受験生活は長く，先が見えないように思えて辛いと思いますが，模試などで思うような判定が出なくても最後の 1 カ月の頑張りで結果はいくらでも変わり得ます。ラストスパートの伸びを信じて，当日まで諦めないことが重要です。頑張ってください！

その他の合格大学　早稲田大（政治経済，文），上智大（法，文），中央大（法），東京女子大（現代教養〈共通テスト利用〉）

入試なんでもQ&A

受験生のみなさんからよく寄せられる，
入試に関する疑問・質問に答えていただきました。

Q 「赤本」の効果的な使い方を教えてください。

A まずは志望校の問題の傾向をつかむために1年分解き，そこで見つけた課題点や赤本の「傾向と対策」を確認して，勉強方法を確立させた。その後は，主に科目別の赤本（難関校過去問シリーズ）を用いて傾向に慣れると同時に課題点の対策にも取り組んだ。この過程では本番と同じ時間を取ってしっかりと過去問を解くことで，スムーズに直前期の対策に入ることができると思う。直前期には，赤本を用いて本番と同じ時間割で過去問を解くことで時間配分を確立させ，緊張感をもった形で赤本を活用することができた。（Y.S. さん／社会）

A 赤本は問題傾向の把握と解き方の調整のために使っていました。まずは「傾向と対策」のページを読んだり，ひとまず最近の問題を解いてみたりして問題のイメージを固め，勉強の指針を立てました。また，基礎固めが終わってからは問題を解き，それを毎回先生に添削してもらいました。その中で先生のアドバイスを受けながら解く順番や下書きの書き方などを調整しつつ，本番で「いつも通り」と思えるように回数をこなしました。できるだけ多くの問題を解いて練習するといいと思います。

（T.A. さん／経済）

Q 1年間の学習スケジュールはどのようなものでしたか？

A 3年生の春は苦手科目の数学の基礎固めを徹底するとともに，英文法や英単語など英語の基礎固めにも取り組んだ。7月頃からは数学の応用問題を解き始め，英語は読解中心に移行した。また，共通テストのみで用いる科目や社会科目の勉強を徐々に始めた。夏休みには志望校の過去問を1年分解き，勉強の指針を立てた。9月頃からは過去問演習に取り組み，課題点が見つかると基礎的な問題集に戻って勉強した。12月は共通テスト対策に注力し，共通テストが終わると赤本で過去問対策をした。

（Y.S. さん／社会）

A 春は基礎固めに力を入れた。数学は『1対1対応の演習』（東京出版）や『青チャート』（数研出版）をやりこんだ。日本史は学校の授業の復習を徹底し一問一答を通学時間にやった。夏は冠模試の結果を踏まえ，英作文をひたすらやった。数学，日本史はある程度固まっていたこともあり過去問と演習を半々くらいでやっていた。秋は基本的に過去問演習をやったが英作文対策などは続けていた。11月頭くらいから共通テスト対策に切り替え，2（共テ）：1（二次）くらいで進めた。直前期は私大の過去問で知識の確認をしつつ過去問演習と分析をひたすらこなした。

（M.I. さん／商）

Q 共通テストと二次試験とでは，それぞれの対策の仕方や勉強の時間配分をどのようにしましたか？

A 共通テスト対策を重点的にしていました。国数英地歴はもちろんのこと，一橋の地歴は公民レベルの知識も必要になるので，共通テスト対策の多くはそのまま二次試験にも活きます。論述など二次試験特有の要素も必要にはなりますが，共通テストレベルの知識に抜けがあると二次試験でも苦しくなるので，まずは共通テスト対策が大切だと思います。特に，私大に共通テスト利用で合格できると貴重な直前期の時間に一橋対策に専念でき，おすすめです。ただし，レベルが高い数学や国語の近代文語文は共通テスト対策では賄えないので，これらは並行して進めていました。

（T.A. さん／経済）

Q　どのように学習計画を立て，受験勉強を進めていましたか？

A　苦手科目も基礎的なところは夏休み中に習得するようにし，科目に触れる時間を長くすると苦手科目でも自然と好きになっていきました。また，毎日何問ずつ解いて何カ月で終わらせるという目標を立てて怠けるのを防いでいました。終わりが見えるとやる気が出るものです！解いた問題には日付も記しておき，１週間後にもう一度解くというサイクルを回しやすくしました。計画はとても大切ですが，立てることだけに時間を割きすぎないようにしたほうがよいと思います。　(A.I. さん／法)

Q　学校外での学習はどのようにしていましたか？

A　塾などに通っていなかったので勉強習慣を定着させにくかったが，図書館の自習室に毎日通って，勉強する習慣を受験生の早いうちからつけることができた。主に参考書を使った学習をしたが，志望校に特化した対策はしづらかったので，予備校の夏期・冬期講習のほか，通信添削を用いて志望校対策の助けとした。特に通信添削では自分の弱点や解答のクセ・抜け・漏れを指摘してもらえるので，自分の弱点を効率よく知ることができた。

(Y.S. さん／社会)

Q　時間をうまく使うためにしていた工夫があれば，教えてください。

A　部活で忙しく，電車内でかなり勉強した。『英単語ターゲット1900』（旺文社）を１つのセクションごとに１単語１秒以内に意味を確認したり，日本史の用語やフレーズを『詳説日本史』（山川出版社）や『日本史Ｂ一問一答』（ナガセ）で確認するなどゲーム感覚でやっていた。このときに個人的に大切だと思うのは周回数である。１日に英単語は400語，日本史なら７セクションほど進めるようにしていた。特に一橋の日本史は知識がないとどうしようもない問題が多いので，こうした隙間時間にどれだけ早い段階からインプットできるかが肝となる。

(M.I. さん／商)

Q 一橋大学を攻略する上で，特に重要な科目は何ですか？

A 数学だと思う。社会学部では数学の配点が低い上，数学を苦手とする受験生が多いので，3題完答できればかなりのアドバンテージが得られると思う。僕は3年生までに『青チャート』（数研出版）などの網羅系問題集を終わらせ，4月から夏休みまでは『標準問題精講』（旺文社）を用いてやや難しめの問題に取り組んだ。9月からは『文系数学の良問プラチカ』（河合出版）のうち，頻出である微積や確率，整数などの分野を解いてハイレベルな問題に対する対応力をつけ，並行して『一橋大の数学20カ年』（教学社）を用いて本番と同じ時間配分で問題を解いた。この際，捨て問と取るべき問題を見分ける力をつけるべきだと思う。

（Y.S. さん／社会）

A 国語が重要だと思います。国語は配点が低く軽視されやすいですが，一番練習の成果が出やすい科目です。先生に添削指導を頼むといいと思います。特に要約問題は添削を受けて一気に伸びました。難易度や問題傾向が急に変わることも多い一橋では，配点の低い科目も含めてバランスよく全科目対策したほうがいいと思います。また，国語は日程上はじめにあるので，ここで手応えがあると心が落ち着きます。

（T.A. さん／経済）

A 学部にもよりますが，数学と世界史は過去問の演習量が影響する科目なので重要だと思います。特に数学は苦手な人も多いので，差をつけられると強いです。この2科目の過去問は20年分解いて傾向をつかみました。数学は似たような解き方をする問題も何度か出題されているので，一度見た解法は何度も解いて自分のものにするようにしました。他の人に説明して定着させるのがおすすめです。世界史は過去問の傾向から出題テーマをたくさん予想してノートにまとめました。解けば解くほど一橋大の出題分野の傾向や出題の仕方が見えてくるはずです。

（A.I. さん／法）

Q　苦手な科目はどのように克服しましたか？

A　僕の苦手科目は数学で，校内では下位３分の１ほどの順位であったが，成績が悪くても落ち込むことなく基礎的な参考書を着実に解けるようにしていったところ，だんだんと応用問題であっても基礎的な事項を組み合わせていけば解けることに気づくことができ，その結果徐々に応用問題も解けるようになっていった。基礎的な参考書を２周，３周と繰り返すことで頭に解き方を染み込ませることが，苦手な問題や応用問題なども解けるようになるコツだと思う。　（Y.S. さん／社会）

A　先生に添削や指導をお願いするのが効果的でした。私は国語が苦手でしたが，先生に添削をお願いしたところ解き方のコツや失点につながっている癖を教えてもらえました。国語に限らず，一人で悩んでいては気づけないことも多いので，困ったら先生に相談するといいと思います。また，思い切って基礎レベルに立ち返ることも大切です。私は数学で悩んだ時期に一度『青チャート』から見直し，苦手を克服できました。時間を浪費するようで不安になりますが，結局基礎が固まっていないとうまく行かないので，これが一番の近道だと思います。　（T.A. さん／経済）

Q　模試の上手な活用法を教えてください。

A　学校のテストと違って，慣れない場所で知らない人たちと共に試験を受けるという緊張感を体験することができるので，本番の不安を少しでも和らげるためにも利用していました。受けすぎても復習が追いつかないので自分でよく考え，必要と思ったものを受けました。模試は，試験になると焦ってしまって普段通りの力が出せない，ケアレスミスが多くなる，などといった「試験中の自分」を知るよい機会です。先に失敗しておけば本番で後悔することも減ると思います。　（A.I. さん／法）

Q スランプはありましたか？
また，どのように抜け出しましたか？

A 成績が伸びないときは自分の弱点を見つけ出して，「これさえできれば成績が伸びる」と自分に言い聞かせながらその勉強に専念することで，希望をもって勉強を続けることができた。また，学校の先生や友達と話をして自分の勉強方法の悪い点を見つけてもらったり，受験とは関係のない話をして気持ちを落ち着かせたりしていた。受験は結局個人戦なので，１人で塞ぎ込みそうにもなったが，少しだけ友達とカラオケに行くなどでストレスを発散させて勉強を継続する気力をつけた。

(Y.S. さん／社会)

Q 併願をする大学を決める上で重視したことは何ですか？
また，注意すべき点があれば教えてください。

A 私は二次試験直前の貴重な時間を他大学の対策に充てたくなかったので，併願する私立大学は共通テスト利用で受験できるものに絞ろうと早くから決めていました。そのため，早稲田大学の共通テスト利用を狙って共通テストでは９割を目標点としていました。おかげで一橋の受験においてもアドバンテージを得ることができ，心に余裕をもって二次試験に臨めました。共通テストの得点は一橋の合否にも影響するので，一石二鳥でおすすめです。

(T.A. さん／経済)

Q 試験当日の試験場の雰囲気はどのようなものでしたか？
緊張のほぐし方，交通事情，注意点等があれば教えてください。

A 大学までは駅から大通りを歩けば着くので，迷う心配はありません。構内では案内の方がたくさんいるので安心です。入室開始時刻以前に来た人は学食の席で自習をして待機することになりますが，中途半端な時間に来ると席を探すのが大変なので，早めに行くか逆に待機しなくていいよう遅めに行くかがおすすめです。試験中は周りの受験生のため息が定期的に聞こえてきます。また，１科目２時間という長丁場なこともあり，試験中にトイレに行く人も多かったです。思ったほど厳粛な空気といった感じではなかったので，そこまで緊張することはないと思います。

（T.A. さん／経済）

科目別攻略アドバイス

みごと入試を突破された先輩に，独自の攻略法やおすすめの参考書・問題集を，科目ごとに紹介していただきました。

英　語

一橋の英語は基本的な問題の組み合わせなので，英単語・英文法・長文読解に満遍なく取り組む必要がある。その中でも内容説明問題は大きな割合を占めるので，文章を大局的に読み，ポイントを押さえた解答をすることが合格へのカギだと思う。（Y.S. さん／社会）

おすすめ参考書　『ポレポレ英文読解プロセス 50』（代々木ライブラリー）

一橋の英語は総合力が大切です。単語のレベルはそこまで高くありません。基本レベルの単語帳を１冊仕上げて，あとは過去問や模試で出た知らなかった単語をメモしていけば十分です。単語よりも重要なのは熟語です。和訳問題や説明問題の多くで熟語が解答部分に含まれています。また，語句整序や文法問題もイディオムの知識が重要になるので，熟語帳は必ず１冊仕上げ，さらに知らない熟語は見るたびにメモして覚えましょう。時間もそこまで余裕はないので，速読の練習にシャドーイングをするのがおすすめです。単語・熟語・解釈・作文と全分野で基本を固めれば自ずと得点は上がります！（T.A. さん／経済）

おすすめ参考書　『英単語ターゲット 1900』（旺文社）

『速読英熟語』（Ｚ会）

日本史

とりあえず夏までには昭和初期までの用語を仕上げ，過去問も通しでなくとも5年分くらいは触れておきたい。教科書の隅に書いてあることを述べれば正解という問題も多々出題されるので，秋以降は過去問はもちろん，教科書を音読したりテーマ別でまとめたりして対策することをお勧めする。

（M.I. さん／商）

おすすめ参考書 『一橋大の日本史 20 カ年』（教学社）
『詳説日本史』（山川出版社）
『日本史B一問一答』（ナガセ）

世界史

一橋の世界史は難しいが，それゆえに5，6割でも合格点を取ることができると思う。したがって，教科書を十分に読み込んだうえで，ポイントとなる年号や用語を覚えるべきだと思う。（Y.S. さん／社会）

おすすめ参考書 『世界史用語集』（山川出版社）

一橋の世界史は教科書レベルにとどまらない知識や独特な視点での考察が要求されます。そのため，教科書よりも詳しい通史の参考書を読み込むべきだと思います。また，時系列の把握も必須なので，重要な年号は暗記するのも効果的です。出題される範囲はいつも似通っていて類題が出ることも多いので，解き方に慣れるためにも過去問は可能な限りたくさん解きましょう。また，論述の採点は自分ひとりでは難しいので，必ず先生などに添削をお願いしてください。確かに一橋の世界史は難しいですが，練習すれば必ずできるようになります。練習してなお解けない難題も時々出題されますが，解けないのは周りも同じなので焦らず他の問題で得点を稼ぎましょう。（T.A. さん／経済）

おすすめ参考書 『詳説世界史研究』（山川出版社）
『風呂で覚える世界史〔年代〕』（教学社）
『一橋大の世界史 20 カ年』（教学社）

数　学

文系で皆があまり得意でない中，数学で高得点を取ることが合格へのカギだと思う。基礎的な問題集を徹底的にやりこみ，応用的な問題も基礎的な問題が組み合わさってできていることに気づくことが大事。

（Y.S. さん／社会）

おすすめ参考書　『数学Ⅱ・B＋ベクトル　標準問題精講』（旺文社）

数学はとにかく演習量が物を言います。基礎レベル・応用レベルの参考書を終わらせ次第過去問演習に入り，たくさん問題を解いてください。一橋の数学は出題傾向が偏っており，過去問を解いてその問題を全問理解していけば自然と力がついてくるはずです。また，あまり出題されない分野を忘れてしまわないよう，定期的に参考書は振り返るべきです。普段と違う分野が突然出題されることもままあるので，そうしたところで差をつけられないことも大切だと思います。

（T.A. さん／経済）

おすすめ参考書　『一橋大の数学 20 カ年』（教学社）
『文系数学の良問プラチカ』（河合出版）

国　語

現代文では端的に説明する能力が求められるので，参考書を用いて要点をしっかり押さえる練習をすると同時に，自分の言葉で言い換える能力をつけるべきだと思う。この学習が大問 3 の要約問題対策にもつながる。

（Y.S. さん／社会）

おすすめ参考書　『上級現代文Ⅰ』（桐原書店）

時間はかなり余裕があるので，一度問題用紙に下書きをしてから解答すると少ない文字数でもまとまった解答になりやすいです。国語の対策において一番大切なのは，先生の添削指導を受けることです。特に大問 3 の要約は自分ではなかなか採点できないので，必ず添削を受けてください。大問 2 の近代文語文は他大学ではあまり見ない分野ですが，読み慣れると論旨はとてもわかりやすいので，演習を積むことです。過去問と同じ問題が再び出るような科目ではないので，回数をこなすことよりも一回一回を大切に復習し，本番までに自分なりの解き方を確立することが大切だと思います。　(T.A. さん／経済)

おすすめ参考書　『近代文語文問題演習』(駿台文庫)

現代文は，筆者の主張部分と段落頭の接続語に印をつけて読む練習が有効です。特に第 1 問は字数制限が厳しいので，本文内の解答に当たる部分を絞り，自分の言葉で言い換えることが必要です。第 2 問は 2022 年度のように古文単独や，現古融合，近代文語文などさまざまな出題内容が考えられます。古文や漢文もおろそかにせずしっかり学校の授業を受けておくのが大切です。第 3 問の要約は，文章の論理構造を把握して図にできれば勝ちです。教科書，問題集の文章など何でもよいので，文章を段落ごとに図式化する練習などをするとよいと思います。　(R.T. さん／社会)

おすすめ参考書　『高校生のための現代思想エッセンス　ちくま評論選』(筑摩書房)

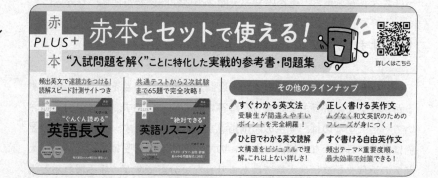

TREND & STEPS

傾向と対策

科目ごとに問題の「傾向」を分析し，具体的にどのような「対策」をすればよいか紹介しています。まずは出題内容をまとめた分析表を見て，試験の概要を把握しましょう。

注　意

「傾向と対策」で示している，出題科目・出題範囲・試験時間等については，2024年度までに実施された入試の内容に基づいています。2025年度入試の選抜方法については，各大学が発表する学生募集要項を必ずご確認ください。

英　語

「聞き取り・書き取り試験」（リスニング問題）については，2025年度から実施されなくなる予定である（本書掲載時点）。

年度	番号	項目	内容
2024	〔1〕	読解	内容説明（20字2問，30字2問，50字2問，100字），英文和訳
	〔2〕	読解	空所補充，語句整序
	〔3〕	英作文	意見論述（140語）
	〔4〕	リスニング	内容説明
2023	〔1〕	読解	英文和訳，内容説明（30字，60字2問，80字），空所補充，語句整序，内容真偽
	〔2〕	英作文	テーマ英作文（140語）
	〔3〕	リスニング	内容説明
2022	〔1〕	読解	内容説明（40字2問，50字，60字2問），英文和訳，同意表現，語句整序，空所補充，内容真偽
	〔2〕	英作文	テーマ英作文（140語）
	〔3〕	リスニング	空所補充，内容説明
2021	〔1〕	読解	英文和訳，内容説明（3語，40字，80字2問），同意表現，空所補充
	〔2〕	英作文	テーマ英作文（140語）
	〔3〕	リスニング	空所補充，内容説明，内容真偽
2020	〔1〕	読解	内容説明（50・60字），英文和訳，空所補充
	〔2〕	読解	内容説明（60字他），英文和訳，空所補充，語句整序
	〔3〕	英作文	テーマ英作文（130語）
	〔4〕	リスニング	内容説明

読解英文の主題

年度	番号		主題	語数
2024	〔1〕	論説	文学と数学の深い結びつき	約 720語
	〔2〕	論説	自己の達成欲求をコントロールする方法	約 910語
2023	〔1〕	論説	アメリカ人の血に流れる肉食の文化と歴史	約1590語
2022	〔1〕	論説	語の音と意味との関連性	約1560語

2021	〔1〕	論　説	不死になり損ねた最後の人間	約 1430 語
2020	〔1〕	論　説	男女は広告でどのように描かれるのか？	約 760 語
	〔2〕	論　説	ペットを飼うことは倫理的なのか？	約 690 語

傾向　読解力と日本語表現力がポイント

01　出題形式は？

〈問題構成〉　2020 年度は読解 2 題，英作文 1 題，リスニング 1 題という構成，2021〜2023 年度は読解 1 題，英作文 1 題，リスニング 1 題という構成となり，2024 年度は再び，読解 2 題，英作文 1 題，リスニング 1 題という構成となった。試験時間は 120 分。そのうち聞き取りの試験時間は，スクリプトと設問から推定すると 15〜20 分程度だろう。なお，リスニング問題は 2025 年度から課されなくなる予定であるため，本書には掲載していない。

〈解答形式〉　例年，記述式が中心である。英文和訳，字数制限つきの内容説明，語句整序，語数制限つきのテーマ英作文や意見論述など，本格的な記述力が要求されるものが多い。読解問題では語句レベルの空所補充問題も出題が続いている。

02　出題内容はどうか？

❶ 読解問題

例年 2 題で，うち 1 題が物語という年度も過去にはあったが，近年は 2 題とも論説文である。2021〜2023 年度は論説文 1 題のみの出題となっていたが，2024 年度は 2 題に戻った。設問については英文和訳と，字数制限がついた内容説明等によって，読解力を試す問題が中心である。また，語句レベルの空所補充の出題も多く，2021・2022 年度には同意表現を問う問題もあった。

読解英文の分量は，1 題当たりでは多少のばらつきはあるが，最近では合計で1400～1600語程度である。2021～2023年度は例年の2題分の分量の英文が1題のみ出題され，設問の数と種類も例年の2題分とほぼ同じであった。英文のレベルは内容・語彙ともにかなり高度である。

❷　文法・語彙問題

過去には大問として出題されていたが，2020年度以降は読解問題の中で問われる形となっている。

❸　英作文問題

3つの与えられたトピックのうち1つを選択して書く形式である。トピックは，2020年度は与えられたテーマについて自由に述べるというもの，2021年度は架空のことわざの意味を説明するもの，2022・2023年度は写真や絵画の画像を見てそれについて書くという形式，2024年度は3つの質問から1つを選択し，その質問の中で与えられた3つの選択肢のうちの1つについて意見を述べるという形式であった。過去には意見論述で，賛否を明らかにして理由を書くものや賛成を前提としてその理由を説明するものなどが出題されるなど，しっかりとした論理展開に基づいた英文を書くことが要求されている。写真や絵について書くものは，描写力や想像力，物語を創作する力が試される。2021年度のことわざの意味を説明するものについては，発想力や想像力が必要であろう。しかし，ただ想像をたくましくすればいいというものでもなく，しっかりとした構成と説得力のある英文を書くことが大切である。

制限語数は，2020年度は100～130語であったが，2021年度以降は100～140語となっている。

❹　リスニング問題（本書には非掲載）

2024年度まで，まとまった英文を聞いて問いに答える内容説明問題が課されていた。また，聞き取った英文の中で使われている単語で答えるディクテーション的要素を含む問題もあった。解答方式は，記述式と選択式で，年度ごとにばらつきが見られた。

03　難易度は？

国公立大学の二次試験としても相当難度の高い問題である。本格的な記述式問題が主なので，語彙・構文の知識に加えて，日本語による高度な表現力も求められる。とはいえ，問題としては奇をてらったところはなく，英文の内容もいたずらに抽象的すぎたり難解すぎたりするわけではないので，まず基礎をきちんと固めた上で，高レベルの参考書・単語集・問題集で準備をしていれば十分に対応できる。

対策

01 読解問題

① 語彙力をつける

教科書のレベルの語彙では足りないので，ハイレベルな問題にも取り組み，そこで出てきた未知の語句に関して自分で単語・熟語ノートを作り，覚えていくのがよいだろう。市販の単語集・熟語集は，あくまで記憶の整理や確認のために併用する，という意識で取り組むべきだろう。

② 実戦的な練習を行う

長い読解英文の内容把握を求められる問題では，一文一文にじっくり向き合うことに加えて，全体の展開を注意深く追う読み方が必要。そのためには普段から段落ごとの要旨をまとめたり，文全体の要約をしたりということを習慣化しておきたい。『大学入試　ぐんぐん読める英語長文』（教学社）や『大学入試 英語長文プラス　記述式トレーニング問題集』（旺文社）などの入試レベルの問題集に取り組むほかに，英字新聞や英文雑誌を読むなど，教科書を超えた，より実戦的な読解練習を心がけよう。また，時事問題や社会情勢・世界情勢に日頃から関心をもち，日本語の論説文や新聞記事にも，普段からよく目を通すようにしよう。

③ 記述力を向上させる

記述式問題に対応するには，しっかりした日本語の表現力が不可欠であることは言うまでもない。日本語表現力の向上には，②でも述べたように，段落ごとの要旨をまとめたり，文全体の要約をしたりという練習が役立つ。また，字数制限つきの内容説明問題では，何よりも慣れがものを言う。記述式問題に取り組む際には，単に頭の中で解答を思い描くのではなく，実際に自分の手を動かして書くようにする。出来上がった解答は必ず読み返し，日本語としておかしなところはないかをチェックしたり，模範解答と比較して不備な点を修正したりする習慣を身につけよう。時には先生にみてもらうのが理想である。

02 文法・語彙問題

誤り箇所の指摘や語句整序などの問題に対応するために，また，正しい英文を書くためにも，十分な対策をして必要な基礎力をつけておきたい。中学で学習した文法や語彙を軽視してはいけない。入試としては典型的な出題形式なので，問題集や他大学の過去問なども活用してイディオムや構文の知識を確実なものとして，それらの知識を英作文でも自由自在に使いこなせるようにしておきたい。

03 英作文問題

文法の知識と語彙を確実に身につけることと並行して，構文参考書やライティング教科書の基本例文を書いて覚える。それによって使いこなせる構文をできるだけ増やしておくこと。

一橋大学の英作文は書かなければならない量が比較的多い。また，試験時間の配分を考えれば，日本語の原稿を英文に直すということをやっている時間はないだろう。したがって入試本番では，頭の中で主張と論旨展開をまとめた後，書くべきことを箇条書きにして，細かい肉付けはいきなり英語で書けるだけの作文力が必要であろう。そのためには，たとえば，普段から論旨の流れの図を作り，それを基に書く練習を重ねるとよい。

あとは練習量がポイントとなる。問題集や過去問を利用して，何度も練習しよう。必ず専用のノートを用意して，入試本番と同じように自分の手で書いてみることが重要である。書いた英文は模範解答と比べたり，学校の先生などに添削してもらうと効果的である。難度が近い大学の既出問題を使うのもよい。また，『大学入試 すぐ書ける自由英作文』（教学社）などの，入試頻出の重要テーマを集めた参考書を通読し，応用力をつけておけば，本番でどんなテーマが出題されても，冷静に対応できるだろう。また，『一橋大の英語 20 カ年』（教学社）には，過去 20 年分のさまざまなテーマの問題が収められており，実戦力を養うのに最適であろう。

一橋大「英語」におすすめの参考書

Check!

- ✓『大学入試　ぐんぐん読める英語長文』（教学社）
- ✓『大学入試　英語長文プラス　記述式トレーニング問題集』（旺文社）
- ✓『大学入試　すぐ書ける自由英作文』（教学社）
- ✓『一橋大の英語 20 カ年』（教学社）

赤本チャンネルで一橋大特別講座を公開中

実力派講師による傾向分析・解説・勉強法をチェック →

日本史

年度	番号	内　容	形　式
2024	〔1〕	城下町における町人地と江戸幕府の都市政策（4問合計400字）	論述・記述
	〔2〕	近代の弾圧法令をめぐる諸問題（5問合計400字）⊘史料	記述・論述
	〔3〕	現代の物価賃金上昇率と政治・経済（2問合計400字）⊘グラフ	論　述
2023	〔1〕	「経済話」－江戸時代における経世論（5問合計400字）⊘史料	記述・論述
	〔2〕	近代における新聞と政府の関係（4問合計400字）	記述・論述
	〔3〕	太平洋戦争における終戦工作と戦後の諸問題（5問合計400字）	記述・論述
2022	〔1〕	菅江真澄と江戸時代の社会経済（5問合計400字：使用語句指定）⊘史料	記述・論述
	〔2〕	「東京朝日新聞」－大山捨松とその時代（4問合計400字）⊘史料	記述・論述
	〔3〕	学問・思想の弾圧と二・二六事件（4問合計400字）	記述・論述
2021	〔1〕	古代から近世における土地制度と税制（4問合計400字）	記述・論述
	〔2〕	近現代における東京の人口の変化（4問合計400字）⊘統計表	論述・記述
	〔3〕	近現代における女性の社会進出（4問合計400字）	記述・論述
2020	〔1〕	「民間省要」－江戸時代における宿駅と人々の移動（5問合計400字）⊘史料・視覚資料	論述・記述
	〔2〕	天皇制の形成と国民の時代意識（4問合計400字：使用語句指定）⊘史料	記述・論述
	〔3〕	近代における議会制度の成立と変容（5問合計400字）	論　述

傾向　近現代の社会経済史が出題の中心
日本史の本質的理解，論理的思考力を試す問題

01　出題形式は？

〈問題構成〉　例年，大問3題で，試験時間は120分である。

〈解答形式〉　記述法の問題が若干含まれることもあるが，基本は論述法の

問題である。大問1題につき400字の解答欄が与えられ，解答は2～5問の小問に問題番号を含めて任意に字数を配分する形になっている。総字数は大問3題で1200字。

なお，2025年度は出題科目が「歴史総合，日本史探究」となる予定である（本書編集時点）。

02 出題内容はどうか？

❶ 近現代重視

時代別では，近現代が中心であり，大問3題中2題が近現代にあてられている。ほとんどの年度で現代史も出題されており，対策をしっかりとっておきたい。出題の割合からして，近現代の攻略がポイントになる。また，古代～近世については，〔1〕でテーマ史の形で出題され，近世の比重が高い。過去の問題では，原始からの出題はみられない。ただ，古代・中世には簡単には解答できない質の高い問題が多く，出題が少ないからといって手を抜いてはいけない。

❷ 高度な社会経済史

分野別では，すべての時代を通していえることだが，社会経済史が多い。古代～近世については，農村の変化，身分制，民衆の抵抗といった民衆を中心とした社会やその変化が問われることが多い。過去には仏教史についても出題されており，社会とリンクした思想史の学習もおろそかにできない。2023年度〔1〕では経世論が出題された。それぞれの時期の産業の発達，社会運動などは頻出事項となる。社会経済史に次いで多いのは政治史で，明治憲法体制に関する問題が頻出である。2020年度は近現代の議会制度が出題された。現代史は近年の問題ではテーマが絞りにくいが，少なくとも，田中角栄内閣，沖縄返還など1970年代までは学習しておきたい。2024年度にはオイルショック時の物価推移の背景，2023年度には沖縄返還，2021年度には1985年に制定された男女雇用機会均等法が出題されており，注意が必要である。近年は近現代の女性をめぐる出題も目立つ。いずれのテーマも歴史用語の羅列で解答できるような問題は少なく，歴史的な背景を含めた理解が求められている。

❸ 資料問題は頻出

史料やグラフなどの資料を用いた問題はほぼ毎年出題されており，2024年度〔2〕，2023年度〔1〕のように史料がリード文として用いられることも多い。

出題される史料は初見史料が多いが，基本的には史料を参考にして何かを考えさせ，あるいは設問で史料の背景や意義を問うような内容が中心である。したがって，教科書に載っているような頻出史料を知っているからといって解答できるわけではない。あくまで出題史料から考えて論じなければならない問題が中心である。

03 難易度は？

難問が多く，非常にレベルが高い出題である。過去の問題の中には教科書の学習だけでは間に合わないような難問もみられたが，すべての問題が難問であるわけではなく，教科書レベルの知識があれば十分に解ける問題が中心である。とはいえ，教科書の本文そのままで解答になるような単純な問題は少ないので，リード文・設問・史料から必要な内容を読み取って，設問に対してどう答えるかということを考えなければならない。用語の暗記中心といった安易な学習ではなく，歴史を理解し，論理的に組み立てる学習が必要である。

論述法であることや，小問ごとの字数配分を考えなければならないことなどを考慮すると，試験時間に余裕があるとはいえないだろう。まずは各設問の論述に必要な字数を見極め，1問に時間をかけすぎないよう時間配分を意識しながら解答の下書きを作成していこう。解答を完成させる際には，各大問で400字の8割以上の字数が確保できているか確認すること。

対策

01 教科書を中心に歴史を理解する学習を

教科書の内容を超える問題もみられるが，基本的には教科書の内容を十分に消化すれば合格点は取れる。教科書をじっくり読んで歴史の流れをつかみ，内容の理解に努めてほしい。特に社会経済史は頻出テーマなので，丁寧に学習したいところである。教科書は過去問を解き始めてからも繰り返し読んで，理解を深めてほしい。

02 歴史用語の暗記をおろそかにしない

論述法がほとんどなので，どうしても歴史の流れや理解に学習が偏りがちである。しかし，実際に解答を書くためには歴史用語を正確に覚えておく必要がある。そこで，教科書で理解を深めるとともに，並行して歴史用語の暗記をしてほしい。教科書と山川出版社の『日本史用語集』だけでも暗記作業はできるが，一気に取り組みたい場合は，『時代と流れで覚える！ 日本史用語』（文英堂）をすすめる。短文・空所補充形式になっており，ページ数も少なく，コンパクトにまとまっているので，暗記するための材料としては使いやすい。

03 問題演習で柔軟な思考を身につけよう

歴史の理解や用語の暗記など基礎的な学習がひととおり終わったら，次は問題を実際に解いてみよう。一橋大学の問題を解くためには，広い視野で物事をとらえ，また，いろいろな角度から論理を組み立てられる能力が必要である。簡単にいえば，「頭をやわらかくする」ことが重要である。また，一橋大学は過去に出題された問題の類題が多いので，過去問の仕上げが最大の攻略法となる。『一橋大の日本史20カ年』（教学社）に掲載の過去問をやっておくことは非常に有効である。1回解いて終わるのではなく，繰り返し解くことによって問題に対する知識や理解を深めてほしい。

04 論述問題の解答方法と学習方法

論述問題を解答するための最大のポイントは，①「設問の要求」，つまり，「何を問われているのか」をつかむことである。これを勘違いするとまったく的はずれの解答を書くことになってしまう。設問の要求がわかったら，次に，②設問の要求に応えるために必要な用語（内容）は何かを挙げる。まず，必要な項目を箇条書きや表の形でもいいので並べてみよう。そして，最後に，③おおよその字数を計算してまとめる。

この手順に従って，普段の学習も行っておきたい。まず，①設問の要求を正確につかむ。次に，②「教科書をみながら」解答に必要な項目を挙げる。最初からうまく書くことはできないので，設問の要求に対して，教科書から必要な内容を抜き出せるだけでも第１段階としては十分である。最後に，③その内容について字数を考えてまとめる。その後，解答例をみて，「設問の要求に応えているか」「内容に不足はないか」などを確認すればよい。

論述問題の攻略はとにかく書いてみることである。最初は時間を気にしなくてもよいので，時間をかけて考えてみよう。慣れてくるにしたがって，教科書をみないで解いてみる，次に時間を計りながら解いてみる，というように一歩ずつ進めていこう。

世界史

年度	番号	内　容	形　式
2024	〔1〕	アルプス以北のヨーロッパ中世都市の社会経済史的意義（400 字） **✓史料**	論　述
	〔2〕	奴隷解放と解放後の黒人に対する政策への評価（400 字：使用語句指定）	論　述
	〔3〕	10〜12 世紀頃の東アジア世界の政治的・社会的変動（400 字）	論　述
2023	〔1〕	英仏百年戦争の性格とフランス王国に及ぼした変化（400 字）	論　述
	〔2〕	モザンビークとジンバブエが独立した経緯とその背景(400 字） **✓地図**	論　述
	〔3〕	ロシアの中国進出と孫文・ヨッフエ共同宣言が中国に与えた影響（400 字） **✓史料**	論　述
2022	〔1〕	神聖ローマ皇帝フリードリヒ１世が発布した勅法「ハビタ」をめぐる文化的・政治的状況（400 字：使用語句指定） **✓史料**	論　述
	〔2〕	バイデン大統領の演説と 20 世紀のアメリカの経済政策(400 字) **✓史料**	論　述
	〔3〕	朝鮮の近世〜現代史（３問合計 400 字）	論　述
2021	〔1〕	ハギア=ソフィア聖堂がもつ意味の歴史的変化（400 字）	論　述
	〔2〕	ゲーテの時代とレンブラント時代の文化史的特性の差異(400 字) **✓視覚資料・史料**	論　述
	〔3〕	「第１次文化大革命」と「４つの近代化建設」(400 字) **✓史料**	論　述
2020	〔1〕	ルターの宗教改革とドイツ農民戦争（２問合計 400 字） **✓史料**	記述・論述
	〔2〕	19 世紀後半から 20 世紀中葉におけるイギリスからアメリカへの覇権の移行（400 字）	論　述
	〔3〕	朝鮮の小中華意識とそれが 1860〜70 年代に果たした役割（２問合計 400 字） **✓史料**	記述・論述

傾向　史料問題・現代史必出
ドイツ・中国・朝鮮は要注意

01　出題形式は？

〈問題構成〉　例年，論述法を中心に大問３題が出題されている。試験時間は 120 分。

〈解答形式〉　大問ごとの制限字数がそれぞれ 400 字という設定が基本。１題が１つの設問だけで 400 字のものもあれば，１題がいくつかの小問に分かれ，合計して 400 字という形式のものもある。例年，史料を利用した出題があるのが特徴で，2021 年度は視覚資料が，2023 年度は地図も出題された。

2020 年度は〔１〕〔３〕が記述法１問を含む 400 字，2021・2023・2024 年度はどの大問も１問のみで各 400 字，2022 年度は〔３〕が論述３問で 400 字であった。総字数が 1200 字に及ぶ長文論述主体の出題であるだけに，相当の論述力が必要で，試験時間内に解答するのは容易ではない。得意分野の問題から取り組み，最後に難問に着手するなど時間配分を誤らないようにしたい。

なお，2025 年度は出題科目が「歴史総合，世界史探究」となる予定である（本書編集時点）。

02　出題内容はどうか？

❶　地域別

近年は，欧米史２題，アジア史１題が出題されている。

ウエートの高い欧米史では，ドイツ・イギリス・フランス・アメリカ合衆国が頻出している。特にドイツ史は大問として 2020 年度のように１国で出題されることが多く，2021 年度はオランダ，2024 年度は中世都市と絡めて出題された。また，2022 年度もイタリアの視点から神聖ローマ帝国との関係が問われている。アメリカ史も目立ち，2020 年度は 19〜20 世紀のイギリスとアメリカ合衆国の覇権，2022 年度は 20 世紀のアメリカ合衆国の経済政策，2024 年度はアメリカ合衆国とイギリスを絡めて奴隷解放の動きから出題された。2023年度にはイギリスとフランスを対象に大問が出題されている。

アジア史では，中国（17～20世紀の近世～現代が中心）・朝鮮（近世～現代が中心）を中心に出題されている。清代から中華人民共和国にかけての政治史，清と朝鮮・日本・ロシアとの関係，日韓関係，日露関係などの極東の外交関係や，列強の東南アジア進出などの出題が主体であるが，中国史では2021年度に中華人民共和国，2023年度に中華民国の現代史が，2024年度は唐の滅亡～宋代が出題された。なお，朝鮮史は2020・2022・2024年度と近年頻出しており，十分な対策を講じておく必要がある。

その他：2023年度は〔2〕で本格的なアフリカ現代史が出題され，2024年度も〔2〕のなかでアフリカ分割が扱われている。一橋大学ではこれまでに対象とされてこなかった地域であるので，今後は注意が必要である。

❷ 時代別

●古代　一橋大学では古代史からの出題比率は低く，2020年度以降出題されていない。

●中世　中世ヨーロッパが重視されており，〔1〕で大問として出題されることが多い。2021年度はハギア=ソフィア聖堂の建設背景，2022年度はフリードリヒ1世のイタリア政策，2023年度は英仏百年戦争，2024年度は中世都市の社会経済史的意義と10～12世紀頃の東アジア世界の変動などについての説明が求められた。

●近世～現代　欧米地域は，2020年度〔1〕，2021年度〔2〕，2024年度〔2〕と近世・近代からの出題が目立っているが，2020年度〔2〕，2022年度〔2〕では20世紀の現代史も対象となった。20世紀の現代史は，「政治・経済」に含まれるような第二次世界大戦後の時事問題まで問われている。一方，アジア地域は，2020・2022年度〔3〕の朝鮮は近世～現代が対象となっている。2021・2023年度〔3〕の中国は近代以降が対象となっており，特に清朝とその周辺諸国の関係史や20世紀が頻出している。なお，欧米・アジア地域以外で，2023年度〔2〕でアフリカ現代史が出題されている。

❸ 分野別

欧米史・アジア史とも政治史・経済史・社会史・宗教史などが柱となっている。宗教関係（ローマ教皇やローマ教会，新教派の台頭など）や反乱・戦争を中心としたテーマが目立っており，2020年度には「ルターの宗教改革とドイツ農民戦争」が問われている。また，2020年度は「イギリスからアメリカへの覇権の移行」，2022年度には「ニューディール政策とその影響」，2024年度には「中世都市の社会経済史的意義」という経済史の視点が重視された出題があった。一方，学問や思想についての出題もあり，2021年度に「ゲーテの時代とレンブラント時代の文化史的特性の差異」が問われた。

03 難易度は？

一橋大学の世界史は，歴史事象の経緯や背景だけでなく，比較考察や史料読解，教科書には直接説明されていない歴史の構造的理解を問われるハイレベルな問題が多い。

2024年度は〔1〕やや難，〔2〕難，〔3〕標準であった。〔1〕は中世都市の社会経済史的意義についてその二面性を考えさせる問題で，史料で紹介された見解を踏まえるという点でやや難であった。〔2〕は19世紀における奴隷解放の動きを現代まで続く問題としてまとめる必要があり，難度の高いものであった。〔3〕は一橋大学の定番である中国史からの出題であったが，広く東アジアを問うもので幅広い視野が求められた。3題のなかでは要点整理的にまとめることができるので最も書きやすかったと思われる。

教科書や用語集の知識が基礎にはなっているが，さまざまな史料を用いて，歴史の構造的な理解力をみる難度の高い論述問題であるため，相応の構成力と文章力が必要である。

対策

01 教科書の徹底理解を

まず教科書を精読し，歴史の流れを体系的に把握しておくことが基本である。その際，歴史上の事象がどのような背景（原因）で起こり，同時代の社会・経済にどのような影響を及ぼし，またそれがその後の政治情勢にどのような影響を与えたか，という歴史の因果関係に配慮した学習方法が有効である。なお，「教科書学習」といっても，教科書は各社から何種類も出版されており，自分の使用している教科書に掲載されていない歴史事項も数多くある。こうした歴史事項を確認・理解するためにも『世界史用語集』（山川出版社）などの用語集は必ず利用したい。さらに世界史年表を利用しての年代整理や，世界史地図での国・地域・都市などの確認作業も欠かせない。

02 頻出地域・時代・テーマ対策は念入りに

頻出の中世ドイツ史，近世・近代のフランス・イギリス史，清代から中華人民共和国にかけての政治史，朝鮮の近現代史については，特に重点的に取り組んでおきたい。教科書の記述を理解した上で，用語集の説明文レベルの知識がないと一橋大学の要求する論述レベルに内容が到達しない可能性もあるため，確実で幅広い知識を自分のものにしておきたい。テーマ史を予測するのは困難だが，日頃から共通項（たとえば，「宗教戦争」「農民反乱」「革命」「社会・経済・文化的背景」など）を意識しながら学習するようにしたい。特にテーマ史として出題されやすい分野，たとえば「革命の意義と背景」「世界貿易の交易形態」「中国の土地制度の変遷」「戦後の国際政治・経済」などは，教科書の「扉」の内容や資料集のテーマ別のページなどを参考にしながら，ぜひとも詳しく読み込んでおきたい。

03 論述対策に重点を置く

一橋大学の世界史は，論述問題が大部分を占め，例年難度も高いので，論述対策が重要になってくる。流れ（歴史的推移）のみを記述させるタイプは少なく，歴史的意義（意味）・時代背景・比較・影響などについての論述が主体となっており，論旨の進め方（たとえば，比較のポイントや後代との関連を提示した上で特徴・意義を示す文章構成など）や字数配分の点で難度が高い。

こうした特徴を踏まえ，以下の点に注意して論述対策を行いたい。

① 出題者の意図，つまり題意をしっかり認識すること。

論述問題は設問ないし史料の理解の仕方，あるいは問題意識によって，いろいろな方向から論述が可能な出題もあり，注意深く対応しなければ出題者の意図から逸脱する可能性も出てくる。そこで，何を，どの方向から，どのように述べていくかを最初にしっかりと把握しておく必要がある。

② 書き始める前に，ある程度論述の設計図を作っておく。

指定語句や参考語句がある場合にはその語句の使用方法やその語句から推測される内容を考え，使う順序を決めること。指定語句（参考語句）や史料は論述の内容・方向を規定することが多いので，ここで今一度①の確認作業を行うことが大切となる。試験時間が120分で合計1200字もの論述が課されるので，見通しがあいまいなまま書き始めて途中で行き詰まることのないように，記すべき歴史事項・論述ポイントを明確化し，その順序を決めておき，字数配分を考える必要がある。

③ 書き上げた文章はできるだけ，第三者に添削してもらうこと。

歴史的意義や比較・影響などの説明を求めることが多い一橋大学の論述では，「読みやすいか」「設問から逸脱していないか」「論理的か」「比較になっているか」「理由を示して意義（意味）を述べているか」がポイントになる。書き上げたら第三者の意見を聞き，設問に沿っているか，ミスや足りない箇所はないかをチェックしよう。

また，『詳説世界史研究』（山川出版社），『チャート式シリーズ 新世界史』（数研出版）などの参考書，そして『山川 世界史小辞典』（山川出版社）などは歴史的意義などにも言及しており，役に立つ。『判る！ 解ける！ 書ける！ 世界史論述』（河合出版）などを活用して，論述の解き方に慣れることも有効である。

04 本書および本シリーズの活用法

本書を利用して過去問を解き，一橋大学独特の出題傾向に慣れておきたい。また，本シリーズを利用して，東京大学・京都大学・名古屋大学など，ほぼ同じ形式・類似した問題に当たることは，知識を深め，さらには論述に慣れる点でも有益である。なお，『一橋大の世界史20カ年』（教学社）は一橋大学の20カ年にわたる過去問を掲載し，より詳しい問題傾向や難問に対するアプローチの方法などをまとめているので，ぜひとも手に取ってほしい。

地　理

年度	番号	内　容	形　式
2024	〔1〕	コロンビアの農業（100 字 4 問）　**✓地図・グラフ**	記述・論述
	〔2〕	国際的な生産分業（125 字 2 問，150 字）　**✓グラフ・統計表**	論　述
	〔3〕	人の移動（125 字 2 問，150 字）　**✓図・統計表**	論述・記述
2023	〔1〕	都市農業（125 字 2 問，150 字）　**✓統計表**	選択・論述
	〔2〕	アフリカとラテンアメリカの開発（100 字，150 字 2 問）　**✓統計表**	論述・記述
	〔3〕	子どもの遊び（100 字，150 字 2 問）　**✓統計表**	論　述
2022	〔1〕	中国の西部大開発と EU 加盟国の貿易（125 字 2 問，150 字）　**✓統計表**	論　述
	〔2〕	都市の変容とツーリズム（125 字 2 問，150 字）	論　述
	〔3〕	資源・エネルギー（75 字 2 問，100 字，150 字：使用語句指定）　**✓グラフ**	論　述
2021	〔1〕	環インド洋地域の結びつきと，問題（100・175 字，125 字：使用語句指定）　**✓統計表**	記述・選択・論述
	〔2〕	国境を越える人の移動（125 字 2 問，150 字）　**✓グラフ**	論述・記述
	〔3〕	イギリスの都市に見られる地域変容（125 字 2 問，150 字）　**✓統計表・視覚資料**	論　述
2020	〔1〕	アフリカにおける携帯電話の普及（100・125・175 字）　**✓統計表**	論　述
	〔2〕	1964 年以降のオリンピック大会の立候補都市（125 字 2 問，150 字）　**✓年表**	論　述
	〔3〕	世界と日本の水産業（75・125 字，100 字 2 問）　**✓グラフ**	論　述

傾向　社会・経済の変化と問題点が必出　発展途上地域の経済・貿易・民族に注意

01　出題形式は？

〈問題構成〉　例年，大問 3 題で，各大問ではテーマに沿った長文から派生した小問が展開される場合が多い。試験時間は 120 分。

〈解答形式〉 論述法が中心で，年度によっては記述・選択法なども出題される。それぞれの論述問題では制限字数が設定されており，75〜175字程度で答えるものが多い。統計表・グラフなどを利用する問題が目立ち，それらを読み取って地理事象の問題点を判断し，その背景や特徴，今後の変化予測，時には自分の意見などを述べる問題となっている。

なお，2025年度は出題科目が「地理総合，地理探究」となる予定である（本書編集時点）。

02 出題内容はどうか？

❶ 世界の社会・経済状況に関連した論述問題

一橋大学が経済・社会系の大学であることを反映して，世界の経済や社会の状況に注目し，それらが地域の実態にどのように現れているかに焦点を当てた問題が中心となっている。経済活動からみた地域構造，社会の変化に伴う課題，社会経済構造に地域差が生じる背景などの出題が多い。たとえば，2021年度にはロンドンにおけるジェントリフィケーション進行に伴う地域の変化が問われた。さらに2022年度には，コロナ禍後の経済復興と結びつけてグリーンリカバリーが扱われた。

❷ 発展途上地域が取り上げられることが多い

2020年度はアフリカ，2021年度は環インド洋地域，2023年度はアフリカとラテンアメリカ，2024年度はコロンビアを対象地域とする出題がみられた。扱われる内容は経済や産業の開発に関わるものが多いが，人口，民族問題と結びつけた設問も少なくない。これらは現代世界の諸問題への地理的な考え方を問う出題姿勢によるもので，注意しておきたい。

❸ 資料利用問題が多い

ほぼすべての大問でグラフ・統計表などの資料が用いられ，資料の背後にある地理事象を考えて論述させる問題となっている。図表の多くはGDP（国内総生産）や就業構造，商品売上高，貿易額などといった経済指標であるが，その基礎になる人口や民族構成なども出題される。

03 難易度は？

難度は高い。出題されるテーマの難しさもあるが，リード文や地図，グラフなどを読み取って地域性を判断する思考力が求められることや，題意に応じた内容を制限字数の範囲でまとめなければならないことが，その難しさの理由になっている。しかし，知識の有無のみに頼る問題ではなく，高校地理の学習内容に基づいて自分の考えを論理的にまとめる力が必要であるだけに，経済や社会への興味と関心がある受験生ならば，かえって取り組む意欲をかきたてられる出題であるともいえる。

対策

01 地理的思考力を養う

基本的事項をもとに，常に地域の構造や特徴，問題点などについて考えが及ぶように地理的思考力を養っておく必要がある。そのためには，地理事象が「どこで」「どのように」みられ，それは「なぜ」なのかを考える習慣を身につけることが大切といえる。地理事象が展開されるときの自然的要因，歴史的背景，社会・経済的条件などに気をつけ，それらが地域の機能や特色，景観などにいかに現れているか考えるようにしたい。

02 世界の社会・経済状況に強くなる

世界の社会・経済状況は頻出分野であり，高校地理の学習内容から一歩踏み込んで考える習慣を身につける必要がある。そのためには幅広い教養が必要で，普段から新聞やニュースに親しむほか，新書を読んだり，経済の動向を表す「通商白書」などの白書類を活用して，教科書の範囲にとどまらない突っ込んだ学習をするのがよいだろう。知識を拡充することも大切だが，常に地理的視点から諸事象を解釈するような姿勢を心がけたい。また，経済のグローバル化，民族紛争，環境問題，情報化社会といった分野で気になるキーワードについては，『現代用語の基礎知識』（自由国民社）などがよい参考書になるだろう。

03 発展途上地域に注意

発展途上地域を事例とした出題が目立っている。学習にあたっては，経済発展においてみられる地域差，植民地化による影響，経済開発に伴う課題などの点に注目しよう。特色ある国や時事的に話題になった国を取り上げて，ケーススタディとしてまとめるのも一つの学習法である。なお，ヨーロッパにおいても，中核をなす地域と周辺地域との格差やEUの東方拡大，また，ロシアの影響力に変化がみられる旧ソ連諸国の動向にも注意しておきたい。

04 統計に慣れる

統計地図・グラフ・統計表などの読み取りで何に注目すればよいのか，また，資料類のどこに必要なものがあるのかを見抜く能力を養うためには，普段からさまざまな統計に慣れておく必要がある。解説文が充実している『日本国勢図会』『世界国勢図会』（いずれも矢野恒太記念会）や，各種統計がコンパクトにまとまり，後半には世界各国要覧もついていて各国の現状把握に便利な『データブック オブ・ザ・ワールド』（二宮書店）などの利用をすすめる。

05 論述問題への対策を

制限字数には長短があるが，100字程度で文章を書く練習ができていれば，その組み合わせで長文の問題にも対応できる。たとえば100字程度で，各種分布図や統計資料の内容を解説してみる，一つの地域の特色や問題点をまとめてみる，時事問題や地理用語の解説をしてみる，などがよい練習となるであろう。また，過去問演習では，リード文の内容にも注意しながら，問われていることに対応した解答になっているか確かめながら丁寧に論述に取り組みたい。

数　学

年度	番号	項　目	内　容
2024	〔1〕	整数の性質，数列	Σ（シグマ）を用いた不定方程式
	〔2〕	微・積分法	ある条件を満たす 2 つの放物線で囲まれた部分の面積の最小値
	〔3〕	式と証明	余りに関する条件から 4 次多項式を決定する問題
	〔4〕	ベクトル	空間にあるひし形の面積の最小値
	〔5〕	確率	円の中心が正 n 角形の 3 頂点でできる三角形の内部に含まれる確率
2023	〔1〕	整数の性質	$_nC_r$ を用いた不定方程式
	〔2〕	微分法	3 次関数と 2 次関数のグラフの両方に接する直線が存在する条件
	〔3〕	ベクトル	四面体の体積の最大値
	〔4〕	図形と方程式，数列	第 1 象限の格子点に番号がつけられた数列（群数列）　**✓証明**
	〔5〕	確率，数列	A，B，Cの 3 人がさいころを順番に投げゲームに勝つ確率
2022	〔1〕	整数の性質	指数を含む不定方程式
	〔2〕	図形と方程式，三角関数，微分法	三角形の面積の最大値
	〔3〕	集合と命題，図形と方程式	必要十分条件と不等式が表す領域　**✓証明・図示**
	〔4〕	ベクトル	線分が通過することによってできる立体の体積　**✓図示**
	〔5〕	確率，数列	n 回目に赤玉を取り出す確率（確率と漸化式）
2021	〔1〕	場合の数，整数	1000 以下の素数が 250 個以下である証明　**✓証明**
	〔2〕	数列	一般項にガウス記号を含んだ数列の和
	〔3〕	2 次関数，図形と方程式	三角形の成立条件と 2 変数関数の値域を求める問題　**✓図示**
	〔4〕	図形と方程式，微・積分法	円と放物線の位置関係，放物線と接線と y 軸で囲まれた面積の最大値
	〔5〕	確率，整数，積分法	サイコロを 3 回投げて定積分が 0 になる確率

2020	〔1〕	整数	10^n を 2020 で割ったときの余りに関する問題
	〔2〕	三角関数	$\tan\theta$ を含んだ三角方程式の解の個数
	〔3〕	ベクトル	3個の動点が半径1の円周上にあるときの内積の最大・最小
	〔4〕	積分法	絶対値記号が付いた定積分の計算
	〔5〕	確率，数列	点の合計がちょうど n になる確率（確率と漸化式）

出題範囲の変更

2025 年度入試より，数学は新教育課程での実施となります。詳細については，大学から発表される募集要項等で必ずご確認ください（以下は本書編集時点の情報）。

2024 年度（旧教育課程）	2025 年度（新教育課程）
数学Ⅰ・Ⅱ・A・B（数列，ベクトル）	数学Ⅰ・Ⅱ・A・B（数列）・C（ベクトル）

旧教育課程履修者への経過措置

旧教育課程履修者に対しては，出題する科目の問題の内容によって配慮を行う。

傾向　整数問題，確率，微・積分法が頻出　他大学の理系学部の問題で準備を

01 出題形式は？

〈問題構成〉 試験時間 120 分で，大問 5 題の出題である。近年は小問構成でない大問が 3，4 題出題され，この形式が定着している。その他の大問は 2，3 問の小問で構成されている。

〈解答形式〉 全問記述式が続いている。年度によっては，証明問題や図示問題も出題されている。

02 出題内容はどうか？

〈頻出項目〉

- 整数の性質を利用する問題が例年出題されている。
- 確率は，ほぼ毎年のように出題されており，2020・2022 年度は確率と漸化式が融合した問題，2023 年度は確率と Σ（シグマ）の計算が融合した問題であった。

- 微・積分法は，標準的な内容のものがほぼ毎年出題されている。最大・最小，接線，面積，体積などの基本的な内容は必須と考えてよい。
- 図形と方程式，ベクトルといった広範囲の平面図形問題が目立ち，これらを複合したり，他分野と結びつけたものも多い。重要な項目だと考えてよいだろう。
- 2022～2024 年度は空間図形が出題されているので，この分野も対策を立てておきたい。

〈問題の内容〉

- 2021～2023 年度は証明問題も出題されている。また，それ以外でも論理的な記述を要求する出題が多い。
- 図示問題は 2021・2022 年度に出題された。また，図を描いて解法の糸口を見つけさせる出題が多い。

03　難易度は？

2023・2024 年度は比較的解きやすい問題であったが，2020 年度以前は解きにくい問題が多く，他大学の文系学部と比べるとレベルはかなり高い。解法パターンがすぐに思いつくような出題が少ないこと，証明問題などを中心に論理的な記述を要求する問題が多いことなどから，より難しく感じられる。他大学の理系学部の問題を解くことで，慣れておくとよいだろう。

対策

01　頻出例題の徹底学習

極端な難問は出題されないが，基礎学力が充実していなければ解法の糸口を見出すことができない問題が多い。頻出例題については繰り返し学習し，解法パターンを身につけることが大切であり，『文系の数学 実戦力向上編』（河合出版）などを使うとよい。

02 答案作成の練習

証明問題のほかにも，正確な論証を要する出題が多い。論理的にしっかりとした答案を要求する姿勢がうかがえる。日頃から，実際に手を動かして答案を完成させる粘り強い学習を心がけたい。また，得られた結果を点検する習慣をつけておきたい。

03 整数問題対策

例年出題されている整数の性質に関する問題は，『一橋大の数学 20 カ年』（教学社）などによってしっかり練習しておこう。

04 図形問題対策

図形問題は設定のままに解くのではなく，座標を用いたり，幾何的性質を見抜いたり，いろいろな解法を試してみることが大切である。日頃からじっくり考えて図形的感覚を養っておくこと。

05 その他の頻出項目

微・積分法，三角関数については，基本知識・標準パターンは確実に身につけ，確率，数列では具体例を調べて一般的な場合における考え方や結果を予想する手法にも慣れておくこと。

一橋大「数学」におすすめの参考書

Check!

✓『文系の数学 実戦力向上編』（河合出版）
✓『一橋大の数学 20 カ年』（教学社）

国　語

年度	番号	種　類	類別	内　容	出　典
2024	〔１〕	現代文	評論	書き取り，内容説明（25・30・50字）	「人権と国家」　筒井清輝
	〔２〕	文語文	評論	口語訳，内容説明（30・50字）	「翻訳の心得」　森田思軒
	〔３〕	現代文	評論	要約（200字）	「正しい戦争はあるのか？」　眞嶋俊造
2023	〔１〕	現代文	評論	書き取り，内容説明（30・40・50字）	「哲学で抵抗する」　高桑和巳
	〔２〕	文語文	評論	語意，内容説明（30字），主旨（60字）	「平均力の説」　馬場辰猪
	〔３〕	現代文	評論	要約（200字）	「英語という選択」　嶋田珠巳
2022	〔１〕	現代文	評論	書き取り，内容説明（30字2問，50字）	「『歴史的に考える』ことの学び方・教え方」　日高智彦
	〔２〕	古　文	伝記	語意，内容説明（30字），主旨（50字）	「続近世畸人伝」　三熊花顛
	〔３〕	現代文	評論	要約（200字）	「空間と人間」　中埜肇
2021	〔１〕	現代文	評論	書き取り，内容説明（30字2問，60字）	「『芸術人類』の誕生」　鶴岡真弓
	〔２〕	文語文	評論	口語訳，内容説明（25・60字）	「悲哀の快感」　大西祝
	〔３〕	現代文	評論	要約（200字）	「翻訳がつくる日本語」　中村桃子
2020	〔１〕	現代文	評論	書き取り，内容説明（30字2問，50字）	「情動の哲学入門」　信原幸弘
	〔２〕	文語文	評論	口語訳，内容説明（25・50字）	「明治文学史」　山路愛山
	〔３〕	現代文	評論	要約（200字）	「老いの空白」　鷲田清一

傾向　現代文は評論の読解・論述対策　古文・文語文の対策も周到に！

01 出題形式は？

〈問題構成〉　大問３題，うち２題は現代文（評論）で，〔１〕が内容読解問題，〔３〕が要約の問題である。〔２〕は明治文語文の年度がほとんどだが，2022 年度は古文が出題された。試験時間は 100 分。

〈解答形式〉　記述・論述式の設問が中心であるが，過去には選択式の設問が出されたこともあった。内容説明問題はほとんどの設問に字数指定がある。〔３〕の要約問題は例年 200 字である。

02 出題内容はどうか？

〈現代文〉　〔１〕〔３〕ともに評論からの出題が続いている。評論のテーマは，異なる視点の比較を踏まえたものが多く，そのジャンルは言語・思想・文化・科学・歴史・社会など多岐にわたっている。また，文体も硬質の論文調から随筆に近いものまでさまざまである。文章量は〔１〕〔３〕とも標準的であるが，年度によっては増加や減少がある。

設問は〔１〕が書き取り，内容説明が中心で，〔３〕は例年 200 字の要約が課されている。いずれも丁寧な読解を前提とした設問となっている。

〈古文・文語文〉　漢文訓読体の文語文が出題されることが多く，その内容は文明評論や政治評論が中心である。古文が出される場合は，2022 年度のように江戸時代の文章が多いが，過去には中古の作品『枕草子』と『紫式部日記』の一節が引用された現・古融合文が出題されたこともある。古文部分の解釈なども問われており，注意が必要。文語文と古文の両方に対応するには，古文の学習を怠りなく行うのはもちろんのこと，漢文の学習も必要である。

03 難易度は？

文章のレベルと設問数のバランスから考えれば標準的であるが，設問のレベルが高く，記述の字数制限が厳しいことから，やや難と考えるべきである。100 分という試験時間は一見長いようだが，記述をまとめるのに苦労する問題が多い上に，200 字の要約は慣れていないと時間がかかる。過去問演習を通じて，自分に合った時間配分を身につけておこう。

対策

01 現代文

例年，一橋大学の記述問題の特徴は字数制限の厳しさにある。これは〔1〕〔3〕に共通する事柄である。設問の要求を的確に理解し，本文から該当する箇所を厳選して簡潔にまとめるには，訓練に裏打ちされたある程度の技量が必要となる。

〔1〕については，過去問を徹底的に演習し，設問のパターンに慣れることが必須である。『一橋大の国語 20 カ年』（教学社）を利用するとよいだろう。それ以外の演習素材となると，字数制限の厳しさでいえば，類似する傾向を持っているのは東京大学である。技量の向上を目指して，東京大学の過去問も活用してほしい。解答については，指導者の添削を受けることが望ましい。

〔3〕についても，やはり継続的な訓練が最も効果的である。過去問の演習，特に『一橋大の国語 20 カ年』で〔3〕の練習を行うことをすすめる。また，模試などで出題された文章を要約することも有効だろう。

02 漢字力

書き取りは必出なので，確実な得点源となるよう受験用の漢字問題集を 1 冊は計画的に仕上げるべきである。常用漢字以外の漢字も出される。漢字は一字が一単語であることを念頭に，漢和辞典などで一字単位の意味を確認する習慣をつければ，熟語の意味もよくわかり，誤字・当て字を防ぐことができる。また，初見の熟語でも意味が推量できる利点もある。漢字の学習は，読解力向上にも結びつくものであることを認識して，意欲的に取り組もう。国語辞典・漢和辞典・古語辞典のすべてを使いこなそう。

03 古文・文語文

直近の5年間の出題状況をみると明治文語文が4回，古文が1回となっている。2022年度に古文が出題され，安易に今後の予測はできないが，明治文語文だけでなく古文にも対応できるように，基本的な古文の力をつけておくべきである。ただし，〈傾向〉でも述べた通り，明治文語文には多分に漢文的要素が含まれているので，漢文の学習も必須である。古文・漢文ともまず授業を大事にして，実力を養うことを心がけよう。授業の予習・復習，授業中の集中など，正攻法で取り組むのが結果的に一番の近道である。その上で，出題傾向に合わせて明治文語文に触れることを課題にするとよい。明治文語文は明治文学全集の類に評論が取り上げられているから，それらを学習の材料にすることができる。小説の翻訳であるが森鷗外の『即興詩人』（原作者はデンマークの作家アンデルセン）は，楽しみながらこの種の文体に慣れるのに好適な作品である。また，京都大学では2002年度まで文語文が出題されていた。早稲田大学でも学部によっては近代文語文が出題されている。『京大の現代文25カ年』や『早稲田の国語』（いずれも教学社）を利用して，入試問題としての文語文に挑戦しておくとよい。

一橋大「国語」におすすめの参考書

Check!

- ✓『一橋大の国語20カ年』（教学社）
- ✓『即興詩人』（森鷗外訳，岩波文庫）
- ✓『京大の現代文25カ年』（教学社）
- ✓『早稲田の国語』（教学社）

総合問題

区分	番号	内　容
2024	〔１〕	片対数目盛りと最良近似
	〔２〕	配分議席数に関する数理
	〔３〕	最短経路・計算幾何学
2023	〔１〕	散布図からの確率分布の推測
	〔２〕	順位付けの指標，エントロピー
	〔３〕	照合する正規表現と状態遷移図
サンプル問題	〔１〕	ポアンカレの逸話を題材とした統計的検定の考え方
	〔２〕	試行錯誤による学習アルゴリズム
	〔３〕	利他的行動・協力的行動の数理的な扱い

（注）2023年度より実施。

傾向　状態設定の把握力と論理的な説明力が問われる

01　出題形式は？

大問３題の出題で，それぞれ小問が２～４問あり，試験時間は60分。論述形式の問題や，提示されたデータから数値を求める問題が多い。

02　出題内容はどうか？

題材は経済学，統計や機械学習理論，データランキング，正規表現，得票数と配分議席数に関する数理など高度なテーマが中心であるが，問題文に丁寧な説明があるため，予備知識がなくとも高校数学までの範囲で解ける出題内容となっている。論述を要求する設問が多くみられる。

03 難易度は？

難易度は標準的であるが，独特の出題に慣れておく必要がある。的確に要点を押さえた記述が要求されることに注意が必要である。

対策

01 読解力の養成

基本的には，問題中の情報について問われるので，読解力の鍛錬が第一である。その際，経済や統計，データサイエンスに関連する本を読むと背景となる知識も得られ，思考の材料にもなるであろう。新聞やニュース，話題となっている最新のテーマに普段から関心をもっておくことも重要である。

02 統計的な考え方の学習

次に，ソーシャル・データサイエンス学部の特徴でもあるデータサイエンス的・統計的な考え方を学習しておくことが望ましい。数学Ⅰのデータの分析，数学Ａの確率，数学Ｂの統計的な推測の単元はしっかりと修得しておこう。

03 記述力の鍛錬

最後に，自分の考えを論理的に記述する訓練が欠かせない。何を書くのかといった内容もさることながら，伝え方や言葉選びでも答案の印象は大きく変わってくる。この習得には文章を書くことへの慣れが必要であるから，早期から対策に取り組んでおくことが望ましい。

2024年度

解答編

前期日程

解答編

英語

I 解答　**1.** ①教え子である筆者が大学で人文学ではなく理数系を学ぶことを選んだのを先生は残念に思うという内容。(50 字以内)

②筆者は人文学も好きであるため，自分を理数系に取られたと先生が残念がっているのを残念に思っている。(50 字以内)

2. 全訳下線部(2)参照。

3. • e の文字を一度も使わずに小説を書くこと。(20 字以内)

• 各章を前の章の半分の長さにすること。(20 字以内)

4. 数字「1」: 月や地球のように，他に類がなく唯一無二のもの。(30 字以内)

数字「2」: 手のように2つあるものや，白黒のように対で存在するもの。(30 字以内)

5. 数学は構造，様式，規則性に満ちた宇宙を人間が理解するための最良の道具であり，人類は宇宙の一部であるので，その表現形態の一つである文学にも，様式や構造といった数学的なものが含まれる傾向があるから。(100 字以内)

全訳

《文学と数学の深い結びつき》

1　ここ何十年間かのイギリスの教育制度では，多くの場合，学生は理数系を学ぶか人文学を学ぶかの選択を強いられる。私は 1991 年の高校時代の，まさに最後の国語の授業の終わりを思い出す。先生が私の好きそうな本を長々と一覧にして，美しい手書きのメモに添えて私にくれたのだ。「あなたを実験室に取られて残念です」と。私は，彼女が私を理数系に取られたと考えているのが残念だった。なぜなら，そんなことはなかったから。私は語学が大好きだ。言葉と言葉が組み合わさるさまが大好きだ。数学のような，フィクションが空想の世界を生み出し，それと戯れ，その限界を試すことのできるさまが大好きだ。私は数学を研究するためにオックスフォード大学に出向き，子供のころの文学のヒーロー，C.S.ルイスとJ.R.R.トールキンが毎週出会って仕事の話をしていたパブから通り１つ隔てたところに住んで，とても幸せだった。人は理系か文系かを選択しなければならないとしたら，その考えは，私が思うには，ちょっとした悲劇だ。なぜなら，その２つの分野は不可分なほど根本的に結びついているだけでなく，２つの分野のつながりを理解することによって，両分野の楽しみが増すからだ。

[2]　我々は文学の中心に数学を見つけることができる。宇宙は根底に潜む構造，様式そして規則性に満ちており，数学はその宇宙を理解するために我々が持っている最良の道具である。だから数学はしばしば宇宙の言語と呼ばれており，科学にとってきわめて重要なのだ。我々人類は宇宙の一部であるから，我々の創造的な表現形態，特に文学が，同様に様式や構造を好む傾向を示すのはごく自然なことである。(2)優れた小説や完璧な詩を読んだときに味わう感情，つまりここには美しいものがあり，すべての部分が調和の取れた全体の中に完璧に組み合わさって存在しているという感情は，数学者が美しい証明を読んでいるときに経験するのと同じ感情なのだ。

[3]　すべての文章には構造がある。文字は単語を作り，単語は文を作り，文はパラグラフを作る。幾何学の点・線・面の階層と同様，文章にはどんな段階であれ，決まりが課せられることがある。問題は，構造があるかどうかではなく，どんな構造を選ぶかなのだ。フランス人作家，ジョルジュ=ペレックはかつて，ｅという文字を一度も使わずに小説を書いた。エレノア=カットンの受賞小説『ルミナリーズ』は，章に厳格な数学的ルールを課しており，各章が直前の章の半分の長さになっている。両事例とも，構造上の制約が，小説のテーマを反復し強化している。我々が選ぶ制約が，創造し，そして可能なものを見る意欲を我々に起こさせるのだ。それはまさに数学の場合と同じである。

[4]　数学と文学の結びつきがただ１つの方向を目指して走るわけではないと

いうことを指摘することも価値がある。数学そのものが，言語的創造性という豊かな伝統を有している。初期のインドにさかのぼれば，サンスクリット語の数学は口頭伝承を引き継いでいる。数学ルールは口伝えで伝えられるよう，詩に変換された。数学概念は四角や円といったような，正確で不変の語句と結びついていると我々は思っている。しかしサンスクリット語の伝統では，使用する語句は詩の韻律に収まっていなければならない。たとえば数字は，関連した物を表す語句に置き換えることができる。数字の1は，月や地球といった，何であれ唯一無二のもので表すことができる。一方，「手」は，2を意味することができる。我々は手が2つあるからだ。しかし「白黒」も2を意味することができる。「白黒」は対を作るからだ。「3つの空白がある歯」という表現は，歯医者に行くことを意味するのではなく，3つのゼロが我々の所有している歯の数の後に続くことを意味している。つまりこれは，32,000の詩的な言い方なのだ。言葉と意味が非常に多様であることが，この数学にすばらしい豊かさをもたらしている。

5　数学が文学的比喩を利用するように，文学は，数学的な訓練を受けた目が見抜き探求することができる発想にあふれている。このことは，我々がフィクションの作品を鑑賞するにあたって新たな次元を追加する。ロシアの先駆的数学者ソフィア=コワレフスカヤはこう書いている。「心の中で詩人にならずして数学者になることは不可能なのです…。詩人は，他の人には見えないものが見えねばなりません。より深く見えねばならないのです…。そして数学者も同じことをしなければなりません」 数学と文学を，同じ探求の一部，つまり世界とその中に我々が占める場所を理解することの一部とみなすことによって，我々は両者の経験を増やしていくことができるし，全く新しい種類の楽しみを我々の大好きな文筆活動にもたらすことができるのである。

解説

1. ①　第1段第2文（I recall that …）後半の Sorry to lose you to the lab. が先生からのメッセージ。lose *A* to *B*「*A* を *B* に取られて失う」

②　筆者が思ったことは第1段第3文（I was sorry …）に述べられている。lost「失われた」は lost to the lab「実験室に取られた」という意味。同段最終文（The idea that …）の内容から，「実験室」とは「理数系」のことを指し，筆者は理数系を選んだことで人文学から離れてしまうと先

生に思われたことを残念に思っているとわかる。解答の「理数系に取られた」は「人文学から離れてしまう」と言い換えてもよい。because I wasn't は because I wasn't lost (to the lab) の省略。

2．That feeling we get when we read a great novel or a perfect poem——that here is a beautiful thing, with all the parts fitting together perfectly in a harmonious whole——is the same feeling a mathematician experiences when reading a beautiful proof.

「偉大な小説や完璧な詩を読んだときに得るあの感情——ここには美しいものがあり，すべての部分が調和の取れた全体の中に完璧に組み合わさって存在しているという——は，数学者が美しい証明を読んでいるときに経験するのと同じ感情なのだ」が直訳。

● That から whole までが文の主部で，2つ目のダッシュの後の is が動詞。主部の文頭の That は指示形容詞「あの」で，指示形容詞 that は基本的には定冠詞 the を強調したものである。

●最初のダッシュの後の that は接続詞で，that から a harmonious whole までは，文の主語の That feeling と同格の名詞節を作っている。

● with … whole は付帯状況を表し，here is a beautiful thing を修飾している。

3．下線部の「構造上の制約」の2つの事例は，その直前の第3段第5文 (The French author …) と第6文 (Eleanor Catton's prize-winning …) に具体的に述べられている。それぞれを 20 字以内にまとめる。

●第3段第5文：wrote a novel without once using the letter "e"「e という文字を一度も使うことなく小説を書いた」

●第3段第6文：imposes a precise numerical rule on its chapters, each of which is half the length of the last「小説の章に，数字に関する厳格なルールを課し，章のそれぞれを直前の（章の）半分の長さにする」制限字数内にまとめるには，ひと工夫が必要。

4．下線部と同じ第4段の第8文 (The number one …) 前半で「1」について，その後半で「2」について，具体例を挙げて説明されている。それぞれを 30 字以内にまとめる。「2」については，まとめる際に工夫が必要。

●「1」：The number one can be represented by anything that is

unique, like the Moon or the Earth「数字の1は，何であれ，月や地球のような唯一のものによって表されうる」

●「2」: while "hand" can mean two, because we have two hands——but so can "black and white", because that forms a pair「一方，『手』は2を意味することができる。我々は手が2つあるからだ。しかし『白黒』も2を意味しうる。白黒は対を形成するからだ」(so can "black and white" は "black and white" can also mean two と書き換え可能)

5. 第2段第1文（We can find …）に「我々は文学の中心に数学を見いだすことができる」とある。この後の第2文（The universe is …）と第4文（Since we humans …）をまとめればよい。第3文は数学の別名と科学にとっての重要性に軽く言及しているだけなので，省略する。第1文の命題は第3段以降でも考察されており，最終の第5段でも，数学と文学の結びつきについて述べられているが，100字以内という字数を考えると，第2段前半を要領よくまとめるので精いっぱいであろう。

●以下を100字以内にまとめる。

第2段第2文：宇宙の基本は構造・様式・規則性であり，数学はそれを理解する最良の道具である。

第2段第4文：人類も宇宙の一部なので，その創造的表現形態，特に文学が，同様に様式・構造を好む傾向を示すのはごく自然なことである。

語句・構文

（第3段） the point-line-plane hierarchy of geometry「幾何学の点・線・面の階層」 point「点」は0次元，line「線」は1次元，plane「面」は2次元ということである。

（第4段） three voids teeth は文字通りには「歯が3本欠けている」という意味だが，人間の永久歯の数は親知らずを含むと32本あり，この32の後にゼロを3つ付けると32,000になると，本文では述べている。

（第5段） Just as ～, …「ちょうど～するように，…」 abound with ～「～に富む，～にあふれている」

Ⅱ 解答

1. A. only **B.** better **C.** apart **D.** away **E.** instead

2. イ. like **ロ.** on **ハ.** in **ニ.** by **ホ.** with

3. 5番目：are　9番目：of

4. 5番目：yourself　9番目：less

…………………………………… **全訳** ……………………………………

《自己の達成欲求をコントロールする方法》

[1] やっと週末だ。疲労困憊《こんぱい》させる1週間の労働時間で疲れた体を休め，再充電するときだ。ただ，1つ問題がある。くつろぐことはそれ自体が重労働なのだ。一休みしようと腰を下ろすたびに，落ち着かない感じがする。反対に，ノートパソコンの電源を入れて月曜日の仕事の用意をしたいという抑えきれない衝動がある。

[2] 何が起こっているのか？　週末を楽しみに待っても結局は仕事から離れようと苦闘するだけなんて，どうしてできようか。このパラドックスをよりよく理解するには，心理学の基本概念を探求する必要がある。それは，満たされていない欲求は思考と行動に影響を及ぼすという概念だ。

[3] これは身体的欲求に関して明白だ。空腹であるとか，喉が渇いているとか，トイレに行く必要があるのに渋滞に引っかかっているとか想像してみよう。これらの欲求を満たすことを考えているときは，1秒1秒が永遠のような感じがする。同じことが感情面の欲求についても言える。心理学者のアブラハム=マズローによると，欲求は，基本的な身体的欲求が満たされた後に複雑な感情的欲求が生じるという階層構造の形で整理される。これらの欲求には，安全だと感じたい，何かの一員でありたい，敬意を得たい，そして，自分の可能性を最大限まで伸ばしたいという欲求が含まれる。

[4] 心理学者のデイビッド=マクレランドは，人の動機づけには達成欲求などの追加の欲求が欠かせないと主張した。達成欲求とは，課題や自分自身および他者と競うときに，自分は有能だと感じたいという欲求の一例である。達成したいという自分の欲求が幼いころからどのように大きくなっていったのかを，ちょっと時間を取って考えてみよう。学生のときは，努力してよい成績を取ったり，サッカーチームをつくったり，学校劇を演じたりした。うまくいったことで，親や先生にほめられた。出来のよい仕事に対して承認や賞をもらうと，達成欲求はただただ強まった。

[5] 達成欲求は個人の価値観に基づいてさまざまな形を取る，カメレオンのようなものだ。権力を積み重ねていくことに関心があるのなら，出世の階段を上っていくためにたゆまぬ努力をするだろう。富に関心があるのなら，

目標は莫大な金を稼いで高価な代物を買うことだろう。学究的傾向があるのなら，興味の中心は，出版物や発表論文で履歴書のレベルを上げ，研究者仲間の間でひときわ目立つ存在になることだ。達成欲求がこれほどはっきりしないこともある。家にいるほうを好むのなら，近所で最も手入れが行き届いた芝生の持ち主になることに最大の関心を持つかもしれない。

6　自分の動機を心に留め，目標の追求で完全に燃え尽きてしまわない限り，目標を定めて達成することに何ら不都合なことはない。問題が発生するのは，達成欲求が度を超えて，生活の他の部分に負担をかけるときだ。欲求が度を超えるときは必ず，問題を抱えることになるだろう。これは身体的欲求に関して明白だ。ホットファッジサンデーを毎晩食べたいという欲求があるのなら，健康を害するのは単に時間の問題だ。十分なエネルギーを保持するために 18 時間の睡眠が必要なら，人生を寝て過ごしていることになる。

7　同じことが感情的欲求についても言える。恋愛関係に持ち込もうと必死になって，警告サインを無視したら，本命でない相手で我慢することになるだろう。安全を求める欲求が強過ぎると，怖くて家を出ることができなくなり，ここでもまた問題を抱えることになる。

8　社会がますます競争を激化させ達成を重視するようになると，より多く達成しようと格闘することに，いとも簡単に夢中になってしまう。達成のために自分の健康や愛する人を犠牲にしてはいけない。達成との健全な関係を保持しておくことだ。

9　ここに自分の達成欲求をコントロールする 4 つのステップがある。

10　1．成功を再定義せよ

社会は多くの人間が容易にとらえることのできる外面的な基準，たとえば名声とか富といったものに基づいて，成功というものを定義している。それはこれらの分野で秀でている人間を理想化する。愛する人たちと充実した時間を過ごすとか，よき人間になるとか，一日一善を行うといった，内的でより私的な基準に焦点を当てることによって，そのような社会的期待にあらがうことだ。これらの基準は，ほとんどの人に気づかれないままになるかもしれないが，自分の人生や，自分にとって最も大切な人たちの人生に前向きな影響を与えることだろう。

11　2．社会的な比較を避けよ

社会的比較をすると，もっとやらなければという衝動を感じてしまう。社会的比較は苦痛への道でもある。自分の現実の面倒な人生をだれかの人生の理想化された像と比べることは，自分のためにはならない。そうではなく，自分個人の旅路に焦点を当てるのだ。自分がこれまでにいたところ，今いるところ，これから向かおうとしているところに集中するのだ。結局のところ，人はそれぞれが異なった感情的欲求を満たすために，異なった目標を追求しているのだから。

12　3．なぜと自問せよ

目標に向けて旅路を始める前に，「一時停止ボタン」を押し，自分の動機についてよく考えることだ。自分がなぜ，特定の目標の追求について熟考しているのか自問するのだ。自分が受ける可能性がある影響について，現実的な予測を確実に持つようにすることだ。我々はしばしば成功を理想化し，それが幸福に及ぼす影響を過大評価する。現実はというと，達成には責任やストレスや周囲の厳しい目が増大するといった，それ相応の困難な課題が伴う。すべてが含まれた達成像を描いておくと，非現実的な期待を抱くというわなから守ってくれるだろう。

13　4．休息は過程の一部である

やるべき課題が非常に多いのに時間がほとんどないときは，一休みするのが困難なことがある。そのときの自然な反射行動は，運動を怠け，眠らないようにコーヒーを余分に飲み，栄養のある食べ物をファーストフードに代え，自分の限界を超えて頑張ることだ。そのような代償によって後で痛い目に遭うのは時間の問題に過ぎない。長い目で見れば，自分を大事にしない人間は能力も能率も低下していく。自分の健全な限界を定めることだ。自分は人間であり，自分の限界を尊重する必要があるのだから。

解説

1．A． 第1段第4～6文（Relaxing is hard …）の「休日なのに気が休まらない」，空所の後の「仕事から離れるのに苦労する」という内容から，空所は「結局～することになるだけだ」という意味を表すと見当がつくので only を入れる。

B． understand は動詞であり，これを修飾できる語としては副詞 better「よりよく」が最も適切。

C． 空所の後の peer は「社会的地位等が同等の人」という意味。そういったライバルと履歴書で差をつけたいわけだから,「離れて」という意味のapartを入れる。awayを入れると「近づかない」という意味になるので,ここは「明らかに違っている」という意味になるapartが適切。

D. sleep A awayで「Aを寝て過ごす」という意味になり,文脈に合う。

E. 空所の前後で,ネガティブな意味からポジティブな意味に変化すると考えられるので,「その代わりに」という意味のinsteadを入れる。

2. **イ**. feel like ～で「～のような気がする」という意味になる。

ロ. onを入れてwork on ～「～に取り組む」というイディオムを作る。

ハ. 「これらの分野で(in these areas)秀でている」という意味になるようにinを入れる。

ニ. byを入れて「～に集中することによって」という意味になるようにする。

ホ. 無理をするためにやりがちなことを列挙している文脈から,ここは「体に悪い何か」を表していると考えられるので,「栄養のある食事をファーストフードに代える」という意味になるよう,withを入れる。substitute A with B = substitute B for A「BをAの代わりにする,Aの代わりにBを使う〔食べる,飲む〕」

3. 空所前後の文が命令文であることから,空所部分も命令文ではないかと見当をつける。

●整序する語の中にask, whyとyourselfがあるところから,ask yourself why you …という間接疑問文を予想する。be動詞のareはconsideringとともに進行形を作ると考えられる。残った語のうち,pursuitを使ってthe pursuit of ～「～の追求」という語句ができる。この目的語として,残ったa particular goalを続ければよい。

●完成文:Ask yourself why you are considering the pursuit of a particular goal「自分がなぜ特定の目標の追求を熟考しているのか,自問しなさい」

4. 前文の意味は「そのような代償によって後で痛い目に遭うのは時間の問題に過ぎない」(直訳は「そのような代償があなたにかみつくために戻ってくるのは時間の問題に過ぎない」)である。trade-off「何かを得るための代償」

●空所の後に「長い目で見れば」という語句が続いている。文脈から,空所にはネガティブな意味の表現が入ると考えられる。文の動詞は will make と考えられ，目的語は you と考えられる。

● taking care of という語句が可能だが，これはポジティブな意味を持つので，これに not を付けたものを主語にする。not taking care of の目的語は yourself にする。残った形容詞は less で修飾し，make の目的格補語（SVOC の C）として使う。

●完成文：Not taking care of yourself will make you less efficient and effective（efficient と effective は入れ替え可能）「自分を大事にしないと自己の能力や能率が落ちる」

語句・構文

（第5段）　climb the corporate ladder「企業のはしごを上る」→「出世の階段を上る」　best kept lawn「最もよく保たれた芝生」→「最も手入れが行き届いた芝生」

（第7段）　desperate to be in a relationship「恋愛関係に持ち込もうと必死で」　relationship はここでは「親密な関係，恋愛関係」。be desperate to *do* は「～したいと強く思う，必死で～したがる」（「絶望して」ではないので注意）。　settle for the wrong partner「ふさわしくない相手で我慢する」　settle for ～「～で我慢しておく，～で手を打つ」　wrong partner「ふさわしくない相手，本命でない相手」

（第8段）　sacrifice *A* at the altar of *B*「*B* のために *A*（大事なもの）を犠牲にする」

III　解答例　〈解答例1：1の the atmosphere を選択した場合〉

I focus most on the atmosphere. The movies that I have watched and still remember well have something in common: the music or songs used are impressive and unique. Of course, the stories and the characters are also wonderful. However, the music makes a significant contribution to creating a general atmosphere, appealing to the senses, and making the movies unforgettable. Also, atmosphere is important when reading novels. I love the unique atmosphere in the works of Edogawa Rampo, a famous Japanese mystery novelist. The dark atmosphere of his stories makes his works what they are. Besides, I love the stories of Sherlock Holmes. What makes them so attractive is not only Holmes himself, but also the atmosphere of London of the day. The atmosphere makes a story or a film impressive and unparalleled. (133 words)

〈解答例２：２の speed を選択した場合〉

When speaking a foreign language, the speaking speed should be adequate. When speaking English, for example, some people mistakenly think that those who speak English fast sound fluent. So, they try to speak it as fast as possible. However, I think the idea that "the faster you speak, the better it is" is wrong. When you try to speak a foreign language faster than usual, your speech may become flat and less impressive, and you may fail to get your most important message across. On the contrary, if you speak too slowly in order to make yourself understood, your conversation partner or audience may feel impatient and find it difficult to concentrate. Thus, when speaking a foreign language, you should speak at a normal speed. (125 words)

〈解答例３：３の honesty を選択した場合〉

I think honesty is the most valuable quality in a leader. Honest people may not seem like they get along in the world, but since they do not deceive others by telling lies, they will eventually be trusted and respected by people around them. Honest people are less likely to deceive themselves and can recognize their ability objectively. So, they won't set unrealistic goals beyond their ability. Therefore, honest leaders will not have dangerous ambitions that could ruin both the leaders themselves and their organization. Of course, the mere fact that leaders are honest may not help their organization grow, but the quality of honesty is something that makes the members determined to work together, not only for the organization but also for the leader. (125 words)

解説

●問題文の和訳：以下の質問から１つを選び，その問いに英語で答えなさい。解答は100語から140語の長さとします。選んだ質問の番号を示しなさい。書いた語数を英文の末尾に正確に記しなさい。

1　本を読んだり映画を見たりするとき，ストーリー，登場人物，雰囲気のどれにより多く着目しますか。

2　外国語を話すとき，人は正確さ，創造性，速さのうち，どの面に最も注意すべきでしょうか。

3　指導者にとって最も重要な資質は，知性，野心，正直さのうち，どれだと思いますか。

●（解答作成の方針）選択肢は3×3＝9個あるので，その中で自分が最も書きやすいものを選び，大雑把な方針を決める。骨組みを作り，具体例で肉付けしながら，指定語数内に収まるように解答を作成していく。

1. ●（解答例の全訳：「雰囲気」を選択した場合）私は雰囲気に最も注目する。私が見た映画の中で特に記憶に残っているものには共通点がある。それは，使用されている音楽が印象的で個性的だということだ。もちろん，ストーリーや登場人物もすばらしいが，音楽は全体的な雰囲気をつくり，感覚に訴えかけ，その映画を忘れられないものにすることに大きく貢献している。また，小説の場合も雰囲気は大切だ。私は日本の有名な推理小説家，江戸川乱歩の作品が持つ独特の雰囲気が大好きだ。彼の物語の持つ暗い雰囲気が，彼の作品を彼の作品たらしめている。シャーロック＝ホームズの物語も大好きだ。この物語をかくも魅力的にしているのは，ホームズその人のみならず，当時のロンドンが持つ雰囲気でもある。作品の持つ雰囲気は，物語や映画を印象的で比類なきものにしてくれるのだ。

●（「ストーリー」または「登場人物」を選択した場合の解答作成の方針）「ストーリー」の場合，「自分が本や映画に最も引き込まれるのは，展開が予想できないときである」，「登場人物」の場合，「ストーリーや雰囲気がよくても，共感できる登場人物がいなければ作品を楽しめない」といった内容が考えられる。〔解答例〕のように，特定のジャンルや作品を例に挙げてもよい。

2. ●（解答例の全訳：「速さ」を選択した場合）外国語を話す場合は，発話速度を適切にすべきだ。たとえば英語を話す場合，速く話せば流ちょうに聞こえると勘違いして，できるだけ速く話そうとする者がいる。しかし速いほどよいという考えは間違いだと思う。外国語をいつもよりも速く話そうとすると，平板で印象の弱い話し方になり，伝えたい最も重要な内容を伝えられないかもしれない。逆に，言葉が通じるようにと，ゆっくり話し過ぎると，相手はイライラし，集中するのが難しくなることもある。ゆえに，外国語を話すときは普通の速さで話すべきであろう。

●（「正確さ」または「創造性」を選択した場合の解答作成の方針）「正確さ」の場合，「正確に話さなければ，誤解を生みトラブルに陥る恐れがある」，「創造性」の場合，「創造性は語彙を補ってくれる。既存の表現がわからなくても，知っている語句を組み合わせ，説明的に訳して趣旨を伝えることができる」といった内容が考えられる。1つ目の質問と異なり，「自分がどれに気をつけるか」ではなく，「人々はどれに気をつけるべきか」を問われていることに注意。

3. ●（解答例の全訳：「正直さ」を選んだ場合）正直さが，指導者の最も大切な資質だと思う。正直な人間は世渡りがうまいようには思えないかもしれないが，うそをついて人をだますことがないから，最終的には周囲の人間の信頼を得て尊敬されることになるだろう。正直な人間は自己を欺くことも少ないため，その能力を客観的に認識できるので，能力を超える非現実的な目標を定めない。したがって，正直な指導者が自分も組織も破滅させかねない危険な野心を持つことはないだろう。もちろん，指導者が正直であるというだけでは，組織が成長する助けにはならないかもしれないが，正直という資質は，構成員に，組織のみならず指導者のためにも力を合わせて頑張ろうと決意させるものなのだ。

●（「知性」または「野心」を選択した場合の解答作成の方針）「知性」の場合，「知性のある人は指導者として何が必要かを適切に判断し，不足があれば対応することができる」，「野心」の場合，「指導者に野心がなければ，組織は挑戦をせず衰退していく」といった内容が考えられる。指導者は単に「何らかの集団を統率する人」という扱いで十分だが，その集団が国家なのか企業なのか，あるいはそれ以外の組織なのかを考慮してもよいだろう。

Ⅳ （大問省略）

講評

2024年度は4年ぶりに2020年度の出題パターンに戻り，読解問題が2題（2題の合計が約1630語の英文）と，英作文問題1題，リスニング問題1題（省略）の，計4題であった。全体の分量は2023年度とほぼ同じであった。

Ⅰ　数学と文学の結びつきについて，具体例を紹介しながら述べた論説文。1の内容説明問題は制限字数も余裕があり取り組みやすい。2の英文和訳問題は語彙・構文ともに標準難易度。3の内容説明問題は，2つ目の事柄を述べた文がやや難しい。4の内容説明問題は，「2」のまとめ方に工夫がいる。5の内容説明問題は，制限字数から該当箇所は比較的容易に限定されるものの，字数内にまとめるには，表現に工夫が必要だろう。

Ⅱ　達成欲求について考察した論説文。1と2は各5カ所の空所に入る語を選択する問題で，1の語は副詞，2の語は前置詞という違いがあった。いずれも比較的平易であったが，1のCはapartとawayで迷うかもしれない。しかしその迷いはDで解決する。3と4は語句整序問題で，整序すべき語はそれぞれ12語。語数が多いので，文脈からある程度あたりをつけて取り組まないと，かなり時間を取られるだろう。とりわけ4は，主語の見当がつかないと，相当な難問となるだろう。

Ⅲ　英作文問題は，2024年度は意見論述が出題された。与えられた3つの質問から1つを選び，答えを作成する形式だが，それぞれの質問が3択の形を取っているので，結局3×3＝9個の選択肢から1つを選んで答えを作成すればよいということになる。したがって，選ぶべき質問に困ることはなく，何を書いたらよいのか途方に暮れることもないと思われる。論述語数は，100～140語であった。

2024年度は読解問題が2題に戻ったものの，合計の設問数は2023年度とあまり変わらず，英文和訳問題も合計で1問のみであった。全体的にあっさりとした設問構成で，2023年度よりも易しくなったという印象を受ける。2025年度からはリスニング問題がなくなるが，その分，読解問題と英作文問題については十分な対策をしておきたい。

日本史

I 解答 **1** 町人地には商人や職人が同業者ごとに居住し，住民は土地や屋敷を持つ正式な町人の地主・家持，屋敷地だけを借りている地借，借家住まいの店借などの住民で構成された。店借は公的な役を負担せず，町の正式な構成員とは認められなかった。

2 町という共同体を単位に自治が行われ，地主・家持の町人が町政に参加し，名主・年寄などの町役人を中心に，町法にもとづいて運営され，町人足役を負担した。

3 大岡忠相。江戸に広小路や火除地などの防火施設を設けたうえ，火災が起こった際の消火体制を強化するため，町方に独自にいろは 47 組の町火消を組織させた。一方で目安箱の投書をもとに，看病するものがいない困窮者の施療のために小石川養生所をつくった。

4 飢饉などが発生すると，幕府だけでは窮民救済が十分ではなかった。そのため，窮民救済に協力した富裕層を官製の名簿に登録して称賛し，窮民救済を強要する社会的風潮をつくり，幕府の救済策を補完させた。

(以上，問題番号を入れて 400 字以内)

解説

《城下町における町人地と江戸幕府の都市政策》

問 1. 設問の要求は，町人地の住民構成と，店借とはどのような人たちであったかを説明することである。字数は 100 字程度でまとめられるだろう。

答案は，町人地の住民構成を説明したうえで，店借についてより詳細に説明する形で構成すればよいだろう。

城下町は，将軍や大名の屋敷が含まれる城郭を中心に，武家地，寺社地，町人地など身分集団ごとに居住地域が分かれていた。そのうち，町人地にはおもに商人や職人（手工業者）が居住していた。住民は，土地や屋敷を持ち，商工業を営む地主・家持，屋敷地だけを借りている地借，借家に住む店借などで構成されていた。地主・家持は町人と呼ばれ，正式な町の構成員であった。店借は地借の下に位置しており，一般的に経済力は低かった。町に対する公的な負担は基本的になかったが，正式な構成員とは認められず，町政に参加する資格もなかった。

【解答のポイント】

住民構成

- 商人や職人が居住している
- 地主・家持，地借・店借などで構成される

店借

- 借家に住む
- 正式な構成員とは認められない

問2． 設問の要求は，下線部(b)の「それまでに形成されていた自治組織と運営手法等が維持」について，具体的に説明することである。字数は80字程度でよいだろう。

答案は，町を単位とする自治について説明すればよい。その際に自治組織と運営については最低限説明したい。

まず，町というのは支配の単位でもあり，住民の共同体でもある。そのうち，後者についてまとめよう。町の自治において町政に参加できるのは，地主・家持の住民で，これが正式な構成員の町人である。町人のなかから代表者である名主や年寄，月行事といった町役人が選ばれ，合議を行い，町法（町掟）にもとづいて運営される。また，町人は，防災・治安など都市機能を支えるための町人足役を負担した。

【解答のポイント】

- 地主・家持の町人が町政に参加する
- 町人を代表する名主・年寄など町役人が中心となる
- 町法にもとづいて運営する
- 町を維持する負担がある

問3． 設問の要求は，享保期に江戸の都市政策を担った町奉行の名前をあげることと，その人物が主導した防災・窮民対策を説明することである。〔解答〕では，字数119字となっているが，受験生ならば100字以内でも十分であろう。

答案は，3つの点を書きたい。1つは，町奉行の名前である。そして，忠相の都市政策として，防災対策，窮民対策をそれぞれ説明すればよいだろう。

まず，享保期に都市政策を担った町奉行は大岡忠相である。旗本の大岡

忠相は足高の制で徳川吉宗に登用された人物で，町奉行として江戸の都市政策を担った。

次に防災対策についてまとめる。江戸では1657年の明暦の大火をはじめとして大火がくり返し発生した。そのため，火災対策が重要な課題であった。防火施設として，幅広い道路である広小路を設け，焼け跡などを空き地とする火除地を拡大するなどした。一方，旗本に課されていた消防組織である定火消に加えて，消火体制を強化するため，町方独自にいろは47組の町火消を組織させた。

そして，窮民対策では小石川養生所の設置がある。徳川吉宗は庶民の意見を聞くため，評定所前に目安箱を設置した。この投書をもとに，病人を収容・治療する施設として小石川養生所を置いた。対象となったのは看病する者がいない貧しい者であり，窮民救済策の一つであった。

【解答のポイント】

- 町奉行…大岡忠相
- 防災対策…広小路・火除地の設置，町火消の設置
- 窮民対策…小石川養生所の設置

問４． 設問の要求は，幕府が『仁風一覧』を出版したことの歴史的意義について，考えを述べることである。おそらく，受験生にとっては難問であり，問１～３である程度字数を確保できていれば，この問いの字数は特に考えなくてよいだろう。

答案の構成を考えてみよう。リード文で『仁風一覧』について，幕府が発行した官製の出版物で，享保の飢饉で窮民救済をした富裕な町人の名前を記したものとしている。知識がないのを前提に出題されたと思われるので，リード文の記述をヒントに，幕府がこのような書物を出したのはなぜか考えてみよう。

リード文によれば，享保の飢饉の際，８代将軍の徳川吉宗は各地の富裕町人に窮民救済を呼びかけている。これは幕府の窮民救済だけでは不十分であったことを暗に示していると思われる。飢饉になると，幕府や藩は窮民に対して米を支給するなどの救済策を講じているが，それだけではすべての窮民を救済することはできなかった。そこで，各地の富裕町人が金銀・米穀を出し合って補ったと考えられる。その人々の名前を『仁風一覧』に記した意味として，功績を賞賛したというのは考えられるが，それ

だけではない。リード文の最後に「こうして富裕な町人も，窮民救済の担い手となっていった」とある。以上から，幕府が『仁風一覧』で救済にあたることができる人々の名前を公開して，富裕な町人の功績を顕彰しつつ，窮民を救済するのが当然であるという社会的な風潮をつくったと考えられるだろう。

実際に，平常時に大きな利益を得た富裕な町人が，災害の際に社会に還元するのは当然だという風潮もあったと考えられる。飢饉の際に都市部で打ちこわしが発生して富商や米商人が襲撃されるのは，そうした考え方が背景にあった。また，天保の飢饉の際，大塩平八郎が窮民の救済を求めて乱を起こしたこともそうした例の一つである。

【解答のポイント】

- 飢饉などにおいて，幕府だけでは十分な窮民救済ができなかったこと
- 官製の名簿に富裕層を登録することで賞賛し，窮民救済を強要する社会的風潮をつくり出したこと

Ⅱ 解答

1 **A** 保安条例。**B** 治安警察法。**C** 治安維持法。

2 井上馨外務大臣による条約改正交渉が難航したことで，民権派が地租軽減，言論集会の自由，外交失策の挽回を唱えて三大事件建白運動が盛り上がった。そのため，政府は民権派を東京から追放して運動の鎮静化をはかった。

3 集会条例。集会及政社法。産業革命が進展するなか，労働問題が発生し，日清戦争後には高野房太郎らが結成した労働組合期成会の指導で，労働組合が結成されるなど労働運動が起こった。そのため，政府は労働者の団結やストライキなどを抑制して労働運動を弾圧しようとした。

4 日ソ基本条約を締結してソ連と国交を樹立し，普通選挙法を制定したことで，共産主義の影響が広がることを警戒して加藤高明内閣で制定された。田中義一内閣では最高刑が死刑とされたうえ，目的遂行罪が追加され，第２次近衛文麿内閣では予防拘禁制が導入された。

5 太平洋戦争後の占領下，GHQ による人権指令で廃止された。

（以上，問題番号を入れて 400 字以内）

解説

《近代の弾圧法令をめぐる諸問題》

問1． 語句記述問題。史料A～Cの法令の名称を答えることが求められている。いずれの史料も頻出史料であり，知っておきたい。

A． Aの史料は保安条例である。引用されている第4条は内乱の陰謀や治安の妨害のおそれがあるものを皇居外3里へ追放することを規定している。第1次伊藤博文内閣のときに制定された。

B． Bの史料は治安警察法である。集会・結社・言論の制限と社会運動の取り締まりを目的とした弾圧法令である。第2次山県有朋内閣のときに制定された。

C． Cは治安維持法である。第1条で国体の変革，私有財産制度を否認する結社を取り締まることを目的とした弾圧法令である。第1次加藤高明内閣のときに制定された。

問2． 設問の要求は，史料Aを公布した理由について説明することである。字数は100字程度で説明できる。ただし，他の設問で字数が確保できないならこの設問が字数を増やしやすいだろう。

答案の構成について考える。問1で史料Aが1887年に制定された保安条例だということがわかっていれば，制定された背景となる三大事件建白運動の盛り上がりを中心に説明すればよいだろう。

国会開設の時期が近づくと，解散した旧自由党側が立憲改進党側に対して大同団結を呼びかけ，民権派の再結集がはかられた。そのなかで，1887年，井上馨外務大臣が条約改正交渉に失敗すると，地租軽減，言論集会の自由，外交失策の挽回を唱える三大事件建白運動が起こった。それに対して政府は史料Aの保安条例を公布して弾圧を強化し，民権派を東京から追放して運動の鎮静化をはかった。運動は一時的に鎮められたが，1890年の帝国議会開設に向けて政党側の運動は盛り上がっていった。

【解答のポイント】

- 井上馨外務大臣の条約改正交渉が失敗する
- 民権派は外交失策の挽回などを唱え，三大事件建白運動を起こす
- 政府は民権派を弾圧して運動の鎮静化をはかった

問3． 設問の要求は，史料Bが継承した従来の法令のうち，1880年および1890年に公布された法令の名称を答えることと，史料Bの法令に従来

の法令にはない第 17 条のような条項が追加された理由について説明することである。字数は 100～120 字程度でまとめられる。

まず，史料Bが継承した法令は，1880 年に公布された集会条例，1890 年に公布された集会及政社法である。集会条例は，国会期成同盟の結成など国会開設請願運動の高揚に対して，その取り締まりをねらったもので，政治集会・結社を届出制とするなどとした。集会条例はその後，帝国議会開設に先立つ 1890 年 7 月に集会及政社法へと継承された。

次に論述の答案構成について考えてみよう。治安警察法が制定された背景や史料については知識があってもよいレベルではあるが，史料Bを見てみると，「一　労務の条件又ハ報酬ニ関シ協同ノ行動ヲ為スヘキ団結ニ加入セシメ又ハ其ノ加入ヲ妨クルコト」「二　同盟解雇若ハ同盟罷業ヲ遂行スルカ為使用者ヲシテ労務者ヲ解雇セシメ…」などとあり，労働問題についての規定であることがわかるだろう。ここから史料Bの治安警察法が労働運動の規制をするために制定されたことを説明すればよい。

日清戦争の前後には産業革命が進展し，繊維産業に従事する女工が低賃金で長時間労働を強いられるなど，労働問題が深刻化した。そのなかで，アメリカから帰国した高野房太郎らが 1897 年，労働組合期成会を結成し，その指導下に鉄工組合や日本鉄道矯正会などの労働組合を組織した。これに対して第 2 次山県有朋内閣は 1900 年，治安警察法を制定して労働者の団結やストライキを抑制し，労働運動に打撃を与えた。

【解答のポイント】

- 産業革命の進展を背景に労働問題の発生
- 日清戦争後には労働組合期成会が結成され，労働組合結成を指導
- 第 2 次山県有朋内閣は治安警察法を制定して労働運動を抑制しようとした

問 4． 設問の要求は，史料Cを公布した理由について説明することと，その後になされた史料Cの改正の内容について説明することである。字数は 100～120 字程度でまとめたい。他の設問との兼ね合いで，知識はあっても多くの字数は割けないであろう。

答案の構成を考えよう。まず，史料Cの治安維持法を公布した理由については，当時の大正デモクラシーの風潮を念頭に，共産主義の広がりを政府が警戒していたことを想起したい。史料Cの改正内容については，最初

の改正だけでも最低限説明しておきたい。

まず，史料Cを公布した理由である。1925年に制定された治安維持法は「国体の変革」や「私有財産制度の否認」を目的とした結社を取り締まるために制定された。「国体」とは簡潔にいうと，天皇を中心とする国家体制のこと，「私有財産制度」は資本主義のことである。特に重要なのは「国体」で，当時の加藤高明内閣はそれを否定する共産主義の広がりを警戒していた。加藤内閣では幣原喜重郎外務大臣のもとで，日ソ基本条約を締結してソ連との国交樹立を実現したため，共産主義思想の流入を警戒した。一方で普通選挙法が制定されたことで，無産政党が台頭することを警戒した。それらが制定した理由になる。

次にその後の改正内容について考えよう。田中義一内閣では，緊急勅令により改正を強行し，最高刑に死刑が追加され，結社のメンバーでなくとも取り締まることができる目的遂行罪が加えられた。背景には，1928年に第1回普通選挙が実施され，その際に日本共産党が公然と活動を開始したことがある。ただし，〔解答〕には入れたが，目的遂行罪は書けなくてもよい。1941年の第2次近衛文麿内閣では，刑務所に入り刑期を終えた者でも再犯のおそれがあると認定されれば，釈放されず，身柄を拘束されるという予防拘禁制が導入された。

【解答のポイント】

公布された理由

- 日ソ基本条約が締結され，ソ連と国交を樹立したこと
- 普通選挙法を制定したこと
- 以上により，共産主義が広がることを警戒した

その後の改正内容

- 田中義一内閣で最高刑が死刑となり，目的遂行罪が追加された
- 第2次近衛文麿内閣で予防拘禁制が導入された

問5． 設問の要求は，史料Cの廃止の直接のきっかけになったものを簡潔に答えることである。

GHQによる人権指令が解答できればよい。

太平洋戦争終結後，日本は連合国に占領された。そのなかで，「国体」観念の役割を期待していた日本政府は，治安維持法による治安体制の維持を考えていたが，1945年10月にGHQが治安維持法や特別高等警察の廃

止，政治犯の釈放などいわゆる人権指令を発したことで廃止された。

III 解答　**1**　冷戦を背景に占領政策が転換され，GHQ は経済安定九原則を指令した。そのなかで特別顧問として招かれたドッジは日本政府に赤字を出さない予算を実施させて財政支出を抑え，単一為替レートを設定して日本を国際貿易と結びつけた。それによりデフレとなり，食料価格も下がった。

2　第一次オイルショックでは光熱価格とともに食料価格や賃金も上昇が一定期間続いた。その背景は，「日本列島改造論」を掲げた田中角栄内閣の内需拡大政策により地価が暴騰したうえ，原油価格の高騰が重なり，狂乱物価と呼ばれる急激なインフレが起こったことである。第二次オイルショックでは光熱価格が急上昇したが，短期間で安定し，食料価格や賃金はほとんど上昇しなかった。その背景は，原油価格が上昇したものの，大企業中心に省エネルギーの構造が進み，人件費を減らすなど減量経営が推進され，労働組合も人件費削減に積極的に協力しており，物価上昇が抑制されたことである。

(以上，問題番号を入れて 400 字以内)

解説

《現代の物価賃金上昇率と政治・経済》

問1． 設問の要求は，1949 年から 1950 年にかけて，東京都区部の食料価格が大きく低下した理由を説明することである。条件として，アメリカ合衆国デトロイト銀行頭取の人物の名を冠した政策の内容に触れることがあげられている。字数は 150 字程度で十分だと思われるが，問 2 で解答字数が不十分なのであれば，こちらで多くの字数を割いてもよいだろう。

答案の構成について考えてみよう。「デトロイト銀行頭取の人物の名」は 1949 年から 1950 年という時期を考えても，ドッジとわかるだろう。要はドッジ=ラインについて説明すればよいのだが，答案は食料価格が低下したことに結びつけて説明する必要がある。背景的な部分も含めて説明できればよりよい。

まず，ドッジ=ラインの背景について考える。太平洋戦争後，米ソ二大陣営による冷戦が始まった。東アジアにおいても，日中戦争終結後，中国では国民政府と中国共産党の内戦が起こった。その結果，中国では共産党が勝利して1949年には中華人民共和国が成立し，国民政府は台湾で中華民国を名乗ることになった。こうした情勢のなか，アメリカは日本を「共産主義の防壁」とするために経済復興をめざし，1948年には，GHQから日本政府に対して経済安定九原則の指令が出された。その実行のため，特別顧問として来日したのがデトロイト銀行頭取のジョセフ＝ドッジである。

当時，日本の経済ではインフレが問題となっており，それを抑えることが課題であった。そのため，ドッジは1949年度の予算において，まったく赤字を出さない均衡予算を実施させた。さらに国際貿易と結びつけるために1ドル＝360円の単一為替レートが設定され，固定相場となった。それまでは為替レートが一律ではなく，商品ごとに設定されている状態であった。その結果，インフレはおさまり，政府は赤字財政を脱出したが，不況が深刻化して倒産する企業や失業者が増加した。

インフレがおさまって急激に物価が下がった（デフレ）ことで，食料価格も低下した。

【解答のポイント】

- アメリカから経済安定九原則が指示される
- 特別顧問のドッジが来日し，経済政策を実施
- 赤字を出さない予算を編成
- 国際貿易と結びつけるため，単一為替レートを設定
- インフレが抑制され，物価が下がる

問2． 第一次オイルショックと第二次オイルショックの光熱価格の上昇について，その推移の違いを指摘したうえで，違いを生み出した政治的経済的背景を述べることである。やや難問か。問1との兼ね合いもあるが，字数は250字ぐらいを想定すればよいだろう。

答案の構成を考える。まず，グラフを見ながら第一次と第二次の違いを説明しよう。そのうえで，その背景を説明すればよい。構成の方法としては，第一次オイルショックから第二次オイルショックへと時期の推移として説明してもいいし，先に第一次と第二次の違いを説明してから背景を説明してもよいだろう。〔解答〕は前者，〔解説〕は後者としている。

グラフを見ながら第一次オイルショックと第二次オイルショックの光熱費の推移の違いを考えてみよう。グラフは物価賃金上昇率の対前年比となっていることに注意しよう。1973年の第4次中東戦争をきっかけに第一

次オイルショックが起こったが，光熱価格は1974年に約20％，1975年に10％以上，1976年にも10％弱の上昇率である。収束に時間がかかったことがうかがえる。それにともない，食料価格や賃金も上昇率が10％を超えている。一方，1979年のイラン革命をきっかけに第二次オイルショックが起こったが，光熱価格は1980年に約40％と急激な上昇率であるが，1981年には10％を切り，1982年以降安定している。食料価格や賃金の上昇率は急上昇せず，10％を切っており安定している。グラフからはこのような違いが見えてくるだろう。

それをふまえて政治的経済的背景について考えてみよう。

まず，第一次オイルショックである。1973年10月に第4次中東戦争が勃発すると，アラブ石油輸出国機構（OAPEC）がイスラエル支持国への石油輸出を禁止したため，1974年には原油価格は約4倍に上昇した。これが第一次オイルショックである。当時，田中角栄内閣は「日本列島改造論」を掲げ，新幹線や高速道路建設などの公共事業を積極的に行い，太平洋ベルトに集中した産業を全国の地方都市に拡張する内需拡大策をとっていた。そのため，これに刺激されて土地投機による地価の暴騰が生じた。ここに原油価格の高騰が重なり，石油関連製品をはじめとする激しい物価上昇が生じ，「狂乱物価」といわれた。これにともない，食料価格や賃金が急激に上昇したことが考えられるだろう。

次に第二次オイルショックである。1979年にイラン革命が起こると，ふたたび石油価格が上昇したが，日本はこれを乗り切って安定成長の軌道に乗った。第一次オイルショック以降，世界経済が停滞するなか，日本の大企業は省エネ型の産業，省エネ製品の開発などを進め，省エネルギーのための投資を行い，さらに人件費を削減するなど減量経営を進めた。労働組合も賃金の抑制に協力し，残業時間を減らすなど雇用の確保のため，人件費削減に積極的に協力した。これら第一次オイルショックをふまえた努力の結果，一時的な光熱価格の上昇はあったものの，物価は安定し，食料価格や賃金はそれほど上昇しなかった。

【解答のポイント】

• 第一次オイルショック

光熱価格の上昇が続き，食料価格や賃金も上昇した

田中内閣の列島改造政策と原油価格の高騰

急激な物価上昇が起こり，狂乱物価といわれた

• 第二次オイルショック

光熱価格は一時的に急上昇したが，食料価格や賃金は安定

大企業による減量経営…省エネ構造，人件費の削減など

急激な物価上昇は抑制された

講評

2024年度も大問3題，各大問400字の合計1200字で解答する形式は変わらなかった。一部，語句記述問題はあったが，論述問題中心であったことも例年通りであった。また，解答しにくい問題もあったが，過去問を解いていれば解答しやすい問題が多く，答案の作成はしやすかったと思われる。

Ⅰ　例年通り，前近代からの出題であった。近世の城下町を中心とする内容であり，過去問にも類似の内容があったので，比較的取り組みやすい問題であったと思われる。ただし，問4は知識ではなく，リード文の理解をふまえて，受験生の思考力が問われた問題で，差がついたのではないだろうか。

Ⅱ　近代の弾圧法令の史料から政治を中心に問われた。問2は自由民権運動と条約改正，問3は労働問題がテーマとなるが，近年，同テーマの問題が出題されているので，過去問をしっかりやっていた受験生は解答しやすかったと思われる。一橋大学の問題としては標準レベルの問題といえるだろう。

Ⅲ　は現代史からの出題であった。近年は現代史の出題が減る傾向にあり，過去問を十分にやっていなかった受験生は戸惑ったのではないだろうか。過去問には類題が多くあり，10～20年分の過去問を解いていた受験生は解答できたはずである。この大問も，一橋大学の問題としては難問とはいえないだろう。

世界史

Ⅰ 解答

神聖ローマ皇帝から特許状を獲得した都市は諸侯と同じ地位を獲得し，周辺の農村を含む自給自足的な社会経済圏を成立させ，独自の法体系を持ち，市壁外に広がる農村を経済的・法的に支配した。市政は商工業者らが担い，彼らはギルドを結成して自由競争を否定し市場を独占した。これらが「封鎖的な面」と考えられる。一方，遠隔地貿易の発展と共に都市同盟が結成され，リューベックを盟主とする北ドイツ諸都市のハンザ同盟は，在外商館を設けて主に生活必需品を扱う北ヨーロッパ商業圏を支配した。また，内陸部のアウクスブルクは金融業で発展し，ヨーロッパ南北の中継貿易の拠点として発展した。これらが「開放的な面」と考えられる。このように中世都市は，都市と農村の一つの社会経済共同体でありながら広域的な経済活動の拠点として機能した。その中で物資や人の移動が活発に行われたことで，都市の市民の実利に基づいた社会経済的意識が生まれていった。(400字以内)

解説

《アルプス以北のヨーロッパ中世都市の社会経済史的意義》

【設問の要求】

〔主題〕

アルプス以北のヨーロッパ中世都市の社会経済史的意義

〔条件〕

①ビュッヒァーの見解の批判的検証を通じて都市経済の「封鎖的な面」と「開放的な面」を明らかにする

② 12～14世紀の神聖ローマ帝国領域内の複数の都市の事例に即して考察する

【論述の方向性】

①ビュッヒァーの見解を批判的に検証し「封鎖的な面」と「開放的な面」を明らかにすることを求めているので，この2つの面について対比的に検証したい。さらに，② 12～14世紀の神聖ローマ帝国領域内の複数の都市について事例に即して考察することを求めているので，代表的なリュ

ーベックやアウクスブルクといった都市の説明を盛り込みながら，主題であるアルプス以北の地域における中世都市が果たした社会経済史的意義についてまとめればよい。

なお，ビュッヒァーの見解は，都市とその周辺の「地方」（農村）を「閉鎖的」なものとしてとらえている。これに対し，増田四郎はビュッヒァーの見解の批判的検証として，ビュッヒァーが「閉鎖的」としている都市の経済政策は「封鎖的な面」「開放的な面」を統合として考察すべきと述べている。

※ビュッヒァーは「閉鎖的」としているが，問題では「封鎖的」となっていることに十分注意したい。

【論述の構成】

①都市経済の「封鎖的な面」と「開放的な面」

都市経済の「封鎖的な面」

中世都市の特徴としては，自治権が強く独自の法体制があり，市壁に囲まれ教会と市場広場を持つこと，市政運営は大商人や手工業経営者の親方によるギルドに独占され，厳格な統制のもと，非組合員の商業活動は禁止されていたことなどがある。また，史料には「その周囲の『地方』と共に…独立的に完遂されていた」とあるので，各都市は周辺の農村を含んだ自給自足的な独立した社会経済圏であったことも指摘しておきたい。

都市経済の「開放的な面」

遠隔貿易の拠点として共通の利害のために都市同盟を結成したことが重要である。アルプス以北であればリューベックを盟主とする北ドイツ諸都市が結成したハンザ同盟が典型的で，北海やバルト海沿岸で北ヨーロッパ商業圏（北海・バルト海交易圏）を形成し，共同で武器も保持するなど大きな政治勢力となった。

② 12～14 世紀の神聖ローマ帝国領域内の複数の都市の事例

ハンザ同盟の盟主となったリューベックを必ず指摘したい。ただ，事例は複数求められているので，北ヨーロッパ商業圏と地中海商業圏をつなぐ内陸部で，南ドイツのアウクスブルクが中継貿易や金融業で発展したことも指摘するとよいだろう。

社会経済史的意義

〔解答〕では，増田四郎の引用文の第１～３段落から，中世都市の「市民」に焦点を当て，第３段落の「質的に異なった高次の政策意欲を指摘することができよう」という言及を考え，中世都市の「市民」の間に実利に基づいた社会経済的意識が生まれていったことを指摘した。この他，中世都市が，都市と農村の一つの社会経済共同体という「封鎖的な面」を持ちつつ，広域的な経済活動の拠点として「開放的な面」を持っていたことを考え，中世都市が北ヨーロッパにおける巨大な経済圏を作り上げたことを指摘することもできるだろう。

Ⅱ　解答　イギリスは13植民地の喪失後，人道主義的観点から19世紀前半に奴隷貿易や奴隷制を廃止した。ハイチは，フランス革命の影響で初の黒人共和国として独立し，奴隷制も廃止されたが，フランスへの賠償金支払いによる財政破綻から西半球の最貧国といわれた。アメリカ南部ではイギリスへの綿花輸出拡大によって奴隷制が拡大したが，南北戦争後の連邦憲法修正により奴隷制が廃止された。しかし，黒人への農地分配はなくシェアクロッパー制による搾取が続き，州法で参政権が制限され，公的な場所での隔離が合法化された。奴隷供給地であったアフリカは，ヨーロッパ列強が19世紀後半にアフリカ分割を行ったことで，その大半が植民地化され資源供給地・市場となった。奴隷制廃止は白人の利害が絡んでおり，解放奴隷や植民地化されたアフリカは，経済的安定が得られず，白人の優越意識に基づいた黒人の人権や文化への軽視が現在の不遇な境遇へとつながっている。（400字以内）

解説

《奴隷解放と解放後の黒人に対する政策への評価》

【設問の要求】

〔主題〕

奴隷解放と解放後の黒人に対する政策への評価

〔条件〕

①19世紀の奴隷貿易・奴隷制廃止の一連のプロセスを概説する

②当時の国際関係や政治経済情勢に着目する

③奴隷を解放された側（元奴隷や黒人社会，アフリカ各国の側）からみる

【論述の方向性】

解答内容に必要な要素を問題文から読み取ることが肝要だが，その際に

は指定された4つの指定語句が大きなヒントとなる。まず，指定語句それぞれに関連する歴史的事実を想起し，それを年代順に並べることで問題が求めている①「19世紀の奴隷貿易・奴隷制廃止の一連のプロセスを概説する」の骨子が組み立てられる。また，その際に指定語句に関連する②「当時の国際関係や政治経済情勢に着目」した内容を盛り込む必要がある。そして，③奴隷を解放された側からみて主題である「奴隷解放とその後の解放された黒人に対する政策への評価」を明らかにしていけばよい。

【論述の構成】

13植民地の喪失

これは，イギリスが直面した出来事である。イギリスはアメリカ独立によって北アメリカにおける広大な植民地を喪失した。この後，イギリスでは，聖書を重視した人道主義者が奴隷貿易や奴隷制度の廃止運動に取り組み，奴隷貿易禁止法（1807年），奴隷解放法（1833年）を成立させた。なお，当時イギリスに輸入されたカリブ海諸島産の砂糖に高関税がかけられて割高であったことから，イギリス政府は砂糖生産に不可欠であった奴隷貿易を廃止することで砂糖プランテーション経営者に圧力をかけようとしたことも一連の法律制定の背景にある。

西半球の最貧国

ハイチを指すが，これを特定するのは難しいと思われる。ハイチは，フランス革命の影響を受け，トゥサン=ルヴェルチュールの指導もあって1804年にフランスから独立し，1806年に共和政を宣言した。しかし，フランス人入植者から奪った財産への巨額な賠償金の支払いを課せられたことから，以降，「西半球の最貧国」といわれるまで財政が破綻していくことになる。

シェアクロッパー制

アメリカ合衆国の南北戦争（1861～65年）によって奴隷制が廃止された後に成立した小作人制度である。解放奴隷には農地が分配されず，地主がシェアクロッパーと呼ばれる小作人に，土地や農具・住居などを貸し与え，収穫を半々程度の割合で納めさせた。このため，白人の地主が一定の収入を確保できた一方，解放奴隷は貧困から抜け出せなかった。また，南北戦争後，駐屯していた北軍が引き上げると，南部では各州で次々と黒人に対する差別的な黒人取締法が制定された。さまざまな基準を設けて実質的に黒人から投票権を奪い，公共施設では白人と黒人の分離が徹底され，これらの差別的な法律は20世紀になっても存続し続けた。

アフリカ分割

19世紀末以降にヨーロッパ列強により行われた植民地化を指すが，これを奴隷貿易や奴隷制度，およびその廃止とどのように関連付けるかが難しい。列強は「文明化の使命」という理念のもと，白人には未開のアフリカ・黒人を文明化するという義務があると考え，植民地化を正当化した。また，当時，第2次産業革命が進行中で，アフリカは列強の原料供給地・市場としての役割を強制されることになった。

奴隷解放とその後の解放された黒人に対する政策への評価

独立後のハイチや南北戦争後のシェアクロッパー制にみられるように解放された黒人は経済的に不安定で，これはアフリカ分割によって植民地化されたアフリカにも当てはまる。イギリスの奴隷貿易廃止・奴隷制廃止，南北戦争やアフリカ分割はいずれも白人の利害が絡んでいた。このため，黒人側に立った社会経済政策はほとんど無視され，白人の優越意識によって黒人の人権や文化が軽視され続けたことなどをまとめたい。

Ⅲ　解答

大局的には中国王朝の影響が衰え，各地域が自立し独自の体制を整えた時期である。中国では五代十国の分裂を経て北宋が再統一し，科挙に基づく文治主義が確立され，貴族に代わり新興地主層が勢力を拡大した。北方では独自の二重統治体制を採用した遼や中継貿易で栄えた西夏が台頭して北宋に侵入したため，北宋は和議を結んだが，官吏の維持や軍事費に苦しみ，王安石の改革も頓挫して弱体化した。北宋は遼を滅亡させた金によって滅ぼされ，金は部族制の猛安・謀克と州県制を併用して華北を支配した。一方，江南で再興された南宋では貨幣経済が進展し，江南の開発により経済の中心が長江流域に移動した。その他，ベトナム北部では中国支配から脱した李朝が成立し，朝鮮では新羅を滅ぼした高麗が中国の諸制度を導入し官僚統治体制を整え，雲南では大理が成立した。また，日本では律令体制が崩壊し貴族中心の政治となったが，やがて武士が台頭し鎌倉幕府が成立した。(400字以内)

解説

《10～12 世紀頃の東アジア世界の政治的・社会的変動》

【設問の要求】

〔主題〕

10～12 世紀頃の東アジア世界の政治的・社会的変動

【論述の方向性】

問題文は 10 世紀から 12 世紀頃の東アジアにおける政治的・社会的変動について求めているので，大筋では唐を中心に形成されていた東アジアとしての統合がゆるみ，各地域が自立して独自の文化を持つ国家が形成されていったことを説明すればよい。

具体的には，中国史としては五代十国時代の分裂時代を経て北宋（960 年成立）が再統一したものの，金の侵入により中国南部に南宋（1127 年成立）が成立した頃までの政治的・社会的変動をまとめる必要がある。周辺地域として，北方勢力の遼や西夏，南方のベトナムにおける李朝大越国，朝鮮における高麗，日本における平安・鎌倉時代についても触れて説明すればよい。

【論述の構成】

中国

中国での変動が解答の骨子になるが，その際に重要なのは北方民族による諸王朝との関係である。北宋では政治的には科挙に基づく官僚制が整備され文治主義による中央集権化が実現した。また，契丹（遼）との澶淵の盟に代表される消極的外交が行われ，王安石による改革も結局頓挫することになった。社会的には貴族に代わり新興地主層（形勢戸）が台頭したことは必ず指摘したい。北方では渤海を滅ぼして燕雲十六州を獲得し二重統治体制により独自性を保った遼，西北では中継貿易により台頭した西夏がたびたび北宋に侵入し，絹や銀を贈ることで和議を結んでいる。遼は北宋と金によって挟撃され滅んだが，金は開封を占領して北宋を滅ぼし，部族制に基づく猛安・謀克を維持しながら州県制も採用して華北を支配している。そして江南に逃れて再興された南宋では，和平派と主戦派の争いののち金と和議を結んで淮河を国境と定め，商業活動が活発化して貨幣経済が進展し，江南の開発により経済の中心地が長江流域に移動している。

周辺地域

周辺地域として，ベトナム，朝鮮，雲南，日本を考えたい。ベトナム北部では長い中国支配から李朝が独立し（1009年），最初のベトナム長期王朝となった。朝鮮では高麗（918年成立）が新羅を滅ぼした後，朝鮮半島を統一し，中国の諸制度を導入して官僚統治体制を整えている。雲南では南詔に代わって大理が成立（937年）した。また，日本では10世紀は平安時代であるが，この頃には律令体制が崩壊し貴族中心の政治となり，国風文化が栄え，やがて武士が台頭し12世紀には鎌倉幕府が開かれることとなる。

講評

例年と同じ大問3題の構成で，字数はすべて400字であった。難易度でみるとⅠはやや難，Ⅱは難，Ⅲは標準レベルで作問されており，2023年度と同レベルである。特にⅠ・Ⅱについては詳細な知識だけでなく，特殊な歴史事象の経緯や因果関係などの考察力が求められている。例年，一橋大学では資料（史料）問題が多く，2024年度はⅠで中世都市に関連して増田四郎とビュッヒァーの著作から作問された。Ⅰは中世・近世ヨーロッパ，Ⅱは近世から現代の欧米，Ⅲは近現代アジアからの出題比率が高いが，2024年度はⅢで10～12世紀頃の東アジアから出題された。

Ⅰ　「アルプス以北のヨーロッパ中世都市の社会経済史的意義」をテーマとした論述問題で，2つの資料（史料）が引用されている。例年Ⅰはフランスやドイツを題材にした問題が多いが，2024年度も解答に「ハンザ同盟」や「帝国都市」の説明が求められていてこの傾向が踏襲されているといえる。中世ヨーロッパ都市という扱いやすい内容だが，「ビュッヒァーの見解」を踏まえて「社会経済史的意義」をまとめた解答に仕上げることが難しい。

Ⅱ　「奴隷解放と解放後の黒人に対する政策への評価」をテーマとした論述問題で，3題中最も難度が高い。4つの指定語句が大きなヒントとなることは間違いないが，「西半球の最貧国」からハイチを特定するのが難しく，「アフリカ分割」の扱いも問題の要求に関連させる必要があるため扱いに悩むだろう。指定語句から関連用語を連想し，それらをうまく時系列にまとめられるかがカギとなる。また，19 世紀における奴隷制度の動きを概説するだけでなく，黒人たちの現在の不遇な境遇とどのように結びつくかを盛り込む必要があり，現代まで続く諸問題を俯瞰的に論じる能力が試されている。

Ⅲ 「10～12 世紀頃の東アジア世界の政治的・社会的変動」をテーマとした論述問題。教科書レベルの知識で解答可能だが，各国における同時代の知識を連想し関連付けてまとめる力が試されている。特に中国史については宋を中心に北方民族諸国家との関連性を政治的・経済的な面からその変動についてまとめることを求めており，400 字以内に収める推敲力が必要である。なお，中国の周辺諸国については，朝鮮と日本，ベトナムに必ず言及したい。

地 理

I 解答

1 サトウキビ。自動車用燃料。気候変動枠組み条約の締約国会議で発展途上国を含む全ての国に温室効果ガスの削減目標を定めたパリ協定が採択されたため，温暖化に寄与しない再生可能燃料として生産が本格化した。(100 字以内)

2 シェール革命に伴い石油の供給量が増加したうえに，自動車の燃費も向上したため，需要に対して供給が過剰となったバイオエタノールの余剰分を輸出することで，価格の下落を抑え，生産農家を保護しようとした。(100 字以内)

3 熱帯雨林や熱帯草原が広がる開発が遅れた地域では，貧困問題を抱えるうえ政府の統治が及ばないため，反政府勢力の資金源となる麻薬の密輸に便利な国境付近や沿岸部を中心に，収益性の高いコカが栽培されてきた。(100 字以内)

4 新しい作物を市場や輸出港へ輸送するための道路等のインフラの整備が不十分であったため，転作政策の効果は限定的であり，農民の貧困問題は解消できず，依然として収益性の高いコカの栽培が広く行われている。(100 字以内)

解説

《コロンビアの農業》

問1． バイオエタノールの二大生産国であるアメリカ合衆国とブラジルの主な原料作物は，それぞれトウモロコシとサトウキビである。熱帯気候が広がるコロンビアでは，ブラジルと同様にサトウキビが主な原料作物となっている。バイオエタノールの主な用途は，ガソリンと混合して用いる自動車用燃料である。

バイオエタノールは，原料作物の成長過程で大気中から取り込んだ炭素と燃焼時に放出される炭素が釣り合うというカーボンニュートラルの観点から，地球温暖化に寄与しない再生可能燃料とされる。したがって，コロンビアが「バイオエタノール生産に力を入れている理由」に「密接に関わる国際的な条約」としては，1992 年の国連環境開発会議（地球サミット）

で温暖化問題に取り組むために採択された気候変動枠組み条約が挙げられる。「その締約国会議において2015年に採択された協定」としてはパリ協定が挙げられる。先進国を対象に温室効果ガスの削減義務を課した京都議定書に代わって採択されたパリ協定では，コロンビアなどの発展途上国を含む全ての加盟国に削減目標の策定と提出が求められた。

問2．「需要と供給の関係」を踏まえると，米国が「バイオエタノールの輸出を増やした理由」は，供給量が国内需要を上回るようになったためと考えることができる。米国は，2005年にバイオエタノールの生産量でブラジルを抜いて世界第1位となったものの，ハイブリッド車や電気自動車の登場で燃料の需要が抑えられたうえ，シェール革命に伴い供給量が増加した原油の価格が低下傾向を示すようになった。余剰分を海外市場に供給することは，バイオエタノールの価格下落を抑制し，原料となるトウモロコシの生産農家を保護することにつながるため，米国はバイオエタノールの輸出を増やしている。

問3． 赤道付近に位置し，アンデス山脈が国土を縦断するコロンビアでは，首都ボゴタ，主要都市のメデジンやカリはいずれも標高が1500m以上の冷涼な高地に位置しているのに対し，図Ⅰ－1より，コカ産地は低地に分布している様子が読み取れる。東部に広がる熱帯草原のリャノや南東部に広がる熱帯雨林のセルバのような低地は，道路整備が進んでおらず，開発から取り残され，政府による統治が及びにくい辺境に当たる。したがって，これらの地域は，貧困問題を抱えるとともに「反政府勢力」の活動範囲であると推察される。麻薬のコカインが「反政府勢力の活動資金源」とされてきたことを踏まえると，コカの収益性の高さゆえに低所得層の「農民がコカを栽培・販売してきた」と考えられ，さらにコカの産地が他国への密輸に便利な国境付近や臨海部に集まっていることにも注目する。

問4． 図Ⅰ－2より，2013年の約5万haから2017年に約17万haに急拡大したコカの栽培面積は，2020年には約15万haに縮小しているものの，和平後に開始された転作政策の効果は限定的であったと判断できる。図Ⅰ－1からコカの栽培地域では道路密度が必ずしも高くないことが読み取れ，水利施設などのインフラ整備も遅れている可能性がある。このことが，転作奨励金の支給にもかかわらず，他の作物への転作が進まなかった理由の一つと考えられる。その結果，市場となる国内の主要都市や輸出港への輸送が困難な地域において新しい換金作物の栽培は普及せず，収益性の高いコカの栽培が続いてきたと考えられる。

Ⅱ 解答

1　期間の初期段階では前方参加が中心であったが，2000年代半ば以降は後方参加の割合が高まった。かつては安価な労働力を基盤に完成品を生産していたアジア諸国などに向けて中間財を輸出する分業が主流であったが，近年は技術力が向上した新興工業国から輸入した中間財を用いて日本で生産した完成品の輸出が拡大したから。(150字以内)

2　いずれの国・地域間とも2009年にかけて貿易額が減少したが，中国との貿易ではその影響が比較的小さく，2010年には中国との貿易額が大きく増加した。この時期の日本企業は，中国から中間財の輸入を拡大し，NAFTAやEUに代わる市場として中国へ完成品の輸出も増やした。(125字以内)

3　人々の行動が制限され台湾や中国などで工業製品の生産や流通が滞った。生産分業の後方参加を進めてきた日本では，アジア新興国・地域からの輸入に頼る半導体など中間財の確保が困難になったため，各種の電子機器や自動車などさまざまな完成品の製造に支障をきたした。(125字以内)

解説

《国際的な生産分業》

問1． 図Ⅱ－1から，2000年代初頭まで前方参加の比率が高く，伸びもみられたが，2000年代半ば以降に後方参加の比率が高まり，前方参加率の約25％に対し，15％程度で推移してきたことが読み取れる。かつては日本のメーカーが労働力の安価なアジア諸国へ完成品工場を移転したために，日本から中間財を輸出する前方参加が主流となっていた。しかし，日本国内における工場の立地条件が見直されたことなどから，付加価値の高い工業が日本国内に徐々に戻るようになり，技術力が向上した新興工業国から中間財を輸入し，高度な技術で完成品を製造し輸出する後方参加が増加している。

問2． 図Ⅱ－1から，2008～10年の前方参加の比率の変動は小さいものの，後方参加の比率については2009年の低下と2010年の上昇が顕著であったことが読み取れる。すなわち世界経済危機は，日本の中間財の輸入と完成品の輸出に対し影響を与えたことになる。表Ⅱ－1では，いずれの国・地域間においても2009年に貿易額が減少し，2010年に回復しているが，中国との貿易額は，減少が抑えられ，回復後の増加も大きい。2010年の日本と中国との貿易額も2008年を上回り，NAFTAやEUとの差が開いている。上述の図Ⅱ－1の読み取り結果も踏まえると，日本は2008年から2010年にかけて，中国から中間財の輸入を増加させたほか，世界経済危機によるダメージが大きかった欧米諸国に代わる市場として，中国への完成品の輸出も増加させて対応したと考えられる。

問3． 新型コロナウイルス感染症の流行が本格化した2020年頃に，代表的な中間財である半導体の供給がひっ迫したことは記憶に新しい。

生産分業に後方参加するうえで，アジア諸国・地域で生産された中間財が欠かせない。問2で，日本では中国から中間財の輸入が拡大したことが扱われたように，半導体などの電子部品の生産はアジアに集中している。コロナ禍に見舞われた時期，厳しいロックダウンが実施された中国をはじめ，アジアの各国・地域で労働者の行動が制限され，工場の操業停止も行われた。アジアから中間財の供給が滞ったために，生産分業に後方参加する日本の生産も停滞したというサプライチェーンの混乱について述べるとよい。

Ⅲ　解答

1　①Gは最も高いが，近年は若干低下し，Tも減少している。②Gは比較的高く，Tも他の年齢層より概ね多いが，ともに近年は低下している。③Gは低いものの上昇しており，Tも増加傾向にある。子どもや若年層は，通信手段の発達などにより外出の機会が減ったが，高齢者は通院や社会参加などで外出する機会が増えた。(150字以内)

2　横浜市　東京区部など公共交通機関の利用が多い地域は通勤・通学の混雑が激しく，遅延や運休が発生すると膨大な人数に影響が及ぶ。千葉東部など公共交通機関の利用が少ない地域では自動車への依存度が強く，便数の削減や廃線による住民の利便性の低下が懸念される。(125字以内)

3　運転手などの労働力不足への対策が喫緊の課題である。地理空間情報の活用やMaaSの導入により，効率的な交通路線が設定でき，利用者も複数の交通機関を組み合わせた最適な経路を選べるため，過疎地域におけ

る交通の維持や増加した観光客の混雑緩和が期待される。(125字以内)

解説

《人の移動》

問1． 表Ⅲ－1から，各年齢階層の外出率と1人1日当たりのトリップ数の特徴や変化を読み取る。①は，外出率がいずれの年次も90％を超えて高いが，2018年に若干低下し，トリップ数も2018年に減少している。②も2008年までは外出率が90％前後で比較的高かったが，2018年に80％前後に低下しており，トリップ数も年々減少傾向を示していることが読み取れる。③は，全般的に外出率が他の年齢階層より低いが，2008年までの上昇傾向が顕著で，トリップ数は2018年にわずかに減少したものの，2008年までは増加傾向にあったことがわかる。以上を整理すると，①と②は類似の傾向を示し，③だけが①・②と異なる傾向を示していることがわかる。答案の作成に当たっては，こうした傾向が生活スタイルの変容とどう関わっているかを考察する必要がある。

19歳以下の人は，日常的な通学が高い外出率に寄与しており，トリップ数2を超えた数値は，通学以外の遊びや塾，習い事などでの外出を反映していると考えられる。ただし，2008～2018年は，ICT（情報通信技術）が普及した時期と重なるため，友だちと対面で遊ぶ機会が減って外出率とトリップ数が減少したと推察できる。一橋大学では2023年度〔3〕でも，子どもの遊び場が屋外から屋内に変容したことが取り上げられている。20～39歳の人も，通勤などで高い外出率を維持していたが，やはり2008～2018年にトリップ数とともに減少している。ICTの発達とワークライフバランスの観点から，自宅などで就労するリモートワークの導入が増加し，対面での商談などを目的とした外出機会が減ったと考えられる。65歳以上の人も，2008～2018年にかけて若年層と同様の変化がみられるが減少幅は小さく，1988年と比較すると全体的に外出率，トリップ数とも増加している。多くの高齢者にとって通院は主要な外出目的であるが，高齢化が進んだ近年は定年後に再雇用される人も多く，多様な社会参加の機会が増えていると考えられる。

問2． 東京都市圏に所在する政令指定都市は，表Ⅲ-2中の川崎市，千葉市を除くと，さいたま市・横浜市・相模原市の3つである。表中の(ア)は，「トリップエンド数」が川崎市，千葉市よりも数倍多いことから，人口規模の大きい横浜市と判断する。

東京都市圏において「公共交通機関の利用が多い地域」には，鉄道やバスの割合が高い東京区部・川崎市・横浜市などが該当する。また，「少ない地域」には千葉西南部・茨城南部・千葉東部などが該当するので，これらの地域を答案中に示しながら説明するように心がける。東京区部など公共交通機関の利用が多い地域における課題としては，トリップエンド数の多さに注目すれば，激しい混雑が指摘できるだろう。さらに事故や災害によって鉄道などの遅延や運休が発生すると膨大な数の人に影響が及ぶことも想像に難くない。一方，千葉東部など鉄道の利用が少ない地域は，東京都市圏の中心部と比較して自動車の利用が多いことが読み取れる。しかし，運転免許証を持たない人にとっては，自動車に代わる交通手段が乏しいこと，公共交通機関の便数の削減や廃線により利便性の低下が懸念されることなどに言及すればよい。

問3．「交通システムが抱える喫緊の課題」については，世界的にも類をみないほど急速に少子高齢化が進展した現在の日本は，さまざまな部門で労働力不足に直面しており，交通システムを支えるバスやタクシーの運転手不足も深刻であることが挙げられる。こうした状況下で，問2で取り上げられたような課題に取り組むためには，地理空間情報の活用やMaaSの導入による交通の効率化が求められているといえる。GIS（地理情報システム）は，交通路線の見直しや新設，適切な運行サービスの提供などに活用できる。MaaSは，検索・予約・決済を一元的に行う利用者に「電車やバス，タクシーなどあらゆる公共交通機関」を組み合わせて移動の最適化を提供するサービスで，インバウンドを含む観光客の急増への対応も期待できる。

講評

設問数は2023年度の9問から10問に増えたものの，いずれも100～150字の論述法が採用されており，出題形式や総字数1200字の出題量に大きな変更はなかった。例年通り，リード文や設問文に即して題意を押さえ，資料を丁寧に読み取りながら答案を作成する必要がある。

I　問1では，「気候変動枠組み条約」や「パリ協定」の語を正確に書き記す必要がある。問2では，供給が需要を上回ったことが輸出の急増につながったと考え，その背景にある細部を推察しながら答案を書いていく。麻薬のコカインを扱った問3・問4はやや意表を突く内容であるが，コカ産地の特徴について資料から考察する興味深い設問であった。

Ⅱ　国際的な生産分業を，リード文に示された「前方参加」と「後方参加」の観点から考える内容であった。近年の日本の製造業に関する基本的な理解があれば比較的取り組みやすいが，問2は資料の数値の変化を正しく読み取り，それらが示す意味を考えて答案を作成する必要がある。

Ⅲ　問1は，統計表中の多くのデータを整理して，それぞれの特徴を生活スタイルの変容と関連づけてまとめる必要があり，やや難しい。問3の「喫緊の課題」も，現代社会に対する関心を持っていないと思いつきにくいだろう。

数学

①

発想

$\sum_{k=1}^{m}k(n-2k)=2024$ から（整数）×（整数）=（整数）の形をまず作る。次に，2024 を素因数分解して素因数の振り分けを考えるとよいが，連続する 2 つの整数に注目する。

解答　$\sum_{k=1}^{m}k(n-2k)=2024$　……①

$$\begin{aligned}\sum_{k=1}^{m}k(n-2k)&=n\sum_{k=1}^{m}k-2\sum_{k=1}^{m}k^2\\&=n\cdot\frac{1}{2}m(m+1)-2\cdot\frac{1}{6}m(m+1)(2m+1)\\&=\frac{1}{6}m(m+1)(3n-4m-2)\end{aligned}$$

2024 を素因数分解すると，$2024=2^3\cdot11\cdot23$ であるから，①は

$$\frac{1}{6}m(m+1)(3n-4m-2)=2^3\cdot11\cdot23$$

すなわち

$$m(m+1)(3n-4m-2)=2^4\cdot3\cdot11\cdot23$$

と変形できる。

これより，m，$m+1$，$3n-4m-2$ は $2^4\cdot3\cdot11\cdot23$ の正の約数であり，m と $m+1$ は連続する 2 つの整数であるから，一方は偶数でもう一方は奇数である。

• m が奇数のとき

m は $3\cdot11\cdot23$ の正の約数であるから，m と $m+1$ の組は

$$\begin{cases}m\ \ \ \ =1,\ 3,\ 11,\ 23,\ 33,\ 69,\ 253,\ 759\\m+1=2,\ 4,\ 12,\ 24,\ 34,\ 70,\ 254,\ 760\end{cases}$$

このとき，$2^4\cdot3\cdot11\cdot23$ の正の約数になる $m+1$ は，2，4，12，24 のみであるから，m の値は

$m=1,\ 3,\ 11,\ 23$

に限られる。

• $m+1$ が奇数のとき

$m+1$ は $3\cdot11\cdot23$ の正の約数であるから，m と $m+1$ の組は $m\geqq1$ より

$$\begin{cases} m\ \ \ \ =2,\ 10,\ 22,\ 32,\ 68,\ 252,\ 758 \\ m+1=3,\ 11,\ 23,\ 33,\ 69,\ 253,\ 759 \end{cases}$$

このとき，$2^4\cdot3\cdot11\cdot23$ の正の約数になる m は，2，22 のみであるから，m の値は

$m=2,\ 22$

に限られる。

以上から，①を満たす m，$m+1$，$3n-4m-2$ の組み合わせとそのときの n の値は次のようになる。

m	$m+1$	$3n-4m-2$	n
1	2	$2^3\cdot3\cdot11\cdot23$（$=6072$）	2026
2	3	$2^3\cdot11\cdot23$（$=2024$）	678
3	4	$2^2\cdot11\cdot23$（$=1012$）	342
11	12	$2^2\cdot23$（$=92$）	46
22	23	$2^3\cdot3$（$=24$）	38
23	24	$2\cdot11$（$=22$）	$38+\dfrac{2}{3}$

したがって，①を満たす正の整数の組（m，n）は

$$\left.\begin{array}{l}(m,\ n)=(1,\ 2026),\ (2,\ 678),\ (3,\ 342),\\ \qquad\qquad (11,\ 46),\ (22,\ 38)\end{array}\right\}\ \cdots\cdots(答)$$

解説

《Σ（シグマ）を用いた不定方程式》

$\displaystyle\sum_{k=1}^{m}k(n-2k)$ はふつう因数分解された形で表すので，与えられた不定方程式が，(整数)×(整数)$=2^4\cdot3\cdot11\cdot23$ の形になることがわかる。あとは素因数の振り分けを考えればよいが，$m(m+1)$ は連続する２つの整数の積なので m か $m+1$ のどちらかが奇数になる。そこに注目して「m が奇数のとき」と「$m+1$ が奇数のとき」に場合分けをし，さらに約数に注目して m の値を絞り込んだ。

②　発想

$C: y=f(x)=x^2$ と $C': y=g(x)=-x^2+ax+b$ はある点を共有し，かつ，その点におけるそれぞれの接線が直交しているから，ある点の x 座標を t とおくと，「$f(t)=g(t)$ かつ $f'(t)\cdot g'(t)=-1$」が成り立つので，この2式より，a, b を t を用いて表すとよい。これより，C と C' で囲まれた部分の面積を t を用いて表し，式の形をよくみて最小値を求める。

解答　$f(x)=x^2$, $g(x)=-x^2+ax+b$ とおくと

$$f'(x)=2x,\quad g'(x)=-2x+a$$

$C: y=f(x)$ と $C': y=g(x)$ が共有している点の x 座標を t とすると，その点におけるそれぞれの接線が直交しているから

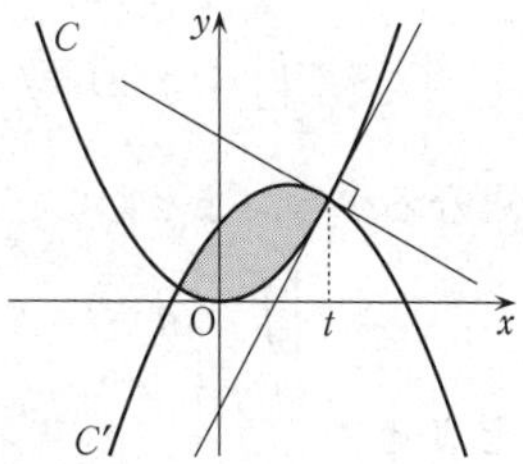

($t>0$ の図)

$$\begin{cases} f(t)=g(t) \\ f'(t)\cdot g'(t)=-1 \end{cases}$$

すなわち

$$\begin{cases} t^2=-t^2+at+b & \cdots\cdots ① \\ 2t(-2t+a)=-1 & \cdots\cdots ② \end{cases}$$

が成り立つ。

②より，$t \neq 0$ であり

$$-2t+a=-\frac{1}{2t} \quad \text{つまり} \quad a=2t-\frac{1}{2t} \quad \cdots\cdots ③$$

③を①に代入すると

$$t^2=-t^2+\left(2t-\frac{1}{2t}\right)t+b$$

つまり　$b=\dfrac{1}{2}$　……④

よって，$g(x)$ は，③，④より

$$g(x)=-x^2+\left(2t-\frac{1}{2t}\right)x+\frac{1}{2}$$

これより，C と C' の共有点の x 座標は，$f(x)=g(x)$ から

$$x^2=-x^2+\left(2t-\frac{1}{2t}\right)x+\frac{1}{2}$$

$$2x^2-\left(2t-\frac{1}{2t}\right)x-\frac{1}{2}=0$$

$$2(x-t)\left(x+\frac{1}{4t}\right)=0$$

$$x=t,\quad -\frac{1}{4t}$$

ここで，C と C' で囲まれた部分の面積を S とすると

• $t>0$ のとき

$$S=\int_{-\frac{1}{4t}}^{t}\{g(x)-f(x)\}dx$$

• $t<0$ のとき

$$S=\int_{t}^{-\frac{1}{4t}}\{g(x)-f(x)\}dx=-\int_{-\frac{1}{4t}}^{t}\{g(x)-f(x)\}dx$$

となるから，まとめて

$$S=\left|\int_{-\frac{1}{4t}}^{t}\{g(x)-f(x)\}dx\right|$$

と表せ

$$S=\left|-2\int_{-\frac{1}{4t}}^{t}\left(x+\frac{1}{4t}\right)(x-t)\,dx\right|$$

$$=\left|2\cdot\frac{1}{6}\left\{t-\left(-\frac{1}{4t}\right)\right\}^3\right|$$

$$=\frac{1}{3}\left|t+\frac{1}{4t}\right|^3$$

t を $-t$ と置き換えても S の値は変わらないから，$t>0$ で考える。

$t>0$ より，$\frac{1}{4t}>0$ であるから，相加平均・相乗平均の大小関係を用いると

$$t+\frac{1}{4t}\geqq 2\sqrt{t\cdot\frac{1}{4t}}=1$$

であるから

$$S=\frac{1}{3}\left(t+\frac{1}{4t}\right)^3\geqq\frac{1}{3}\cdot 1^3=\frac{1}{3}$$

等号成立は，$t=\frac{1}{4t}$ かつ $t>0$ より，$t=\frac{1}{2}$ のときである。

したがって，求める S の最小値は

$$\frac{1}{3}\quad\left((a,\ b)=\left(0,\ \frac{1}{2}\right)\ \text{のとき}\right)\quad\cdots\cdots(\text{答})$$

解説

《ある条件を満たす 2 つの放物線で囲まれた部分の面積の最小値》

2 つの放物線が 1 点を共有し，かつ，その点におけるそれぞれの接線が直交していることから

$$f(t)=g(t)\quad \text{かつ}\quad f'(t)\cdot g'(t)=-1\quad\cdots\cdots(☆)$$

と立式できるところまでは問題ないであろう。そこからどうやって最小値を求めるかで少し戸惑った受験生がいたと思われるが，(☆)から得られる等式の形から，a，b が t で簡単に表せることに気づければ，面積を t を用いて表せる。ポイントは $t>0$ のときと $t<0$ のときで面積の立式が若干変わることに気づけたかである。$t<0$ のときを考えていない受験生はかなり多かったと思われる。また，最小値については関数が分数の形をしているので，相加平均・相乗平均の大小関係を用いた。文系の数学では頻出であるから必ず使いこなせるようにしておこう。

③

発想

与えられた条件より

$$f(x)=(x+1)^2(x^2+px+q)+1\quad\cdots\cdots(*)$$

とおく。次に，$f(x)$ を $(x-1)^2$ で割ると 2 余るので，$(*)$を

$$f(x)=(x-1)^2Q(x)+(1\text{ 次式以下の整式})$$

と変形し，(1 次式以下の整式)$=2$ という x についての恒等式を作って求める。

解答　$f(x)$ は x に関する 4 次多項式で 4 次の係数が 1 であるから，$f(x)$ を 2 次式 $(x+1)^2$ で割ったときの商は x^2+px+q と表せるので

$$f(x)=(x+1)^2(x^2+px+q)+1\quad\cdots\cdots(*)$$

とおける。

$(*)$より

$$f(x)=\{(x-1)+2\}^2(x^2+px+q)+1$$

$$=\{(x-1)^2+4(x-1)+4\}(x^2+px+q)+1$$
$$=\{(x-1)^2+4x\}(x^2+px+q)+1$$
$$=(x-1)^2(x^2+px+q)+4x^3+4px^2+4qx+1$$
$$=(x-1)^2(x^2+px+q)+(x-1)^2\cdot 4\{x+(p+2)\}$$
$$+(8p+4q+12)x-4p-7$$
$$=(x-1)^2[(x^2+px+q)+4\{x+(p+2)\}]$$
$$+(8p+4q+12)x-4p-7$$

と変形できるから，$f(x)$ を 2 次式 $(x-1)^2$ で割った余りは

$$(8p+4q+12)x-4p-7$$

一方，$f(x)$ を $(x-1)^2$ で割ると 2 余るから

$$(8p+4q+12)x-4p-7=2$$

が x の値にかかわらず成り立ち，その条件は

$$\begin{cases} 8p+4q+12=0 \\ -4p-7=2 \end{cases}$$

これを解いて　　$p=-\dfrac{9}{4}$，$q=\dfrac{3}{2}$

よって，求める $f(x)$ は，これらを（＊）に代入して

$$f(x)=(x+1)^2\left(x^2-\frac{9}{4}x+\frac{3}{2}\right)+1$$
$$=x^4-\frac{1}{4}x^3-2x^2+\frac{3}{4}x+\frac{5}{2}\quad\cdots\cdots(\text{答})$$

別解 **〈係数を比較する〉**

$f(x)$ は x に関する 4 次多項式で 4 次の係数は 1，$(x+1)^2$ で割ると 1 余り，$(x-1)^2$ で割ると 2 余ることから

$$f(x)=(x+1)^2(x^2+mx+n)+1$$
$$f(x)=(x-1)^2(x^2+px+q)+2$$

とおけて，それぞれ展開して整理すると

$$f(x)=x^4+(m+2)x^3+(2m+n+1)x^2+(m+2n)x+n+1\quad\cdots\cdots①$$
$$f(x)=x^4+(p-2)x^3+(-2p+q+1)x^2+(p-2q)x+q+2$$

これらの係数を比較すると

$$\begin{cases} m+2=p-2 \\ 2m+n+1=-2p+q+1 \\ m+2n=p-2q \\ n+1=q+2 \end{cases}$$

これを解いて

$$m=-\frac{9}{4},\ n=\frac{3}{2},\ p=\frac{7}{4},\ q=\frac{1}{2}$$

これらを①に代入して

$$f(x)=x^4-\frac{1}{4}x^3-2x^2+\frac{3}{4}x+\frac{5}{2}$$

解説

《余りに関する条件から4次多項式を決定する問題》

2つある余りに関する条件の中から1つの条件を使って4次多項式 $f(x)$ を文字定数を用いて，$f(x)=(x+1)^2(x^2+px+q)+1$ ……(＊) と表し，次に，もう1つの条件が使えるように(＊)を

$f(x)=(x-1)^2\times$ (x の多項式) $+$ (x の1次以下の多項式)

の形に変形した。変形が少し面倒であるが思考力を要求する問題ではないので正解してほしい。もしくは〔別解〕のように，$f(x)$ を2通りに表し，係数を比較してもよい。

④

発想

(1) 線分ACと線分BDの中点がともに原点Oであることに注目すれば，ひし形の対角線は直交するので，このことを利用して a と b の関係を表す等式を求めるとよい。

(2) ひし形の面積 S を立式すると，a, b の対称式がでてくるので，$ab=t$ とおき，t の存在条件を用いて S の最小値を求めるか，S を a の1変数にして微分を用いて最小値を求めてもよい。

解答　空間座標の原点をOとする。

$-1<a<1,\ -1<b<1$ ……①

$\mathrm{A}(a,\ -1,\ -1)$, $\mathrm{B}(-1,\ b,\ -1)$, $\mathrm{C}(-a,\ 1,\ 1)$,

D(1, $-b$, 1)

(1) $\overrightarrow{\mathrm{OA}}+\overrightarrow{\mathrm{OC}}=\vec{0}$, $\overrightarrow{\mathrm{OB}}+\overrightarrow{\mathrm{OD}}=\vec{0}$ より，原点Oは線分 AC および線分 BD の中点である。

よって，対角線 AC と BD がそれぞれの中点で交わっているから，四角形 ABCD は平行四辺形である。さらに，平行四辺形 ABCD がひし形になるのは，AC⊥BD のときであるから，その条件は

$$\overrightarrow{\mathrm{OA}}\perp\overrightarrow{\mathrm{OB}} \quad \text{すなわち} \quad \overrightarrow{\mathrm{OA}}\cdot\overrightarrow{\mathrm{OB}}=0$$

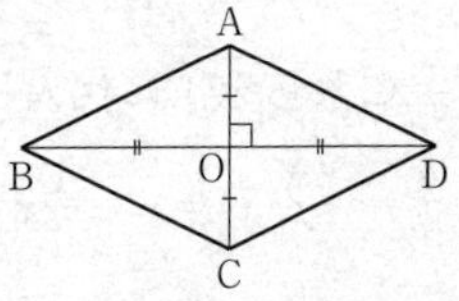

であるから

$$a\times(-1)+(-1)\times b+(-1)\times(-1)=0$$

すなわち

$$a+b=1 \quad \cdots\cdots② \quad \cdots\cdots(\text{答})$$

(2) ひし形の面積を S とすると

$$\begin{aligned} S&=4\times(\triangle\mathrm{OAB}) \\ &=4\times\frac{1}{2}|\overrightarrow{\mathrm{OA}}||\overrightarrow{\mathrm{OB}}| \\ &=2\sqrt{a^2+(-1)^2+(-1)^2}\times\sqrt{(-1)^2+b^2+(-1)^2} \\ &=2\sqrt{a^2+2}\times\sqrt{b^2+2} \\ &=2\sqrt{(a^2+2)(b^2+2)} \quad \cdots\cdots(*) \\ &=2\sqrt{a^2b^2+2(a^2+b^2)+4} \\ &=2\sqrt{(ab)^2+2\{(a+b)^2-2ab\}+4} \end{aligned}$$

であり，$ab=t$ とすると，②と合わせて

$$\begin{aligned} S&=2\sqrt{t^2+2(1^2-2t)+4} \\ &=2\sqrt{t^2-4t+6} \\ &=2\sqrt{(t-2)^2+2} \end{aligned}$$

ここで，a, b を2解にもつ u の2次方程式は，②と $ab=t$ より

$$u^2-u+t=0 \quad \cdots\cdots③$$

であり，左辺を $f(u)$ とおく。

③は，①より，-1 と1の間に2解をもつから，その条件は，$v=f(u)$ のグラフの軸の方程式が $u=\dfrac{1}{2}$ であることに注意すると

$$\begin{cases}(③の判別式)=(-1)^2-4\cdot1\cdot t\geqq0\\ f(-1)=2+t>0\\ f(1)=t>0\end{cases}$$

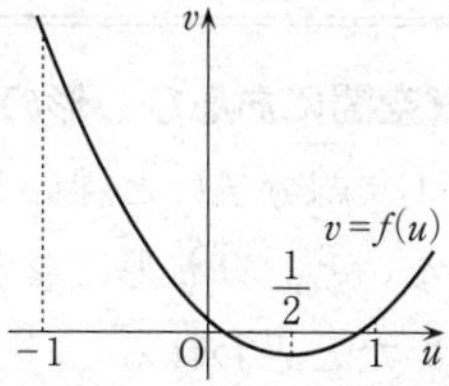

であるから，t のとり得る値の範囲は

$$0<t\leqq\frac{1}{4}\quad\cdots\cdots④$$

よって，④の範囲における S は，$t=\dfrac{1}{4}$ のときに最小となり，最小値は

$$2\sqrt{\left(\frac{1}{4}-2\right)^2+2}=2\sqrt{\frac{81}{16}}=\frac{9}{2}\quad\cdots\cdots(答)$$

別解　**〈(＊)以降の別解（1変数にする)〉**

②より，$b=1-a$ であり，①から，a のとり得る値の範囲は

$$-1<a<1\quad かつ\quad -1<1-a<1$$

すなわち　$0<a<1$

S を a を用いて表すと

$$\begin{aligned}S&=2\sqrt{(a^2+2)\{(1-a)^2+2\}}\\&=2\sqrt{(a^2+2)(a^2-2a+3)}\\&=2\sqrt{a^4-2a^3+5a^2-4a+6}\end{aligned}$$

ここで

$$g(a)=a^4-2a^3+5a^2-4a+6\quad(0<a<1)$$

とおくと

$$\begin{aligned}g'(a)&=4a^3-6a^2+10a-4\\&=2(2a-1)(a^2-a+2)\\&=4\left(a-\frac{1}{2}\right)\left\{\left(a-\frac{1}{2}\right)^2+\frac{7}{4}\right\}\end{aligned}$$

$0<a<1$ における $g(a)$ の増減は右のようになる。

a	(0)	…	$\frac{1}{2}$	…	(1)
$g'(a)$		−	0	+	
$g(a)$		↘		↗	

よって，S は $a=\dfrac{1}{2}$ のときに最小となり，最小値は

$$2\sqrt{g\left(\frac{1}{2}\right)}=2\sqrt{\frac{81}{16}}=\frac{9}{2}$$

解説

《空間にあるひし形の面積の最小値》

(1) 線分 AC と線分 BD の中点がともに原点Oになっていることに気づかないと，ひし形になる条件を導くのは相当面倒になるので，かなり差がついたと思われる。

(2) ひし形の面積の立式は問題ないであろう。最小値の求め方については，面積が a，b についての対称式になっていることと，(1)の答えも対称式がでてきていることから，「a，b を2解にもつ2次方程式 $u^2-u+t=0$ が -1 と1の間に解をもつ」という存在条件を用いて ab の範囲を求めた。対称式の性質を利用して存在条件で解く方法は難関大学でよく使う手法なので，しっかりマスターしておこう。また，〔別解〕に示したように単純に微分法を用いて求めてもよい。

5

発想

3点を頂点とする三角形の内部に外接円の中心が含まれるとき，その三角形は鋭角三角形である。よって，本問は「円に内接する正 n 角形の頂点から相異なる3点を選んだとき，その三角形が鋭角三角形になる確率を求める」問題である。そこで，鋭角三角形の個数を求めるよりも鈍角三角形の個数を求めるほうが易しいので，鈍角三角形の個数を調べるとよいが，三角形の1頂点もしくは2頂点を固定して考える。

解答 $n=2m+1$（m は自然数）とし，円の中心をOとする。さらに，正 $2m+1$ 角形の $2m+1$ 個の頂点に，反時計回りに1から $2m+1$ まで番号をつける。

• $n=3$（$m=1$）のとき

できる三角形は1個しかなく，その三角形は正三角形であるから，Oを必ず含む。

よって，求める確率は　　$p_3=1$

• $n\geqq5$（$m\geqq2$）のとき

三角形の3頂点の選び方は全部で

${}_{2m+1}\mathrm{C}_3$ 通り

であり，これらは同様に確からしい。

このときできる ${}_{2m+1}C_3$ 個の三角形は直角三角形が存在しないことに注意すると，鋭角三角形か鈍角三角形のいずれかになる。

そこで，内部にOを含まない三角形，すなわち鈍角三角形の個数を調べる。……(＊)

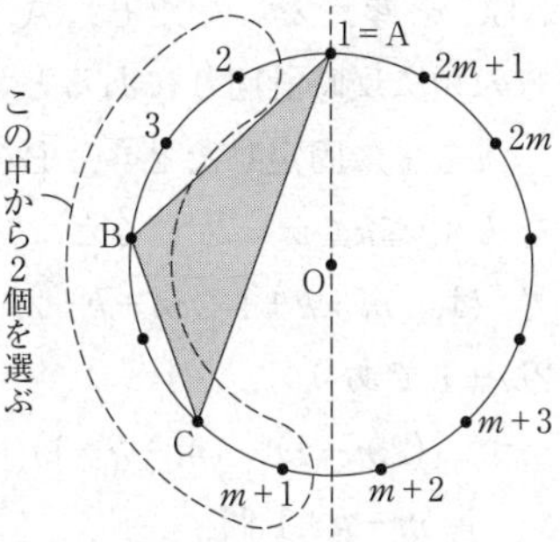

∠Bが鈍角である鈍角三角形 ABC を考える。ただし，A，B，Cの順に反時計回りにあるとする。

Aを1に固定したとき，2，3，…，$m+1$ の中から異なる2つの頂点を選び，小さい番号の頂点をBとし，残ったほうの頂点をCとすると，∠Bが鈍角の三角形ができる。

よって，Aを1に固定したときの鈍角三角形の個数は，${}_mC_2$ 個ある。

したがって，Aを動かして考えると，鈍角三角形の個数は

$${}_mC_2\times(2m+1)\ \text{個}$$

ゆえに，鈍角三角形になる確率は

$$\frac{{}_mC_2\times(2m+1)}{{}_{2m+1}C_3}=\frac{\dfrac{m(m-1)(2m+1)}{2}}{\dfrac{(2m+1)(2m)(2m-1)}{6}}$$

$$=\frac{3(m-1)}{2(2m-1)}$$

以上から，鋭角三角形になる確率は

$$1-\frac{3(m-1)}{2(2m-1)}=\frac{m+1}{2(2m-1)}$$

これは，$n=3$（$m=1$）のときも成り立つ。

よって，鋭角三角形になる確率，すなわち，3点を頂点とする三角形の内部に円の中心が含まれる確率は

$$p_n=\frac{\dfrac{n-1}{2}+1}{2\left(2\cdot\dfrac{n-1}{2}-1\right)}$$

$$=\frac{n+1}{4(n-2)}\quad (n=3,\ 5,\ 7,\ \cdots)\quad \cdots\cdots(答)$$

別解　〈鈍角三角形の個数を求める別解〉

(＊)までは同じ。

∠Aが鈍角である鈍角三角形ABCを考える。ただし，A，B，Cの順に反時計回りにあるとする。

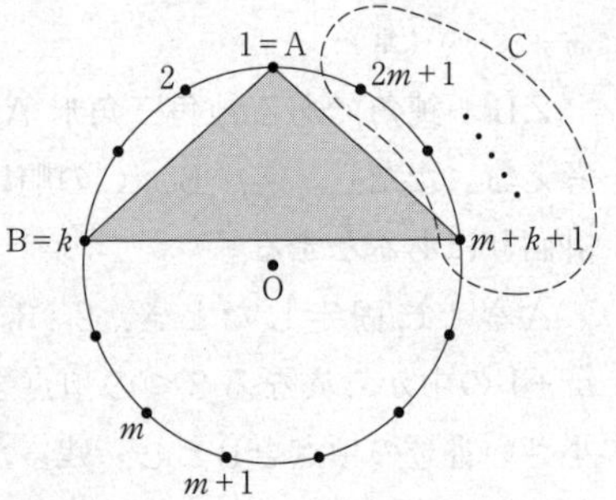

Aを1に固定したとき，Bの番号を k $(2\leqq k\leqq m)$ とすると，Cの番号は，$m+k+1$，$m+k+2$，…，$2m+1$ であり

$$(2m+1)-(m+k+1)+1$$
$$=m-k+1\ 個$$

ある。

よって，Aを1に固定したときの鈍角三角形の個数は

$$\sum_{k=2}^{m}(m-k+1)=\sum_{j=1}^{m-1}j=\frac{1}{2}(m-1)m\ 個$$

したがって，Aを動かして考えると，鈍角三角形の個数は

$$\frac{1}{2}(m-1)m\times(2m+1)=\frac{m(m-1)(2m+1)}{2}\ 個$$

（以下，〔解答〕と同じ）

解説

《円の中心が正 n 角形の3頂点でできる三角形の内部に含まれる確率》

円の中心がその三角形の内部に含まれるという事柄を鋭角三角形に結びつけるところが一つ目のポイント。二つ目のポイントは鋭角三角形の個数を調べるよりも鈍角三角形の個数を調べるほうが易しいことに気づくこと。しかし，この部分はある程度鈍角三角形の個数を調べた経験がない受験生にとっては難しかったと思われる。〔解答〕では組合せを用いて

$n\geqq 5$ のとき　　${}_mC_2\times(2m+1)$ 個　……(☆)

とうまく解いたが，現実的には〔別解〕に示したように2つの頂点を固定し，残りの一つの頂点を動かして数え上げる手法になると思われる。ただ，鈍角三角形の個数を求める問題はしばしば出題されるので，(☆)のような

考え方は習得しておいたほうがよいだろう。

講評

2024 年度も出題分野については例年通り，整数，確率，微・積分法，図形が出題され，図形は 2023 年度に続き空間図形が出題された。全体の難易度は 2023 年度と同程度で，分量は 2023 年度に比べて若干減少した。

1 $\sum$（シグマ）を用いた不定方程式の問題で，m か $m+1$ のどちらかが奇数になることに気づくと手早く解けるが，そうでないと手数が多いのでかなり時間がかかると思われる。

2 2 つの放物線で囲まれる面積の最小値の問題で，問題集などで一度は見たことがある受験生は多かったと思われるが，本問は $t<0$ も考えるところがポイント。この部分で差がついたと思われる。

3 4 次多項式を求める問題で，4 次多項式 $f(x)$ をどのように設定するかで解法は変わってくるが，ぜひ完答したい問題であった。

4 ひし形の面積の最小値の問題で，(1)の出来がカギであった。恐らく(1)ができれば(2)はできるので，2024 年度では本問が大きく差がついた問題だと思われる。

5 円の中心が三角形の内部に含まれる確率を求める問題で，2024 年度では本問が一番難しかったと思われる。鈍角三角形の個数をうまく求める方法を知っている受験生は完答できたと思われるので，演習量の差がでる問題であった。

2024 年度も 2023 年度に続き誘導がない問題が 5 題中 4 題あった。誘導がない問題は思考力や分析力が必要になるので，他の難関大学（文系・理系問わず）の問題も解いておこう。また，ここ 3 ～ 4 年はやや解きやすい問題が多く出題されているが，このような難易度の問題が続くとは限らないので，やや難しい問題までしっかり演習しておこう。

総合問題

1 解答

問1. a

問2. $h(x)=\log_{10}x$ のとき，1人当たり GDP（米ドル），つまり x の値が 10 倍に変化すると，それにより $h(x)$ の値は1増加する。したがって，1人当たり GDP（米ドル），つまり x の値が 10 倍になると，平均寿命 $y=34.3+10.7h(x)$ の値は 10.7 増加する。

問3. 式(1－1)で求めた a の値を a_1，式(1－2)で求めた a の値を a_2，式(1－1)で求めた b の値を b_1，式(1－2)で求めた b の値を b_2 とすると

$$a_1<a_2,\ \ b_1>b_2$$

と考えられる。それは，図1－2で，多数の点から下方に孤立した位置にあるA国（$h(x)$，y）＝(3.34，55）の影響を最小二乗法では2乗で計算することになるため，式(1－1)のほうが式(1－2)よりA国の影響を強く受け，その結果，式(1－2)での直線に比べ，式(1－1)での直線のほうがA国に引き寄せられるからである。

解説

《片対数目盛りと最良近似》

問1. x の値が約8万のときの $h(x)$ の値が5くらいになっていることから，適する選択肢は a の $h(x)=\log_{10}x$ しかないことがわかる。本問の図1－1のような x と y の関係を表すグラフに対して，x のみ対数をとって，$h(x)=\log_{10}x$ と y の関係をグラフで表した図1－2での目盛りのことを“片対数目盛り”という。本問では，“片対数目盛り”を採用することで，y と $h(x)$ の間に直線的関係があることを考察している。

問2. 2つの事柄が要求されていることに注意したい。1つ目は，$h(x)=\log_{10}x$ のとき，「1人当たり GDP（米ドル）」の変化が「$h(x)$」の変化に与える影響を説明する設問であり，2つ目は，「1人当たり GDP（米ドル）」の変化が「平均寿命」の変化に与える影響を直線の数値に基づいて説明する設問である。

1つ目の設問では，問題文では1人当たり GDP（米ドル）の変化とし

か書かれていないが，この変化を増加量で捉えるのか，増加の比率で捉えるのかは自分で考えて，増加の比率を採用するべきである。それができるかが問われている。なぜ，x の変化を増加量ではなく，増加の比率で捉えるかというと，その次に，$y=34.3+10.7h(x)$ の変化を考えたいわけであり，$h(x)$ の１次関数である y は $h(x)$ が１増えると傾きの10.7だけ増加することが特徴として挙げられる。そこで，$h(x)=\log_{10}x$ が１増加するための x の条件に注目することになる。$x=10^{h(x)}$ であるから，$h(x)$ の値が１増加する条件は x の値が10倍になることであり，このことを踏まえて解答を作成するべきである。

問３． 散布図に対して，それをうまく説明する直線モデルを考える，いわゆる，「最良近似」がテーマである。最小二乗法は，聞いたことのある受験生もいるであろうが，知識がなくても説明が問題文にあるので，それを踏まえて考察すればよい（事前に知識があったほうが取り組みやすいであろうことは否めない)。一方，問題文での式（１－２）で与えられる $g(a,\ b)$ は「最小絶対値法」と呼ばれる。実際のデータとモデルとの「ズレ」をどのように測るかに，式（１－１）を採用する方法と式（１－２）を採用する方法があり，「ズレ」を最小にする直線を比較するという趣旨である。絶対値より二乗のほうが大きな「ズレ」に敏感である（強く影響を受ける）ため，その「ズレ」をなくそうと必死に“フィッティング”するようになる。このことを記述すればよい。なお，本問の問題意識を突き詰めていくと，A国のような「外れ値」が混入している場合でも近似直線を妥当に捉える枠組みである“ロバスト線形回帰”という理論にたどり着く。

②　解答

問１． 2024年のＰ党の配分議席数は13，Ｑ党の配分議席数は４，Ｒ党の配分議席数は３となる。

問２． 得票数の増加率は，Ｐ党では５％，Ｑ党では10％，Ｒ党では50％である。

問３． ドント方式での2020年の議席配分は

Ｐ党が14議席，Ｑ党が４議席，Ｒ党が２議席

である。ドント方式での2024年の議席配分は，

Ｐ党が13議席，Ｑ党が４議席，Ｒ党が３議席

である。

問4. 最大剰余方式：最大剰余方式では，計算がドント方式より容易であり，得票数の大小と議席数の大小は一致する。整数部分に従って振り分けた残りの一票については，得票率の増加が最大の党がその一票を得られるという保証はない。(100字以内)

ドント方式：ドント方式では，得票数の大小と議席数の大小は一致し，得票率の増加率の大小と議席数の変化数の大小も一致するが，得票数が最大の党の議席が最大剰余方式の場合よりも大きくなる場合がある。(100字以内)

解説

《配分議席数に関する数理》

問1. 表での整数部分とは，「議席総数×得票率」の整数部分のことである。

「最大剰余方式」に従って，2024年の全20議席の配分は次の表のように計算される。

	得票数(票)	議席総数×得票率	整数部分	配分議席数
P党	6300	$20\times\frac{6300}{10000}=12.6$	12	13
Q党	2200	$20\times\frac{2200}{10000}=4.4$	4	4
R党	1500	$20\times\frac{1500}{10000}=3.0$	3	3
合計	10000		19	20

問2. 2020年から2024年での得票数の増加率は

$$\frac{(2024\text{年での得票数})-(2020\text{年での得票数})}{2020\text{年での得票数}}$$

で計算される。これを各党で計算すると

$$\text{P党では}\quad \frac{6300-6000}{6000}=\frac{300}{6000}=0.05=5〔\%〕$$

$$\text{Q党では}\quad \frac{2200-2000}{2000}=\frac{200}{2000}=0.1=10〔\%〕$$

$$\text{R党では}\quad \frac{1500-1000}{1000}=\frac{500}{1000}=0.5=50〔\%〕$$

となる。

問3．まず，ドント方式での2020年の議席配分を調べよう。

2020年	÷1	÷2	÷3	÷4	÷5	÷6	÷7	÷8	÷9	÷10	÷11	÷12	÷13	÷14
P党(6000)	6000	3000	2000	1500	1200	1000	857.1⋯	750	666.6⋯	600	545.4⋯	500	461.5⋯	428.5⋯
Q党(2000)	2000	1000	666.6⋯	500	400	333.3⋯	285.7⋯	250						
R党(1000)	1000	500	333.3⋯	250	200	166.6⋯								

これらの表に大きい順に1から20まで番号を振っていくと，次のようになる。

2020年	÷1	÷2	÷3	÷4	÷5	÷6	÷7	÷8	÷9	÷10	÷11	÷12	÷13	÷14
P党	1	2	3	5	6	7	10	11	12	14	15	16	19	20
Q党	4	8	13	17										
R党	9	18												

よって，ドント方式での2020年の議席配分は，P党が14議席，Q党が4議席，R党が2議席である。

次に，ドント方式での2024年の議席配分を調べよう。

2024年	÷1	÷2	÷3	÷4	÷5	÷6	÷7	÷8	÷9	÷10	÷11	÷12	÷13	÷14
P党(6300)	6300	3150	2100	1575	1260	1050	900	787.5	700	630	572.7⋯	525	484.6⋯	450
Q党(2200)	2200	1100	733.3⋯	550	440	366.6⋯								
R党(1500)	1500	750	500	375	300									

これらの表に大きい順に1から20まで番号を振っていくと，次のようになる。

2024年	÷1	÷2	÷3	÷4	÷5	÷6	÷7	÷8	÷9	÷10	÷11	÷12	÷13	÷14
P党	1	2	4	5	7	9	10	11	14	15	16	18	20	
Q党	3	8	13	17										
R党	6	12	19											

よって，ドント方式での2024年の議席配分は，P党が13議席，Q党が4議席，R党が3議席である。

問4．最大剰余方式とドント方式を比べて，得票数やその変化率，一票の価値などの観点から，最大剰余方式とドント方式の特徴をそれぞれ100字以内で簡潔に述べることが要求されている。今回の2020年と2024年での最大剰余方式とドント方式の比較から，一般的にどこまでのことが主張できるのかはなかなか判断が難しいであろうが，与えられたデータのもとで考察すればよく，今回のデータからいえることを指定された着眼点に基づいて字数制限を守りつつ記述すればよい。

なお，最大剰余方式については，「アラバマのパラドックス」が有名だが，今回のデータからはそのパラドックスについて考察する機会はない。しかし，非常に興味深い話題であるから，気になる人は「アラバマのパラドックス」について調べてみるとよいであろう。

3 解答

問1.

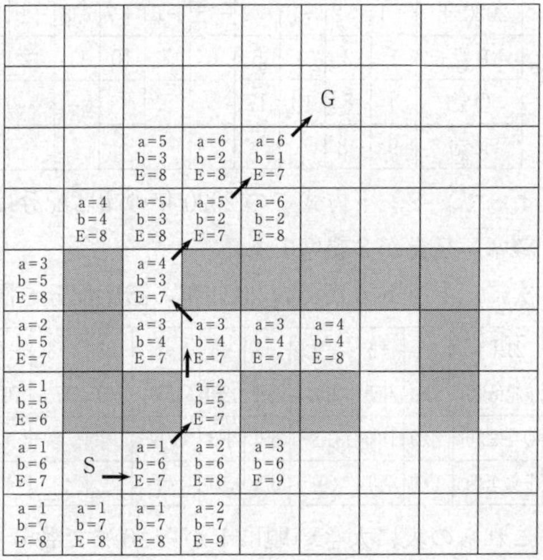

問2. bを評価に加えることで，各マスからゴール地点までの最短経路を障害物によるいくつかの経路の可能性を考える必要がなくなり，その結果調べるマス目が少なく済む。そして，得られる最短経路は，図3－2右の結果と同じである。

解説

《最短経路・計算幾何学》

問1. 記入の過程は次のようになる。

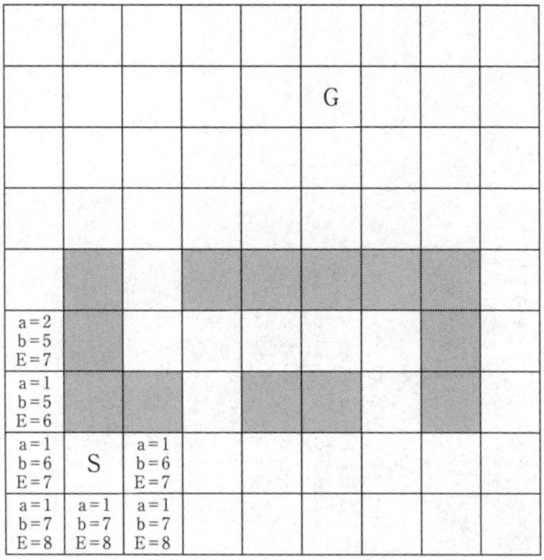
G
a=2 b=5 E=7
a=1 b=5 E=6
a=1 b=6 E=7
S
a=1 b=6 E=7
a=1 b=7 E=8
a=1 b=7 E=8
a=1 b=7 E=8

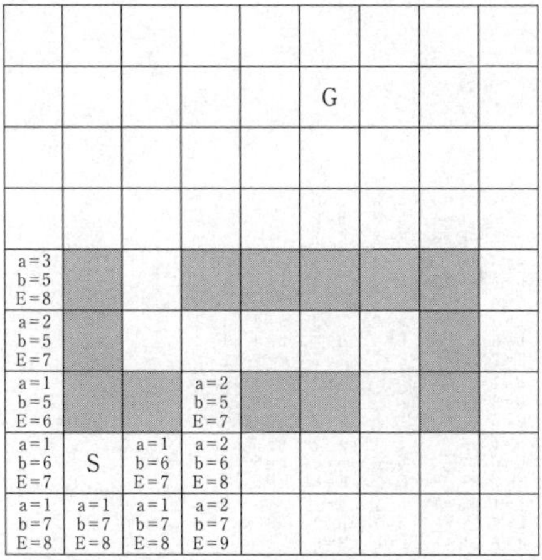
G
a=3 b=5 E=8
a=2 b=5 E=7
a=1 b=5 E=6
a=2 b=5 E=7
a=1 b=6 E=7
S
a=1 b=6 E=7
a=2 b=6 E=8
a=1 b=7 E=8
a=1 b=7 E=8
a=1 b=7 E=8
a=2 b=7 E=9

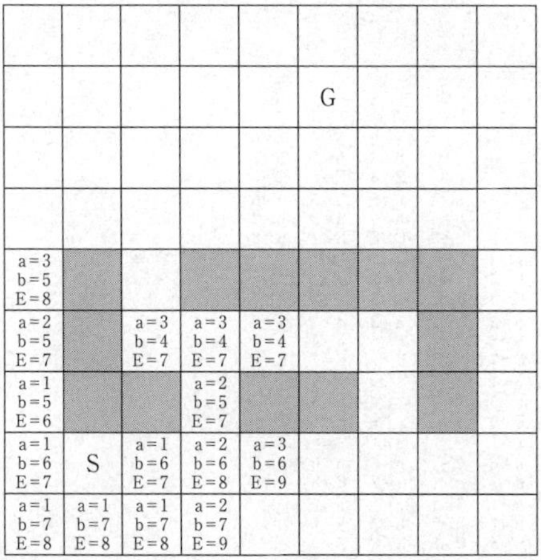
G
a=3 b=5 E=8
a=2 b=5 E=7
a=3 b=4 E=7
a=3 b=4 E=7
a=3 b=4 E=7
a=1 b=5 E=6
a=2 b=5 E=7
a=1 b=6 E=7
S
a=1 b=6 E=7
a=2 b=6 E=8
a=3 b=6 E=9
a=1 b=7 E=8
a=1 b=7 E=8
a=1 b=7 E=8
a=2 b=7 E=9

					G			
a=3 b=5 E=8		a=4 b=3 E=7						
a=2 b=5 E=7		a=3 b=4 E=7	a=3 b=4 E=7	a=3 b=4 E=7	a=4 b=4 E=8			
a=1 b=5 E=6			a=2 b=5 E=7					
a=1 b=6 E=7	S	a=1 b=6 E=7	a=2 b=6 E=8	a=3 b=6 E=9				
a=1 b=7 E=8	a=1 b=7 E=8	a=1 b=7 E=8	a=2 b=7 E=9					

					G			
	a=4 b=4 E=8	a=5 b=3 E=8	a=5 b=2 E=7					
a=3 b=5 E=8		a=4 b=3 E=7						
a=2 b=5 E=7		a=3 b=4 E=7	a=3 b=4 E=7	a=3 b=4 E=7	a=4 b=4 E=8			
a=1 b=5 E=6			a=2 b=5 E=7					
a=1 b=6 E=7	S	a=1 b=6 E=7	a=2 b=6 E=8	a=3 b=6 E=9				
a=1 b=7 E=8	a=1 b=7 E=8	a=1 b=7 E=8	a=2 b=7 E=9					

					G			
		a=5 b=3 E=8	a=6 b=2 E=8	a=6 b=1 E=7				
	a=4 b=4 E=8	a=5 b=3 E=8	a=5 b=2 E=7	a=6 b=2 E=8				
a=3 b=5 E=8		a=4 b=3 E=7						
a=2 b=5 E=7		a=3 b=4 E=7	a=3 b=4 E=7	a=3 b=4 E=7	a=4 b=4 E=8			
a=1 b=5 E=6			a=2 b=5 E=7					
a=1 b=6 E=7	S	a=1 b=6 E=7	a=2 b=6 E=8	a=3 b=6 E=9				
a=1 b=7 E=8	a=1 b=7 E=8	a=1 b=7 E=8	a=2 b=7 E=9					

最短経路は，〔解答〕で示したもの以外にも，次のようなものがある。

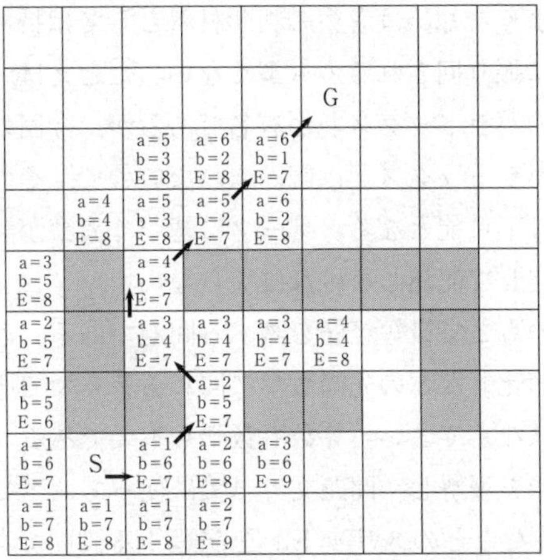

問2．bを加えることの長所を図3－2右図と比較して，考察する。bは障害物を無視して数えた最小移動回数であり，障害物を無視できる利点をもとに考察する。そのメリットは，障害物を考えると，ゴール地点への経路をいくつか調べないといけなくなるのに対し，障害物を無視できるなら，ゴールへの最短移動回数はすぐに調べられる点にある。このことを記述すればよい。

講評

1　データの変換（片対数目盛り），および，最小二乗法に関する問題である。テーマ自体はデータ分析や確率統計では有名なものである。もちろん，予備知識がなくても高校数学で十分考察できる内容であるが，知識があると解きやすい問題である。解答で要求されていること，出題意図をくむことも重要である。

2　選挙での議席数決定がテーマの順序付けの数理に関する問題である。最大剰余方式とドント方式についての説明，定義があり，それに従って計算していくことで問3までは答えられる。問4はそれまでの計算などを踏まえて，指定された字数で記述することが求められる。さまざまな観点から記述が可能であるから，唯一の正解はない。誤った記述でなく，出題意図を踏まえたものであれば評価されるであろう。この話題も有名なものなので，事前知識を持った受験生も多々いるであろう。もちろん，そのような知識は考察の判断材料としては持っておいて損ではないが，知識に振り回されるのもよくない。たとえば，最大剰余方式では「アラバマのパラドックス」が有名であるが，今回の問題でのデータからはその「パラドックス」は読み取れないので，その内容を記述するには100字では不可能となる。データに基づく考察が設問で要求されていることも遵守して記述しなければならない。

3 障害物のもとで最短経路を調べる問題である。近年話題の「機械学習」や「最適化」などの先端数学に関わるテーマであるが，解答するのに予備知識はなくてよい。算数も数学も不要である。ただ，問題文を読んでその意味を理解し，問題文に忠実に従って調べていけばよい。問2は「bを加えたことのメリット」を記述する設問であった。bは障害物を無視して調べた最小移動回数なので，障害物を無視できることのメリットを考えればよいのである。難しく考えずに，シンプルに考えればよい。後はそれを文字にして記述できるかどうかの問題である。普段から記述力，発信力を鍛えておくとよいであろう。

側面から論じた文章であり、ロシアのウクライナ侵攻をはじめとして紛争が続く世界情勢を念頭に置いた出題といえる。現代社会の問題について目を向けさせるメッセージ性の強い出題である。

強制できず、赦すことは個人にとって非常に困難であり、だからこそ道徳的に賞賛され、平和と正義実現の最後の砦とされる、とまとめられている。二〇〇字の要約であり、②の四つの形態を全て説明することは無理であり、後半の中心である「個人間の赦し」につながる形で赦しについて紹介し、赦しの効果、そして赦しを被害者に強制はできず、赦すことは困難であるからこそ価値があり、平和と正義の最後の望みとされるのだ、というまとめにつなげていきたい。

参考　本文の筆者である眞嶋俊造は倫理学の研究者で東京工業大学リベラルアーツ研究教育院教授。『正しい戦争はあるのか？』では戦争や暴力を道徳や倫理から問い直すことによって、戦争の悪の本質に迫ろうとしている。ロシアのウクライナ侵攻をはじめとした紛争が続く世界情勢を背景にした出題といえるだろう。

講評

三題構成で、論理的文章の読解を主眼とするという出題傾向は二〇二四年度も変わっていない。

一は、人権思想がどのように拡大したかを説明した文章。書簡体小説を読むことによる登場人物への没入によって共感が内集団から外集団へと広がったというリン・ハントの説を紹介しながら、人権主体の拡大について述べている。小説により他者への共感が促進されるという発想を読み取れれば、文章自体はそれほど難なく理解できただろう。ただし、例年通り記述の字数制限が厳しく、解答を字数以内で記述するという面での難しさがある。

二は、森田思軒「翻訳の心得」より。二〇二三年度は三で言語交替をテーマにする問題が出題されており、日本語と外国語との関係については関心を持っておくとよいだろう。近代文語文としては読みやすい文章であった。二〇二三年度まで三年連続で出題された語句の意味問題は出題されず、現代語訳と内容説明の出題であった。

三は、例年通り二百字の要約問題。戦争終結後の赦しの効用と、被害者が赦すことの困難さ、困難だからこそ道徳的に賞賛され平和と正義実現の望みとなるという内容が示されている。戦争後の被害者、加害者の和解について倫理学の

②赦しには四つの形態がある。第一は、和平条約などの公的かつ法的なプロセスによって集団が集団を赦す場合。第二は、戦争の責任を負う政治指導者や戦争犯罪人への恩赦のような、集団が個人を赦す場合。第三は個人の被害者の道徳や良心に基づく個人間の赦し。第四は個人の被害者が加害者である集団を赦すという場合である。

③加害者と被害者間に好ましい関係を構築するのは個人間の赦しであり、敵対心を取り除き被害者意識を癒すことで関係を修復し、未来志向の前向きな関係に変容させる可能性がある。

④理想世界では、赦しにより、加害者は反省して罪を購い、道徳的悪の意識から救済される。現実世界では、反省しない加害者もいるが、被害者から加害者に向けられる赦しによって、犠牲者と加害者の過去の悲劇を受容するプロセスになる。

⑤赦しにより、被害者は、未来における希望という展望を獲得し、前向きな感情を持つことができ、自己受容とエンパワーメントを通して被害者に救済をもたらす。

⑥しかし、重要なのは、赦しは個人の誠実さと良心による自発的な行為であり、被害者に赦しを強制できないことだ。さまざまな理由により和解することができないかもしれず、加害者を赦すことは聖人のような行いで、非常に困難かもしれない。

⑦この困難こそが、赦しを、被害者の行いの中で道徳的に最も賞賛されるものと考え、平和と正義を実現する最後の望みとみなす理由である。

要約では、全体の展開を把握した上で、字数内でまとめるために内容の取捨選択を行う。そのためには筆者の結論とそこにつながる展開の骨格部分を読み取り、場合によって自分の言葉でわかりやすくまとめ直すことが必要だ。この文章では、右にまとめた①・②で、赦しは加害者と被害者の関係の修復と和解を促進する機能を持ち、四つの形態があるという赦しの定義と機能について検討される。そして③〜⑤で、個人間の赦しが未来志向の前向きな関係に変容させるために有望であると示され、その理由と効果を説明し、⑥・⑦で、赦しが個人の良心による自発的なものであるゆえに被害者にはを日本人に使いやすい漢文の文脈にある表現を用いて翻訳することにある。つまり「小心者」とは原作者が作品に込めた意味や精神を日本語に置き換える難しさを理解して、慎重かつ真剣に翻訳に取り組む翻訳者を指すと読み取ることができる。「小心者」の出現を願うということから翻訳のあるべき姿を解答することも可能かもしれないが、〔解答〕では傍線部の展開に従って、原文の精神を反映できる翻訳者の出現を求めるという形で記述した。

参考 森田思軒（一八六一～一八九七年）は翻訳家、評論家。本名は文蔵。岡山県に生まれ、大阪慶應義塾から本校である東京の慶應義塾で英文学を学ぶ。報知社に入社し『報知新聞』に自らの作品を掲載。ジュール・ベルヌ、ビクトル・ユゴーの小説を翻訳、翻案して発表した。「周密文体」ともいわれる文体により当時の文学に大きな影響を与え、外国文学翻訳、紹介とともに文学史上にも功績があった。「翻訳の心得」は明治二十年十月二十一日に『國民の友』に発表された。

三

出典 眞嶋俊造『正しい戦争はあるのか？――戦争倫理学入門』〈第4章　正戦論の射程〉（大隅書店）

解答

戦争終結後の赦しは、被害者意識を癒して加害者との関係を修復し、両者を和解に導く。赦しには集団と個人の間で四つの形態があるが、個人間の赦しは被害者の心を癒すとともに加害者との関係を未来志向のものに変容させうる。赦しは被害者の誠実さと良心による自発的行為のため他者から強制はできず、非常な困難が伴うが、困難だからこそ赦しが道徳的に最も賞賛され、平和と正義を実現する最後の望みとみなされる理由であろう。（二〇〇字以内）

解説

戦争後の「赦し」について論じた文章である。内容のまとまりで並べて展開を確認してみたい。

①赦しは、加害者と被害者の道徳的関係を修復し癒すプロセスであり、「戦争後の正義」において、赦しは、被害者意識を癒すことで傷ついた関係を修復し、関係を前向きなものに変容させて和解を促進するという二つの機能を持つ。

家名家の文をも、なんの遠慮もこだわりもなく平気な素知らぬ顔でさっさとこれを翻訳してのけるのだ。マコーレー氏の文もまた翻訳し、ユーゴー氏の文もまた翻訳する。しかしその（翻訳者の）筆力はどうだろうか、その（翻訳への）考え方はどうだろうか。ああ現在の翻訳のフィールドにはあらゆる大胆な者が集まっている。大胆な者はもうこれだけで十分である。私はこの先その（翻訳への）小心者が出てくることを願う。

解説

問い一　訳出はそれほど難しくない箇所である。「其弊」の「その」の部分を訳に反映させることは必須ではないが、傍線前の文脈で述べられている、今の翻訳の弊害を指す。これは翻訳をするための「大体の心得」を確定させないで、いい加減に語句を日本語に直しただけだ、という筆者の主張であり、〔解答〕にはこの内容を反映させた。「百端」「且らく」は慣れない表現だが、「百端」は「枚挙す可らざれ」とセットで〝さまざますぎて挙げることができない〟の意。「且らく」は〝少し、ひとまず、とりあえず〟など、軽く挙げてみるという意味合いがある。

問い二　「原文の意趣」、つまり原文に込められた意味や意図がなくなってしまう理由を説明する問題。傍線前の文脈から、西洋人が頭の中で考え表現した内容を、西洋人が使うことのない「泰山」や「鴻毛」など漢文で用いられる語句で表現してしまうと、日本語での翻訳を読んだ日本人には内容は伝わるが、西洋人が原文の表現に込めたイメージとは異なったものになってしまうという筆者の主張が読み取れる。この展開を三〇字という少ない字数で表現する必要がある。原文の意味がなくなるのは、漢文の文脈による表現が西洋人の意図したものではないからだ、ということを説明する。

問い三　筆者が「小心者の出でんを願ふ」というのはどういうことかを、文章全体の展開から説明する。傍線部の段落で、西欧の文豪の文学作品を、筆力も翻訳の心得もおぼつかない人が翻訳する大胆さを批判し、翻訳に対する「小心者」の出現を願っている。ここまでの問いで読み取ったとおり、この文章での翻訳に対する筆者の批判は、翻訳をする基本的な方法を確定させないままに、原文に込められた作者の意図や精神を日本語で表現する困難を考慮せず、西洋語に字句を組み合わせ組み合わせして、横書きの文を縦書きの文に変えたというようなものと同じ状況だ。その弊害はさまざまであって一つ一つ挙げることはできないが、ひとまずその顕著な一、二の例を挙げてみると、最も広く行われている弊害は中国書の中の「典語経語」を西洋文の翻訳に用いることだ。経語は格言とことわざのたぐいで、例えば「泰山より重く鴻毛より軽し（＝命の重さは、その死が義にかなっているかによって決まる）」とか「肝に銘ず（＝心にしっかりと刻みつける）」とかのようなものである。典語は故事があったり由来のあったりする熟語で、例えば「三舎を避く（＝相手を恐れて避ける）」とか「全豹を窺う（＝全体の様子を察知する）」とかのようなものだ。もともと翻訳というものは、原文の思想や言わんとすることを日本語文に言い換えることではないだろうか。西洋人の頭の中には、「重いもの」「軽いもの」を、泰山、鴻毛にたとえるような意図は決してありそうもないのに、もしこれを翻訳して泰山、鴻毛と言ったならば、その「重いもの」「軽いもの」と言ったことだけは伝わるが、ただこれは原文のことを伝えるだけで、原文で言わんとしていることはもはや失われてなくなっている。原文に「心に印す」とあったならば、直ちに「心に印す」と翻訳したい。そのことをあたかも「肝に銘ず」と合致するからといって、「肝に銘ず」とは翻訳してはいけない。原文のまま「心に印す」と書いたならば、ただ原文の「肝に銘ず」の内容を伝えるだけではなく、西洋人はわれわれ日本人の「肝に銘ず」の場合には「心に印す」と言うのだとその意味をも伝えうるのだ。典語に至ってはまったく原文とは無縁のものを援用してその間に挿入するものであるので、その誤りは論じなくても明らかだろう。

　これは本当に些細なことのようだけれども、もし文学の世界からこれを見るときには、その関係は決して少なくない。外国の文をうまく日本語文に言い換えてしかもその意味をなるべくそのままに伝えるのは、文学世界で一段の妙技と称すべきものだ。もし心をここに用いないで漫然といい加減に字句を組み合わせて不十分な通訳となるだけで終わってしまうならば、原文の意味はここに消え失せてその精神を失わないことは少ない。

　今の人は大胆だ。（著名な）マコーレー氏の文もまた翻訳し、（文豪の）ユーゴー氏の文もまた翻訳する。少しでも文学世界の（彼らの）地位を理解するものであるならば、恥じてためらいこれを望んでまず自らを恥ずべき者と思うはずの大う。この展開を説明するが、字数が非常に少ない。「書簡体小説」はなぜ可能にするのか、という問いなので、異なる社会の人の視点でものを考えるきっかけとなるから、という展開で短くまとめよう。

問い四 人権思想の権利主体の範囲が拡大する理由は、傍線部の段落にあるように、「人間の身体の尊厳が神聖なものであるとすれば、それは内集団だけでなく、少なくとも周りにいる同じ人間と認識された外集団には広がらなければならない」という権利主体が拡大する発想。つまり人間を基準とするならば、全ての人間集団に範囲を広げるべきだという考え方である。ただ「『権利主体の範囲』はなぜ拡大していくのか」という問いであることに注意をしたい。この文章の冒頭に「普遍的人権思想の根底にあるのは、他者への共感」とあり、文章全体で示されるように、権利主体の範囲拡大の発想の根底にあるのは「共感」であり、他者への共感によって人間を基準とする権利が人間集団全体に広がるから、という内容で記述すると、筆者の論に沿った記述となるだろう。

二

出典 森田思軒「翻訳の心得」

解答

問い一 翻訳の方法を確定させずに語句だけ換える弊害はさまざまであって一つ一つ挙げることはできないが、ひとまずその顕著な一、二の例を挙げてみると

問い二 漢文の文脈による表現は、西洋人の意図した意味とは異なるから。（三〇字以内）

問い三 作者が原文に込めた意図や思いを日本語で表す難しさを理解して、真摯に翻訳を行う人材が必要だということ。
（五〇字以内）

全訳

念入りに今の人が外国文を翻訳したのを見てみると、その上手下手の差などはさまざまで一様ではないが、これらをまとめると、おおよそ翻訳者自身がまず決まった翻訳の大まかな方法を持たず、多くは何の凡例もなくただ漫然といい加減

意味の「醸成」が正解。
B、読者が小説に浸る意味の「埋没」。
C、出自を理由とした扱いという文脈から、辱められる意味の「屈辱」。
D、拷問による「尋問」。
E、父の「名誉」回復が正しい。

問い二　「内集団」の特徴ではなく「内集団の構成員」の特徴を説明する点に注意が必要。第一、二段落で他者への共感は「内集団」の拡大とともに広がり、国民国家形成につながっていくことが説明されている。その中で「内集団」は家族やその延長線上にある人々の集団であり、内集団の範囲が、同じ生活空間で日常的に顔を合わせる者という限定的な共同体から「国民」という観念に拡大されても、同じ国家に属しているという一点で内集団の一員と考えさせるのが国民国家の思想とある。つまり、内集団の範囲はさまざまであるが、何らかの同じ背景を持った共同体に属していると意識して、お互いに共感するのが内集団の構成員の特徴といえるだろう。解答に使える字数が二五字と非常に少ないので、同じ背景を有すると認識する集団への帰属意識について説明することで、構成員の特徴が説明できるだろう。

問い三　第三段落にあるように、国民意識の形成では他の国や他の宗教集団など外集団への共感にはつながらない。外集団へ共感が拡大した理由については、第四、五段落で説明される啓蒙主義時代に西欧で流行した書簡体小説に端緒があるというリン・ハントの説が紹介されている。そこでは登場人物の手紙の交換を読むというスタイルで読者は登場人物への埋没感、一体感を高める。そしてそこで描かれる物語は、登場人物の階層、宗教、国籍、性別の違いがバックボーンとなっている場合が多く、社会集団の壁を超えた人間関係を想像させるものとなっているとある。『新エロイーズ』の説明にもあるように、読者は主人公の視点に立ち自分に置き換えて体験することで、自分とは階層や宗教、性別などが異なる社会集団、つまり外集団に属している人々に共感するという思考を持つようになったと読めるだろ

国語

一

出典　筒井清輝『人権と国家――理念の力と国際政治の現実』〈第1章　普遍的人権のルーツ（18世紀から20世紀半ばまで）――普遍性原理の発展史〉（岩波新書）

解答

問い一　A、醸成　B、埋没　C、屈辱　D、尋問　E、名誉

問い二　同じ社会的背景を有する集団への帰属意識を持つこと。（二五字以内）

問い三　他の社会に属する人の内面に自己を重ねる発想を体得できるから。（三〇字以内）

問い四　人権思想の基盤に他者への共感があるため、人間を権利の基準とすると自ずと全人間集団に共感が広がるから。（五〇字以内）

要旨

普遍的人権思想の根底には、見知らぬ他者があじわった自己の経験外の体験への共感がある。近代の国民国家形成で内集団が拡大したが自己とは異なる外集団に共感は及ばなかった。ハントは啓蒙主義時代に流行した書簡体小説により、異なる社会集団にある登場人物と一体感を得ることで外集団への共感が芽生え、自律的な個人を尊重する人権理念を受容する土壌ができ、同時期の拷問反対運動の身体尊重が他者への共感能力とあいまって、国境を越えて広がったと論じる。そして、人権思想が全ての人間集団に拡大されたのが世界人権宣言であり、この人権主体の拡大は今も継続している。

解説

問い一　漢字の書き取りは、文脈を通してどの語を使うか判断すること。

A、同じ国家に属していることで内集団と考えさせて形成されたナショナリズムという文脈であり、機運を作り出す

· memo ·

////////////////////// · **memo** · //////////////////////

· memo ·

· memo ·

////////////////////// · memo · //////////////////////

2023年度

解答編

解答編

英語

I **解答** 1．全訳下線部(1)参照。

2．全訳下線部(2)参照。

3．アメリカの牛は 15 世紀に労働力としてスペイン人が持ち込んだが，牛それ自体が植民の拠点間の広大な土地を占有し，先住民の土地を奪う植民地拡大の手段となったため。(80 字以内)

4．アメリカの肉食文化は，植民と征服の歴史に深く根ざしている。(30 字以内)

5－ロ

6．D．fed　E．lay　F．led

7．3番目：three　8番目：others

8．sacrifice

9．•脳を使って武器や道具を作り，肉を手に入れるようになると，今度はその動物性たんぱく質の摂取によって脳が増大した。(60 字以内)

•火と調理のおかげで，肉と植物をより容易に素早く消化でき，その結果，より大きな脳に供給するエネルギーを作ることができた。(60 字以内)

10－ホ

◆全　訳◆

≪アメリカ人の血に流れる肉食の文化と歴史≫

肉は必要不可欠なものだ。私たちの中にはそのように考える者もいるようだ。人間は常に肉を食べてきたとか，肉は食事の最強部分であり，肉を中心に他の食物がその周りにある料理なのだ，というように。しかし，国連食糧農業機関が報告しているところによると，世界の 1 人当たりの牛肉消費量は，この 15 年間減少している。ギャラップ調査によると，アメリカ人の 4 分の 1 近くが，2019 年に食べた肉の量が減ったと回答している。レシピサイトのエピキュリオスは，利用者が 1 千万人に達するが，2020

年に提供している牛肉のレシピははるかに少ない。マクドナルドの店によっては，今や客はチーズバーガーの代わりに，完全菜食主義者向けのマックプラントを食べることができる。最近の研究によると，疑似肉製品の売り上げは 2030 年までに 850 億ドルに達すると見積もられている。さらに，アメリカ最大の牛肉加工卸売業者の１つ，タイソンフーズは，植物を主成分とする商品の独自の製造ラインを導入した。

世界の最高級レストランでは，通常，コース料理の締めくくりとしてステーキが出されるが，そのような店ですら，この１年以内に肉を出すのをやめたところがある。たとえば，客単価が 440 ドルの，コペンハーゲンのゼラニウム（海鮮料理はまだ提供している）や，客単価が 335 ドルの，マンハッタンのイレブンマディソンパークといった店だ。これは肉——あるいは少なくとも赤肉——の，終わりの始まりになる可能性があるのだろうか？

ヒトは生来肉食動物であると信じている者は，笑うかもしれない。実際，考古学上の証拠が示すところによると，私たちは完成されたヒトである期間よりも，肉食動物である期間の方が長いのだ。科学ジャーナリストのマルタ=ザラスカが説明しているように，200 万年前，アフリカのサバンナにいた初期のヒト科の動物は通常，野生のブタやヤマアラシから，キリンやサイに至るまで，捕獲できる動物なら何でも食べていたのだ。

しかし，そのようなことをするのが必ずしもヒトの性質だったわけではない。肉を食べることは，適応の１つだったのだ。というのも，ザラスカが指摘しているように，真の肉食動物がひと噛みで相手を殺して生肉を一気に骨から引き裂くことができるような，大きく開く巨大な顎やナイフの刃のような歯が私たちにはないからだ。その肉を手に入れるためには，私たちは武器や道具を作ることを学ばねばならなかったが，それには頭脳を使う必要があった。そして今度はこの脳が増大したのだ。動物性たんぱく質由来のカロリーの摂取が要因となり，肉食が故に人類が今の人類——今日の知性ある人類——になったと一部の科学者たちが示唆しているところの，発達が生じたのだ。しかし，火の発見と調理の導入のおかげだと考える科学者もいる。火と調理のおかげで，私たちは肉と植物を同じようにより容易に，そして素早く消化でき，より大きくなった脳に供給するためのエネルギーを作ることができたのだ。

私たちの知的能力が増大した原因が何であれ，私たちは肉を食べ，頭がよくなり，道具を使う能力が向上し，生きていくのがうまくなっていった。(1)それから，およそ1万2千年前，狩猟採集民だった人類の祖先が，動物を飼育し，作物を栽培し，永住地を建造し始めた。そうしなければ，これらを行った人間たちに土地を追い出された。私たちの食生活は変化したのだ。

必要不可欠どころか，世界の大半の人間にとって，肉は，食事の仕方によって，たまに食べるだけか，付随的ですらあるものだった。これは西洋以外では，20 世紀になってもそうであったが，19 世紀以前にはヨーロッパですら，一般人は，食生活の 80 パーセント近くを占めていた穀類に依存していた。古期英語の “mete” は，食べ物を表すただの一般語でしかなかったのだ。

もちろん金持ちたちは，好きなように食べるだけの資金があったので，違っていた。それは王族や貴族だけではなかった。18 世紀の英国では，収入が上がるにつれて，野心的な中流階級が，上流階級と彼らが考える者たちと同じ特権の一部を要求し始めた。フィンランドの博物学者，ペール=カルムは，1748 年のロンドン訪問の記述で，こう報告している。「自由な意思決定ができるイギリス人が，誰であろうと肉なしのディナーを食べたことがあるとは，私は信じない」(2)自分の人生を思い通りにできるほど幸運でない者は，イギリスの貧しい人々が何世紀もの間そうしてきたように，たいていはオートミールで，もしかしたら野菜ですませねばならなかった。ゆえに，肉は単なる食べ物ではなかったのだ。肉は1つの象徴だった。肉を食べることは世の中に対する自分の力を知らしめることだったのだ。

ならば，自由と旧世界の拒絶を基盤に形成されていると自らを想像する新生国家の国民が，肉を信奉するのも無理はない。「アメリカ人は世界の主要な肉食者になるだろう」と，アメリカ連邦議会図書館の元館長ダニエル=J. ブーアスティンは，『アメリカ人：民主主義の体験』の中で述べている。そしてアメリカ人を定義することになる肉は，牛肉だった。グリルで焼かれて縞模様の黒い焦げ目がついているけれど中心部はまだ赤く，血を滴らせ生命を流している，分厚い一切れの牛肉だったのだ。

しかしながら，牛は南北アメリカ大陸が原産ではない。スペイン人が

15 世紀後期に最初の牛を新大陸に持ち込んだのだ。牛は，その当時の西インド諸島で，労働力を奴隷に頼っていたプランテーション農場の砂糖キビ圧搾機を回すために使われた。のちに，北アメリカと南アメリカの両方で，拡大した牛の群れが，もともといた先住民から土地を奪い取る手段になった。「人が居住している拠点間にある広大な無人の土地を占有することによって，牛の群れは，ますます多くの領地を安定的に植民地支配することに役立ったのです」と，プエルトリコ大学の文化人類学者，ローザ=E. フィセクは書いている。アメリカ人が食べる牛肉は，帝国の牛肉なのだ。

ある者にとっては，征服についてのそのようなイメージのせいで，おそらく，牛肉が非常に放棄しがたいものとなっている。北アメリカのいくつかの先住民族が巧みに使った斧にちなんで名づけられた，いわゆる「トマホークステーキ」は，2 人の人間が食べられるほど大きい。しかしそのトマホークに似た形状がゆえに，アメリカ人の中には，ときには無法でときには暴力的だった開拓時代のアメリカ西部に，郷愁を覚える者もいるのだ。南北戦争後の数十年間，美化されたカウボーイ像が，アメリカ人の価値観を具現化したものとして宣伝された。それは，どことなく反抗的な人物で，すぐに銃を抜く粗暴な個人主義者であり，猟師や開拓者たちがかつてそこで餌を食べていた原地の野牛を殺す一方で草原を駆け巡って牛の群れを追い立て，その途上にいた先住民族を追い出した人物である。牛肉はアメリカの開拓時代の辺境の物語なのだ。

それはまた莫大な富の基盤であったが，金持ちになったのはカウボーイたちではなかった。「生き物を食事に変えるのは困難です」と，アメリカの経営史家の，ロジャー=ホロウィッツは指摘する。「動物の体は，我々の意志を表したものになることに抗うのです」 利益は食肉加工工場を経営することに見出されたが，精肉工場は，産業における流れ作業の草分けの 1 つだった。さらに，利益は鉄道にも見出された。鉄道は生きた動物を運んだが，その後，冷凍車が開発され，食肉処理されたばかりの肉に利益が見出され，その肉は最終的に，国の隅々まで届くこととなったのだ。

資本主義について語ることなしに牛肉について語ることは不可能だ。牛は最も古い形態の私有財産の 1 つであり，イギリスでは 12 世紀に始まり，より多くの草原を必要とすることが，かつては共有地だった土地の私有地化を招いた。そして，自分の土地を持たない小作農は，賃金を得るために汗水たらして奴隷のように働かねばならなかった。今日，アメリカの食肉労働者の平均時給は 15 ドルで，4 人家族を養う貧困線をわずかに上回った額である。食肉加工業者は，腕や脚などの切断や頭部の負傷，重度のやけどといった重い怪我を負う可能性が他の職業従事者の 3 倍も高いにもかかわらずだ。労働安全衛生局のデータによると，アメリカ合衆国では，食肉加工工場で，入院を要する大事故が毎月平均約 17 件起こっており，切断事故は週 2 件発生している。

アメリカの活動家，キャロル=J. アダムズは，「生き物を物体に」変えることの道徳性について書いている。彼女は，動物とその隠された死に言及している。そして労働者と彼らの苦難も表面に出てこないのだ。肉は食卓に届く。ひとかたまりの肉の，それがかつて何であったかを示す痕跡はすべて，注意深くはぎとられて。

アメリカ人が食べる牛肉の量はかつてよりも減った。ピークだった時の 1976 年の 1 人当たり 42.7 キログラムから，3 分の 1 以上減少したのだ。これはアメリカで食べる肉が減っているという全体的な傾向の一部であり，2019 年のギャラップ調査に対する回答者の大半は，健康上の理由でそうしていると述べた。動物福祉という理由でもなく，牛が放出する何十億トンもの温室効果ガスが環境に与える被害でもなく，2001 年から 2015 年の間に牧草地に取って代わられたことから消失した，1 億 1 千百万エーカーの森林という理由でもなかったのだ。このことが示唆しているのは，弱者に対する慈悲心ではなく，利己心がいまだに，人が己の行動を変える主要な動機であるということなのだ。

肉を食べないのは犠牲的行為であるという考え（そしてこれはたぶんアメリカ的ではない）は，肉を使わない代替品を開発する科学技術競争の中に根強く残っている。2018 年に設立された，イスラエルに本社を置く Redefine Meat 社は，3-D プリンターで作られた，動物性原料が含まれていないステーキを販売している。Redefine Meat 社はそのウェブサイトでわざわざ次のように主張している。「私たちは肉が大好きなだけではありません。肉にとりつかれているのです」と。そしてこう約束する。「あなたたちが知っている大好きな肉と同じ素晴らしい肉で，それよりも単純に上質なのです」 バーガーキングは，その最も売れている商品であるワッパーの，植物成分バージョンを導入し，切ったときに血が流れ出す「インポッシブルバーガー」パティを売りにしている。

インポッシブルバーガーパティは，ヘムを含んでいる。ヘムは，動物の肉に存在しているタンパク質だが，このパティのヘムは植物から抽出される。ヘムは香りを添えるが，実際に大切なのはその食感で，嚙むと本物の血液のように口の中にあふれる。中国で何世紀にもわたって調理されてきた疑似肉――豚のあばら肉に代わるレンコンや，アヒルの皮（duck skin）の代用のパリッと焼いた何層もの湯葉――と違って，これらの疑似肉は，味と食感のみならず，本物が持つ文化的重要性をも提供することを目指しているのだ。

まるで，人に牛肉を食べさせるのをやめさせる唯一の方法は，彼らをだまして，自分がまだ牛肉を食べていると思い込ませることであるかのようだ。失われているものは何もないし，何の犠牲も求められていない。私たちは少なくとも，脂肪がたっぷりとあって肉汁に満ちた，動物の肉のような感じがするものに歯を沈める喜びを放棄することなく，あの温室効果ガスから地球を守ることができる。これが，それ，つまり植民と征服の神話がいかに深く浸透しているかということなのだ。皿の上には血が滴り，私たちに，自身の血が赤く流れているのだと安心させてくれながら。

◀解　説▶

▶1．**Then, around 12,000 years ago, our hunter-gatherer ancestors started to raise animals, grow crops and build permanent settlements, or else were driven out by humans who did.**

「それから，およそ1万2千年前，我々の狩猟採集民の先祖たちが動物を育て，作物を栽培し，恒久の開拓地を建造し始めた。さもなければそれを行った人間によって追い出されただろう」が直訳。

● hunter-gatherer「狩猟採集民」 permanent settlement「永住地」 drive ～ out「～を（場所から）追い出す，追い払う，駆逐する」

●raise, grow, build の3語は並列関係。

● or else「さもなければ」は，「人類の祖先が started to raise … settlements をしなければ」ということ。

●did は started to raise … settlements を指す代動詞。

▶2．**Those not so fortunate as to control their own lives had to**

make do, as the British poor had done for centuries, with mostly oatmeal, perhaps with some vegetables.

「自分自身の人生〔生活〕を思い通りにできるほど幸運でない者は，イギリスの貧しい者が何世紀もの間そうしていたように，たいていはオートミールで，もしかすると野菜で間に合わせねばならなかった」

●Those not so … = Those（= The people）who were not so …

●so ～ as to …「…できるほど～で」

●make do with ～「(ありあわせのもので）何とかする，(～で）間に合わせる，(～で）すませる」

●the British poor = British poor people

●the British の前の as ～ は様態を表し，「～ように」の意味。

●mostly「たいてい」 perhaps「もしかすると，ひょっとすると」

▶ 3．下線部(3)の「アメリカ人が食べる牛肉は，帝国の牛肉である」という記述を具体的に説明すればよい。

●下線部は第 9 段の結論めいたものとして書かれている。empire「帝国」とは，端的には当時広大な領土を植民支配（第 5 文 colonial control of more and more territory）していたスペイン王国等を指す。筆者は当時の植民地支配や領土獲得を帝国主義とみなしていると思われる。まさにその領土収奪の手段として牛が使われた旨が，第 4・5 文で触れられていることに注目。アメリカに輸入された牛それ自体が，先住民から土地を奪い，新たな領土の獲得によって植民地経営を盤石にする手段であったために，その肉を beef of empire「帝国の牛肉」と呼びならわしていることを理解する。ここを核にして，第 3 文の内容も加えてまとめればよい。第 3 文の内容は，スペイン王国が牛を西インド諸島でプランテーションの労働力として使用していたという主旨なので，アメリカの状況に直接言及するものではないため，解答に必ずしも含めなくてもよい。

▶ 4．下線部(4)は「これはそれがいかに深く根ざしているかということなのだ」が直訳。まず，This は前文の内容を指しており，it は the myth of settlement and conquest で言い換えられていることを押さえる。

●字数が制約されているので，This の指示内容を端的にまとめる必要がある。前文（最終段第 3 文）の主旨は，環境負荷が低く本物に近い食感の代替肉によって，牛肉を食べる楽しみは残したまま，地球を救うことができる，というもの。同段冒頭文も参照すれば，力点は，人が牛肉を食べたいという欲求の強さに置かれていることがわかるので，This は「牛肉への欲求」などと表すことができる。

●it については〈後方照応の it〉または〈同段の第1文にある beef を指す代名詞〉の2通りを考えることが可能。後者の場合，単なる物質的な牛肉ではなく，いろいろな意味もこもった「牛肉」という意味である。第10段（For some, …）の最終文に Beef is the myth of the American frontier. とあることに注目する。ここから it = the myth of settlement and conquest = beef と考えてもよいことがわかる。it を言い換えることで，「ただの牛肉ではなく，神話としての牛肉」だと説明しているのである。

●the myth of settlement and conquest は，myth「神話」と settlement「定住，移住，植民」と conquest「征服」から，端的には「定住と征服の神話」となるが，第9段や第10段でアメリカにおける肉牛の普及の経緯や牛肉が担ってきた象徴性についての文化史的な考察がなされていることを踏まえ，「植民と征服の歴史」などと書いてよい。

●下線部は「これは定住と征服の神話でもある牛肉／肉食文化がいかに根深いものであるかということだ」という意味になるが，〔解答〕では牛肉を食べることは「定住と征服の神話」と関係があるからこそ根深いのだということを表現したものにした。

●本文が，主にアメリカの肉食について論じていることを押さえたうえで，上記を30字以内にまとめる。

▶5．「現在の人類（human）は肉食動物（carnivore）から進化した」という文脈で考えると，空欄Aの部分は，「今の人間はヒトとして十分な段階に達している」と考えられる。また，空欄Bの後の記述に「捕まえられる動物は何でも食べる」とあり，直前文でも人類は長い間肉食だったとあるため「200万年前のアフリカでは，初期人類は，捕まえられるものは何でも食べるのが常だった」と読み取るのが自然である。空欄Cは，Yet it wasn't ～ という記述から，「通常はそうだったが，_____ではなかった」と読み取れるので，「必ずしも，そうではなかった」と考えられる。したがって，ロの組み合わせが適切。

▶6．D．主語は bison「野牛」であり，there は the plains「草原」を指

す副詞なので，「そこ（草原）で草を食べていた」という意味を表す feed「餌を食べる」の過去形である fed が入る。

E．The profit lie in ～ で「利益が～にある」⇒「～で利益が生まれる」という意味になるので，自動詞 lie の過去形である lay を入れる。

F．空欄を含む節は，牛が私有財産の初期の形態の 1 つであると述べた直前部を受け，イングランドでの私有財産の発生について述べるものであることを押さえる。the need for more grassland「より広大な草原に対する需要」と，to privatization of what had once been common lands「かつては共有地だった土地の私有地化を」という語句との関係性が，前者が後者の原因となっていると理解できるので，lead の過去形である led 入れ，因果関係について述べる文を完成させる。lead to ～「～を招く，生む，～が生じる」

▶ 7．空欄 G の後にいくつかの重傷例が紹介されていることから，「アメリカの精肉業界の労働者は大きな怪我を負いやすい」という意味になると推測できる。主語は meatpackers「食肉加工業者」と考え，are, likely, to や more, than, three, times という語から「3 倍以上～する可能性がある」という意味になると推測する。others は other workers の意味。suffer は「(重傷) を負う」という意味で使用するので，空欄の最後にもってくる。以上から，meatpackers are three times more likely than others to suffer という英語ができる。more likely と than others の位置に注意する。

▶ 8．空欄 H を含む第 15 段冒頭文は，疑似肉を作り出すという技術開発競争に携わる人々の営為に，肉を食べないことに対するある評価が現れていることを示すもの。後続の文では，イスラエルのスタートアップが，人間は肉を愛しているだけでなくとりつかれていさえする，と述べ，本物の肉に勝るとも劣らない疑似肉を提供しようとしていることが記されている。ここから，こういった業界の人々が，人間にとって肉食は諦めがたいものだ，という考えを有していることが推察できる。つまり，肉を食べないことは苦痛やストレスを伴うものだ，ということになるので，空欄 H にはそうした文意を作る語が入ると理解できる。

　最終段の第 2 文では，本物の肉を食しているような食感を持つ疑似肉に対して「失われているものは何もないし，何の犠牲も求められていない」と述べている。疑似肉を食べる＝肉食を諦めることではあっても，苦痛は伴われないという主旨なので，この箇所が，ちょうど第15段冒頭文と対照の関係になっていることを見抜く。sacrifice「犠牲（的行為）」を空欄に補えば，対照性が明瞭になるので，最も適切な語である。

▶ 9．第4段第3・4文と，第5文がそれぞれの該当箇所。この2カ所をそれぞれ60字以内にまとめる。

●第4段第3・4文：get at ～「～を手に入れる」 which の先行詞は we had to learn … and tools の部分。These は brains を指す。attribute to ～「～に原因があるとする」 intake「摂取」 we are who we are「人類は今の人類になっているのだ」→この部分と，続くダッシュで挟まれた部分は同格で，表現を変えた同意表現。

●第4段第5文：credit ～「～に功績があると思う，～のおかげだと思う」 which の先行詞は the discovery から cooking まで。free up ～「～を作る，増やす」

▶ 10. イ.「現在アメリカ人は，持続可能なライフスタイルの一部として，以前より多くの野菜を食べている」「持続可能なライフスタイルの一部として」という記述は本文中にない。

ロ.「新たな辺境を征服したカウボーイたちは，最初の資本主義者だった」本文中に記述がない。また，第11段冒頭文の，牛肉は多大な富の源泉となったが，金持ちになったのはカウボーイたちではない，という旨の記述から，誤りだとわかる。

ハ.「牛は非常に意志が強いので，その肉は加工するのが難しい」 第11段第2・3文に，ロジャー=ホロウィッツの言葉の引用で「生き物を食事に変えるのは難しい」「動物の身体は我々の意志の表現物となることに抵抗する」という旨の言葉があるが，「牛は意志が強い」という記述は本文にない。

ニ.「疑似肉は本物を買う余裕がない人に好まれている」「本物を買う余裕がない」という記述は本文にない。

ホ.「『肉』という語は，もともとは動物の肉を指してはいなかった」 第6段最終文の「(meat を表す) 古期英語の“mete” は食べ物を表す単なる一般語でしかなかった」に一致する。

●語句・構文●

(第4段)　yawning「大きく開いた」

（第7段） his own master「（束縛などを受けず）自由に決定などができる，思うようにできる」
（第10段） arguably「きっと，おそらく」 wield「（武器・道具などを）握る，使う」 feed ～「～に食事を与える→～の食べ物になる」 romanticized「美化された」 embodiment「具現，具体的に表したもの」
（第14段） compassion「同情，慈悲心」

II 解答例

＜解答例1：(1)を選択した場合＞

This seems to be an old painting. Four men are depicted in this picture, and three of them are shown inside the barn with the doorway wide open. One of the three men is playing the violin, sitting on the chair. The other two men are listening to the violin; one sits in the back, and the other is standing with his left hand in the pocket of his coat. Outside the barn, a man who seems to be an African American worker stands listening quietly to the violin with his hat in his right hand, while those inside remain with their hat on. He seems to be respectful to the music and the men in the barn. He looks satisfied. It seems that this picture was painted in America about 200 years ago, when slaves were getting free. (139 words)

＜解答例2：(2)を選択した場合＞

This seems to be a picture painted about 200 years ago. It shows an ordinary life in a cottage somewhere in England or America. A woman is busy painting the wall white, standing on the shabby desk, while a young boy and a girl are helping her by preparing paint on the floor. Another little girl is looking at the doorway where two men are looking into the house. Each of the two men is carrying a painting, and the man who is taking one step into the house looks somewhat disappointed. Probably these men are making a sales visit in this area to sell his paintings. However, when he tries to sell the painting to the woman, the busy woman says “No” to the man at once, and he is very disappointed. (133 words)

＜解答例3：(3)を選択した場合＞

This is an old European painting, and its motif and main figure is Cupid, the god of love. Cupid in this painting is, as usual, a plump little boy with wings on the back. He has an arrow in his right hand, and something like a sword in his left hand. A dog is sitting beside him, and another one is lying before the sitting dog. On the ground before Cupid, a suit of armor has been thrown away. Besides, some other things and musical instruments, such as a lute and a harp, have been thrown away, too. Cupid's eyes are full of pride and strength. What this painting shows is probably the power of love or the victory of love. Cupid against the dark and disturbing background of this painting makes us somewhat relieved. (135 words)

◀解　説▶

●問題文の和訳：以下の絵のうち1つを選び，それについて英語で説明しなさい。説明は100語から140語の長さとします。選んだ絵の番号を示しなさい。書いた語数を英作文の末尾に正確に記しなさい。

▶(1)「バイオリンを演奏している人物とそれを聴いている男性たちの絵」

●（解答作成の方針）西洋の絵画に描かれている4人の人物と建物について描写し，背景や状況についての考察を述べる。建物の外にいる黒人労働者とおぼしき男性から，この絵が，黒人奴隷がいた時代のアメリカを描いたものと推測できる。

●（解答例の全訳）これは古い絵画と思われる。4人の男性たちが描かれており，そのうち3人は戸口が大きく開いた納屋の中にいるのが見える。3人の男性のうちの1人は椅子に座ってバイオリンを弾いている。他の2人はバイオリンを聴いている。1人は納屋の奥に座って，もう1人は，立って，左手をコートのポケットに入れて。納屋の外では，黒人労働者とおぼしき男性が，帽子を右手に持って立って，穏やかにバイオリンを聴いている。一方，中の男性たちは帽子をかぶったままだ。彼は音楽と納屋の中にいる男性たちに敬意を表しているようだ。満ち足りているように見える。この絵は，奴隷が解放されつつあった200年ほど前のアメリカで描かれたと思われる。

▶(2)「6人の人物が描かれた，古い時代の家庭を描いた絵」

● （解答作成の方針） 西洋の古い絵画に描かれている６人の人物と部屋の様子を描写する。戸口の男性の表情を解釈する。

● （解答例の全訳） これは200年ほど前に描かれた絵画と思われる。これはイギリスかアメリカのどこかの田舎家の，ありふれた生活を示している。１人の女性が，粗末な机に立って忙しそうに壁にペンキを塗っている。床の上では幼い男の子と女の子がペンキを準備して彼女を手伝っている。もう１人の少女が戸口を見ているが，そこには２人の男性が家の中を覗き込んでいる。男性たちはそれぞれ，絵を携えており，家の中に足を踏み入れようとしている男性は，少しがっかりしているように見える。たぶんこの男性たちは，この地域で絵を訪問販売しているのだろう。しかしこの女性に絵を売ろうとしても，女性は忙しくて即座に断ったので，男性はとてもがっかりしているのだ。

▶(3)「暗い空を背景に微笑むキューピッドを描いた絵」

● （解答作成の方針） 誇らしげに矢を持つキューピッドがメインで描かれた絵画である。脇に２匹の犬がおり，足元にはリュートや竪琴（ハープ）とおぼしき楽器類と，脱ぎ捨てられた鎧などが雑然と散らばっている。これらを描写する。

● （解答例の全訳） これは古いヨーロッパの絵画で，このモチーフと中心人物は，愛の神，キューピッドである。この絵のキューピッドは，例によって，背中に翼のある，ぽっちゃりした男の子だ。右手に矢を持ち，左手には剣のようなものを持っている。脇には犬が１匹座っており，その犬の前にもう１匹の犬が寝そべっている。キューピッドの前の地面には鎧が脱ぎ捨てられている。さらに，他にもいくつか，そしてリュートや竪琴といった楽器類も捨てられている。キューピッドの目は誇りと力強さに満ちている。この絵が表しているのはたぶん，愛の力，あるいは愛の勝利だろう。この絵の，暗くて不穏な背景を背にしたキューピッドを見ると，私たちは少しほっとさせられるのだ。

III （大問省略）

❖講　評

2023年度は2022年度同様，読解問題が1題（約1600語の英文）と，英作文問題1題，リスニング問題1題（省略）の，計3題であった。全体の分量は2022年度とほぼ同じであった。

Ⅰ　アメリカ人の中に文化として流れる肉食（特に牛肉食）と，その問題点について，歴史を交えて考察した論説文。1・2の英文和訳問題は一橋大としては標準難易度。2のほうが，語彙・構文ともにやや難しい。3の内容説明問題は，empireについての背景知識が問われる。4の内容説明問題は，字数がかなり制約されているので，まとめ方が難しいが，歴史を踏まえて簡潔にまとめるようにしたい。5は恒例の空所補充問題。6の空所補充（語形変化）問題も，標準レベル。7の語句整序問題は，2023年度は素直な標準レベルの問題が出題された。than othersの位置に注意したい。8は本文中から抜き出して空所に補充する問題で，少し厄介。てこずるかもしれない。9の内容説明問題は，該当箇所がわかりやすく，字数も適切。10の内容真偽問題は選択肢が英文で与えられている。本文中のmeteという古期英語が今のmeatであることに気づくことが必要。

Ⅱ　2023年度は2022年度同様，3枚の画像（2023年度はすべて絵画）から1つを選んで，それを100〜140語で説明するというものであった。3枚とも古く，約150年から400年前の絵画なので，歴史的な背景知識があると，選んだ絵画について書く材料が増すだろう。カラーの絵画がモノクロ写真で与えられているので，やや見づらく，観察力が必要だが，細かいところまで注意深く見ていけば，書くべきことがいろいろと見つかるだろう。

日本史

I　解答

1　海保青陵。

2　経世論とは様々な社会問題に対し，世を治め，民を救う経世済民を説く政治経済論である。朱子学において社会の安定は，為政者個人の政治的道徳の問題であった。一方，徂徠は政治と道徳とを区別すべきだと考えて朱子学を批判するとともに，為政者が作る政治制度を重視し，具体的な統治策を説く経世論に道を開いた。

3　公事方御定書。徳川吉宗の命で編纂され，合理的な裁判や刑罰の基準を定めた。

4　幕藩体制のもと，幕府や藩では年貢米を換金して財源を確保した。そのなかで掛屋は，大坂などで諸藩の蔵屋敷に出入りし，各藩が領内の年貢米や特産物である蔵物を売却した代金などの出納にあたった商人である。札差は，江戸の浅草に店を構え，蔵米取の旗本・御家人から委託を受けて，俸禄米の受取りや売却をして手数料を得た商人である。

5　村田清風。藩の借金を整理し，紙・蠟の専売制を改革するとともに，下関に越荷方を置くなど藩の財政再建を進めた。

（以上，問題番号を入れて 400 字以内）

◀解　説▶

≪江戸時代における経世論≫

▶問１．語句記述問題。難問である。『経済話』を著したのは海保青陵であるが，著作から解答をするのは非常に難しい。問５の長州藩の藩政改革に影響を与えた人物ということをヒントとして，『稽古談』を著し，藩専売制などの重商主義政策を説いた人物として海保青陵が想起できるか。

▶問２．設問の要求は，経世論を朱子学および荻生徂徠の学問とそれぞれ関係づけて説明することである。他の問題との兼ね合いで，字数については 100～150 字ぐらいの幅は取れる。

まず，答案の構成を整理する。設問の要求を考えると，朱子学および荻生徂徠の学問それぞれを経世論と関係づけたいので，はじめに，経世論について説明したい。そのうえで，経世論と朱子学，経世論と徂徠の学問を関係づけてみよう。

経世論とは現実の社会問題を対象として，世を治め，民を苦しみから救う経世済民を説く政治経済論である。これが本格的に展開する契機となったのは，17世紀後半から18世紀前半の元禄～享保期以降の社会情勢である。このころには全国的に商品経済が発展し，商人が台頭する一方，幕府や諸藩の財政難や農民の階層分化が社会問題となり始めた。このような状況に対し，為政者の立場からその原因を解明し，具体的な対策を提示するものとして経世論は発達した。その基礎を用意したのが陽明学を学んだ熊沢蕃山や古文辞学を説いた荻生徂徠であった。

次に，経世論と朱子学，徂徠の学問をそれぞれ関係づける。幕藩体制が確立し，平和的な秩序が形成されると，法や道徳によってそれを維持しようとする文治政治に転換した。そのなかで，武士には為政者としての教養が求められ，朱子学が武家社会で広がった。朱子学においては，為政者が道徳的に立派であれば，同心円的に天下国家も治まるという考えがあり，為政者の政治的な道徳が重視された。そのため，現実の社会問題に対して根本的な対応は期待できなかった。

それに対し，荻生徂徠は朱子学による註釈を否定し，孔子・孟子の原典に立ち返るという古学派で，中国古代の言語を学ぶことで原典が理解できるという古文辞学を唱えた。徂徠は政治と道徳は一線を画すべきであると考え，朱子学の考え方を批判した。また，古代の聖人（為政者）が説く「道」とは国家の政治制度のことであり，為政者個人の道徳ではないと考えた。為政者が現実的，具体的に作る政治制度が重視されたのである。荻生徂徠は徳川吉宗に政治意見書である『政談』を提出し，武士を商品経済から切り離す武士土着論を説き，根本的に制度を立て直す具体的なプランを提示し，現実的解決をはかろうとした。こうした徂徠の立場は，弟子の太宰春台が『経済録』を著すなど，その後の経世論への道を開いた。

教科書内容の理解だけでは，やや不十分な答案になるかもしれないので教科書の内容を広げた答案を作成し，解説をした。江戸時代の儒学について理解を深めるため，この機会に勉強しておいてほしい。解答のポイントは最低限にしておく。

【解答のポイント】

• 経世論は社会問題に対し，その対策を説く政治経済論

• 朱子学は為政者の政治道徳を重視する
• 荻生徂徠は朱子学を批判し，具体的な策を説く経世論に道を開く

▶問 3．設問の要求は，当時幕府の刑事司法で用いられていた法の名称を記し，説明することである。50 字以内で十分まとめられる。

当時幕府の刑事司法で用いられていた法は，公事方御定書である。問 1 の海保青陵がわからないと，正確に「当時」は限定できないが，問 5 の長州藩の藩政改革が天保期だと推測できれば，ある程度は限定できるだろう。

公事方御定書は，裁判や行政の基準を定めた法典で，8 代将軍徳川吉宗の命で編纂された。元文年間に編纂が開始され，寛保年間の 1742 年に完成した。上下 2 巻で構成され，上巻は法令集，下巻は判例や取決めなどからなる。寺社・町・勘定の三奉行と京都所司代・大坂城代のほかは閲覧が禁止された秘密法典であった。

▶問 4．設問の要求は，掛屋と札差について説明することである。〔解答〕では 150 字以上使っているが，他の設問との兼ね合いでどのぐらいの字数を割くかは考えればよい。

掛屋，札差それぞれの語句を説明すればよいが，その際には，幕藩体制下における幕府や諸藩の財政について前置きとして触れたほうがよい。

まず，幕藩体制下における幕府・諸藩の財政についてまとめておく。幕府や諸藩など武家社会においては，百姓が村の総石高（村高）に応じて納める年貢・諸役が財源であった。年貢は主に米で納入される。しかし，貨幣経済が進展するなか，幕府や諸藩では貨幣収入を必要としたため，年貢米は大坂や江戸などの大都市で換金された。そのなかで，活動していた商人が掛屋と札差である。

次に掛屋についてまとめる。諸藩の財政と関連させて説明する必要がある。諸藩では年貢米を換金するため，大坂や江戸など大都市に蔵屋敷を設置し，年貢米や専売品を送った。これら諸藩が扱う公的な商品を蔵物という。蔵物は諸藩と取引をする蔵元が管理して売却した。その代金を管理し，必要に応じて諸藩に送金するのが掛屋である。財政の苦しい藩は掛屋から借金をする場合もあった。

最後に札差についてまとめよう。札差は江戸の浅草に店を構え，蔵米取りの旗本・御家人の扶持米を売却し，代金を管理した。知行取りの旗本は諸藩と同様に領地を持っており年貢収入があったので，蔵屋敷を持ってい

た。しかし，蔵米取りの場合，俸禄として米を受け取るだけなので，札差が俸禄米の換金にあたった。財政的に苦しい旗本・御家人は札差から借金をしていた。

以上の内容を簡潔にまとめればよいが，字数を確保したい場合はここで多くの字数を割いてみよう。

【解答のポイント】

• 諸藩や旗本・御家人は年貢米を換金して貨幣収入を得る
• 掛屋は諸藩の蔵屋敷において蔵物を売却した代金の出納にあたる
• 札差は江戸で旗本・御家人の俸禄米を換金する

▶問5．設問の要求は，長州藩の藩政改革を行った人物の名前を記し，改革の内容を説明することである。他の設問との兼ね合いもあるが，字数は50～100字程度は使える。

設問文の「(a)の著作にも影響を受けながら」がヒントの一つになっており，海保青陵がわかることで時期を限定するのが正しい考え方ではあるが，「長州藩の藩政改革」といえば，天保期のものに限定されるだろう。その時の中心となった村田清風の名前を記し，長州藩の改革について知っている限りのことをまとめればよい。

江戸時代後期になると，財政的に苦しくなり改革が必要な藩が多くなる。そのなかで人材登用や財政再建など天保期の改革に成功し，幕末に雄藩として活躍した藩の一つが長州藩である。長州藩では，村田清風が登用され，藩の借金を整理するとともに，紙や蠟の専売制を改革した。さらに下関などに置かれた越荷方で，入港した北前船などの廻船の積荷を保管する倉庫業や，積荷の委託販売あるいは，積荷を担保とした金融業などを行い，莫大な利益をもたらし，財政再建に成功した。

【解答のポイント】

• 人物名…村田清風
• 藩の借金を整理
• 紙や蠟の専売制を改革
• 越荷方で利益を上げる

II **解答**

1　明六社。

2　明治六年の政変で大久保政権が成立し，官僚独裁に反発する動きから民撰議院設立の建白書が政府に提出され，『日新真事誌』に掲載されると，自由民権運動が始まった。各地では立志社などの政社が結成され，政社の代表が大阪に集まって愛国社が結成された。政府は大阪会議を開き，漸次立憲政体樹立の詔を出すなど妥協したものの，民権運動家が新聞や雑誌で盛んに政府攻撃を行ったため，政府は新聞紙条例を制定して言論を規制した。

3　政府は日英同盟を締結して開戦準備を進めた。そのなかで黒岩涙香の『万朝報』や徳富蘇峰の『国民新聞』は対露開戦を支持する強硬論である主戦論を盛り上げ，政府を擁護した。一方，『万朝報』を辞めた社会主義者の幸徳秋水・堺利彦は平民社を結成し，『平民新聞』上で戦争に反対する非戦論を唱え，政府を批判した。

4　マスメディアの総合的な統制をめざして内閣情報局を設置し，戦争遂行のために利用する方針をとった。

（以上，問題番号を入れて 400 字以内）

◀解　説▶

≪近代における新聞と政府の関係≫

▶問1．語句記述問題。森有礼らを中心につくられ，啓蒙主義の普及に大きな役割を果たした団体は，明六社である。

明六社は，1873 年にアメリカから帰国した森有礼が社長となり設立された思想団体で，『明六雑誌』を刊行して啓蒙活動を行った。社員には福沢諭吉・中村正直・西周・津田真道・加藤弘之らがおり，福沢以外は明治政府に出仕していた。

▶問2．設問の要求は，明治初期に新聞紙条例が制定された背景について述べることである。条件として，当時の政治状況をふまえることが求められている。この設問で 200 字以上の字数を使って答案をまとめてもよい。

新聞紙条例が制定された背景として，自由民権運動は想起できるだろう。当時の政治状況としては自由民権運動の始まりと士族民権の展開を説明すればよい。条件になっているので，背景としてこの部分をしっかりまとめることになる。ここで字数を確保したい場合は，政府の対応も政治状況の一つとして丁寧にまとめよう。

まず，自由民権運動の始まりと士族民権の展開について考えてみよう。1873年に明治六年の政変が起こり，征韓論を唱えた西郷隆盛，板垣退助，江藤新平，後藤象二郎らの参議は政府を下野した。政府は内務卿に就任した大久保利通を中心とする体制となった。これに対し，板垣退助らは愛国公党を結成し，1874年，民撰議院設立の建白書を太政官の左院に提出し，官僚の独裁を批判して国会開設を求めた。この建白書はイギリス人のブラックが経営する新聞『日新真事誌』に掲載されたことで世論に影響を与え，自由民権運動が始まるきっかけとなった。当初，運動の中心は政府に不満をもつ士族であった。この後，板垣は土佐に帰り，片岡健吉らとともに政社である立志社を結成した。このような政社は全国各地に結成され，1875年には政社の代表が大阪に集まり，全国組織である愛国社が結成され，民権運動が盛り上がった。

次に政府の対応を考えてみよう。自由民権運動の盛り上がりに対し，政府を指導していた大久保利通は徐々に立憲制に移行していく方針を定めて妥協した。大久保は，1875年，下野していた木戸孝允，板垣退助と会談（大阪会議）し，木戸の提案を受け入れ，漸次立憲政体樹立の詔を出した。一方で民権運動家たちは新聞や雑誌で政府を攻撃した。そのため，政府は1875年，新聞紙条例や讒謗律を制定して言論を規制した。

〔解答〕は多くの字数を割いたが，解答のポイントとしては，最低限書いておきたいことを列挙した。

【解答のポイント】

- 自由民権運動の始まり
  民撰議院設立の建白書が政府に提出される
  『日新真事誌』に掲載され，世論に影響を与える
- 士族民権の展開
  各地で立志社などの政社が結成される
  全国組織である愛国社が結成される
  民権運動家による新聞や雑誌での政府批判が盛んとなる

▶問3．設問の要求は，日露戦争において，当時の新聞がどのような立場で政府を擁護，批判したのかを述べることである。条件として，代表的な新聞を取り上げることが求められている。他の設問との兼ね合いもあるが，字数は120～150字ぐらいでまとめればよい。

日露戦争における世論として，政府を擁護する主戦論と政府を批判する非戦論についてそれぞれまとめる。答案には，政府の動きも簡潔に書いておいてもよいだろう。

政府の動きから整理する。1900 年に起こった北清事変後，ロシアが満州を占領したことで，日本の韓国における権益が脅かされた。そのため，政府は満州問題と韓国問題の同時解決をめざし，ロシアとの外交交渉を進めたが難航した。そのため，第 1 次桂太郎内閣はイギリスとの同盟によりロシアに対抗する方針をとり，1902 年，日英同盟協約を締結した。一方，ロシアが満州に駐兵を続けたため，開戦準備を進めた。

次に国内世論を新聞中心に整理する。

国内では，対露同志会や戸水寛人ら東大七博士が世論を煽ったこともあり，ロシアとの開戦を求める主戦論へと傾いていった。そのなかで，当初は戦争に反対していた黒岩涙香の『万朝報』や，日清戦争を機に国家主義に転向した徳富蘇峰の『国民新聞』は主戦論を盛り上げ，政府の動きを擁護した。一方，キリスト教徒の内村鑑三や社会主義者は戦争に反対する非戦論・反戦論を唱えた。『万朝報』が主戦論に転換したため，退社した社会主義者の幸徳秋水や堺利彦は，1903 年，平民社を設立して週刊『平民新聞』を創刊して非戦論を唱え，政府を批判した。

【解答のポイント】

- 政府はロシアとの開戦準備を進める
- 主戦論の立場で政府を擁護…『万朝報』や『国民新聞』
- 非戦論の立場で政府を批判…『平民新聞』

▶問 4．設問の要求は，日中戦争の全面化以降，政府が新聞，雑誌などマスメディアと持った関係について，戦時体制とのかかわりから述べることである。難問であり，50 字程度でも書ければよいだろう。

政府が国民を戦争に協力させる戦時体制を強化していくなかで，マスメディアを戦争遂行に利用したことはイメージできるだろう。最低限，その点が書ければよい。もし答案が思い浮かばない場合は，戦時体制についてまとめてもいいだろう。

国内の戦時体制について簡潔に触れておく。日中戦争が勃発すると，政府は戦時体制を形成した。第 1 次近衛文麿内閣は，「挙国一致」「尽忠報国」「堅忍持久」をかかげ，節約・貯蓄など国民の戦争協力をうながすため，1937年，国民精神総動員運動を展開した。さらに1938年には国家総動員法を制定して，議会の承認なく，勅令で戦争遂行に必要な物資や労働力を動員することができるようになり，政府は国民生活を全面的統制下においた。このような社会情勢のなかにおける，政府とマスメディアの関係について整理する。

1940年12月，内閣情報局が設置された。この機関はマスメディアを統制して利用し，世論誘導に影響力を持った。前身は1937年に成立した内閣情報部で，国民精神総動員運動などの宣伝実施を受け持っていた。

内閣情報局の業務は，国策の宣伝，情報収集のほか，内務省・外務省・逓信省で実施されてきた新聞・雑誌・出版・放送・映画・演劇・レコードなどの検閲と取り締まりと，これらマスメディアおよび各種の思想・文化団体の指導など広範にわたり，ファシズム体制下の戦争遂行に大きな役割を果たした。

【解答のポイント】
- 内閣情報局の設立
- マスメディアの統制，戦争遂行のために利用

Ⅲ　解答

1　①鉄血勤皇隊。②非核三原則。

2　鈴木貫太郎内閣は中立条約があって交戦していなかったソ連に，アメリカ・イギリスとの和平交渉の仲介役を依頼しようとした。しかし，ヤルタ会談でソ連の対日参戦などが密約されており，ソ連が日本の要求に応じなかったため，外交交渉は上手くいかなかった。

3　朝鮮戦争が勃発するなか，日本を西側陣営に組み込むというアメリカの意向を背景にサンフランシスコ平和条約が締結され，ソ連などを除外した単独講和となった。それに対して日本社会党や日本共産党など革新勢力はソ連・中国を含む全交戦国との全面講和を要求した。

4　嘉手納基地。

5　高度経済成長が進展するなか，大都市への人口移動が進み，十分な計画や法整備のないまま都市開発が進められ，通勤ラッシュ・交通渋滞，騒音や大気汚染，住宅や病院の不足などの問題が発生した。これに対し経済成長を優先する政府のもとで対策は進まず，大都市の住民が自民党から離反した。

（以上，問題番号を入れて400字以内）

◀解　説▶

≪太平洋戦争における終戦工作と戦後の諸問題≫

▶問 1．語句記述問題。①沖縄戦において兵士として動員された男子中学生による部隊は，鉄血勤皇隊である。ちなみに，女子学生で編成された従軍看護隊はひめゆり隊である。②「持たず，つくらず，持ちこませず」は非核三原則である。沖縄返還の過程で，佐藤栄作内閣のとき，1971 年に衆議院で決議され，日本政府の基本原則となった。

▶問 2．設問の要求は，戦況の悪化を受け，本土決戦の準備と並んで日本政府が進めた外交交渉について説明することである。他の設問との兼ね合いもあるが，100 字前後でまとめられる。

やや難問であるが，鈴木貫太郎内閣が進めたソ連を通じての終戦工作について説明すればよい。

まず，鈴木貫太郎内閣の成立前後について簡潔にまとめておく。戦局が悪化するなか，1945 年 4 月に沖縄戦が始まった。この直後，小磯国昭内閣は戦局の悪化を理由に辞職し，昭和天皇の信頼が厚かった鈴木貫太郎が組閣し，終戦へ向けての動きが進められることとなった。1945 年 5 月にはドイツが無条件降伏して日本は完全に孤立した。

そのなかで，鈴木内閣はソ連の仲介による終戦を狙った。ソ連とは 1941 年に日ソ中立条約を締結しており，当時，交戦状態にはなかった。そのため，ソ連にアメリカ・イギリスとの和平交渉の仲介を依頼しようとした。しかし，1945 年 2 月には，アメリカ・イギリス・ソ連の間でヤルタ会談が行われており，ソ連への南樺太の返還や千島列島の譲渡に加え，ドイツ降伏後のソ連の対日参戦を約す秘密協定（ヤルタ協定）が結ばれていた。さらに 7 月には，アメリカ・イギリス・ソ連の間でポツダム会談が開かれ，日本の無条件降伏の勧告と戦後処理方針からなるポツダム宣言が米・英・中の名で発表された。日本の抵抗が続く 8 月にはアメリカが広島・長崎に原子爆弾を投下し，その間にソ連が中立条約を無視して日本に宣戦布告した。こうして最終的にソ連を通じた日本政府の終戦工作は失敗に終わった。

以上から，最低限入れておきたい内容を解答のポイントで指摘しておく。

【解答のポイント】

• 鈴木貫太郎内閣

• 日ソ中立条約があり，ソ連とは交戦していない

• ソ連による和平交渉の仲介を求める

• ヤルタ協定がありソ連との交渉は不調

▶問 3．設問の要求は，サンフランシスコ平和条約の締結をめぐり，日本国内でなされた批判について説明することである。字数は 120 字前後で十分書けるが，問 2 がやや難問のため，ここで字数を多めにとってもいいだろう。

サンフランシスコ平和条約をめぐる単独講和と全面講和の論争について説明すればいい。単独講和をした事情と，それに対する批判をそれぞれ説明する。

まず，講和の事情について説明する。アメリカとソ連を中心とする冷戦が激化するなか，東アジアでは朝鮮の南北問題から，1950 年，朝鮮戦争が勃発した。それに対し，アメリカは占領を終わらせて日本を西側陣営に早期に編入する動きを強めた。アメリカのダレス外交顧問はソ連など東側を除外する単独講和と，講和後の米軍駐留の継続を条件に対日講和の準備を進めた。そのなかで吉田茂首相は，西側諸国のみとの講和によって独立を回復し，米軍に基地を提供するかわりに安全保障をアメリカに依存する方針をとった。1951 年 9 月，吉田内閣はサンフランシスコ平和条約に調印した。同日夜には日米安全保障条約に調印し，米軍の駐留を認めた。講和会議には，中華人民共和国と中華民国は招待せず，インド・ビルマなどは条約への不満から参加しなかった。ソ連は会議に出席したものの，条約には調印しなかった。このようにすべての交戦国との講和は実現せず，単独講和となった。

次に講和に対する批判をまとめる。単独講和が進められるなか，ソ連・中国を含むすべての交戦国との全面講和論もあった。南原繁・大内兵衛らの知識人あるいは，日本社会党・日本共産党である。日本社会党は，講和条約の批准をめぐって対立し，単独講和を容認する右派と全面講和を主張する左派に分裂した。

【解答のポイント】

• サンフランシスコ平和条約にソ連などが調印せず
　→西側のみとの単独講和となる

• 日本社会党や日本共産党が全面講和を唱えて批判する

▶問 4．語句記述問題。嘉手納基地は沖縄本島中部にある，アメリカの太平洋空軍の中枢基地である。ベトナム戦争や湾岸戦争でも重要な役割を果たした。

▶問 5．設問の要求は，佐藤栄作内閣の時期，大都市圏で革新自治体が数多く成立した経済的・社会的背景について説明することである。

経済的な背景として高度経済成長を想起し，その間に起こった歪み，つまり問題点を考え，特に大都市に関連するものを中心に列挙すればよい。それが革新自治体の生まれた背景の説明になる。

高度経済成長によって起こった問題について整理する。高度経済成長の結果，国民の所得は増大し，生活水準が上昇したが，その矛盾が顕在化した。東京・大阪など大都市への人口移動が進み，十分な都市計画や開発を全体として調整する法律が作られないまま開発が進んだため，住宅地は都市から郊外にかけて無秩序に広がり，過密が深刻な問題となった。その結果，通勤ラッシュ・交通渋滞や騒音・大気汚染あるいは，住宅や病院の不足などが生じた。こうした状況に対し，大都市の住民は反発し，自民党から離反し，大都市に革新自治体を成立させた。

1967 年に経済学者の美濃部亮吉（美濃部達吉の長男）が東京都知事に当選し，1970 年代初めには，東京都・大阪府・京都府の知事をはじめ，大都市の市長が革新首長で占められた。これら革新自治体では，公害条例を制定する一方，老人医療の無料化など福祉政策を進めた。

❖講　評

2023 年度も大問 3 題，各大問 400 字の合計 1200 字で解答する論述問題を中心とする出題であった。2023 年度の問題は例年に比べ，字数を確保しやすい問題が多く，一部を除いて答案を作成しやすかったのではないだろうか。

Ⅰ　例年通り，前近代からの出題であった。近年は頻出である江戸時代の文化や，一橋大定番の江戸時代の社会経済に関する問題があった。問 1 はかなり難度の高い問題と考えてよい。問 2 は教科書レベルの知識があれば，なんとか形にできるだろう。問 3 と問 4 は基本問題である。

Ⅱ　近代における新聞の展開などマスメディアに関する問題である。一見，難問のように思われるが，問 2 は自由民権運動のうち士族民権について，問 3 は日露戦争における主戦論・非戦論についてまとめる問題で，設問の意図さえわかれば，答案は作成しやすい問題である。問 4 は難問なので，他の設問でカバーできればよいだろう。

Ⅲ　太平洋戦争下の沖縄戦から戦後の米軍基地問題と沖縄をテーマにしたリード文ではあるが，沖縄に関する出題は少なかった。問 2 の本土決戦と並んで日本政府が進めた外交交渉はやや難問であったが，一部の教科書にはソ連を通じた終戦工作のことが記述されている。問 3 の講和問題，問 5 の革新自治体はともに一橋大受験生としては理解しておきたい内容であった。

Ⅰ～Ⅲのいずれも過去問をしっかり解いて準備をしていた受験生にとっては取り組みやすい問題であったといえる。

世界史

I **解答** イギリス王は，フランスではアンジュー伯としてフランス王の家臣であった。フランスではカペー朝断絶でヴァロワ朝が成立したが，フィリップ6世によるギエンヌ没収やエドワード3世のフランス王位要求によって百年戦争が開始した。この戦争でフランスの諸侯はイギリスと結ぶブルゴーニュ公派と国王派に分裂して互いに争った。こうした経緯から，百年戦争は英仏2国間の戦争という単純な捉え方のみを当てはめるのは適切とはいえず，フランス国内の内乱としての性格を見出すことが可能である。百年戦争の結果，敗れたイギリスはカレーを除くフランス領の大半を失って大陸から撤退した。一方，フランスでは長期にわたる内乱によって諸侯や騎士が没落したが，シャルル7世が都市の大商人と提携して財政再建を進め，官僚制や常備軍，租税体制を整備して国内の統一と王権の強化を図ったことで，地方分権的な封建体制から中央集権化が急速に進展することになった。(400字以内)

◀解　説▶

≪英仏百年戦争の性格とフランス王国に及ぼした変化≫

【設問の要求】

〔主題〕

①百年戦争を英仏二つの国家間の戦争と捉えることが必ずしも適切でない理由

②百年戦争がフランス王国に及ぼした変化

〔条件〕①の理由と関連づけて説明する

【論述の方向性】

①については，百年戦争開始時においてイギリス王がフランス国内ではフランス王の家臣であった点に着目したい。百年戦争の過程でフランス国内はイギリスと結ぶブルゴーニュ公派と国王派に分裂したことも重要である。

②については，百年戦争の結果，フランスでは諸侯・騎士が没落し，代わりに王権が強化され，集権的な国家体制が樹立した変化に触れること。

※問題文では英仏百年戦争の開始が「1337年」となっているが，これはフランスによるギエンヌ没収の年である。

【論述の構成】

①百年戦争を英仏二つの国家間の戦争と捉えることが必ずしも適切でない理由

イギリス（イングランド）に成立したプランタジネット朝（1154～1399年）は，フランスのアンジュー伯がイギリスに渡って建国したフランス系の王朝でフランスに広大な所領を持ち，イギリス王はフランスではカペー朝（987～1328年）のフランス王に臣従する封建家臣であった。プランタジネット朝のジョン王がフランス王フィリップ2世に敗れ，フランス内の広大な領地を奪われたがギエンヌはイギリス領として残された。しかし，カペー朝断絶後に成立したヴァロワ朝（1328～1589年）のフィリップ6世が1337年ギエンヌ没収を宣言すると，これに対してイギリス王エドワード3世は母がカペー家出身だったことからフランス王位継承権を要求し，1339年に北フランスに侵入して戦端を開き，百年戦争が勃発した。

15世紀に入ると，フランス国内で東部を基盤とするブルゴーニュ公派と，西部を基盤とする国王派（アルマニャック派）の内部分裂が起こった。イギリスと同盟したブルゴーニュ公派が戦いを優勢に進め，シャルル7世を擁立した国王派の拠点オルレアンを包囲したが，ジャンヌ=ダルクの活躍もあり，1429年にオルレアンは解放されシャルル7世は正式にフランス国王に即位した。その後，シャルル7世は1453年にイギリス領ギエンヌを奪回し，百年戦争が終了した。

以上から，百年戦争は，フランス王とその封建家臣であったイギリス王との争いで，ブルゴーニュ公派と国王派の間に起こったフランス国内の内乱と見ることが可能である。

②百年戦争がフランス王国に及ぼした変化

フランスでは，シャルル7世が1435年ブルゴーニュ公派とアラスの和約で講和し，イギリスとの同盟を破棄させたことが百年戦争の転換点となった。その結果，フランス国王派は1453年ギエンヌを奪回し，カレーを除くフランス本土からイギリス勢力を駆逐して百年戦争を終結させた。

長期にわたるフランス国内における戦乱（内乱）は，これに従軍した諸侯や騎士の没落を促すことになった。シャルル7世は，官僚制と常備軍を整備し，さらに大商人ジャック=クールと提携して財政再建に取り組んだことで王権が強化された。こうしてフランスは分権的な封建国家から中央集権的な国家へ変化し，のちの絶対王政への道を開くことになる。

II **解答** 1960 年の「アフリカの年」に多くのアフリカ諸国の独立が達成され，植民地支配からの解放をめざすパン=アフリカニズムが高揚し，アフリカ統一機構（OAU）が結成された。しかし，当時アフリカにはまだ西欧諸国の植民地支配を受ける国が存続していた。Aはポルトガル植民地のモザンビークである。サラザールの独裁政権下で独立運動は弾圧されていたが，1974 年の革命で成立した新政権が植民地を放棄し，翌 1975 年モザンビークは独立し，OAU に加盟した。Bはジンバブエである。この地はもともとイギリス植民地の南ローデシアであったが，少数派の白人政権が人種差別政策を継続するため，1965 年ローデシアとしてイギリスからの独立を一方的に宣言した。しかし，黒人による独立闘争が激化し，国際世論の批判や国連の経済制裁を受けて，1980 年の総選挙で白人政権が倒され，黒人のムガベ政権が国名をジンバブエに改称して独立し，OAU に加盟した。(400 字以内)

◀解　説▶

≪モザンビークとジンバブエが独立した経緯とその背景≫

【設問の要求】

〔主題〕

地図中のＡ：モザンビークとＢ：ジンバブエの OAU 加盟が 10 年以上遅れることになった経緯

〔条件〕

ａ．両国の内外の状況に言及して説明する

ｂ．両国の宗主国と独立後の国名を明記する

【論述の方向性】

まず，アフリカの地図上のＡ・Ｂの国名を正しく判定しないと答案が書けない仕掛けとなっており，注意を要する。

Ａのモザンビークは，宗主国ポルトガルの動向とそこからの独立の経緯をまとめればよい。Ｂのジンバブエはやや複雑で，イギリス植民地の南ローデシアの白人政権による一方的な独立宣言とその後の黒人政権による独

立を説明する必要がある。

【論述の構成】

A：モザンビーク

第二次世界大戦後，モザンビークはアンゴラとともに本国ポルトガルのサラザール独裁体制による植民地支配を受け，多数の独立国が誕生した1960年の「アフリカの年」にも独立できなかった。しかし，アフリカの解放と独立を主張するパン=アフリカニズムが高揚するなか，1963年にOAU（アフリカ統一機構）が設立されると，その反植民地主義の影響もあってモザンビーク解放戦線による激しい独立闘争が開始された。独立に反対するサラザールは1968年に引退したが，その後もポルトガルでは独裁体制が続き，これに対して1974年に植民地解放を掲げる将校らの革命で政権交代が起こった（これをカーネーション革命という）。新政権によって翌1975年に独立を承認されたモザンビークはOAUへの加盟を実現している。なお，独立後もモザンビークはローデシアや南アフリカ共和国の白人政権から軍事介入を受け，この内戦は1990年代初頭まで続いた。

B：ジンバブエ

イギリスが南アフリカ内陸部にセシル=ローズに因んで建設した植民地ローデシアは，第二次世界大戦後も白人支配が強固であり，「アフリカの年」と称された1960年にはモザンビークと同様，独立が達成できなかった。OAU設立を契機とする民族運動の高まりを背景に北ローデシアで独立運動が激化し，1964年にザンビア共和国とマラウイ共和国が独立したが，南ローデシアではイギリス支配が続いた。しかし，イギリス本国政府が，黒人参政権を含む妥協的姿勢を示すと，現地の白人支配層はこれに不満を抱き，1965年にスミス白人政権が一方的に南ローデシアをローデシア共和国として独立宣言を発した。独立後のローデシアは南アフリカ共和国と連携してアパルトヘイト政策をとったことから国際世論の批判を浴び，国際連合の経済制裁を受けた。1970年代から黒人の解放戦線との戦いが激化し，内戦で多くの死者が出た。結局，イギリスの調停で黒人参政権が付与され，1980年の総選挙で黒人のムガベ政権が成立し，国名をローデシアからジンバブエに改称し，OAUに加盟した。

III　**解答**　ロシアはアロー戦争に乗じてアイグン条約で黒竜江以北，北京条約で沿海州を割譲させ，イリ条約で国境を有利に画定した。また，三国干渉の見返りに東清鉄道の敷設権を獲得し，その後，旅順・大連を租借し，義和団事件の北京議定書で北京駐兵権や賠償金を獲得した。ロシア革命によって成立したソヴィエト政権は，世界革命をめざして結成されたコミンテルンを通じて五・四運動が高揚する中国への接近を図った。カラハン宣言で帝政ロシアが清と結んだ不平等条約の撤廃を宣言すると，中国では社会主義への共感が高まり，コミンテルンの指導で中国共産党が創立された。ヨッフェは孫文と会談を行い，国民党が共産党と提携することを条件として孫文の国民革命にソ連が全面的に支援することを約束した。これを受けて孫文はソ連との協力関係に舵を切り，「連ソ・容共・扶助工農」を掲げて第1次国共合作を成立させ，北伐による軍閥政府打倒と中国統一へと路線を転換した。(400字以内)

◀解　説▶

≪ロシアの中国進出と孫文・ヨッフェ共同宣言が中国に与えた影響≫

【設問の要求】

〔主題〕

①帝政ロシアが中国に強制した全ての条約や搾取

②中ソ関係の変化が中国に与えた影響

【論述の方向性】

①では，帝政ロシアが清に強制した条約や利権を説明したい。歴史的経緯として，アロー戦争の際のアイグン条約・北京条約，イリ事件のイリ条約，三国干渉の見返りとして東清鉄道の敷設権，旅順と大連の租借，義和団事件後の北京議定書で北京駐兵権や賠償金を獲得したことを想起すること。

②では，ロシア革命で成立したソヴィエト政権による中国への接近と孫文による第1次国共合作を説明したい。その際，1919年に結成されたコミンテルンと中国の関係も重要である。

※なお，カラハン宣言は1919年の第1次と1920年の第2次があり，第2次では第1次の内容が後退しているが，この問題ではそうした詳細な内容は求められていない。また，1922年にはソヴィエト連邦が成立しているため，孫文とヨッフェの会談（1923年）の際は，ソヴィ

エト政権ではないことも注意が必要である。

【論述の構成】

①帝政ロシアが中国に強制した条約や搾取

帝政ロシアが中国進出を本格化した契機は，アロー戦争（1856～60 年）からで，アイグン条約（1858 年）で黒竜江（アムール川）以北の領土を獲得，次いでアロー戦争の講和を調停した報酬として北京条約（1860 年）を結び，ウスリー川以東の沿海州を獲得し，その南端にウラジヴォストーク港を建設し，極東経営の拠点とした。また，イリ事件を機に清とイリ条約（1881 年）を結び，国境を有利に画定し，賠償金の支払いと貿易特権を認めさせた。そして日清戦争（1894～95 年）の下関条約で日本が獲得した遼東半島に対し，ロシアは三国干渉（1895 年）を実施して遼東半島を清国に返還させ，その見返りとして 1896 年に東清鉄道の敷設権と，中国東北地方の鉱山採掘権を獲得した。列強の中国分割が始まると，ロシアは 1898 年旅順・大連を租借した。次いで義和団事件（1900～01 年）が起こると，ロシアなど 8 カ国が共同出兵し，北京議定書〔辛丑和約〕(1901 年）で北京駐兵権と賠償金を獲得している。

なお，史料中の「中東鉄道」とは 1896 年にロシアが敷設権を獲得した東清鉄道である。答案で触れる必要はないが，1919 年の第 1 次カラハン宣言で東清鉄道の利権を中国に返還するとしたが，1920 年の第 2 次カラハン宣言では鉄道利権の返還は除外されたため両国間で紛糾している。

②中ソ関係の変化が中国に与えた影響

史料の「孫逸仙博士」はヨッフェと会談していることから孫文であると特定できる。史料は，孫文・ヨッフェ会談（1922 年）にもとづく共同声明（1923 年 1 月）である。この「1923 年」の時期に両国関係が改善した経緯として，まず，1919 年のパリ講和会議で中国（中華民国）代表が日本の二十一カ条の要求取り消しを要求したが列国に拒否され，これを機に反帝国主義・反軍閥の五・四運動が展開されたことに着目したい。その成果を背景に孫文は 1919 年に大衆政党として中国国民党を結成した。1917 年のロシア革命で成立したソヴィエト政権は，こうした状況を見て中国への接近を図り，1919 年カラハン宣言（1920 年に第 2 次カラハン宣言）を発して帝政ロシアが中国に強制した不平等条約や利権の破棄を発表した。この宣言は中国各界に反響を呼びおこし，1921 年にはコミンテルン（第

3インターナショナル）の指導下に上海で中国共産党が創立されている。

1923 年，孫文・ヨッフェ共同宣言によりコミンテルンが中国統一をめざす国民党を援助することを表明。これにより孫文はソ連との協力関係を受け入れ，国民党と共産党との提携を図り，翌 1924 年に「連ソ・容共・扶助工農」の３大綱領を掲げて第１次国共合作を成立させた。こうして中国国民党は従来の民族資本家・知識人を中心とする政党から，労農大衆の支持のもと帝国主義・軍閥の北京の軍閥政府打倒の国民革命をめざす政党に転換していくことになった。

❖講　評

例年と同じ大問３題の構成で，字数はすべて 400 字であった。難易度でみるとⅠはやや難，Ⅱは難，Ⅲは標準レベルで作問されており，2022 年度と同レベルといえる。Ⅰ～Ⅲとも詳細な知識だけでなく，特殊な歴史事象の経緯や因果関係などの考察力が求められている。例年，一橋大学は資料（史料）問題が多いが，2023 年度はⅡで地図問題が出題された。また，Ⅰは中世・近世ヨーロッパ，Ⅱは近現代欧米，Ⅲは近現代アジアからの出題比率が高いが，2023 年度はⅡで戦後のアフリカ現代史が地図問題と絡めて出題され意表を突かれた。

Ⅰ 「英仏百年戦争の性格とフランス王国に及ぼした変化」をテーマとした論述問題。例年Ⅰはフランスやドイツを題材とした問題が多いが，2023 年度の百年戦争も実質上フランス側からの視点で作問されている。百年戦争を「イギリスとフランスという二つの国家間の戦争と捉えることが必ずしも適切ではない」という理由を当時のフランス国内の状況から考えていく必要があり，イギリス王がフランスではフランス王の封建家臣であったことに気づけば，書きやすい内容である。

Ⅱ 「モザンビークとジンバブエが独立した経緯とその背景」をテーマとした論述問題で，地図中のＡ・Ｂ両国を特定しないと答えられない。アフリカ現代史を一通り学習していれば１行も書けない問題ではないが，一橋大学でアフリカ地域の大問が出題されるのは異例で，しかも地理的知識が必要であったため，アフリカ史についての学習が手薄だった受験生にはかなり厳しい論述問題となったと思われる。これまで地域的傾向がはっきりしていた一橋大学に大きな変化の兆しが見られたという意味で，2024 年度以降はかなり注意が必要であろう。

Ⅲ 「ロシアの中国進出と孫文・ヨッフェ共同宣言が中国に与えた影響」をテーマとした論述問題。史料文が記述すべき筋道を提示しており，解答の前半部では，帝政ロシアが清に強制した条約や搾取を説明し，後半では宣言が出された 1923 年前後の中ソ関係の変化とその影響を述べればよい。論述を構成しやすく，教科書・用語集レベルの知識で十分対応できるため大問 3 題の中では最も得点しやすかったと思われる。

地理

I **解答**　1　②インフラ整備が遅れ，元来は居住に適さない土地に農村部から貧困層が流入してスラムが広がっているため，土地の所有率が低く，自宅近隣に位置する耕作地の割合も低い一方，道路脇や湿地などの公共用地を不法に占拠して耕作を行っている事例が多いと考えられるから。(125 字以内)

2　居住地と各種の都市機能が近接するコンパクトシティでは，住民による自家用車の利用が抑えられるほか，近郊に農地が広がることで食料の輸送距離も短縮してエネルギーの消費量や二酸化炭素の排出量を削減することができ，自給率が向上して食料供給の安定にもつながる。(125 字以内)

3　移民は，低賃金で不安定な就労状態にある人が多く，子育てに注力できない家庭もみられる。都市農業により故郷の農作物などを自給的に栽培することで，移民の栄養問題を改善できるほか，スローフードの見直しによる健康状態の回復や共同作業に伴う家族間交流の活発化なども期待され，生活に対する不安の解消につながる。(150 字以内)

◀解　説▶

≪都市農業≫

▶問１．郊外への人口移動が活発で，インナーシティ問題が顕在化している先進国の大都市に対し，電気や水道などのインフラ整備が遅れているアフリカなど発展途上国では，都心周辺が中・高所得層の居住地で占められるため，農村部から流入した貧困層の多くは都市近郊の必ずしも居住に適さない土地を占拠して，しばしばスラムを形成している。以上を踏まえると，表Ｉ－１から「土地所有率」が特に低くなっていることが読み取れる「②近郊（街道筋）」で，「空き地などを不法占拠しての耕作」が行われている可能性が高いと考えられる。「耕作地の位置」に関して「自宅近隣」の割合が低くなっているのは，大量の不良住宅が密集するスラムでは，自宅敷地はもちろんのこと，近隣にも耕作地を確保することが困難なためである。一方，「道路脇」「湿地」「その他」は住民が所有している土地ではなく，大部分が公共用地である。

▶問２．一般にコンパクトシティとは医療，社会福祉，教育文化，商業などの都市機能と居住機能を中心市街地など一定の地域に集約し，公共交通機関で結ばれた地域間の移動も容易な都市形態をいう。低密度な状態で郊外に拡大した都市と比較して，生活における自家用車への依存度は低くなり，中心市街地を活性化できるとされる。本問では，コンパクトシティの形成を目指す中，かつて都市機能が立地していた居住区域の外側で農業が発達することで，都市や地球環境にどのような持続可能性のある効果が得られるかが問われている。コンパクトシティの形成で住民の移動距離が短くなるとともに，食料の輸送距離も短くなることに気づき，地球環境の観点ではエネルギー消費量の抑制や二酸化炭素などの温室効果ガスの削減につながることを指摘したい。また都市の持続可能性に関しては，近隣での農業生産が拡大することで食料供給が安定すること以外に，緑地の拡大によって生活環境の改善につながることに言及してもよいだろう。

▶問３．北アメリカやヨーロッパの大都市には，発展途上国から流入した移民が多く暮らしているが，低賃金労働に従事し，雇用状態が不安定な人も少なくない。助け合って暮らすために，移民には出身国や民族ごとに集住するセグリゲーションの傾向が認められ，母国語が飛び交い，独自の宗教が広く信仰されている居住区内には，独特の雰囲気が漂う。一部には治安の悪化したスラムもみられ，少年非行も深刻化している。先進国の大都市に居住する移民は，貧困問題を抱えるほか，文化的摩擦や社会的偏見などにさらされているといえる。

「トロントの例」を用いることが求められた本問では，リード文の第３段落で，「故郷の食材を栽培し，自給する住民」や「栄養問題の改善を図る動き」について記されていることに注意する。よって，都市農業で生産された食料が貧困下にある移民の栄養問題の解決につながることが，答案作成のポイントになる。さらにトロントでは「安く手に入るファストフードなどの食品に依存して健康を害しやすい」とあるので，「故郷の食材」「先住民の知識」などを活用したスローフードの見直しが健康の回復につながると考えられる。続く「故郷で食べていた農作物」を育てる都市農業は「母親と子どもの交流」であるというフィリピンからの移民に関する事例も参考にして，家族の絆が強まる効果についても言及したい。以上より，従来，移民が食料の調達，健康，家族間関係など生活でかかえてきた不安を都市農業で解消できる可能性があるとまとめられる。なお，都市近郊での農業を産業として捉え，雇用機会の拡大により貧困問題の解決につながる可能性について触れてもよいだろう。

Ⅱ　解答

1　コンゴ川周辺では薪炭材の伐採が盛んで，アマゾン川周辺では輸出向けの肉類や飼料作物を生産する農地が拡大しているが，いずれも森林破壊が進行して生物多様性が脅かされており，地球温暖化の一因にもなっている。(100 字以内)

2　①年間を通して日照に恵まれる上，比較的冷涼な低緯度の高原で，低賃金労働力も活用できるために外資が進出したが，水資源の枯渇や汚染が進み，雨水の利用や点滴灌漑の導入もみられる。②リチウムで，電子機器や電気自動車などの充電式電池に用いられる。ただし政情が不安定で，国家が主導する資源開発は停滞している。(150 字以内)

3　アメリカ合衆国　増産が進むシェールガスを低コストで輸入することが可能になり，LNG の調達先を分散することができる。両運河の拡張により，通航する船舶が大型化して輸送能力は向上し，エネルギー源となる石油類とガスの輸送量が増加したほか，スエズ運河ではコンテナ，パナマ運河では自動車のシェアも高まった。(150 字以内)

◀解　説▶

≪アフリカとラテンアメリカの開発≫

▶問 1．アフリカ地域で流域面積が最大の河川はコンゴ川，ラテンアメリカ地域ではアマゾン川が該当する。いずれも流域の大部分は熱帯林で覆われ，開発に伴って森林破壊が深刻化している。本問では「2 地域の開発目的の違い」を説明することが求められており，両地域の違いが明確になるよう注意したい。コンゴ川流域を含む中南アフリカでは，薪炭材が主要なエネルギー源であり，人口の急増に伴って燃料用の木材伐採量が増加している点が特徴的である。一方，アマゾン川流域では 1970 年代後半以降に肉牛の放牧地，続いて大豆などの飼料作物を栽培する耕地が拡大した。森林を輸出用の農畜産物生産のための大規模な農地に改変した点がコンゴ川流域との違いであり，森林の減少率もアマゾン川流域の方が大きくなっている。なお，鉱山開発については両地域ともにみられるため〔解答〕では触れていない。「グローバルな共通の課題」としては，動植物の宝庫である熱帯林の破壊が生物多様性の喪失につながることや，二酸化炭素の吸収源が縮小して地球温暖化が促されることなどについて指摘すればよい。

▶問2．①ケニアでは，1980年代以降に旧宗主国であるイギリスなどの資本が進出して，花卉産業が発展した。その自然的な要因としては，ケニアが赤道付近に位置し，年間を通して日照に恵まれることやアフリカ大地溝帯に沿った高原では比較的冷涼な気候が広がることを挙げることができる。社会的な要因としては，安価な労働力に恵まれることや市場となるヨーロッパと航空路線で結ばれていることなどがある。次にバラ栽培の成長で発生した環境問題としては，農業用水の消費によって河川などの水資源が減少したことや，汚水が高原上の湖沼（ナイヴァシャ湖）に流入して水質が悪化したことなどを推察したい。水資源の消費量を抑制する取り組みには，雨水（天水）の活用や点滴灌漑の導入などを挙げることができるが，やや難しい。②リチウムは，パソコンやスマートフォンなどの電子機器やEV（電気自動車）などに用いられるリチウムイオン電池の原料となるレアメタルで，「白いダイヤモンド」とも呼ばれる。2020年現在の生産量ではオーストラリアが約50％を占めているが，海水中に多く存在しており，ボリビアのウユニ塩原にも大量のリチウムが埋蔵されていると推計されている。ボリビアでは，このレアメタルの開発を国家が主導して進めようとしたが，政治・経済の状況が不安定なために停滞している。ただし，今後は中国系資本が進出し，本格的な採掘の開始が予想されている。

▶問3．「初めてパナマ運河を通過した日本向けLNG船の出航国」には，パナマ運河を挟んだ大西洋に面する国々から，シェールガスの生産が急増しているアメリカ合衆国を選びたい。パナマ運河を経由することで，テキサス州などで産出するシェールガスの日本への輸送時間が短縮し，費用を節減できる利点がある。さらにオセアニアや東南アジアへの依存が強い天然ガスの主要な輸入先をアメリカ合衆国などに分散させることで，資源の安定供給につながる点にまで言及したい。続いて，スエズ運河とパナマ運河の通航状況について検討する。表Ⅱ－1より，両運河ともに「通航隻数」は減少しているものの，「一隻あたりの輸送能力」は増加しており，船舶の大型化が進んで輸送能力が向上したことがわかる。「通航貨物」について示した表Ⅱ－2からは，スエズ運河では工業製品などを輸送する「コンテナ」のほか，「石油類」「ガス」のシェアが上昇し，鉱石などを輸送する「バルクキャリア」のシェアが低下したことが読み取れる。パナマ運河では「コンテナ」のシェアが低下し,「石油類」「ガス」と「自動車」のシェアが上昇したことが読み取れる。ただし両運河とも期間中に貨物輸送の総量が増加したと考えられるので,シェアが低下した貨物であっても輸送量が減少したとは言い切れず,本問ではシェアが上昇した貨物を中心に指摘すればよいだろう。

III 解答

1　かつて町中でも路上で遊ぶ子どもが多くみられたが,自動車の普及で交通量が増加した上,子育て世帯の郊外への転出やオフィス・商業用地への転換が進み,子どもの遊び場は家や商業施設などの安全な屋内に移った。(100字以内)

2　スポーツクラブや音楽教室などの組織的活動に参加する子どもが多く,その割合はさらに上昇しているが,余暇時間を自由に使って外遊びや友人訪問をする子どもの割合は低下した。ただし組織的活動の頻度が高い子どもほど,外遊びや友人訪問の実施率が高いことから,組織的活動を通して交友関係が築かれていると考えられる。(150字以内)

3　自然発生的なスラムでは,家の狭さもあって友達と外遊びをする子どもが多く,必然的に近隣住民とも日常的に会話を交わしている。他方,計画的住宅地の子どもたちは,快適な家の中での遊びを好む傾向が強く,友人や近隣との交流も比較的低調である。公園整備などの計画によって子どもの遊びを誘発することは容易ではない。(150字以内)

◀解　説▶

≪子どもの遊び≫

▶問1．まず,大人が準備した「公園」以外に,大人が想定していない子どもの遊び場を例示することが求められた。ただし,引き続き「都市構造の変化によって子どもの遊び場がどのように変質してきたか」を説明する必要があることに注意する。近代以降の日本では,都市への人口集中(都市化)を経て,都市圏の拡大(郊外化)が進んだことを思い出して,「変質」を迫られた子どもの遊び場としては,都心周辺の公共用地(道路,空き地)や郊外に広がっていた山林,農地(収穫後の田畑,休耕地)などを連想したい。また,遊び場の「変質」については,問2・問3の「外遊び」「友達と遊ぶ」もヒントにして,一人でも遊べる家の中など屋内の比重が高まったことを指摘する。そうした変質をもたらした背景には，都心周辺地域では，住民の郊外移転で子どもが減少したことや自動車交通量の増加で外遊びが危険になったことに気づきたい。郊外地域について述べる場合は，都市的な開発が進展して屋外の遊び場が縮小したことについて言及すればよいだろう。

▶問2．本問は，表Ⅲ－1のAより読み取れる子どもの余暇時間の使い方の変化と，Bより読み取れる「組織的活動」「外遊び」「友人訪問」の関係性について説明することを求めている。Aからはスポーツクラブ，音楽教室などの習い事やユースセンターでの活動など「組織的活動」の実施率が高く，調査期間中にその比率がさらに上昇した一方で，「外遊び」や週4回以上の「友人訪問」の比率が低下したことが確認できる。Bからは「組織的活動」の頻度が高いほど，「外遊び」「友人訪問」の比率も高くなる傾向が確認できる。ノルウェーでは，習い事などの「組織的活動」に参加する子どもが多いため，一緒に遊ぶ友達もそうした「組織的活動」に参加することで見つけているケースが多いと考えられる。

▶問3．表Ⅲ－2より，自然発生的なスラムでは，「好きな遊び場」として「家の外」と回答した子どもが大多数を占めていることが読み取れ，家が狭小であることも影響していると考えられる。家の外では，必然的に友達と遊ぶことが多く，近隣の人とも日常的に会話を交わしている様子が窺える。一方，計画的な住宅地では，公園も併せて整備されていると考えられるにもかかわらず，快適な「家の中」を好む子どもが66％に達し，友達や近隣住民との交流もスラムと比べて低調である。以上を踏まえると，公園など計画によって整備された場所（問1では「大人が遊び場として準備した場所」）で，必ずしも子どもたちが遊びを行うわけではないと論じることができる。

❖講　評

大問が3題で，それぞれ100～150字の論述法が3問ずつ出題された。2022年度と比較して設問数は1つ減ったが，総字数は1200字で変わらない。リード文や設問文を熟読して題意をしっかりとつかみ，資料を丁寧に読み取りながら解答を作成する姿勢が求められている点も例年通りである。

Ⅰ　都市農業をテーマとする本題は，発展途上国で発生している問題に触れつつ，都市農業への期待や可能性といった多面的な考察を求める興味深い大問であった。答案の作成に当たっては，都市問題に関する知識を援用しながら，資料やリード文に即して記す内容を吟味する必要があり，例年通りの歯応えを感じる。

Ⅱ　問1では，コンゴ川周辺の開発がやや書きにくいが，「2地域の開発目的の違い」を意識して答案を作成するように心がけたい。問2は，ウユニ塩原に豊富な地下資源としてリチウムを挙げることは難しく，各種の電子機器で活用されている充電式電池の原料として，今後はさらに注意が必要である。問3の前半部分は，アメリカ合衆国を連想できるかがポイントである。後半部分は，資料を丁寧に読み取れば対応できるだろう。

Ⅲ　問1は，外遊びの経験が必ずしも豊富ではない現代の受験生にとって，虚を突かれた感もあり難しかったのではないだろうか。問2については，近年のノルウェーの子どもたちが，主に習い事などをきっかけとして友達を作っているという状況を理解して，解答を書きたい。問3は，リード文や資料のほか，問1も踏まえて，出題者の意図をくみ取りながら，計画と遊びの関係について論じたい。

数学

1

◇発想◇　${}_{n+2}\mathrm{C}_{k+1}=2\left({}_{n}\mathrm{C}_{k-1}+{}_{n}\mathrm{C}_{k+1}\right)$ から n, k についての不定方程式を導き，（整数）×（整数）=（整数）の形，もしくは実数条件を用いて解を絞り込むために（　　）^{2} の形に変形する。

解答　n, k は整数，$2\leqq n\leqq 20$, $1\leqq k\leqq n-1$

${}_{n+2}\mathrm{C}_{k+1}=2\left({}_{n}\mathrm{C}_{k-1}+{}_{n}\mathrm{C}_{k+1}\right)$ より

$$\frac{(n+2)!}{(k+1)!(n-k+1)!}=2\left\{\frac{n!}{(k-1)!(n-k+1)!}+\frac{n!}{(k+1)!(n-k-1)!}\right\}$$

両辺に $\dfrac{(k+1)!(n-k+1)!}{n!}$ を掛けると

$$(n+2)(n+1)=2\{(k+1)k+(n-k+1)(n-k)\}$$

$$4k^2-4nk+n^2-n-2=0$$

$$(2k-n)^2=n+2\quad\cdots\cdots①$$

①の左辺は平方数より，①の右辺も平方数であり，$4\leqq n+2\leqq 22$ であるから

$$n+2=4,\ 9,\ 16\quad つまり\quad n=2,\ 7,\ 14$$

に限られる。

• $n=2$ のとき

①に代入すると，$(2k-2)^2=4$ であるから

$$k=0,\ 2$$

これらの k は $1\leqq k\leqq n-1$（$=1$）を満たさない。

• $n=7$ のとき

①に代入すると，$(2k-7)^2=9$ であるから

$$k=2,\ 5$$

これらの k は $1\leqq k\leqq n-1$（$=6$）を満たす。

• $n=14$ のとき

①に代入すると，$(2k-14)^2=16$ であるから

$k=5,\ 9$

これらの k は $1\leqq k\leqq n-1$（$=13$）を満たす。

よって，求める整数の組（$n,\ k$）は

$(n,\ k)=(7,\ 2),\ (7,\ 5),\ (14,\ 5),\ (14,\ 9)$ ……(答)

◀解　説▶

≪${}_n\mathrm{C}_r$ を用いた不定方程式≫

${}_n\mathrm{C}_r=\dfrac{n!}{r!(n-r)!}$ を用いて ${}_{n+2}\mathrm{C}_{k+1}=2({}_n\mathrm{C}_{k-1}+{}_n\mathrm{C}_{k+1})$ を $n,\ k$ についての不定方程式に変形した。ここから，(整数)×(整数)＝(整数) の形にできるかどうかを考えるのが基本だが，$4k^2-4nk+n^2-n-2=0$ から上記の形に変形することはできないので，次に，実数条件（(実数)$^2\geqq 0$）を用いて解 $n,\ k$ を絞り込むことができないかを考えた。この考え方の流れはよく使うので覚えておこう。よって，(実数)$^2\geqq 0$ が利用できるように k について平方完成した。$(2k-n)^2=n+2$ より普通は $(2k-n)^2\geqq 0$ から $n+2\geqq 0$ として n を絞ることができるが，本問では n を絞ることができないので少し困った状況になるため，ここでは，左辺が平方数だから右辺の $n+2$ も平方数になることに注目して n を絞り込んで $n,\ k$ を求めた。

2

◆発想◆　$C_1：y=x^3+2ax^2$ 上の点を $(t,\ t^3+2at^2)$ とし，この点における接線の方程式 ……㋐ をまず作る。次に，この接線と放物線 $C_2：y=3ax^2-\dfrac{3}{a}$ が接すると考えて，㋐と C_2 の 2 式より y を消去して得られる x の 2 次方程式の判別式が 0 になることから t の方程式を導き，実数 t が存在する条件を考えるとよい。

解答　a は正の実数，$C_1：y=x^3+2ax^2$，$C_2：y=3ax^2-\dfrac{3}{a}$

$y=x^3+2ax^2$ より　　$y'=3x^2+4ax$

C_1 上の点を $(t,\ t^3+2at^2)$ とすると，この点における C_1 の接線の方程式は

$$y-(t^3+2at^2)=(3t^2+4at)(x-t)$$

すなわち

$$y=(3t^2+4at)x-2t^3-2at^2 \quad \cdots\cdots①$$

①と C_2 の２式より y を消去すると

$$3ax^2-\frac{3}{a}=(3t^2+4at)x-2t^3-2at^2$$

$$3ax^2-(3t^2+4at)x+2t^3+2at^2-\frac{3}{a}=0$$

$a>0$ より，この判別式を D とすると，①と C_2 が接する条件は

$$D=\{-(3t^2+4at)\}^2-4\cdot 3a\left(2t^3+2at^2-\frac{3}{a}\right)=0$$

すなわち

$$9t^4-8a^2t^2+36=0 \quad \cdots\cdots②$$

である。

ここで，$t^2=u$（$\geqq 0$）とおくと，②は

$$9u^2-8a^2u+36=0 \quad \cdots\cdots③$$

であり

$$f(u)=9u^2-8a^2u+36$$

とおくと

$$f(u)=9\left(u-\frac{4}{9}a^2\right)^2-\frac{16}{9}a^4+36$$

C_1 と C_2 の両方に接する直線が存在する条件は

「②を満たす実数 t が存在すること」

すなわち

「③が $u\geqq 0$ の範囲に解をもつこと」

である。

これを満たす条件は，$f(0)=36>0$ に注意すると

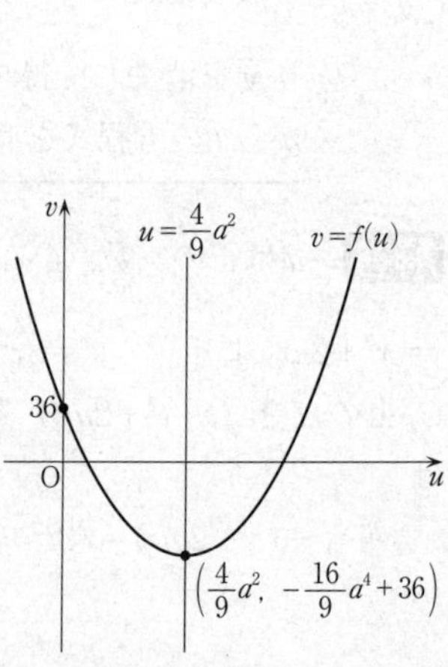

$$\begin{cases} -\dfrac{16}{9}a^4+36\leqq 0 \\ \dfrac{4}{9}a^2>0 \end{cases}$$

であるから

$$a^4 \geqq \frac{81}{4}$$

よって，求める a の値の範囲は，$a>0$ より

$$a \geqq \frac{3}{\sqrt{2}} = \frac{3\sqrt{2}}{2} \quad \cdots\cdots (答)$$

別解　＜②を導くまでの部分的別解＞

$C_1 : y = x^3 + 2ax^2$ より　　$y' = 3x^2 + 4ax$

C_1 上の点 $(t,\ t^3 + 2at^2)$ における接線の方程式は

$$y - (t^3 + 2at^2) = (3t^2 + 4at)(x - t)$$

すなわち

$$y = (3t^2 + 4at)x - 2t^3 - 2at^2 \quad \cdots\cdots (*_1)$$

$C_2 : y = 3ax^2 - \dfrac{3}{a}$ より　　$y' = 6ax$

C_2 上の点 $\left(s,\ 3as^2 - \dfrac{3}{a}\right)$ における接線の方程式は

$$y - \left(3as^2 - \frac{3}{a}\right) = 6as(x - s)$$

すなわち

$$y = 6asx - 3as^2 - \frac{3}{a} \quad \cdots\cdots (*_2)$$

$(*_1)$ と $(*_2)$ が一致する条件は

$$\begin{cases} 3t^2 + 4at = 6as & \cdots\cdots (☆_1) \\ -2t^3 - 2at^2 = -3as^2 - \dfrac{3}{a} & \cdots\cdots (☆_2) \end{cases}$$

$(☆_1)$ と $a>0$ より

$$s = \frac{3t^2 + 4at}{6a}$$

これを $(☆_2)$ に代入すると

$$-2t^3 - 2at^2 = -3a\left(\frac{3t^2 + 4at}{6a}\right)^2 - \frac{3}{a}$$

すなわち

$$9t^4 - 8a^2t^2 + 36 = 0$$

（以下，〔解答〕と同じ）

◀解　説▶

≪3次関数と2次関数のグラフの両方に接する直線が存在する条件≫

接線の方程式は次の公式を用いて立式した。

曲線 $y=f(x)$ 上の点 $(t,\ f(t))$ における接線の方程式は

$$y-f(t)=f'(t)(x-t)$$

次に，C_1 の接線と放物線 C_2 が接するので，2式より y を消去して得られる x の2次方程式の判別式が0となる。これより，t の4次方程式が得られるが，複2次式なので $t^2=u$ とおき2次方程式に帰着させられる。あとは「u が0以上の解をもつ」と言い換えることができるかがポイント。このことがわかれば，あとは頂点の y 座標の符号（判別式の符号でもよい），軸の位置，端点の符号（本問では $f(0)$ の符号）に注目して求める。なお，〔別解〕のように C_1 の接線と C_2 の接線をそれぞれ立式し，その2本が一致するという条件から t の4次方程式を作ってもよい。

3

◇発想◇　空間座標が設定されているから，点 $P(x,\ y,\ z)$ とおき，$|\overrightarrow{PA}+3\overrightarrow{PB}+2\overrightarrow{PC}|\leqq 36$ をベクトルの成分表示を用いて計算し，Pの動く範囲をまず押さえる。四面体 OABP の体積の最大値はPの動く範囲の特徴を捉えて求める。

解答　$A(-3,\ 2,\ 0)$，$B(1,\ 5,\ 0)$，$C(4,\ 5,\ 1)$

$$|\overrightarrow{PA}+3\overrightarrow{PB}+2\overrightarrow{PC}|\leqq 36 \quad \cdots\cdots ①$$

点Pの座標を $(x,\ y,\ z)$ とおくと

$$\overrightarrow{PA}+3\overrightarrow{PB}+2\overrightarrow{PC}$$
$$=(-3-x,\ 2-y,\ -z)+3(1-x,\ 5-y,\ -z)+2(4-x,\ 5-y,\ 1-z)$$
$$=(8-6x,\ 27-6y,\ 2-6z)$$

であるから，①より

$$\sqrt{(8-6x)^2+(27-6y)^2+(2-6z)^2}\leqq 36$$
$$(6x-8)^2+(6y-27)^2+(6z-2)^2\leqq 36^2$$
$$\left(x-\frac{4}{3}\right)^2+\left(y-\frac{9}{2}\right)^2+\left(z-\frac{1}{3}\right)^2\leqq 36$$

よって，点Pは，中心 $\left(\dfrac{4}{3},\ \dfrac{9}{2},\ \dfrac{1}{3}\right)$，半径6の球面上および内部を動く。

……(＊)

ここで，中心をD，球面を S とし，さらに，Dを通り xy 平面に垂直な直線と S との2交点のうち，z 座標が正である方の点を P_0 とする。四面体OABPの体積が最大になるのは，三角形OABの面積が一定であることに注意すると，$P=P_0$ のときである。

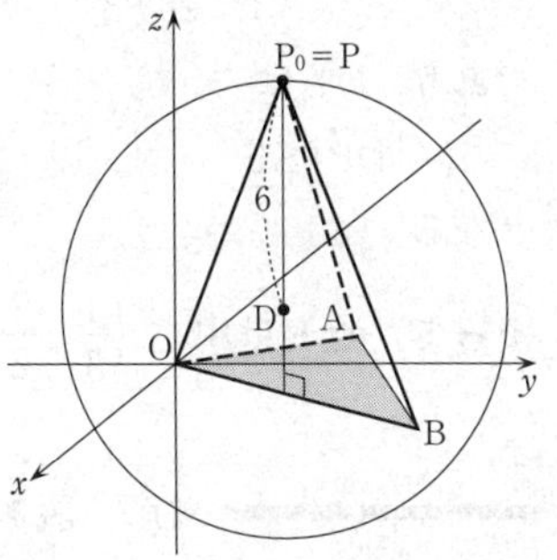

2点A，Bは xy 平面上にあるから

$$\triangle OAB=\frac{1}{2}|(-3)\times 5-2\times 1|=\frac{17}{2}$$

であり，点 P_0 と xy 平面との距離は

$$PD+(\text{点Dの}\ z\ \text{座標})=6+\frac{1}{3}=\frac{19}{3}$$

よって，四面体OABPの体積の最大値は

$$\frac{1}{3}\times\frac{17}{2}\times\frac{19}{3}=\frac{323}{18}\quad \text{……(答)}$$

別解　＜(＊)を導くまでの部分的別解＞

A$(-3,\ 2,\ 0)$，B$(1,\ 5,\ 0)$，C$(4,\ 5,\ 1)$

$|\overrightarrow{PA}+3\overrightarrow{PB}+2\overrightarrow{PC}|\leqq 36$　……①

$$\begin{aligned}\overrightarrow{PA}+3\overrightarrow{PB}+2\overrightarrow{PC}&=(\overrightarrow{OA}-\overrightarrow{OP})+3(\overrightarrow{OB}-\overrightarrow{OP})+2(\overrightarrow{OC}-\overrightarrow{OP})\\&=\overrightarrow{OA}+3\overrightarrow{OB}+2\overrightarrow{OC}-6\overrightarrow{OP}\end{aligned}$$

であるから，①は

$$|\overrightarrow{OA}+3\overrightarrow{OB}+2\overrightarrow{OC}-6\overrightarrow{OP}|\leqq 36$$

$$\left|6\left(\overrightarrow{OP}-\frac{\overrightarrow{OA}+3\overrightarrow{OB}+2\overrightarrow{OC}}{6}\right)\right|\leqq 36$$

$$\left|\overrightarrow{OP}-\frac{\overrightarrow{OA}+3\overrightarrow{OB}+2\overrightarrow{OC}}{6}\right|\leqq 6\quad \text{……①}'$$

と変形できる。

ここで，$\overrightarrow{OD}=\dfrac{\overrightarrow{OA}+3\overrightarrow{OB}+2\overrightarrow{OC}}{6}$ とおくと

$$\overrightarrow{\mathrm{OD}}=\frac{1}{6}\{(-3,\ 2,\ 0)+3(1,\ 5,\ 0)+2(4,\ 5,\ 1)\}$$

$$=\left(\frac{4}{3},\ \frac{9}{2},\ \frac{1}{3}\right)$$

であり，①′ は

$$|\overrightarrow{\mathrm{DP}}|\leqq 6$$

となる。

よって，点Pは中心 $\left(\frac{4}{3},\ \frac{9}{2},\ \frac{1}{3}\right)$，半径6の球面上および内部を動く。

（以下，〔解答〕と同じ）

◀解　説▶

≪四面体の体積の最大値≫

空間座標が与えられているので，$|\overrightarrow{\mathrm{PA}}+3\overrightarrow{\mathrm{PB}}+2\overrightarrow{\mathrm{PC}}|\leqq 36$ をベクトルの成分表示を使って計算し，次の事柄を用いて点Pの動く範囲を調べた。

中心が点（a，b，c）で，半径が r の球面の方程式は

$$(x-a)^2+(y-b)^2+(z-c)^2=r^2$$

なお，空間座標が与えられていないときは，〔別解〕で示したように，まず始点をOにそろえ，その式の特徴から点Pは球面およびその内部にあることを見抜いて球面のベクトル方程式の形に帰着させる。

＜球面のベクトル方程式＞

中心がDで，半径が r の球面のベクトル方程式は

$|\overrightarrow{\mathrm{DP}}|=r$　または　$|\overrightarrow{\mathrm{OP}}-\overrightarrow{\mathrm{OD}}|=r$

また，四面体OABPの体積は，3点O，A，Bがすべて xy 平面上にあることに注目できれば，$\frac{1}{3}\times$(△OABの面積)$\times$|(Pと xy 平面の距離)| で求まるので，Pと xy 平面の距離が最大になるときを考えればよく，図から容易にわかる。

4

◇発想◇ (1) 点 $(m,\ n)$ から点 $(m,\ n+1)$ までの格子点の個数と点 $(m,\ n+1)$ から点 $(m+1,\ n+1)$ までの格子点の個数に注目し，等差中項の証明をイメージして示すとよい。

等差中項：($a,\ b,\ c$ がこの順で等差数列) $\Longleftrightarrow a+c=2b$

(2) (1)より与えられた等式を用いて，まず，$f(m+1,\ n)=505$ を導く。あとは，点 $(k,\ 1)$，点 $(k-1,\ 2)$，…，点 $(1,\ k)$ を第 k 群とおき，群数列にして整数 $m,\ n$ を求める。

解答

(1) $\mathrm{A}(m,\ n)$，$\mathrm{B}(m,\ n+1)$，$\mathrm{C}(m+1,\ n+1)$

とし，さらに

$\mathrm{D}(1,\ m+n-1)$，$\mathrm{E}(m+n,\ 1)$

$\mathrm{F}(1,\ m+n)$，$\mathrm{G}(m+n+1,\ 1)$

とおく。

線分 AD 上（両端は含む）にある格子点の個数と線分 BF 上（両端は含む）にある格子点の個数はともに m 個である。また，線分 BE 上（両端は含む）にある格子点の個数と線分 CG 上（両端は含む）にある格子点の個数はともに $n+1$ 個である。

これより

$$f(m,\ n+1)-f(m,\ n)=f(m+1,\ n+1)-f(m,\ n+1)\ \ (=m+n)$$

が成り立つから

$$f(m,\ n)+f(m+1,\ n+1)=2f(m,\ n+1)$$

（証明終）

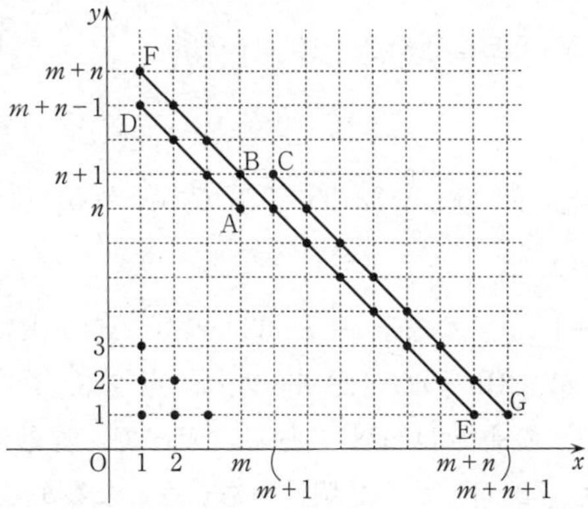

(2)　$f(m,\ n)+f(m+1,\ n)+f(m,\ n+1)+f(m+1,\ n+1)=2023$

(1)より

$$3f(m,\ n+1)+f(m+1,\ n)=2023 \quad \cdots\cdots①$$

である。また

$$f(m,\ n+1)=f(m+1,\ n)+1$$

が成り立つから，①に代入すると

$$3\{f(m+1,\ n)+1\}+f(m+1,\ n)=2023$$

$$4f(m+1,\ n)=2020$$

$$f(m+1,\ n)=505 \quad \cdots\cdots②$$

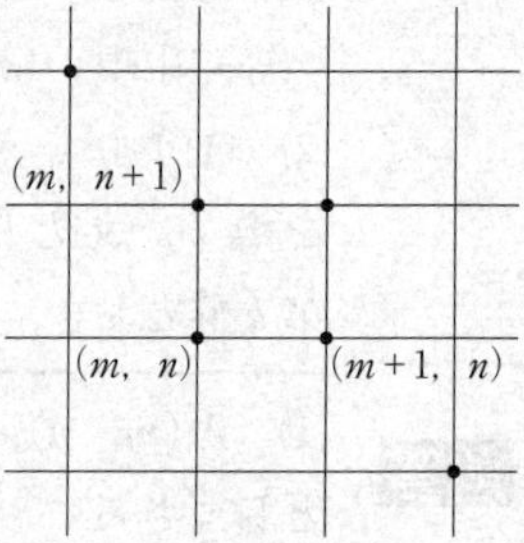

となる。

ここで，$k=1,\ 2,\ 3,\ \cdots$ について，直線 $x+y=k+1$ 上にある点につけた番号の集合を第 k 群とすると，第 k 群に含まれる番号は

$$f(k,\ 1),\ f(k-1,\ 2),\ f(k-3,\ 3),\ \cdots,\ f(1,\ k) \quad (k\text{ 個})$$

である。

②が第 N 群（$N\geqq 2$）にあるとすると

$$\begin{pmatrix}\text{第 } N-1 \text{ 群の末項}\\ \text{までの項数}\end{pmatrix}<505\leqq\begin{pmatrix}\text{第 } N \text{ 群の末項}\\ \text{までの項数}\end{pmatrix}$$

すなわち

$$1+2+\cdots+(N-1)<505\leqq 1+2+3+\cdots+N$$

が成り立つから

$$\frac{1}{2}(N-1)N<505\leqq\frac{1}{2}N(N+1) \quad \cdots\cdots③$$

である。

ところで，$\frac{1}{2}\cdot 31\cdot 32=496$，$\frac{1}{2}\cdot 32\cdot 33=528$ であるから，③を満たす 2 以上の整数 N は 32 である。

よって，点（$m+1,\ n$）は線分 $x+y=33$，$x\geqq 1$，$y\geqq 1$ 上にある。

したがって，点（1，31）の番号が 496 より，点（32，1）の番号は 497 であり，点（1，32）の番号は 528 である。よって，番号が 505 である点（$m+1,\ n$）は点（32，1）から 9 個目の格子点となるから

$$\begin{cases}(m+1)+8=32\\ n=9\end{cases}$$

が成り立つ。

ゆえに，求める整数の組 $(m,\ n)$ は

$$(m,\ n)=(23,\ 9) \quad \cdots\cdots(答)$$

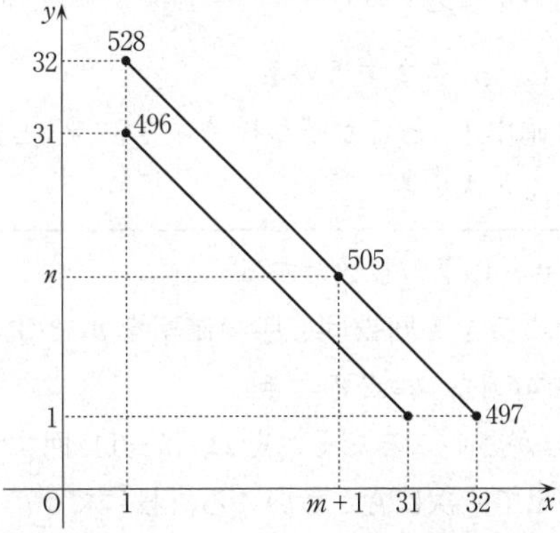

◀解　説▶

≪第１象限の格子点に番号がつけられた数列（群数列）≫

▶(1)　等差中項「$(a,\ b,\ c$ はこの順で等差数列$) \Longrightarrow a+c=2b$」の証明は，「$b-a=c-b$ $(=(公差))$ より，$a+c=2b$」となるが，このことをイメージして，「点 $(m,\ n)$ から点 $(m,\ n+1)$ までの格子点の個数」と「点 $(m,\ n+1)$ から点 $(m+1,\ n+1)$ までの格子点の個数」が等しいことを示して証明した。

▶(2)　線分 $x+y=k+1$，$x\geqq 1$，$y\geqq 1$ 上にある格子点につけられている番号を第 k 群とおき，群数列の処理の仕方で求めた。つまり，(1)より与えられた等式を $f(m+1,\ n)=505$ と変形し，第505項が第 N 群にあると仮定して，不等式

$$f(1,\ N-1)<505\leqq f(1,\ N) \quad (f(1,\ N)=1+2+3+\cdots+N)$$

すなわち

$$\frac{1}{2}(N-1)N<505\leqq\frac{1}{2}N(N+1)$$

を満たす自然数 N を見つけて求めた。

5

◇発想◇　Aが勝つ確率 P_A は，Aがさいころを k 回投げて勝つ確率を p_k とすると

$$P_A=p_1+p_2+p_3+\cdots+p_n=\sum_{k=1}^{n}p_k \quad \cdots\cdots(*)$$

となるから，p_k をまず求める。

Bが勝つ確率 P_B とCが勝つ確率 P_C も（＊）と同様になるから，p_k をきちんと求める。

解答　k は1以上 n 以下の整数とする。

Aがさいころを k 回投げて勝つ確率を p_k とすると，Aがさいころを k 回投げて勝つのは，$k\geqq 2$ のとき

「A，B，Cがさいころをそれぞれ（$k-1$）回ずつ投げてすべて1以外の目が出て，次にAがさいころを投げて1の目が出るとき」

であるから

$$p_k=\underbrace{\frac{5}{6}\times\frac{5}{6}\times\frac{5}{6}\times\cdots\times\frac{5}{6}}_{(3k-3)\text{ 個}}\times\frac{1}{6}=\frac{1}{6}\left(\frac{5}{6}\right)^{3k-3}=\frac{1}{6}\left(\frac{125}{216}\right)^{k-1}$$

これは $k=1$ のときも成り立つ。

したがって

$$P_A=\sum_{k=1}^{n}p_k=\sum_{k=1}^{n}\frac{1}{6}\left(\frac{125}{216}\right)^{k-1}$$

$$=\frac{1}{6}\cdot\frac{1-\left(\frac{125}{216}\right)^n}{1-\frac{125}{216}}$$

$$=\frac{36}{91}\left\{1-\left(\frac{125}{216}\right)^n\right\} \quad \cdots\cdots(\text{答})$$

また，Bがさいころを k 回投げて勝つのは

「A，B，Cの3人がさいころを合計（$3k-2$）回投げてすべて1以外の目が出て，次にBがさいころを投げて1の目が出るとき」

であるから，P_A の場合と同様に考えて

$$P_B=\sum_{k=1}^{n}\frac{1}{6}\left(\frac{5}{6}\right)^{3k-2}=\sum_{k=1}^{n}\frac{1}{6}\left(\frac{5}{6}\right)^{3k-3}\cdot\frac{5}{6}=\frac{5}{6}\sum_{k=1}^{n}\frac{1}{6}\left(\frac{125}{216}\right)^{k-1}$$

$$=\frac{5}{6}P_{\mathrm{A}}$$

$$=\frac{30}{91}\left\{1-\left(\frac{125}{216}\right)^{n}\right\}\quad\cdots\cdots(\text{答})$$

さらに，Cがさいころを k 回投げて勝つのは

「A，B，Cの3人がさいころを合計（$3k-1$）回投げてすべて1以外の目が出て，次にCがさいころを投げて1の目が出るとき」

であるから，P_{A} の場合と同様に考えて

$$P_{\mathrm{C}}=\sum_{k=1}^{n}\frac{1}{6}\left(\frac{5}{6}\right)^{3k-1}=\sum_{k=1}^{n}\frac{1}{6}\left(\frac{5}{6}\right)^{3k-3}\left(\frac{5}{6}\right)^{2}=\frac{25}{36}\sum_{k=1}^{n}\frac{1}{6}\left(\frac{125}{216}\right)^{k-1}$$

$$=\frac{25}{36}P_{\mathrm{A}}$$

$$=\frac{25}{91}\left\{1-\left(\frac{125}{216}\right)^{n}\right\}\quad\cdots\cdots(\text{答})$$

◀解　説▶

≪A，B，Cの3人がさいころを順番に投げゲームに勝つ確率≫

Aが勝つ状況をまず考えると次のようになる。（×は1以外の目，○は1の目を表す。p_k はAがさいころを k 回投げて勝つ確率を表す。）

(回数)		1	2	3	4	5	6	7	…	$3k-3$	$3k-2$	$3k-1$	…	$3n-3$	$3n-2$	$3n-1$	$3n$
(投げる人)		A	B	C	A	B	C	A		C	A	B		C	A	B	C
p_1	…	○															
p_2	…	×	×	×	○												
p_3	…	×	×	×	×	×	×	○									
							⋮										
p_k	…	×	×	×	×	×	×	×	…	×	○						
							⋮										
p_n	…	×	×	×	×	×	×	×	…	×	×	×	…	×	○		

これより，Aが勝つ確率 P_{A} は，$P_{\mathrm{A}}=p_1+p_2+p_3+\cdots+p_n=\sum_{k=1}^{n}p_k$ で求まることがわかるので，確率 p_k と等比数列の和 $\sum_{k=1}^{n}p_k$ を計算すればよい。また，確率 P_{B}，P_{C} は，P_{A} の場合と同様にして考えると容易に求まるが，最終的に $P_{\mathrm{B}}=\frac{5}{6}P_{\mathrm{A}}$，$P_{\mathrm{C}}=\left(\frac{5}{6}\right)^{2}P_{\mathrm{A}}$ が得られる。

❖講　評

2023年度も出題分野については例年通り，整数，確率，微・積分法，図形が出題され，とくに図形は近年出題されていなかった空間図形が出題された。難易度は2021・2022年度よりも易化し解きやすくなった。また，分量も2021・2022年度に比べて若干減少していた。

1　${}_nC_r$ を用いた不定方程式の問題で，$4k^2-4nk+n^2-n-2=0$ を導くことができれば，$(\quad)^2$ を作る考え方はよく使う手法なので完答してほしい問題であった。

2　3次関数と2次関数のグラフの両方に接する直線の問題であった。頻出である2つの2次関数のグラフの両方に接する直線の問題の解法と同じイメージで求めるとよいから，この問題もぜひ完答してほしい。

3　四面体の体積の最大値に関する内容であったが，実質空間図形の問題で，動点Pの動く範囲がわかればそれほど難しくないのできちんと完答したい。

4　第1象限の格子点に番号がつけられた数列の問題で，図形と方程式および数列が融合した目新しい問題であった。したがって，(1)の証明は苦労した受験生が多かったと思われる。(2)は群数列に帰着させると解きやすかったと思われるが出来はあまりよくないであろう。

5　3人がさいころを順番に投げる確率の問題であった。状況が把握しやすいので立式が容易であった。あとは等比数列の和をきちんと計算できるかがポイントで，ぜひ完答したい問題であった。

2023年度も誘導がない問題が5題中4題もあった。誘導がない問題は思考力や分析力が必要になるので，他の難関大学（文系・理系問わず）の問題も参照しておこう。また，2023年度のような難易度の問題が続くとは考えにくいので，やや難しい問題までしっかり演習しておきたい。

総合問題

1

解答　問1．a，b

問2．xz 平面に散布図を描くと，(0，0) に関して点対称な形状となり，この点付近の z 座標が -1 以上 1 以下の範囲に全 2022 個の点のうちの 68％にあたる 1375 個くらいの点が分布する。

問3．xz' 平面に散布図を描くと，(0，1) に関して点対称な形状となり，この点付近の z' 座標が 0 以上 2 以下の範囲に全 2022 個の点のうちの 68％にあたる 1375 個くらいの点が分布する。問2での xz 平面上に図示した散布図を 1 だけ縦軸方向に平行移動したような形状となる。

問4．散布図が (0，0) に関して点対称であることから，平均が 0 で，縦軸に関して線対称な分布曲線に従うと考えられる。この点は標準正規分布の分布曲線と同じ性質をもつ。さらに，原点から離れたところでは，$|x|$ が大きくなると $|y|>|x|$ となる傾向があることから，標準正規分布に比べて分散の大きな分布であると考えられる。

◀解　説▶

≪散布図からの確率分布の推測≫

標準正規分布の確率密度関数から定められる数列 $\{x_i\}$ と，標本データから作られる散布図の形状についての問題である。

問1では，標準正規分布の分布曲線の性質を用いて考える。選択肢 c については，x_i の間隔が等しくなるわけではないことは，標準正規分布の分布曲線が単峰で，両端は裾野が広がる形状であることからわかる。また，選択肢 d については，$x_i=x'_i$ が正しい。

問2・問3では，正規分布から大きさ 2022 の無作為標本を抽出することから，得られるデータもその分布の特徴を引き継いでいる点を散布図の特徴に還元して説明すればよい。

問4は，散布図から逆に分布を考える問題であり，問2，問3の逆の問題である。散布図が (0，0) に関して点対称であるという特徴，さらに，原点から離れたところでは，$|x|$ が大きくなると $|y|>|x|$ となる傾向があることを，分布の特徴に反映する。

2　**解答**　問 1．$R_i=\sum_{j=1}^{3} v_{ij}$（$i=1,\ 2,\ 3,\ 4,\ 5$）であり

$$R_1=v_{11}+v_{12}+v_{13}=6+1+1=8$$
$$R_2=v_{21}+v_{22}+v_{23}=2+2+2=6$$
$$R_3=v_{31}+v_{32}+v_{33}=2+3+3=8$$
$$R_4=v_{41}+v_{42}+v_{43}=3+4+3=10$$
$$R_5=v_{51}+v_{52}+v_{53}=1+1+1=3$$

より，$R_4>R_1=R_3>R_2>R_5$ である。これは，日本語，英語，中国語をあわせたページ閲覧数の順位付けになっている。

問 2．$H_i=-\sum_{j=1}^{3}\left(\frac{v_{ij}}{R_i}\right)\log_2\left(\frac{v_{ij}}{R_i}\right)$（$i=1,\ 2,\ 3,\ 4,\ 5$）であり

$$H_1=-\left(\frac{v_{11}}{R_1}\log_2\frac{v_{11}}{R_1}+\frac{v_{12}}{R_1}\log_2\frac{v_{12}}{R_1}+\frac{v_{13}}{R_1}\log_2\frac{v_{13}}{R_1}\right)$$
$$=-\left(\frac{6}{8}\log_2\frac{6}{8}+\frac{1}{8}\log_2\frac{1}{8}+\frac{1}{8}\log_2\frac{1}{8}\right)$$
$$=\frac{9-3\log_2 3}{4}=1.06125$$

$$H_2=-\left(\frac{v_{21}}{R_2}\log_2\frac{v_{21}}{R_2}+\frac{v_{22}}{R_2}\log_2\frac{v_{22}}{R_2}+\frac{v_{23}}{R_2}\log_2\frac{v_{23}}{R_2}\right)$$
$$=-\left(\frac{2}{6}\log_2\frac{2}{6}+\frac{2}{6}\log_2\frac{2}{6}+\frac{2}{6}\log_2\frac{2}{6}\right)$$
$$=\log_2 3=1.5850$$

$$H_3=-\left(\frac{v_{31}}{R_3}\log_2\frac{v_{31}}{R_3}+\frac{v_{32}}{R_3}\log_2\frac{v_{32}}{R_3}+\frac{v_{33}}{R_3}\log_2\frac{v_{33}}{R_3}\right)$$
$$=-\left(\frac{2}{8}\log_2\frac{2}{8}+\frac{3}{8}\log_2\frac{3}{8}+\frac{3}{8}\log_2\frac{3}{8}\right)$$
$$=\frac{11-3\log_2 3}{4}=1.56125$$

$$H_4=-\left(\frac{v_{41}}{R_4}\log_2\frac{v_{41}}{R_4}+\frac{v_{42}}{R_4}\log_2\frac{v_{42}}{R_4}+\frac{v_{43}}{R_4}\log_2\frac{v_{43}}{R_4}\right)$$
$$=-\left(\frac{3}{10}\log_2\frac{3}{10}+\frac{4}{10}\log_2\frac{4}{10}+\frac{3}{10}\log_2\frac{3}{10}\right)$$
$$=\frac{1}{5}-\frac{3}{5}\log_2 3+\log_2 5=1.5709$$

$$H_5=-\left(\frac{v_{51}}{R_5}\log_2\frac{v_{51}}{R_5}+\frac{v_{52}}{R_5}\log_2\frac{v_{52}}{R_5}+\frac{v_{53}}{R_5}\log_2\frac{v_{53}}{R_5}\right)$$

$$=-\left(\frac{1}{3}\log_2\frac{1}{3}+\frac{1}{3}\log_2\frac{1}{3}+\frac{1}{3}\log_2\frac{1}{3}\right)$$

$$=\log_2 3=1.5850$$

より，$H_2=H_5>H_4>H_3>H_1$ である。

問3．指標 H_i（$i=1,\ 2,\ 3,\ 4,\ 5$）での大小は日本語，英語，中国語の3つの言語をあわせたページ閲覧数全体に対する各言語でのページ閲覧数の割合を加味した順位指標であり，言語間での閲覧割合に偏りがあるほど小さな値を与える。逆に，言語間での閲覧割合に偏りが小さいほど大きな値を与える。

◀解　説▶

≪順位付けの指標，エントロピー≫

R_i や H_i の定義に従って，順位付けを考える問題である。R_i も H_i も，和は j についてとる，つまり，日本語，英語，中国語の3言語をあわせたものを考えている。R_i は総閲覧数を表していることは読み取りやすい。このことを問1で述べる。一方，H_i の意味することはつかみにくいであろうが，問2で数値計算を実行することで，$H_2=H_5$ という特徴に気づくであろう。清少納言（$i=2$）と歌川広重（$i=5$）では，各言語での閲覧数の割合に偏りがない。一方で，言語間での割合の偏りが大きい紫式部（$i=1$）では，H_i の値が最小となっている。この言語間での偏りを加味した指標が H_i であることを問3で述べる。ちなみに，H_i はエントロピーと呼ばれる指標である。エントロピーの知識がなくても，このような観察から H_i の意義はつかめるであろう。

3　解答　問1．[a-zA-Z]+

問2．[-a-zA-Z0-9_\.]+@([-a-zA-Z0-9]+\.)+[a-zA-Z]+

問3．(ア)―⑥　(イ)―⑧　(ウ)―⑤　(エ)―⑨　(オ)―⑨　(カ)―⑤

◀解　説▶

≪照合する正規表現と状態遷移図≫

問1は，有効なメールアドレスのローカル部分と照合する正規表現を考える問題である。ローカル部分の条件としては，「1文字以上の英字」であることである。英字であれば何文字であってもよいので，繰り返しを表す + を用いればよく，英字を指定する際に，特殊表現である［　］を用いれば，[a-z]+ がかける。

問2も問1の応用で，ドメイン部の条件を踏まえて考える。さらに，その正規表現の照合をフローチャート（流れ図）による図式で表すことを考えるのが問3である。どの状態からもすべての記号や文字に対する次の状態を示すような遷移図でなければならないことに着目すると，適する選択肢を見つけやすくなる。

❖講　評

1　確率分布についての問題である。正規分布，確率密度関数の性質をもとに考える設問が問1である。問2～問4は標本データから作られた散布図についての設問であり，確率分布の平均，分散の意味とグラフとの対応を考える応用問題であった。

2　ランキングの指標についての問題である。予備知識がなくても，与えられた定義に従って計算し，その意味を考えれば，自然と解けるようにうまく作られた問題である。

3　正規表現と呼ばれるテーマを扱った問題である。プログラミングなどの経験があれば取り組みやすいが，問題文の説明や例を踏まえれば，予備知識がなくとも解答することはできる。

替を果たしてしまった結果、むしろ民族語であるアイルランド語を学び、英語とのバイリンガルを目指すアイルランドの現状を説明した文章。出題はこの本の最終部分で、ことばが替わることの意味について考察した部分から出題されている。

❖講　評

例年通り、大問三題の構成。二〇二二年度は二が江戸時代の文章だったが、二〇二三年度は明治時代の文語文に戻った。

一は、「権力」「抵抗」とはどのようなものかを論じたうえで、「哲学」が知的な抵抗であり、世界の見えかたを変えるような営みだということを説明した文章。文章自体は明快で展開の把握も問題なくできると思われるが、例年通り字数制限が厳しい。本文の説明箇所を見つけてそのまま解答を構成できる字数ではなく、自分なりに理解して表現し直す必要があり、一橋大学特有の難しさがある。

二は、自由民権家であった馬場辰猪「平均力の説」からの出題。すべてのものは平均に向かうのが必然であり、政治を行う者も言論や結社の自由を抑圧するという「平均力」の攪乱をせずに、それを活用した政治を行うべきだという文章。やや長いが、具体例を用いながら説明した文章であり、内容把握はしやすかったのではないかと思う。ただし、一同様、解答字数が少ないことに留意しなければならない。

三は、言語学者である嶋田珠巳の文章を要約する問題。アイルランド語から英語への言語交替をしてしまったアイルランドは、現在逆に民族語とのバイリンガル化を模索している。翻って日本は英語の早期教育で日英のバイリンガル化を進めているが、言語交替してしまう可能性もあることから、アイルランドの経験から学ぶべきだという文章。日本語存続への危機感や英語至上主義への危機感を示唆した文章である。

④言語は三世代で交替可能であり、「政策」としてバイリンガル化が完了した次の世代は、世界の状況や環境次第で英語使用が増え、その次の世代では日本語より英語が楽ということが起こりうることは、アイルランドの状況から理解できる。

⑤子ども英語塾の「お子さまの将来の可能性を広げませんか?」という問いかけは、百五十年前にアイルランド南西部で英語に子どもの将来を託し、古い貧しいアイルランドから脱却して英語に豊かさを見て躍進しようとした姿に重なる。

⑥「英語を日本語と同じくらい使えたら」という願望は日本の多くの人々に共通してあり、他方で「アイルランド語が話せたら」という民族語への思いがアイルランドにはある。言語交替を経験した国の人々の言葉に耳を傾けたい。

アイルランドの英語への言語交替から日本語の現状について論じている文章。アイルランドの言語交替は社会的背景によって起こった。日本は社会的状況もアイルランドとは異なり、「日本語はだいじょうぶ」という安心感があるが、「理由なき」という点がポイント。つまりこの文章で重要なのは「けれども」ではじまる文章後半の日本語への危機感の部分。国民の多くが日本語と英語のバイリンガルになったときに英語が「フランスパン」、つまりかっこいいと価値判断されたら急速に英語に傾き日本語は安泰ではなくなる。言語交替は三世代で可能であり世界や日本を取り巻く環境によっては、英語を専ら使用する人たちが増えていく。英語へのイメージから子どもの将来を英語に託し、英語を日本語同様に使いたいという思いが日本にはあるが、それは古く貧しいアイルランドから英語に豊かさを見出したアイルランドの人々の姿とも重なる。こうしたことから、言語交替をしてしまい「せめてアイルランド語とのバイリンガルでありたい」と民族語への思いを語るアイルランドと同じ状況に日本がならないとは限らないという危惧を表明している。最後の「言語交替を経験した国に生きる人々の言葉に、いま耳を傾けてみたい」とは、民族語を身につけたいというアイルランドの現状から、日本人も日本語の今後を考え、アイルランドから学ぶことが多い、ということだろう。この前半、後半の展開を追い、後半の筆者の危惧の部分を明確に示しながら要約する。

参考　『英語という選択　アイルランドの今』は言語学を専門とする筆者がアイルランド留学を通して、英語への言語交結党されると常議員となり党機関紙『自由新聞』の主筆となる。自由党脱党後アメリカに渡り日本紹介活動を行ったがフィラデルフィアで客死した。「平均力の説」は明治十二年（一八七九年）に『共存雑誌』に掲載されたもので、自由民権運動の高揚とそれに対する政府の弾圧の中での政府批判論、大衆啓蒙論であることが読み取れる。

三

出典　嶋田珠巳『英語という選択　アイルランドの今』〈第6章　ことばが変わること、替わること〉（岩波書店）

解答　アイルランドの言語交替の背景には植民地支配や飢饉、英語圏の豊かさへの憧れがあった。日本で近年盛んな英語早期教育は日本語の存続への安心感を前提としているが、バイリンガル化後、社会が英語の方に価値を認めれば日本語も安泰ではなくなるだろう。英語を日本語同様に使用しようと願い、英語に子どもの将来を託そうとする日本は、当時のアイルランドの姿と重なる。私たちが言語交替を経験した人々から学ぶべきことは多い。（二〇〇字以内）

◀解　説▶

アイルランドにおけるアイルランド語から英語への言語交替について述べた文章。展開を形式段落ごとにまとめると次のようになる。

①アイルランドの言語交替は特別なことをしたためではなく、「順位づけ」というありふれた社会的行為の結果として引き起こされた。そこには植民地支配の背景や貧困、大飢饉によるアイルランド語話者の急速な減少などがあった。

②早期英語教育導入は日本語を前提とし、自分の言語をもちながら世界中とつながれる時代にあっては民族言語的多様性から同一方向に動きにくい現代の状況もあって、日本は人口が多く経済的にも影響力があるので「日本語はだいじょうぶ」という理由なき安心がある。

③けれども、知っておかなければならないのは国民の多くが英語とバイリンガルになったときに、英語に傾くスピードが速くなるということであり、英語がかっこいいということが日本社会の総意になれば、日本語は安泰ではなくなる。

ており、人が本来備えている性質のことを指す。イ、源平興亡の流れの説明であり、他日、後日という意味。ウ、「言路」は意見を述べ、発言する手段。言論の自由を保障する道筋のこと。エ、「政府の主義に対頭の説」であり、反対という意味。

▼問い二 「抑強揚弱」は強者を抑え弱者を揚げると読み取れる。この段落の内容をふまえてという設問なので傍線部までの展開を把握すると、平均力は人間の社会に影響を与えており、一例として源平合戦で平氏が権勢を誇っているときは源氏を応援し、源氏が政権を取り平氏が衰退、滅亡すると平氏を憐れむ心が起こるということを挙げている。ここから、「抑強揚弱の平均力」は強い者を抑え、弱い者を揚げるような「平均力」、つまりその時々の状況に応じて平衡、中庸を保つような力であることが読み取れる。

▼問い三 「当路の者宜く鑑みるべき也」の「当路の者」はこの道、この文脈では政治を行う者の意味。つまり政治を行う者は考えた方がよい、というのが傍線部の内容であり、文章全体をふまえてこの筆者の主張がどういうことかを説明する設問。文章では「平均力」が物理法則や「源平興亡の史」への感じ方などすべてのものに働くという説明をした後で、政治の上にも「平均力」が大きな影響を与えると説明している。圧政による反動によって争乱が起こること、さらに「平均力」を活用して過度な介入をしない英国政府の例を説明し、英国では保守と革新が互いに牽制しあって中庸を保っているので、（日本の）為政者は「平均力」を抑えず、この力に従って活用するべきだと述べている。ここから政府は「平均力」を活用して過度な介入をするべきではないというのが筆者の主張であることがわかる。ただ設問は文章全体をふまえてというものであり、六〇字という字数も多くはないので、すべてのものに平衡を保つ力が働き、政治への過度の介入はバランスを崩すことになるので、平衡を保つ自然の力を活用して政治を行うべきという展開で説明するとわかりやすい解答になるだろう。

参考 馬場辰猪《たつい》（一八五〇～一八八八年）は自由民権家。父は土佐藩士で藩校文武館、慶應義塾で学び一八七〇年から一八七八年まで一時帰国を挟みイギリスに留学。法学を学ぶかたわら英文で著述を行い、帰国後一八八一年に自由党がげその結党を禁じ、総じて政府の主義に反対の説を立てるものはみな抑圧することをさせれば、一時的にはあるいは偏った力を政府に保有することができるとしても、その平均から外れることが長きに至れば、その必ず起こる平均力はこの人為の偏った力を打破し、その本来の位置に回復するように努め、そのためはなはだしい大乱を起こし、それによって上位を占める人にこれまでの非を悔いさせることになることは明白だ。昔フランス革命の騒乱の如きは、実に長い間平均から外れる力があって平穏にならず、そのルイ十六世の時になって、ある日破裂してその平均を求めたことであったとわかる。今その経過をみると狂暴残忍であることはほとんど言葉に表すことができないようだとしても、顧みてその長年につもり重なった平均ではない様子を察すると、その暴力その惨状はまた大いにこの発生を怪しむに足らないと言えるのだ。私はだから言う、もし人民の上に立ち国を平らかに治める責任を負おうとする者は、この必ず起こる平均力に注意しこれを活用しないわけにはいかないのだと。

今私の目でこれを見ると、英国政府はよくこの平均力を認めてよくこれを活用するものと言うことができるだろう。見なさい、その政府は、政治（＝政党による言論）をあえて妨害せず、ただその必然の平均力に任せてかつてその言論を問わなかったことを。見なさい、だから新聞や雑誌のようなものにもあえてこれに干渉せず、ひとえにその必然の平均力に任せてこれを活用する。こういうわけで一新聞がある、痛烈に政府の政策を非難することがあるとしても他の新聞は強きをくじき弱きをたすける心によってすぐに立ち上がってこれを（＝一新聞）を非難し、それによって政府を擁護することにより、議論はよく平均を保つことができる。記者もまたその間にあって大いに自らを利する。そしてかの政党を見るとまたこれと同じだ。開進党があり守旧党があり互いに牽制してそれによって政治の平均を全うするのだ。ああ平均力を抑えることの害はこのようで、大いに平均力に従うことの利益はこのように大きい。重要な地位にいるものはぜひ考えてみるべきだ。

▲解　説▼

▼問い一　ア、「人性」は人の性質。傍線部の文脈は人の情として強い者を憎み弱い者をたすける性質があることを述べ

とができるのだ。

そしてこの平均化の力は、また大いに人間の社会において力を及ぼしている。今試みに一つの証拠を挙げると、ここに覇権を争う二つの家がある。そのはじめに、両雄並び立つときには人はこれを憐れんだり憎んだりする心を生じないが、もしいったん強弱の勢いが生じ、片方は強者に片方は弱者になれば、人は必ずその弱い方を憐れんで強い方を憎む心を起こすだろう。これは人の本性に強者を抑え弱者を持ち上げる平均力があるからであり、今そのよい例をみようとするのであれば、試みに源平興亡の書（平家物語）をとってよむとよい。もし読み進んで清盛が天下の大権を握り、平氏がその専横を極め、頼朝が遠く伊豆に流されて、常盤御前が我が子を連れて雪の中で難渋し、源氏の衰退がまさに極まるところに至れば、君は必ず平氏を憎み源氏を憐れむ心を起こすだろう。けれども後日に平氏がしだいに衰えだし、一族が壇の浦で死に、頼朝が幕府を鎌倉に創立するあたりに読み至れば、君の胸の内にはむしろ源氏をそねみ平氏を憐れむ心が浮かぶだろう。これは他でもない、強きをくじき弱きをたすける平均力があってそれが君の本性に存在するからである。そしてその原理は広く人間一般のことに及び、天下の事物はみなこの力によってその平均を保持しないことはなく、古今の人でこれにあらがうことができた人はいないのである。

そうはいっても社会のあるいは人為の力によって、その必然である平均力を抑え、事物を平均ではないようにしようとする者がいる。そのはじめはそれができるように見えたとしても、その結果を顧みると、これを異常な禍に終えなかったものは未だかつてなかったのだ。少しこれを説明させてほしい。

今試みに赤道の両側に巨大な障壁を築いて空気の対流を抑制したと仮想しよう、その障壁の南北にある空気はますます収縮してその圧力を増し、その壁の間にある空気はだんだんと薄くなりその圧力を下げて、密度が非常に不均衡を生ずることになるだろう。もしそうなれば南北の空気の圧力はだんだんと強大になり、ついにその障壁を決壊させ家屋を破砕し人民を傷つけ非常の災害を起こすに至ることは必定である。

そして政治上のこともまたこれと同じだ。もし圧制の政府に人民の権利を奪うことを目的として、その言論の自由を妨まくいくかいかないか」という価値判断とは無縁な営みである。その上で「哲学もまた抵抗」とは、傍線部後で説明されるように、哲学も有効性や有用性によって価値を計られないということ。それが「知的な抵抗」と言えるのは、哲学の営みで「世界の見えかた」が変わる、つまり「知的な知覚の変容」が起こっており、哲学は概念のたわみが堪えられる限界までその営みを継続する。この展開を確認し、哲学は、価値判断から無縁であり、自明視を強制する力に抗って、知覚の変容を継続させる営みだという内容を字数内で記述する。

二

出典　馬場辰猪「平均力の説」

解答

問い一　ア、人本来の性質　イ、後日　ウ、意見する手段　エ、反対

問い二　強者を抑制し弱者を称揚して、平衡を維持しようとする力のこと。（三〇字以内）

問い三　万物には均衡を保つ力が働き、言論や政治活動の抑圧には反動が起こるので、為政者は平衡の力を活用した対応が必要だということ。（六〇字以内）

◆全　訳◆

事物の平均（に落ち着くこと）は必然であり、人はあらがうことはできない。今まさに二つのものがあり、そのものの温度を問うと各々同じではない。甲は三十度を保ち、乙は七十度を保たせたところに、もし試みにこれを取ってお互いを近づけ接触させれば、熱伝導の法則により乙はすぐにその（平均より）過剰な二十度を移して甲に伝え、甲はこれを受けてそれによってその不足を補って、甲乙互いに五十度を保ち二つのものが互いに平等の温度に至ることになる。空気の密度を見るとまたこれと同じだ。その赤道直下に流動するものは太陽に熱せられて膨張して、自ら密度が低くなることになり、（南北両極の）厳寒に触れて収縮した空気は常に南北の両極から赤道のあたりに流動し、その密度が低くなった空気を追い出して南北にめぐらし去らせることにより、寒暖の空気は常に両極に対流し各地の温度のまばらさを一定に保つこ

うか判断すること。Aは既に得ている権益。Bは「停滞、よどみ」と並べられており、今までと同じ動きの意味の「惰性」。Cは不正などへの憤りの「義憤」。Dは社会的「規範」。Eは抵抗を行うという意味であるので「遂行」。

▼問い二　「支配的な権力」はどのようなものかを説明する問題。「権力」は傍線部の後の二つの形式段落で説明されている。「権力」は政治的権力だけではなく、停滞、よどみ、忘却といったものを強いてくる力や妥協を促してくるすべての優位な力である。そして「こうすべき、こうあるべき」と、あらゆる意識的・無意識的、有形・無形の思いなしによって権力は駆動され、事柄の自明視を強制してくるものはすべて権力だと説明されている。ただし、説明の字数は三〇字しかないのでまとめるのが難しい。ここで説明したいのは、「権力」はすべての優位な力で、「こうすべき」と自明視を強制する力であること。本文に「軽々しく『権力』という言葉を使いましたが」とあるとおり、「権力」としてすぐにイメージする政治的権力だけではなく、意識的であろうと無意識的であろうと強制してくる力すべてであることに言及したい。

▼問い三　抵抗に、いいも悪いもない理由を説明する問題。傍線部前の文脈では、効果や成果から遡って抵抗の是非を問い、良し悪しを判断することには全く意味はないと述べている。その理由の根本は、傍線部の前段落の一文、「抵抗は、それがうまくいくかいかないかという価値判断とは無縁です」という内容。つまり、善悪、正否の価値判断とは全く関係ないのが抵抗であるということが、いいも悪いもない理由である。その価値判断と関係ないと言い切るのは、これまでの文脈にあるように、「権力」に抗ってやむにやまれず、自然に生じるものが抵抗だからである。優位な力に対してやむにやまれず様々なことを引き金に、様々な形で意識的にも、無意識にも発生してしまうのが抵抗であり、そのしかたなさから、価値判断とは無縁のものと捉えられるだろう。この抵抗がやむにやまれぬもので、価値判断とは無縁だという二つの内容を字数内で説明したい。

▼問い四　文章の展開をふまえながら「哲学もまた抵抗です。それは知的な抵抗です」とはどういうことか考え、説明する設問。「抵抗」は冒頭から説明されるように、事柄の自明視を強制してくる権力にやむにやまれず抗うことで、「う

国語

一

出典　高桑和巳『哲学で抵抗する』〈第一章　哲学を定義する〉（集英社新書）

解答

問い一　A―既得　B―惰性　C―義憤　D―規範　E―遂行

問い二　「こうすべき」と事柄の自明視を強制してくるすべての優位な力。（三〇字以内）

問い三　抵抗はやむにやまれず自然に発生するもので、価値判断とは全く無縁のものであるから。（四〇字以内）

問い四　哲学は価値判断とは関わりなく、自明視を強制する力に抗って、知覚の変容を継続させる営みだということ。（五〇字以内）

◆要　旨◆

抵抗とはやむにやまれずに、権力、つまり自明視の強制に抗うことだ。抵抗の引き金は内的、外的な状況など多様で、形も政治的なデモ、集会、ストだけでなく、芸術制作、規範への違反、体が動かなくなるなど様々であり、体、心が「言うことを聞かない、聞けない」といった行動と不動の両方が抵抗だ。抵抗はうまくいくかどうかという価値判断とは無縁で、いいも悪いもない。哲学も知的な抵抗であり、有用性や有効性による価値判断はされず、世界を変革するとは限らない。しかし、「世界の見えかた」が変わるような知的な知覚の変容を起こし、概念のたわみの限界まで抵抗を続けるのが哲学である。

◀解　説▶

▼問い一　漢字の書き取りは文章でよく使われるものが出題される。意味、用法とともに覚えて文脈を通してどの語を使

////////////////////// · memo · //////////////////////

サンプル問題

解答編

ソーシャル・データサイエンス学部「総合問題」

1 **解答** (1)―③

(2)　パンの重さが1000gを超えている頻度が小さいから。

(3)　③のグラフから1000gを上回る部分のみを取り出したようなヒストグラムとなる。

◀解　説▶

≪ポアンカレの逸話を題材とした統計的検定の考え方≫

数学者ポアンカレの逸話をもとに統計的検定の考え方を主題とした問題である。

(1)では1000gより重いパンの度数と軽いパンの度数に注目する。

(3)では，ポアンカレがパン屋に苦情を入れる前後でポアンカレが受け取るパンの重さの傾向が変化することに注意し，その変化の様子が反映されたヒストグラムの特徴を簡潔に記述すればよい。

2 **解答** (1)　$\alpha=1$のとき，マシンの価値は，1回前にそのマシンを選んで得られたポイントと等しくなる。そのため価値が大きく上下し，いつまでも期待値に近づかないという不都合がある。

(2)　$\alpha=0.3$のとき，2回目の選択後の赤いマシンの価値は

$$10+\alpha\times(20-10)+\alpha\times[0-\{10+\alpha\times(20-10)\}]$$
$$=10+0.3\times10+0.3\times\{0-(10+0.3\times10)\}$$
$$=10+3-0.3\times13$$
$$=9.1$$

になり，2回目の選択後の青いマシンの価値は10のままである。3回目には，2回目の選択後の時点でより価値の大きい，青いマシンを選択する。

(3)　初期値の値が小さすぎると，選んだマシンで多くのポイントを得て価値が大きくなる可能性が高いが，他方のマシンは価値が低いままである。その場合，本当は他方のマシンの方が価値が高くても選べないという不都合が生じる。

(4)　プレイする回数が決まっていない場合，(4)の手続きでは n を設定することができない。一方，本文の手続きは回数を設定する必要がないという利点がある。ただし，n を十分に大きくとれる場合には(4)の手続きは各回の結果に左右されずに選び続けることができるが，本文の手続きは，偶然悪い結果が続いたときに，期待値の低い方のマシンを選ぶという欠点がある。

◀解　説▶

≪試行錯誤による学習アルゴリズム≫

簡単な学習アルゴリズムをもとに，情報処理の仕組みを理解して活用する能力をはかる問題である。

(2)　2回目の選択後の価値を手計算で求めることが要求されている。手続きの通りに計算すればよい。

(3)　価値の初期値に関する問題である。たとえば，初期値を0と仮定して考察するなど，さまざまな状況を考えてみるとよい。

(4)　さまざまな解答が考えられる。問題文の趣旨を正しく理解し，論理的な説明がなされていれば評価される。

3　解答

(1)　74対74，72対78

(2)　リーグ戦では総当たりの対戦後の総得点を比べるため，低い点で勝つよりも，負けても高い点を集める方が最終的には有利である。裏切り行動をお互いがとると，勝敗によらず最終的な得点は低くなるが，しっぺ返し戦略は裏切り戦略に対しては大きくは負けず協力的な戦略に対しては安定して高い点を得て，総得点として高い点をとることができるから。

(3)　ゴミの分別をしないことが挙げられる。うっかりミスと思われたり，犯人が特定できなかったりして見過ごされることもある裏切りだが，資源の損失や環境問題といった社会問題も引き起こしうる。

◀解　説▶

≪利他的行動・協力的行動の数理的な扱い≫

利他的行動，協力的行動という社会的なテーマをもとに，現実での問題解決において数理的な考えを適用する能力をはかる問題である。

(1)　1回裏切って仕返しされるごとに，協力する場合に比べて2点損することになる。連続で裏切ると，双方が裏切る回があり，その場合は2点となり，これも協力する場合に比べて2点損することになる。20回のうち3回裏切ると，20回すべて協力した場合に得られる $4\times20=80$ 点から $3\times2=6$ 点を引いた74点となる。この場合はしっぺ返し戦略の側も74点となる。最後の20回目に裏切った場合は，裏切った側は仕返しされないので72対78となる。この2つの場合について答えればよい。

(2)　リーグ戦では総当たりの対戦後の総得点を比べるため，低い点で勝つよりも，負けても高い点を集める方がよいということに気づけるかがポイントである。

(3)　日常生活における例を見つけ，それがどのような社会問題を引き起こし得るかを記述する。解答者がどのような社会問題への関心を持っているかをみるための設問であり，条件に沿っていれば評価される。

❖講　評

1 は統計的検定の考え方についての問題である。(1)では文章の内容を正しく把握できているか，その理解をヒストグラムというグラフで確認する。問題文をよく読み，要求されている内容を正確に把握しなければならない。(2)は(1)の根拠を論述する設問であり，ポイントを簡潔に記述することが要求されている。(3)は，グラフの特徴を論述しなければならない。数学的に誤りのない説明力が求められる。

2 は，“学習”の原理を簡単なモデルで考察する問題である。(1)，(3)，(4)では簡潔な記述が要求されている。(1)は出題者の意図に沿った答えが求められており，その内容は比較的容易にわかるが，(3)，(4)は少し難しいであろう。このような設問に対しては，背景的な予備知識があれば確かに有利ではある。しかし，いくつか具体的な値で実験してみれば，問題点が浮かび上がってこよう。そこに着目できれば，あとは簡潔に説明すればよい。(2)は問題設定を正しく把握できているかを簡単な計算を通して確認する問題であった。

3 はゲーム理論と呼ばれる経済学の内容をテーマとした問題である。(1)は問題文の読解，理解が正しくできているかを少しの計算を踏まえて確認する問題である。ゲームのシミュレーションをやってみると，状況がつかめてくるであろう。(2)は原因を分析し，それを記述することが求められている。(3)は自由記述の問題であり，決まった正解はない。実社会の中から題意に沿うような例を１つ挙げ，その問題点についての説明を書けばよい。

2022年度

解答編

解答編

英語

I **解答** 1．m音は発音するとより滑らかな感じがし，とがっていない丸い形が持つ滑らかさを象徴的に表しているから。（50 字以内）

2．人が物事の中にパターンを認識し，物事の間につながりを見つけたいと思うということ。（40 字以内）

3．全訳下線部(3)参照。

4．prejudices

5．3番目：ト　6番目：イ

6．3番目：ホ　6番目：ハ

7．無意識の偏見を防ぐために履歴書や審査中の科学論文から氏名を削除すべきという考え。（40 字以内）

8．語の音がその意味に合っているとき，そうした外国語の言葉の意味をより容易に推測でき，覚えることができるという利点。（60 字以内）

9．自分の母語のパターンに合わない架空の語は，短期記憶に保持しにくいため，その語に関して判断するのが困難になるから。（60 字以内）

10．A．but　C．At〔at〕　E．from　F．of

11．B－ホ　G－ハ　J－ヘ

12－ニ

13－ロ，ニ

◆全　訳◆

≪語の音と意味との関連性≫

漫画のキャラクターを2つ，心に描いてみよう。1つは丸く，もう1つはとがったキャラクターを。あなたならどちらをブーバと名付け，どちらをキキと名付けるだろうか？　そして，どちらがより社交的だと思うか？驚くかもしれないが，大半の人間が，同じ名前と特徴がこの図形のおのおのにあると考えるだろう。増大し続ける研究が示唆するのは，人は単語や名前が持つ音だけをもとに，さまざまな判断をする傾向があるということなのだ。

基本的には，これは，我々の心が特定の音と形を結びつけることから，ブーバ／キキ効果あるいはマルマ／タケテ効果として知られている。数多くのさまざまな言語にわたって，人は（ブーバやマルマといった造語に含まれているような）「ｂ」音，「ｍ」音，「ｌ」音，そして「ｏ」音を，丸い形と結びつける傾向がある。キキやタケテといった無意味な単語に含まれているような「ｋ」音，「ｔ」音，「ｐ」音，そして「ｉ」音は，一般に，とがっているとみなされる。これらの連想は一部には，音を口にしたり耳にしたりする身体的体験に起因している可能性があり，一部の音は他の音よりも不自然で調子外れに感じられるのだ。

驚くべきことだが，ブーバ／キキ効果は，人間関係や，我々が今まで一度も会ったことのない人間の性格をどう想像するかといったことにまで及んでいる。ロンドン大学ユニバーシティ・カレッジの認知心理学者であるデヴィッド=シドゥと，カルガリー大学の心理言語学者であるペニー=ペクスマンが発見したのは次のようなことだ。人はボブやモリーといった個人名は丸いと受けとめ，カークやケイトといった名前はとがっていると感じる。フランス語では，「丸い」ブノワに対する「とがった」エリックで同じ効果を示した。別の研究では，参加者はそのような名前の人を，丸い人格を持っているとか，とがった人格をしていると思い描いた。「私たちにわかる基本的なことは，もしモリーのような非常に滑らかで柔らかい響きのある名前を，ケイトのようなよりきつい響きの名前と比較すると，モリーのようなより滑らかな響きのある名前は，より感じがよく情感豊かで信頼できるようなものと結びつくし，その一方では，よりきつくとがった響きの名前は，より外向的だと思われるのです」とシドゥは言う。

広範囲に及ぶこれらの連想は，シドゥによると，これらの音が我々の口の中でどのような感じがするのかで，生じるのかもしれないという。「たとえば『ｔ』に対して『ｍ』を発音してみることを考えますと，『ｍ』音はより滑らかな感じがしますし，とがった形に対して丸い形が持つ滑らかさを象徴的にとらえていますね」「ｔ」音や「ｋ」音はよりエネルギッシュな感じがして，外向的で陽気で元気な特質をうまく表現しているかもしれない。

そして我々が使う言葉が持つこうした口の感覚が，世界を我々がどのように経験するかに影響を与えうる。いつなんどきでも，我々は五感のすべてから得た情報を整理するために一連のわずかな手がかりを利用し，周囲の状況について判断と予測をする。「人間が基本的に連想するものだということを何か物語るところがあります」とペクスマンは言う。「私たちは物事の中にパターンを見たいと思うし，物事の間につながりを見つけたいと思います。だから音声間やそれらの音声が世界で表す物事の間にすらパターンやつながりを見つけるのでしょう」

そういった連想は，言語習得やなじみのない言葉の意味を推測するといった重要な実生活の課題の手助けになりうる。英語では，丸いものを表す言葉は，blob，balloon，ball，marble のように丸い響きがある場合が多い。prickly や spiny，sting，そして perky のような語は，音も意味も，とがっている。音は大きさを示すこともある。「ｉ」音は小さいことと関連があるが，一方「ｏ」音は大きいことを示す。これらのつながりは何千もの言語にまたがって存在するものもあり，「小さい」ことを表す語の中に「ｉ」音が世界中で過度に出現する。

赤ん坊であろうと幼い子どもであろうと大人であろうと，新しい語を習得する人にとって，これらのパターンは非常に役に立ちうる。幼い子どもたちはそうだが赤ん坊でさえすでに，丸い音を丸い形に組み合わせているのだ。親たちは「teeny tiny」といったある種の語の意味を強調するために，音と形の連想を利用する傾向がある。大人は新しい言語を学ぶ際に連想が役に立ち，語の音がその意味に合っているとき，外国の言葉をより容易に推測したり覚えたりできることに気がつく。

音と意味の間にあるこれらの本能的な関係は，人類の言語進化の最も初期の段階からの名残りですらあるかもしれず，人間の言語自体は，そのような表現力を持つ容易に推測できる音の連続として生まれたと主張する者もいるのだ。

しかし人の個性となると，音は信頼できる判断基準ではまったくない。シドゥとペクスマン，そしてその共同研究者たちは，個人の名前と性格の間に関係があるかどうかを調べた。名前が持つ丸い音やとがった音が恐らくその名前の使用者に結びついているからだ。そのような関係はまったく見つからなかった。「人は赤ん坊の名前のことで悩みます。呼び名が大変重要であると予期しているのです」とペクスマンは言う。「私たちのデータが示唆するのは，(3)私たちは名称が大変重要であるとは思うものの，子どもをボブと名付けたとしても，最終的にある一連の性格的特徴を持つ子どもになる可能性が，別の性格的特徴を持つ子どもになる可能性よりいくらかでも大きいということはまったくないのです」

それどころか，名前に対する我々の反応は，たぶん我々自身の偏見について，より多くのことを明らかにするだろう。「その反応が確実に示唆しているのは，私たちは，その人物が実際はどのような人なのかということの手がかりにはたぶんならないのに，進んで人の名前を深読みしようとするということなのです」とペクスマンは言う。

シドゥとペクスマン，そしてその共同研究者たちによる進行中の研究結果が示唆するのは，我々が人について知れば知るほど，名前が持つ音の影響力が小さくなるということだ。丸い名前やとがった名前と思われる名前の人のビデオ映像を参加者に見せたとき，名前はその人たちに対する判断にまったく影響を与えなかった。「わかっているのが名前だけのとき，例えばこういった研究で名前だけ見せられてその性格について尋ねられるといったようなときには，たぶんこれらの音が影響を与えるでしょう」とシドゥは言う。「しかしその人物についてさらに多くの情報を手に入れ始めると，その性格に関する実際の情報が，たぶんこれらの先入観を消し去っていくのでしょう」

この研究は，言語学で長年抱かれてきた考えに異議を唱える証拠を増大させ続けている。つまり，音は恣意的であり，本来備わっている意味はないということだ。それどころか，ある種の音は，形や大きさだけでなく，風味や手ざわりとさえも，一貫した関連性があることを思い出させることがわかっている。ミルクチョコレート，ブリーチーズ，そしてスティルウォーターは，ブーバ／マルマと考えられる傾向があるが，一方で，クリスプ，ビターチョコレート，ミントチョコレート，そしてスパークリングウォーターは，キキ／タケテと感じられる可能性がより高い。

ブーバ／キキ効果は広く行き渡っているものの，我々自身の母語が持つ音声体系といった別の要因によって変更されたり打ち消されたりする。スージー=スタイルズと，その博士課程の学生であるナン=シャンは，標準中国語でのブーバ／キキ効果を調べた。標準中国語は声調言語であり，話す際の声調によって語の意味がすっかり変化することがある。英語の場合は，たとえば質問の合図を送ることによって，声調が何らかの意味を伝えることはできるが，標準中国語におけるほどではない。研究者たちは，英語話者と標準中国語話者に，高い声調と下降声調の２つの標準中国語の声調を聞かせた。実験に参加した英語話者たちは，高い声調をとがっていると感じ，下降声調を丸いと感じた。しかし標準中国語話者たちは正反対の結論を引き出し，高い声調を丸いと思い，下降声調をとがっていると思った。

考えられる説明の一つはこうだ。英語話者のように言語の声調になじみがない場合は，声調を主に高いか低いかのどちらかとして聞き取り，音の高さをもとに連想を形成するだろう。しかし中国語話者のように，声調に精通していれば，より細かいニュアンスを区別することができるかもしれない。実験では，標準中国語話者は高い声調を，滑らかで引き伸ばされて安定しており，ゆえに丸いと聞き取った。下降声調は素早く下降するので唐突と感じられ，声調をとがった印象にしたのだ。

他のいくつかの研究でも，ブーバ／キキのパターンの変種が見つかっている。ナミビア北部にあり，ヘレロ語を話す人里離れた共同体のヒンバ族は，一般的傾向と同じくブーバは丸く，キキはとがっていると判断した。しかし彼らは，ミルクチョコレートをとがった味がすると思い，これは我々の五感に関する連想が万国共通ではないということを示唆している。

スタイルズと言語学者のローレン=ゴーンが，ネパールのヒマラヤ山脈にある言語，シュバ語の話者についてブーバ／キキ効果を調べたとき，どちらにも一貫した反応は見られなかった。シュバ語話者は造語に困惑しているように思われたが，これはもしかするとそれらの造語が実際のどんなシュバ語にも似ていないように聞こえたからかもしれない。このことが，何であろうと意味のある連想をするのを難しくしたのだ。一つの類推をするなら，「ngf」という造語を英語話者に伝え，それが丸いかとがっているかを尋ねてみることになるだろう。意味のある選択をすることはたぶん難しいだろう。「私たちの母語のワードパターンに合わない語を耳にするとき，その語に関して何かをすることはしばしば困難なのです」とスタイルズは言う。「私たちはそれについて判断できるほど長くは，自分の短期記憶にそれを保持できません」

文化的要因も，個人名の音に対する我々の反応に影響を与えそうだ。英語では，「k」音と「oo」音は，そもそもユーモラスだと思われている。英語の女性名は，エミリー（Emily）の「i」音のように，小さいと感じられる音を含んでいることが多いし，柔らかい音を男性の名前よりも多く使用している。しかしほかの言語では，名前はまったく異なった音声パターンに従うことがある。シドゥは，さまざまな言語にわたる名前と性格の関連性についてはまだ調べていないが，その関連性は多様であろうと予想している。

これらの隠れた関連を明らかにすることは，実生活における一つの大切な教訓を含んでいる。つまり，我々はたぶん他人の名前を深読みしすぎるということなのだ。というのも，シドゥとペクスマンは，ボブという名の人間のほうが実際はフレンドリーだとか，カークという名の人間のほうが外向的だという証拠をまったく見つけていないのだから。彼らが見つけたことによって，無意識の偏見を防ぐために履歴書や査読中の科学論文といった重要な文書から氏名を取り除くべきという要求が，重要性を増すかもしれない。シドゥはその考えを支持している。「それは非常に賢明だと思います」と彼は言う。「人が評価されているときはどんなときでも，判断を偏らせる可能性のあるこれらの余計なものをすべて取り去ることは常に良い考えなのです」

◀解　説▶

▶1．第4段第2文（“If you think …）にその理由が述べられている。「m」音はとがった「t」音などと比べると，発音した際により滑らかな感じがし，それが，とがった形ではなく丸い形の持つ滑らかさを象徴的にうまく表現している（capture）ということを説明する。

▶2．下線部(2)は「人間は基本的に連想の（生き物だ）」が直訳。associative は「連想の」という意味。この具体的な意味は，下線部に続く英文（“We want to see …）に述べられている。前半の，We から between things までを説明すればよい。connection「関係，つながり，結びつき」

▶3．**although that's what we think, if you call the kid Bob, they're not any more likely to end up with one set of personality characteristics than another**

「それ（＝呼び名が大変重要だということ）が，私たちが考えることだが，もしあなたが特定の子どもをボブと名付けても，その子が最終的に一連の性格的特徴を持つ可能性は，別の性格的特徴を持つ可能性よりいくらかでも大きい〔高い〕ということはない」が直訳。

●that は前文の that the label matters so much「呼び名が大変重要だということ」を指す。label「(良くない）呼び名，レッテル」

●if は文脈から even if の意味と考える。

●not any＋比較級＋than ～「～よりいくらかでも…ということはない」→「～と変わらない」と同じ意味と考えてもよい。

●end up with ～「最終的に～を持つ〔備える〕，～で終わる」

●another の後に set of personality characteristics を補って読んでいく。

▶4．bias(es) は「偏見，先入観」という意味なので，第10段第1文（Instead, our reaction …）文末の prejudices が同義語である。

▶5．下線部(5)を含む第13段では，標準中国語の声調と英語の声調が比較されている。そこから下線部がどういう意味になるのかを推測した上で並べ替えの作業をしていく。下線部直前に，「英語では問いかけの合図をするなどして声調が何らかの意味を伝えることはできるが」とあるので，それに続く部分を作ることになる。「(英語では声調が意味を）標準中国語で伝えるほどは伝えない」という意味になるのではないかと推測できればよい。

●並べ替えの語の中に動詞が does しかない点に注目する。どこかに省略構文が使われているのではないか，あるいは does は代動詞ではないのかと考えてみる。

●extent，the，to の存在から，… to the extent (that) SV「～ほどは…」というイディオムが使われているのではないかと考える。

→省略されている語を補い，正しく並べ替えると，… (but tone can) not (carry meaning) to the extent (that) it does in Mandarin となる。it は tone を指しており，does は carry meaning の代用である。「標準中国語において声調が意味を伝えるほど（声調が意味を伝えられるわけ）ではない」という意味になる。

▶6．下線部の直前に「シュバ語話者は聞きなれない造語に困惑しているようだった」とある。並べ替える語に it，made，to があることと，「困惑していた」とあることから，構文と文脈を考えると「…するのが困難で」という意味の形式目的語の構文を作るのではないかと考え，made it hard to form を作る。

●主語は，前文の内容を受ける this を無生物主語として用いればよい。form の目的語は any meaningful associations である。「このことは意味のある結びつきを形成するのを困難にした」となる。

●正しく並べ替えた文は，This made it hard to form any meaningful associations(.)となる。

▶7．直前文の to remove names from …to prevent unconscious bias が該当箇所。ここを 40 字以内にまとめる。remove「取り除く」document「文書」 papers「論文」 under review「審査中の，査読中の」

▶8．「ブーバ／キキ効果」については第1段から第8段にかけて述べられているが，外国語学習における利点については，第7段で述べられている。その中で，学習時の利点が端的に記述されている最終文（Adults benefit（　E　）…）の記述を中心にまとめればよい。

▶9．第16段のヒマラヤのシュバ語についてのスタイルズの調査のうち，最終2文（"When we hear … decisions about it."）をまとめる。

▶10．A．「語や名前の音だけを」という意味になるよう，but を入れて nothing but ～「～だけ」というイディオムを作る。

C．At を入れて at any given moment「いつなんどきでも」というイディオムを作る。

E．「～から利益を得る」という意味を表すよう，from を入れる。

F．less of a〔an〕+名詞の形で「より少ない数〔量〕の～」という意味を表す。has less of an impact as we find out more about people で「我々が人について知れば知るほど影響力は小さくなる」という意味になる。

▶11．B. originate in ～で「(～から) 生まれる，生じる」という意味になる。

G．bring ～ to mind / bring to mind ～で「～を思い出させる」という意味を表す。

J．「さまざまである，多様である」という意味を表す vary を入れる。

▶ 12. 空所Dの前に guessing「推測すること」という語が使用されていることから，Dには unfamiliar「なじみがない」という語が入ると考えられる。したがって答えはハかニに絞られる。空所HとIは，それぞれの後に続く as English-speakers are「英語話者のように」，as Chinese speakers are「中国語話者のように」に注目する。直前の第13段第3・4文（Mandarin is a tonal …）から，英語話者は言語の声調には不慣れであるが中国語話者は慣れていることが読み取れるので，空所Hには unfamiliar が入り，But でつながっていく空所Iにはその反対の familiar が入ると考えられる。よって最も適切な組み合わせはニである。

▶ 13. イ.「顔見知りの人に対してのみ」という記述が第1文（Surprisingly, the *bouba-kiki* …）の extends into … people we've never met に合わない。

ロ．第3文（In French, they …）の内容に一致すると考えられる。

ハ．最終文（"The basic thing …）の，社交的（extroverted）なのはきつい感じの名前で，感情的（emotional）なのは Molly のような丸みを感じる名前であるという記述に合わない。

ニ．第2文（Cognitive psychologist David …）後半の記述に一致する。

●語句・構文●

（第1段） spiky「とがった」 outgoing「社交的な」 attribute *A* to *B*「*A* が *B* にあると考える」 a growing body of ～「増大する一連の～」

（第2段） at its most basic「基本的には」 be rooted in ～「～に原因がある，起源を持つ」

（第3段） 最終文（"The basic thing …）の2つ目の that は本来は不要であるが，if 節に対する主節部分をはっきりさせるために挿入したものと思われる。whereas「その一方で」

（第4段） capture「とらえる，うまく表現する」

（第5段） pull together ～／pull ～ together「～を整理する，一つにまとめる」

（第6段） blob「小さな丸い塊」 marble「ビー玉，大理石」 prickly「とげだらけの」 spiny「とげのある」 sting「（虫などの）針」 perky「きびきびした」

（第7段） teeny tiny「ちっちゃな」

（第８段）　leftover「名残り，遺物」

（第９段）　collaborator「共同研究者」 become attached to～「～に結びつく」 wearer「使用者」

（第10段）　read a lot into～「～を（必要以上に）深読みする」

（第11段）　ongoing「進行中の」 supposedly「～と思われている」

（第12段）　texture「手ざわり」 still water「（炭酸を含まない）普通の水」 be perceived as～「～と考えられる」

（第13段）　As widespread as the *bouba-kiki* effect is＝Though the *bouba-kiki* effect is widespread　cancel out「打ち消す，取り消す」 present *A* with *B*＝give *B* to *A*

（第14段）　drawn-out「（音が）長引いた，引き伸ばされた」

（第15段）　in line with～「～と一致して」 with regard to～「～に関する」 universal「万国共通の，世界共通の」

（第16段）　either way「どちらにしても，いずれにしても」 An analogy would be to say～, and ask…「一つの類推をするならば，～と言って，…と聞いてみることになるだろう」

（第17段）　inherently「本質的に，そもそも」 feature「～を特徴（の一部）として含む」

（第18段）　add weight to～「～の重要性を増す」 a call to *do*「～するようにという要求〔要請，要望〕」 make a lot of sense「きわめて理にかなっている，大いに納得できる」 bias the judgment「判断を偏らせる」

Ⅱ　解答例

＜解答例１：⑴を選択した場合＞

This photo shows two men: a living bald man and a statue of an old man. The statue and the bench could be a work of art exhibited in a hall. The floor behind the bench does not look natural but looks like a fake floor painted on the wall behind the bench. One leg of the bench is integrated with the leg of the statue that is sitting with its legs crossed on the bench. It appears that the statue has paused reading the newspaper and is turning around to answer the man who is speaking to it, face to face in a friendly way. This photo is humorous, showing that a living bald man is speaking to a statue of an old man as a joke and that one leg of the statue is supporting the bench. (139 words)

＜解答例2：(2)を選択した場合＞

This seems to be a news photo trying to get across an important message. In the right foreground, a dark statue is looking down at the ground. This must be the famous sculpture "The Thinker" by the great artist Rodin. The sculpture is lost in deep meditation. What is he thinking about? In the left corner of the photo, a group of riot police stand at some distance from the sculpture. They are protecting themselves from the rising smoke. Some policemen in the front are holding shields to block the smoke. The smoke may have resulted from some explosion or fire. They may be in danger. This photo seems to express war and peace. Or it seems to contrast chaos with order, or being foolish with being wise. This photo teaches us how we should live. (136 words)

＜解答例3：(3)を選択した場合＞

This photo shows two men fighting each other with a sword, and some meters away, spectators are enjoying the event. Some of them are holding a camera in their hands. This event seems to be a show of an ancient combative sport. Judging from the appearance and the costume of the fighters, they may be playing the role of the gladiators of Ancient Rome. Both of them wear only boots and shorts. This historical show of gladiators is probably an attraction for tourists. It is taking place on an outdoor sandy ground in the sun. The small number of spectators gives the impression that this show is a rather small one, but there might actually be more spectators watching in a circle who are not in the photo. All of them are surely enjoying this exciting show. (137 words)

◀解　説▶

●問題文の和訳：以下の写真のうち1つを選び，それについて英語で説明しなさい。説明は100語から140語の長さとします。選んだ写真の番号を示しなさい。解答の末尾に，書いた語数を正確に記しなさい。

▶(1)「ベンチに腰かけた彫像と，それに話しかける男性を写した写真」

●（解答作成の方針） ベンチに座っている人物はどうやら人間ではなく彫像のようだということを前提にこの写真の持つユーモアを描写していく。また，よく見るとベンチの左側の脚が彫像の脚と一体化している点と，背後の床も手前の床とは不整合で不自然である点も書いていけばよいが，これらに気づかなくても致命的ではなく，他の点を描写していけばよいと思われる。

●（解答例の全訳） この写真は2人の男性を写している。生身のスキンヘッドの男性と，老人の彫像だ。彫像とベンチは会場に展示された芸術作品かもしれない。ベンチの背後の床は自然なものには見えず，ベンチの後ろの壁に描かれた偽の床のようだ。ベンチの一方の脚は，ベンチに座って脚を組んでいる彫像の片脚と一体化している。彫像は新聞を読むのを中断して振り向きながら男性に答えているようだが，その男性は親しげに顔を突き合わせて話しかけてきている。この写真はユーモラスで，生身のスキンヘッドの男性が老人の彫像に冗談で話しかけているところと，彫像の一方の脚がベンチを支えているのを写し出している。

▶(2)「右手前にロダンの『考える人』の像があり，左奥に立ち上る煙を防ごうとしている機動隊の群れを写した写真」

●（解答作成の方針）「考える人」の像と，煙に立ち向かう機動隊という対照的な存在を写し出した写真なので，そこに何らかのメッセージが読み取れる。ロダンの「考える人」の英訳は，意図が伝われば，正確でなくても大きな減点はないと思われる。

●（解答例の全訳） これは重要なメッセージを伝えようとしている報道写真と思われる。右手前では，黒っぽい像が地面を見下ろしている。これは偉大な芸術家であるロダンの「考える人」という有名な彫刻にちがいない。この彫刻作品は深い思索にふけっている。彼は何を考えているのか？ 写真の左隅には，機動隊の一群が彫刻から少し離れて立っている。彼らは立ち上る煙から自分たちを守ろうとしている。最前列の警察官たちは煙を防ごうと盾を構えている。この煙は何か爆発か火災が原因で生じたのだろう。機動隊隊員たちは危険な状態にあるのかもしれない。この写真は戦争と平和を表現しているように思える。あるいは，混沌と秩序，または愚かさと賢明さを対比させているようでもある。この写真は，いかに生きるべきかを私たちに教えてくれている。

▶(3)「上半身裸で剣を持って戦う 2 人の男性と，カメラを構えてそれを見物する観客を写した写真」

●（解答作成の方針）　これは観光客向けに行われている，古代の格闘競技のショーの一場面を写した写真であろう。おそらく古代ローマの「剣闘士（gladiator）」のショーと思われるが，「古代の格闘競技」という表現だけでかまわない。戦士と観客，そしてどういう場所なのかを描写していけばよい。

●（解答例の全訳）　この写真は剣を手に互いに戦っている 2 人の男性を写しており，数メートル離れて，観客がその催しを楽しんでいる。観客の何人かは手にカメラを構えている。この催しは，古代の格闘競技のショーであると思われる。戦士たちの見かけと服装から判断すると，彼らは古代ローマの剣闘士を演じているのだろう。両者ともブーツと短パンしか身につけていない。剣闘士のこの歴史的なショーは，たぶん観光客のための呼び物なのだろう。野外の砂地で，日の光を浴びて行われている。観客が少数なことから，このショーは比較的小規模という感もするが，実際は，写真に写っていないところで，もっと多くの観客が輪になって観戦しているのかもしれない。彼らはみな確かに，このわくわくするショーを楽しんでいるのだ。

III　（大問省略）

❖講　評

2022 年度は 2021 年度同様，読解問題が１題（約 1560 語の英文）と，英作文問題１題，リスニング問題１題（省略）の，計３題であった。全体の分量は 2021 年度とほぼ同じであった。

Ⅰ　言葉が持つ音の響きとその意味の間の関連性について述べた論説文。英文和訳問題は３の１問のみで，その難易度は標準。１・２・７・８・９は内容説明問題で，字数は 40～60 字。８が該当箇所の範囲が広いので少しまとめにくいが，他の難易度は標準。４は同義語の抜き出し問題で，平易な問題。５・６の語句整序問題は難しい。特に５は省略や代動詞を含む問題で，文脈から整序部分の意味をある程度予測して作業にかからないと，時間内に正答を得るのはきわめて難しい。10 の前置詞を入れる問題と 11 の動詞を選択する問題は一橋大では標準の難易度。12 の，３カ所の空所に入る語の組み合わせ問題は，例年よりもやや易しい。13 の内容真偽問題も，対象の段落が限定され，各選択肢は日本語で与えられているので比較的容易な問題といえる。

Ⅱ　2022 年度は 2019 年度同様，３枚の写真から１つを選んで，それを 100～140 語で説明するというものであった。⑵の写真はやや不鮮明な部分があるが，⑴と⑶はわかりやすい状況の写真であった。指定語数にも幅があるので，比較的解答しやすい。

日本史

I **解答** 1　鈴木牧之。北越雪譜。

2　(b)天明。(c)寛政。

3　明徳館。

4　阿仁銅山。平賀源内は西洋画の技法を習得するなど絵画にも通じていた。鉱山の技術指導をするため，秋田藩に招かれた際には，藩士の小田野直武に西洋画の技法を伝え，秋田蘭画に影響を与えた。その後，直武は江戸に行き，源内のもとで西洋画を研究し，杉田玄白・前野良沢らが西洋医学の解剖書を訳述した『解体新書』で挿絵を担当した。

5　16 世紀前半には，石見銀山が開発され，朝鮮から精錬技術として灰吹法が伝えられたことで，爆発的に銀が増産された。産出された銀の多くは，中国からの生糸などの輸入に際しての支払いに充てられた。灰吹法は鉛合金から金や銀を得る方法であったため，作業員は鉛中毒を発症して長生きできなかった。17 世紀後半には，金銀の生産量は急減し，金銀は輸出制限された。その一方で銅が生産を伸ばし，金や銀に代わって輸入品への支払い手段となっていった。

（以上，問題番号を入れて 400 字以内）

◀解　説▶

≪菅江真澄と江戸時代の社会経済≫

▶問 1．語句記述問題。下線部(a)の菅江真澄とほぼ同じ時代に活躍した越後国魚沼郡塩沢出身の文人とその人物の代表的な作品をそれぞれ書く。

鈴木牧之とその著書『北越雪譜』を解答すればよい。鈴木牧之は越後の人で，山東京伝や曲亭馬琴ら江戸文人と交わり，雪国の風俗を紹介する『北越雪譜』を刊行した。一見，難問であるが，教科書などで菅江真澄について説明されている化政文化で出てくる文人といえば限られているので，知識があれば解答できたであろう。

▶問 2．語句記述問題。空所(b)，(c)に入る最も適切な元号を書く。

まず，(b)よりも(c)のほうがわかりやすいと思われる。「(c)の改革をはさんで，秋田の藩主佐竹義和は…」とあり，佐竹義和は，熊本藩の細川重賢や米沢藩の上杉治憲とともに，寛政期を中心に藩政改革を行った名君として有名である。そのことから，(c)に入るのは「寛政」であることが推測できる。菅江真澄は同時期の人物なので，「(b)の大飢饉」の(b)は「天明」であることがわかるだろう。

▶問3．語句記述問題。下線部(d)の佐竹義和が設立した藩校の名前を書く。

秋田藩の佐竹義和が設立した藩校の明徳館を書けばよい。各藩では藩士や庶民の教育のため，藩校（藩学）を設立した。18世紀末に設立された明徳館もその一つである。多くの藩校では朱子学を主とする儒学の教育が行われたが，蘭学や国学を取り入れるところもあった。以下の藩校は代表例として覚えておきたい。

設立地	藩校名	設立者	設立年
萩	明倫館	毛利吉元	1719年
熊本	時習館	細川重賢	1755年
鹿児島	造士館	島津重豪	1773年
米沢	興譲館	上杉治憲	1776年
秋田	明徳館	佐竹義和	1789年
水戸	弘道館	徳川斉昭	1841年

▶問4．設問の要求は，下線部(e)の示す最も適切な鉱山名を書くことと，この藩（秋田藩）で鉱山開発を契機に独特の画風が生まれることになった経緯について説明することである。条件として，『解体新書』，平賀源内，小田野直武の指定語句を使用することが求められている。

まず，下線部(e)の示す鉱山として，秋田藩で経営された阿仁銅山を解答すればよい。

次に秋田藩で鉱山開発を契機に生まれた独特の画風について，指定語句をふまえて考えてみよう。

指定語句のうち，平賀源内について考えてみよう。長崎で知識を得て物理学の研究をすすめ，江戸で摩擦起電器（エレキテル）の実験をし，戯曲や滑稽本を書くなど博学多才であった。さらには西洋の画法を学び，油絵を描いた。

次に，平賀源内と小田野直武との関係を考える。平賀源内は，安永2（1773）年，秋田藩に鉱山の技術指導のために招かれ，その際に藩士の小田野直武を門人として，西洋画の技法を教えるなど和洋折衷の独特の絵画である秋田蘭画に影響を与えた。

最後に『解体新書』との関係を考える。『解体新書』は，西洋医学の解剖図録である『ターヘル=アナトミア』を杉田玄白・前野良沢らが訳述したものである。原書はドイツの医学者クルムスが著した医学書で，『ターヘル=アナトミア』はそのオランダ語訳である。その扉絵・解剖図は小田野直武が写して描いたものである。直武は秋田で源内に学んだ後，藩主の命で江戸に出向して源内について西洋画を研究し，そのときに『解体新書』の挿絵を担当した。

【解答のポイント】

- 平賀源内が西洋画の技法を学んでいたこと
- 源内が鉱山開発のため秋田藩に招かれ，小田野直武が西洋画を学んだこと
- 小田野直武が『解体新書』の挿絵を担当したこと

▶問５．設問の要求は，紀行文「秀酒企乃温濤」に描かれている鉱山被害の背景について，その歴史的経緯を説明することである。条件として，16世紀以降の日本の鉱物資源の開発と利用に関連させながら簡潔に説明することが求められている。

まず，史料「秀酒企乃温濤」の抜粋を読んでみよう。「かなほりの工となる身は，烟てふ病して齢みじかく」とあり，鉱山の作業員（=「かなほりの工」）は「烟てふ病」で長生きできなかった（=「齢みじかく」）ことがわかる。ここから，鉱山発掘の際に健康被害があったことがうかがえる。教科書などには記述がないので，受験生は推測するしかないが，16 世紀に朝鮮から日本に輸入された灰吹法という精錬技術が関係している。

灰吹法とは，粉砕した銀鉱石を鉛とともに溶解して，鉛との合金を作り，その後，鉛を灰に吸収させて除去し，貴金属である銀を取り出す。その作業により作業員は鉛中毒を発症して長生きできなかったようである。

以上をふまえて，鉱山被害の背景として，16 世紀以降の日本の鉱物資源の開発と利用について説明しよう。

16 世紀には，石見銀山の開発が進み，神屋（谷）寿禎により朝鮮から精錬技術として灰吹法が輸入されたことで，生産額は急速に増加した。産出した銀は，生糸をはじめとして中国の産物と交換された。15 世紀半ば

以降，中国における貨幣体系は銭＝銅銭中心から銀への移行が進み，大量の銀需要が発生していたため，日本で産出された銀は中国へと流れていった。石見銀山で培われた技術は，但馬の生野，佐渡，出羽の院内などに伝わり，17 世紀前半まで日本は世界的な銀産地であった。

17 世紀半ばになると，金や銀の生産量は急激に減少した。要因としては，地表付近の鉱脈を掘りつくしたうえ，湧水のために採鉱が進まなくなったことが大きい。掘り進めるためには，労働負担を増加させ，多くの費用がかかったことで生産量の減少・停滞を招いた。これに対し，17 世紀後半に生産量を伸ばしたのが銅である。銅増産の背景には，江戸幕府による金銀の輸出制限があった。1685 年には，銀の流出を抑えるため，年間貿易額を銀換算でオランダ船は 3000 貫，清船は 6000 貫に制限した。1715 年には，海舶互市新例を出し，オランダ船は 2 隻銀高 3000 貫，清船は 30 隻銀高 6000 貫に制限した。このころには，銀だけで輸入品を支払うのではなく，一部は銅を代替手段としていたので，銅の産出量が増加した。

18 世紀後半には，老中の田沼意次が長崎貿易の活性化をはかり，銀を輸入するため，銅や蝦夷地の海産物である俵物の輸出を奨励している。

以上から，鉱物資源の開発と利用については，17 世紀後半以降の銅の増産，貿易制限による銅の輸出までをまとめればよい。

【解答のポイント】

- 16 世紀の石見銀山の開発を促進し，灰吹法が伝来したこと
- 灰吹法により，作業員が鉛中毒を発症して健康被害を受けたこと
- 17 世紀半ばにおける金銀産出量の減少，銅の増産
- 幕府による貿易制限で銅が銀にかわって輸出される

Ⅱ　解答

1　大山巌。

2　インフルエンザの流行の背景にはヨーロッパで起こった第一次世界大戦があった。流行の先駆となったアメリカが参戦し，ヨーロッパへ多数の兵士が移動したうえ，兵営や塹壕での集団生活をしたため感染を容易にし，参戦した国々へと広がった。また，総力戦体制のもと，銃後では栄養不良などによる体力低下などもあり感染が広がった。

3　岩倉使節団。津田梅子は女子の高等教育が重要であると考え，男子と同等の学問をする私塾として女子英学塾を創設した。

4　明治政府は，幕末に欧米諸国と締結した不平等条約を改正して国権を確立することを目標としていた。1880年代には，井上馨外務大臣のもと，領事裁判権の撤廃を中心に条約改正交渉が本格化した。井上外相は条約改正交渉を促進するため，極端な欧化主義の立場を取り，外国人を接待する社交場として鹿鳴館を建設した。そのなかで，捨松は外国の女性と日本の女性の間を取り持つなど政府に協力した。

(以上，問題番号を入れて400字以内)

◀解　説▶

≪大山捨松とその時代≫

▶問1．語句記述問題。大山捨松の夫は，大山巌である。大山巌は鹿児島出身の陸軍軍人で，戊辰戦争，西南戦争，日清戦争，日露戦争に出征し，参謀総長や陸軍大臣などの要職を歴任した。晩年は元老の一人として活躍した。

▶問2．設問の要求は，「スペイン風邪」が流行する背景として関わっていた，当時の世界情勢について簡潔に説明することである。

設問のヒントとして，「1918年から世界規模で流行した」とあり，当時の世界情勢として，第一次世界大戦が想起できるだろう。そのうえで，第一次世界大戦と「スペイン風邪」の流行について因果関係を考えてみよう。日本史の教科書には具体的な記述がないので，ある程度は類推するしかない。

第一次世界大戦はイギリスやドイツをはじめとするヨーロッパの帝国主義諸国間の覇権争いから始まり，4年余りにおよぶ総力戦となった。アジアでは日本が日英同盟を口実としてドイツに宣戦布告して参戦し，ドイツ領の青島や南洋諸島を占領した。1917年には，アメリカがドイツに対して宣戦布告して参戦した。

そのなかで，アメリカから始まった「スペイン風邪」=インフルエンザが世界的に大流行し，ヨーロッパの戦場や銃後の社会にも広がって猛威を振るい，全世界で第一次世界大戦の犠牲者を上回る死者を出したと言われる。この流行は大戦と密接に関係していた。

アメリカが参戦したことにより，大量の兵士がアメリカからヨーロッパに移動して広めることになった。戦場では兵営や塹壕での集団生活があり，感染の拡大を容易にした。また，第一次世界大戦は国の総力をあげた戦いとなり，兵士のみならず，女性も含めた一般市民も軍事工場の労働力として動員され，経済統制の影響も受けた。こうした総力戦体制により，銃後では栄養不足などによって体力と抵抗力が低下していた幼児や高齢者に犠牲者が集中した。

以上から，受験生の答案としては，最低限，アメリカの参戦，兵士の移動などが想起できればよいだろう。

【解答のポイント】

- 当時の世界情勢…第一次世界大戦
- アメリカの参戦など大量の兵士が移動して広がる
- 戦場での集団生活，銃後社会の疲弊など

▶問 3．設問の要求は，捨松が同行した使節団の名称を書くこと，そして留学生だった津田梅子が帰国後に力を注いだ事業について説明することである。

まず，捨松が同行したのは岩倉具視を大使とする岩倉使節団である。岩倉使節団は条約改正の予備交渉，欧米諸国の視察などを目的として派遣された使節団である。そのなかで，山川捨松・津田梅子ら幼少期の女子がアメリカに留学生として派遣された。この構想は，当時，開拓使次官であった黒田清隆の提案であった。黒田は 1871 年に開拓事業の視察のためアメリカに渡り，女性の状況を見て，日本での女子教育の重要性を認識した。黒田は帰国後，政府に建議書を提出し，岩倉らの支持で実現した。

女子留学生のうち，津田梅子は女子の高等教育の必要性を痛感した。そのため，男子と同等の学問をする私塾の創設をめざした。津田は再度，アメリカに留学し，アメリカの女性たちの支援を得て，1900 年に女子英学塾を創立した。大山巌と結婚していた捨松も，顧問，理事などを引き受け，津田の塾を支えた。

【解答のポイント】

- 使節の名称…岩倉使節団
- 女子の高等教育のため，女子英学塾を創設

▶問 4．設問の要求は，1880 年代，捨松らによる仲介がおこなわれた歴史的背景，目的について説明することである。

下線部(d)には，捨松が「西洋の御婦人方と日本の御婦人方」の仲介の労をとったとある。1880 年代という時期と合わせて考えて，想起したいの

は井上馨外相の条約改正交渉にともなう欧化主義である。鹿鳴館を建設して舞踏会を開き，外国の要人を接待していたことが想起できれば，背景と目的が説明できる。

まず，歴史的背景となる井上外交についてまとめてみよう。どのぐらいの字数を使うかによって，どこまで書けばいいかは変わってくる。明治政府は，当初から幕末に欧米諸国と締結した不平等条約のうち，治外法権の撤廃，関税自主権の回復などを主眼として条約改正を実現し，国家主権を確立することをめざしていた。1880 年代に条約改正交渉の中心となったのは，井上馨外務卿（1885 年から外務大臣）である。井上が条約改正交渉を進めた結果，1887 年には，日本国内を外国人に開放する内地雑居を認めるかわりに，領事裁判権を原則として撤廃する改正案が欧米諸国に了承された。しかし，欧米並みの法典を編纂すること，外国人判事を裁判所で任用するという条件がついていたため，政府内外から国家主権の侵害であるとの批判がおこり，井上のとった極端な欧化主義に対する批判とあいまって，井上は交渉を中断して外相を辞任した。

以上をふまえて，捨松が仲介をした目的を考えてみる。井上は条約改正交渉を有利に進めるため，欧化主義をとり，外国人を接待する社交場として東京の日比谷に鹿鳴館を建設し，盛んに利用した。鹿鳴館では，外国の要人を接待するため，舞踏会などが開かれた。このときにアメリカへの留学経験があった捨松が参加し，外国人との関係を円滑にするための協力をしたことは，史料の内容からも想像できるだろう。これらをまとめると，捨松が仲介した目的は，政府の欧化主義的な政策に協力することであったという解答が導き出せる。

【解答のポイント】

- 歴史的背景…井上外相の条約改正交渉
- 明治政府が幕末以来の不平等条約の改正を目標としていたこと
- 領事裁判権の撤廃を中心とする交渉を進めていたこと
- 条約改正を有利にするため，欧化主義の立場をとったこと
- 捨松がそれに協力していたこと

III　解答

1　人民戦線事件。コミンテルンで採択された反ファッショ人民戦線戦術を受容したとして，日本無産党や労農派などの関係者が治安維持法の適用により検挙された。

2　歴史学者の津田左右吉は『古事記』や『日本書紀』に科学的な分析を加え，『神代史の研究』などを著したが，これらの研究が皇室の尊厳を冒涜するものとして出版法違反に問われた。

3　善の研究。

4　皇道派は，青年将校を中心とし，元老・重臣・官僚・政党・財閥など支配者層の打倒を狙い，天皇親政をめざした。それに対して統制派は，陸軍省や参謀本部の中堅将校を中心とし，革新官僚や財閥と結んで軍部の主導権のもと，総力戦体制の樹立をめざした。皇道派の一部青年将校たちが兵士を率いて二・二六事件を起こすと，天皇が厳罰を指示したため，反乱軍として鎮圧された。事件後，統制派が粛清人事により皇道派を一掃し，陸軍内での主導権を確立した。

（以上，問題番号を入れて 400 字以内）

◀解　説▶

≪学問・思想の弾圧と二・二六事件≫

▶問 1．設問の要求は，下線部(a)の「大内兵衛」が検挙された事件名と，事件の内容について説明することである。

大内兵衛らが検挙された事件は，1937 年・38 年に起こった人民戦線事件である。大内兵衛は，1919 年から東京帝国大学の助教授であったが，1920 年の森戸事件で退官，復官した後に教授となった。1938 年，人民戦線事件で労農派グループとして検挙されたが，無罪となった。

労農派とは，日本資本主義論争において，『日本資本主義発達史講座』に論文を執筆した講座派に対して，雑誌『労農』に論文を執筆したグループである。

次に，人民戦線事件の内容についてまとめる。

日中戦争開始後，日本無産党，日本労働組合全国評議会（全評），労農派の関係者に対し，第 1 次近衛文麿内閣が治安維持法を適用して検挙した事件である。1937 年の第 1 次，1938 年の第 2 次で 484 名が検挙され，日本無産党と全評は結社禁止となった。

検挙の理由となったのは，労農派が日本共産党から生まれたとし，日本無産党と全評がコミンテルン第 7 回大会で採択された反ファッショ人民戦線の結成をはかったというものであった。「人民戦線」とは，ファシズムと戦争に反対する様々な団体や個人の共同戦線のことである。

この事件では，これまで合法的な存在であった労農派や社会民主主義者にまで治安維持法の弾圧対象が拡大した。裁判では，大内兵衛ら教授グループについて犯罪事実を立証できず，多くは無罪が確定した。

以上，やや詳細な解説を入れた。ここまで詳しく解答する必要はないが，治安維持法の適用は書いておきたい。

【解答のポイント】

- 検挙された事件…人民戦線事件
- 内容…｛大内兵衛らが人民戦線の結成をはかったとされる
治安維持法が適用されて検挙された

▶問 2．設問の要求は，下線部(b)の「津田左右吉」が非難され，著書が発禁，大学の職を失い，起訴された理由について簡潔に説明することである。

津田左右吉は，大正から昭和期に日本・中国の思想史を主として研究した歴史学者である。

問題になった津田の研究は，『古事記』『日本書紀』の文献批判と歴史的事実を追究するものである。記紀の科学的分析による『神代史の研究』『古事記及日本書紀の研究』など研究 4 部作が皇室の尊厳を冒瀆するものであるとされ，1940 年には 4 つの著書が発禁処分を受け，1942 年には出版法違反で有罪とされた。

解答は最低限，記紀の研究が皇室を冒瀆するものとされたことをまとめればよい。

【解答のポイント】

- 『古事記』『日本書紀』の科学的分析が皇室の尊厳を冒瀆するものとされたこと

▶問 3．語句記述問題。下線部(c)の「西田」の代表的な著作は『善の研究』である。

「西田」とは，リード文の出典から西田幾多郎だとわかる。京都帝国大学の教授となった西田は，西洋哲学の研究と参禅の体験を経て，『善の研究』を発表し，独自の哲学を打ち立てた。

▶問 4．設問の要求は，二・二六事件の背景となる陸軍の統制派と皇道派，両者の主張を示し，事件による両者の関係の変化について説明することである。

まず，二・二六事件について簡単に説明する。

1936 年 2 月 26 日，北一輝の思想的影響を受けていた皇道派の一部青年将校らが，約 1400 名の兵士を率いて首相官邸・警視庁などを襲った。青年将校らは，元老・重臣，軍閥（統制派），政党，財閥などを「君側の奸」として一掃し，国家改造・軍部政権の樹立をめざした。そのため，斎藤実内大臣，高橋是清蔵相，統制派の渡辺錠太郎教育総監らを殺害し，永田町・三宅坂一帯を 4 日間にわたって占拠した。このクーデタについては，側近を殺害された昭和天皇が激怒し，厳罰を指示したこともあり，首都には戒厳令が出され，青年将校らは反乱軍として処分された。

この事件の背景には陸軍内部の皇道派と統制派の対立があった。

皇道派は，荒木貞夫，真崎甚三郎らが中心人物と見られていたグループで，隊付の青年将校らを中心に形成された。青年将校らは，北一輝の『日本改造法案大綱』による国家改造論の影響を受けており，その主張は，元老・重臣，政党，官僚，財閥など支配層を打倒し，天皇親政の政治的な実現をめざすというものであった。

それに対し，統制派は，永田鉄山・東条英機ら陸軍大学を卒業したエリート軍人により形成された。その主張は，革新官僚や財閥と結び，軍事・経済や全国民を軍部の一元的な統制のもとにおく，総力戦体制の形成であった。この達成には，皇道派の青年将校による軍の統制を乱す運動が障害になると，皇道派と対立した。

二・二六事件前，1931 年には皇道派の荒木貞夫が陸軍大臣になり，翌年には真崎甚三郎が参謀次長になるなど勢力を持ったが，その後，永田鉄山ら統制派が台頭し，両派の対立が進んだ。二・二六事件で皇道派が反乱軍として鎮圧されたこともあり，統制派が粛清人事により皇道派を一掃して陸軍の主導権を握った。

以上から，皇道派と統制派それぞれの主張を簡潔にまとめ，事件後，統制派が主導権を握ったことを書けばよい。

【解答のポイント】

- 皇道派の主張…支配層を打倒し，天皇親政をめざす
- 統制派の主張…陸軍の主導により，総力戦体制構築をめざす

- 二・二六事件…皇道派がクーデタを起こし，反乱軍として鎮圧される
- 二・二六事件後，皇道派が粛清され，統制派が主導権を握る

❖講　評

2022 年度も例年通り，大問 3 題，各大問 400 字の合計 1200 字で解答するもので，大部分の設問が論述問題であった。過去に出題されたテーマに関連する内容の出題があり，詳細な内容を問う難問もあるが，過去問を丁寧に解いた受験生は何らかの解答はできたはずである。ただ，2022 年度は内容的に字数を増やすのが難しく，各大問で 400 字を埋めるのが難しかったのではないかと思われる。少なくとも制限字数の 8 割は書けるようにしたい。

Ⅰ　例年通り，前近代からの出題で，江戸時代の社会経済を中心とする問題であった。史料からの出題で，一部，教科書のレベルを超える内容もあったと思われるが，教科書に記述されている内容を理解していれば，部分的でも解答は書けたであろう。

Ⅱ　大山捨松の死去を報じる新聞記事から，大山捨松を通じて，近代の外交を中心に出題された。「スペイン風邪」の流行を素材として扱った問題は，コロナ禍という時事問題を意識したものと考えられるが，知識を応用して考える必要があり，受験生にとってはやや難問であったかもしれない。また，史料の内容から歴史的背景を考える設問もあったが，何について書けばよいか想起できないと難しい。いずれも，設問の要求が理解できれば，過去問の延長線上にあるテーマである。

Ⅲ　日中戦争期の学問，思想の弾圧，そして二・二六事件からの出題であった。人民戦線事件，『善の研究』，津田左右吉など用語としては知っていたと思うが，人民戦線事件や津田左右吉の事件については教科書の記述が詳しくないため，字数を確保して説明するのは難しかったであろう。二・二六事件に関する説明は過去問の延長線上にあると言ってよいだろう。ここでしっかり説明したい。

世界史

I **解答**　12世紀には，十字軍遠征を契機としてビザンツ帝国やイスラーム世界などから流入した古代ギリシア・ローマの古典文献が，ラテン語に翻訳されたことで学問・研究が活発化した。ローマ法の研究で知られるボローニャ大学に代表されるように，学生・教師らの自治組織として大学が各地に設立され，学生達は各地を遍歴しながら学問を修めた。イタリアでは，遠隔地商業の活発化を背景として特許状を得た自治都市が各地に成立し，大商人ら有力市民を中心に市政が運営された。一方，叙任権闘争に勝利して教権を確保した教皇は，教会法を通じて勢力の回復を図り，イタリア政策を推進する神聖ローマ皇帝は教皇や自治都市への影響力を強めようとした。こうした状況下，フリードリヒ1世は，統治においてローマ法を重視し，ローマ法を基に皇帝権が都市権力に優越することを示すため，都市住民から不当な扱いを受けていた外国人学生に対する保護を命じる勅法を発布した。(400字以内)

◀解　説▶

≪神聖ローマ皇帝フリードリヒ1世が発布した勅法「ハビタ」をめぐる文化的・政治的状況≫

【設問の要求】

〔主題〕

フリードリヒ1世の勅法が発せられた文化的・政治的状況

【史料文について】

第1段落は，「旅する学生達」と「市民法の教師達」に安全な移動と滞在を認めるという勅法の内容である。第2段落は，勅法を制定する理由が述べられ，第3段落では，学生達の権利を保障して，従来の慣習を退けている。第4段落では，勅法に違反した者に対する罰則を述べている。第5段落では，具体的な裁判方法について述べ，学生達に特別な保護を与えている。これは，皇帝権が都市の司法より優越するという意味を持つ。

【論述の方向性】

文化的状況では「12世紀ルネサンス」の特色について説明すること。

政治的状況では，当時のイタリアの状況を神聖ローマ皇帝フリードリヒ 1 世の「イタリア政策」に関連して説明し，自治都市や教皇との関係をまとめればよい。

【論述の構成】

①文化的状況

12 世紀ルネサンスと大学

フリードリヒ 1 世がイタリア北部のロンカリア帝国議会で勅法「ハビタ」を発布したのが 1158 年なので，当時のヨーロッパで開花した「12 世紀ルネサンス」を説明することがポイント。

十字軍遠征を契機に，ビザンツ帝国やイスラーム世界からもたらされた古代ギリシア・ローマの古典が，ギリシア語・アラビア語からラテン語に翻訳され，それに伴い学問や文芸が盛んとなった。商工業が発展した都市では学術活動の高まりを背景に，教授や学生のギルドとして大学が設立され，教皇や皇帝の特許状により自治権が付与された。特に北イタリアのボローニャ大学は 12 世紀半ばに皇帝フリードリヒ 1 世が特許状を与え，ローマ法研究の大学として公認された。

当時の大学生は，史料に「旅する学生達」「学問を愛するが故に，異邦人となり」とあるように，ヨーロッパ各地を遍歴して学問を修めており，教師（教授）も同様に各地を遍歴して教鞭をとった。このため，外からやってくる学生達や教師達は都市の住民から「異邦人」として警戒され，都市法のもとで不当に扱われることがあった。

②政治的状況

イタリアにおける自治都市・神聖ローマ皇帝・教皇の関係

イタリアでは，東方貿易の活発化を背景に，ヴェネツィア・ジェノヴァやフィレンツェ・ボローニャなどの都市が発展し，諸侯や司教などの領主から特許状を獲得して自治都市（コムーネ）が成立した。

10 世紀後半，オットー 1 世がローマで戴冠して以降，歴代の神聖ローマ皇帝はローマ皇帝を名乗ったため，イタリアを支配してローマで戴冠することをめざし，たびたび遠征を繰り返した（イタリア政策）。

一方，11 世紀以来，神聖ローマ皇帝と教皇との間で叙任権闘争が展開されていたが，1122 年のヴォルムス協約で政教分離の原則が合意されたことで，教会における教皇の首位権が確立した。フリードリヒ 1 世はローマ帝国復興を掲げてイタリア政策を推進し，遠征先の北イタリアの統治をめぐって教皇や自治都市（コムーネ）と対立した。このため皇帝は皇帝権に有利なローマ法学を重視し，1158年にロンカリア帝国議会を開催したのである。

「ハビタ」では，「旅する学生達」や「市民法の教師達」の保護を強調し，特にこれらの学生達が都市住民から不当な扱いを受けないよう皇帝が任命した裁判官を置くことを命じており，都市の司法権より皇帝の司法権の方が優位にあると示そうとしたことを史料から読み取りたい。

II 解答

世界恐慌の際，共和党のフーヴァー政権が自由放任主義に固執して失業者増大や経済危機に対処できなかったため，民主党のフランクリン=ローズヴェルト政権は政府による強力な経済統制という修正資本主義を採用してニューディールを実施した。この政策のもとで積極財政がとられ，TVAなどの公共事業による失業者救済，社会保障法による社会保障の拡大など「大きな政府」による社会福祉政策が推進された。この修正資本主義による経済政策は，第二次世界大戦後も継承され，ジョンソン政権は「偉大な社会」建設を掲げて差別・貧困の撲滅をめざしている。しかし，1970年代に石油危機を契機にスタグフレーションが起こると，政府介入による修正資本主義が財政赤字や経済成長の停滞を招いていると批判された。その結果「小さな政府」によって市場の競争原理を重視する新自由主義が台頭し，共和党のレーガン政権はその路線に沿って減税と社会保障の縮小を実施した。（400字以内）

◀解　説▶

≪バイデン大統領の演説と20世紀のアメリカの経済政策≫

【設問の要求】

〔主題〕

①ニューディールの内容とそれが実施された背景

②ニューディールが，それ以降の経済政策に及ぼした影響

③ニューディールは，なぜ，どのような理由から批判されたのか

【史料文について】

バイデン大統領の議会演説で，下線部に「第2次世界大戦以来最大の雇用計画」とあるので，それに比肩しうる20世紀アメリカの経済政策とし

て，世界恐慌下のニューディールが論述の対象となる。

【論述の方向性】

①背景として，世界恐慌に際して自由放任主義に固執するフーヴァー政権の政策を指摘すること。フランクリン=ローズヴェルト政権が実施したニューディールの内容は，修正資本主義と絡めて説明したい。②次に，影響として，第二次世界大戦後の「大きな政府」について述べる。③最後に，修正資本主義がなぜ，どのような理由から批判されたのかを新自由主義の立場から説明して，共和党のレーガン政権まで言及したい。

【論述の構成】

①ニューディールの内容とそれが実施された背景

自由放任主義から修正資本主義へ

資料文のバイデン演説では，公共投資，インフラ，雇用，公的医療保険などに言及しており，そこに政策上の視点をすえるとよい。1929年に起こった世界恐慌を背景にアメリカでは失業者が大幅に増加したが，当時の共和党フーヴァー大統領（在任1929～33年）は自由放任主義を踏襲して資本主義経済の自律回復に期待したため効果は低く，代わって民主党のフランクリン=ローズヴェルト大統領（在任1933～45年）が就任した。彼は革新的なニューディールを実施し，いわゆる修正資本主義が採用された。

これはイギリスの経済学者ケインズによって理論化された経済学で，政府（国家）が積極的に経済に介入して公共投資などで有効需要を拡大し，失業の解消を図るというものである。具体的には公共投資・インフラ・雇用に関してはTVA（テネシー川流域開発公社）で失業者の救済につとめ，社会保障法（1935年）によって社会福祉の充実を図っている。この他，全国産業復興法（NIRA）の違憲判決を受けて労働者の団結権・団体交渉権を保障したワグナー法（1935年）も制定されている。

②ニューディールが，それ以降の経済政策に及ぼした影響

修正資本主義の継続と「大きな政府」

第二次世界大戦後もニューディールで実現したケインズの修正資本主義と福祉国家政策の路線は継承されることになった。例えば，トルーマン政権のフェアディール政策，ケネディ政権のニューフロンティア政策にもその理念は受け継がれた。ジョンソン政権の「偉大な社会」計画では「貧困との闘い」が宣言され，医療福祉の充実などが提言されている。こうした

政策によって「大きな政府」はさらに巨大化していくことになった。

③ニューディールは，なぜ，どのような理由から批判されたのか

新自由主義と「小さな政府」

1970 年代に入ると，ベトナム戦争による軍事支出の増加でアメリカの国際収支が悪化してドル危機が生じ，1971 年にドル=ショック（金・ドル交換停止）が起こった。1973 年には第 4 次中東戦争を機にオイル=ショック（石油危機）が発生して，先進諸国は景気停滞の中でインフレーションが進行するスタグフレーションに苦しんだ。

こうした経済危機の中で，ケインズの修正資本主義を批判して台頭したのがハイエクやフリードマンらが提唱する新自由主義で，ケインズ理論による福祉国家の所得再分配政策がもたらす国家の肥大化を批判し，「小さな政府」をめざして福祉削減・規制緩和・緊縮財政・市場の競争などを主張した。

1980 年代に共和党のレーガン政権は，この新自由主義の主張に基づいた政策をレーガノミクスとして実行し，規制緩和や大幅減税を実施して民間経済の活性化を図った。なお，当時，イギリスのサッチャー政権も新自由主義を導入して国営企業の民営化，規制緩和，社会福祉の削減を実施し，日本でも中曽根内閣が電電公社や国鉄などの民営化を進めている。

Ⅲ　解答

1　軍事独裁を行った朴正熙が暗殺された後，実権を握った軍部の全斗煥が光州事件などで民主化運動を武力弾圧し，大統領に就任した。

2　壬辰・丁酉倭乱。明遠征を企てた豊臣秀吉が朝鮮に侵略し，当初は優勢に戦いを進めたが，李舜臣率いる水軍や明の援軍などで苦戦を強いられ秀吉の死を機に撤退した。明は多額の軍事費を費やしたことから財政難となり，衰退を加速させた。

3　朝鮮では，日本に協力的な閔氏政権に対して，大院君派の軍人が1882 年に壬午軍乱を起こしたが，宗主国である清が介入して鎮圧した。以降，閔氏は清を後ろ盾として政権を維持したが，日本と結んで近代化を図ろうとする金玉均らの開化派がこれに反発して 1884 年に甲申政変を起こした。清はこの政変も鎮圧し，清と日本は天津条約を結んで撤兵した。1894 年に甲午農民戦争が起こると，これを機に出兵した日本と清の両国

は朝鮮統治の主導権をめぐって対立し，日清戦争が勃発した。

（以上，問題番号を入れて 400 字以内）

◀解　説▶

≪朝鮮の近世～現代史≫

▶問 1．【設問の要求】

〔主題〕

1979 年から 1980 年までの韓国における政治の動向

【論述の構成】

朴正熙（パクチョンヒ）の暗殺と全斗煥（チョンドゥホァン）が主導した光州事件による民主化弾圧の流れをまとめればよい。韓国では，1979 年に長期の反共軍事独裁体制を維持した朴正熙大統領（在任 1963～79 年）が暗殺されたのを機に民主化運動が高揚した。しかし，軍を掌握した全斗煥が，1980 年に学生らのデモを武力制圧する光州事件を起こして民主化運動を弾圧し，同年大統領に就任している。

▶問 2．【設問の要求】

〔主題〕

壬辰・丁酉倭乱（1592～98 年）の展開過程と明に及ぼした影響

【論述の構成】

●展開過程…豊臣秀吉の朝鮮出兵を日本では文禄・慶長の役と呼ぶ。当初，日本軍が首都の漢城を陥落させ，さらに平壌を占拠するなど優位に立ったが，やがて李舜臣の水軍や明の援軍などで戦況が悪化し，秀吉の死で日本軍は撤退した。

●明に与えた影響…朝鮮救援による軍事費増大が財政悪化を招いたことが明の衰退を加速させた点に言及すればよい。重税や飢饉などもあって明では反乱が頻発することになった。なお，明が朝鮮出兵で苦戦しているのに乗じて満州の女真の族長ヌルハチが台頭し，後金を建国（1616 年）して明を圧迫した点も挙げられるが，問 1 ～問 3 まですべて含めて 400 字以内という字数制限のため，無理に入れる必要はない。

▶問 3．【設問の要求】

〔主題〕

1880 年代から 1894 年までの朝鮮・清・日本の関係

【論述の方向性】

「1880年代から1894年まで」とあるので，壬午軍乱→甲申政変→甲午農民戦争→日清戦争開始までの朝鮮・清・日本の関係を朝鮮内部の動きと関連させて説明すればよい。

【論述の構成】

①**壬午軍乱**…日本は江華島事件を口実に日朝修好条規（1876年）を結んで朝鮮を開国させ進出を強めた。開国によって，朝鮮では日清両国との関係をめぐって国内で対立が起こり，1882年，閔氏政権の専横と日本の朝鮮進出に反対する大院君派の軍人が壬午軍乱を起こすと，宗主国であった清が介入してこれを鎮圧した。以後，閔氏は清と結ぶ立場を明確にした。

②**甲申政変**…清と結ぶ閔氏政権に対して，日本と結んで近代化を図ろうとする金玉均や朴泳孝らの開化派が日本の武力を借りて，1884年甲申政変と呼ばれるクーデタを起こしたが，これも清軍の介入で鎮圧された。政変後，日清間で天津条約（1885年）が結ばれ，朝鮮からの日清両軍の撤兵と，将来出兵時の事前通告が約された。

③**甲午農民戦争と日清戦争**…1894年，全羅道で甲午農民戦争（東学党の乱）が起こると，清は朝鮮の要請で出兵し，日本も居留民保護を口実に出兵した。日本は朝鮮の内政改革を清と共同で行うことを提案したが，あくまでも朝鮮への宗主権を主張する清がこれを拒否したことから，日清戦争（1894～95年）が勃発した。

❖講　評

2022年度も例年と同じく大問3題からなり，字数はすべて400字である。難易度でみるとⅠは難，Ⅱはやや難，Ⅲは標準レベルで作問されており，2021年度よりも若干取り組みやすくなった。

Ⅰ　「皇帝フリードリヒ1世が発布した勅法（ハビタ）」をテーマとした史料問題で，その文化的・政治的状況に言及することが求められている。史料文は読みにくいかもしれないが，12世紀に発布されたことや「ボローニャ大学」「自治都市」の指定語句が読解のヒントを提示している。「文化的状況」については，「12世紀ルネサンス」の内容とボローニャ大学に代表される大学について述べればよいので対応しやすい。一方，「政治的状況」は，フリードリヒ1世，指定語句の自治都市，そして教皇の政治的関係を説明する必要があり，史料の理解が必要である。史料の「旅する学生達」が都市市民から法的に迫害されていた状況を読み取り，なぜ，フリードリヒ 1 世が彼らを法的に守ろうとしたのかを考えたい。なお，「ハビタ」からは指定語句のボローニャ大学との直接の関係を読み取ることは困難なので，その点に注意して論述したい。

Ⅱ　「バイデン大統領の演説と 20 世紀アメリカの経済政策」を扱い，ニューディール政策をテーマにすえた問題。資料はバイデン大統領の議会演説で，下線部から問題文の「20 世紀の経済政策」がニューディールであると判定することがポイント。自由放任主義→修正資本主義→新自由主義という経済思想の流れを軸に「大きな政府」と「小さな政府」をまとめていけばよい。ただ，①「ニューディールの内容とそれが実施された背景」は教科書レベルの知識で十分に書けるだろうが，②「ニューディールが，それ以降の経済政策に及ぼした影響」と③「ニューディールは，なぜ，どのような理由から批判されたのか」については，相当程度経済史を学習していないと対応が難しいであろうから，この部分で得点差が生じたと思われる。

Ⅲ　「朝鮮の近世～現代史」をテーマとした問題。一橋大学では朝鮮史は重視される分野である。2022 年度はテーマが明確で書きやすいが，トータルで 400 字と要求されているため，各設問の字数配分に気をつけたい。問 1 では要点を短くまとめ，問 2 は壬辰・丁酉倭乱の経緯を日本の撤退まで述べ，「明に与えた影響」を明の衰退として説明したい。問 3 はスタンダードな問題で，1880 年代から 1894 年までの朝鮮・清・日本の関係を問うている。1882 年の壬午軍乱から日清戦争に至る過程を説明すればよいので，書きやすいといえるが，3 問中最も字数が必要と思われるので，先の 2 問とのバランスをとった論述を心がけたい。

地理

I　**解答**　1　改革開放政策により経済発展した東部の沿海地域との地域間格差が拡大したため，西部大開発でその是正が目指された。チョンチンでは，以前より鉄鋼，軍需産業や食品など各種の工業が立地していたが，近年は国内外から投資が集まり，自動車やハイテク産業が成長した。(125 字以内)

2　AとBは陸上でEU 諸国と国境を接しており，特に大西洋や地中海に臨むBは海上の割合が高く，ブルーバナナに位置し付加価値の高い工業製品の輸入が多いAは航空の割合も比較的高い。ヨーロッパ東部に位置し，EU 域外と陸上で接するCとDは道路と鉄道の割合が高く，ロシアに隣接するDは陸上輸送の傾向が一層強い。(150 字以内)

3　以前のポーランドは，EU 域内・域外とも貿易赤字を計上し，近年も中国からの輸入は増大を続け，域外との赤字は拡大している。しかし，安価な労働力を指向する外資系企業が進出して自動車や電機などの生産拠点に成長し，EU 加盟諸国との貿易では黒字に転換している。(125 字以内)

◀解　説▶

≪中国の西部大開発と EU 加盟国の貿易≫

▶問１．1978 年以降に改革開放政策が推進された中国では，経済特区が設置された華南を含む東部・沿海地域に外国資本が進出して，工業化が進んだ一方，西部・内陸地域は経済発展から取り残された。よって「1970 年代末以降の地域開発上の課題」として，地域間で拡大した雇用や所得などの経済格差の是正や解消について挙げるとよい。

スーチョワン（四川）盆地に位置し，1997 年に直轄市に昇格したチョンチン（重慶）は，以前から食品，繊維，鉄鋼，二輪車や軍需産業など各種工業の拠点が立地していた。リード文に「中央アジア・ヨーロッパ向け貨物鉄道の起点ともなった」とあるように，西部大開発によってインフラの整備が進んだ近年は，日本企業を含む国内外からの投資が集まり，自動車やパソコン，電子機器が基幹産業になったほか，環境技術やロボットに関連するハイテク産業も育っている。

▶問２．本問では，１～８の国名を答える必要はないが，Ａ～Ｄの地理的位置を考慮するうえで，最初に国名を判定しておく必要がある。原加盟国であるフランス，ドイツ，イタリアおよびベネルクス３国のうち，人口に注意して１をオランダ，２をベルギーと判断する。1986年に加盟した３と４も，人口規模から３をスペイン，４をポルトガルと判断できる。2004年には，エストニア，ラトビア，リトアニア，ポーランド，チェコ，スロバキア，ハンガリー，スロベニア，マルタ，キプロスの10カ国が加盟したが，陸上に国境をもたないマルタとキプロスは対象外となる。Ｃ地域に属する５は人口規模が大きいポーランドで，国境を接する６はリトアニア，チェコ，スロバキアのいずれかである。Ｄ地域の７・８は，人口が200万人に満たないことからハンガリーを除外し，エストニア（８）とラトビア（７）と推定する。よって６は，Ｄ地域と接するリトアニアが対象外となり，人口規模からスロバキアと判断する。

輸送手段別の輸入額割合については，EU域外諸国と陸上で接していないＡ地域のオランダとベルギーは，道路・鉄道の数値が低く，海上・航空が高くなっている。両国がブルーバナナ（青いバナナ）と呼ばれるヨーロッパ経済の中枢地帯に位置することを考慮すると，電子部品や医薬品など付加価値の高い工業製品の輸入が多いために特に航空の割合が高くなっていると推察できる。ヨーロッパ南西部のイベリア半島に国土が広がるＢ地域のスペインとポルトガルも，小国のアンドラを除いてEU域外諸国と接しておらず，陸上輸送の割合が低くなっている。一方，ヨーロッパ東部に位置し，EU域外諸国と接するＣ地域やＤ地域では陸路による輸入が盛んで，なかでも大国のロシアに隣接するＤ地域のラトビアとエストニアは，道路と鉄道の割合が特に高くなっている。

▶問３．ポーランドの貿易収支を示した表Ｉ－２からは，①EU加盟諸国との収支は2009年時点で赤字であったが，2013年から黒字に転じていること，②EU加盟諸国以外との収支は赤字が続いており，特に「世界の工場」と呼ばれる中国との貿易で赤字が拡大していること，③世界全体との収支は赤字から黒字傾向に変化したことが読み取れる。つまり全体としてポーランドの貿易収支が改善したのは，EU諸国との貿易関係が変化したためである。その背景には，「相対的に低賃金の労働力を活用」できるポーランドは「外資系企業が集積」し，自動車・電機などのEU諸国向けの生産拠点に成長したという「国際分業上の特徴」が関わっている。中国との貿易での赤字拡大の要因には，これらの産業において，中国から輸入された部品が用いられていることも考えられる。

Ⅱ **解答**　1　古都として歴史的な神社仏閣が集積し，宿泊業や土産物を扱う小売業なども発達している京都市は，国内外から多くの観光客が訪れる観光都市である。また，近代化以降に数多くの大学が開設され，市内には学生向けのアパートや飲食店などが集まる学生街も形成されている。(125字以内)

2　先進国では，製造業などで不足した労働力を，主に旧植民地や近隣諸国から流入した外国人が補完してきた。サービス経済化が進展し，生産拠点の海外移転も加速している近年は，特に工業都市で雇用機会が縮小したために自国民の不満が外国人に向けられ，こうした風潮に迎合する政治が支持されるなど，社会の分断もみられる。(150字以内)

3　不妊に悩む夫婦が，卵子の提供や代理出産を目的に，経済水準が低く，生殖補助医療に関する法整備が不十分な発展途上国を訪れるツーリズムがある。受入国では外国人の滞在により外貨を獲得できるが，第三者の人体を資源として搾取するという倫理的な問題を抱えている。(125字以内)

◀解　説▶

≪都市の変容とツーリズム≫

▶問1．都市は政治・経済・文化の中心地であり，村落と比べて人口が集積した空間である。行政機能や住宅機能のほか，経済面から商業，工業，交通など，文化面から観光，宗教，大学などを連想すれば，いずれの都市も複数の顔（特徴）をもっていることに気づく。したがって，受験生は知っている都市を思い浮かべ，その都市の2つの特徴について「背景にある産業や空間の変容」にも注意しながら述べればよい。

京都市以外の例を挙げれば，城下町を基盤とし，行政機関や中枢管理機能が集積する仙台市は，掘り込み式の港湾や東北各県と結ぶ道路が整備されて，物流拠点としての顔ももつようになった。成田市（千葉県）の中心市街地は，新勝寺の門前町に起源をもつが，国際空港の開港に伴ってホテルや機内食工場など空港関連施設の立地が進んだ。西宮市（兵庫県）は，六甲山地からの伏流水を利用した酒造業が伝統的に盛んなほか，近代以降は鉄道網の整備に伴って大阪市などからの人口が流入し，農地や森林が宅地に改変されてきた住宅都市でもある。

▶問２．外国人を排斥する思想（排外主義）の根底には，宗教や価値観の違いが社会的な摩擦や不安を高めるという文化的な要因のほか，外国人によって自国民の雇用や所得が圧迫されるという経済的な要因がしばしば関わっている。「工業都市」を対象とする本問では，経済的な要因を中心に考察するとよい。

ヨーロッパや北アメリカの工業都市では，生産工程における実地・現場の業務をしばしば外国人が担ってきたが，その多くは旧植民地や近隣諸国からの移住者である（国際的人口移動の動向)。しかし，基幹産業が製造業からサービス業や金融・保険業などの第三次産業に移行したことに加え，生産拠点の海外移転に伴う産業の空洞化も進んでおり，製造業の雇用が縮小している（都市の産業構造の変動)。移民の流入や製造業の衰退など，グローバル化の負の側面が目立つようになった近年，経済的な困窮から不満を募らせた大衆に迎合するポピュリズムとともに排外主義が台頭し，社会の分断がみられるようになった（国内の政治・社会の変容)。

▶問３．自国では受けられない最新技術を用いた医療を受けられる，待ち時間がかかる自国よりも早く医療を受けられる，安価に医療を受けられるなどの理由で実施される旅行を医療ツーリズムと呼ぶ。アジアには医療ツーリズムに注力している国も多いが，経済振興の観点から外国人が優先される一方，国内には医療を満足に受けることのできない国民も少なくないことを問題点として指摘してもよい。〔解答〕にあげた生殖ツーリズムは医療ツーリズムの一種で，国民を外国人のための資源として利用しているという倫理的問題を抱えている。

また，第二次世界大戦で原爆投下された広島，長崎や激しい地上戦が行われた沖縄の戦災遺跡などを目的地とする旅行は，リード文中で言及されたダーク・ツーリズムに当たる。こうした旅の形態は他者の不幸を見世物にして経済的な利益を得ているというとらえ方もできる。

Ⅲ　解答

1　1970 年代に発生した２度の石油危機によりサウジアラビアやイランなど中東地域からの供給量が削減された一方，輸入先をインドネシアや中国などにも広げたため。(75 字以内)

2　経済成長に伴い原油の国内需要が増加したインドネシアや中国の輸出余力が低下した一方，増産に転じた中東地域は埋蔵量が豊富で安定した供給を期待できるため。(75 字以内)

3　京都議定書の発効に伴って温室効果ガスの排出削減を促進する必要がさらに高まり，原油より環境負荷の小さい天然ガスの利用が拡大したほか，太陽光発電や風力発電など再生可能エネルギーの導入も次第に進んだため。(100 字以内)

4　水素の利用には，酸素と反応させて電力を得る方法と燃料として動力機関を動かす方法がある。単にコロナ禍以前の状態に戻すのではなく，水素エネルギーなど新技術への投資を促すとともに，<u>A</u>に寄与するバイオマスや太陽光，風力のように<u>C</u>が可能な再エネを対象に補助金を拡充するなど，<u>B</u>の実現を目指す政策が求められる。(150 字以内)

◀解　説▶

≪資源・エネルギー≫

▶問１．図Ⅲ－１より，日本の原油輸入量は 1973 年度まで急増し，この間にサウジアラビアやイランを含む中東地域からの輸入が多くを占めたものの，1967 年度以降はインドネシアからの輸入量も増加した様子が読み取れる。また，1970 年代半ばから 1987 年度にかけては中東地域を中心に原油輸入量が減少した一方，中国からも輸入が行われていたことがわかる。

以上を踏まえて，２度の石油危機が勃発した 1970 年代に，サウジアラビアやイランからの原油輸入量が減少し，インドネシアや中国など非中東地域からの輸入割合が高まったことを記述する。

▶問２．石油危機を受けて，1970 年代以降，日本を含む多くの国が非中東地域からの原油輸入を進め，北海やメキシコ湾岸などでも油田開発が進展した。そのため市場を奪われたサウジアラビアが政策を転換したことが契機となって，1980 年代後半には原油価格が下落するとともに，日本の原油輸入量も再び増加に転じた。

図Ⅲ－１から，1987 年度以降，サウジアラビアやアラブ首長国連邦など中東地域からの原油輸入量が増加基調にあることや，インドネシアと中国からの輸入量が減少したことが読み取れる。「日本に原油を輸出する国を考慮」することが求められた本問では，前者について埋蔵量の豊富な大規模な油田が多く，安定的な供給が見込めることを指摘する。相対的に埋蔵量が少ない後者については，経済発展に伴って国内消費量が増大したために，輸出余力が低下したことに触れたい。

▶問3．石油危機を契機として，日本では原油への依存度を抑え，天然ガスや原子力，石炭の活用を促すなど，エネルギー源の多角化が図られてきた。さらに「2000年代後半」は，京都議定書（2005年発効）に基づいて温室効果ガスの排出削減に取り組む必要に迫られ，化石燃料に代わって二酸化炭素を排出しない再生可能エネルギーの導入が本格化した時期に当たることを念頭に置いて解答を作成する。なお，1990年代半ば以降に日本の原油輸入量が減少傾向を続けている背景には，バブル崩壊後の経済不況も関わっている。ただし，「エネルギー構成の観点」からの説明が求められた本問では，日本の景況について特に触れる必要はないだろう。

▶問4．水素は，エネルギーとして利用する際に二酸化炭素を排出しないクリーンエネルギーである。空気中の酸素と反応させて電力を取り出す燃料電池は，自動車の動力源や家庭用コージェネレーションシステム（エネファーム）などで実用化されている。水素を直接燃焼させる利用法としては，液体水素を燃料とするロケットが知られる。

指定語句について確認しておくと，カーボンニュートラル(A)とは，炭素の排出量と吸収量を均衡させ，温室効果ガスの排出を実質ゼロにすることを意味する。二酸化炭素を排出しない水素エネルギーのほか，バイオエタノールなどのバイオ燃料は，光合成で二酸化炭素を吸収した植物を原料とするため，カーボンニュートラルの達成に寄与するエネルギーといえる。グリーンリカバリー(B)とは，環境に配慮しながら経済や社会を建て直す考えであり，コロナ禍からの復興では，かつての暮らし，社会，経済をそのまま回復するのではなく，循環型の脱炭素社会に築き直す取り組みを指すと考えるとよい。地産地消(C)とは，一般に地域で生産された農産物や水産物を，その地域で消費することをいう。食品をエネルギーに置き換えると，再生可能エネルギー（再エネ）は地産地消に適合したエネルギーといえる。以上を踏まえて，固定価格買取制度（再エネによる電力を，電力会社が一定の価格で一定期間買い取る制度）や補助金の拡充，減税措置の適用など，考えられる具体的な政策対応に言及すればよいだろう。

❖講　評

2022 年度も大問 3 題の構成であったが，2021 年度にみられた記述法や選択法の問題はみられなかった。論述法は 1 問増えて 10 問となったが，総字数は 1200 字で 2021 年度と同じである。リード文を用いた出題パターンは定着しているが，各大問で例年用いられてきた統計表などの資料が，2022 年度はⅡで使用されなかった。その分，知識や社会的な関心がより直接的に求められた。

Ⅰ　問 1 ではチョンチンの産業の変化がやや書きにくいが，「経済成長率は国内上位にある」ことからハイテク産業などを想起したい。各国の位置を踏まえて解答する問 2 では，加盟年のほか，主要国の人口についての知識が必要であった。

Ⅱ　問 1 で問われた都市の特徴・機能は，地理では頻出内容であるが，自由に都市を取り上げて，その「二つの顔」を論じる形式には意表を突かれたのではないか。問 2 と問 3 は，地理の教科書的な知識というよりも，現代世界に対する好奇心が解答作成のカギになる。

Ⅲ　全体的に標準的な出題内容であったが，問 4 は水素のエネルギー利用法が難しいうえ，「グリーンリカバリー」について理解していないと解答をまとめることは困難である。新しい時事用語にも関心を払っておきたい。

数学

1

◇発想◇　2022 は偶数であるから，まず，2^a3^b と 2^c3^d の偶奇に注目する。さらに，2022 を素因数分解すると，$2\cdot3\cdot337$ であるから，2022 は 2 の倍数だが，4 の倍数ではない数であり，3 の倍数だが，9 の倍数ではない数でもある。このことに着目して「$a\leqq1$ または $c\leqq1$」かつ「$b\leqq1$ または $d\leqq1$」と絞り込んでいくとよい。

解答　a，b，c，d は 0 以上の整数である。

$2^a3^b+2^c3^d=2022\ (=2\cdot3\cdot337)$　……①

①の右辺は偶数であるから，2^a3^b と 2^c3^d の偶奇は一致する。

(i)　2^a3^b と 2^c3^d がともに奇数のとき

$a=c=0$ であるから，①は

$3^b+3^d=2\cdot3\cdot337$　……①′

$b\geqq2$ かつ $d\geqq2$ とすると，①′ の左辺は 9 の倍数となるが，①′ の右辺は 3 の倍数であって 9 の倍数ではないから，①′ は成り立たない。

よって，$b\leqq1$ または $d\leqq1$ であり，$b\leqq1$ のときをまず考える。

- $b=0$ のとき

①′ の左辺は $1+3^d$ で 3 の倍数ではないから，①′ は成り立たない。

- $b=1$ のとき

①′ は

$3+3^d=2\cdot3\cdot337$　つまり　$3^{d-1}=673$　……①″

3^{d-1} は単調増加で，$3^5=243$，$3^6=729$ より①″ を満たす 0 以上の整数 d は存在しない。

したがって，$b\leqq1$ ではなく，$d\leqq1$ についても同様に成り立たない。

(ii)　2^a3^b と 2^c3^d がともに偶数のとき（$a\geqq1$ かつ $c\geqq1$ のとき）

$a\geqq2$ かつ $c\geqq2$ とすると，①の左辺は 4 の倍数となるが，①の右辺は 2 の倍数であって 4 の倍数ではないから，①は成り立たない。

よって，(ii)の条件から，$a=1$ または $c=1$ である。

さらに，$b \geqq 2$ かつ $d \geqq 2$ とすると，(i)と同様の議論となるため，$b \leqq 1$ または $d \leqq 1$ である。

(ア)　$a=1$ のとき

①は

$$2 \cdot 3^b + 2^c 3^d = 2 \cdot 3 \cdot 337$$

$$3^b + 2^{c-1} 3^d = 3 \cdot 337 \quad \cdots\cdots ②$$

• $b=0$ のとき，②は

$$1 + 2^{c-1} 3^d = 1011$$

$$2^{c-1} 3^d = 1010 = 2 \cdot 5 \cdot 101 \quad \cdots\cdots ②'$$

右辺は 5 の倍数であるから，②′ は成り立たない。

• $b=1$ のとき，②は

$$3 + 2^{c-1} 3^d = 1011$$

$$2^{c-1} 3^d = 1008 = 2^4 \cdot 3^2 \cdot 7 \quad \cdots\cdots ②''$$

右辺は 7 の倍数であるから，②″ は成り立たない。

• $d=0$ のとき，②は

$$3^b + 2^{c-1} = 3 \cdot 337 \quad \cdots\cdots ②'''$$

$b=0$ のとき，②‴ は

$$1 + 2^{c-1} = 1011$$

$$2^{c-1} = 1010 = 2 \cdot 5 \cdot 101 \quad \cdots\cdots ③$$

右辺は 5 の倍数であるから，③は成り立たない。

$b \geqq 1$ のとき，②‴ の右辺は 3 の倍数であるから，②‴ は成り立たない。

したがって，$d=0$ のとき，②‴ を満たす 0 以上の整数 b，c は存在しない。

• $d=1$ のとき，②は

$$3^b + 2^{c-1} 3 = 3 \cdot 337$$

$$2^{c-1} = 337 - 3^{b-1} \quad \cdots\cdots ④$$

ここで，$2^{c-1} > 0$ より，$337 - 3^{b-1} > 0$ であるから

$$3^{b-1} < 337$$

これを満たす 0 以上の整数 b は，$3^5 = 243$，$3^6 = 729$ より

$$b = 0,\ 1,\ 2,\ 3,\ 4,\ 5,\ 6$$

に限られる。

このとき，④の右辺の値は次のようになる。

b	0	1	2	3	4	5	6
$337-3^{b-1}$	$\frac{1010}{3}$	336	334	328	310	256	94

よって，④を満たす 0 以上の整数 b，c は

$$(b,\ c)=(5,\ 9)$$

のみである。

(イ)　$c=1$ のとき

(ア)の a と c，b と d を入れ換えたものになるから

$$(d,\ a)=(5,\ 9)$$

のみである。

以上から，①を満たす 0 以上の整数 a，b，c，d の組は

$$(a,\ b,\ c,\ d)=\left.\begin{matrix}(1,\ 5,\ 9,\ 1)\\(9,\ 1,\ 1,\ 5)\end{matrix}\right\}\ \cdots\cdots(答)$$

◀解　説▶

≪指数を含む不定方程式≫

$2^a3^b+2^c3^d=2022$ が $X+Y=$(偶数) の形をしていたので，まず，X と Y の偶奇が一致することに注目し，X と Y がともに奇数のときと偶数のとき，つまり，2^a3^b と 2^c3^d がともに奇数のときと偶数のときに場合分けした。

次に，$2022=2\cdot3\cdot337$ と素因数分解できるから，2022 は「2 の倍数だが，4 の倍数ではない数」……Ⓐ，かつ，「3 の倍数だが，9 の倍数ではない数」……Ⓑ である。そこで，2^a3^b と 2^c3^d がともに奇数のとき，Ⓑより，$b\leqq1$ または $d\leqq1$ となることがわかるので，このことを示すために背理法を用いた。つまり，「$b\leqq1$ または $d\leqq1$」の否定である「$b\geqq2$ かつ $d\geqq2$」と仮定すると，$2^a3^b+2^c3^d=3^e\times$(整数)　(e は 2 以上の整数) となり，必ず 9 の倍数になることを述べて示した。$b\leqq1$ または $d\leqq1$ となることがわかれば，あとは $b=0$，1 のときと $d=0$，1 のときについて具体的に調べるとよい。

次に，2^a3^b と 2^c3^d がともに偶数のときもまず，Ⓐより「$a\leqq1$ または $c\leqq1$」となることがわかるので，前述と同様の議論ができるように「$a\geqq2$ かつ $c\geqq2$」と仮定した。さらに，Ⓑより「$b\leqq1$ または $d\leqq1$」となることがわかる。あとは $a=1$ のときと $c=1$ のときについてそれぞれ $b=0$，1 と

$d=0$, 1 のときを具体的に調べるとよい。手間がかかる問題である。

2

◇発想◇　三角形の面積の立式は次の公式を用いるとよい。

3 点 O$(0,\ 0)$, A$(a_1,\ a_2)$, B$(b_1,\ b_2)$ のとき

$$\triangle \mathrm{OAB}=\frac{1}{2}|a_1b_2-a_2b_1|$$

三角形の面積の立式後は, $\sin\theta=t$ とおくと, $a_1b_2-a_2b_1$ の部分が t の 3 次関数になるから微分して増減表を作成し, △OPQ の面積の最大値を求めるとよい。

解答　O$(0,\ 0)$, P$(\cos\theta,\ \sin\theta)$, Q$(1,\ 3\sin 2\theta)$ より

$$\begin{aligned}\triangle \mathrm{OPQ}&=\frac{1}{2}|\cos\theta\cdot 3\sin 2\theta-\sin\theta\cdot 1|\\&=\frac{1}{2}|\cos\theta\cdot 6\sin\theta\cos\theta-\sin\theta|\\&=\frac{1}{2}|6\sin\theta(1-\sin^2\theta)-\sin\theta|\\&=\frac{1}{2}|5\sin\theta-6\sin^3\theta|\quad\cdots\cdots①\end{aligned}$$

3 点 O, P, Q が同一直線上にあるとき, △OPQ の面積は 0 であり, ①は△OPQ の面積が 0 のときも表す。

ここで, $\sin\theta=t$ とおき

$$f(t)=5t-6t^3$$

とする。また, t のとり得る値の範囲は, $0\leqq\theta<2\pi$ より

$$-1\leqq t\leqq 1$$

となり

$$f'(t)=5-18t^2=18\left(\frac{\sqrt{10}}{6}+t\right)\left(\frac{\sqrt{10}}{6}-t\right)$$

であるから, $-1\leqq t\leqq 1$ における $f(t)$ の増減は次のようになる。

t	-1	$\cdots$	$-\dfrac{\sqrt{10}}{6}$	$\cdots$	$\dfrac{\sqrt{10}}{6}$	$\cdots$	1
$f'(t)$		$-$	0	$+$	0	$-$	
$f(t)$	1	↘	$-\dfrac{5\sqrt{10}}{9}$	↗	$\dfrac{5\sqrt{10}}{9}$	↘	-1

$$\left|\pm\frac{5\sqrt{10}}{9}\right|=\frac{5\sqrt{10}}{9}>\frac{5\cdot 3}{9}>1=|\pm 1|$$

であるから，$\dfrac{1}{2}|f(t)|$，すなわち，△OPQ の面積の最大値は

$$\frac{1}{2}\cdot\frac{5\sqrt{10}}{9}=\frac{5\sqrt{10}}{18}\quad\left(\sin\theta=\pm\frac{\sqrt{10}}{6}\text{ のとき}\right)\quad\cdots\cdots(\text{答})$$

◀解　説▶

≪三角形の面積の最大値≫

〔解答〕で用いた三角形の面積公式は

「△ABC において，$\overrightarrow{AB}=(x_1,\ y_1)$，$\overrightarrow{AC}=(x_2,\ y_2)$ のとき

△ABC$=\dfrac{1}{2}|x_1y_2-x_2y_1|$」である。

上の公式は汎用性があるので覚えておこう。最大値については絶対値記号が付いているので，$\left|\pm\dfrac{5\sqrt{10}}{9}\right|$ と $|\pm 1|$ の大小関係をきちんと調べる必要がある。よって，$\left|\pm\dfrac{5\sqrt{10}}{9}\right|=\dfrac{5\sqrt{10}}{9}>\dfrac{5\cdot 3}{9}>1=|\pm 1|$ という記述をした。

3

◇発想◇　(1)　次の事柄を用いて絶対値記号を外し，同値変形していくとよい。

$$|X|=\begin{cases}X & (X\geqq 0\text{ のとき})\\ -X & (X<0\text{ のとき})\end{cases}$$

(2)　(1)と同様に考えると，$1+y-2x^2-y^2\geqq 0$ が表す領域がわからないので，「$|x-y|\leqq x+y \Longleftrightarrow x\geqq 0$ かつ $y\geqq 0$」が使えるように，$A-B=1+y-2x^2-y^2$，$A+B=1-y-y^2$ とおいて，A，B を求め，$A\geqq 0$ かつ $B\geqq 0$ が表す領域を求めるとよい。

解答　(1)　$|x-y| \leqq x+y$

$$\iff \begin{cases} x-y \geqq 0 \\ x-y \leqq x+y \end{cases} \text{または} \begin{cases} x-y<0 \\ -(x-y) \leqq x+y \end{cases}$$

$$\iff \begin{cases} y \leqq x \\ y \geqq 0 \end{cases} \text{または} \begin{cases} y>x \\ x \geqq 0 \end{cases} \quad \cdots\cdots ①$$

であり，xy 平面において，①が表す領域は右図の網かけ部分。ただし，境界線を含む。右図より，①は「$x \geqq 0$ かつ $y \geqq 0$」が表す領域となる。

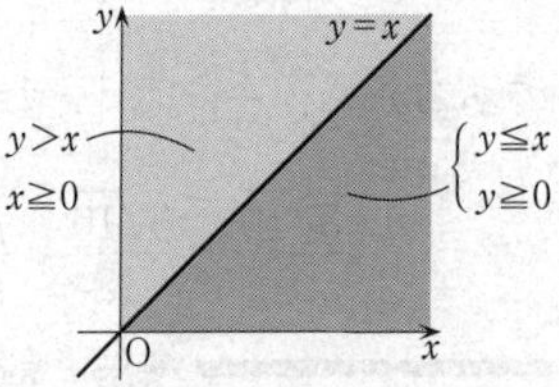

よって，「$|x-y| \leqq x+y$」であることの必要十分条件は，「$x \geqq 0$ かつ $y \geqq 0$」である。　(証明終)

(2)　$|1+y-2x^2-y^2| \leqq 1-y-y^2 \quad \cdots\cdots ②$

$$A-B=1+y-2x^2-y^2,\ A+B=1-y-y^2$$

とおき，A，B について解くと

$$A=1-x^2-y^2,\ B=-y+x^2 \quad \cdots\cdots ③$$

②は，「$|A-B| \leqq A+B$」と表せるから，(1)の結果を用いると

$$A \geqq 0 \quad \text{かつ} \quad B \geqq 0 \quad \cdots\cdots ④$$

これが必要十分条件であり，③を④に代入して

$$1-x^2-y^2 \geqq 0 \quad \text{かつ} \quad -y+x^2 \geqq 0$$

すなわち

$$x^2+y^2 \leqq 1 \quad \text{かつ} \quad y \leqq x^2 \quad \cdots\cdots ⑤$$

よって，②が表す領域は⑤が表す領域と同値であるから，求める領域は下図の網かけ部分。ただし，境界線を含む。

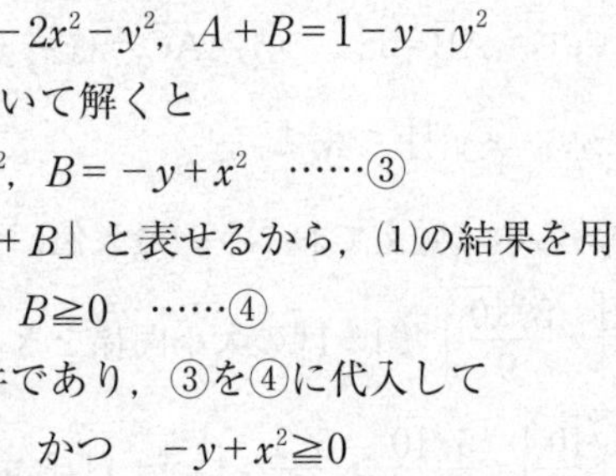

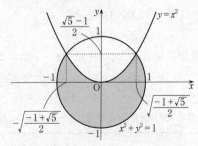

(注)　$x^2+y^2=1$ と $y=x^2$ の共有点の座標は，2式より y を消去して

$$x^2+x^4=1 \quad \text{つまり} \quad x^4+x^2-1=0$$

となるから，x^2 について解くと，$x^2=\dfrac{-1\pm\sqrt{5}}{2}$ となり

$$\left(\pm\sqrt{\frac{-1+\sqrt{5}}{2}},\ \frac{-1+\sqrt{5}}{2}\right)$$

◀解　説▶

≪必要十分条件と不等式が表す領域≫

▶(1)　$|X|=\begin{cases} X & (X\geqq 0 \text{ のとき}) \\ -X & (X<0 \text{ のとき}) \end{cases}$ を用いて絶対値記号を外し，同値変形をしても「$x\geqq 0$ かつ $y\geqq 0$」とはならないが，$\begin{cases} y\leqq x \\ y\geqq 0 \end{cases}$ または $\begin{cases} y>x \\ x\geqq 0 \end{cases}$ が表す領域を考えると「$x\geqq 0$ かつ $y\geqq 0$」が得られる。なお，次の事柄を用いて示してもよい。

実数 P，Q について

$$|P|\leqq Q \iff -Q\leqq P\leqq Q \quad \cdots\cdots(*)$$

$(*)$を用いると次のようになる。

$$|x-y|\leqq x+y \iff -(x+y)\leqq x-y\leqq x+y \iff x\geqq 0 \text{ かつ } y\geqq 0$$

▶(2)　(1)と同様にすると，$1+y-2x^2-y^2\geqq 0$ や $1+y-2x^2-y^2<0$ がでてきてこの不等式が表す領域がわからなくなる。そこで，(1)の結果が使えるように，$A-B=1+y-2x^2-y^2$，$A+B=1-y-y^2$ とおいた。あとは，A，B を計算し，(1)の結果から「$A\geqq 0$ かつ $B\geqq 0$」に代入して求めた。また，(1)と同様に$(*)$を使って次のように解いてもよい。

$$|1+y-2x^2-y^2|\leqq 1-y-y^2$$
$$\iff -(1-y-y^2)\leqq 1+y-2x^2-y^2\leqq 1-y-y^2$$
$$\iff x^2+y^2\leqq 1 \quad \text{かつ} \quad y\leqq x^2$$

4

◆発想◆　まず，点 A$(t-1,\ t,\ t+1)$ は点 $(-1,\ 0,\ 1)$ を通り，$(1,\ 1,\ 1)$ を方向ベクトルとする直線上を動くことを理解する。その上で(1)から線分 AP の動く範囲 W の体積は，立方体 D の体積といくつかの四角錐の体積の和で求まることに気づくとよい。あとは点Aを少しずつ動かして場合分けを考えていくとよい

が，「点Aの x 座標 $t-1$ が0と1の間にあるかないか」，「点Aの y 座標 t が0と1の間にあるかないか」，「点Aの z 座標 $t+1$ が0と1の間にあるかないか」に注目すると $f(t)$ の場合分けが見えてくる。

解答　D の6つの面のうち，平面 $x=0$，$x=1$，$y=0$，$y=1$，$z=0$，$z=1$ 上にあるものを順に $S_{x,\ 0}$，$S_{x,\ 1}$，$S_{y,\ 0}$，$S_{y,\ 1}$，$S_{z,\ 0}$，$S_{z,\ 1}$ とする。また，立方体 D の体積を V，さらに，点Aを頂点として，$S_{x,\ 0}$ を底面とする四角錐の体積を $V_{x,\ 0}$ と表す。底面が他の面の場合も同様に表すことにする。

また

$$(t-1,\ t,\ t+1)=(-1,\ 0,\ 1)+t(1,\ 1,\ 1)$$

であるから，点 $\mathrm{A}(t-1,\ t,\ t+1)$ は点 $(-1,\ 0,\ 1)$ を通り，$(1,\ 1,\ 1)$ を方向ベクトルとする直線上を動く。

(1)　$t=-1$ のとき，$\mathrm{A}(-2,\ -1,\ 0)$ である。

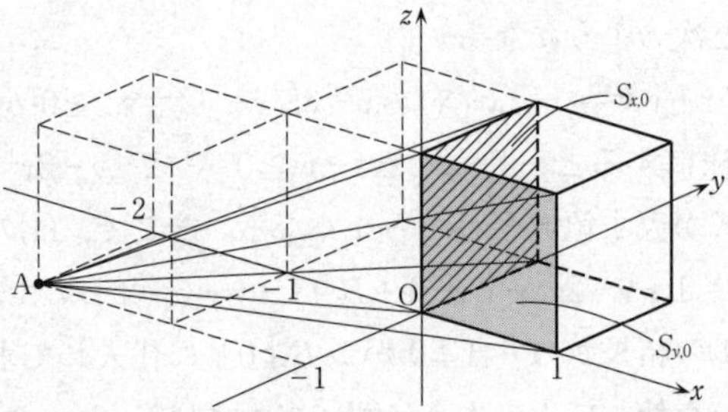

よって，図より

$$f(-1)=V+V_{x,\ 0}+V_{y,\ 0}$$
$$=1^3+\frac{1}{3}\cdot1^2\cdot2+\frac{1}{3}\cdot1^2\cdot1$$
$$=2\quad\cdots\cdots(\text{答})$$

(2)　$\mathrm{A}_3(2,\ 3,\ 4)$，$\mathrm{A}_2(1,\ 2,\ 3)$，$\mathrm{A}_1(0,\ 1,\ 2)$，
$\mathrm{A}_0(-1,\ 0,\ 1)$，$\mathrm{A}_{-1}(-2,\ -1,\ 0)$，$\mathrm{A}_{-2}(-3,\ -2,\ -1)$

とおく。$f(t)$ は，「Aの x 座標 $t-1$ が0と1の間にあるかないか」または「Aの y 座標 t が0と1の間にあるかないか」または「Aの z 座標 $t+1$ が0と1の間にあるかないか」を考えて，Aが半直線 $\mathrm{A}_2\mathrm{A}_3$ 上にあるとき，

A が A_2 と一致するとき，A が線分 A_1A_2 上にあるとき，A が A_1 と一致するとき，A が線分 A_0A_1 上にあるとき，A が A_0 と一致するとき，A が線分 $A_{-1}A_0$ 上にあるとき，A が A_{-1} と一致するとき，A が半直線 $A_{-1}A_{-2}$ 上にあるときに分けて求める（以下，本問では半直線と線分は端点を除くものとする）。

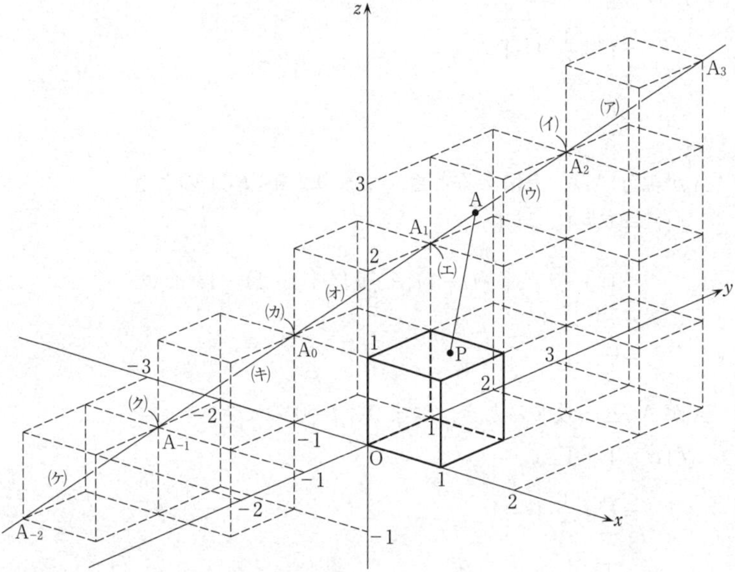

よって，図より，$f(t)$ は次のようになる。

(ア)　A が半直線 A_2A_3 上にあるとき，つまり，$t>2$ のとき

$$f(t)=V+V_{x,\ 1}+V_{y,\ 1}+V_{z,\ 1}$$
$$=1^3+\frac{1}{3}\cdot 1^2\cdot\{(t-1)-1\}+\frac{1}{3}\cdot 1^2\cdot(t-1)+\frac{1}{3}\cdot 1^2\cdot\{(t+1)-1\}$$
$$=t$$

(イ)　A が A_2 と一致するとき，つまり，$t=2$ のとき

$$f(t)=V+V_{y,\ 1}+V_{z,\ 1}$$
$$=1^3+\frac{1}{3}\cdot 1^2\cdot 1+\frac{1}{3}\cdot 1^2\cdot 2$$
$$=2$$

(ウ)　A が線分 A_1A_2 上にあるとき，つまり，$1<t<2$ のとき

$$f(t)=V+V_{y,\ 1}+V_{z,\ 1}$$

$$=1^3+\frac{1}{3}\cdot 1^2\cdot(t-1)+\frac{1}{3}\cdot 1^2\cdot\{(t+1)-1\}$$

$$=\frac{2}{3}t+\frac{2}{3}$$

(エ)　Aが A_1 と一致するとき，つまり，$t=1$ のとき

$$f(t)=V+V_{z,\ 1}$$

$$=1^3+\frac{1}{3}\cdot 1^2\cdot 1$$

$$=\frac{4}{3}$$

(オ)　Aが線分 A_0A_1 上にあるとき，つまり，$0<t<1$ のとき

$$f(t)=V+V_{x,\ 0}+V_{z,\ 1}$$

$$=1^3+\frac{1}{3}\cdot 1^2\cdot\{-(t-1)\}+\frac{1}{3}\cdot 1^2\cdot\{(t+1)-1\}$$

$$=\frac{4}{3}$$

(カ)　Aが A_0 と一致するとき，つまり，$t=0$ のとき

$$f(t)=V+V_{x,\ 0}$$

$$=1^3+\frac{1}{3}\cdot 1^2\cdot 1$$

$$=\frac{4}{3}$$

(キ)　Aが線分 $A_{-1}A_0$ 上にあるとき，つまり，$-1<t<0$ のとき

$$f(t)=V+V_{x,\ 0}+V_{y,\ 0}$$

$$=1^3+\frac{1}{3}\cdot 1^2\cdot\{-(t-1)\}+\frac{1}{3}\cdot 1^2\cdot(-t)$$

$$=-\frac{2}{3}t+\frac{4}{3}$$

(ク)　Aが A_{-1} と一致するとき，つまり，$t=-1$ のとき

(1)より　　$f(t)=2$

(ケ)　Aが半直線 $A_{-1}A_{-2}$ 上にあるとき，つまり，$t<-1$ のとき

$$f(t)=V+V_{x,\ 0}+V_{y,\ 0}+V_{z,\ 0}$$

$$=1^3+\frac{1}{3}\cdot 1^2\cdot\{-(t-1)\}+\frac{1}{3}\cdot 1^2\cdot(-t)+\frac{1}{3}\cdot 1^2\cdot\{-(t+1)\}$$

$= -t+1$

したがって，(ア)〜(ケ)をまとめると

$$f(t)=\begin{cases} -t+1 & (t\leqq -1 \text{ のとき}) \\ -\dfrac{2}{3}t+\dfrac{4}{3} & (-1\leqq t\leqq 0 \text{ のとき}) \\ \dfrac{4}{3} & (0\leqq t\leqq 1 \text{ のとき}) \\ \dfrac{2}{3}t+\dfrac{2}{3} & (1\leqq t\leqq 2 \text{ のとき}) \\ t & (t\geqq 2 \text{ のとき}) \end{cases}$$

よって，$u=f(t)$ のグラフは右のようになる。

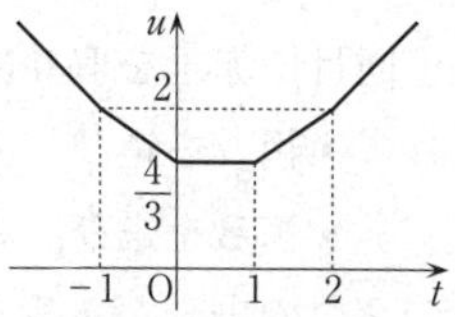

ゆえに，$f(t)$ の最小値は

$\dfrac{4}{3}$ ……(答)

◀解　説▶

≪線分が通過することによってできる立体の体積≫

点Aは点（−1, 0, 1）を通り，(1, 1, 1) を方向ベクトルとする直線上を動くという分析は，次の事柄を用いている。

点Bを通り，ベクトル $\vec{u}$（$\neq\vec{0}$）に平行な直線のベクトル方程式は，原点をOとし，直線上の点をPとすると

$\overrightarrow{OP}=\overrightarrow{OB}+t\vec{u}$　（t はパラメータ）

また，点Aの x 座標 $t-1$ が 0 と 1 の間にないとき，$S_{x,\,0}$ を底面とする四角錐か $S_{x,\,1}$ を底面とする四角錐ができるが，0 と 1 の間にあるときは，それらの四角錐はできない。点Aの y 座標 t，および z 座標 $t+1$ についても同様に考えられる。このことを踏まえて $f(t)$ の場合分けをした。$f(t)$ がわかれば最小値は問題ないであろう。

5

◇発想◇　1 回目の箱の選び方と $n\,(\geqq 2)$ 回目以降の箱の選び方が異なるので，$n=1$ のときと $n\geqq 2$ のときで分けて考える。n 回目に取り出す玉は赤玉か白玉の 2 種類しかないので，漸化式を立ててから p_n や q_n を求めるとよいのだが，「(1)で p_{n+1} を p_n を用いて表す，(2)で q_{n+1} を q_n を用いて表す」と考えるとわからなくな

る。したがって，赤玉２つと白玉１つが入っている箱をA，赤玉１つと白玉２つが入っている箱をBとし，n 回目の操作で箱Aを選ぶ確率を a_n とおく。そして，a_n についての漸化式（a_{n+1} を a_n を用いて表す）を立てて，a_n を求めるところから考えていくとよい。これは，(1)，(2)ともに同じである。

解答　赤玉２つと白玉１つが入っている箱をA，赤玉１つと白玉２つが入っている箱をBとする。さらに，n 回目の操作で箱Aを選ぶ確率を a_n とする（n 回目の操作で箱Bを選ぶ確率は $1-a_n$ となる）。

(1)　• p_1 について

１回目に赤玉を取り出すのは

• 箱Aを選び，赤玉を取り出すとき

• 箱Bを選び，赤玉を取り出すとき

の２つの場合がある。

よって，$a_1=\frac{1}{2}$ より

$$p_1=a_1\times\frac{2}{3}+(1-a_1)\times\frac{1}{3}$$
$$=\frac{1}{2}\times\frac{2}{3}+\frac{1}{2}\times\frac{1}{3}$$
$$=\frac{1}{2}$$

• $p_n(n\geqq 2)$ について

まず，a_n を求める。

$n+1$ 回目の操作で箱Aを選ぶのは

• n 回目の操作で箱Aを選び，赤玉を取り出すとき

• n 回目の操作で箱Bを選び，白玉を取り出すとき

の２つの場合がある。

これより

$$a_{n+1}=a_n\times\frac{2}{3}+(1-a_n)\times\frac{2}{3}=\frac{2}{3}\quad(n\geqq 1)$$

となるから

$$a_n=\frac{2}{3}\quad(n\geqq 2)$$

n 回目に赤玉を取り出すのは

- 箱Aを選び，赤玉を取り出すとき
- 箱Bを選び，赤玉を取り出すとき

の2つの場合がある。

これより

$$p_n=a_n\times\frac{2}{3}+(1-a_n)\times\frac{1}{3}$$
$$=\frac{2}{3}\times\frac{2}{3}+\frac{1}{3}\times\frac{1}{3}$$
$$=\frac{5}{9}$$

したがって，求める確率 p_n は

$$p_n=\begin{cases}\dfrac{1}{2} & (n=1\text{ のとき})\\[2mm] \dfrac{5}{9} & (n\geqq 2\text{ のとき})\end{cases}\quad\cdots\cdots(\text{答})$$

(2)　• q_1 について

$q_1=p_1$ であるから　　$q_1=\dfrac{1}{2}$

• $q_n(n\geqq 2)$ について

まず，a_n を求める。

$n+1$ 回目の操作で箱Aを選ぶのは

- n 回目の操作で箱Aを選び，赤玉を取り出すとき
- n 回目の操作で箱Aを選び，白玉を取り出し，かつ，$n+1$ 回目の操作で箱Aを選ぶとき
- n 回目の操作で箱Bを選び，白玉を取り出し，かつ，$n+1$ 回目の操作で箱Aを選ぶとき

の3つの場合がある。

これより

$$a_{n+1}=a_n\times\frac{2}{3}+a_n\times\frac{1}{3}\times\frac{1}{2}+(1-a_n)\times\frac{2}{3}\times\frac{1}{2}$$

すなわち

$$a_{n+1}=\frac{1}{2}a_n+\frac{1}{3}\quad(n\geqq 1)$$

となり

$$a_{n+1}-\frac{2}{3}=\frac{1}{2}\left(a_n-\frac{2}{3}\right)$$

と変形できる。

これより，数列 $\left\{a_n-\frac{2}{3}\right\}$ は

初項 $a_1-\frac{2}{3}=\frac{1}{2}-\frac{2}{3}=-\frac{1}{6}$，公比 $\frac{1}{2}$

の等比数列であるから

$$a_n-\frac{2}{3}=-\frac{1}{6}\left(\frac{1}{2}\right)^{n-1}\quad つまり\quad a_n=\frac{2}{3}-\frac{1}{3}\left(\frac{1}{2}\right)^n\quad(n\geqq 1)$$

n 回目に赤玉を取り出すのは

- 箱Aを選び，赤玉を取り出すとき
- 箱Bを選び，赤玉を取り出すとき

の2つの場合がある。

よって

$$\begin{aligned} q_n&=a_n\times\frac{2}{3}+(1-a_n)\times\frac{1}{3}\\ &=\frac{1}{3}a_n+\frac{1}{3}\\ &=\frac{1}{3}\left\{\frac{2}{3}-\frac{1}{3}\left(\frac{1}{2}\right)^n\right\}+\frac{1}{3}\\ &=\frac{5}{9}-\frac{1}{9}\left(\frac{1}{2}\right)^n\quad(これは\ n=1\ のときも成り立つ)\end{aligned}$$

したがって，求める確率 q_n は

$$q_n=\frac{5}{9}-\frac{1}{9}\left(\frac{1}{2}\right)^n\quad(n\geqq 1)\quad\cdots\cdots(答)$$

◀解　説▶

≪n 回目に赤玉を取り出す確率（確率と漸化式）≫

参考書や問題集で解いた経験がありそうな確率と漸化式が融合した問題であるが，いざ漸化式を立てようとするとうまくいかないことが見えてくる。その原因は，前回取り出した玉の色で箱Aから取るか箱Bから取るか

が決まるというルールがあるためである。したがって，n 回目の操作で箱Aを選ぶのか箱Bを選ぶのかに着目して，n 回目の操作で箱Aを選ぶ確率を a_n とおき，a_n について漸化式を立てて a_n を求めることにしたが，このことに気づくこと自体がやや難しいと思われる。また，1回目の箱の選び方と n（$\geqq 2$）回目以降の箱の選び方が異なるので，(1)，(2)ともに $n=1$ のときと $n\geqq 2$ のときに分けて考えた。

▶(1)　$n+1$ 回目の操作で箱Aを選ぶことについて漸化式を立てると

$$a_{n+1}=a_n\times\frac{2}{3}+(1-a_n)\times\frac{2}{3}$$

となり，a_n が消えてしまうことに注意しよう。

▶(2)　$n+1$ 回目の操作で箱Aを選ぶことについて漸化式を立てると

$$a_{n+1}=a_n\times\frac{2}{3}+a_n\times\frac{1}{3}\times\frac{1}{2}+(1-a_n)\times\frac{2}{3}\times\frac{1}{2}$$

となり，(1)とは異なり，きちんと隣接2項間漸化式がでてくる。あとはこれを解いた後で確率 q_n を求めるとよい。なお，(2)は a_n が $n\geqq 1$ で成り立つので，$n=1$ のときと $n\geqq 2$ のときに分けずに q_n を求めてもよい。

❖講　評

2022年度も出題分野については例年通り，整数，確率，微・積分法，図形と方程式に関するものが中心であったが，3年間出題されなかった空間図形が出題された。難易度は2021年度と同レベルで，分量も2021年度と変化はなかった。

[1]　年度（2022）に絡めた整数で，一橋大学らしい分析力，思考力を必要とする内容であった。どこから手をつけてよいかわからない受験生も少なからずいたと思われる。また，適当に a，b，c，d の値を絞ることができても，そのあとの計算が大変なので，完答は多くないと思われる。

[2]　三角関数と微分法および図形と方程式の融合問題で，解法はすぐにわかるので完答したい問題である。

[3]　必要十分性の証明と領域を図示する問題であった。(2)は(1)の結果を使って解く問題だったので，このことに気づいた受験生は完答できたのではないだろうか。全体の中で一番差がついた問題だと思われる。

4　空間図形の問題で，状況がきちんと把握できるまで相当時間がかかる内容であった。状況がわかれば，体積の計算などは簡単なので完答できる問題だが，限られた時間の中で解くには難しいかもしれない。また，(2)で高得点を取るのは難しかっただろう。

5　確率と漸化式が融合した問題であった。よく見かけそうな設定の問題で，漸化式を立てて求める解法に気づいた受験生は多かったと思われるが，実のところはよく見かける問題とは設定が異なるので，漸化式を作るのは苦労したと思われる。高得点を取るのは難しいだろう。

2022年度も1，2のように誘導がない問題が2題出題された。誘導がない問題はとくに思考力・分析力が必要になるので，他の難関大学（文系・理系問わず）の問題も参照しておくとよいだろう。

二は、『続近世畸人伝』からの出題。馬を大切に扱う馬夫の話と、そこから生き物の扱い方について諭す古文の文章。近世後期の文章であり、分量はあるが展開はたどりやすかっただろう。ただ、細部の解釈で難しい部分があり、語意が問われた「おとがひ」は厳しかったかもしれない。

三は、中埜肇の評論。人間を人間たらしめているものが関わるすべてのものに意味を持たせていることだという文章。やや長い文章であるが、抽象的発想を具体例を使ってわかりやすく表現しており、要約でも例示の部分を踏まえながら記述するとわかりやすくまとめられるだろう。例年通り二〇〇字という限られた字数であり、字数との兼ね合いを考えながら記述していくことが重要である。

人間も動物も事実として見ると同じ生きものであるが、事実に意味づけをするという行為が人間を動物とは異なるものにしているという文章。字数は多いが例示によって説明している部分が多く、例を通した主張の展開を押さえていけば問題なく読み解ける文章であっただろう。筆者は自分の主張を例を通して具体化して説明しており、例示の内容を短く言い換えて説明しながら要約したほうが、筆者の主張が伝わりやすいだろう。①・②は人間と動物の相違点を説明しており、論の出発点として簡単にまとめておきたい。そのうえで、本題である「意味」とはどのようなものか示していきたいが、ここでの「意味」は言葉の内容という単純なものではなく、事実に対する意味づけであることを筆者は例を示しながら説明しており、字数が許す限りで具体的な例を使いながら説明したほうがわかりやすい。③・④での誕生の事実に対する意味づけ、その意味づけが人間独特の文化となっているという展開を説明し、⑤・⑥で述べられる生活空間での関わりすべてが意味を持ち、生活空間は意味空間であるというまとめの部分につなげていくと、全体の展開をわかりやすく示した要約になるだろう。

参考　中埜肇（一九二二～一九九七年）は哲学者。京都大学文学部哲学科を卒業後、立命館大学、関西大学、大阪市立大学（現、大阪公立大学）、筑波大学、放送大学教授などを歴任。ヘーゲル哲学の研究業績がある。出題された文章は一九八九（平成元）年に出版された、社会における空間について考察した論考である。

❖講　評

例年通り、三題構成であるが問題二が古文の出題であった。近年は明治時代の近代文語文が出題されており、古文が出題されたのは二〇一六年度の現・古融合文以来である。

一は、「歴史」教育に関する評論。自分が直接経験していない過去をどのように認識していくか。そして歴史的に考えることの重要性と、それが学校で教育されていないという問題点を指摘している。文章は比較的わかりやすく、題材も身近で理解しやすいものであったが、字数制限が厳しく、解答を作るという点では簡単ではなかった。

三

出典　中埜肇『空間と人間　文明と生活の底にあるもの』〈Ⅳ　事実空間と意味空間〉（中公新書）

解答

誕生から死に至る生物学的事実で人間と動物は共通するが、事実とは別のレベルの生き方を持つことに人間の独自性がある。受胎という生理的な事実に喜びや不安、期待などさまざまな意味づけをするように、人は意味によってこそ人間となるといえ、この行動への意味づけが文化となる。生活空間での物や人との関わり、そこから生じる想念すべてが意味を持ち、人間の生活空間は意味に満ち、空間そのものが意味となっているといえる。（二〇〇字以内）

▲解　説▼

約三〇〇〇字の文章を二〇〇字に要約する。展開を形式段落ごとにまとめると次のようになる。

①誕生から成長、成熟、老衰、死への過程は人間と動物とは異なるところがなく、生物学的事実として人間と他の生物は共通するが、どのような立場にあっても、人間の独自性を認めないということはあり得ない。

②人間の独自性は、人間の生き方が事実のレベルにとどまらず、別のレベルの生き方を持っているというところにある。

③例えば人間の誕生では、受胎という生理的な事実に、喜び・不安・期待・願望などさまざまな意味づけがなされるように、人間の生活を人間的にしているのは意味であり、人間は意味によってこそ人間となるといえる。

④そのことは食べるという行動を例にしても明らかであり、摂食行動に付随する食器・調理・作法などいずれをとっても文化というものが見られ、文化は意味の表現にほかならない。

⑤私たちは生活空間のなかで物や人と関わり、その関わりそのものが意味であるということが多い。

⑥書斎にいる私を例に考えると、眺めたものを美しいと思い憩いを覚えるとすれば、空間は事実空間ではなく意味空間となっている。私が使用する書斎のなかの物も好悪や価値、記憶などさまざまな想念を伴い、私にとって意味を持つことを考えれば、人との関わりのなかで意味を持たないものなどなく、生活空間は空間そのものが意味となっているともいえる。

い命〟の意味。B、「おとがい」は〝あご〟の意。C、「ひねもす」は古文でも頻出であり〝一日中〟。

▼問い二　傍線部は蚤、虱、蚊、虻という害虫のために人は生まれたのかと非難する人がいるという内容。この非難がどういう理由からのものか、という問題である。傍線部には「はたしてしからば」とあり、前の文脈にある「人を養ふための天物也などいへる説」、つまり〝（他の生き物は）人を養うために天から与えられたものだ〟という考えに対して、もしそのとおりならば、人は蚤、虱、蚊、虻に食われるのだから、人はそれらの虫を養うためにこの世に存在するのか、と非難していると読み取れる。人のために他の生き物が存在する、という考えへの反対意見という説明を字数内で記述する。

▼問い三　文章前半では、孫兵衛とその家族が馬を大切に扱う姿に感動する阿闍梨の言葉を記述する。その内容を受けて後半では、天地の生きとし生けるものすべてが仏の前には同等であり、生き物の殺生で生計を立てる者は仕方がないけれども、そうでない者は生き物を殺し苦しめることのないようにすべきだという考えを述べる。そして、特に牛馬を使役する者は、牛馬の労苦によって生活しているのに、牛や馬を苦しめ最後には殺してしまうとはどういう心だといさめ、生き物に憐れみの心を持つべきだとまとめている。この展開から筆者は、生活のための殺生以外で生き物を苦しめることを否定し、孫兵衛のように馬や牛にも憐れみの心をもって接するべきだということを言おうとしている。

参考　『近世畸人伝』は近世初頭以降の「畸人」（世の人からは変わっているが、人としては自然のあり方に合致している人）約二百人の伝記を収めている。著者は伴蒿蹊で一七九〇（寛政二）年刊行。二〇二二年度出題された『続近世畸人伝』は『近世畸人伝』の続編であり、著者は『近世畸人伝』の挿絵を描いた三熊花顚。三熊花顚は『続近世畸人伝』が未完のまま没したので、遺言により伴蒿蹊が加筆し、一七九八（寛政十）年に刊行された。

話になった通りに記す。

おおよそ鳥獣や、魚虫は、形や備わった性質は人間と異なるけれども、同じ天地の間でうごめく生き物は、仏教の言葉によっていえば全世界のあらゆる生き物（＝生きとし生けるものとして同じ）である。それなのにあるいは、（動物は）人を養うために天から与えられたものだ、などという説もあることは笑うべきことだ。もしそう（＝人を養うために他の生き物がいる）ならば蚤、虱、蚊、虻の（食料になる）ために人が生まれたのかと非難した人もいる。結局大小がお互いに食べ合うのに過ぎないけれども、農業を害する獣は、狩らないではいられない、海浜の民で、生業《なりわい》がない者は、漁や釣りをしないでは生きていけない。みなやむを得ないところで（殺生をするのに）、これを不憫だとして、白河院が殺生を天下に禁じなさったようなことは、民をどうするのだろう。ただ生業に関わらない人は、小さいものといっても、これを殺しこれを苦しめることをやめることこそ常にすべき慎みであろう。特に憐れむべきは牛馬だ。人を助けて重い荷を負い、遠くまで歩き、一日中苦労する。それなのに年老い弱くなると使うところがないといって、（牛馬の肉や皮を売る）餌取の手に渡して牛馬を殺すということなどは、どのような心なのか。自らが牛馬に劣る心だとはわからないのか。また牛を使い馬を扱う者で無法な者が多いことはどうしたらよいだろう。私がかつて逢坂の山道で（上り坂がきつくて）動けない牛車を興ざめするほど打ち据えるのを見て、

　小車がまわるように輪廻がまわってくる世（＝来世）では、おまえはまた引かれてつらい牛になると思い知るに違いない

と詠んだのを、感慨深いという人もいたが、因果応報を信じない人は笑うだろうけれど、それはともかく、思ったままのことである。因果応報のことはいったん脇においても、憐れみの思いは、人にだけ動いて、物のためには動かないだろうか。畜類も物をこそ言わないが、思いはかえって人よりも賢いことがある。

◀解　説▶

▼問い一　二〇二二年度は例年の明治文語文ではなく、江戸時代の古文であった。A、「露の命」は〝露のようにはかな

二

出典　三熊花顛、伴蒿蹊加筆『続近世畸人伝』

解答

問い一　A、はかない命　B、あご　C、一日中

問い二　人のために他の生き物がいると考えるのはおかしいという理由。（三〇字以内）

問い三　生計を立てるための殺生以外で生き物を苦しめてはならず、牛馬にも憐れみの心で接するべきだということ。
（五〇字以内）

◆全　訳◆

木曽山中に、馬夫の孫兵衛という者がいる。なんとかいう阿闍梨が江戸からの帰り道、この馬夫の馬にお乗りになったところ、道が悪いところに至ると、孫兵衛は馬の荷に自分の肩を入れて、「親方あぶない」と言って助ける。（そのことが）たびたびのことであってとても珍しいことなので、阿闍梨は、「どうしてそのようにするのか」と問いなさったところ、「私たち親子四人、この馬に助けられて、はかない命を支えていますので、馬とは思わず、親方と思っていたわるのです」と答え、「さて、お坊様に一つの願いがあります、この向こうの清水があるところで手を洗いますときに、十念をお授けください」と願ったので、「とても感心なことだ」と引き受けられるところ、はたしてその場所に至って、阿闍梨を馬から下ろし、自分は手水をつかい、馬にも口をすすがせて（十念を受けるために身を清め）、その馬のあごの下にうずくまり、一緒に十念を受ける様子である。こうして（阿闍梨から十念を受けることができて）大いに喜んで、また（阿闍梨を）馬に乗せて次の駅に到着する。その賃金として（いくらか）渡しなさったところ、まずその銭の初物として、五文をとって餅を買って馬に食わせ、いよいよ自分の家の前に至ったときに、馬のいななきを聞いて、孫兵衛の妻が迎えに出て、とりあえず馬にものを食わせた。男の子も出てきて阿闍梨をもてなした。その妻子の振る舞いも、孫兵衛にならって真心があった。（孫兵衛は）この阿闍梨に限らないで、僧であればいつも賃金の額のことを言わなかった。「乗る人（＝お坊様）の心に任せて、馬と私たちとが縁を結ぶのでございます」などと語ったということだ。阿闍梨は深く感動してお

動する〟意味の「感銘」。Dは〝おごり高ぶる〟権力者であり「傲慢」であるが、やや難しいかもしれない。Eは

〝先入観や偏った見方〟の意味であるので「偏見」が正しい。

▼問い二　ここでの「歴史」は傍線部前で説明される「自分が直接に経験していない過去」のこと。これを認識するとはどういうことか、次の段落から読み取る。そこには、自分の経験が過去として積み重なっていくにつれて、時間意識・認識も成長し、「経験の外側の過去」を、「経験の中の過去」とつながりある「物語」（＝「歴史」）として認識するとあり、この内容をまとめる。制限字数が少ないので、経験していない過去の出来事を自分の経験と関連づけて捉えるという展開でまとめる。

▼問い三　教科書をバイアスのかかった「歴史」として学ぶことが重視されない理由を説明する問題。傍線部の直前の文脈から、日本の教育の授業観・学力観では、受験の実態に合わせて、教科書に書いてあることをまんべんなく教えること、それを覚えることが重視される。そのために、教科書の内容を、史料を記述した人の意図や、それを読み解いた人の解釈などのバイアス、つまり偏向を含んだ「歴史」として考えて、学ぶことは重視されない。重視されない理由を三〇字という少ない字数で説明するため、学校教育では、受験のために教科書の内容を正しいものとして定着させることを重視するから、という流れで説明する。受験の実態に合わせた教育になっていることが問題視されている点に注意する。

▼問い四　「歴史的に考える」ことは、第五・六段落で説明されている。「歴史」は史料を残した者の意図や、資料を読み解いた歴史家の解釈などのバイアスがかかっており、さらにそれを見る私たちの側も時代や地域などからくる価値観を基盤にしたバイアスから自由になっていない。そのことを自覚して、「歴史」は過去そのものではない、ということを理解して捉えることが、「歴史的に考える」ことだと読み取れる。文章全体をふまえてとあるので、〔解答〕では、自分が直接に経験していない「経験の外側の過去」について言及した。

国語

一

出典 日高智彦「『歴史的に考える』ことの学び方・教え方」（南塚信吾・小谷汪之編『歴史的に考えるとはどういうことか』ミネルヴァ書房）

解答

問い一 A―痕跡 B―純然 C―感銘 D―傲慢 E―偏見

問い二 直接経験していない過去を自分の経験を基盤にして理解すること。（三〇字以内）

問い三 受験のために教科書の内容の通りに覚えることを重視するから。（三〇字以内）

問い四 経験の外側の過去には、語り、受け取る両者の価値観で偏向がかかると自覚し、歴史を相対化して捉えること。（五〇字以内）

◆要旨◆

「直接に経験していない過去」つまり「歴史」から学び社会は発展したが、人は「経験の中の過去」が蓄積して「経験の外側の過去」とつながることで「歴史」を認識する。この「歴史」は、歴史家が史料を扱い、読み解く際にバイアスがかかっているため過去そのものではないが、このことに自覚的になることが「歴史的に考える」ことである。自己の先入観や偏見を自覚し、相対化する力をもつために、初等、中等教育でこそ「歴史的に考える」ことは教えられるべきだが、教科書を学力として定着させるという授業観、学力観の中で、「歴史的に考える」ことは重視されていないのだ。

▲解説▼

▼問い一 漢字の書き取りは多くの場合ふだん文章でよく使われるものが出題される。意味、用法とともに覚えておこう。

Aは〝過去にあったことの跡〟の意味である「痕跡」。Bは歴史以外の要素が交じっていない「純然」。Cは〝深く感

2021年度

解答編

解答編

英語

I 解答　1．全訳下線部(1)参照。

2．the house telephone

3．全訳下線部(3)参照。

4―イ

5．死は避けられないものではなく，選択できるものになるかもしれないということ。(40 字以内)

6．出生前遺伝子操作によって不死を得た新人類と，それを羨望のまなざしで見る不老不死になり損ねた旧人類が同じ時代に生きることは，人類史上最大の不公平だということ。(80 字以内)

7．あ―ホ　い―イ　う―ロ　え―ニ　お―ハ

8．A―ホ　B―ハ　C―イ　D―ロ　E―ニ

9―ニ

10．空想は実現しなくてもつらい思いをしなくてすむが，空想が実現可能な欲望に変わると，実現できない者は苦痛を感じ，実現できる者に対して激しい嫉妬を抱くようになる。(80 字以内)

◆全　訳◆

≪不死になり損ねた最後の人間≫

1935 年の春，ジークムント=フロイトは健康が思わしくなかった。彼の健康は既に衰え始めていたが，ウィーンの季節外れの冷え込みでさらに悪化した。ナチスが街に進攻して来た（彼はすぐにもロンドンに亡命することになるだろう）。だが，友人であり研究仲間でもある精神分析家のルー=アンドレアス=ザロメにじっくりと手紙を書くとき，もっと差し迫った懸念が彼の頭から離れなかった。「年を取るという恐ろしい問題に耐えるにはなんと多くの人の良さとユーモアが必要なことか！」と彼は書いた。「私から知的なことを聞けるとは期待しないでほしい。私がまだ何かを生

み出せるのか疑問だ…しかしいずれにせよ，時間がない。自分の健康のためにやるべきことがあまりにも多いゆえ」

フロイトの文通相手，アンドレアス=ザロメは彼女自身なかなかの人生を送ってきた。若いころはフリードリッヒ=ニーチェとともにコミューンを立ち上げようとしたことがあった。しかしそんな彼女も今ではもう高齢女性となり，病院で日々を送り，腎不全で余命2年もない運命だった。フロイトは人生の半ばに彼女と知り合いになった。その手紙は大部分が屈託のないものだったが，アンドレアス=ザロメが危険を伴う手術を受けようとしていることを，フロイトははっきりと気づいていた。彼の結びの言葉は胸を打つ。「私があなたの幸せをどれほど願っているか，じかに伝えることができればいいのだが――あなたのフロイトより」

フロイトは本当にアンドレアス=ザロメにじかに会いたいと思っていただろうが，それが空想でしかないことを彼はわかっていた。ウィーンにいる彼とベルリンにいる彼女との間にあったのは，何百マイルもの距離と，年齢という身体的制約，そしてアドルフ=ヒトラーだったのだ。2人が再会できる可能性はほとんどなかった。(1)フロイトが友人の手術のことを心配し，ひじ掛け椅子に身を沈めて何時間も時をすごし，「ああ，もう一度彼女に会うことができさえすれば」とため息をついているのを想像するのは簡単だ。

さて，この出来事の別バージョンを想像してみよう。スマートフォンが75年早く発明されていたと想像するのだ。フロイトがビデオ通話アプリの設定を完了し，古くからの友人と週に1回のビデオチャットをする用意ができていると想像してみよう。とりわけ今週は，フロイトは彼女の手術前に顔を見たいと思っている。しかし携帯電話のネットワークがダウンした。フロイトはアイフォーンのカバーを叩いて，自分の運をののしる。同じ手紙を彼が書かなければならないと想像してみよう。「私があなたの幸せをどれほど願っているか，じかに伝えることができればいいのだが」は今度は異なった情熱を持つ。もう少しで，2人は彼女が手術を受ける前，最後にもう一度，互いの顔を見る，つまり互いの仮想的存在の面前に現れるところだったのだ。このバージョンの願いは異なった色合いを持っている。それは空想ではなく，無理のない欲望が理不尽に否定されたことを非常に悲しげに表したものなのだ。技術の進歩は，その新たな可能性に伴う新たな欲求不満を生み出す。科学技術によって何かが新たに可能になると，我々がそういったものを願う状況もその技術によって変わるのだ。昔は，他国にいる古くからの友人と瞬時に会って話をすることは空想でしかなく，魔法の鏡や水晶玉といった，物語に出てくる類のことだった。しかし今は，持ち運びできるビデオカメラや，ワイヤレスネットワークがある。今は，遠くにいる最愛の人間とおしゃべりをしたいという願望は，全く普通の欲望――実現できないとつらいものになりやすい願望――という地位を得ているのだ。

携帯電話はこの現象の例を数多く提供してくれる。古代ローマ文明の学者，メアリー=ビアードは最近，BBC のラジオ番組に出演し，この何十年かの技術的変化の影響について討論した。彼女の思考は携帯電話がデートに与える影響にまず向かった。彼女が若いころは，ボーイフレンドが折り返し電話をしてきて予定を立ててくれるのを期待しながら，家の電話のそばで丸何日も待たねばならないのが常だった。留守番電話すらなかったのだ。もちろん今は，だれとでも瞬時に予定を調整できるようにしてくれる小さな装置を携帯している。しかしあのころは，自由度と社交上の都合を秤にかけて決めなければならなかった。恋人の心に至る小道は，常に居間に固定されていた。私たちは 10 代のメアリー=ビアードが次のように考えているのを想像できる。「ああ，この電話を待っている間に，映画を観に出かけられたらいいのに」 だが当時の技術を考えると，彼女の願いは空想でしかなかった。それが生じることを現実的に期待できるものではなかったし，その選択肢がないことをつらく感じたとしたら，それは奇妙なことだっただろう。

しかしここで，友達はみな持っているのに親にスマホを持たせてもらえない現代の 13 歳の女の子を比較対照してみよう。彼女はスマホが選択肢の 1 つだとわかっている。スマホは利用できるものだとわかっている。いつでもあのハンサムボーイに返事ができるというこの常時接続の機会が本来なら得られるはずだとわかっている――だがそれは今，彼女には与えられていない。理不尽かつ不当にも。居間のソファを離れられない 10 代のメアリー=ビアードは，級友のアイフォーンを羨ましそうにちらちらと見ている現代の 10 代の若者とまさに同じものを欲しがっているように思えるかもしれない。しかしこれは錯覚なのだ。10 代のメアリー=ビアードの願望は空想だった。状況は改善の余地があるが，実際は近いうちには絶対によくならないだろうという想像だ。くだんの現代の 13 歳の願望は，そうではなくて，1 つの欲望なのだ。(3)彼女は，それを所有するのを何か（あるいはだれか）が邪魔していない限り，自分が所有する可能性が十分あるものを欲しがっているのだ。1 つの願望が実現するという遠くはない現実がその願望の地位を空想から欲望に変え，それにより，全く新たないくつかの面で不満を抱くことがもっともなことになる。

こういうわけで，死すべき最後の人間は，とりわけ悲惨なことになるだろう。これまでは，不死への願望は空想でしかなかった。122 歳を超えて生きた人間はかつておらず，それほど生きるだろうと思った人間がいないのも当然だ。しかしいったん科学者が我々に，その日が来るのはそう遠くなく，生物学的な不死が 1 世代ないし 2 世代後には手に入ると言ったら，何が起こるだろう――そのとき何が？　我々は突如として，死を迎える大切なルーとのビデオ通話の機会を失いアイフォーンを叩くフロイトになるのだ。セネカは我々に，死と陽気に向き合うようにと言った。というのも，死は「運命によって人に要請されるもの」であり，意のままにはできないからだ。死が避けられないからこそ，人が心配することが非合理となるのだ。空想を実現できないことをどうして思い悩まなければならないのか。しかし，すでに述べてきたように，死はやがて不可避ではなくなるかもしれない。死は，指令を与えるものというよりもむしろ 1 つの選択肢となるかもしれない。そして，不死という空想が無理のない欲望となるときに生まれるのが，新たな類の満たされない欲望だけでなく，深い嫉妬心を抱くいくつもの新しい状況なのだ。

死すべき最後の普通人は，最初の不死の人間と一緒に地球で暮らすことを強いられるかもしれない。これは，生物学的不死は我々のひ孫の寿命のうちに達成されるだろうという確信が大きくなっていくとき，徐々に生じていく可能性がある。あるいは，世代間を分割する残酷な正確さをもって生じるかもしれない。もしかすると，老化を解決する唯一の方法は，出生前，胎芽の発育の早い時期に遺伝子操作をする必要があるとわかるかもしれない。言いかえるならば，その技術が出現する前に生まれた者はだれであれ，死を宣告されるが，そのあとに生まれた者はみな，何百年あるいは何千年もの時間を手に入れる。その発表の数カ月後に，看護師が世話をしている赤ん坊に注ぐ羨望のまなざしを想像してほしい。

この未来の時に対する漠然とした警告は，すでに我々の身近にある。豊かな国の人間はすでに最貧地域の人間の倍の平均余命を享受しているのだ。そして2つの時代の人たちの寿命が一部で重なっていることは，目新しいものではない。アメリカ退役軍人局は，晩年に父親となった北軍兵士の，現在90 幾歳の娘に対して払われるべき南北戦争の年金を，今日でも支払い続けている。エリザベス二世は，週1回の謁見を1874 年生まれの首相と1966 年生まれの首相に行っている。「存命している最高齢者」という肩書を得た人たちのうちの2人，ベルギーのアン=デヴァグロートと，プエルトリコのエミリアーノ=メルカド=デル=トロはいずれも1891 年には存命だった。2人合わせると，地球上で1783 年から2007 年までの各年を目撃したことになる。

しかし幼い子供たちが次の世紀に踏み出していくのを想像することと，多くの子供たちが次の千年間を目撃するのを知っていることは別だ。その比率はひどく不均衡で，その分布は行き当たりばったりである。これは妬みの確実な原因となる。寿命のある最後の普通人は，自分とほぼ同じ時代に生きる者たちに残された途方もなく長い人生に対する，増大していく羨望の念の中で傍観者となる運命にあり，天寿を全うする前に亡霊となるかもしれない。ある意味では，それは人類史上で経験された中で最大の不公平となるだろう。客観的視点から見れば，最後の普通人の問題は，一時的なものに思える。結局相対的に見れば，彼らはあっというまに死に絶えていくのだから。そのとき，残った者はみな，驚くべき長寿という新たな問題を等しく負うことになろう。しかし我々はこの客観的視点から見るというぜいたくを味わえないかもしれない。我々自身，その最後の普通人になるかもしれないからだ。我々は，これまで人類が経験してきた中で最も激しい怒りと羨望を抱きながら子孫のほうを向く人間になるかもしれない。心の準備をするために何かできることはあるだろうか。

◀解　説▶

▶1．**It's easy to picture Freud worrying about his friend's surgery, spending hours sunk in his armchair, sighing, "If only I could see her once more."**

「フロイトが友人の手術のことを心配し，ひじ掛け椅子に身を沈めて何時間も時をすごし，『ああ，もう一度彼女に会うことができさえすれば』とため息をついているのを想像するのは簡単だ」

→picture *A* *doing*「*A* が～しているのを思い描く，想像する」*A* は Freud であり，*doing* の部分は，worrying … / spending … / sighing … である。If only＋仮定法「～しさえすればなあ」

●(being) sunk「(椅子に) 身を沈めて」

▶2．下線部に続く部分には「常に居間に固定されていた」とあるので，The path to a lover's heart「恋人の心に至る小道」つまり「恋人に何かを伝える手段」は，同段第 4 文（In her youth, …）にある the house telephone「家の（固定）電話」だとわかる。

▶3．**She wants a thing that she very well could have, if only something (or someone) were not keeping it out of her hands.**

「彼女は，それを所有するのを何か（あるいはだれか）が妨害していない限り，自分が所有する可能性が十分あるものを欲しいと思っている」

→if only 以下は could have を修飾。keep *A* out of *one's* hands は「*A* が～の手を離れている状態にしておく」→「*A* が～の手に入らないようにしておく」

●very well could *do* / could very well *do*「～する可能性が十分ある」

▶4．inevitability は「避けられないこと，不可避性」，death's inevitability は「死の不可避性」つまり「死は避けられないということ（＝that death is inevitable)」。incapability of ～は「～ができないこと（＝being unable to *do*)」なので，「避ける」という語が含まれている選択肢が正解。

→ロの condone「～を許す」は難語だが，知らなくても正解は得られる。

▶5．下線部の直訳は「それは命令を与えるものというよりもむしろ選択肢となるかもしれない」

→It の内容と a giver of orders「命令を与えるもの」の解釈がポイント。下線部は直前の文（Yet, as I've …）の後半「死は不可避でなくなるかもしれない」を補足説明したものと考えられる。したがって，It は直前の文中の death を指し，a giver of orders は「避けられないもの（←逆らえない命令を与えるもの)」を表し，become an option は cease to be inevitable「避けられないものでなくなる」に対応する部分と考えられる。

「死は避けられないものではなく，選択できるものになるかもしれない」という内容を 40 字以内にまとめる。

▶ 6．下線部の直訳は「ある意味では，それは人類の全歴史で経験された中で最大の不公平となるだろう」で，この「それ」の把握がポイント。

→it は直前の文（The last mortals …）の destined to look … を指している。in growing envy at～「～に対する増大する羨望の中で」 enormous stretches of life「途方もなく続く生涯」 left to～「～に残された」の left 以下は life を修飾。their near-contemporaries「彼らのほぼ同時代の人間」→their は last mortals を指す。last mortals「最後の死すべき普通の人間」とは，「不死を手に入れた世代の直前の，不死を手に入れそこなった世代の最後の人類」ということ。near「～同然の，～とも言える」 near-contemporaries「ほぼ同時代の人間」とは，「enormous stretches of life が残された人間」，つまり「不死を与えられた新人類」のこと。

→この状況がどのようにもたらされるかは，第 8 段に述べられている。特にその第 4 文（Perhaps it will …）～最終文（Imagine the envious …）は下線部と関係がある。人生の途中からでも不死を得られるとすれば，理論上はその時代のだれもが等しく不死を得られることになるので，「人類史上最大の不公平」が生じる前提として，この部分の「出生前遺伝子操作によって不死を得られる」という情報を解答に加える。「不老不死になり損ねた最後の普通人が，出生前遺伝子操作によって不死を得た同時代に生きる人間を羨望のまなざしで見ることは，人類史上最大の不公平だということ」というようにまとめてもよい。

▶ 7．あ．knife は定冠詞 the が付いて「外科手術」という抽象名詞になる。go under the knife「手術を受ける」

い．make a choice between *A* and *B* は「*A*，*B* 間で選択をする」ということ。

う．demand「～を要求する」が受動態で使われている文脈から，「～に対して要求される」という意味になると推測。この意味に合う前置詞は from または of である。

え．turn out ～ で「～だと判明する」という意味を表す。

お．look on は「眺める，傍観する」という意味。

▶ 8．A．sorrowful expression「悲しみの表現」と reasonable desire「無理のない欲望」，denied「否定された」という語句から，「無理のない欲望が理不尽に否定されて悲しい」という文脈になると考え，unreasonably「理不尽に，不合理に」を入れる。

B．直前の文に her wish was mere fantasy「彼女の願いは空想でしかなかった」とあり，空欄Bの前後は「それは起こることを彼女が（　B　）期待できることではなかった」という意味になるので，空欄には「現実的に」を表す realistically が入る。

C．文脈から，スマートフォンを欲しがっている少女が友人のアイフォーンをどのように一瞥するかを考え，「うらやましそうに」とか「羨望のまなざしで」という意味の enviously を選ぶ。

D．as our confidence grows と within the lifespans of our great-grandchildren という時間経過を表す語句から，このこと（主語の This）は時間をかけて起こると考えられるので，gradually「徐々に」が適切と考える。

E．relatively speaking で「比較して言えば，相対的に見れば」という慣用句となる。last mortals は不死を得た人と比べると，あっという間に死に絶えてゆくとここでは述べている。

▶ 9．intense anger and envy は「激しい怒りと羨望」→空欄Fに almost を入れた場合，「もう少しで（あと一歩で）激しい怒りと羨望となる」という意味になり，同じ段の第５文（The last mortals …）の記述に合わない。よって空欄Fには most を入れる。そこから該当箇所は「最上級＋ever＋現在完了形」の形になって「今まで～した中で最も激しい…」という意味になると見当をつけ，ニの組み合わせを選ぶ。the (most) intense anger and envy (anyone) has (ever) known は「人がこれまで経験した〔見聞きした〕ことのある中で最も激しい怒りと羨望」という意味。

▶ 10.「空想（fantasy）」と「欲望（desire）」の違いについては，第４段第９文（This version of …）～最終文（Now a wish …）に述べられている。技術が進歩すると，実現不可能な「空想（fantasy）」でしかなかったものが実現可能な「欲望（desire）」に変わるが，それは同段最終文に … vulnerable to painful failure だとある。→failure は「何かができないこと」で，vulnerable to ～ は「～に対してもろい，～を受けやすい」という意味なので，全体で「願望がかなわずつらい目に遭いやすい」という意味になる。また，「空想」はかなわなくとも「つらくない」ということは，第５段最終文（It was not …）にも書かれている。しかし第６段最終文（The nearby reality …）では，「空想」が実現可能な「欲望」に変わった場合は，不満を抱く（unhappy）ことがもっともなことになると述べられている。第７段では immortality に関する記述に及び，この段の最終文（And, as the …）で，immortality という「空想」が無理のない「欲望」に変わると，「うまくいかない欲望（failed desires）」が生じるだけでなく「ひどく嫉妬する（profoundly envious）」ことにもなると述べている。

以上を総合し，「空想の場合は，それが実現しなくてもつらい思いをしないですむが，その空想がいったん実現可能なものに変わると，欲望がかなえられないときに苦痛となり，それをかなえられる者に対して激しい嫉妬を抱くようになる」という内容を 80 字以内でまとめる。

●語句・構文●

（第１段）　exile「～を追放する」 psychoanalyst「精神分析医〔学者〕」

（第２段）　correspondent「文通相手」 light-hearted「明るい，屈託のない」 in person「（電話や手紙などでなく）直接，じかに」 have *A* at heart「*A* を（心の中で）願っている」 well-being「健康，幸福」

（第３段）　mere「単なる」

（第４段）　with *A* all set up「*A* のセットアップを完了して」 one last time「最後にもう一度」

（第５段）　sense of liberty「自由感，自分が今どれくらい自由なのかということ」 social availability「人との付き合いの中での都合」 given「～を考えると，考慮に入れると」 feel bitter「つらいと思う」 the lack of the option はここでは「空想でしかない自分の願望を実現するという選択肢がないこと」を意味する。

（第６段）　always-on「常時接続の，常時利用できる」 an imagining of how ～ ≒imagining how ～「～という想像，～と想像すること」 anytime soon「近いうちに」

（第７段）　have it particularly bad「特にひどい目に遭う」 miss out on ～「（楽しみなど）を逃す」 circumstances「状況，境遇，運命」

（第8段） harsh precision「残酷な厳密さ」=「世代間ではっきりと分断されること」 be sentenced to death「死（刑）を宣告される」 that announcement は2文前の the only way to … early embryo development という発表を指す。

（第9段） overlapping lifespans「（生まれが100年以上違う2人の）生きた時代が一部で重なっていること」 weekly audience「週1回の謁見」 between them「2人合わせて，合計で」

（第10段） It's one thing to ～. It's another to ….「～することと…することは別だ」 recipe「（悪いことの）原因」 before *one's* time「寿命が尽きる前に，天寿を全うせずに」 share in ～「（責任など）を平等に負う」

II　解答例

＜解答例1：1を選択した場合＞

This proverb can be interpreted in two ways according to whether you take the standpoint of a farmer or a pig. In the former case, if a farmer who raises and sells pigs made friends with his pigs, he would have too much affection for them and would find it difficult to sell or kill them. As a result, he would lose his living. This proverb teaches us that there are relationships that should not be too close. In the latter case, we can interpret the proverb to mean that we should not hope for "pie in the sky" or something impossible. After all, someday, the pig will be sold and killed for meat even if it trusts the farmer who gives it food and raises it lovingly. (128 words)

＜解答例2：2を選択した場合＞

This proverb has a paradoxical meaning. It is usually right to say, "A late reply is better than no reply," given the more familiar proverb, "Better late than never." However, as a proverb, "A late reply is better than no reply" is too simple, and people may not appreciate it enough. Paradoxical proverbs sound more attractive and more impressive. The proverb in question can be used to describe a situation where you invite people to a party, and some fail to reply by the deadline. You would take "no reply" to mean they are not coming and prepare food only for those who would attend. Those who do not reply may be just impolite, but if they reply later and want to join, they will only hurt you more badly by showing how selfish they are. (136 words)

＜解答例3：3を選択した場合＞

This proverb means that even if you present it in a reliable way, lots of wrong or false information doesn't have as much value as a piece of information that is right and proper. This proverb teaches us what proverbs are like. If we change the word "book" to the word "word," we'll have a simple proposition, "The right word is more effective than the wrong word," which gives us a pretty simple truth. Neither does this proposition have any satire or wit nor does it raise the alarm, so it doesn't have value as a proverb. However, since a book, in itself, is thought to be right and useful, combining the word "book" with the word "wrong," which sounds somewhat unusual, creates a witty remark. What is written in a book isn't always right for the readers. (138 words)

◀解　説▶

●問題文の和訳：以下のことわざのうち1つを選び，それが何を意味していると思うかを英語で説明しなさい。説明は 100 語から 140 語の長さとします。選んだことわざの番号を示しなさい。解答の末尾に，書いた語数を正確に記しなさい。

1　豚と農家は友人になろうとすべきではない。

2　遅い返事は全く返事がないよりも悪い。

3　適切な言葉は不適切な本よりも効果的だ。

▶1.「豚と農家は友人になろうとすべきではない」

●（解答作成の方針）　このことわざの真意を述べる。豚と農家はどういう関係にある（べき）か，なぜ友人になろうとすべきでないかを説明しつつ，それを畜産以外の場面に当てはまる教訓や真理に結びつける。

●（解答例の全訳）　このことわざは，農家の立場をとるか豚の立場をとるかで，2通りの解釈が可能だ。前者の場合，豚を育てて売っている農家が飼っている豚と仲良くなれば，豚に過度の愛着を持つようになって，豚を売ったり殺したりするのが難しくなるだろう。その結果，農家は生計の手段を失うことになる。親密になりすぎてはいけない関係が存在するということを，このことわざは教えてくれる。後者の場合は，「絵に描いた餅」，つまり不可能なものを望んではいけないということをこのことわざは意味しているのだと解釈できる。結局のところ，たとえ豚が餌をくれて大事に育ててくれる農家に心を許したところで，いつかは売られて食肉用に殺されるのだから。

▶2．「遅い返事は全く返事がないよりも悪い」

●（解答作成の方針）　一見矛盾し非論理的に見えることわざがどうして成立するのか，またこのことわざはどのような状況を示しているのかについて述べていく。

●（解答例の全訳）　このことわざは逆説的な意味を持っている。なじみのことわざに“Better late than never.”とあることを考えれば，通常は「遅い返事でもないよりはまし」が適切だ。しかしことわざとしては，“A late reply is better than no reply”という句は当たり前すぎて，人は十分にありがたみを感じないかもしれない。逆説的なことわざのほうが，魅力的で印象的に感じられるのだ。問題のことわざは人々をパーティーに招待し，その一部が期日までに返事をくれないという状況に使える。主催者は「無回答」を「不参加」と解釈し，出席者の分だけ料理を準備する。返事をしないなら失礼なだけだが，参加したいと後から返事をすれば，その身勝手さで主催者の気分をさらに害するだろう。

▶3．「適切な言葉は不適切な本よりも効果的だ」

●（解答作成の方針）　このことわざは「本」を「言葉」に換えると，ごく当たり前の文になるが，「不適切な本」という語句を使用することによって，ことわざとしての意味を持つようになる点に注目する。

●（解答例の全訳）　このことわざは，大量の不適切な，あるいは誤った情報は，たとえ信頼できる形で表しても，一片の適切な正しい情報ほどには価値がないということを意味している。このことわざは，ことわざとはどういうものかについて教えてくれる。このことわざの“book”を“word”に置き換えてみると，“The right word is more effective than the wrong word.”という，ごく当たり前の真実を述べた単純な命題となる。この命題は風刺も機知もなく，警鐘を鳴らしているわけでもなく，ことわざとしての価値はない。しかし本は本来正しくて役に立つと思われているので，“book” と “wrong” を組み合わせると，少し変わった響きがあり，機知に富む言葉ができる。本に書かれていることは読み手にとって必ずしも適切だとは限らないのである。

Ⅲ （大問省略）

❖講　評

2012 年度以降，大問 5 題の出題が続いていたが，2020 年度は文法・語彙問題がなくなり大問 4 題の構成となった。2021 年度は読解問題が 1 題（約 1430 語の英文）のみとなり，英作文問題 1 題，リスニング問題 1 題（省略）の計 3 題であった。2020 年度に比べると大問数は減少したものの，読解問題の分量は従来の 2 題分あり，リスニング問題の英文も 2020 年度の 3 倍近い長さであったので，全体としては分量が増加した。

Ⅰ　実現不可能な空想が実現可能な欲望として手が届くものになったとき，それがかなわない人はどういう感情を抱くのかについて述べた論説文。文中の the last mortals は，これだけでは何のことかよくわからないが，読み進めていくと明らかとなる。1 と 3 の英文和訳は標準レベル。2 は下線部の指示内容を抜き出す問題で，平易。4 は同意表現問題。7，8 は各 5 カ所の空所補充で，標準レベル。9 は 3 カ所の空欄に入れる語の組み合わせを選ぶもので，標準レベル。5，6，10 は字数指定のある内容説明問題。10 は該当範囲が広くきちんと読み込む必要があり，解答作成が厄介で，やや難。読解英文は内容・語句レベル含め全体的にやや難。

Ⅱ　3 つの架空のことわざから 1 つを選んで，その意味を 100～140 語で説明するというものであった。2020 年度に比べて語数の上限が上がったので，その分書きやすくはなった。提示されたことわざのうち，2 は一般常識に合わない逆説的なものなので，ことわざが成り立つ状況を考え出すのに特に苦心させられる。一筋縄ではいかない。

日本史

I 解答 1 調・庸。調は地方の特産物，庸は都での労役の代わりに一定量の布を中央政府に納める税であった。計帳に登録された成人男性を中心に課され，国司の指揮下に郡司が徴税し，運脚を徴発して都に輸送した。

2 田堵や国司の子孫などのうち，一定の領域を開発するものが現れ，開発領主と呼ばれるようになった。受領は公領を郡・郷・保などに再編成し，開発領主を郡司・郷司・保司に任命して徴税を請け負わせた。権門勢家による立荘が進むと，開発領主のなかには，荘官として現地の支配を行う者もいた。

3 京都を中心に金融業を営む土倉・酒屋から徴収した営業税である土倉役・酒屋役。交通の要所に設けた関所や港の通行税である関銭・津料，田畑や屋敷地の面積に応じて課した段銭・棟別銭などを税として徴収した。

4 分地制限令。百姓が田畑を相続する際の分割相続を制限した。それにより年貢を負担する本百姓の没落を防ぎ，零細な農業経営の安定をはかった。

(以上，問題番号を入れて 400 字以内)

◀解 説▶

≪古代から近世における土地制度と税制≫

▶問１．設問の要求は，下線部(a)について，律令制下における租税のうち，①中央政府に納められた税目を記すことと，②その内容と③徴収から納入までの過程を説明することである。字数は 100 字程度で説明できる。

律令制下における主要な税目は租・調・庸・雑徭があり，そのうち①中央政府に納められた税目としては，調・庸があげられる。租と雑徭は国衙に納めた租税である。それら調・庸について，②内容と③徴収から納入までの過程を説明すればよい。

まず，②調・庸の内容を説明する。調は規定量の地方特産物を納めるもの，庸は京での歳役（労働）の代わりに麻布を納めるものであった。いずれも負担するのは男性で，毎年作成される計帳に基づいて課された。

次に③について考えてみよう。律令制下における地方の支配は，中央から地方に派遣される国司が指揮して，地方豪族が任じられる郡司が実務を行うことで成り立っていた。戸籍・計帳の作成や徴税の実務は郡司が行っていた。徴収された調・庸は，正丁から動員される運脚によって京に運ばれた。

【解答のポイント】

①税目

• 中央政府に納められた税目は調・庸である。

②内容

• 調は地域の特産物を一定量納める。
• 庸は歳役に代えて一定量の布を納める。
• 計帳に基づいて主に男性に課される。

③納入までの過程

• 調・庸は国司の指揮下に郡司が徴収する。
• 運脚によって京に運ばれる。

▶問２．設問の要求は，公領における開発領主の地位の変化を説明することである。条件として，荘園公領制の成立を前提とすることが求められる。字数は 120〜140 字程度で書ければよいだろう。

まず，開発領主とされた人々について説明し，そのうえで，公領＝国衙領の形成を念頭に，開発領主の地位を説明すればよい。荘園公領制の成立を前提とすることが条件とされているので，荘園について触れてもいいだろう。

10 世紀には，律令制による地方支配が動揺し，国司の最上席者である受領が一国支配を担った。そのもとで，10 世紀後半には有力農民である田堵や土着した国司の子孫のなかに，一定の領域を開発するものが現れ，やがて開発領主と呼ばれるようになった。律令制が動揺するなか，受領は支配下にある公領を郡・郷・保などの新たな単位に再編成した。そして，開発領主らを郡司・郷司・保司に任命して，公領の徴税を請け負わせた。一方で，天皇家や摂関家などの権門勢家による荘園設立が進むと，開発領主のなかには荘官として現地を支配する者もいた。

【解答のポイント】

• 田堵や国司の子孫が開発領主と呼ばれるようになった。

• 受領が公領を再編成し，郡・郷・保を設置した。

• 開発領主は郡司・郷司・保司として公領の支配を請け負った。

• 開発領主のなかには荘官となる者もいた。

▶問 3．設問の要求は，下線部(c)について，税目の名称を記し，その内容を説明することである。字数は 50～100 字程度でまとめる。

「貨幣経済の浸透や京都の支配を前提にした税目」とあることから，室町幕府が貨幣で徴収した税について説明すればよい。これらの条件にあてはまる税目は土倉役・酒屋役であるが，「貨幣経済の浸透」を念頭におけば，銭で納入された段銭・棟別銭や関銭・津料も当てはまると考えられるので，これらを含めて書いてもよいだろう。なお，〔解答〕では，土倉役・酒屋役以外の税目も含めて説明した。

室町幕府の財政は，直轄領である御料所からの収入だけでなく，様々な種類の税で成り立っていた。朝廷から京都の市政権を吸収し，京都で金融業を営む土倉や酒屋に営業税である土倉役・酒屋役を課した。さらに交通の要所に設けた関所や港の通行税である関銭・津料を課した。また臨時税として守護を通じて田畑や屋敷地の面積に応じて段銭・棟別銭を課すこともあった。最低限，土倉役・酒屋役について説明できればいいだろう。

【解答のポイント】

• 京都の金融業者に課した土倉役・酒屋役

• 関所や港の通行税である関銭・津料

• 臨時税である段銭・棟別銭

▶問 4．設問の要求は，空欄(d)の法令の名称を記し，その内容と立法の目的を説明することである。字数は 50～70 字程度でまとめればよい。

まず，(d)の法令の名称は分地制限令である。リード文から得られるヒントは「1673 年」という西暦だけなので，やや難しいかもしれない。

次にその内容と立法の目的を整理する。

分地制限令は，百姓が田畑を相続する際の分割相続を制限した法令である。1673 年以降，何回か発令されたが，1673 年令では，所持する田畑の石高が，名主は 20 石以上，その他の百姓は 10 石以上の場合，分割相続が許可された。

立法の目的は，年貢負担者である本百姓の没落を防ぐためである。本百姓の多くは，家族労働を基礎とした小規模な農業経営を行っており，農家を維持するために発令された。

【解答のポイント】

- 法令の名称：分地制限令
- 内容：田畑の分割相続を制限する。
- 立法の目的：年貢を負担する本百姓の没落を防ぐ。

II 解答

1　新政府が徳川家を江戸から駿府に移し，旧幕臣のなかにはそれに従うものもいた。また参勤交代が行われなくなり，大名の家臣が江戸から帰国するなど武士人口が減少した。

2　日本之下層社会。横山源之助。

3　第一次世界大戦を背景とする経済発達により，サラリーマンなど新中間層が大量に出現する一方，工場で働く男性労働者が急速に増加したため，都市化が進んだ。1920 年代には関東大震災が起こり，大きな被害を受けた。その後，政府の帝都復興計画が進むなかで，新中間層が郊外へ住居を移し，住宅街が郊外に広がった。

4　戦争下に成人男子が徴兵され，空襲による大量の死者が出たうえ，空襲を避けるために学童疎開や縁故疎開が行われるなど人口は急減した。しかし，太平洋戦争終結後，徴集された兵士の復員や海外に在住する日本人の引揚げが進み，疎開先から民間人が戻ってきた。さらに戦後のベビーブーム，経済復興による労働者の流入などにより人口が増加した。

（以上，問題番号を入れて 400 字以内）

◀解　説▶

≪近現代における東京の人口の変化≫

▶問 1．設問の要求は，江戸幕府崩壊後，東京の人口が急減した理由を述べることである。字数は 60～80 字程度でまとめられるだろう。

「江戸」という都市の特徴を考えてみよう。江戸は「将軍様のお膝元」であり，幕府関連施設や大名屋敷（江戸藩邸）をはじめ，旗本・御家人の屋敷が集中し，その家臣や武家奉公人とその家族などが居住していた。つまり多くの武士とその関係者が居住していた都市である。それが江戸幕府の崩壊により，減少したことが説明できればよい。

まず，参勤交代が行われなくなったことにより，大名の家臣やその関係者が江戸から離れたことがあげられる。幕府は幕末の文久の改革で参勤交代を緩和する。その後，復旧を発令したが，命令に従わない大名が多く，制度は形骸化していった。

次に戊辰戦争の過程で新政府が徳川家の処分を発表し，徳川慶喜に代わって徳川家達を駿河国70万石の城主とした。そのなかで，旗本・御家人など幕臣のなかには徳川家に従って，江戸を離れた者もいた。

以上から武士人口の減少が説明できればよいだろう。

【解答のポイント】

• 参勤交代が行われなくなり，大名やその家臣などが江戸を離れた。
• 徳川家の処分にともない，江戸を離れる旧幕臣がいた。

▶問2．語句記述問題。明治中期の都市下層社会の劣悪な生活・労働環境を明らかにした著書と，作者の名前を一つずつあげる。

横山源之助が著した『日本之下層社会』を解答すればよい。横山源之助は明治中期の下層民衆の生活や労働環境に関するルポをまとめ，『日本之下層社会』として1899年に刊行し，農商務省の『職工事情』の調査にも参加した。

▶問3．設問の要求は，1920年代から1930年代の東京府の人口増加，特に郊外の人口が急増した社会的原因を説明することである。字数は150字以上使ってもよい。

一橋大学では定番のテーマと考えてよいだろう。経済発達による工業化・都市化について説明すればよい。ただし，東京郊外の人口が急増した社会的原因についての説明は，受験生にとってやや難問かもしれない。

まず，①東京府の人口が急増した原因を考えてみよう。第一次世界大戦にともなう大戦景気以降，重化学工業が発達して工業化が進展した。そのなかで，会社員・銀行員・公務員などのサラリーマンをはじめ，都市部で働く新中間層が大量に出現した。さらに重化学工業の発達により，男性労働者が急速に増加した。これにより，農村から多くの人が都市部に移動し，都市部の人口は増加した。

次に②郊外の人口が急増した原因について考えてみよう。都市部の人口が増加するなか，1923年には関東大震災が発生し，大きな被害を受けた。当時，第2次山本権兵衛内閣は後藤新平内相を中心に帝都復興計画を進めようとしたが，膨大な経費を必要としたため，立憲政友会などから反対があり，計画は縮小された。そうした状況のなか，サラリーマンなどの新中間層は郊外へ住居を移し，大都市郊外の宅地化が進んでいった。都市部と郊外を結ぶ鉄道が整備され，その沿線には新中間層向けの文化住宅が建てられた。これにより，郊外から都心部へ通勤する生活が広がっていったため，郊外の人口が急速に増加した。

【解答のポイント】

①東京府の人口増加

• 第一次世界大戦を背景とする経済発達
• サラリーマンなど新中間層の増加
• 重化学工業の発達による男性労働者の増加

②東京郊外の人口増加

▶問 4．設問の要求は，1940 年から 1955 年までの間，東京府の人口が急減した後，増加した社会的原因を述べることである。字数は 150 字前後でまとめられるだろう。

日中戦争から太平洋戦争にかけて，①人口が減少した原因と，②戦後に人口が増加した原因をそれぞれ説明すればよい。

まず，1940 年以降の戦時中について考えてみよう。まず，①人口が減少する原因として考えられるのは徴兵である。戦争が長期化し，戦線が拡大するにつれて，出陣する兵士の数は増加した。1944 年以降は東京をはじめとする都市部への空襲が想起できる。サイパン島の陥落以降，戦局は悪化し，本土への空襲が本格化した。まず，空襲で多くの人が亡くなった。さらに空襲を避けるため，学童疎開や縁故疎開など都市部から地方へと人々が疎開した。これらにより，人口が減少したことがあげられる。

次に，②戦後の人口増加について考えてみよう。今度は逆に人が東京に戻ってくることを想起すればよい。兵士として家を離れていた人々が復員する。そして，満蒙開拓団など海外に在住していた人々が引揚げてくることが考えられる。疎開先から戻ってくる民間人もいただろう。また，戦後にはベビーブームがあった。これも人口が増える原因となる。1955 年頃といえば，戦後に崩壊していた経済復興が達成され，高度経済成長が始まった頃でもあり，労働者の流入なども考えられる。

【解答のポイント】

①東京府の人口が急減した原因

• 成人男性が徴兵される

・空襲による大量の死者
・空襲からの疎開
②東京府（東京都）の人口が増加した原因
・戦後の復員や引揚げ
・疎開先から戻ってくる
・戦後のベビーブーム
・経済復興による労働者の増加

III　**解答**　1　①15　②新婦人協会　③治安警察法
④日本社会党

2　当時は法的・社会的な男性優位のもと，女性の活動を家庭内に限り，女性が良妻賢母として生きることを強いていた。それに反発して女性の主体的な活動により，家庭の束縛から積極的に脱する女性をめざしたのが「新しい女」であった。

3　GHQ は，太平洋戦争前の日本では労働者の無権利状態があり，それが労働者の低賃金を持続させ，国内市場が狭い状態を継続することにつながり，日本企業の海外進出を不可避とさせて軍隊による侵略を招いたと認識していた。そのため，労働者の団結権・団体交渉権・争議権を認め，労働者の低賃金構造にもとづく国内市場の狭さを解消しようとした。

4　男女雇用機会均等法。「国連婦人の 10 年」の過程において国連で採択された女子差別撤廃条約に日本は調印していた。この条約を批准するにあたって様々な措置を取る必要に迫られ，そのための国内法整備の中心として制定された。

（以上，問題番号を入れて 400 字以内）

◀解　説▶

≪近現代における女性の社会進出≫

▶問 1．語句記述問題。①1889 年に公布された衆議院議員選挙法では，直接国税 15 円以上を納入する 25 歳以上の男子に選挙権が与えられた。②平塚らいてう，市川房枝らが 1920 年に設立したのは新婦人協会である。新婦人協会は参政権の要求など女性の地位を高める運動を進めた。③女性の政治活動参加を禁止していたのは治安警察法である。治安警察法は 1900 年，第 2 次山県有朋内閣で制定された。④土井たか子を委員長としたのは日本社会党である。

▶問 2．設問の要求は，雑誌『青鞜』の人々が主張した「新しい女」とは何か，説明することである。字数は 100 字程度でまとめればよい。

教科書の記述から考えれば，難問であろう。当時の女性が社会的に置かれていた立場を考え，その枠から脱出しようとした女性たちと考えればよい。

当時，法的・社会的に女性は男性に従属する地位に置かれていたといえる。明治時代に制定された民法は戸主権が強かったが，家族内の男性が戸主となることが一般的だったため，法的にも女性の地位が低かったと言える。家という単位を重視した社会のなかで，母親は家庭を守るものとされ，多くの女性のはたらく場は家庭内に限定され，良妻賢母であることが強制された。こうした社会状況に異議を申し立て，積極的に活動した平塚らいてうら『青鞜』の人々は，「新しい女」と呼ばれた。それは男尊女卑の社会のなかで，女性が主体的に活動し，家庭への束縛から積極的に脱しようとする女性であった。当初，「新しい女」は男性側からの批判的な言説であったが，やがて『青鞜』の人々の活動を通じて影響力を持つようになっていった。

【解答のポイント】

- 女性が家庭内に入り，良妻賢母であることを強いる社会に反発
- 家庭の束縛から主体的に脱しようとする女性が「新しい女」

▶問 3．設問の要求は，GHQ が占領政策の一環として労働組合の結成を奨励した理由を説明することである。字数は 100 字以上でまとめればよい。全体のバランスを考えると，150 字程度，割いてもいいだろう。

〔解答〕では採用していないが，連合国軍の占領政策の一環として行われた改革であることを前置きとしたうえで，GHQ が認識していた太平洋戦争前における日本経済の問題点について，労働問題の観点から説明すればよい。その問題点を解消しようとしたのが，労働組合結成の奨励である。ここである程度，字数を稼がないと 400 字の解答用紙を埋めるのは難しいかもしれない。

敗戦後，日本はポツダム宣言に基づき，連合国に占領された。GHQ の司令・勧告により，日本政府が政治を行う間接統治方式がとられた。当初の占領目標は，非軍事化・民主化を通じてアメリカや東アジア地域にとっ

て日本がふたたび脅威となるのを防ぐことであった。そのなかで，労働改革は連合国軍最高司令官が幣原喜重郎首相に口頭で伝えた，いわゆる五大改革司令の一つであった。

戦前の日本では，資本家の反対によって労働組合法は制定されず，解雇反対などの労働争議でも警察が介入するなど，労働者の権利関係について欧米の基準からは大きく遅れていた。GHQ は，労働者のこうした無権利の状況が，産業の発展にもかかわらず低賃金を持続させ，国内市場を狭い状態にとどめ，日本企業の海外進出を不可避とさせ，その結果，軍隊による侵略を招いたと認識していた。そのため，GHQ は労働組合の結成を奨励し，労働者の低賃金構造にもとづく国内市場の狭さを解消することで，対外侵略の基盤を除去しようとした。

そのなかで，1945 年に労働組合法が公布され，労働者の団結権・団体交渉権・争議権が認められた。その後，1946 年には労働関係調整法，1947 年には労働基準法が制定され，労働者の権利が保障された。

【解答のポイント】

●GHQ の認識

・戦前の労働者の無権利状態

・労働者の低賃金が国内市場の狭さにつながる

・国内市場の狭さが海外侵略の動機

●奨励した理由

・労働者の低賃金構造による国内市場の狭さを解消

▶問 4．設問の要求は，1985 年に制定された，雇用の面で男女差別の禁止を義務づける法律の名称と，それを制定する背景となった国連の動きについて説明することである。字数は 50 字以上でまとめればよい。

法律の名称は，男女雇用機会均等法である。1985 年，中曽根康弘内閣で制定された。日本は，国連が採択した女子差別撤廃条約を批准し，そのための国内法整備の中心として制定されたものである。〔解答〕は字数の関係で引き伸ばしているが，国連の動きを制定の背景として簡潔にまとめればよい。

国連は 1972 年の総会で，男女平等などを目的に，1975 年を国際婦人年と決議した。また，1975 年の国連総会は 1976 年から 85 年を国際婦人年の目標達成のため「国連婦人の 10 年」とすることを宣言した。そのなかで日本政府は，1979年に国連で採択された女子差別撤廃条約について，1980年に署名し，1985年に同条約を批准した。そのため，日本国内において様々な措置をとる必要に迫られ，国内の法整備の中心として男女雇用機会均等法が1985年に制定された。本法により女子労働者について事業主が男子と均等な機会を与え，均等な取り扱いをするように努めることなどが規定された。

【解答のポイント】

- 男女雇用機会均等法の名称
- 国連で採択された女子差別撤廃条約に日本政府が署名
- 女子差別撤廃条約を批准するための国内法整備の中心

❖講　評

2021年度も例年通り，大問3題・各大問400字の合計1200字で，大部分の設問が論述問題であった。2021年度も過去に出題されたテーマに関連する内容の出題が多く，過去問を解き，しっかり対策した受験生にとっては取り組みやすかったであろう。

Ⅰ　例年通り，前近代からの出題で，古代から近世まで広く出題された。古代から近世にかけての土地制度・税制をテーマとする問題で，教科書の内容をしっかり理解していれば解答できる，標準的な問題であった。

Ⅱ　東京府（都）の人口の変遷について考えさせる問題である。人口の増減に関しては教科書に直接的には説明されていない。しかし，人口が増減する社会的な原因となる内容は教科書に記述されている。一橋大学ではよくあるタイプの問題で，教科書レベルの知識を応用させることで解答できる。何を説明すればよいのか，思いつかなかった受験生もいただろう。

Ⅲ　近現代における女性の社会進出をテーマにした問題で，近年は頻出の内容だと考えてよいだろう。問2の「新しい女」についてや，問4の男女雇用機会均等法をめぐる内容は，教科書には詳述されておらず，受験生にとって難問であっただろう。しかも，問い4つで400字の解答欄を埋めるのは，受験生にとっては厳しい設問であったと思われ，関連事項で内容を膨らませる力が必要であり，過去問を使って訓練しておく必要がある。

I は標準的な設問，**III** が難しい設問であったとすれば，**II** で差がついたと思われる。

世界史

I　解答

6世紀に地中海世界の再統一をめざしたビザンツ皇帝ユスティニアヌスは，首都コンスタンティノープルにビザンツ様式のハギア=ソフィア聖堂を再建した。8世紀にレオン3世が偶像崇拝を否定するイスラーム勢力への対抗から聖像禁止令を発布したためモザイクは破壊されたが，9世紀半ばに禁止令が解除されモザイクの銘文が設置された。聖像禁止令を機に東西両教会の対立が深まり，第4回十字軍によるラテン帝国樹立の際，一時カトリック支配を受けたが，聖堂はギリシア正教の中心として位置づけられた。15世紀半ばにオスマン帝国がビザンツ帝国を滅ぼした後，聖堂はミナレットが付設されてモスクとなり，重要なモスクに位置づけられ，モザイクも漆喰で埋め戻された。第一次世界大戦後，オスマン帝国を滅ぼしてトルコ共和国を樹立したムスタファ=ケマルは，政教分離を進めて聖堂を博物館としたが，2020年，親イスラーム主義政権が再びモスクに戻している。(400字以内)

◀解　説▶

≪ハギア=ソフィア聖堂がもつ意味の歴史的変化≫

【設問の要求】

〔主題〕

ハギア=ソフィア聖堂がたどった歴史的経緯

〔条件〕

a．この建物が建造された時代背景に言及する。

b．モザイクの銘文設置の政治的・社会文化的背景を説明する。

c．複数回にわたる転用が起こった理由を念頭において論じる。

【論述の方向性】

6世紀から現代までの聖堂の歴史的経緯を問うスケールの大きい問題なので，提示された条件を考慮しながら関係する歴史事象を時系列に沿っていくつかに絞ることがポイント。ここでは以下の5つの段階を考えた。

①6世紀：ユスティニアヌス帝による聖堂の建造

②8～9世紀：聖像禁止令とモザイク銘文設置

③13 世紀：ラテン帝国樹立と聖堂のカトリック化
④15 世紀：オスマン帝国の征服と聖堂のモスク化
⑤第一次世界大戦後：トルコ共和国による政教分離と聖堂の博物館への転用

なお，2020 年にイスラーム主義を掲げるトルコのエルドアン政権が聖堂を博物館からモスクに戻したため，〔解答〕ではその点についても触れたが，リード文に「1930 年代」とあるため，博物館の転用までの論述でよいと思われる。

【論述の構成】

①6 世紀：ユスティニアヌス帝によるハギア=ソフィア聖堂の建造

●a．この建物が建造された時代背景

時代背景として，6 世紀にビザンツ皇帝ユスティニアヌス（位 527～565 年）が西方ローマ帝国の旧領奪回のため軍事遠征を行い，地中海世界の再統一に努めたことを指摘したい。ユスティニアヌスは，首都コンスタンティノープルにドームやモザイク画を特色とするビザンツ様式のハギア=ソフィア聖堂を再建した。

②8～9 世紀：聖像禁止令（726 年）とモザイク銘文設置

●b．モザイクの銘文設置の政治的・社会文化的背景

ビザンツ帝国では東方の小アジア領がイスラーム軍の攻撃を受ける中で，偶像崇拝を厳格に否定するイスラーム勢力（ウマイヤ朝）に対抗する上でキリスト教の綱紀粛正が必要と考え，レオン 3 世が 726 年に聖像禁止令を発布した。禁止令を機に 8 世紀から 9 世紀前半に各地で聖像破壊運動（イコノクラスム）が展開され，教会内のモザイクやイコン（聖像画）が破壊されたが，これは皇帝主導の社会運動として展開し，聖像の制作を行っていた修道院の激しい反発を招いた。その後も聖像崇拝に関する対立は続いたが，結局，9 世紀半ばに禁止令が廃止（843 年）となり，モザイクや聖像画の制作・崇拝が公認され，ギリシア正教会（東方教会）では聖像擁護派が最終的に勝利を収めることになった。こうしてリード文にある「異端者によって破壊された図像をここに取り戻す」というモザイクの銘文が設置されたのである。

なお，ローマ教会はゲルマン人への伝道に聖像が必要と考え，聖像禁止令に強く反発したことから，東西両教会の対立が始まり，その後，1054

年キリスト教会は東西に分裂することになった。

③ 13世紀：ラテン帝国の樹立と聖堂のカトリック化

● c．ギリシア正教からカトリックへの転用

第4回十字軍が1204年コンスタンティノープルを占領してラテン帝国（1204～61年）を樹立すると，聖堂もカトリックの支配下に置かれた。その後，ラテン帝国の滅亡によって，再びギリシア正教の教会として信仰の中心に戻っている。

④ 15世紀：オスマン帝国の征服と聖堂のモスク化

● c．ギリシア正教教会からモスクへの転用

オスマン帝国のメフメト2世は，1453年コンスタンティノープルを攻略してビザンツ帝国を滅ぼし，この地に遷都した。ハギア=ソフィア聖堂にはミナレット（光塔）が付設されてイスラーム教のモスクとなり，アヤ=ソフィア=モスクに改名された。この後，リード文の「モザイクはその後いったん漆喰で埋め戻された」とあるように，聖母子像などのモザイクは偶像崇拝を禁止するイスラーム教のモスクとして相応しくないため，人の目に触れないようにされたのである。

⑤第一次世界大戦後：トルコ共和国の政教分離と聖堂の博物館への転用

● c．モスクから博物館への転用

第一次世界大戦の敗北後，トルコ大国民会議を指導するムスタファ=ケマルがスルタン制を廃止してオスマン帝国を滅ぼし，1923年にアンカラを首都としてトルコ共和国を樹立した。その後，カリフ制の廃止やイスラーム教の非国教化などで政教分離を行って世俗主義を推進し，1935年にモスクは博物館に転用された。しかし，2020年，イスラームへの復帰と反世俗主義を掲げるエルドアン大統領は再びアヤ=ソフィアをモスクに戻すことを決定した。ただし，礼拝時以外は，博物館として観光客の見学も認められている。

II　解答

「レンブラント時代」の17世紀オランダは，スペインからの独立達成後，東インド会社によるアジア貿易などで世界の貿易の覇権を握り，その社会経済の繁栄を背景に市民社会が成長した。当時の絶対王政の国家では豪華なバロック様式の芸術が宮廷文化として発達したが，共和国のオランダは宗教的に寛容な風潮のもと，レンブラ

ントの集団肖像画のように市民層の求める芸術が花開いた。一方，「ゲーテの時代」の 18 世紀後半～19 世紀前半のドイツは，各領邦が主権をもって分立しており，フランス文学や啓蒙主義が受容され，プロイセンのフリードリヒ 2 世のような啓蒙専制君主も現れたが，ゲーテはこれに批判的であった。フランス革命とナポレオン戦争という政治的変革期にあって，国民国家の概念が成立しつつあった当時，ゲーテの展開した疾風怒濤の文学運動はロマン主義の先駆となり，ドイツ民族の文化や伝統を重んじる芸術が市民層の価値観と一致して形成された。(400 字以内)

◀解　説▶

≪ゲーテの時代とレンブラント時代の文化史的特性の差異≫

【設問の要求】

〔主題〕

「ゲーテの時代」のドイツと「レンブラント時代」のオランダの文化史的特性の差異

〔条件〕

a．史料 1 の「レンブラントの絵画」と史料 2 のゲーテ『詩と真実』を参考にする。

b．それぞれの地域の社会的コンテクストを対比する。

※コンテクストとは，文脈，背景，状況，前後関係といった意味。

【論述の方向性】

まず，史料 1 を参考にして「レンブラント時代」の 17 世紀オランダの市民社会の勃興とその文化の特色について説明する。ついで，史料 2 を参考にして，「ゲーテの時代」における 18 世紀後半～19 世紀前半のドイツの社会や，ゲーテが参加した「疾風怒濤（シュトゥルム=ウント=ドランク)」の文学運動とその影響を論じること。その際，当時のフランスの体制と文化に対するゲーテの批判を史料から読み取り，それらに関しても言及する。

【論述の構成】

①「レンブラント時代」のオランダの文化史的特性

「レンブラント時代」の 17 世紀にオランダは世界の貿易・商業上の覇権を握り，都市では新興の市民階層である大商人らによって市民社会が形成され，市民文化が開花した。

1581 年にスペインからの独立を達成したオランダは，17 世紀に入るとアムステルダムに東インド会社（1602 年）を設立してアジア貿易に乗り出した。また，アフリカ南端にはケープ植民地，北アメリカではニューネーデルラント植民地を開き，ブラジルではサトウキビプランテーションを経営し，全世界で貿易活動を営んで，商業や金融業が大いに繁栄した。市民の間には職業を重視し，勤勉さや富を蓄えることを肯定するカルヴァン主義が広まっていたことも市民社会を成長させる要因となった。また，絶対王政ではなく共和国であったことが，この国の文化に大きな影響を及ぼした。絶対王政の国では王侯貴族を中心に宮廷文化が広がり，豪華・華麗なバロック様式が流行したが，それとは異なりオランダでは，レンブラントの史料 1 の絵画作品のように，勃興する都市の市民の求める文化が形成されたのである。

②「ゲーテの時代」のドイツの文化史的特性

●ゲーテと史料 2

ゲーテは史料 2 でフランスを批判的に述べている。『詩と真実』（1811～33 年）はゲーテの自伝で，ゲーテはフランス文学の影響を受けたドイツ文化の現状に苦言を呈し，史料の「フランス文化追従に熱心な王」として，ヴォルテールらのフランス啓蒙思想家と親交を結んだプロイセン王のフリードリヒ 2 世を批判している。また，「フランス文学自体に，努力する青年を引きつけるよりは反発させずにはおかないような性質があったのである。すなわち，フランス文学は年老い，高貴であった」「生の享受と自由を求める青年を喜ばせるようなものではなかった」と否定的に見ている。

●「ゲーテの時代」のドイツ

「ゲーテの時代」とは，ゲーテの活躍した 18 世紀後半から 19 世紀前半と考えた。当時のドイツは，神聖ローマ帝国が 1806 年に消滅する前後の時期で，各領邦が主権をもつ分権的状況にあった。また，この時期，ドイツはフランス革命とナポレオン戦争に直面した。フランス革命の思想的背景となった啓蒙主義，革命によって広がった普遍主義・合理主義はドイツにも影響を与えたが，ドイツの現実や伝統にそぐわない側面もあり，ナポレオン軍の侵入や占領によって，ドイツではフランスに対する反感が生まれた。これは史料 2 で述べられたゲーテのフランスへの批判と一致する。

ゲーテはシラーとともに「疾風怒濤」の文学運動を展開したが，これは啓蒙主義の理性偏重に異議を唱え，個性と自然を重視し，人間感情の自由な発露をめざすロマン主義に影響を与えた。当時のドイツ社会ではフランスのようなブルジョワと呼ばれる有産市民が成長したが，それとは別に「教養市民層」と呼ばれる高等教育を受けた社会階層が形成されており，彼らの価値観と一致した文化が形成されていった。

III　解答　大躍進の失敗で毛沢東は国家主席を辞任し，後任となった劉少奇は鄧小平と計画経済見直しを図った。毛沢東は権力奪回を図って林彪と「第１次文化大革命」を起こして紅衛兵を動員したが，運動は過激化し社会は混乱した。劉少奇と鄧小平は実権派とされて失脚し，毛沢東と対立した林彪はクーデタ失敗後に死亡，文革推進派の四人組が台頭した。その後，周恩来は鄧小平を復権させ「４つの近代化建設」を掲げたが，1976 年に周恩来が死去すると再び鄧小平は失脚した。同年，毛沢東が死去し，華国鋒が四人組を逮捕して文化大革命は終了した。復権した鄧小平は，毛沢東路線を守ろうとする華国鋒を失脚させ，「４つの近代化建設」を進め，改革・開放政策で人民公社解体や市場経済導入，経済特区の設置などを行った。中国経済は飛躍的に発展したが，経済格差が拡大して官僚の腐敗が進み，共産党一党独裁に対して起こった学生・市民の民主化運動は天安門事件で弾圧された。(400 字以内)

◀解　説▶

≪「第１次文化大革命」と「４つの近代化建設」≫

【設問の要求】

〔主題〕

①「第１次文化大革命」の経緯

②「４つの近代化建設」が 1980 年代の中国に与えた影響

【論述の方向性】

①の「第１次文化大革命」とは，プロレタリア文化大革命のことである。この経緯を説明した上で，鄧小平が掲げた「４つの近代化建設」(「４つの現代化」を指す）が 1980 年代の中国に与えた影響を説明すればよい。②では改革・開放政策とその内容にスポットを当てる。その影響で生じた民主化運動を弾圧した（第２次）天安門事件（1989 年）に言及すること。

なお，〔解答〕と〔解説〕では，問題のとおり「第 1 次文化大革命」と「4 つの近代化建設」の用語を使用している。

【論述の構成】

① 「第 1 次文化大革命」の経緯

毛沢東は 1958 年，第 2 次五カ年計画を開始し，「大躍進」政策のもとで農村での人民公社運動を進めたが，天災や無理な計画もあって多大な人的犠牲を出して失敗し，翌 1959 年に毛沢東は国家主席の地位を劉少奇に譲った。しかし，権力奪回をめざす毛沢東は，1966 年に「第 1 次文化大革命」を発動し，紅衛兵を動員して全国的な大衆運動を展開させた。これに林彪の指導する人民解放軍も参加した。劉少奇や鄧小平は資本主義の復活を図る実権派（走資派）と非難されて失脚し，毛沢東は共産党の指導権を回復した。その後，1971 年毛沢東の後継者と目された林彪は，クーデタに失敗してソ連に逃亡途上で飛行機事故によって死亡した。以降，周恩来によって復権した鄧小平ら旧幹部と，文革推進派の江青ら「四人組」との政治闘争が続いたが，1976 年 1 月に両派の調停役を務めてきた周恩来首相が死去すると，彼の死を悼んだ民衆が天安門に捧げた弔花を当局が撤去したため衝突が勃発した（これを第 1 次天安門事件という）。同年 9 月に毛沢東が死去すると，華国鋒は文革推進派の「四人組」を逮捕して，文化大革命は終息に向かった。

② 「4 つの近代化建設」が 1980 年代の中国に与えた影響

「4 つの近代化建設」は，もともと周恩来が死の前年の 1975 年に提起したもので，農業・工業・国防・科学技術の近代化がめざされた。華国鋒体制下で再復活した鄧小平は，毛沢東路線を固持しようとする華国鋒を失脚させ，共産党の指導権を握った。その後，趙紫陽（首相：1980～87 年，総書記：1987～89 年），胡耀邦（総書記：1982～87 年）を首相・総書記として鄧小平体制を確立し，「4 つの近代化建設」を推し進め，改革・開放政策にもとづく一連の経済改革（社会主義市場経済）を実施した。具体的には人民公社の解体と農業生産の請負制，外資の導入による「経済特区」の設置などが行われている。この結果，中国経済は驚異的な成長を遂げたが，その一方で経済改革の副産物として物価の上昇，経済格差の拡大が表面化し，また経済の近代化が政治の民主化に進むことへの期待が裏切られたことに不満を抱いた学生・知識人らは，1989 年，改革派として知られていた前総書記胡耀邦の死去を契機として北京の天安門広場に集まり，民主化を要求したが，政府によって武力弾圧されている（第 2 次天安門事件）。

❖講　評

2021 年度も例年と同じく大問 3 題で構成され，字数はすべて 400 字であった。難易度でみると **I** はやや難，**II** は難，**III** はやや難のレベルで作問されており，2020 年度に比して難化した。**I**～**III** とも詳細な知識だけでなく，特殊な歴史事象の経緯や因果関係などの考察力が求められており，全体的にハイレベルな論述問題といえよう。**II** では資料として絵画作品と史料文が使用されている。一橋大学は資料問題が例年必出であるが，視覚資料はここ 6 年間出題されていなかったため，今後の動向が注目される。

I「ハギア=ソフィア聖堂がもつ意味の歴史的変化」をテーマとした論述問題。中世から現代までのスケールの大きなテーマなので，言及すべきポイントを時間軸で分けるとよい。モザイクの銘文設置の理由とその後漆喰で埋め戻された理由を正確に論述に反映させたい。転用については 13 世紀にラテン帝国により聖堂がカトリックに支配された点を見逃しやすいので注意が必要である。オスマン帝国が 15 世紀半ばにビザンツ帝国を征服して聖堂をモスクにした点は言及しやすいだろうが，「1930 年代」からトルコ共和国を建設したムスタファ=ケマルが政教分離によってモスクを博物館に転用したということを推測する必要がある。

II「ゲーテの時代とレンブラント時代の文化史的特性の差異」をテーマに扱った論述問題で，視覚資料と史料が使用された。2 つの地域を対比して論じさせるもので，まず史料 1 のレンブラントの絵画作品をヒントに当時のオランダ文化の特色とその社会的背景を述べ，次に史料 2 のゲーテの自伝『詩と真実』の内容をヒントに，当時のドイツ文化の特色とその社会的背景をまとめるとよい。「レンブラント時代」の説明は比較的容易であるが，「ゲーテの時代」はゲーテが活躍した時代が 18 世紀後半から 19 世紀前半と長く，この時代のドイツの文化と 18 世紀のオランダの文化の差異を説明するのは，かなり難しいと思われる。史料 2 からゲーテがフランスに対して批判的であったことは読み取れるので，それから当時のドイツの状況を考え，ゲーテの疾風怒濤の文学運動やロマン主義と関連させて論述の方向性を考えていきたい。

Ⅲ 「第1次文化大革命」と「4つの近代化建設」をテーマとした論述問題。言及すべき知識は教科書レベルだが，中華人民共和国の現代史をテーマとした問題は一橋大学では頻度が低いので意外だったかもしれない。もっとも**Ⅰ**や**Ⅱ**と違って設問の趣旨が明確なので解答しやすい。ポイントは，文化大革命の経緯，改革・開放政策の展開，民主化運動の弾圧の3つであり，中国現代史の基本的知識があれば十分対応できる。「第1次文化大革命」「4つの近代化建設」という表現がされているので，戸惑うかもしれないが，それぞれ，「プロレタリア文化大革命」と「4つの現代化」を指しているので，慌てずに論述したい。文化大革命の経緯は，関係する人物の失脚と復権を正確に言及することが必要なので，その点でやや難であったと思われる。

地理

I　解答　1　茶，⑥，⑦，⑭　労働者の労働条件や暮らしに配慮するとともに，熱帯林など自然環境の保全を図りながら生産している農園や製造業者の商品に対してNGOが認証することで，消費者がマークの付与された商品を選択して購入する動きを促し，持続可能な供給体制を築く。(125字以内)

2　B東南アジアは他地域と異なり同一地域内での貿易額が過半を占めるうえ，IORA外諸国との貿易額もきわめて多い。他地域と比べて輸出指向型の工業化が発達している東南アジアでは，ASEAN加盟国間で自由貿易協定が発効していることも加わって域内分業が盛んなうえ，近隣の中国，日本やアメリカ合衆国などとも自動車や電気機械など機械類の輸出入額が多くなっている。(175字以内)

3　⑥，パキスタン　両国は，国民の宗教性の違いを背景にイギリスからの独立に際して分離したが，国境付近のカシミール地方の帰属をめぐって軍事衝突を繰り返した。現在も国境は未画定で，国家間の対立が続いている。(100字以内)

◀解　説▶

≪環インド洋地域の結びつきと問題≫

▶問1．嗜好作物（樹木）には，コーヒー，カカオ，茶などが挙げられる。この内，環インド洋連合（IORA）に加盟するインド，スリランカ，ケニアの生産量と輸出量が多いのは茶である。さて，リード文より下線部(1)の取り組みは，「民間が自発的に設けた基準」で商品の生産と流通を認証し，「社会経済的にも環境的にも持続可能とする」ことを目的としている様子が読み取れる。社会経済的な持続可能性については，発展途上国の商業的農園で低賃金による長時間労働が問題となっていることを念頭におき，労働条件や待遇の改善が重視されていることに気づきたい。環境的な持続可能性については，生産地の自然環境として熱帯林や豊かな生態系を想起し，こうした自然環境の破壊を伴わない生産が目指されていると考える。以上の基準を満たして生産された商品とその流れを認証する主体がレインフォレスト・アライアンスなどの「NGO」であり，「消費者」は該当する商品を選択して購入できる仕組みが構築されていると推察できる。

▶問2．表Ⅰ－1を見ると，対世界貿易総額に占めるIORA加盟国との貿易額はいずれの地域も低く，下線部(2)が指摘するように，IORA全体の経済的な結びつきは強いとはいえない。とりわけ東南アジアはIORA加盟国との貿易額のうち約67％を同じ東南アジアが占めており，域外のIORA諸国との結びつきが弱い。一方，東南アジアでは1967年にASEAN（東南アジア諸国連合）が組織されており，さらにIORA設立以前の1993年には域内での貿易・投資の拡大を目的とするAFTA（ASEAN自由貿易地域）が成立していた。よって，下線部(2)の指摘に最も関連する地域には，B（東南アジア）が該当する。

その東南アジアは他地域と比較して対世界貿易総額そのものが大きいが，背景にはインドネシア，シンガポール，タイ，マレーシアなどで進展した輸出指向型の工業化が想起できる。IORA外の日本やアメリカ合衆国などとの，自動車や電気機械など工業製品の貿易が拡大したうえ，近年は中国との貿易も急成長し，さらにAFTAを基盤として自動車工業などで域内分業も発達している。

▶問3．2019年の総人口がアジアで第4位の国はパキスタンで，IORAの「加盟国一覧」に含まれていないことも確認できる。パキスタンはインドとともに1947年にイギリスから独立したが，ヒンドゥー教徒が多くを占めたインドに対して，パキスタンはイスラーム教徒（ムスリム）による国として分離された。その際，両国の国境付近に広がるカシミール地方はヒンドゥー教徒であった藩王がインドへの帰属を表明したものの，住民の多数を占めたムスリムが反発したことが契機となってインドとパキスタンが軍事衝突した。その後も両国は度々衝突している。現在，カシミール地方のほぼ中央に設定された停戦ラインまでを両国が実効支配しているが，国境は画定しておらず政治・外交上の対立が続いている。

Ⅱ 解答

1　当初，訪日外国人数は緩やかに増加したが，リーマンショックや東日本大震災の影響による減少もみられた。ただし近年は，所得水準上昇や円安で日本に旅行しやすくなったうえ，ビザの発給要件が緩和され，格安航空路線も拡充されたアジアからの訪日者

が急増している。(125 字以内)

2　Aベトナム，Bブラジル　受け入れ国側では少子高齢化に伴う労働力不足が深刻化しており，送り出し国側では所得や技術の獲得を期待し派遣に積極的である。かつて多くを占めた中国人やB国人は母国の経済発展などを背景に増加が鈍り，代わってA国からの来日数が急増した。(125 字以内)

3　訪日外国人の増加により，宿泊・飲食・移動や買い物などの消費が活発化し，観光地などで外国語の表記が増加し，異文化への理解も促された一方，文化の違いによる現地住民との摩擦も発生した。しかしコロナ禍の影響で訪日外国人数が激減すると，インバウンドに依存した地域を中心に経済的な困窮が深刻化する恐れがある。(150 字以内)

◀解　説▶

≪国境を越える人の移動≫

▶問1．訪日外国人数の推移については，図Ⅱ－1より 2005 年以降に緩やかに増加する傾向が認められるものの，2009 年と 2011 年に減少しており，2012 年以降は増加のペースが速まったことが読み取れる。さらに期間中に見られた変化の理由が問われているが，2009 年の減少には，2008 年 9 月のリーマン=ショックに起因する世界的な景気の悪化が，2011 年の減少には，3 月に発生した東北地方太平洋沖地震（東日本大震災）が影響を及ぼしたと考えられる。その後，訪日外国人数が急増したが，図Ⅱ－1 から 2019 年には中国，韓国，台湾，香港からの訪日者が多いことが読み取れる。これらを踏まえ，2012 年以降の急増の背景については，アジアとの関係を意識して説明するとよい。まず，経済成長が著しい東・東南アジアの国民所得が向上し，富裕層や中間層が拡大したことを「日本国外の理由」として指摘する。また，観光ビザ（短期滞在査証）の発給要件も段階的に緩和されてきたことや円安で日本旅行が格安になったことが「日本国内の理由」に当たる。さらに「移動手段に関わる理由」としては，アジアと日本各地との間で格安航空会社（LCC）の路線が拡充されてきたことに言及したい。

▶問2．労働者の国際移動は，原則として，雇用機会が限られ賃金水準の低い国から，雇用機会に恵まれ賃金水準の高い国に向かう傾向にある。近年になって労働者の送り出し数が急増したアジアのA国は，日本との地理的な距離が比較的近く，経済格差が大きいベトナムである。一方，アジア以外のB国は日系人の多いブラジルである。ブラジルからの外国人労働者は，製造業での労働力不足を背景として 1990 年に出入国管理法が改正されたことを契機に増加したが，産業の空洞化に伴って製造業での雇用機会が縮小した 2000 年代半ば以降は伸び悩んでいる。

続いて外国人労働者数が 2010 年代後半に大幅に増加した理由について考察する。「受け入れ国側の要因」としては，日本社会で少子高齢化が進展し，労働力不足が深刻化したことを指摘したい。「主要な送り出し国の移り変わり」については，図Ⅱ－2より，日本で働く外国人労働者数は 2008 年以降，中国人が多くを占めてきたが，近年はベトナム人が急増している様子が読み取れる。中国人労働者数の増加が鈍化した理由は，経済成長が顕著な中国本国で雇用機会が拡大し，賃金水準が上昇したことである。一方，ベトナムについては，経済水準が中国と比べても依然低いうえ，日本企業の進出が活発化していることや積極的な日本語教育が行われ，政府も日本への送り出しを後押ししていることが背景となり増加したといわれる。なお，留学生によるアルバイトも「資格外活動」として，近年の日本の労働力市場を支えていることを付言しておく。

▶問3．図Ⅱ－1より訪日外国人数は 2010 年代に大きく増加したが，その多くは観光や商用を目的とする短期滞在の旅行者が多くを占めている。インバウンド（訪日旅行者）の増加がもたらす経済的な影響としては，宿泊，飲食，移動，買い物などの消費行動で所得がもたらされることを挙げることができ，さらにホテルや商業施設の建設などの波及効果まで言及してもよい。社会的側面としては，日本国内で外国語の表記が普及したことや，ハラール食品に象徴される異文化への理解が浸透してきた一方，価値観の相違などに起因する社会的な摩擦も発生したことなどが想起される。もっとも，上記のようなインバウンドによる経済効果を享受し，それに依存してきた観光地などでは，コロナ禍がもたらした訪日外国人の激減により経済的な困窮が深刻化していると考えられる。

Ⅲ 解答

1 オリンピック大会に関連した再開発などが進展した a では，元来多くを占めた給与水準の高いアの割合がさらに上昇し，イは低下した。b ではアの変化は小さいが，a から低所得者や高齢者が流入した影響で，低賃金で重労働な職種の多い⑥・⑧・⑨の割合が高まった。cは労働人口の多いaの動向を概ね反映している。(150字以内)

2　緑地に近接するほど住宅価格が高くなる傾向を踏まえると，公共交通の整備が進むaにおいて緑地空間を提供する施策は，居住環境の向上に寄与する一方，さらなる居住費用の上昇を招き，通勤の制約もあって低賃金労働者を雇用機会が限られるbへと追いやる可能性がある。(125字以内)

3　投資が集まり不動産価格が上昇した両都市の中心部は，スーパーマーケット，靴店などを展開する全国企業や外国資本からなる類似した景観を見せるが，在来の零細商店の廃業による地域社会の崩壊，観光客や新たな住民をひき寄せる街の個性・魅力の喪失などが懸念される。(125字以内)

◀解　説▶

≪イギリスの都市に見られる地域変容≫

▶問1．中心部aにおいては，元来，他地域と比較して多くを占めていアの職種で割合がさらに上昇し，反対にイの職種の割合が低下している。周辺部bでは，中心部と比較してアの変化は小さいが，低賃金で重労働な職種の多い⑥や⑧，⑨の割合が上昇したことが特徴的である。なお首都圏全体cの変化は，おおむね中心部と同様にアの割合が上昇し，イの割合が低下している。本問ではこうした変化の特徴を，下線部(1)に示されたジェントリフィケーション（高級化現象）と関連づけながら説明することを心がけたい。ジェントリフィケーションに伴って，中心部で給与水準の高いアの職種に就く居住者の割合が高まる一方，給与水準の低いイの職種に就く居住者が周辺部へと追い出される状況が生まれたと考えられる。また，周辺部で介護従事者を含む⑥の割合が高まったことは，高齢者もジェントリフィケーションに伴って流入したことを示唆している。

▶問2．表Ⅲ－2では，自家用車や徒歩の場合は大ロンドン市中心部aと周辺部bとの仕事数に大きな差が認められないが，公共交通で通勤する場合に周辺部の仕事数が中心部よりも少ない。すなわち中心部では公共交通網が充実している一方，周辺部では公共交通の整備が遅れていることを示唆している。表Ⅲ－3は，緑地スペースに近いほど住宅価格が高いことを示している。

リード文の下線部(2)では，中心部aで緑地や公共交通網の整備が進んだことが示されており，中心部の住民にとっては居住環境が向上し，公共交通の利便性が高まったと判断できる。しかし高額の居住費用を負担できない住民は，公共交通による通勤が制約されて雇用機会が限られる周辺部への移住を迫られる可能性が高いと考えられる。

▶問３．「クローン・タウン化」とは複製されたような類似した街という意味である。商店構成という点で図Ⅲ－１と図Ⅲ－２の両者に共通する特徴とは，同一資本の店舗が目立ち，フランスなど海外資本の店舗も立地していることである。よって，どこも目抜き通りは全国的・世界的な有名ブランドの商店で埋められていると結論づけられる。「投資が集まること」との関係に注意すると，巨大資本の進出が地価の上昇や競合の激化を招いて，零細な地元資本が淘汰される状況が想定され，問１・問２で取り上げられたジェントリフィケーションと同様の構図であることに気がつく。「クローン・タウン化の問題点」としては，在来の地元資本が圧迫されて地域社会が崩壊する可能性が懸念されるほか，同質化により街の個性や魅力が失われて観光客や新規住民の流入を阻害する可能性について言及したい。

❖講　評

2021 年度も大問３題の出題であった。論述法は９問で，2020 年度より１問減少したが，総字数は 1200 字で変わらなかった。例年，統計資料が多用されるが，2021 度は視覚資料（景観写真）も用いられた。リード文や資料をじっくりと読解し，知識を駆使しながら論理的に推察するという高度な学力が要求された点は例年通りである。

Ⅰ　問１では「レインフォレスト・アライアンス認証」について問われたが，個別の知識が要求されたわけではなく，リード文や設問文に沿って丁寧な思考をすることが重要である。問２では ASEAN を形成している東南アジア諸国の貿易の特徴を資料に即して説明するように心がける。

Ⅱ　問１は大学入試で頻出のテーマで，取り組みやすい。問２は労働力不足に見舞われている日本で，「ベトナム人技能実習生」の存在感が高まっている現状を認識しているかどうかが問題となる。問３では「インバウンド」について問われたが，要求された字数を満たす解答を作成するためには具体的な記述が欠かせない。

Ⅲ　問 1 と問 2 はいずれも「ジェントリフィケーション」がテーマとなっている。それぞれの設問で指示された資料を意識しながら解答の作成に取り組みたい。問 3 の「クローン・タウン化」はなじみのない語であるが，街の同質化について問われていることに気づけばよい。

数学

1

◇発想◇　1 以上 1000 以下の素数でない整数，つまり，合成数の個数を数え上げる。そのためにまず，2 の倍数または 3 の倍数または 5 の倍数の整数の個数を調べ，750 個以上なければ，次に，素数である 7，11，13，… などを因数にもつ整数の個数を調べる。

解答　1 以上 1000 以下の素数が 250 個以下であることを示すには 1 以上 1000 以下の素数でない整数，つまり，合成数が 750 個以上であることを示すとよい。

そこで，まず，1 以上 1000 以下の整数で 2 の倍数または 3 の倍数または 5 の倍数であるものの個数を調べる。4 つの集合 U，A，B，C を

$U=\{x|x$ は整数，$1\leqq x\leqq 1000\}$

$A=\{x|x\in U$，x は 2 の倍数$\}$

$B=\{x|x\in U$，x は 3 の倍数$\}$

$C=\{x|x\in U$，x は 5 の倍数$\}$

と定めると

$A\cap B=\{x|x\in U$，x は 6 の倍数$\}$

$B\cap C=\{x|x\in U$，x は 15 の倍数$\}$

$C\cap A=\{x|x\in U$，x は 10 の倍数$\}$

$A\cap B\cap C=\{x|x\in U$，x は 30 の倍数$\}$

である。実数 x に対し，x を超えない最大の整数を $[x]$ で表すと，それぞれの集合の要素の個数は

$$n(A)=\left[\frac{1000}{2}\right]=500,\quad n(B)=\left[\frac{1000}{3}\right]=333$$

$$n(C)=\left[\frac{1000}{5}\right]=200,\quad n(A\cap B)=\left[\frac{1000}{6}\right]=166$$

$$n(B\cap C)=\left[\frac{1000}{15}\right]=66,\quad n(C\cap A)=\left[\frac{1000}{10}\right]=100$$

$$n(A\cap B\cap C)=\left[\frac{1000}{30}\right]=33$$

である。これより，1 以上 1000 以下の整数で，2 の倍数または 3 の倍数または 5 の倍数であるものの個数は

$$\begin{aligned} &n(A\cup B\cup C)\\ &=n(A)+n(B)+n(C)-n(A\cap B)-n(B\cap C)-n(C\cap A)\\ &\qquad\qquad\qquad\qquad\qquad\qquad\qquad\qquad\qquad +n(A\cap B\cap C)\\ &=500+333+200-166-66-100+33\\ &=734 \text{ 個} \end{aligned}$$

である。このうち，合成数の個数は，素数 2，3，5 の 3 個が含まれているから

$$734-3=731 \text{ 個}$$

である。

次に，素数 7，11，13 などを因数にもつ $A\cup B\cup C$ に属さない U の要素の個数を調べる。$31\times 31=961$（$\leqq 1000$）に注意すると，U の要素であって $A\cup B\cup C$ に属さない合成数として

$$p\times q \quad (p\leqq q)$$

$$\begin{pmatrix} p=7,\ 11,\ 13,\ 17,\ 19,\ 23,\ 29,\ 31\\ q=7,\ 11,\ 13,\ 17,\ 19,\ 23,\ 29,\ 31 \end{pmatrix}$$

などがある。これらの個数は，$p<q$ として ${}_8C_2=28$ 個，$p=q$ として 8 個あるから，全部で

$$28+8=36 \text{ 個}$$

ある。よって，1 以上 1000 以下の整数で，合成数は少なくとも

$$731+36=767 \text{ 個}$$

あるから，1000 以下の素数は 250 個以下である。　（証明終）

◀解　説▶

≪1000 以下の素数が 250 個以下である証明≫

1 以上 1000 以下の素数でない整数，つまり，合成数が 750 個以上あることを示せばよいことはすぐに気づくであろう。そこで，本来ならば，2 の倍数または 3 の倍数または 5 の倍数または 7 の倍数であるものの個数を調べるとよいのだが，4 つの集合の和集合の要素の個数を求めるのはとても複雑になるため，3 つの集合の和集合の要素の個数を求めた（ちなみに 4

つの集合の和集合の要素の個数は，2，3，5，7を含めて772個ある)。残念ながら3つの集合の和集合の合成数の個数は750個はないので，あとは素数7，11，13などを因数にもつ整数を考えると，$A \cup B \cup C$ に属さないもので，7以上の素数を因数にもつ整数を19個以上作ることを考えるとよい。この部分についての解答は，p，q を7から29までにし，さらに $p<q$ として求めてもよい。このときの合成数は ${}_7C_2=21$ 個である。

2

◇発想◇　k に1から順々に代入していき，$[\sqrt{k}]$ の規則性を見つけるとよい。群数列のような感じになる。あとは，第 m 群の項の和を求め，Σの計算をするとよいが，第何群までの項の和を求めるのかをしっかり押さえること。

解答　$a_k=2^{[\sqrt{k}]}$　$(k=1, 2, 3, \cdots)$

自然数 m に対して，$[\sqrt{k}]=m$ を満たす自然数 k の値を求める。

$[x]$ の定義より

$$m \leqq \sqrt{k} < m+1 \quad \text{すなわち} \quad m^2 \leqq k < (m+1)^2$$

となるから，k の値は

$$k=m^2,\ m^2+1,\ m^2+2,\ \cdots,\ (m+1)^2-1 \ (=m^2+2m)$$

であり，その個数は

$$\{(m+1)^2-1\}-m^2+1=2m+1 \ (\text{個})$$

である。よって，$[\sqrt{k}]=m$ となる項の和を T_m とすると

$$\begin{aligned} T_m &= a_{m^2}+a_{m^2+1}+a_{m^2+2}+\cdots+a_{(m+1)^2-1} \\ &= 2^m+2^m+2^m+\cdots+2^m \quad (2^m \text{ は } 2m+1 \text{ 個ある}) \\ &= (2m+1)\cdot 2^m \end{aligned}$$

である。また，$1 \leqq k \leqq n^2$ と $[\sqrt{n^2}]=[n]=n$，$[\sqrt{n^2-1}]=n-1$ より

$n \geqq 2$ のとき，T_m の m のとり得る値は　　$1, 2, 3, \cdots, n-1$

$[\sqrt{k}]=n$ となる k の値は　　n^2 のみ

である。したがって，$n \geqq 2$ のとき

$$\begin{aligned} b_n &= \sum_{k=1}^{n^2} a_k \\ &= \sum_{k=1}^{n^2-1} a_k + a_{n^2} \end{aligned}$$

$$= \sum_{m=1}^{n-1} T_m + 2^n$$

$$= \sum_{m=1}^{n-1} (2m+1)\cdot 2^m + 2^n \quad \cdots\cdots ①$$

ここで，$S_n = \sum_{m=1}^{n-1} (2m+1)\cdot 2^m \quad (n \geqq 2)$ とおくと

$$\begin{array}{rl} S_n = & 3\cdot 2^1 + 5\cdot 2^2 + 7\cdot 2^3 + \cdots + (2n-1)\cdot 2^{n-1} \\ -)\ 2S_n = & \qquad\quad 3\cdot 2^2 + 5\cdot 2^3 + \cdots + (2n-3)\cdot 2^{n-1} + (2n-1)\cdot 2^n \\ \hline -S_n = & 3\cdot 2 + 2\cdot 2^2 + 2\cdot 2^3 + \cdots + 2\cdot 2^{n-1} \qquad - (2n-1)\cdot 2^n \end{array}$$

となるから

$$S_n = -(2 + 2^2 + 2^3 + 2^4 + \cdots + 2^n) + (2n-1)\cdot 2^n$$

$$= -\frac{2(2^n - 1)}{2-1} + (2n-1)\cdot 2^n$$

$$= (2n-3)\cdot 2^n + 2$$

したがって，これを①に代入して

$$b_n = \{(2n-3)\cdot 2^n + 2\} + 2^n$$

$$= (n-1)\cdot 2^{n+1} + 2 \quad (n \geqq 2) \quad \cdots\cdots ②$$

$n=1$ のとき，$b_1 = a_1 = 2^{[\sqrt{1}]} = 2$ であり，②の右辺に $n=1$ を代入すると，$(1-1)\cdot 2^2 + 2 = 2$ となり，b_1 と一致するので，②は $n=1$ のときも成り立つ。ゆえに

$$b_n = (n-1)\cdot 2^{n+1} + 2 \quad (n \geqq 1) \quad \cdots\cdots (答)$$

◀解　説▶

≪一般項にガウス記号を含んだ数列の和≫

$[\sqrt{k}]$（$k=1$, 2, 3, …, 25）の値は次の表のようになる。

k	1, 2, 3	4, …, 8	9, …, 15	16, …, 24	…	(ア)	…
$[\sqrt{k}]$ (a_k)	1 (2^1)	2 (2^2)	3 (2^3)	4 (2^4)	…	m (2^m)	…
k の個数	3個	5個	7個	9個	…	(イ)	…
和	3×2^1	5×2^2	7×2^3	9×2^4	…	(ウ)	…

表より，k が平方数になると，$[\sqrt{k}]$ の値は「+1」され，k の個数は初項3，公差2の等差数列という規則が見えてくる（群数列のような感じになる）。そこで，まず，$[\sqrt{k}] = m$ となる k の値（(ア)の欄）とそのときの k の個数（(イ)の欄）を求めることを考え，次に，$[\sqrt{k}] = m$ となる項の和（(ウ)の欄）を調べるとよい。また，Σの計算において，$[\sqrt{k}] = n$ となる k の

値が n^2 のみしかないので，$b_n=\sum_{k=1}^{n^2-1}a_k+a_{n^2}$ としなければならないことと $\sum$(等差数列)×(等比数列) の計算は実力が試される。

3

◇発想◇ (1)　α，β は $x^2-ax+b=0$ の実数解であり，かつ三角形の辺の長さでもあることから，0より大きい解をもつという条件と三角形の成立条件の2つから，$(a,\ b)$ の範囲を求めるとよい。

(2)　2変数 a，b の関係式が不等式で表され，かつ，(1)で領域として図示されているから，$\dfrac{\alpha\beta+1}{(\alpha+\beta)^2}$ を a，b で表した後，「$=k$」とおいて，(1)で求めた領域と共有点をもつように変化させたときの k のとり得る値の範囲を求めるとよい。また，〔別解〕のように，「$=k$」とおいた式を(1)で得られた不等式に代入して，a，b の存在条件を用いて k のとり得る値の範囲を求めてもよい。

解答　$f(x)=x^2-ax+b$ とおくと

$$f(x)=\left(x-\frac{a}{2}\right)^2-\frac{a^2}{4}+b$$

(1)　α，β は方程式 $f(x)=0$ の実数解（重解含む）であり，かつ，三角形の辺の長さであるから正である。よって，$f(x)=0$ が0より大きい解をもつ条件は，$y=f(x)$ のグラフが下に凸の放物線より

$$\begin{cases}(\text{頂点の}y\text{座標})=-\dfrac{a^2}{4}+b\leqq 0\\ \text{軸}：x=\dfrac{a}{2}>0\\ f(0)=b>0\end{cases}$$

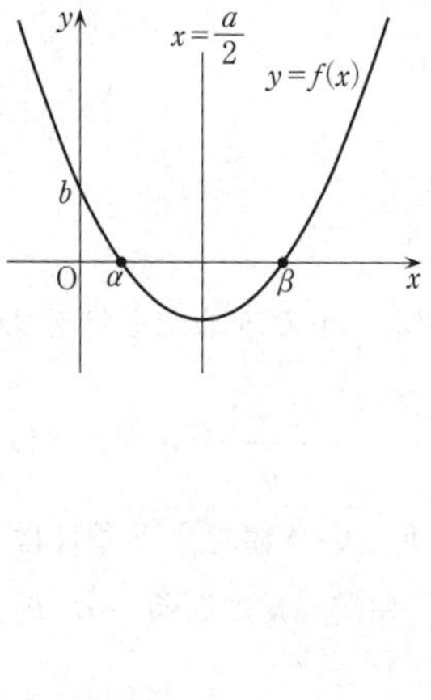

であるから

$$\begin{cases}b\leqq\dfrac{1}{4}a^2\\ a>0\\ b>0\end{cases}\quad\cdots\cdots①$$

さらに，3辺の長さが1，α，β である三角形が存在する条件は，三角形の成立条件より

$$|\alpha-\beta|<1<\alpha+\beta$$

であるから

$$\begin{cases} \alpha+\beta>1 \\ |\alpha-\beta|^2<1^2 \end{cases}$$

すなわち　$\begin{cases} \alpha+\beta>1 \\ (\alpha+\beta)^2-4\alpha\beta<1 \end{cases}$　……②

ここで，α，β は方程式 $f(x)=0$ の解であるから，解と係数の関係より

$$\alpha+\beta=a,\ \alpha\beta=b \quad \cdots\cdots③$$

となるので，②に③を代入して

$$\begin{cases} a>1 \\ a^2-4b<1 \end{cases} \quad すなわち \quad \begin{cases} a>1 \\ b>\frac{1}{4}a^2-\frac{1}{4} \end{cases} \quad \cdots\cdots②'$$

よって，点（a，b）が存在する範囲は，①かつ②′ より

$$\begin{cases} a>1 \\ \frac{1}{4}a^2-\frac{1}{4}<b\leqq\frac{1}{4}a^2 \end{cases} \quad \cdots\cdots(★)$$

図示すると，次図の網かけ部分。ただし，境界は $b=\frac{1}{4}a^2$ の $a>1$ の部分のみ含み（実線部分），それ以外は含まない（点線部分と白丸）。

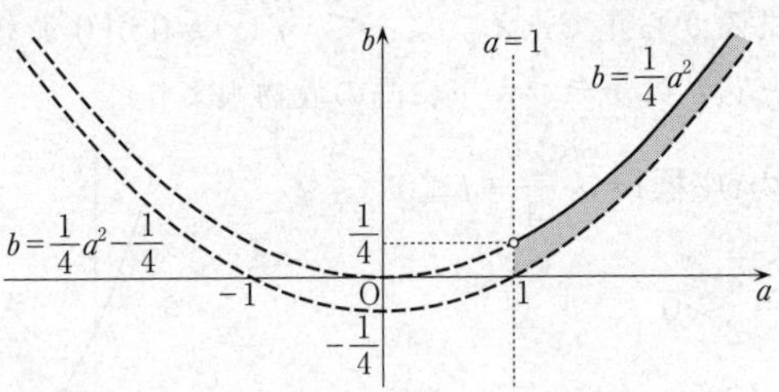

(2)　(1)で求めた領域を D とする。$\frac{\alpha\beta+1}{(\alpha+\beta)^2}=k$ とおき，③を代入すると

$$\frac{b+1}{a^2}=k \quad すなわち \quad b=ka^2-1 \quad \cdots\cdots④$$

k という値をとる条件は

「k となる（a，b）が D に存在すること」

すなわち

「④と領域 D が共有点をもつこと」

である。このとき④は $(0,\ -1)$ を必ず通る。

④が点 $\left(1,\ \dfrac{1}{4}\right)$ を通る k の値は

$$\frac{1}{4}=k\cdot1^2-1$$

$$k=\frac{5}{4}$$

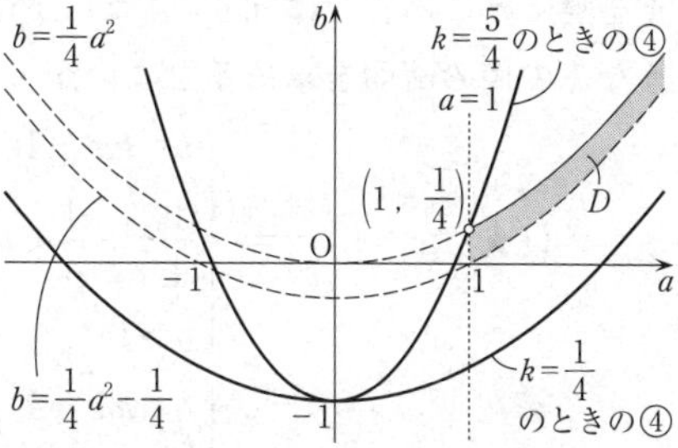

また，$k=\dfrac{1}{4}$ のとき，④は $b=\dfrac{1}{4}a^2$ を b 軸方向に -1 だけ平行移動したものと一致する。このことと図から，④が領域 D と共有点をもつための必要条件は

$$\frac{1}{4}<k<\frac{5}{4}$$

このとき，④と $b=\dfrac{1}{4}a^2$ が $a>1$ の範囲で共有点をもつかどうか調べる。

2式より，b を消去すると

$$ka^2-1=\frac{1}{4}a^2 \quad すなわち \quad \left(k-\frac{1}{4}\right)a^2=1$$

となるから，$k>\dfrac{1}{4}$ より，共有点の a 座標は

$$a=\pm\frac{1}{\sqrt{k-\frac{1}{4}}}$$

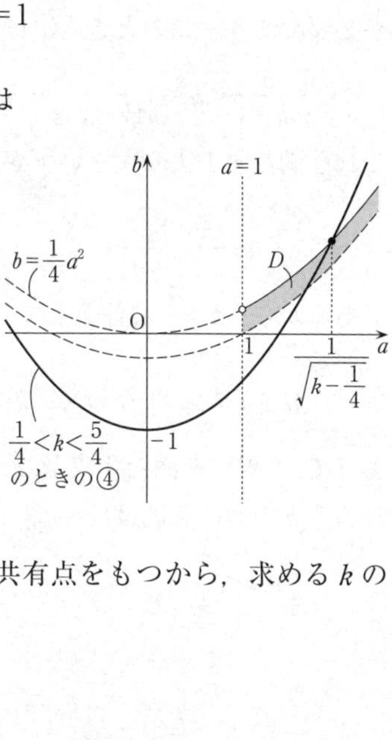

$\dfrac{1}{4}<k<\dfrac{5}{4}$ のとき，$a=\dfrac{1}{\sqrt{k-\frac{1}{4}}}>1$ となるから，④は $b=\dfrac{1}{4}a^2$ と $a>1$ の範囲で確かに共有点をもつ。

よって，$\dfrac{1}{4}<k<\dfrac{5}{4}$ のとき，④は領域 D と共有点をもつから，求める k の値の範囲は

$\dfrac{1}{4}<k<\dfrac{5}{4}$　……(答)

別解　(a, b の存在条件を用いた解法)

④を導くところまでは同じ。(★) かつ④を満たす実数 a, b が存在するような k の値の範囲を求めるとよいが

$$((★)かつ④) \Longleftrightarrow \begin{cases} b=ka^2-1 \\ \dfrac{1}{4}a^2-\dfrac{1}{4}<b\leqq\dfrac{1}{4}a^2 \\ a>1 \end{cases}$$

$$\Longleftrightarrow \begin{cases} b=ka^2-1 \\ 3<(4k-1)a^2\leqq 4 \\ a>1 \end{cases} \quad ……(*)$$

であるから，(＊) を満たす実数 a が存在するような k の値の範囲を求めれば，b の条件も満たされる。

$3<(4k-1)a^2\leqq 4$　……㋐ を満たす実数 a が存在するためには $a^2\geqq 0$ であるから

$$4k-1>0 \quad すなわち \quad k>\frac{1}{4}$$

が必要であり，このとき，㋐は

$$\frac{3}{4k-1}<a^2\leqq\frac{4}{4k-1} \quad ……㋐'$$

これを満たす 1 より大きい a が存在する条件は

$$1<\frac{4}{4k-1}$$

であるから，$k>\dfrac{1}{4}$ に注意して

$$4k-1<4 \quad すなわち \quad k<\frac{5}{4}$$

よって，(＊) を満たす実数 a が存在するような k の値の範囲，つまり，求める k の値の範囲は

$$\frac{1}{4}<k<\frac{5}{4}$$

◀解　説▶

≪三角形の成立条件と 2 変数関数の値域を求める問題≫

▶(1)　三角形の成立条件を使うことは言うまでもないが，解 α，β が三角形の辺の長さであるから，方程式 $f(x)=0$ が 0 より大きい解をもつという条件として捉え，頂点の y 座標の符号，軸の範囲，端点の符号の 3 つに注意して a，b の関係式を求めた。厳密には，三角形の成立条件は，〔解答〕で用いた $|\alpha-\beta|<1<\alpha+\beta$ 以外の同値な

$$|\beta-1|<\alpha<\beta+1 \quad や \quad |\alpha-1|<\beta<\alpha+1$$

を考えると，波線部分で $\alpha>0$ と $\beta>0$ という条件も考えていることになるので，方程式 $f(x)=0$ が 2 つの実数解をもつという条件だけでも正解は得られる。

▶(2)　2 変数 α，β が対称式で表されているので，α，β で値域を考えるのではなく，α，β の基本対称式から得られる a，b の 2 変数で調べていくことにまず気づきたい。次に，a，b が(1)で不等式で表され，かつ，領域を図示しているので，「$=k$」とおき，領域を用いて求めた。このとき，図より求める k の値の範囲が $\dfrac{1}{4}<k<\dfrac{5}{4}$ となることはすぐにわかると思うが，$a>1$ の範囲で必ず共有点をもつことは自明ではないので，具体的に共有点を求めることにより十分性を確認した。また，〔別解〕のように b を消去し，実数 a が存在する条件，つまり，a の不等式が 1 より大きい解を少なくとも 1 つもつ条件を考えてもよい。他の解法としては，まず a を 1 より大きい値として固定し，b の関数として b を動かす。次に，固定していた a を $a>1$ の範囲で a の関数として動かし求めてもよいが，やや面倒である。

4

◇発想◇　(1)　円 C と放物線 S の 2 つのグラフを描くと，原点は k の値によらず C と S の共有点になることがわかるので，2 式を y を消去して x の方程式を作り，0 以外の異なる 2 つの実数解をもつような k の範囲を求めるとよい。

(2)　まず，P における S の接線の方程式を求め，次に，S の接線と S と y 軸によって囲まれる領域の面積を調べる。式の形から

3 次関数に帰着して最大値を求めるとよい。

解答　円 $C : x^2+(y-1)^2=1$

放物線 $S : y=\frac{1}{k}x^2$　$(k>0)$

(1)　C と S はともに原点を通るから，原点は k の値によらず C と S の共有点となる。　……①

C と S の 2 式より y を消去すると

$$x^2+\left(\frac{1}{k}x^2-1\right)^2=1$$

すなわち

$$x^4-k(2-k)x^2=0$$

$$x^2\{x^2-k(2-k)\}=0$$

C と S が共有点をちょうど 3 個持つ条件は，①に注意すると，$x^2=k(2-k)$ が 0 以外の異なる 2 つの実数解を持つことであり，それを満たすのは，$k>0$ より

$$k(2-k)>0　すなわち　2-k>0$$

のときである。よって，求める k の範囲は

$$0<k<2　……(答)$$

(2)　$0<k<2$ のもとで考える。

点 P の x 座標は，条件より，$x^2=k(2-k)$ の正の解であるから

$$x=\sqrt{k(2-k)}　(=\alpha とおく)$$

である。

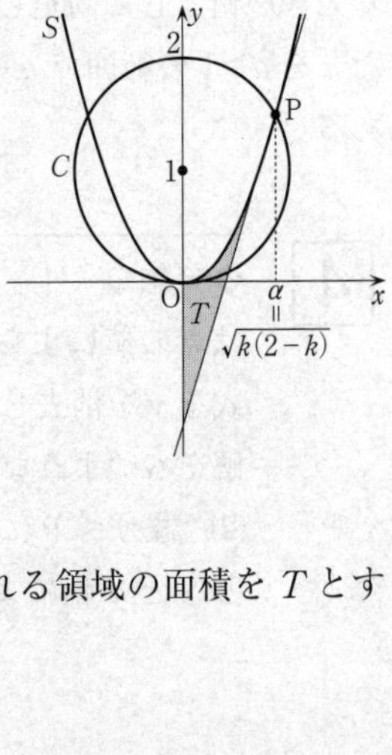

$\mathrm{P}\left(\alpha,\ \frac{1}{k}\alpha^2\right)$ における S の接線の方程式は

$y'=\frac{2}{k}x$ より

$$y-\frac{1}{k}\alpha^2=\frac{2}{k}\alpha(x-\alpha)$$

すなわち　$y=\frac{2}{k}\alpha x-\frac{1}{k}\alpha^2$

P における S の接線と S と y 軸とによって囲まれる領域の面積を T とす

ると，図より

$$T=\int_0^{\alpha}\left\{\frac{1}{k}x^2-\left(\frac{2}{k}\alpha x-\frac{1}{k}\alpha^2\right)\right\}dx$$

$$=\int_0^{\alpha}\frac{1}{k}(x^2-2\alpha x+\alpha^2)\,dx$$

$$=\frac{1}{k}\int_0^{\alpha}(x-\alpha)^2dx$$

$$=\frac{1}{k}\left[\frac{1}{3}(x-\alpha)^3\right]_0^{\alpha}$$

$$=\frac{1}{3k}\alpha^3$$

$$=\frac{1}{3k}\{\sqrt{k(2-k)}\}^3$$

$$=\frac{1}{3}\cdot\frac{1}{k}\sqrt{\{k(2-k)\}^3}$$

$$=\frac{1}{3}\sqrt{\frac{k^3(2-k)^3}{k^2}}$$

$$=\frac{1}{3}\sqrt{k(2-k)^3}$$

ここで，$t=2-k$ とおくと，$k=2-t$ であるから

$$T=\frac{1}{3}\sqrt{(2-t)t^3}\quad (0<k<2 \text{ より，} 0<t<2)$$

であり，さらに

$$f(t)=(2-t)t^3=-t^4+2t^3\quad (0<t<2)$$

とおくと

$$f'(t)=-4t^3+6t^2=-2t^2(2t-3)$$

$0<t<2$ における $f(t)$ の増減は右のようになる。

t	(0)	$\cdots$	$\frac{3}{2}$	$\cdots$	(2)
$f'(t)$		$+$	0	$-$	
$f(t)$		↗		↘	

$T=\dfrac{1}{3}\sqrt{f(t)}$ より，$f(t)$ が最大のとき T も最大となるから，T の最大値は

$$\frac{1}{3}\sqrt{f\left(\frac{3}{2}\right)}=\frac{1}{3}\sqrt{\frac{27}{16}}=\frac{\sqrt{3}}{4}\quad \left(k=\frac{1}{2}\text{ のとき}\right)\quad \cdots\cdots(\text{答})$$

◀解　説▶

≪円と放物線の位置関係，放物線と接線と y 軸で囲まれた面積の最大値≫

▶(1)　円 C と放物線 S の共有点の 1 個が原点であることがすぐにわかるので，原点以外で共有点を 2 個持つ条件を考えるとよい。〔解答〕では y を消去したが，x^2 を消去して y の方程式 $y\{y-(2-k)\}=0$ をつくり，C と S がともに y 軸に関して対称であることに注意して，解：$2-k>0$ より k の範囲を求めてもよい。

▶(2)　共有点 P の x 座標が $\sqrt{k(2-k)}$ と扱いにくい数なので α とおいて考えた。定積分の計算については，放物線と接線（接点の x 座標が α）で囲まれる面積のとき

$$(ax^2+bx+c)-(px+q)=a(x-\alpha)^2$$

という変形が成り立つことを念頭に置き，次の公式を用いて求めた。
n が正の整数のとき

$$\int(x-\alpha)^n dx=\frac{1}{n+1}(x-\alpha)^{n+1}+C\quad(C\text{ は積分定数})$$

この公式はよく使うので覚えておこう。また，$f(x)\sqrt{g(x)}$ の形をした関数の最大・最小を考えるときは，$\sqrt{\{f(x)\}^2g(x)}$ と変形した後，$h(x)=\{f(x)\}^2g(x)$ とおいて $h(x)$ についての増減を調べるのが基本であるから，この考え方に沿って，$T=\frac{1}{3}\cdot\frac{1}{k}\sqrt{\{k(2-k)\}^3}=\frac{1}{3}\sqrt{\frac{k^3(2-k)^3}{k^2}}$ と変形した。なお，微分の計算については，$k(2-k)^3$ のままで考えてもよいが，少し式が長くなるので，$t=2-k$ とおくことにより式を短くして計算ミスを防ぐようにした。よく使うテクニックなので覚えておこう。

5

◇発想◇　まず，$\int_{a-3}^{a+3}(x-b)(x-c)\,dx=0$ を計算し，a，b，c の関係式を求める。式の形から，(整数)×(整数)＝(整数) を作って，a，b，c の値を導く。

解答　$\int_{a-3}^{a+3}(x-b)(x-c)\,dx=0$　……①

$$\int_{a-3}^{a+3}(x-b)(x-c)\,dx$$

$$=\int_{a-3}^{a+3}\{x^2-(b+c)x+bc\}dx$$

$$=\left[\frac{1}{3}x^3-\frac{b+c}{2}x^2+bcx\right]_{a-3}^{a+3}$$

$$=\frac{1}{3}\{(a+3)^3-(a-3)^3\}-\frac{b+c}{2}\{(a+3)^2-(a-3)^2\}+bc\{(a+3)-(a-3)\}$$

$$=\frac{1}{3}(18\cdot a^2+54)-\frac{b+c}{2}\cdot 12a+bc\cdot 6$$

$$=6\{a^2-(b+c)a+bc+3\}$$

となるから，①に代入して

$$6\{a^2-(b+c)a+bc+3\}=0$$

$$a^2-(b+c)a+bc=-3$$

$$(a-b)(a-c)=-3 \quad \cdots\cdots②$$

a，b，c はサイコロの目より，$a-b$ と $a-c$ は -5 以上 5 以下の整数であるから，②を満たす $a-b$ と $a-c$ の値は

	(ア)	(イ)	(ウ)	(エ)
$a-b$	3	1	-1	-3
$a-c$	-1	-3	3	1

の 4 組に限られる。

(ア)のとき

$$b=a-3,\ c=a+1$$

であるから，a，b，c の値は

$$(a,\ b,\ c)=(4,\ 1,\ 5),\ (5,\ 2,\ 6)$$

(イ)のとき

$$b=a-1,\ c=a+3$$

であるから，a，b，c の値は

$$(a,\ b,\ c)=(2,\ 1,\ 5),\ (3,\ 2,\ 6)$$

(ウ)のとき

$$b=a+1,\ c=a-3$$

であるから，a，b，c の値は

$$(a,\ b,\ c)=(4,\ 5,\ 1),\ (5,\ 6,\ 2)$$

(エ)のとき

$$b=a+3,\ c=a-1$$

であるから，a，b，c の値は

$$(a,\ b,\ c)=(2,\ 5,\ 1),\ (3,\ 6,\ 2)$$

よって，②を満たす a，b，c の組数は

(ア)〜(エ)より　　8 組

また，a，b，c の組数は，全部で

$$6^3=216\ (組)$$

であり，これらはすべて同様に確からしい。

したがって，①となる確率は

$$\frac{8}{216}=\frac{1}{27}\quad\cdots\cdots(答)$$

◀解　説▶

≪サイコロを 3 回投げて定積分が 0 になる確率≫

とりあえず定積分を計算することにより，a，b，c に関して，不定方程式 $a^2-(b+c)a+bc=-3$ が得られる。よって，左辺の式の形を見て，(整数)×(整数)＝－3 をつくり，3 の約数に注目して a，b，c の値を求めた。なお，定積分の計算は，放物線 $y=(x-b)(x-c)$ のグラフを x 軸方向に $-a$ だけ平行移動させて

$$\begin{aligned}\int_{a-3}^{a+3}(x-b)(x-c)\,dx&=\int_{-3}^{3}\{x-(b-a)\}\{x-(c-a)\}\,dx\\&=\int_{-3}^{3}\{x^2-(b+c-2a)x+(b-a)(c-a)\}\,dx\\&=2\int_{0}^{3}\{x^2+(b-a)(c-a)\}\,dx\end{aligned}$$

と計算してもよい。

❖講　評

2021 年度も出題分野については例年通り整数，確率，微・積分法，図形と方程式に関するものが中心であった。難易度は 2020 年度のものからさらに解きやすくなった印象で，空間図形は 2021 年度も出題されなかった。

1素数の個数に関する問題で，一橋大学らしい分析力・思考力を必要

とする内容だった。2または3または5の倍数の個数を調べてみようという発想にたどり着いたかどうかでかなり差がついたと思われる。

2ガウス記号が付いた数列の和の問題であった。いくつか実験してみると，よく出てくる群数列が現れる。つまり，参考書や問題集で2，3回は解いたであろう問題と同じ解法になるので，完答しなければならない問題の1つであった。

3三角形の成立条件を用いた2変数関数の問題であった。(2)は領域を用いて考えることに気づくと完答できるので差がついたと思われる。

4円と放物線の位置関係に関する問題であった。(2)の面積の最大値については式変形にテクニックが必要なので受験生は苦労したと思われるが，このレベルのテクニックはぜひ身につけて完答できるようにしてほしい。

5確率，整数，積分法の3つの分野が融合した問題であった。定積分の計算がやや面倒であるが，そこから得られる不定方程式が頻出のタイプである（整数）×（整数）＝（整数）なので難しくない。完答したい問題の1つである。

2021 年度も1，2，5のように誘導がない問題が3題出題された。2021 年度は解きやすくなったとは言え，やはり誘導がないのでそれなりに思考力・分析力が必要な問題であった。2021 年度もしくは 2021 年度以上のレベルに対応できるようにしっかり対策を立てて学習してほしい。また，他の難関大学（文系・理系問わず）の問題を使って学力アップを図るのもよいだろう。

❖講評

例年通り、評論、近代文語文、評論の要約の三題構成。

一は、鶴岡真弓による、人類学にヨーロッパの文化、文明観が強く反映されていたという評論。ヨーロッパの内部でも英仏、独の違いがあったことを読み取る必要があった。文章は明快であり、題材も理解しやすいものであったが、出題の字数制限が厳しく、簡単ではなかった。

二は、大西祝の文章。他者への同情が自己の救いにつながる論理展開をおさえられたかが、得点できるかどうかの重要な分かれ目になっただろう。例年通りの明治の文語文であり、古文、漢文の知識を基礎に本文を読んでいく必要がある。二〇二〇年度と同様に字数制限もかなり厳しかった。

三は、中村桃子の評論。翻訳における言葉づかいとアイデンティティの関係を論じた文章。本質主義と構築主義が対比されているが、本文の主眼となっているのは翻訳における構築主義の問題。二〇〇字という限られた字数であり、本質主義の説明に字数を取り過ぎると、構築主義による翻訳がどのような結果になるかという結論が示せなくなる恐れがあるので注意が必要。重要なポイントを文章全体の展開から書いていくことが大切だろう。

全体を通して、二〇二〇年度同様の難易度の出題。ここ数年の傾向として、文章は読みやすいが、字数の制限など問い方で難度の高い問題となっている。

⑧そこで、アイデンティティは言語行為を通して作りつづけるものだとする「構築主義」が提案された。
⑨人間の統一性への不安が生じるが、構築主義では習慣的に表現することで統一性があるという幻想を持つと説明する。
⑩構築主義を翻訳に当てはめると、「ぼくは、〜さ」という言葉づかいで特定のアイデンティティを表現すると考える。
⑪繰り返し同じ言葉づかいに翻訳する行為が特定の職業人に共通したアイデンティティを付与すると考えるのである。

　①②でことばがアイデンティティを表現するが、そのとらえ方として二通りの考え方があることを示す。それが③で示される本質主義と構築主義である。④⑤で人はそれぞれの属性に応じた言葉づかいをするというのが本質主義であると述べられる。しかし、⑥で問題点が示される。そこで⑦⑧で言語行為を通してアイデンティティは構築されるものだという構築主義の考えが提示され、⑨で人間の統一性への不安の問題も補強され、⑩⑪で構築主義の考え方によって、翻訳によって特定の職業人に対するアイデンティティ付与が行われていることが説明される。この展開から、この文章の主眼は、翻訳において特定の職業人の語りを特定の言葉づかいで表現することで、その職業人のアイデンティティを「構築」しているという説明だと読み取れる。つまり、構築主義の視点から見ると、スポーツ選手、俳優、ミュージシャンらの発言を「ぼく、〜さ」というラフな言葉づかいで繰り返し翻訳する行為によって、〈気軽な親しさ〉というアイデンティティを付与しているととらえられるというのが筆者の主張である。この主張をあきらかにするために、言葉づかいとアイデンティティの関係性を示す本質主義を提示し、その問題点から構築主義が提唱されたという論理展開で記述されていることが読み取れる。

　二〇〇字という字数での要約が求められており、④本質主義の説明と⑥その問題点から提示された⑧構築主義、そして⑩⑪構築主義による翻訳の問題点を示すという流れで要約できるだろう。

参考　中村桃子は関東学院大学教授。専攻は言語学。著書に『ことばとフェミニズム』『ことばとジェンダー』『女ことばと日本語』などがある。

大学）、東京高等師範学校（筑波大学の前身）で教えるが病により三十六歳で急逝する。「良心起原論」など多数の論考があり、「悲哀の快感――心理幷文学上の攷究――」は明治二十四年三月に『国民之友』に掲載された論文。悲哀に快感を覚える理由を六か条に分けて説明し、その五番目に今回の出題部分である同情作用、あるいは社会的性情の満足が挙げられている。

三

出典　中村桃子『翻訳がつくる日本語――ヒロインは「女ことば」を話し続ける』〈第Ⅱ部　翻訳を考える〉（白澤社）

解答　翻訳では、性差を示す表現や方言など特定の言葉づかいにより人物のアイデンティティを表す。話し手は人物像に基づいた特定の話し方をするという考え方を「本質主義」と呼ぶが、人はことばを状況により使い分けており言語行為自体が人物像をつくるとする「構築主義」が示された。構築主義では翻訳家が「ぼく、〜さ」など特定の言葉づかいを特定の職業人に使うことで、その職業に共通したアイデンティティを付与するととらえる。（二〇〇字以内）

◀解　説▶

約二〇〇〇字の文章を二〇〇字に要約する。文章の論理の展開を形式段落ごとにまとめると次のようになる。

①女ことばや男ことば、方言のような言葉づかいの働きの一つは、人のアイデンティティを表現することだ。
②言葉づかいをアイデンティティを表現する材料とみなす考え方から翻訳を理解する意義を見ていこう。
③ことばとアイデンティティの関係は本質主義と構築主義に分けて理解できる。
④人はそれぞれの属性に基づいてことばを使うという考え方を「本質主義」と呼ぶ。
⑤ジェンダーに関わる側面を本質主義でとらえると、女らしさ、男らしさを表現するためにことばを使うと考えられる。
⑥しかし、人はそれぞれの状況に応じてことばを使い分けている。
⑦あらかじめ持っているアイデンティティに基づいて特定の話し方をするという本質主義では説明することができない。

ア、「得れば」はア行下二段活用動詞「得」の已然形に接続助詞「ば」が接続しており、順接の確定条件で訳す。文脈から原因理由の訳が最適であり〝得るからである〟〝得るのである〟の訳が可能だろう。

イ、「なくんばあらず」は漢文訓読では仮定の句法であるが、明治期の文語文では慣用的に二重否定として用いられたようであり、〝ないわけではない〟〝あるはずである〟などと訳せる。ここは文脈の確認が必要だろう。

ウ、「可ならん」は「可なり」に推量の助動詞「む」がついた形であり、〝可能であろう〟と訳せるので、〝言うことが可能であろう〟〝言ってよいだろう〟などと訳す。

▼問い二　傍線部の前の文にあるように、「他の喜を喜ぶは天使の心」であるのは、快楽を享受する者を見ると、人間の性情として抑えがたい嫉みが妨害をして一緒に喜ぶことができず、他人の喜びを一緒になって喜べるのは人間の心ではなく「天使の心」だから。この展開を説明したいが、字数は二五字しかないので、人間の本性、性質として他者の喜びを嫉むことが常だからという内容でまとめる。

▼問い三　「他人の悲哀に我身を打忘れて熱き涙を流す」ことが「救に入れるが如きの思」を発生させる理由を文章全体から読み取り、記述する。形式段落二段落から読み取れるように、可憐な少女の悲哀に同情して涙を流す「快味」とは、自分の狭隘で窮屈な利己心の圧迫から脱して、自分の心の広さを感じることで一時の「救」を得られることである。狭隘な利己心は人間本来の性情ではなく、他者への同情の涙は自分の人間としての本性が現れる瞬間だと述べられる。このことは形式段落三段落で繰り返し説明され、弱肉強食の無情な世界にいる人々が涙を流すために演劇を観るのは、利己の心を脱して自分の本当の性質が表れる喜びを求めるからだと述べられている。この展開をまとめると、他人に同情し自分を忘れて涙を流すことで、無情な世界で培ってしまった狭隘な利己心から脱して、人間本来の性質を取り戻した瞬間が「救に入れるが如きの思」を発生させているとなり、この内容を字数内で記述する。

参考　大西祝《おおにしはじめ》（元治元（一八六四）～明治三十三（一九〇〇）年）は哲学者、思想家。岡山県で生まれ、郷里の山にちなんで操山と号した。同志社英学校神学科を卒業後、東京帝国大学哲学科、大学院にすすむ。東京専門学校（現在の早稲田表しがたい快感を覚えるのは、我が社会的性情を満足させることによるのだろうと。私が他のために泣くときは私の狭隘な、窮屈な利己心の圧迫を脱して、私の心は人類が大きいような大きさを、社会が広いような広さを覚える。これは我が心の一時の救いではないだろうか。狭隘である利己の心は我が本来の性質ではない。他人のために涙を流して他と我との格差を忘れたときは我が本性の光を放つ瞬間である。われわれはその本性に帰ろうとすることを求める。これはそれによって仮の自分を去って本当の自分を得るからである。これにより本当に我に返るのだ。かのいわゆる社会的な性情は（もしその根本を言うならば）すなわち我に返るひとつのみ。詩歌といい、美術といい、皆この大目的に向かって進むものではないだろうか。

見なさい、弱肉強食の無情世界にはいつくばるむさくるしい愚かな男女が義人の不運を悼み、雅人の薄命に涙を落とそうと一日の暇を見つけて演劇場に入ってくるのは知らず知らずのうちに、利己心の狭さから逃れて同情一致する心の広さを求めようとするからではないだろうか。我が本来真の性質にかなうことの喜びを求めようとするからではないだろうか。私がもし我が身を忘れて他人のために落涙するときは我が心はあたかも敵視する世界のちりやほこりを洗い去られたような感があるはずである。他人の悲哀をもって我が心を満たし、その悲哀と自分とは別物ではないように思う瞬間は、自らこぼす涙によって我が諸悪を洗い去られたような思いがある。たとえば自然界の真の美しい景色に接するか、もしくは人間界の真の美人に接すれば（もしその真の美を見ることのできる眼があるものならば）ただ恍惚としてその前に直立して我を忘れたような有様に陥るだろう。ただただその美しさに見とれて欲も思いもない状態に至るだろう。この境界にいたってこそはじめて真にその美を感心し褒めるといえるだろう。この境界にいたった瞬間は（ショーペンハウアーの言っているように）ほとんど一切の煩悩を忘れて我が心が一時の清浄な楽しみに入っている有様だと言ってよいだろう。他人の悲哀に我が身を忘れて熱い涙を流すときもまたこれと同じく一時の救いに入っているような思いがあるのだ。

▲解　説▼

▼問い一　文語文の表現は基本的に古典文法に従って読んでいく。

のとして峻別する。それに対してドイツは、「文明」として遅れたため、「物質的・普遍主義的・革新的」な「文明」に対抗する概念として「文化」をとらえ、「精神的・特殊的・伝統的」な自民族・自国民の言語・慣習・文学などの文化を称揚する。このイギリス、フランス対ドイツの文化観を説明するが、六〇字では両者の対立まで説明するのは難しい。先進的物質文明を上位として、精神的文化は下位と見なされるという内容を基本に据え、そこにヨーロッパ国家間のとらえ方を付け加えながらまとめたい。

二

出典　大西祝「悲哀の快感」

解答

問い一　ア、得るからである　イ、ないはずがない　ウ、言ってよいだろう

問い二　人の本性としては、他者の幸福を嫉むのが普通だから。（二五字以内）

問い三　他者の悲哀に共感して涙を流す時は、無情な社会で培われた狭隘な利己心から解放され、人間本来の姿に戻った瞬間だといえるから。（六〇字以内）

◆全　訳◆

われわれの性質を顧みると、喜ぶ者とともに喜ぶ心は悲しむ者とともに悲しむ心よりも遥かに弱いものだと言わざるを得ない。この理由の一つは、社会的必要から出て、いわゆる社会的な練習によってともに悲しむ性質がともに喜ぶ性質よりも発達が完全であることによるであろう。だけれどももう一つの理由は、快楽を享受する者を見るときわれわれの性質として抑えがたい嫉みというものが大いに妨害をすることにもよるだろう。ゆえにジャン・パウルは他人の喜びを喜ぶのは天使の心、その悲しみを悲しむのは人間の心と言っている。私がここに言うところはこの他人の悲しみを悲しみ、同情する人間の心によって心を満足させるものは、われわれの性質の一つの強大な要求を満足させるものである。

だから私は思う、小説もしくは戯曲を読んで可憐な少女の悲哀に泣くのを見て、私もともに泣くときの心の中に言葉で

Cはやや難しいかもしれない。〝幅広くあさる〟という意味。Eは〝細部まで行き届く〟という意味。

▼問い二　「西洋人類学の信念」によりヨーロッパの人類学者が「未開の異境」を探査した。その信念は、形式段落一段落目にある、「文明の頂点にいる西洋人」が先進文明から未開の文化を観察し、分析することで、先進文明をつくりだした人類の発展の過程や心性を発見できるという信念。この展開をまとめるが、三〇字という字数はかなり厳しい。傍線部の前後の文脈を見ると、西洋人類学者が「他者の地」へ足を踏み入れる理由が個人的な開拓ではなく、先進文明を持った西洋の列強が、「未開の異境」を探査することが背景になっていることがわかる。この展開をもとに、西洋の観点で未開を観察すると人類の過程が確認できる、という西洋人類学の「信念」をまとめる。

▼問い三　傍線は「人類学における」から引かれていることに注意が必要。人類学においては「文化」「文明」観がなぜ重いのかを説明する問題で、「文化」「文明」観の重さの理由を問われているのではない。形式段落三段落以降の展開を確認すると、「人類学史のスコープ」で重要なのは、国家、法律が明確に定められ、階層秩序・文字・芸術が発達している社会が「文明社会」だという、先進近代国家であったイギリス、フランスの文明観。この見方からすると「文化」は「文明」以前の低位のものとしてとらえられる。それに対して、イギリス、フランスに大きく遅れをとったドイツは、自民族・自国民の統一を図るために「文化」を「文明」に対抗する概念として構築し、これが二〇世紀の大戦につながったというのが筆者の主張である。この視点を背景にすると、ドイツ出身のボアズの人類学によるアメリカ先住民「文化」への視点と、モーガンの先住民への視点は大きく異なることが理解できる。このイギリス、フランスの文明優位を背景にするか、ドイツの文化観を背景にするかで人類学の視点が大きく異なるということを説明したいが、字数が非常に厳しい。文明、文化への見方が他の民族への視線を大きく左右するという内容でまとめる。

▼問い四　筆者の考えるヨーロッパの「文化」概念を文章全体から読み取り、答える問題。特に形式段落三段落から、「文化」はヨーロッパでは「文明」との対置としてとらえられていたという説明がされている。そこで示されるのは、イギリス、フランスとドイツとの相違。先進文明を自負する英仏は、「文明」が上位にあり、「文化」を下位にあるも

国語

一

出典　鶴岡真弓「『芸術人類』の誕生──『根源からの思考』」（鶴岡真弓編『芸術人類学講義』ちくま新書）

解答

問い一　A―発祥　B―往還　C―渉猟　D―喪失　E―緻密

問い二　西洋の目で未開を観察すれば人類の発展過程がわかるという思い。（三〇字以内）

問い三　文明、文化への価値観の相違が他文化への接し方に影響するから。（三〇字以内）

問い四　英仏を中心に物質的で革新的な文明が上位にあり、精神的、伝統的な面はあっても文明に届かない文化は特殊で下位にあると考える。（六〇字以内）

◆要　旨◆

人類学の特徴は西洋文明から非西洋を観察することにあった。それにより原初の中から人類の発展過程を発見しようとしたが、この背景には植民地帝国の観念がある。さらに人類学史には英仏を中心に文明は文化より高位だという概念が現在でも影響している。文明社会に対し、文化はあっても先住民には文明はないという概念である。近代国家として遅れをとったドイツは文化称揚で国民統一を図り、逆にそれは英仏からは遅れた文明と映った。アメリカの人類学におけるドイツ出身のボアズによる情熱的な調査と、モーガンの対照的な姿勢から、ヨーロッパの文化、文明観の違いが読み取れる。

▲解　説▼

▼問い一　ふだん文章でよく使われる漢字が出題されている。意味、用法とともに覚えておこう。Aは〝ものごとが起こる〟意味の「発祥」。Bは〝道を行ったり来たりする〟意味の「往還」。道路、街道など道そのものの意味でも用いる。

//////////////////// · memo · ////////////////////

2020年度

解答編

解答編

英語

I **解答** 1．広告に見られる性差に関する有害な固定観念によって，若者や成人の選択肢や意欲，機会が制限されること。(50 字以内)

2．全訳下線部(2)参照。

3．女性が皿洗いをするといった広告に見られる固定観念は，賃金格差や職場でのいじめなどの大きな問題と同列ではないということ。(60 字以内)

4．全訳下線部(4)参照。

5．A―ハ　B―ニ　C―ロ　D―ニ

◆全　訳◆

≪男女は広告でどのように描かれるのか？≫

「性別に関する有害な固定観念」を特徴とする広告，あるいは「深刻または広範にわたる反感」を引き起こす可能性のある広告の禁止令が施行された。この禁止令は，女性が掃除をしている間に何もしない男性とか，車の駐車がうまくできない女性といった状況に適用される。イギリスの広告監視機関は，一部の人物像が「人の可能性を制限する」役割を果たしかねないことに気づいたので，この禁止令を導入した。広告主の反応には満足していると，この監視機関は述べた。

新ルールは，広告に見られる男女の性の固定観念化について，広告基準局（ASA）が行った調査に従っている。ASA はテレビ・ラジオ媒体の広告と，それ以外のオンラインおよびソーシャルメディアを含む媒体の広告の両方に適用されるイギリス広告基準を管理している組織である。ASA によると，この調査によって，以下のことを示唆する証拠が見つかった。つまり，有害な固定観念は「子供，若者，および成人の選択肢や意欲そして機会を制限する」可能性があり，「これらの固定観念は広告によって強化されることがあり，それが男女差による不公平な結果を生み出す一因となる」というのだ。ASA の最高責任者，ガイ=パーカーはこう言っている。「広告に見られる男女の性別についての有害な固定観念が，いかに社会の不平等の一因となり我々全員にとって損失となっているのかということを，我々が持つ証拠は示しています。簡単に言うならば，広告に見られる人物像の中には，人の可能性をじわじわと制約していく働きをするものがあるということを我々は見つけたのです」

ブロガーにして 2 人の子供の父親であるジム=コールソンは，この禁止令は良いアイデアだと考えている。彼は，父親は「役立たず」という固定観念を定着させる広告を嫌う。「(2)個々の固定観念は小さなものですが，小さなものは積み上がっていき，その小さなものが潜在意識に影響を与えるものとなるのです」と彼は BBC に語った。「そこが問題なんです…広告が固定観念に頼ってしまっているということがね。業界がどうしてそうするのかわかってますよ。簡単だからです」

しかしコラムニストのアンジェラ=エプスタインはこの意見には反対で，社会は「神経質になりすぎた」と考えている。「私たちが争わねばならない大事なことはたくさんあります。対等な賃金，職場でのいじめ，家庭内暴力，セクハラといったものですね。これらは実際，同様に争う必要のある大事なことです」と彼女は BBC に語った。「しかし広告で女性が皿洗いをしているという事実を加えると，それは同じ種類のものではなくなります。私たちがそれらを全部混ぜ合わせて鈍感になってしまうと，戦わせる必要のある大切な議論を軽んじてしまうことになります」

調査の一環として，ASA は一般人を集めてさまざまな広告を見せ，彼らが男女の描かれ方についてどう感じたかを評価した。その 1 つが，2017 年にテレビで流されたアプタミルというブランドの粉ミルクの広告で，成長してバレリーナになる女の子と，エンジニアや登山家になる男の子が映し出された。ASA は，何人かの親は「この広告に出てきた性差に基づく願望について強く思うところがあり，とりわけ広告に出てきた男児と女児の，型にはまった将来の職業に注目したこと，さらにこれらの親が，こういった紋切り型の考えは男女の役割の多様性を欠いており現実の生活を反映していないと感じていて，どうしてこのような固定観念が必要なのかと疑問を抱いていた」ということを発見した。広告が放送されたとき，このキャンペーンは苦情を呼んだが，規則を破っているわけではなかったので，ASA は正式な調査の根拠を見つけられなかった。

しかしながら，男性をターゲットに絞ったマーケティング代理店ニューマッチョの取締役フェルナンド=デソーシュは，これは ASA の今の規定には合格しない昔の広告の一例だと述べた。(4)彼が言うには，この広告は，「性差についての深く定着した見解が，将来の世代を気にかけ育んでいると主張する広告に現れること」がいかに容易であるかを示している。彼はそれが「反発を招いても驚かなかった」。

新ルールに合いそうにない状況は他に以下のようなものがある：

- 性別が原因で課題に失敗する男女を描いた広告。たとえば，おむつを交換できない男性や，車を駐車できない女性。
- 新米の母親を対象にした広告で，きれいに見えることや家を整頓しておくことのほうが，心の幸福よりも大切だと示唆する広告。
- 固定観念では女性の役割だと思われていることを行っている男性を，嘲笑する広告。

しかしながら，新ルールが男女の性別に関する固定観念の使用をすべて禁止しているわけではない。ASA が言うには，新ルールの目的は，防止すべき「具体的な害」を特定することであった。それゆえ，広告は相変わらず，たとえば買い物をする女性や日曜大工をする男性を描き出したり，そのマイナスの影響を否定する手段として，性別に関する固定観念を利用したりできるのだ。

ASA は昨年末に新ルールの概要を明らかにし，その導入のための準備期間として広告主に 6 カ月を与えた。業界がすでに対応している状況に監視機構は満足していると，パーカー氏は述べた。ASA はいかなる苦情にもケースバイケースで対応し，新ルールが破られていないかどうかの判断をするために「内容と文脈」を見て個々の広告を評価すると言っている。

◀解　説▶

▶ 1．limiting people's potential「人々の持つ可能性を制限すること」の具体的説明は，第 2 段第 2 文（The ASA said …）の that 節中の that harmful stereotypes … and adults「有害な固定観念は『子供，若者，成人の選択肢，願望，機会を制限する』可能性がある」に述べられている。この内容を 50 字以内にまとめればよい。

●stereotype「固定観念，型にはまった考え，紋切り型の概念」 restrict「制限する」 choices「選択肢」 aspiration「熱望，願望」

→また，同段最終文に we found that some portrayals … という，下線部を含む it found some portrayals … と類似の表現がある。最終文は直前の Our evidence shows … all of us を simply「簡単に」言い換えたものと推測されるので，言い換える前の発言内容「広告中の性差に関する有害な固定観点が社会の不平等の一因となり，全体の損失になる」を解答に含めてもよいだろう。その場合，「広告の中の性差に関する固定観念が，社会の不平等を助長，つまり人々の選択肢や意欲，機会を制限すること」といったまとめ方ができる。「広告に見られる性差に関する固定観点が制限する」という点と，potential が示す具体的な説明は必須である。

▶ 2．**Each stereotype is small, but small things build up, and those small things are what inform the subconscious**

「それぞれの固定観念は小さいが，小さなものは徐々に増大し，それらの小さなものが潜在意識に影響を与えるものとなる」

→what は関係代名詞で，inform はここでは「知らせる」ではなく「影響を与える」の意味で使用されている。

●build up「次第に増大する〔強まる〕」 the subconscious「潜在意識」

▶ 3．下線部は文字通りには「それは同じ範疇にはない」という意味。it と the same category が何を指すかは，同段の第 2 文（“There’s a lot of …）と第 3 文の下線部直前までに述べられている。add in ～「～を含める，加える」 the fact that ～「～という事実」

→it が指す内容は「広告の中で女性が皿洗いをしているという事実（⇒広告が男女を固定観念に基づいて描くという問題）」

→「同じ範疇にはない」は，「（賃金格差や職場でのいじめ，家庭内暴力，セクハラといった，戦うべき大事なこととは）別物となる」と考える。

▶ 4．**He said it showed how easy it can be for “deeply held views on gender to come through in an ad that claims to be caring and nurturing of future generations.”**

「この広告は，『男女について深く定着した見解が，将来の世代を気にかけ育んでいると主張する広告に現れること』がいかに容易であるかを示している，と彼は言った」

→showed の主語の it は粉ミルクの広告を指す。showed の目的語は how easy から最後まで。次の it は不定詞句 to come through から最後までを指す。(for) "deeply held views on gender「男女について深く根差した見解」は不定詞句 to come through … の意味上の主語。that は関係代名詞で，先行詞は an ad「広告」。

●come through「(感情・意図などが) 現れる」 claim to be ～「～であると主張する」 caring and nurturing of ～「～を気にかけ育成すること」

▶5．各選択肢を入れてみて，文脈に合うものを選ぶ。

●A．Put を選ぶ。この put は「(言葉で) 表現する」という意味。put simply は simply put または to put it simply とも表され「簡単に言えば」という意味。

●B．直前の become less sensitive「より敏感でなくなる」がネガティブな意味を持つ句であり，空所の動詞も直後の important を否定するような意味を持つと考えられるので，undervalue「～を過小評価する，軽視する」を選ぶ。

●C．直前の文の stereotypical future professions「型にはまった〔紋切り型の〕将来の職業」と空所の前の stereotypes「型にはまった考え，紋切り型の考え」には「多様性」が欠けているので，diversity を選ぶ。

●D．同段第 3 文 (So, for example, …) から，「広告での固定観念に基づく男女像の使用は可能」であり，「禁止してはいない」ことがわかるので，prohibit を選ぶ。

●語句・構文●

(第 1 段) ban on ～「～に対する禁止 (令)」 feature「～を主役とする，特徴とする」 offense「気を悪くさせること，気分を害すること，侮辱」 come into force「施行される，効力を発揮する」 with *one's* feet up「くつろいで (←両足を何かに載せて)」 watchdog「監視機関 (←番犬)」 portrayal「描写」

(第 2 段) review「入念な調査」 administer「管理する」 outcome「結果」 contribute to ～「～の一因となる」 with costs for all of us「我々全員にとって損失となって」

(第 3 段) perpetuate「永続化させる，恒久化する」

（第 4 段）oversensitive「神経質すぎる」 bullying「いじめ」
（第 5 段）bring together ～「～を集める，まとめる」 assess「見極める」 depict「表現する」 specifically noting ～「～に特に注意を払う」 release「封切る，公開する」grounds for ～「～の理由」
（第 6 段）managing director「社長，代表取締役，最高経営責任者」 marketing agency「マーケティング代理店」 legislation「法律」 backlash「反感」
（第 7 段）ridicule「～を嘲笑する」
（第 8 段）identify「～を特定する」 specific「特定の，明確な，具体的な」 challenge「～に異議を唱える，～を疑問視する」
（第 9 段）outline「～の要点を述べる，概略を言う」

II　解答

1．弱い集団は強い集団に所有され支配されるという考えがペットを飼うことで強化され，人間同士の関係にも反映されるということ。（60 字以内）

2．全訳下線部(2)参照。

3．①ペットの行動に「問題」があること。〔ペットが「問題」行動を起こすこと。〕
②飼い主がペットの治療費を払えない（あるいは払いたくない）こと。

4．イ　5．イ　6．ロ

7．3 番目：making　7 番目：an

◆全　訳◆

≪ペットを飼うことは倫理的なのか？≫

疾病動物民間治療団体（PDSA）によると，イギリス人の半数がペットを飼っている。これらの飼い主たちの多くは，家庭で共に暮らす 1110 万匹の猫，890 万匹の犬，そして 100 万匹のウサギを家族の一員とみなしている。しかし我々はペットを愛し，彼らの世話をし，誕生日を祝い，死んだときはその死を悼むものの，そもそもペットを飼うということは倫理的に正しいことなのだろうか。動物の権利擁護の活動家や倫理学者の中には，私もその 1 人だが，倫理的ではないと主張する者もいるだろう。

ペットを飼うという行為は，動物の体や行動，生活の感情に関わる部分を巧妙に支配することを伴うので，基本的には不当である。何世紀も前から，ペットとして飼われる動物（特に犬，馬，そしてウサギ）の体は，人間の流儀と好みに合うように形作られてきた。そして多くの場合，このことによって，こういった動物にかなりの身体的弊害が生じるのだ。

たとえば特定の品種はしばしば，苦痛をもたらす，命に関わることも多い遺伝的欠陥の危険に見舞われる。非常に貴重な身体的特徴——小さな体や大きな体，あるいはペチャ鼻——は，呼吸や出産そして他の正常な機能に苦痛と困難を引き起こす可能性がある。

研究用に飼育されていない動物ですら，その快適さや安全を阻害する身体的扱いをしばしば受ける。これに含まれる可能性があるのは，動物用の不快な服，喉のところで引っ張り苦痛をもたらすつなぎひも，短く切り詰められた尾や耳，そして手術によって猫の爪を取り除くことといったものだ。ペットはまた，日常の運動においてもしばしば制約を受け，時にケージに入れられ，通常は屋内で飼育され，常に人間の飼い主の意のままとなる。

ペットはまた，弱い集団はより特権がある，より強い集団の楽しみや都合のために所有され全面的に支配される可能性があるといった考えを，象徴的に強化する。そしてこのことは，人間の弱者集団にも影響を与える。たとえば男女差別は，女性をあたかもペットのごとく——「子ネコちゃん」「ウサちゃん」といったように——扱い，男性家長を満足させ，その世話をするように家庭内に物理的に閉じ込めることによって，ある程度維持される。

ソーシャルワーカーたちはさらに，家庭環境でのペットの虐待と子供や女性の虐待との間に強い関係を認めている。(2)より特権のある集団の利益に合うように弱い集団の身体や精神を支配することが受け入れられるという考えは，抑圧の文化と一致する。

この強制された依存と飼いならしによって，ペットとして飼われる動物の生活は，ほとんど完全に人間に支配される。動物たちは殺される理由のうちで最も些細な理由で，いついかなる時でも殺されることがある。それらの理由には，行動面での「問題」や，飼い主が治療費を払えない（あるいは払いたくない）といったものがある。

20 世紀半ばに，社会学者のアーヴィング=ゴッフマンが「全制的施設」という概念を導入した。この概念は，住民を単一の権威のもと，より広範囲の社会から閉鎖的社会空間の中に切り離したものとみなしている。人間の集団の間にある本来の障壁は人工的に排除され，内部の住民たちが確実に従うようにするために，強力な社会化作用が生じる。

社会学者は概して，刑務所や保護施設，その他の物理的空間を実例として研究する。しかし私は，ペットを飼うことは一種の「全制的施設」に等しいと信じている。人間以外の動物が，自然の理に反して無理やり人間の権威下に置かれ，拘束され，再社会化されるからだ。そのような状況のもとでは，真の同意はありえない。動物は人間社会に参加するよう訓練され，人間の社会生活のルールに従うことができない動物はおそらく罰せられる——時には死をもって。

これは，犬や猫などの動物が，「ペット」として愛情や幸福を表現できないということでは決してない。しかしペットを飼育するという慣行内部での彼らの満足感は，行動の「矯正」と，飼いならすことそのものの巧みな過程を通じて，人間によって（時にはまったく残酷に）完全に作り出されたものだということを認識することは重要だ。

結局，ペットとして飼われる動物は，社会秩序におけるまさにその地位によって，対等な存在ではないし，対等な存在になりえない。ペットを飼育するという慣行は，人間に特権を与え，人間以外のすべてを重要度の低い対象物——その生存権は完全に，人間のためになれるその能力で決まるのだが——に位置付けてしまう社会階層を維持している。とは言え，犬，猫，ウサギ，およびその他の家庭用の「ペット」動物の個体数は，現在のところ人間の人口に匹敵しており，その結果，ペットはおそらく人間の社会生活の変わらぬ特徴であり続けるだろう。楽しみのために人間以外の動物の繁殖を今後も続けることは倫理的ではないかもしれない一方で，人間は確かに，動物のために働き，動物を保護し世話をする義務を負っている。人間と人間以外の動物の関係に内在する不平等を認識することが，不完全な状況下で最善を尽くすにあたって，きわめて重要になるだろう。

◀解　説▶

▶1．主語の this は，直前の文の内容「弱い集団はより特権がある，より強い集団の楽しみや都合のために所有され全面的に支配される可能性があるという考えをペットは象徴的に強化する」を指す。

→下線部は「このことが人間にも影響を及ぼす」つまり「the notion の内

容が人間についても言えるようになる」と述べており，ここをまとめる。
●have implications for ～「～に影響をもたらす」 vulnerable「傷つきやすい，弱い」

▶2．**The idea that it is acceptable to manipulate the bodies and minds of a vulnerable group to suit the interests of more privileged groups is consistent with the culture of oppression.**

「より特権のある集団の利益に合うように弱い集団の身体や精神を支配することが受け入れられるという考えは，抑圧の文化と一致する」

→The idea と同格の that 節は述語動詞である2つ目の is の直前までで，これが全体の主部。it は形式主語で to manipulate から more privileged groups までを指す。to suit ～ は in order to suit ～「～に合うように，～を満たすように」ということ。interests は「利益」。

●manipulate は「相手を自分の影響下に置き，抜け目なく巧妙に操る」といった支配的な意味合いを持つ。

●privileged「特権のある」 be consistent with ～「～と一致して」 oppression「抑圧，圧制」

▶3．the most trivial of reasons「理由のうちで最も取るに足らないもの」

→続くダッシュの後に including「～を含む」とあるので，including の後に述べられている2つの理由がその答えであるとわかる。

●behavioral "problems"「（ペットの）行動の『問題』，『問題』行動」

●the owner's inability (or unwillingness) to pay for medical treatment「飼い主が治療費を払えない（あるいは払いたがらない）こと」

→これは，that the owner is unable (or unwilling) to pay for medical treatment と書き換えることができる。

▶4．直前の文に「遺伝的欠陥の危険」，空所前後に「小さな体や大きな体，あるいは押しつぶされた鼻（⇒ぺちゃんこの鼻）が原因で，呼吸や出産，その他通常の機能に（～が）生じる」とあるので，空所には苦痛や不快感など，身体の異常を表すネガティブな語句が入ると考える。

●discomfort「不快（感）」 difficulty「困難」 diversion「注意をそらすこと，気晴らし，娯楽」 distraction「気を散らすこと，気晴らし，娯楽」

→and で結ばれた語が2つともネガティブな意味を持ち，文脈に合うのはイ。

▶5．B．まず単語の意味を確認する。

●constitute「～を構成する，～に等しい（be 動詞に匹敵）」 deserve「～に値する，～にふさわしい」 exclude「～を除外する」 predict「～を予測する」

→筆者は空所Bを含む文で「ペットを飼うことは一種の“total institution”を（～する）と信じている」と述べており，直後に，その理由として「動物は人間の権威のもとに不自然に強制され拘束され，再社会化されるので」とある。この文意と前段の total institution についての説明から，筆者が total institution を良い意味では使用していないことがわかる。また第1段第3・4文（But although we …）から，筆者がペットの飼育には反対であることが読み取れるので，「ペット飼育は一種の total institution に匹敵する〔ふさわしい〕」と言いたいのだと考えて，イとロを候補に選ぶ。

C．まず単語の意味を確認する。

●consent「同意」 desire「願望」 expansion「拡大」 predetermination「事前の決定」

→「真の（～は）そのような状況のもとでは可能ではない」の「そのような状況」とは，直前の文にある「不自然に強制され拘束され再社会化される」という状況。直後の文では，「人間の社会生活のルールに従えない場合は罰せられる」とも述べられている。

→強制的状況下では「合意」や「同意」は「ありえない」と考えられるので，イの consent を選ぶ。

→B・Cの両方に適切なのはイ。

▶6．「ペットとして飼われる動物は社会秩序の中で人間と対等ではない」という文脈に合うものを選ぶ。まず各選択肢の意味を確認する。

イ．「(対等な存在）ではあるが（対等な存在）になるべきではない」

ロ．「(対等な存在）ではないし（対等な存在）にはなりえない」

ハ．「(対等な存在）ではないし（対等な存在）になってはならない」

ニ．「(対等な存在）ではないが（対等な存在）になるだろう」

→筆者は「動物が将来対等な存在になるだろう」とは述べていないのでニは不適切。また，イとハは，ペットが人間に支配されている現状を問題視する筆者の主張と矛盾する。ロが筆者の主張に合致する。

▶7．まず，可能性のある文法的かたまりや慣用句を作り，残りの語句を絞っていく。

→不定冠詞 an は可算名詞に付く。さらに an の直後には母音で始まる名詞または形容詞が来ると考えられるので，an imperfect situation「不完全な状況」という句ができる。

→残りのうち，best，making，of，the という語から，make the best of ～「～を最大限に利用する，～（不利な条件）を何とかうまく切り抜ける」という成句が浮かぶ。of の後に an imperfect situation をつなげれば，「不完全な状況下で最善を尽くすこと」という意味の名詞句ができる。

→残りの語句は in と vital の 2 語だが，vital を空所直前の be 動詞の後に置き，making 以下を in でつなげれば，(… will be) vital in making the best of an imperfect situation「(…は) 不完全な状況下で最善を尽くすにあたって，極めて重要（になるだろう）」という文ができる。

●語句・構文●

(第 1 段) view *A* as *B*「*A* を *B* であると考える」 mourn「～を追悼する，～の死を悼む」 ethical「倫理的な，倫理的に正しい，道徳的に正しい」 myself included「私も含めて」

(第 2 段) practice「習慣，(習慣的) 行為」 companion animal「ペットとして飼われる動物」 fashion「やり方，流儀」 fancy「好み」

(第 3 段) fatal genetic defect「遺伝子の致命的欠陥」

(第 4 段) purpose-bred「目的をもって繁殖された」→「研究用に特別に繁殖・飼育される（動物）」 impede「妨げる」 leash「リード，(犬をつなぐ) 革ひも，鎖」

(第 5 段) reinforce「強化する，より強固にする」 kitten「子ネコちゃん」 bunny「ウサちゃん」 confine *A* to *B*「*A* を *B* に閉じ込める，限定する」

(第 6 段) domestic setting「家庭環境」

(第 7 段) domestication「飼いならすこと」 terminate「終わらせる，殺す (kill の婉曲語)」

(第 8 段) sociologist「社会学者」 total institution「全制的施設」→同じ境遇にある多くの人々が，長期にわたって，社会から隔絶し形式的に管理された生活を送る場所を意味する。enclosed「外界との接触のない，孤立した」 ensure that inmates conform「施設入居者が従うことを確実にする」→inmate は本来「刑務所や精神病院等の施設に収容された者」。

（第 9 段）asylum「（難民等の）収容所，保護施設」

（第 10 段）not ～ in any way「どうしても～ない」 complacency「（ネガティブな意味合いで）満足（感）」 correction「矯正（手段）」

（第 11 段）social order「社会秩序」 social hierarchy「社会階層」 position *A* as *B*「*A* を *B* と位置付ける」 depend on ～「～次第である，～で決まる」 that said「それでもやはり，とは言え」（having said that とも言う） rival ～「～に匹敵する」 such that ～「（その結果）～となるように」→in such a way that ～ と同じ意味。consistent「首尾一貫した，変わらない」 breeding「繁殖」 inherent「切り離せない，内在する」

III　解答例

1．＜解答例 1：1 を選択した場合＞

I would like to introduce a collection of short stories by Akutagawa Ryūnosuke. Akutagawa is a great Japanese writer who lived about 100 years ago. The most famous modern literary award for new novelists is named after him. Most of his works are short stories, whose subject matter is based in the Japanese classics. He wrote many excellent short stories, including children's short stories. However, he killed himself at the age of 35. His stories describe human mentality and its dark side and express how self-centered and foolish humans are. Their message is plain and easy to understand. Specifically, I'd like to recommend three of his short stories, namely, "The Nose," "The Spider's Thread," and "Rashomon." You can find the undeniable truth of human nature in these stories. (128 words)

＜解答例 2：1 を選択した場合＞

I wish to introduce "The Spider's Thread" by Akutagawa Ryūnosuke. Like his other works, this one describes how self-centered and foolish humans are. The main character, who is one of many being punished in hell, is given a chance to escape by Buddha, who remembers that the criminal did a kind thing for a spider while alive. He begins to climb up a spider's thread hanging from heaven. However, trying to ensure that only he is saved, he shouts at the others down below, "Stop following me!". Then the thread breaks, and he falls back into hell again. If he had not said such a selfish thing, he could have successfully climbed out of hell. You can find the undeniable truth of human nature in this story. (127 words)

＜解答例３：２を選んだ場合＞

My high school holds an athletic meet every April. Its main attraction is the interclass cheering contest performed by the seniors. We began preparation on the first day of the new school year. We found it difficult to decide what performance to give. We had a heated debate every day, until the class almost broke up. Some mates were breaking away from the contest. Soon, however, classmates began to reunite under my influence. I managed to unite the class and put up one of the best performances in the school, and our class won the contest with a record-high score. I had never thought that I had such strong leadership skills and energy. I wonder why I was able to show such power, but I was very proud of myself. (130 words)

＜解答例４：３を選んだ場合＞

A friend is a person you like and enjoy spending time with. Friends are on an equal footing and trust each other. They share goals, interests, and fun. They enjoy working together when necessary. They help and consult with each other when they are in trouble or have a problem. The time when you are most likely to make friends is your school days, but your coworkers can also be your friends, depending on the situation. An acquaintance is a person who is less close to you and has less contact with you than a friend. A friend often changes into just an acquaintance when he or she moves into another living environment, becomes less close to you, and has less contact with you. (124 words)

◀解　説▶

●指示文の和訳：以下のトピックのうち１つを選びなさい。選んだトピックの番号を示しなさい。そのトピックについて100語から130語の英文を書きなさい。解答の末尾に，書いた語数を正確に記しなさい。

1　あなたのお気に入りの日本の書籍を，日本語を話さない人に紹介しなさい。

2　自分を誇らしく思った状況を述べなさい。

3　友人と知人の違いを説明しなさい。

▶1．過去に読書感想文の題材として選んだものについて書けばいいだろう。ただしタイトルや登場人物・地名等の固有名詞に関しては注意が必要で，自信のない作品や曖昧なものは避けたほうが無難。指示文にあるbookは「書籍」であり，「小説（novel)」とは限らないので，幅広い選択が考えられる。たとえば『大辞林』とか『広辞苑』といった国語辞典も可能。言葉について興味があれば挑戦してみればよい。「書籍」の体を成していればなんでも可能である。なお，指示が「書籍について説明せよ」ではなく「書籍を紹介せよ」であること，日本文学に詳しくないであろう「日本語を話さない人」が相手であることから，作家について説明しながら作品を勧めるような流れが考えられるが，あらすじや感想を述べて書籍の紹介とする形も考えられるので，〔解答例１〕は作家に，〔解答例２〕は作品に比重のある内容とした。

●（解答例１の全訳）　私は芥川龍之介の短編集を紹介したい。芥川龍之介は今から約100年前に生きた文豪で，新人作家に贈られる現代の最も著名な文学賞は彼の名前にちなんでいる。彼の作品の大半は短編小説で，古典から題材をとっている。彼は児童向けの作品も含めて多くの優れた短編を著したが，35歳の若さで自殺した。彼の短編は人間の内面や心の闇を描き出し，そのエゴイズムや愚かさを表現する。作品のメッセージは平易で理解しやすい。私は彼の短編のうち，特に『鼻』『蜘蛛の糸』『羅生門』を勧めたい。ここには人間心理の否定しがたい真実が描写されている。

●（解答例２の全訳）　私は芥川龍之介の『蜘蛛の糸』を紹介したい。彼の他の作品と同様，これは人間のエゴイズムや愚かさを表現している。地獄で罰を受けている大勢の人の一人である主人公は，お釈迦様から脱出の機会を与えられる。この罪人が生前，蜘蛛に親切にしたことがあるのをお釈迦様は覚えていたのである。彼は極楽から垂れる蜘蛛の糸を上りはじめる。しかし彼は自分だけが確実に助かろうとして，下にいる他の者たちに「ついてくるな」と叫ぶ。その時，糸が切れ，彼は地獄へ逆戻りする。あのような自己中心的なことを言わなければ，彼はうまく地獄から這い上がることができただろう。ここには人間心理の否定しがたい真実が描写されている。

▶2．身体面あるいは精神面で，頑張って何か困難なことをやり遂げた経験を書けばよい。それは小さなことでもよい。人知れず何かを続けたとか，社会奉仕をしたといったことを書いてみよう。

●（解答例３の全訳）　私の高校では毎年４月に体育祭が開かれる。その最大の呼び物が，高校３年生によるクラス対抗の応援合戦だ。新年度の初日に私たちは準備を始めた。出し物の選定から難航した。毎日けんけんごうごうの議論が起こり，ついにはクラスが分裂しかけた。応援合戦から離脱しようとする者も出てきた。しかしやがて，私のもとにみんなが再び集まってきた。私はなんとかクラスをまとめ，校内屈指の演技を作り上げ，私たちのクラスは過去最高得点で優勝した。私は自分にこんなリーダーシップや行動力があるとは思っていなかった。なぜこんな力を発揮できたのかはわからないが，私はその時，自分を本当に誇りに思った。

▶3．友人と知人の定義は，簡単なようで難しい。家族は友人でも知人でもないし，友人と呼べない級友を知人と呼ぶのも変である（その場合は級友という名称が最もふさわしい）。同僚の場合も同様。隣人や近所の人や遠い親戚はどうだろう。叔父や叔母を知人と呼ぶのも変。先生や上司も同様。こう考えると，知人とは何か，というのは案外難しい問題である。広い意味では，互いに顔や名前を知っている間柄の人はすべて「知人」なのだろうが，厳密に言うと「知人」と称することができる相手は限られるのではないか。

●（解答例４の全訳）　友人とは，自分の好きな人物で，一緒に時間を過ごすのが楽しい人物。対等な立場にあり，互いに信頼し合っている。目的や利益や楽しみを共有し，必要な場合は楽しんで共働する。困った時には互いに助け合ったり相談し合ったりする。友人が最もできやすい時期は学生時代であるが，職場の同僚も，状況によっては友人になり得る。知人は友人ほど親密でなく，社会的交流も薄い。友人だった人物が，異なった生活空間に移って親密度や交流が減ると，単なる知人に移行することが多い。

Ⅳ （大問省略）

❖講　評

2012 年度以降，大問５題の出題が続いていたが，2020 年度の問題構成は，長文読解２題，英作文１題（３つのトピックから１つを選択），リスニング問題１題（省略）の４題であった。解答時間は 120 分。分量はやや減少したが，難易度は例年並みであった。

Ⅰ　男女を固定観念に基づいて描く広告に対する禁止令について述べた論説文。１と３は字数指定のある内容説明。２と４は英文和訳。５は４カ所の空所補充が出題された。３の内容説明は少し難しい。英文和訳は２，４とも一橋大の標準レベルだが，２の inform の解釈は少し難しいし，４は入り組んだ構文で，注意を要する。５の空所補充は標準レベル。問題英文は全体的に標準よりもやや難。

Ⅱ　ペットを飼うことの倫理的是非について述べた論説文。一部難しい語句がある。１の内容説明は一橋大の標準レベルだが，特に語彙力が必要。２の英文和訳も標準。３の内容説明は平易。４の空所補充は語彙力が問われるもの。５はこの何年か続いて出題されている，複数の空所に入れる語の組み合わせを選ぶもので，やや難。６も空所補充だが，文脈から容易にわかる問題。７は空所の語を整序するもので，文法とイディオムの知識が問われる。イディオムが浮かべば簡単だが，浮かばないと非常に苦心するだろう。

Ⅲ　出題形式を毎年変えて出題されている英作文であるが，2020 年度は，３つのトピックから１つを選んで，100～130 語の英文を作成するというものであった。トピックは一見してどれも身近で書きやすいものであり，とっつきやすかったと思われるが，３の友人と知人の違いについての説明は案外難しい。

日本史

I **解答** 1　川崎宿の名主である田中丘隅が徳川吉宗に提出した意見書で，租税や宿駅に関することなど民政上の問題点を指摘した。

2　宿駅の問屋場では一定数の人足と馬を常駐していた。人足や馬は宿駅の町人・百姓や近隣の村々が伝馬役として負担しており，宿役人がその差配や荷物の継ぎ送りなどにあたった。

3　近江商人。

4　中世の巡礼は，上皇が熊野詣を行ったり，四国八十八カ所など僧侶や修験者が修行として行ったりするなど，様々な人々が信仰に基づいて行った。近世になると，信仰を背景にしつつも，娯楽の要素を含む巡礼が広く行われるようになった。

5　娯楽としての旅は江戸時代後期以降，盛んになった。三都の繁栄により，全国流通網が発展して商人の活動が盛んになるなど交通網の整備が進む一方で，経済の発達により，庶民の生活も豊かになった。そのなかで，各地に名所が生まれ，錦絵の風景画や名所図会で紹介されることにより人々の旅への関心が高まった。

（以上，問題番号を入れて 400 字以内）

◀解　説▶

≪江戸時代における宿駅と人々の移動≫

▶問１．設問の要求は，『民間省要』がどのような書物かを説明することである。条件として，史料２や史料３に描かれていることと関連させることが求められている。字数は 50～60 字程度で説明できる。

　やや難問だと思われる。知識がなければ書けない。著者は田中丘隅であり，著者に関することなど，知っていることを書いてみよう。

『民間省要』は，川崎宿の名主であった田中丘隅が８代将軍の徳川吉宗に提出した意見書で，民政上の問題点について指摘したものである。ここまでは教科書にも記述されている内容である。

　次に史料を考えてみよう。史料２・３は歌川広重が描いた浮世絵である

『東海道五十三次』で，宿駅の風景である。特に史料２の画中の文字から川崎宿の風景だとわかる。それを念頭に，まず，田中丘隅が川崎宿の名主であったこと，そして，宿駅などに関する問題点を指摘したことなどを付け加えればよい。

▶問２．設問の要求は，『民間省要』の作者らに課せられた負担について説明することである。条件として，史料２や史料３に描かれていることと関連させることが求められている。字数は 70〜90 字程度で説明できる。

問１から作者が川崎宿の名主田中丘隅であることはわかるが，仮にわからなくても，史料２・３に描かれている内容から解答は推測することはできる。まず，史料の絵は『東海道五十三次』なので，宿駅の風景である。そして史料３では荷物を運ぶ人足と馬の様子がうかがえることから，荷物の継送りをする問屋場の風景だとわかる。以上から，宿駅における町人や百姓らの負担を説明すればよい。

五街道などの陸上交通においては，幕府や大名・旗本などの御用通行が最優先とされた。そのために使用される人足・馬は，宿駅の町人や近隣の村々の百姓が負担する伝馬役によって徴発された。それらの人足や馬は宿駅に置かれた問屋場に一定数常駐され，宿役人の差配で公用の書状や荷物の継送りにあたった。それを利用したのが幕府公用の通信手段である継飛脚である。なお，宿駅で用意した人馬だけでまかないきれない場合には，助郷役として不足分が近隣の村々に課された。

【解答のポイント】

- 宿駅には一定数の人足や馬を常駐していた。
- 人足や馬は宿駅の町人や近隣の百姓が伝馬役として負担した。
- 問屋場では宿役人が荷物の継送りなどをした。

▶問３．語句記述問題である。受験生にとっては難問である。「行商と出店のかたちで活動した商人」という問いから，その代表例として近江商人を解答すればよい。

近江は北陸・東海・近畿の接点に位置し，交通の便がよかったため，中世以来，商人は輸送・販売などの商圏を拡大し，近世には全国にわたり，行商を行った。資産ができると要地を選んで出店し，店舗商業に移るものもいた。

▶問４．設問の要求は，中世の巡礼を具体的に挙げ，それとくらべて，近世の巡礼の特質を説明することである。字数は100字前後で説明できる。難問であるため，他の設問とのバランスではもう少し短くてもよい。

巡礼とは聖地・霊場を参拝してまわることを言う。中世の巡礼については教科書の記述が不十分なので難問であるが，近世の巡礼を中心に考えてみよう。

古代には，最澄の弟子である円仁が唐に渡った記録である『入唐求法巡礼行記』などがあり，巡礼の初見となる。中世後期には有名寺社のあるところに巡礼の旅人でにぎわう門前町が成立した。

中世の巡礼で具体例を挙げれば，浄土信仰に基づいた上皇による熊野詣や，四国の弘法大師信仰による八十八カ所の巡礼が挙げられる。門前町の形成などからわかるように，中世には信仰心から皇族・公家や武士，庶民まで様々な人々が巡礼を行うようになる。しかし，基本的には信仰心をもとに行っていたことが主な特質である。特に四国では交通の状況が悪く，一般人の巡礼とは言えない側面が強かった。

それに対して，近世には交通の整備などもあり，比較的簡単に巡礼を行うようになった。江戸時代後期には，信仰を背景としつつも，西国三十三カ所，四国八十八カ所などの巡礼が，庶民における娯楽の要素を強めたのが特質である。

【解答のポイント】

- 中世の巡礼について
  具体例：熊野詣，四国八十八カ所巡礼
  主に，信仰に基づく参詣や，僧侶や修験者の修行の一環として行われた。
- 近世の巡礼について
  信仰を背景にしつつも，庶民の娯楽の要素が強まった。

▶問5．設問の要求は，「慰み遊山の為に旅行」が盛んになった時期を指摘し，その背景について説明することである。条件として，史料2・3と関連させることが求められている。字数は140〜160字程度を使ってまとめたい。

まず，下線部(d)の「慰み遊山の為に旅行」は，物見遊山，つまり娯楽の旅のことを示している。いわゆる現代でいう観光旅行のような娯楽の旅が盛んになった時期とその背景について，経済的な側面と文化的な側面から説明すればよい。

江戸時代後期（化政文化の時期）になると，湯治や物見遊山など庶民が広く旅をするようになった。

その経済的な背景として，江戸時代中期以降，江戸をはじめとする大坂・京都の三都が繁栄し，中央市場と地方の生産地を結ぶ商人らの移動が活発化し，そのなかで交通が発達したことが挙げられる。さらに，経済発達のなかで庶民が成長し，町人や百姓が経済的に豊かになったことも挙げられるだろう。以上から交通が発達したことにより，庶民が移動しやすくなったこと，そして，経済的に旅をする余裕ができたことがわかる。

次に史料2・3から文化的な背景が考えられる。歌川広重の『東海道五十三次』で，浮世絵の風景画である。さらに化政文化の作品として葛飾北斎の『富嶽三十六景』がある。これら浮世絵の風景画は各地に名所が生まれ，庶民の旅が広がったことを示している。また，『名所図会』などの旅行案内書が出版されるようになった。これらの絵画は美しい風景や興味深いものを見たいと思う人々の関心を高める役割を果たした。

【解答のポイント】

- 経済的背景

　三都など中央市場と地方の流通が盛んとなり，交通が発達したこと

　経済発達を背景に庶民が豊かになったこと

- 文化的背景

　浮世絵の風景画などが発達し，旅への関心が高まったこと

Ⅱ　解答

1　徳冨蘆花。

2　一世一元の制。天皇一代の元号を一つに定めた制度。

3　明治天皇が践祚した当初，天皇は政治を将軍に委任し，将軍が政治的な権限を握っていた。しかし，徳川慶喜が大政奉還の上表を提出して政権を天皇に返上し，続いて討幕派が武力を背景として王政復古の大号令を発し，天皇が政治の中心となる新政府の樹立を宣言した。さらに新政府が五箇条の誓文で天皇親政を強調することで，天皇が政治を主導する存在となった。

4　政府が天皇の権威を利用して国民統合をはかる一方，そのもとで国民は国家目標の達成を実感した。大日本帝国憲法は欽定憲法であったにもかかわらず，国民は憲法制定を歓迎した。その直後に発布された教育に関す

る勅語は忠君愛国を教育理念として国体論を国民に浸透させた。その一方で国家主義の風潮が強まるなか，天皇を大元帥として日清戦争・日露戦争に勝利し，日露戦争後には政府が皇室の尊重などを国民に求める戊申詔書を発した。

（以上，問題番号を入れて 400 字以内）

◀解　説▶

≪天皇制の形成と国民の時代意識≫

▶問 1．語句記述問題である。『不如帰』などで知られる随筆の作者は徳冨蘆花である。民友社を設立し，『国民之友』などを発刊した徳富蘇峰の弟である。

▶問 2．語句記述，内容説明問題である。「陛下が崩御になれば年号も更る」の根拠となる「皇室典範」で「明治元年ノ定制」とされた制度は一世一元の制である。これは天皇一代の元号を一つとする制度である。

▶問 3．設問の要求は，明治天皇の践祚と「即位式」のあいだの天皇の政治的な位置づけの変化について説明することである。条件として，当時の政治的な動向をふまえることとある。字数は 150 字以上使える。

天皇の政治的な位置づけの変化とは何か。端的にいえば，政治を主導する中心が将軍から天皇に移ったことが想起できればよい。明治天皇は，1866 年 12 月に孝明天皇が急死し，1867 年 1 月に践祚した。践祚とは譲位あるいは前天皇の死去により，天皇位を継承することをいう。近代までは即位とは別の儀式が行われた。その後，1868 年 8 月に京都で即位式を挙げ，明治と改元した。江戸時代における天皇の政治的位置づけを説明したうえで，この間にあった政治的な動向を具体的に挙げていけば，政治的な位置づけの変化が説明できる。

◆江戸時代の天皇・朝廷

江戸幕府は将軍・幕府の権威づけに天皇・朝廷を利用していた。そのため，天皇・朝廷が自ら権力をふるうことがないよう，禁中並公家諸法度で生活や行動までを規制した。実際に天皇は政治的な権限を持たなかった。江戸時代後期以降，幕府の支配体制が動揺するなかで，天皇が将軍に政治を委任しているという大政委任論が出てくるが，明治天皇が践祚した段階では天皇ではなく，将軍が政治を主導する体制であった。

◆天皇の政治的位置づけの変化

1866 年 12 月に孝明天皇が急死し，翌年，明治天皇が践祚した。15 代将軍となった徳川慶喜は薩摩藩・長州藩との対立を背景に，前土佐藩主山内豊信の建言を入れ，1867 年 10 月，大政奉還の上表を朝廷に提出した。これは政権を幕府からいったん朝廷に返還し，徳川を中心とする諸藩の連合政権を構想したものであった。これにより形式的に政治的な権限が天皇に移ったことになる。その後，薩摩・長州ら討幕派は朝廷でクーデタを決行し，1867 年 12 月，王政復古の大号令を発した。これにより，摂政・関白，幕府などの廃止を宣言し，天皇を中心とする新政府を樹立した。同日夜の小御所会議では徳川慶喜に対し，内大臣の辞退と領地の一部返還を求める処分を決定した。これで名実ともに幕府の権限を奪い，天皇中心の政治へと移行した。そして，戊辰戦争のなか，1868 年 3 月には五箇条の誓文を公布して天皇親政を強調した。明治天皇の即位式は 1868 年 8 月である。

【解答のポイント】

• 江戸時代の天皇

天皇は政治的な権限を持たなかった。

• 政治的動向

大政奉還で徳川慶喜（将軍）が，形式的に政権を天皇に返上した。

王政復古の大号令で，天皇中心の新政府を樹立した。

五箇条の誓文を公布し，天皇親政を強調した。

• 天皇の政治的位置づけの変化

以上の過程で，天皇が政治の中心となった。

▶問 4．設問の要求は，さまざまな機会に天皇の存在が人々の意識のなかに浸透していった点に関して，明治なかば以降の出来事が及ぼした影響について説明することである。条件として，指定語句の使用が求められている。字数は 200 字前後使ってもよいだろう。

天皇の存在が人々の意識のなかに浸透した理由として，政府が天皇の権威を国民の統合に利用したことが挙げられる。明治維新以来，政府は天皇の権威を高め，国民支配に利用した。問 2 の一世一元の制もその 1 つである。一方，明治初年以来，近代化をすすめ，欧米諸国に対峙するという国家目標があった。この達成を国民が実感する出来事といえる，憲法制定や日清戦争・日露戦争の勝利は天皇の名において実行された。国民は国家的な出来事があるたびに天皇を意識したのである。

以上を念頭に，指定語句として挙げられている「教育に関する勅語」「大日本帝国憲法」「日清戦争」「戊申詔書」それぞれについて，国民にどのような影響があったかを考えればよい。以下，時系列に並べ替えて説明する。

①「大日本帝国憲法」の発布

大日本帝国憲法は1889年2月11日，国民の祝日である紀元節に発布された。憲法は天皇が制定するという形式をとった天皇主権の憲法であった。国民は臣民とされ，民権は法律の範囲内など，民権が制限されるなど内容的な問題があったにもかかわらず，国民は文明国として憲法が制定されたことを歓迎し，祝った。大日本帝国憲法は，明治天皇が国民に与えるという形式をとったこともあり，国民には強く天皇が意識されることになった。

②「教育に関する勅語」の発布

「教育に関する勅語」(教育勅語）は，1890年に発布され，忠君愛国が学校教育の基本理念であることが強調された。以降，小学校の修身科（道徳にあたる）では，教育勅語が重視された。この教育勅語が，神の命を受けた万世一系の天皇が代々の日本を統治するという国体論を国民に浸透させる役割を果たした。

③「日清戦争」の勝利

日清戦争は近代日本が初めて経験した対外戦争である。1880年代後半以降，日清対立が激化するなか，福沢諭吉の「脱亜論」に代表されるように，国民のあいだには対外膨張を唱える国家主義の風潮が強まった。そのなかで日清戦争が起こり，明治天皇の名において宣戦布告し，天皇を大元帥として勝利した。さらに日露戦争に勝利したことで，国民は文明国としての仲間入りをしたという意識を持つようになった。日清・日露戦争の勝利は，国民に対して大元帥としての明治天皇の名声を上げることとなった。

④「戊申詔書」の発布

日露戦争の勝利により，国民は国家目標が達成されたという意識を持つようになり，国家主義に対して懐疑的な風潮も現れた。こうした動きに対し，政府は1908年，勤倹節約と皇室の尊重を国民に求める戊申詔書を発し，国民道徳の強化をはかった。政府は天皇の権威を利用して国民統合をはかろうとしたのである。

【解答のポイント】

• 国民が天皇の権威のもとで，国家目標の達成を実感したこと。
①欽定憲法である大日本帝国憲法の発布を国民は歓迎した。
②政府は教育に関する勅語で忠君愛国の理念を浸透させた。
③天皇を大元帥として日清戦争に勝利した。
④皇室の尊重などを求める戊申詔書を発し，国民道徳の強化をはかった。

III　**解答**　1　衆議院は公選議員で構成されていたが，貴族院は皇族・華族と勅任議員で構成されていた。また，衆議院には予算の先議権があった。

2　議会には予算制定権と立法権が与えられた。

3　国家総動員法。戦時に必要な物資や労働力を，議会の承認なく発令される勅令で動員できるようになったため，議会における立法権が形骸化した。

4　日中戦争が長期化するなか，近衛文麿が先頭に立ち，国民の戦争協力への動員をめざし，大衆組織を基盤に国民を一元的に指導する政党を結成するため，新体制運動を始めた。それにより既成政党は解散し，軍部が協力して第 2 次近衛内閣を成立させた結果，大政翼賛会が結成された。この組織は国民統合するための官製の上意下達機関の役割を果たした。

5　東条英機内閣のもとで総選挙が行われたが，政党間で多数の議席をめぐって争う選挙ではなく，政府が支援する推薦候補者と非推薦候補者が争う選挙となり，政府の推薦候補が絶対多数を獲得した。

（以上，問題番号を入れて 400 字以内）

◀解　説▶

≪近代における議会制度の成立と変容≫

▶問 1．設問の要求は，貴族院と衆議院の違いについて説明することである。字数は 50～60 字程度で説明できる。

明治憲法に規定された帝国議会は貴族院と衆議院の二院制であった。予算の先議権が衆議院にあるとはいうものの，立法権おいては，原則対等であった。大きな違いは議員の選出方法である。衆議院議員は公選制である。衆議院議員選挙法が憲法発布と同時に公布され，選挙権は満 25 歳以上の男子，直接国税 15 円以上の納入者という制限選挙であった。それに対し，貴族院は，皇族に加え，華族のなかから選ばれた議員と，天皇が任命する勅任議員から構成されていた。

【解答のポイント】

- 衆議院は公選議員で構成される。
- 貴族院は皇族・華族と勅任議員で構成される。
- 衆議院には予算の先議権があった。

▶問 2．設問の要求は，大日本帝国憲法で議会に与えられていた権限について説明することである。字数は 20 字程度で説明できる。

議会は立法機関である。明治憲法において立法権は天皇が持つが，議会の協賛によって行使される。議会では予算案や法案を審議し，議会の同意がなければ，予算や法律は成立しなかった。議会には予算の制定権と立法権が与えられている。

▶問 3．設問の要求は，1938 年 4 月に公布された戦時統制を強化するための法律の名称をあげ，同法によって議会の権限における実質的な変化を具体的に説明することである。字数は 50～60 字程度で説明できる。

まず，1938 年 4 月に公布された法律は国家総動員法である。法の内容を説明したうえで，議会の権限の変化を説明すればよい。

日中戦争が始まり，戦時体制が強化されるなか，1938 年，第 1 次近衛文麿内閣のもとで国家総動員法が制定された。この法は，政府が戦争遂行に必要な物資や労働力を，議会の承認なく発令される勅令によって動員できるようにしたものである。そのため，議会が審議して法を制定する立法権が一部侵害され，議会の権限は形骸化することとなった。

▶問 4．設問の要求は，大政翼賛会の成立の経緯に触れながら，大政翼賛会が実際に果たした役割について具体的に説明することである。字数は 150 字以上使ってもよい。他の設問次第では大きく字数が確保できる設問である。

戦時体制を意識しつつ，大政翼賛会の成立の経緯を中心に説明すればよいだろう。

日中戦争が長期化し，アメリカの反発が拡大するなか，国内では枢密院議長であった近衛文麿が先頭に立ち，新体制運動が展開された。近衛はドイツのナチ党などにならい，国民を戦争協力に動員するため，既成政党による政治を打破し，大衆組織を基盤として国民を一元的に指導する政党を結成しようとした。この動きに対し，立憲政友会や立憲民政党などの既成政党は解散して参加を表明し，軍部も米内光政内閣を倒し，第2次近衛内閣の成立に協力した。新体制運動のもと，近衛が組閣すると，1940年，大政翼賛会が結成された。しかし，天皇主権の明治憲法のもと，天皇の統治権を侵害するとの批判が起こったため，当初めざした政党組織とはならず，実際には国民を統合するための官製の上意下達機関としての役割を果たした。総裁を内閣総理大臣，支部長を道府県知事などとし，部落会・町内会・隣組を下部組織とした。

【解答のポイント】

- 大政翼賛会成立の経緯

　新体制運動の展開

　既成政党の解散，軍部の協力による第2次近衛内閣の成立

　近衛内閣のもとで結成

- 大政翼賛会の役割

　国民を統合するための官製の上意下達機関

▶問5．設問の要求は，1942年4月の総選挙について具体的に説明することである。条件として，従来の総選挙との相違に留意することが求められている。字数は100字前後使ってもよい。

1942年4月の総選挙とは，アジア太平洋戦争下，東条英機内閣で行われた翼賛選挙である。最低限，選挙の内容が説明できていればよい。

東条英機内閣では，議会が戦争に協力する翼賛体制を確立するため，1942年4月に5年ぶりの総選挙を実施した。この選挙では政府の支援を受けた推薦候補者が多数当選し，議会で絶対多数を獲得した。その一方で，鳩山一郎らが推薦を受けず立候補して当選したものの，警察などの選挙干渉を受けた。

この翼賛選挙は，従来のように政党間で衆議院の議席の多数をめぐって争う選挙ではなく，政府推薦候補と非推薦候補が対立する選挙となった。

翼賛選挙の結果，衆議院は政府推薦の議員が絶対多数を占め，政府の提案に承認を与えるだけの機関となり，形骸化した。

【解答のポイント】

- 翼賛選挙について

　政府が推薦する候補者に非推薦候補者が対抗する

　政府の推薦候補者が議会の多数を獲得

• 従来の総選挙
政党間で多数の議席をめぐって争う

❖講　評

2020 年度も例年通り，大問 3 題・各大問 400 字の合計 1200 字で，大部分の設問が論述問題であった。2020 年度も過去に出題された問題の類題が多く，過去問を丁寧にやった受験生には取り組みやすかったであろう。

Ⅰ　例年通り，前近代からの出題で，近世が中心であった。しかし，江戸時代の宿駅や庶民の旅などをテーマとしており，戸惑った受験生が多かったのではないだろうか。過去問はあまり参考にならなかったかもしれないが，問 2 の宿駅に対する人々の負担，あるいは問 5 の庶民の旅が盛んになった背景は教科書には記述されている内容なので，しっかり解答したい。

Ⅱ　近代天皇制の形成と天皇に対する国民の意識を問う出題である。問い方がやや難しかったと思われるが，この大問も過去問の延長線上にあるといえる出題である。問 3 は明治天皇の践祚から即位までの天皇の政治的位置づけの変化を問うている。問い方で戸惑ったかもしれないが，大政奉還，王政復古の大号令が想起できれば解答できた。問 4 は一見難しいが，指定語句として挙げられた出来事と，天皇との関連づけができれば説明できる。

Ⅲ　一橋大学では定番の近代の議会制度の成立と変化についての問題である。同様の問題は過去問に散見されるので，過去問をしっかりやっていた受験生には取り組みやすかったと思われる。

Ⅰ・Ⅱが難しく，差がつきにくいと思われるので，**Ⅲ**ができないと厳しい結果になったであろう。

世界史

I **解答** 1 農奴制の廃止や土地の共有の要求。

2 農民たちは，農奴制や封建地代などへの不満から，「聖書のみ」に従って聖書を自分たちに都合がよいように解釈して，『旧約聖書』で説かれた神の下での人間の自由な社会を求めてドイツ農民戦争をおこした。一方，「聖書のみ」を信仰の根拠とするルターは魂の救済を重視して信仰義認説を説き，『新約聖書』を引用して世俗の権力に従うことが聖書で説かれている真実とした。両者に聖書解釈の相違が生じた理由として，ルターは宗教改革を成功に導くため諸侯の保護と協力を必要としたのに対し，農民たちは宗教改革を自らの状況を変革する手段と解釈したことがあげられる。このため農民戦争がミュンツァー指導の下で領主制変革をめざして過激化すると，ルターは農民らが論拠とする『旧約聖書』における神の言葉の誤用を糾弾し，それを正すため『新約聖書』の主の言葉を引用して諸侯らに徹底した農民弾圧を要請した。

(以上，問題番号を入れて400字以内)

◀解　説▶

≪ルターの宗教改革とドイツ農民戦争≫

▶問1．ドイツ農民戦争（1524～25年）における農民側の要求を問う問題。ルターの宗教改革に刺激されて蜂起した農民らが掲げた「十二カ条要求」には，農奴制の廃止，封建地代の軽減，十分の一税の廃止，土地の共有，牧師選任の自由などがあるが，史料の下線部に「いっさいの事物は，自由にそして［すべての人々の］共有物として創造」とあるので，農奴制の廃止（農奴解放）と土地の共有を指摘するとよい。農民戦争を招いた原因として，15世紀後半からドイツで推進された領主層による農民への支配と搾取を再強化しようとする「封建反動」への反発があげられる。

▶問2．【設問の要求】

〔主題〕

①農民らが考える「聖書のみ」と，ルターの意見との相違

②両者の相違がどのような理由で生じたか

【史料文について】

史料は，ドイツ農民戦争勃発の翌年にルターが著した「農民の殺人・強盗団に抗して」という書簡からの転載。ルターは，「いっさいの事物は，自由にそして［すべての人々の］共有物として創造せられた」という『旧約聖書』の創世記を根拠とした農民らの主張を聖書の誤用であると批判し，『新約聖書』に収められているパウロの「ローマ13章」（ローマ書，もしくはローマ人への手紙といわれる書簡の第13章を指している）の中の，キリスト者は「上にたつ権威に従うべき」とする立場から，諸侯らに農民一揆への弾圧を呼びかけた。

【論述の方向性】

まず答案の道筋として，農民戦争をおこした農民らが考える「聖書のみ」と，ルターの「聖書のみ」との相違を説明する。その際，史料にある具体例を的確に引用することがポイントで，両者の聖書に関する意見の違いにも言及する。次にこの相違が生じた理由として，農民たちとルターの置かれた状況や目的，「聖書のみ」を当てはめる領域などをどう捉えていたかなどを考えたい。農民たちがなぜ体制変革を望んだのか，ルターはなぜこれに反対したのかを念頭に置いた論述を心がけたい。

【論述の構成】

■ルターの思想

ルターは1517年ヴィッテンベルク教会で「九十五カ条の論題」を発表し，魂の救済は福音への信仰のみによるという信念から贖宥状の販売を批判した。そして1520年に『キリスト者の自由』を著し，人は「善行」によって救われるのでなく「信仰によってのみ義とされる」（信仰義認説）という信条を説き，1522年にはドイツ語訳『新約聖書』を出版し，教会や聖職者の教えではなく聖書だけを信仰の拠り所にするべきという聖書主義（福音主義）を唱え，教皇権や公会議の権威を否認した。こうした彼の教説は，「ローマの牝牛」と呼ばれたドイツで教会の搾取の対象となっていた農民や，封建制衰退と深刻な社会矛盾に不満を抱く没落騎士，反皇帝派の諸侯などに支持され，活版印刷機によって広く普及した。

①農民たちの「聖書のみ」とルターの「聖書のみ」の意見の相違

キリスト教では『旧約聖書』と『新約聖書』の2つを聖典としているが，農民たちが考える「聖書のみ」と，ルターが考える「聖書のみ」の意見が相違していることを史料から読み解くことが求められている。史料に記されているように，ルターは，大規模な反乱（ドイツ農民戦争）をおこした農民らが『旧約聖書』を自分たちに都合のよいように解釈して，一切の事物は神によって自由で平等に創造されたと考えているとした。これに反駁してルターは『新約聖書』におけるパウロの「ローマ書」を引用し，世俗の政治・社会上の権威に従うことこそが聖書で説かれているとした。したがって，ここでルターが表明している「聖書のみ」とは，『旧約聖書』の方ではなくキリスト者の救済を説く『新約聖書』の教えにあり，そこに聖書解釈の相違があることを指摘したい。

② ①の相違はどのような理由で生じたか

一揆をおこした農民らは農奴制廃止などの社会変革の論拠を『旧約聖書』に見出し，やがて再洗礼派のミュンツァーの指導のもと急進化していった。当初，ルターは農民らに同情的な態度を示したが，農民らの目的が農奴解放など社会変革にあると知ると領主側に転じ，農民らを暴徒として批判した。聖書主義と信仰義認説を説くルターはその批判の論拠として，『新約聖書』を引用して世俗の権威に従うことこそがキリスト者の使命であるとし，農奴解放をめざす農民らの暴走に危機感を抱き，領主らに徹底した弾圧を進言した。こうしたルターの路線変更の背景には，宗教改革を成功に導くために諸侯など世俗権力の協力が必要であったという事情がある。ルターの農民戦争への敵意はルターの保守性を示しており，彼はあくまで「宗教」改革者であり，「社会」改革者ではなかったことに着目したい。

Ⅱ 解答

イギリスは産業革命により「世界の工場」の地位を保持したが，19 世紀後半の第 2 次産業革命によって工業力でアメリカに追い越された。植民地帝国を築いていたイギリスは依然として「世界の銀行」としての役割を保持したが，第一次世界大戦で国力を疲弊させ，自治領はウェストミンスター憲章で対等となり，代わって債権国に転じたアメリカが戦後の国際協調路線を主導し，ニューヨークが国際経済の中心となった。第二次世界大戦後はアメリカがドルを基軸とするブレトン=ウッズ体制を築いて自由貿易主義を促進した。冷戦開始後は，西側の資本主義陣営の盟主としてマーシャル=プランやトルーマン=ドクトリンを発表し，NATOを通じて東側の社会主義陣営に対抗した。一方，戦後の脱植民地化の潮流の中でイギリスは植民地のインドや東南アジア諸国の独立を認めて植民地帝国の地位を失い，スエズ戦争の失敗もあり，覇権のアメリカへの移行は決定的となった。　(400字以内)

◀解　説▶

≪19世紀後半から20世紀中葉におけるイギリスからアメリカへの覇権の移行≫

【設問の要求】

〔主題〕

20世紀中葉に資本主義世界の覇権がイギリスからアメリカに移行した過程

〔条件〕

①19世紀後半以降の世界史の展開をふまえる

②第二次世界大戦・冷戦・脱植民地化との関係に必ず言及する

【論述の方向性】

時間軸が長いテーマなので，イギリスからアメリカへ資本主義世界の覇権が移行した歴史的要因を4つの時期に分けて整理したい。まず，19世紀後半の第2次産業革命→第一次世界大戦→第二次世界大戦→冷戦下という区分で時系列に沿って説明すると書きやすいと思われる。なお，「脱植民地化」の用い方であるが，これは第二次世界大戦後のインドや東南アジアの独立が植民地帝国であったイギリスにとって打撃となった点に触れること。

【論述の構成】

①第2次産業革命とイギリス・アメリカ

産業革命後，イギリスが長期にわたり「世界の工場」として資本主義世界の覇権を握っていたが，19世紀末に第2次産業革命がおこり，鉄鋼業でアメリカが躍進し，1890年代に工業生産でイギリスを追い越して世界第1位となった。とはいえ，工業生産力でアメリカに抜かれたものの，世界に植民地帝国を形成したイギリスはロンドンのシティを世界金融のセンターとし，国際金本位制（ポンド体制）をしき「世界の銀行」の地位を保持した。

②第一次世界大戦とイギリス・アメリカ

第一次世界大戦（1914～18年）を機にイギリスの戦債を引き受けたアメリカが債務国から債権国へ転換し，大戦後，国際政治・経済の発言力が増大した。戦争で国力が疲弊したイギリスに代わってアメリカでは空前の経済的繁栄がもたらされ，世界経済の主導権を握って世界金融の中心もロンドンからニューヨークのウォール街に移行した。大戦で疲弊したイギリスは経済・政治で発言力を増す自治領に内政・外交の自主権を認め，1931年のウェストミンスター憲章でイギリス帝国はイギリス連邦へと変貌した。

③第二次世界大戦とイギリス・アメリカ

第二次世界大戦（1939～45年）が開始すると，米・英首脳は1941年大西洋憲章を発表し，国際協調と民族自決を戦後の国際秩序の原則とすることを表明した。これを土台にアメリカ主導で1944年ブレトン=ウッズ会議が開催され，世界経済の再建のため国際復興開発銀行（世界銀行）と，為替安定のための国際通貨基金（IMF）の設立が合意された。このアメリカ=ドルを基軸通貨とするブレトン=ウッズ体制が戦後の自由貿易体制を主導し，世界経済におけるアメリカの優位を決定的なものとした。

④冷戦下でのイギリスとアメリカ

第二次世界大戦の終結直後，米ソ両体制間の対立が激化し，冷戦が開始すると，アメリカは，1947年にトルーマン=ドクトリンを発表して対ソ「封じ込め」政策を開始し，マーシャル=プランで西ヨーロッパ諸国の経済復興を実施し，イギリスも援助を受けた。また1949年に北大西洋条約機構（NATO）が結成されて西側陣営の集団安全保障機構が構築された。こうして戦後の資本主義世界の政治・経済上の覇権はアメリカが掌握することとなった。一方，イギリスは戦後の脱植民地化の潮流の中で，1947年インドの独立，1948年ビルマ（ミャンマー）の独立，1957年マラヤ連邦の独立を認めるなど，かつての植民地帝国は瓦解した。そして1956年のスエズ戦争における出兵も国際世論の批判を浴びて撤退するなど，イギリスの世界における政治的威信は低下していった。

Ⅲ　解答

1　小中華

2　朝鮮は明から冊封されて朱子学を取り入れ，豊臣秀吉の朝鮮侵略の際には明から援軍を受けたが，女真の建てた清の属国とされ，明も清に滅ぼされた。この明清王朝交代を背景に，朝鮮では華夷の別を説く朱子学の影響で自らが中華の伝統的文化の正統な後継者であるという小中華意識が支配層の間に共有されるようになった。1860年代，西洋諸国の開国要求に対して，大院君政権は「衛正斥邪」に従って，西洋諸国を「正学」たる朱子学を否定する夷狄として排斥する攘夷策をとった。1870年代，大院君が失脚し，開化政策を進める閔氏政権が成立すると，明治維新で欧化政策に転じた日本が江華島事件で朝鮮に圧力をかけ，不平等条約である日朝修好条規を結んで，清の冊封体制下にある朝鮮を開国させた。朱子学を奉じる官僚らは，「倭洋一体論」を唱えて欧化を進める日本を西洋諸国と同じ夷狄とみなし，小中華意識を基に朝鮮の鎖国攘夷の堅持を求めた。　（以上，問題番号を入れて400字以内）

◀解　説▶

≪朝鮮の小中華意識とそれが1860～70年代に果たした役割≫

▶問1．空欄①の正解は「小中華」意識であるが，一般の歴史教科書では小中華思想で記載されているため，戸惑った受験生もいたと思われる。

▶問2．【設問の要求】

〔主題〕

①小中華意識の内容と，それが成立した背景

②小中華意識が1860～70年代に朝鮮で果たした役割

〔条件〕①・②についてそれぞれ国際関係の変化に関連づけて説明

【史料文について】

史料は，糟谷憲一が著した『朝鮮ナショナリズムの展開』（岩波講座世界歴史20）からの引用。Aは，「正学」（朱子学）を崇ぶ「衛正斥邪《えいせいせきじゃ》」に視点をすえて「邪教」の西洋諸国を夷狄として排斥し，儒教の体制を守るべきとする小中華意識について述べている。Bでは，日朝修好条規による朝鮮開国に反対する理由として「倭洋一体論」について言及している。

【論述の方向性】

まず①は，朝鮮の小中華意識の内容とその成立背景を，17世紀中葉に生じた明と清の王朝交代に関連づけて儒学（朱子学）の「華夷の別」の視点から説明することがポイント。ついで②は，1860年代に西洋諸国の開国要求に対して小中華意識から大院君が鎖国攘夷策を推進したことに触れ，1870年代に日本が日朝修好条規で朝鮮を開国させたことに対し，朱子学者が反対した理由を説明する。①・②それぞれについて，国際関係の変化

に言及すること。

【論述の構成】

①小中華意識の内容と，それが成立した背景

「小中華」意識の発生には，中華の文化を受け継ぐ明を女真（満州人）の清が1644年に滅ぼし，さらに朝鮮が服属したことが背景にある。朝鮮王朝（李朝：1392～1910年）は明に朝貢して冊封下に入り，明の文化的伝統を受け継いで，特に儒学（朱子学）を根幹として政治・社会体制を築き，16世紀末の豊臣秀吉による朝鮮侵略に際しては明の援助によって撃退に成功している。これは，朝鮮にとって明への恩義という歴史的記憶となった。しかし，朝鮮は1637年女真の清の侵攻を受け，その属国となり，1644年に明は滅亡した。これに対し，儒学者は清は女真という夷狄が建国した王朝と考え，「大中華」であった明の滅亡後，朝鮮のみが正統な中華の伝統を継承したという意識が醸成された。外交では清に屈服したが，文化的には優越しているという「小中華」意識が生まれたのである。そして朱子学の「華夷の別」から，異民族の清は夷狄，西洋は洋夷，日本は倭夷として蔑視する思潮が強まり，19世紀の鎖国攘夷の思想的基盤となった。

②小中華意識が1860～70年代に朝鮮で果たした役割

●1860年代

19世紀後半，朝鮮王朝では高宗の父である大院君が摂政（1863～73年）として実権を握り，儒学（朱子学）にもとづく「衛正斥邪」を主張した。開国をせまる西洋諸国を夷狄とみなして鎖国政策を堅持し，小中華意識から西洋諸国を「正学」である儒教を否定する「邪教」の国々とし，攘夷策を推進した。その一環として1866年にアメリカ商船シャーマン号襲撃事件がおこっている。

●1870年代

1873年に大院君は失脚し，高宗による親政が開始されたが，実権は協調外交を推進する閔妃の一族（閔氏）が掌握した。1875年に江華島事件がおこると，日本は閔氏政権を武力で威嚇し，翌1876年に日朝修好条規（江華条約）を結んで清の冊封体制下にある朝鮮を開国させ，日本に領事裁判権を認めさせる不平等条約を締結した。これを屈辱として朱子学者らは日本を非難し，史料Bにある崔益鉉は明治維新で欧化政策を進める倭

（日本）も欧米と同じ夷狄とみなし，「倭洋一体論」を説いて開国に反対した。

■①・②における〔条件〕国際関係の変化との関連

• 小中華意識を発生させた国際関係→16 世紀末の壬辰・丁酉倭乱を明の援軍で撃退し，明に対する恩義が重視されることになった。17 世紀半ば，女真の清が明を滅ぼす国際情勢の激変の中で，明の中華的伝統を受け継ぐ朝鮮王朝こそが文化面で清に優越しているという「尊明排清」の風潮が生じた。

• 1860 年代の国際関係→欧米の開国要求を大院君が拒否し鎖国を堅持した。

• 1870 年代の国際関係→閔氏政権を日本が武力で威嚇し，日朝修好条規で朝鮮を開国させた。

❖講　評

2020 年度も例年と同じく大問 3 題で構成され，すべて字数制限は 400 字であった。難易度でみるとⅠとⅢは難，Ⅱは標準レベルで作問されており，2019 年度に比して難化した。Ⅰ～Ⅲとも詳細な知識だけでなく，歴史事象の経緯や因果関係を考察する力が求められており，ハイレベルな論述問題といえる。2019 年度と同じく，2020 年度もⅠとⅢが史料問題で，史料を読んで主題となる歴史事象を推測させ，それをベースに論述させる形式をとっており，両問とも史料文の読解力が試されている。近年，こうした史料文から設問の趣旨を探して論述させる問題が目立っている。2019 年度と同様，ⅠとⅢは記述式を含めて 400 字という形式が採用されている。

Ⅰ　「ルターの宗教改革とドイツ農民戦争」をテーマとした宗教史関連の問題。問 1．ドイツ農民戦争で農民側は「十二カ条要求」を掲げたが，史料の下線部から農奴制廃止（農奴解放）と土地の共有を想起すること。問 2．農民たちの「聖書のみ」と，ルターの「聖書のみ」の解釈の相違とそれが生じた理由を問う論述問題で，史料文に答案構想のヒントが示されている。すなわち，農民らは反乱の正当性を『旧約聖書』に求めているのに対し，ルターは『新約聖書』を引用して世俗権威への服従を主張していることに着目すること。理由として，ルターは宗教改革を推進する上で，世俗諸侯の支援と協力を必要としていた点を指摘することが欠かせない。

Ⅱ「20 世紀中葉に至るイギリスからアメリカへの覇権移行の過程」はスケールの大きなテーマ問題。19 世紀後半以降の世界史の展開と，第二次世界大戦・冷戦・脱植民地化との関係にも言及することが求められている。19 世紀後半におけるイギリス帝国の覇権から説明し，第 2 次産業革命によるイギリスの「世界の工場」から「世界の銀行」への移行を示すこと。続いて第一次世界大戦を機にアメリカが債務国から債権国に転換したこと，第二次世界大戦で勝利したアメリカの戦後の経済戦略（ブレトン=ウッズ体制）を述べたい。最後に，冷戦下の対ソ封じ込め政策（マーシャル=プランと NATO の結成），脱植民地化ではインド独立によるイギリス帝国の弱体化などに言及したい。時代ごとに要点を整理してイギリスからアメリカへの覇権の移行を説明すればよいので，Ⅰ，Ⅲに比べるとまとめやすい論述である。

Ⅲ「小中華意識と 19 世紀後半の朝鮮外交」をテーマとしたハイレベルな問題。問 1 の「小中華」意識とは何かが理解されていないと，問 2 の論述問題にも答えられない。教科書や参考書では「小中華」意識のことを一般に小中華思想と記しているため，一瞬迷った受験生もいたと思われる。しかも，この小中華意識（小中華思想）をキーワードに論述問題が作成され，史料文も朝鮮の朱子学者が説く華夷論の引用を含み，こうした朝鮮の儒教思想についての知識があるか否かで得点差が生じよう。欧米や日本を夷狄の国家とみなす朱子学の華夷論の視点から鎖国攘夷策を導き出すこと。特に 1860 年代の大院君政権による西洋に対する鎖国攘夷策，1870 年代の日朝修好条規による開国に反対する儒学者の見解に言及することがポイント。

地理

I

解答　1　1と3は豊かな海洋リゾートを基盤とする観光業が，4はダイヤモンド，5は原油を中心とする鉱業が盛んで，レアメタルを含む鉱物資源に恵まれる2では重工業も発達している。いずれの国も第2次・第3次産業の比重が大きく国民の所得水準が比較的高いうえ，特に1・3・5については国土面積の狭さも有利にはたらいて通信インフラの整備も進展し，携帯電話の普及が先行した。(175字以内)

2　携帯端末はパソコンより安価で入手しやすいうえ，文字を読み書きする能力が必要なインターネットに対し，携帯電話は日常生活で用いる音声で情報のやり取りができる。さらにブロードバンド回線を整備するより，携帯電話用の無線基地局を設置する方が投資を抑えられる。(125字以内)

3　農村地域では現金収入が少ないうえ，都市に偏在する銀行へのアクセスも困難だったことから銀行口座を開設している国民は少数派であったが，普及した携帯電話を用いた金融サービスは居住地を選ばず利用できたから。(100字以内)

◀解　説▶

≪アフリカにおける携帯電話の普及≫

▶問1．セーシェル（1），モーリシャス（3）はインド洋の島国で，ともに観光業が重要な産業となっている。工業化が進展している南アフリカ共和国（2）は自動車，鉄鋼などを主な輸出品としており，マンガン，クロム，チタン，パラジウムなどのレアメタルの生産も多い。ボツワナ（4）は世界第2位のダイヤモンド産出国（2015年），ガボン（5）は2016年にOPEC（石油輸出国機構）に再加盟した産油国である。農牧業への依存度が高いコートジボワール（6）以下の国々に対し，第2次・第3次産業の比重が大きい1～5国の所得水準は比較的高く，国民の携帯電話端末の保有や通信インフラの整備が促進されたと考えられる。さらに環礁で知られるセーシェル，火山島に起源をもつモーリシャスおよびガボンについては，国土面積が狭いために通信インフラを整備しやすかったとも考えられる。以上より，国民による携帯端末の保有や国内における通信インフラの整備に深く関わる経済水準の高さを1～5国の産業上の特徴と関連づけて説明したうえで，国土面積に注目した点までを解答で言及したい。

▶問2．一般的に携帯電話と比べて価格の高いパソコンの普及率は先進国に対して発展途上国で低く，「携帯端末・パソコンの普及の度合い」としてはこの点を指摘したい。「使いこなすのに必要な能力の違い」に関しては，基本的に通話によって情報を受発信する携帯電話に対し，インターネット上の多種多様な情報は原則として文字を使って伝達されるため，識字率が低いと利用が困難である。もちろん携帯電話やスマートフォンからインターネットに接続することも可能であるが，リード文に「スマートフォンの割合は低く，またインターネットを利用する人口の率は低い」とあるので，本問では携帯電話によるインターネット利用について考慮する必要はないだろう。「通信網の整備」に関しては，インターネットが普及した先進国では光ファイバーケーブルなどの高速・大容量回線（ブロードバンド）で多くのパソコンが結ばれているが，アフリカでは整備が遅れている。一方，携帯電話用の無線基地局の設置は有線で固定電話を結ぶよりも整備費を抑えられるため，アフリカを含む発展途上国でも急速に進んでいる。

▶問3．ケニアにおける携帯電話を利用した金融サービスに関して，リード文中の「都市へ出稼ぎに行った労働者が農村の家族に送金する」という場面を具体例として思い浮かべるとよいだろう。その際「銀行を利用した送金は盛んではなかった」理由を推察することで，携帯電話の金融サービスの詳細を知らなくても，解答の作成方針が定まってくる。

ケニアは国民の多くが，農村地域で自給的な農牧業に従事してきたため現金収入が少なく，銀行は都市に偏在していると考えられる。よって農村の居住者が銀行を利用するためには，交通条件が未だに整わない中を都市まで移動する必要がある。したがって多くの途上国と同様にケニアでも銀行口座の保有率が低い一方，携帯電話の急速な普及を背景に通信事業者がモバイル送金サービス M-PESA（エムペサ）を開始した。利用者は農村地域を含む全国に立地する代理店（商店）で入金したうえで，携帯電話回線のショートメッセージ（SMS）を利用して相手に暗証番号を伝える。メッセージの受信者は，代理店で暗証番号など SMS の情報を提示して現金を受け取る仕組みである。携帯電話ひとつで手軽にかつ安全に送金や融資が行えるサービスとして農村地域でも急速に広まった。

Ⅱ 解答

1　急激な経済成長が進展した国において政治・経済・文化の中心となっている首都である。東京，メキシコシティ，ソウル。経済力の高い先進国に属し，経済規模で国内最大都市に追随する大都市である。リヨン，ミュンヘン，モントリオール，ロサンゼルス，バルセロナ。(125字以内)

2　国際的な知名度を高めて経済発展につなげたい北京やイスタンブール，アジアからの投資を促したいシドニーなどオーストラリアの都市が立候補したほか，オリンピックの経済効果を期待してヨーロッパでも工業が停滞したマンチェスターや冷戦後の体制転換で社会的な混乱に見舞われたベオグラードなどの都市が立候補したから。(150字以内)

3　開催都市は十分な財政力を有し，既存施設も活用できる先進国の大都市に限られ，立候補都市の数も減少した。開催都市は，規模の拡大に伴って増大した運営費を負担する必要があるほか，中東情勢の不安定化などを背景にテロの脅威が高まったため厳重な対策が求められる。(125字以内)

◀解　説▶

≪1964年以降のオリンピック大会の立候補都市≫

▶問1．日本がOECD（経済協力開発機構）に加盟した1964年に開催された前回の東京オリンピックは，戦後復興・経済成長をとげた姿を国際社会にアピールする国家的イベントで，新幹線や高速道路など交通網の整備も併行した。日本に続いて工業化が進展したメキシコや韓国も，首都でのオリンピック開催を契機として国際社会への参画を強めるとともに生活基盤の近代化を促進するねらいがあったと考えられる。また，表Ⅱ－1では1964～92年に3回立候補したロサンゼルスが目につくが，上述の東京やソウルに対して，ロサンゼルスは首都や首位都市には当たらない。ロサンゼルスと同様に，国内最大の都市に追随する大都市としてはリヨン，ミュンヘン，モントリオール，バルセロナなどが相当するが，いずれもオリンピック大会を契機に国内外での存在感を高めて投資の促進などを期待したと考えられる。さらに同期間中に立候補都市となった回数がロサンゼルスと並ぶデトロイトに注目すれば，ミュンヘン，名古屋，パリはいずれも自動車工業が盛んで財政基盤が強い都市であったとみなせるため，〔別解〕となるだろう。またマドリード，ロサンゼルス，バルセロナなどを取り上げて，屋外でのスポーツに適した温暖で晴天日の多い気候について指摘してもよい。

▶問2．1988年までの立候補都市は北米とヨーロッパに偏っていたが，1992～2000年は特にヨーロッパで立候補都市が増加したほか，アジアの2都市が立候補し，オーストラリアの都市が3回連続で立候補している。アジアについては，この時期に外資導入を伴いながら本格的な工業化が開始された中国とトルコの2都市であることから，国際的な知名度を高め経済発展につなげようとしたと推測できる。多文化主義への転換以降，アジアとの連携強化を図ってきたオーストラリアについては，オリンピック開催を機に，経済発展が顕在化してきたアジアからの投資を呼び込む狙いもあったと考えられる。一方，立候補都市の増加が目立つヨーロッパに関しては，産業革命期からの工業都市バーミンガム，マンチェスターや旧社会主義国セルビアのベオグラードが，前後の期間に立候補した大都市と比べても異質であるといえる。オリンピックの開催により観戦チケット代金，テレビ放映権料，企業協賛金などの収入がもたらされるほか，施設の整備や観光客の増加に伴って雇用の創出や消費の拡大も見込める。よって経済的・社会的な問題を抱えた都市はオリンピックがもたらすこうした経済効果を期待して立候補したと考えられる。特にロサンゼルス大会（1984年）を機に，オリンピックの商業化が進んだことに注意したい。

▶問3．「開催都市の特徴の違い」として，以前は新興国の大都市や経済規模が小さい先進国の都市も含まれていたのに対し，2012年以降の開催都市（2016年は除く）は経済規模の大きな先進国（イギリス，日本，フランス，アメリカ合衆国）の大都市に限られるようになったことが読み取れる。また「立候補都市の数」は，2012年の5都市から，4都市（2016年），3都市（2020年），2都市（2024年），1都市（2028年）と減少している。

立候補都市が減少し，開催都市が先進国の大都市に限られるようになった背景に，オリンピックが直面する課題や困難があると考えるとよい。まず，オリンピック大会の競技数や参加国が増加したために開催費用が膨らんだことが「大会開催にまつわる要因」の1つである。さらにイラク戦争やIS問題が象徴する中東情勢のいっそうの不安定化を受けて，特に2000年代以降，国際的なテロの脅威が高まっており，世界中が注視するオリンピック大会は標的となる恐れがあることも「大会開催にまつわる要因」といえる。これに対して，莫大な運営費を負担し，さらに厳重なテロ・治安対策を遂行する能力を要することが「都市にまつわる要因」となる。また東京，ロサンゼルス以外は表Ⅱ－1から読み取れないが，ロンドン（1908年，1948 年），パリ（1900 年，1924 年）も過去に開催実績があるため，これらの都市は既存の競技施設を活用でき，大会運営のノウハウを保有しているという利点にも触れておきたい。

Ⅲ　**解答**　1　北東貿易風がカナリア海流の表層水を沖合側へ運び去ることで深層から栄養塩類に富む湧昇流が引き起こされ，プランクトンが大量に発生して魚類が集まるから。(75 字以内)

2　①が示す遠洋漁業の生産量は，石油危機後に漁船の燃料費が高騰したことに加え，多くの国がEEZを設定したために他国近海の好漁場での操業が困難となり減少に転じた。さらに1980 年代後半より円高が進展すると，水産物の輸入が増大して遠洋漁業をいっそう圧迫した。(125 字以内)

3　漁業が盛んな発展途上国では漁獲可能量等の規制を受けると経済的な打撃が大きいうえ，資金・技術面で水産資源の管理も困難な一方，水産エコラベルの認証を得られないと先進国などへの輸出が阻害される懸念もある。(100 字以内)

4　発展途上国の水産業は，多くを占める零細経営の漁業者が担っているから。零細な漁業者を経済的に支援することで漁業資源の乱獲を抑止するとともに，雇用機会の拡大や水産加工業など関連産業の成長も期待できる。(100 字以内)

◀解　説▶

≪世界と日本の水産業≫

▶問１．自転している地球の表面ではコリオリの力（転向力）が作用して，海水は北半球では主に時計回り，南半球では反時計回りに流れ，アフリカ大陸北西沿岸では寒流のカナリア海流が南流している。本問はこの海域における「気候および海洋の動きを具体的に説明」する必要があるので，卓越する北東貿易風が表層水を沖合側に運搬し，深層から大陸由来の栄養塩類に富む冷水が上昇することを指摘する。さらに「好漁場となる理由」として，プランクトンが大量発生し，魚類が集まりやすい点まで記述する。

▶問２．各国が設定したEEZの影響を強く受ける水産業は，他国の近海で営まれてきた遠洋漁業である。遠洋漁業には多くの漁船が長期間携わるため，特に1973年の石油危機による燃料用の重油価格高騰は操業費を押し上げた。さらにEEZが設定されると日本の漁船は入漁料の支払いが求められ，漁獲量も規制された。こうして1970年代に生産量が減少に転じた遠洋漁業には①が該当する。図Ⅲ－1からは①の生産量が1970年代までは増加していたことが読み取れ，その背景として経済成長や技術革新などが考えられるが，本問ではEEZが日本の水産業を著しく変えた，その変化についての説明が求められているため，1970年代以降の生産量減少局面に絞って論述する。さらに，図からは①の生産量が1980年代後半以降にいっそう減少した様子が読み取れ，1985年のプラザ合意以降に進んだ円高に伴う水産物の輸入量の急増が，生産量の減少に拍車をかけたことにも言及したい。なお，②は沖合漁業，③は沿岸漁業，④は海面養殖業である。

▶問３．「水産エコラベル」とは自然環境や生態系に配慮した持続可能な漁業や養殖業を認証する仕組みのことで，2005年にFAO（国連食糧農業機関）が策定したガイドラインに基づいて世界に多種類の水産エコラベル認証が存在している。本問は，必ずしも受験生が習得しておくべき知識とはいえない水産エコラベルに対する懸念について，リード文を手がかりに推察することを求めている。例えば「魚種や漁業者・水揚げ場を多く抱え」る水産国で漁獲可能量等を遵守することは，生産量・輸出量が減少することに繋がり，経済的なダメージが大きい。また「持続可能な水産業」に必要な科学的データの取得を目的とする「資源調査のための資金・技術が不足」している発展途上国では，困難な資源管理よりも漁民自らの生活の方が優先される状況は想像に難くない。一方で，「生産国」に対する「消費国」（しばしば持続可能な水産業を重視する先進国）への輸出に際して，水産エコラベル認証を受けていないことは貿易障壁となる可能性もある。

▶問４．発展途上国の漁業にとって，漁獲可能量を遵守するなど水産エコラベル制度に参加することの困難さを扱った前問をふまえると，水産資源の管理には発展途上国の動向がポイントになると考えられる。発展途上国では全般的に産業の発展が遅れている現状から，水産業も零細な漁業者が大部分を占めていると推測される。したがって，零細漁業の振興により多くの漁民の生活が支援されれば，漁業資源の乱獲を抑止する効果が期待できる。さらに漁業の活性化により雇用機会の拡大や水産加工業，流通業など関連産業の成長も見込めると議論を展開できるだろう。

❖講　評

2020 年度も大問 3 題で構成され，論述問題数は 2019 年度同様 10 問であるが，総字数は 1150 字から 1200 字に増えた。各大問のテーマはアフリカ各国の社会状況，オリンピック大会の立候補・開催都市，水産業となっており，発展途上国への関心と社会・経済への理解を重視する出題姿勢は一貫している。資料やリード文を読解し，知識を駆使しながら論理的に推察するという高度な学力が要求される点は例年通りであるが，2020 年度は「携帯電話」「オリンピック」など身近で馴染みのある事項に関連して出題されたため，幾分取り組みやすさを感じたであろう。

Ⅰ　問 1 は問われている国々をまずは知っていないと解答の作成は困難である。問 2 ではアフリカ諸国の識字率の低さを思い出して「使いこなすのに必要な能力の違い」を説明できるかどうかがポイントになる。問 3 はケニアで銀行が普及しなかった理由から考えると書きやすい。

Ⅱ　問 1 は題意をつかむのに少々時間がかかるかもしれないが，立候補都市の共通性を考察させる興味深い問題であった。問 2・問 3 では昨今話題となっているオリンピックについての知見を前提として，設問文に沿った丁寧な解答を作成したい。

Ⅲ　問 1 は湧昇流について記述できるかどうかで差がつくだろう。問 2 はオーソドックスな内容であるが，円高に伴う輸入増加の影響まで説明すること。問 3 では水産エコラベルについての知識が要求されているわけではないので，リード文を読解して論理的に考察したい。

数学

1

◇発想◇　整数 a を整数 b で割ったときの余り r は周期性があるから，まず，10^1，10^2，10^3，… をそれぞれ2020で割って余りの周期性を見つける。

解答　以下，合同式はすべて mod2020 とする。

(1)

$$\left.\begin{array}{l} 10^1\equiv 10,\ 10^2\equiv 100,\ 10^3\equiv 1000 \\ 10^4\equiv 1920 \\ 10^5=10^4\cdot 10\equiv 1920\cdot 10=19200\equiv 1020 \\ 10^6=10^5\cdot 10\equiv 1020\cdot 10=10200\equiv 100 \end{array}\right\}\ \cdots\cdots ①$$

であるから，l が2以上の整数のとき

$$\begin{aligned} 10^{l+4}-10^l &= 10^{l-2}(10^6-10^2) \\ &= 10^{l-2}\cdot 999900 \\ &= 2020\cdot 495\cdot 10^{l-2} \end{aligned}$$

となる。

これより，$l\geqq 2$ のとき

$$\begin{pmatrix} 10^l\text{ を }2020\text{ で} \\ \text{割ったときの余り} \end{pmatrix}=\begin{pmatrix} 10^{l+4}\text{ を }2020\text{ で} \\ \text{割ったときの余り} \end{pmatrix}$$

が成り立つ。

このことと①より，n，k を正の整数として

$$10^n\equiv\begin{cases} 10 & (n=1\text{ のとき}) \\ 100 & (n=4k-2\text{ のとき}) \\ 1000 & (n=4k-1\text{ のとき}) \\ 1920 & (n=4k\text{ のとき}) \\ 1020 & (n=4k+1\text{ のとき}) \end{cases}\quad\cdots\cdots ②$$

である。

よって，$10=4\cdot 3-2$ と②より，10^{10} を2020で割った余りは

　100　……(答)

⑵　100 桁の正の整数で各位の数の和が 2 となるものを N とすると

　(i)　$N=2\cdot 10^{99}$

　(ii)　$N=10^{99}+10^{i}$　(i は 0 以上 98 以下の整数)

と表せる。

(i)のとき

$99=4\cdot 25-1$ と②より，$10^{99}\equiv 1000$ であるから

$$2\cdot 10^{99}\equiv 2\cdot 1000=2000$$

よって，N は 2020 で割り切れない。

(ii)のとき

$10^{99}\equiv 1000$ より

$$10^{99}+10^{i}\equiv 1000+10^{i}$$

となるから，N が 2020 で割り切れるのは

$$10^{i}\equiv 1020$$

のときである。

よって，②より

$$i=4k+1\quad (i=0,\ 1,\ 2,\ \cdots,\ 98)$$

となり，これを満たす k の値は，$k\geqq 1$ に注意して

$$k=1,\ 2,\ 3,\ \cdots,\ 24$$

したがって，N のうち，2020 で割り切れるものの個数は，(i)，(ii)より

　24 個　……(答)

◀解　説▶

≪10^{n} を 2020 で割ったときの余りに関する問題≫

▶⑴　このような余りに関する問題では，余りに周期性があるから，〔解答〕の②の式を導くことがポイントである。よく使う解法であるから覚えておこう。また，10^{10} を 2020 で実際に割ってもよく，次のような等式が得られる。

$$10^{10}=2020\cdot 4950495+100$$

また，この割り算の計算から余りに周期性があることもわかる。

▶⑵　題意の正の整数を「2 が 1 個のとき」と「1 が 2 個のとき」の場合に分けて調べた。「1 が 2 個のとき」は，その整数を $10^{99}+10^{i}$（i は 0 以上 98 以下の整数）と表したあと，②を使って考えることができたかがカギとなる。

2

◆発想◆　$\tan 2\theta + a\tan\theta = 0$ を，まず，$\tan\theta$ についての方程式となるように式変形し，それを解くことによって，$\tan\theta = \alpha$ の形を作って求める。このとき，θ の定義域に注意する。

解答　$\tan 2\theta + a\tan\theta = 0$　……①

$0 \leqq \theta < \pi$ より，$0 \leqq 2\theta < 2\pi$ であるから，θ の定義域は

$$2\theta \neq \frac{\pi}{2},\ \frac{3}{2}\pi \quad \text{かつ} \quad \theta \neq \frac{\pi}{2}$$

すなわち

$$0 \leqq \theta < \frac{\pi}{4},\ \frac{\pi}{4} < \theta < \frac{\pi}{2},\ \frac{\pi}{2} < \theta < \frac{3}{4}\pi,\ \frac{3}{4}\pi < \theta < \pi \quad \cdots\cdots ②$$

(i)　$a = 0$ のとき

①は，$\tan 2\theta = 0$ となり，②より，$\theta = 0$ である。

よって，①の解 θ の個数は

　　1 個

(ii)　$a \neq 0$ のとき

①は，②のとき

$$\frac{2\tan\theta}{1 - \tan^2\theta} + a\tan\theta = 0$$

$$2\tan\theta + a(1 - \tan^2\theta)\tan\theta = 0$$

$$\{2 + a(1 - \tan^2\theta)\}\tan\theta = 0$$

$$(2 + a - a\tan^2\theta)\tan\theta = 0$$

と変形できるから

$$\tan\theta = 0,\ \tan^2\theta = \frac{2+a}{a} \quad \cdots\cdots ③$$

(ア)　$\dfrac{2+a}{a} \leqq 0$，すなわち $-2 \leqq a < 0$ のとき

③は

$$\tan\theta = 0$$

($a = -2$ のとき，$\tan\theta = 0$，$\tan^2\theta = 0$ より　　$\tan\theta = 0$)

となるから，②より，$\theta = 0$ である。

よって，①の解 θ の個数は

1 個

(イ)　$\dfrac{2+a}{a}>0$，すなわち $a<-2$，$0<a$ のとき

③は $a<-2$，$0<a$ に注意すると

$$\tan\theta=0$$

$$\tan\theta=\pm\sqrt{\frac{2+a}{a}}\quad(\neq\pm1)$$

となるから，②より，解 θ の個数は

3 個

したがって，①の解 θ の個数は，(i)，(ii)より

$$\begin{cases}-2\leqq a\leqq 0 \text{ のとき} & 1\text{ 個}\\ a<-2,\ a>0 \text{ のとき} & 3\text{ 個}\end{cases}$$

……(答)

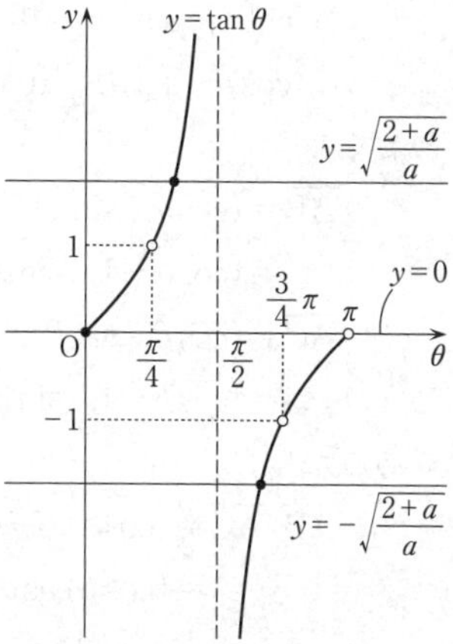

◀解　説▶

≪tanθ を含んだ三角方程式の解の個数≫

$\sin\theta$ や $\cos\theta$ を含んだ三角方程式の解の個数の問題は頻出であるから，問題集などで解いた経験があると思われる。本問についても，同じ要領で解けばよいが，θ の定義域に十分注意する必要がある。

3

◇発想◇　動点が 3 個（A，B，C）あるから，まず，2 点を固定し，残り 1 点を動かす。このとき，3 点は半径 1 の円周上にあるから，3 点を三角関数で表すとよい。次に，固定した 2 点のうち，1 点を動点として動かし，最大値と最小値を求める。最後に，固定していた 1 点を動かして最大値と最小値を求める。また，考え方を全く変えて，内積の定義を図形的に考えて最大値と最小値を求めてもよい。

解答　座標平面を設定して考える。対称性より

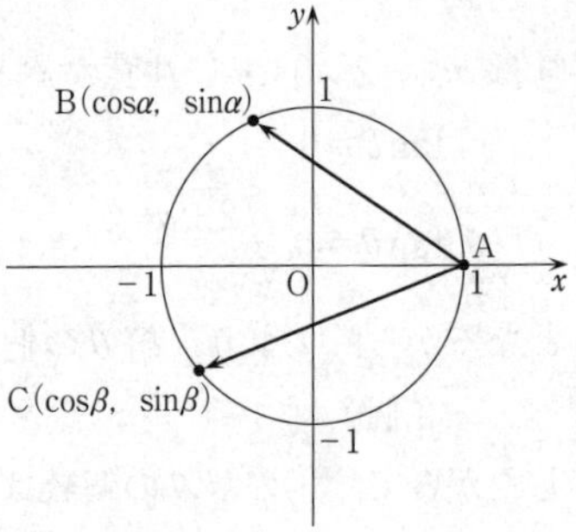

$$\mathrm{A}(1,\ 0)$$

$$\mathrm{B}(\cos\alpha,\ \sin\alpha)\quad(0\leqq\alpha\leqq\pi)$$

$$\mathrm{C}(\cos\beta,\ \sin\beta)\quad(0\leqq\beta<2\pi)$$

とおくと

$$\begin{aligned}\overrightarrow{\mathrm{AB}}&=(\cos\alpha,\ \sin\alpha)-(1,\ 0)\\&=(\cos\alpha-1,\ \sin\alpha)\end{aligned}$$

$$\begin{aligned}\overrightarrow{\mathrm{AC}}&=(\cos\beta,\ \sin\beta)-(1,\ 0)\\&=(\cos\beta-1,\ \sin\beta)\end{aligned}$$

であるから

$$\begin{aligned}\overrightarrow{\mathrm{AB}}\cdot\overrightarrow{\mathrm{AC}}&=(\cos\alpha-1)(\cos\beta-1)+\sin\alpha\sin\beta\\&=(\cos\beta\cos\alpha+\sin\beta\sin\alpha)-(\cos\beta+\cos\alpha)+1\\&=\cos(\beta-\alpha)-(\cos\beta+\cos\alpha)+1\end{aligned}$$

ここで，α を α_0 $(0\leqq\alpha_0\leqq\pi)$ と固定し，β を $0\leqq\beta<2\pi$ の範囲で動かすと

$$\begin{aligned}\overrightarrow{\mathrm{AB}}\cdot\overrightarrow{\mathrm{AC}}&=\{\cos(\beta-\alpha_0)-\cos\beta\}-\cos\alpha_0+1\\&=-2\sin\frac{(\beta-\alpha_0)+\beta}{2}\sin\frac{(\beta-\alpha_0)-\beta}{2}+(1-\cos\alpha_0)\\&=-2\sin\left(\beta-\frac{\alpha_0}{2}\right)\sin\left(-\frac{\alpha_0}{2}\right)+2\sin^2\frac{\alpha_0}{2}\\&=2\sin\frac{\alpha_0}{2}\sin\left(\beta-\frac{\alpha_0}{2}\right)+2\sin^2\frac{\alpha_0}{2}\end{aligned}$$

$0\leqq\dfrac{\alpha_0}{2}\leqq\dfrac{\pi}{2}$ より，$2\sin\dfrac{\alpha_0}{2}$ は 0 以上 2 以下の定数であることと，$0\leqq\beta<2\pi$ より，$-1\leqq\sin\left(\beta-\dfrac{\alpha_0}{2}\right)\leqq1$ であるから

$$\underbrace{-2\sin\frac{\alpha_0}{2}+2\sin^2\frac{\alpha_0}{2}}_{\text{①}}\leqq\overrightarrow{\mathrm{AB}}\cdot\overrightarrow{\mathrm{AC}}\leqq\underbrace{2\sin\frac{\alpha_0}{2}+2\sin^2\frac{\alpha_0}{2}}_{\text{②}}\quad\cdots\cdots(*)$$

次に，α_0 を α として $0\leqq\alpha\leqq\pi$ の範囲で動かす。

①について

$$-2\sin\frac{\alpha}{2}+2\sin^2\frac{\alpha}{2}=2\left(\sin\frac{\alpha}{2}-\frac{1}{2}\right)^2-\frac{1}{2}\geqq-\frac{1}{2}$$

等号成立は，$\sin\dfrac{\alpha}{2}=\dfrac{1}{2}$，つまり $\alpha=\dfrac{\pi}{3}$　$\left(\beta=\dfrac{5}{3}\pi\right)$ のときである。

②について

$$2\sin\frac{\alpha}{2}+2\sin^2\frac{\alpha}{2}=2\left(\sin\frac{\alpha}{2}+\frac{1}{2}\right)^2-\frac{1}{2}\leqq 4$$

等号成立は，$\sin\dfrac{\alpha}{2}=1$，つまり $\alpha=\pi$　$(\beta=\pi)$ のときである。

これらのことと（＊）より

$$-\frac{1}{2}\leqq\overrightarrow{\mathrm{AB}}\cdot\overrightarrow{\mathrm{AC}}\leqq 4$$

よって

内積 $\overrightarrow{\mathrm{AB}}\cdot\overrightarrow{\mathrm{AC}}$ の最大値は　4，最小値は　$-\dfrac{1}{2}$　……(答)

別解　＜内積の定義を用いた解法＞

円の中心をOとする。

(i)　$\overrightarrow{\mathrm{AB}}=\vec{0}$ または $\overrightarrow{\mathrm{AC}}=\vec{0}$ のとき

$$\overrightarrow{\mathrm{AB}}\cdot\overrightarrow{\mathrm{AC}}=0$$

(ii)　$\overrightarrow{\mathrm{AB}}\neq\vec{0}$ かつ $\overrightarrow{\mathrm{AC}}\neq\vec{0}$ のとき

$\overrightarrow{\mathrm{AB}}$ と $\overrightarrow{\mathrm{AC}}$ のなす角を θ　$(0\leqq\theta\leqq\pi)$ とおくと

$$\overrightarrow{\mathrm{AB}}\cdot\overrightarrow{\mathrm{AC}}=|\overrightarrow{\mathrm{AB}}||\overrightarrow{\mathrm{AC}}|\cos\theta$$

• 最大値について

$|\overrightarrow{\mathrm{AB}}|\leqq 2$，$|\overrightarrow{\mathrm{AC}}|\leqq 2$，$\cos\theta\leqq 1$ であるから

$$\overrightarrow{\mathrm{AB}}\cdot\overrightarrow{\mathrm{AC}}=|\overrightarrow{\mathrm{AB}}||\overrightarrow{\mathrm{AC}}|\cos\theta$$
$$\leqq 2\cdot 2\cdot 1=4$$

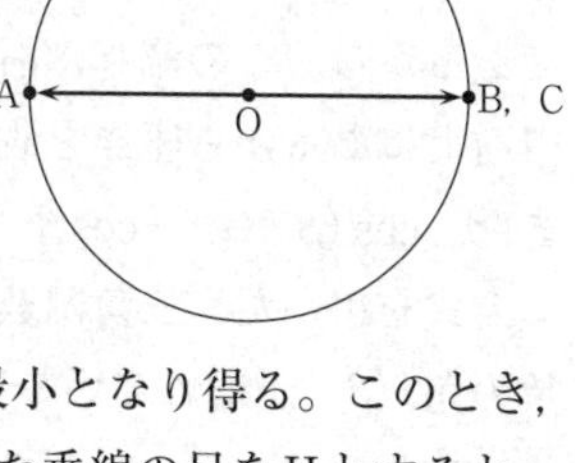

等号は右図のとき成り立つ。

• 最小値について

$\cos\theta<0$，つまり θ が鈍角のとき，$\overrightarrow{\mathrm{AB}}\cdot\overrightarrow{\mathrm{AC}}$ は最小となり得る。このとき，2点A，Bを固定し，Cから直線ABに下ろした垂線の足をHとすると

$$\overrightarrow{\mathrm{AB}}\cdot\overrightarrow{\mathrm{AC}}=|\overrightarrow{\mathrm{AB}}||\overrightarrow{\mathrm{AC}}|\cos\theta$$
$$=|\overrightarrow{\mathrm{AB}}|\{-|\overrightarrow{\mathrm{AC}}|\cos(\pi-\theta)\}$$
$$=|\overrightarrow{\mathrm{AB}}|(-|\overrightarrow{\mathrm{AH}}|)\quad\text{(直角三角形ACHに注目した)}$$
$$=-|\overrightarrow{\mathrm{AB}}||\overrightarrow{\mathrm{AH}}|\quad\cdots\cdots㋐$$

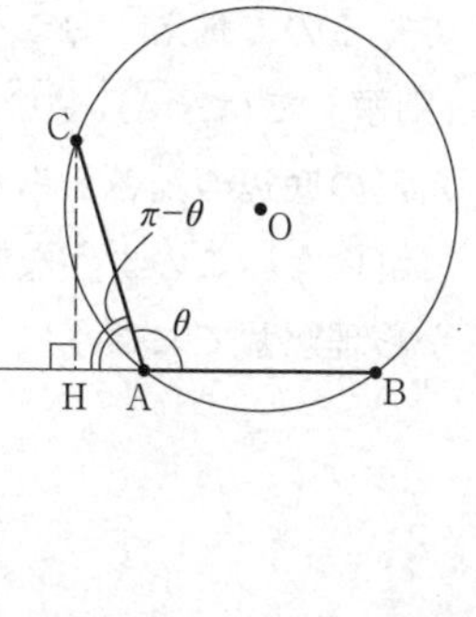

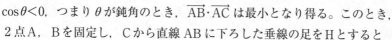

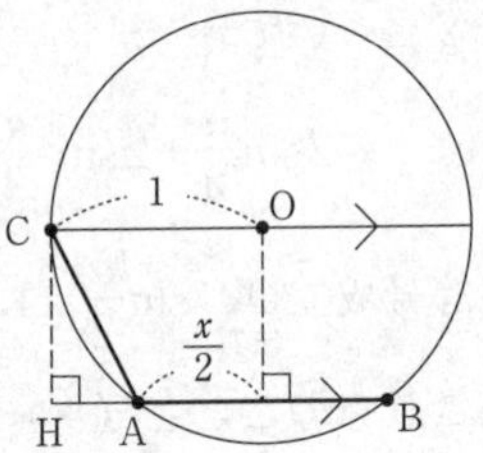

$|\overrightarrow{AB}|$ は0より大きい定数であるから，$\overrightarrow{AB}\cdot\overrightarrow{AC}$ が最小となるのは $|\overrightarrow{AH}|$ が最大となるときであり，これは右図のようなときである。

次に，固定していた2点A，Bを動かす。

ここで，$|\overrightarrow{AB}|=x$　$(0<x<2)$ とおくと，㋐より

$$\overrightarrow{AB}\cdot\overrightarrow{AC}=-x\left(1-\frac{x}{2}\right)=\frac{1}{2}x^2-x$$

$$=\frac{1}{2}(x-1)^2-\frac{1}{2}$$

$0<x<2$ より，$\overrightarrow{AB}\cdot\overrightarrow{AC}$ の最小値は

$$-\frac{1}{2}\quad(x=1\text{のとき})$$

よって

内積 $\overrightarrow{AB}\cdot\overrightarrow{AC}$ の最大値は　4，最小値は　$-\frac{1}{2}$

◀解　説▶

≪3個の動点が半径1の円周上にあるときの内積の最大・最小≫

動点が3個ある図形の問題では，「2個の点を固定し，1個を動かす。次に，固定していた2個の点のうち，1個の点を固定し，残り1個を動かす。さらに，固定していた残り1個の点を動かす」という手法をとるのが基本であるから，この流れに沿って解くとよい。このとき，3個の点はすべて円周上にあるから座標を設定して三角関数を用いた。

また，$\cos(\beta-\alpha_0)-\cos\beta$　…(☆) からの変形については，差から積に直す公式を用いた。三角関数の最大・最小の問題において，(☆)のように変数の角 (β) が離れているときは，三角関数の合成や和（または差）から積に直す公式を用いて角をまとめるとうまくいくことが多い。しばしば出てくるので覚えておこう。

〔別解〕では，$\overrightarrow{AB}\cdot\overrightarrow{AC}=|\overrightarrow{AB}||\overrightarrow{AC}|\cos\theta$ の「$|\overrightarrow{AC}|\cos\theta$」の部分を直角三角形の底辺の長さとみるという内積の定義を図形的に捉えた考え方を用いて解いた。このような解法は難関大学を目指す上では重要な考え方であるから理解しておこう。

4

◆発想◆ $x<2+x$ であるから

「$x \leqq 2-x$ のとき」と「$2-x<x<2+x$ のとき」

に分けて積分を計算する。そのあとは x の式の形を見て判断し，平方完成か微分か相加・相乗平均を用いて最小値を求める。

解答 $F(x)=\dfrac{1}{x}\displaystyle\int_{2-x}^{2+x}|t-x|\,dt \quad (x>0)$

$x<2+x$ であるから，次の 2 つに分けて積分する。

(i) $x \leqq 2-x$，すなわち $0<x \leqq 1$ のとき

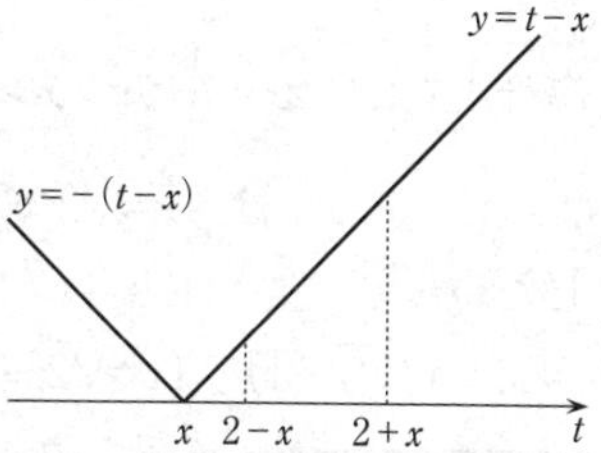

$$F(x)=\frac{1}{x}\int_{2-x}^{2+x}(t-x)\,dt$$
$$=\frac{1}{x}\left[\frac{1}{2}(t-x)^2\right]_{2-x}^{2+x}$$
$$=\frac{1}{x}\cdot\frac{1}{2}\{2^2-(2-2x)^2\}$$
$$=-2x+4$$

(ii) $2-x<x \ (<2+x)$，すなわち $1<x$ のとき

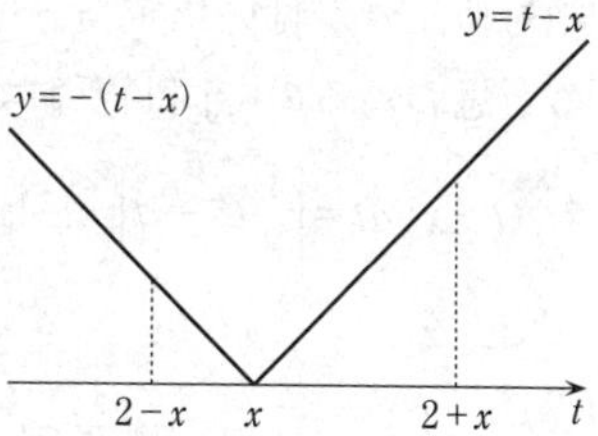

$$F(x)=\frac{1}{x}\int_{2-x}^{x}\{-(t-x)\}\,dt$$
$$+\frac{1}{x}\int_{x}^{2+x}(t-x)\,dt$$
$$=\frac{1}{x}\left[-\frac{1}{2}(t-x)^2\right]_{2-x}^{x}+\frac{1}{x}\left[\frac{1}{2}(t-x)^2\right]_{x}^{2+x}$$
$$=-\frac{1}{x}\cdot\frac{1}{2}\{0^2-(2-2x)^2\}+\frac{1}{x}\cdot\frac{1}{2}(2^2-0^2)$$
$$=2x+\frac{4}{x}-4$$

よって，(i)，(ii)より

$$F(x)=\begin{cases}-2x+4 & (0<x \leqq 1 \text{ のとき})\\[4pt] 2x+\dfrac{4}{x}-4 & (x>1 \text{ のとき})\end{cases}$$

(ア) $0<x \leqq 1$ のとき

$F(x)$ は，$x=1$ のとき最小となり，最小値は $F(1)=2$

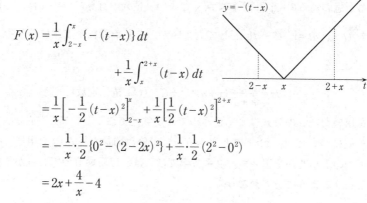

(イ)　$x>1$ のとき

$2x>0$，$\dfrac{4}{x}>0$ であるから，相加・相乗平均の大小関係を用いると

$$2x+\frac{4}{x}\geqq 2\sqrt{2x\cdot\frac{4}{x}}=2\cdot 2\sqrt{2}$$

となるから

$$2x+\frac{4}{x}-4\geqq 4\sqrt{2}-4$$

$$F(x)\geqq 4(\sqrt{2}-1)$$

等号成立は，$2x=\dfrac{4}{x}$ かつ $x>1$，すなわち $x=\sqrt{2}$ のときである。

よって，$F(x)$ は，$x=\sqrt{2}$ のとき最小となり，最小値は　$4(\sqrt{2}-1)$

したがって，(ア)，(イ)と $4(\sqrt{2}-1)<2$ より，$F(x)$ の最小値は

$4(\sqrt{2}-1)$　($x=\sqrt{2}$ のとき)　……(答)

◀解　説▶

≪絶対値記号が付いた定積分の計算≫

絶対値記号が付いた定積分を場合分けする問題は問題集で複数回解いていると思われるので同じ要領で解くとよい。積分の計算については，$\displaystyle\int_{\alpha}^{\beta}(t-x)\,dt=\left[\frac{1}{2}t^2-xt\right]_{\alpha}^{\beta}$ としてもよいが，あとの計算が煩雑になりそうなので，公式

$$\int(x+a)^n dx=\frac{1}{n+1}(x+a)^{n+1}+C\quad (C：積分定数)$$

を用いた。この公式はよく使うのでぜひ覚えておこう。また，$F(x)$ の最小値については，$x>1$ のときの $F(x)$ が分数関数だったので相加・相乗平均の大小関係を用いた。文系数学ではしばしば用いるのでしっかり使いこなせるようにしておこう。

5

◆発想◆　(1)　条件を満たす場合を書き出して求める。

(2)　(1)から漸化式が作れることがわかるので，一般項 $p_{n+1}-p_n$ を求めて，$|p_{n+1}-p_n|<0.01$ を満たす n の値の範囲を求めるとよい。なお，漸化式が作れると判断できるのは，1回目に表が出る

と残りは$n-1$点となるから，ちょうど$n-1$点になる樹形図が続き，1回目に裏が出ると残りは$n-2$点となるから，ちょうど$n-2$点になる樹形図が続くことからわかる。(下図参照)

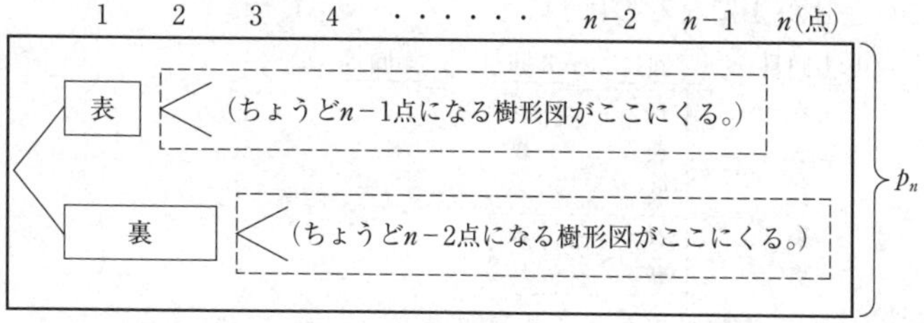

解答 (1)　1枚の硬貨を投げるとき

表が出る確率は$\frac{1}{2}$，裏が出る確率は$\frac{1}{2}$である。

• p_1について

点の合計が1になるのは

「表が出るとき」

であるから，求める確率p_1は

$$p_1=\frac{1}{2}\quad \cdots\cdots(答)$$

• p_2について

点の合計が2になるのは

1回目	2回目
表	表
裏	

の2つの場合があるから，求める確率p_2は

$$p_2=\left(\frac{1}{2}\right)^2+\frac{1}{2}=\frac{3}{4}\quad \cdots\cdots(答)$$

• p_3について

点の合計が3になるのは

1回目	2回目	3回目
表	表	表
表	裏	
裏	表	

の3つの場合があるから，求める確率p_3は

$$p_3=\left(\frac{1}{2}\right)^3+2\left(\frac{1}{2}\right)^2=\frac{5}{8}$$ ……(答)

• p_4 について

点の合計が 4 になるのは

1回目	2回目	3回目	4回目
表	表	表	表
表	表	裏	
表	裏	表	
裏	表	表	
裏	裏		

の 5 つの場合があるから，求める確率 p_4 は

$$p_4=\left(\frac{1}{2}\right)^4+3\left(\frac{1}{2}\right)^3+\left(\frac{1}{2}\right)^2=\frac{11}{16}$$ ……(答)

(2) 点の合計がちょうど $n+2$ になるのは

- 1 回目に表が出て 1 点を得て，その後に得る点の合計がちょうど $n+1$ になるとき
- 1 回目に裏が出て 2 点を得て，その後に得る点の合計がちょうど n になるとき

の 2 つの場合があるから，確率 p_{n+2} は確率 p_n，p_{n+1} を用いて

$$p_{n+2}=\frac{1}{2}p_{n+1}+\frac{1}{2}p_n$$

と表せる。

この漸化式は

$$p_{n+2}-p_{n+1}=-\frac{1}{2}(p_{n+1}-p_n)$$

と変形でき，これより，数列 $\{p_{n+1}-p_n\}$ は

初項 $p_2-p_1=\frac{3}{4}-\frac{1}{2}=\frac{1}{4}$，公比 $-\frac{1}{2}$

の等比数列であるから

$$p_{n+1}-p_n=\frac{1}{4}\left(-\frac{1}{2}\right)^{n-1}=\left(-\frac{1}{2}\right)^{n+1}$$

これを $|p_{n+1}-p_n|<0.01$ ……(＊) に代入すると

$$\left|\left(-\frac{1}{2}\right)^{n+1}\right|<0.01$$

$$\left(\frac{1}{2}\right)^{n+1}<\frac{1}{100} \quad \cdots\cdots(*)'$$

ここで，$\left(\frac{1}{2}\right)^6=\frac{1}{64}$，$\left(\frac{1}{2}\right)^7=\frac{1}{128}$ であり，$\left(\frac{1}{2}\right)^{n+1}$ は n が増加するにつれて減少するから，$(*)'$ を満たす n の値の範囲は

$$n+1 \geqq 7 \quad \text{つまり} \quad n \geqq 6$$

したがって，$(*)$ を満たす最小の n の値は

$$n=6 \quad \cdots\cdots(\text{答})$$

◀解　説▶

≪点の合計がちょうど n になる確率（確率と漸化式）≫

▶(1)　条件を満たす場合を書き出せば問題ないであろう。

▶(2)　(1)より漸化式が作れることに気づけるかがポイントだが，本問は教科書によく記載されている「階段を上るのに，一度に 1 段または 2 段上れるものとする。このとき，n 段の階段の上り方を a_n 通りとする。a_n を求めよ」という問題と同じ考え方をするので，漸化式を作るという発想に気づいた受験生も多かったと思われる。なお，本問で隣接 3 項間の漸化式を作るときは，合計で $(n+2)$ 点を得るのに，1 回目において 1 点を得る場合と，2 点を得る場合とに分けて考えるか，最後の回に 1 点を得る場合と，2 点を得る場合とに分けて考える。〔解答〕では前者の考え方を用いた。

❖講　評

2020 年度も選択問題はなく，これで 4 年連続選択問題は出題されなかった。2020 年度もほぼ例年通りの出題分野（整数，確率，微・積分法，ベクトル，三角関数）であったが，2019 年度に続き，空間図形からの出題はなかった。難度は 2019 年度と同レベルであった。

1 整数の問題で一橋大学らしい問題であった。(1)は実際に割り算をして求めることもできるので解いてほしい設問の 1 つである。(2)は余りの周期性を見抜いて求めるあまり見慣れない設問だったので受験生にとってはやや難しかったと思われる。

2 $\tan\theta$ を含んだ三角方程式の問題であった。$\sin\theta$ や $\cos\theta$ を含んだものの類題は演習していると思われるので，ぜひ完答したい問題の 1 つ

であるが，$\tan\theta$ を扱うため細かい条件まで注意できたかで差がついたと思われる。

3ベクトル（図形）の問題で，2020 年度の中では一番難しかった。方針が見えにくいので受験生は苦労したと思われる。

4定積分に関する典型的な問題であった。本問は 2020 年度の中で一番易しく絶対に落とせない問題であった。

5確率と漸化式の融合問題であった。(2)で漸化式が作れるかどうかでかなり差がついたと思われる。

2020 年度も 2018・2019 年度同様，2，3，4のように誘導がない問題が出題され，思考力・分析力を必要とするものであった。このレベルの難易度に対応できるように，まず，レベルの高い典型的な問題をマスターし，さらに初見の問題に対しても解答の方針を立てられるよう，普段から粘り強く考える学習を行うこと。

事長・学長などを歴任した。『モードの迷宮』『「聴く」ことの力』『生きながらえる術』など多数の著書があり、大学入試問題にも多く使われている。

❖講　評

例年通り、評論、近代文語文、評論の要約の三題構成。

一は、信原幸弘の評論。接客業など感情労働では、自然ではない情動を抱かなければならないことが問題だと論じた文章。本文の読み取りはそれほど難しくないが、二〇一九年度と同様字数制限が厳しいので、解答内容を字数内に収めることに注意が必要。その中でも、二〇一八年度と同じく、文章の展開からこの先にある内容を想定して記述する問い四は難しいものだった。

二は、山路愛山の文章。筆者は、世間の人々が賞賛する博学ではなく「才子」を評価するという文章であり、問い三に出題されたように「才子」とはどのようなものかを読み取ることがポイント。近代文語文は漢文訓読調の場合が多く、古典の基礎力が試される出題となっている。

三は、鷲田清一の老いに関する考察。産業社会で与えられた老いの位置づけから、「大人」の意味が不明確になったという文章。出題に用いられた部分は筆者の論旨がやや拡散しているようにも見えるので、一貫した内容の要約としてまとめるのはかなり難しい。人間の一生を未熟と成熟とに分ける場合、社会的能力を身につけたときに成熟した「大人」と判断できる、という筆者の主張を読めるかがポイントになる。

であるので、ひとの〈成熟〉は社会の中でじぶんの生活をじぶんたちでマネージできるということである。

⑥ひとの場合、共同の生活の維持を含め、他のひとの生活をも慮りながら、じぶんたちの生活をマネージできるということが、成熟するということだ。

⑦となると〈成熟〉〈未熟〉は年齢では分けられなくなる。社会的な能力を育成する訓練と心構えが必要になるからだ。

このように展開を並べると、前段として、

〈老い〉が生産と成長を基軸とする産業社会の中で負の意味を象徴するようになったのは、時間の中に蓄えられた〈老い〉の経験に価値を認めなくなったことと関わり、そしてそのことで「大人」になることの意味がわからなくなった。

後段として、

「大人」を見分ける未熟と成熟の違いとして、人間は協同して生活を営む社会的な生きものであるので、他の人の生活をも配慮しながら自分たちの生活を維持できることが〈成熟〉であり、年齢の区分が「大人」ではなく、社会的な能力が備わっていることが「大人」なのだ。

という内容の展開が読み取れるだろう。産業社会の中では〈若さ〉と〈老い〉の対比の中で、老いとその経験に対する価値が認められなくなって老いを介護の必要な惨めな存在としてしまった。このことは若者が経験を積んで成熟するということの価値を喪失させ、「大人」になるということの意味をわからなくしてしまった。しかし、他の人たちと協同しながら社会的生活を送る人間にとって、他の人の生活に配慮しながら社会全体として生活を維持できることが成熟なのだと筆者は述べている。だから意味のわかりにくくなった「大人」は、年齢が上がったから「大人」になるのではなく、社会的能力が身について成熟したからこそ「大人」と呼べるのだということが筆者の主張だと読み取れるだろう。前段部から後段部への展開がやや読み取りにくいが、全体の流れを読み取りつつまとめたい。

参考 鷲田清一は一九四九年京都生まれ。哲学、倫理学を専攻。大阪大学名誉教授、大阪大学総長、京都市立芸術大学理

「明治文学史」から文学の意味を論じて自己の正しさを主張しようとしたが、透谷の健康問題を配慮して連載を中止したと言われている。出題部分は、福沢諭吉を論じる部分で社会を動かす「才子」について説明している部分である。

三

出典　鷲田清一『老いの空白』＜3　見えない〈成熟〉のかたち＞（弘文堂）

解答　生産と成長を重視する産業社会の中で〈老い〉は惨めな存在という負のイメージを与えられたが、これは時間の蓄積による経験の価値低下とそれにつながる成熟の意味の喪失を意味し、「大人」になるということのわかりにくさにつながった。しかし社会的な生きものである人間の成熟は、他の人に配慮しながら自分たちの生活を維持できることを意味するので、「大人」とは、年齢による区分ではなく社会的能力の体得を表すものである。（二〇〇字以内）

▲解　説▼

約一八〇〇字の文章を二〇〇字に要約する。展開を形式段落ごとにまとめてみると次のようになる。

①〈老い〉が「介護」の必要な惨めな存在として意識されるようになったのは、産業社会の中で生産と成長の反対軸として〈老い〉が位置づけられ、〈若さ〉〈老い〉という二つの観念が対置されたことによる。

②〈老い〉が正負の価値的な関係の中で負の側を象徴することは、産業社会がだれもが方法さえ学習すれば使用できるテクノロジー（技術知）を重視して、時間の中で蓄えられてきた〈経験〉にわずかな意味しか認めないということを示している。

③〈経験〉が価値を失うということは〈成熟〉が意味を失い、「大人」になるということの意味が見えなくなるということだ。

④人の一生を思い浮かべる中で、大人になっているか否かが〈成熟〉と〈未熟〉として生の過程を二分している。

⑤〈成熟〉とは生きものが自活できるということだが、ひとの場合は他のひとと協同して生活を営むという意味で社会的

子を指し、世の人々は博学ばかりを尊重して智慧のある才子を軽んじていると批判していると読み取ることができる。字数制限が厳しいので、筆者の批判の中心である、内面の知をもった人を世の人々が軽視していることを表現したい。

▼問い三　「吾人の所謂才子とは何ぞや」以降の説明から筆者の考える「才子」を読み取る。〔全訳〕にも示したが、「才子」とは智慧をもったものであり、この智慧とは内面から発する、事物の真理に達するもので、「実地と理想とを合する」「経験と学問とを結ぶ」もの。そして智慧をもったものは座って言い、立って行うような、実践して世を動かすことができるものである。そして「才子」の智慧は「学者先生」のように外から得た書籍などによる学識ではない。「学者先生」の知識を筆者は「博学だけにては余り難レ有くもなし、勿論こはくもなし」「其言聴くに足る者少なき」と痛烈に批判しているが、それは外から得た知識で「中より発」していないものだからだと読み取ることができる。問いには「学者先生」と対比しながらという条件があるので、外から得た知識で論じるだけの学者ではない、という前提をまず示すと書きやすい。そのうえで、本文で強調されている、その人が経験によって体得した、その人の内側から発する事物の真理に達する智慧をもつものだという説明ができるだろう。才子の智慧でなければ世を動かすことはできず、「人の同感を引く」ことができないとあるので、〔解答〕では、社会を動かすものという結論でまとめ、さらに「学者先生」への批判のニュアンスも表現してみた。五〇字の字数制限はそれほど多いものではないので、対比の関係を明確にしながら簡潔な説明でまとめたい。

参考　山路愛山（一八六四（元治元）～一九一七（大正六）年）は評論家。徳富蘇峰が主宰する民友社に入り『國民之友』『國民新聞』に執筆、『信濃毎日新聞』の主筆や雑誌『独立評論』の刊行、政治運動にも関与した。「明治文学史」は北村透谷と山路愛山の論争（人生相渉論争）での愛山側の論として『國民新聞』明治二十六年三月一日から七回にわたって連載された。北村透谷の評論「人生に相渉るとは何の謂ぞ」に対し、山路愛山が文学は事業であり「人生に相渉ら」ぬ美文は無意味だと批判、透谷が文学は実世界での事功を目的とせず、想世界にある「美妙なる自然」を表現すべきだと反論した。これは文学独自の価値を追求する透谷の文学観と、愛山の功利主義的文学観との対立であり、愛山は史論家として説いてもその人が美を愛し、その素晴らしさを愛するのでなければどうして一顧の価値があるだろうか。自ら体得するところはないのにむやみやたらに人の言葉を借りる、彼の議論はどうして光り輝く炎のような力強さがあり生き生きとした活力があるだろうか。博士、学士が雲のようである（＝どこにでもいる）のに、その言葉を聞くに足るものが少ないのはどうしてか。これはその学問を自分で得ることなく、自分の内から発しないからである。彼らが唯物論としてこれを説くだけで、いまだかつてこれを自分自身で体得していないのだ。だから唯物論者の経験するはずの苦痛、寂寥、失望を味わっていないのである。彼らが憲法を説くとまたただ憲法としてこれを説くだけで、いまだかつて憲法を制定した国民としてこれを論じない、だからその言葉は他人の共感を得るのに足りないのだ。彼らの議論は彼らの経験からきたものではない、彼らの知識は彼らのものとはなっていないのだ。

明治の文学史は私の言う「才子」に負うところが多くてあの学者先生はかえってすることがないのはこのためである。

▲解　説▼

▼問い一　近代文語文の多くは漢文訓読調であり、古文・漢文の知識が読解の基本になる。「去りながら」は古文でも使われる接続詞、〝しかしながら〟の意。「博学」はこのままでもよいかもしれないが、訳すならば〝幅広い学識〟。「畢竟」は〝つまるところ、結局〟。「べき（べし）」は当然（〜べきだ、〜なければならない）または勧誘（〜がよい）で訳すのがよいだろう。以上より、〝しかしながら博学は結局恐れ入ってありがたがるべきものであるのかどうか〟というのが訳。つまり、学者の博学は尊敬してありがたがるものではないという内容。

▼問い二　「豈」は反語の構文。傍線部は〝これはどうして衣装をありがたがって人品を忘れることではないだろうか、いや人品を忘れることだ〟という内容。ここでの「人品」は「衣装」と対比されるものであるので、人の内面、本当の実力という内容をイメージできるだろう。つまり傍線部では、人の外見を尊重してその内面を軽視していると批判している。筆者は傍線部の直前で「世人は此博学の人々を学者なりとてエラク思ひ、学問は二の町なれど智慧才覚ある者を才子と称して賞讃の中に貶す」と述べており、ここでの「衣装」は博学の学者、「人品」は智慧才覚のある才

（五〇字以内）

◆全　訳◆

世にいる人が、指おり学者を数えると必ず井上哲次郎君をあげ、必ず高橋五郎君をあげる。私は幸いにして『国民之友』誌上において（井上、高橋）二君の論争を拝見する機会を得た。井上君がラテン語、イタリア語、スペイン語を用例として引かれると高橋君は一つ一つその典拠を論じられる。無学の私どもには御両君の幅広い知識がありありと見えてなんとも申し上げることはできない。しかしながら博学は結局恐れ入ってありがたがるべきものであるのかどうか。もしもシェークスピアを読まなければ戯曲の事情がわからないとするのであれば、シェークスピアは何を読んでシェークスピアになったのだろうか。もしも外国語に通じなければ大文豪と言えないのであれば、未だ外国との交流の開けていない国に生まれた文学者は三文の価値もないものであるのかどうか。（井上、高橋）二君の博学は感服の至りだけれども博学だけではあまりありがたくもなく、もちろん怖くもない。それなのに不思議なもので世の人はこの博学の人々を学者だとして偉いと思い、学問は二流だけれど智慧才覚がある者を才子と呼んで賞讃しながらおとしめる。これはどうして（外見である）衣装を拝んで（内面の）人品を忘れることでないだろうか（、いや内面を軽視することだ）。

才子であるよ、才子であるよ、私は真の才子に賛成する者だ。

私の言う才子とはどういうものか。智慧を有する人だ。智慧とはなんだろうか、内面より発するものだ、外面からきたものではないのだ。事物の本質を見通せるものだ、その表面をちらりと見るだけにとどまるものではない。自己のものであって、他人のものではない。智慧を有する人でなければ世を動かすことはできない、智慧を有する人でなければ人を教えることはできない。さらにこれを詳しく言うと智慧とは現実と理想とを合わせるものだ、経験と学問とを結ぶものだ、座って言うことができ（同時に）立って行うことができるものだ。これがなければ尊ぶに足らないのだ。

私が人を評価するときにはただ正にその智慧があるかどうかを問うだけであり、たとえ深遠な哲学を論じても、その人の哲学ではなくて、書籍上の哲学ならば、どうして深く尊敬するに足りるだろうか。たとえ美を論じてその素晴らしさをではない」と言える理由を記述する。ここで「医師の仕事が感情労働ではない」と言っているが、医師がどのような意味で感情労働でないかを本文から読み取るのが第一のポイント。本文では、「病のために好きなお酒を制限しなくてはならない患者の苦境に深い共感を示すことが、患者を治療する医師にとってまさになすべきこと」とある。つまり、医師として抱くべき患者への共感を自然に抱くことができれば、問い三で確認した通り、自分の自然な情動を抑えるわけではないので「感情労働ではない」と読み取れる。この点をふまえて、接客業が感情労働ではないと言える理由を論理的に考えるというのが第二のポイント。患者は苦境を助けてもらいに医師を訪れ、その患者の苦境に共感するのが医師であるという説明から、客は店にサービスを求めてやってくるのであり、その客の要求に応じるのが接客業のあるべき姿だと考えられるだろう。その客を満足させるのが笑顔であるならば、客の要求に笑顔で返すことこそが接客業の「状況に相応しい情動」で「感情労働ではない」という論理が成り立つ。説明する字数が五〇字と、それほど多くはないので、接客業がサービスを提供する以上、サービスを求める客に共感を示すことが相応しい情動であるから、という展開で説明する。

参考　信原幸広は一九五四年生まれ。東京大学大学院総合文化研究科教授。専門分野は科学哲学、分析哲学。主な著書に『意識の哲学』『シリーズ心の哲学』などがある。

二

出典　山路《やまじ》愛山《あいざん》「明治文学史」（『明治文学全集　第35巻』筑摩書房）

解答

問い一　しかしながら幅広い学識は結局恐れ入ってありがたがるべきものであるのかどうか〔敬うに価するものであるのかどうか〕。

問い二　世間が博学の者を尊重し知恵のある人を軽視すること。（二五字以内）

問い三　書籍などから得た学識をひけらかす学者先生ではなく、自己の経験を基に内面化された知で社会を動かすもの。

「尊敬」、「丁寧」は古文の敬語法でも学習しているだろう、Eの「立派」もふだん使う漢字である。Bは「教師」との組み合わせで「聖職者」、Cはまじめでひたむきな意味の「真摯」で、Cだけやや難であった。

なお、Aについて「問題三の文中にその正解があったために、書き取り能力を正確にはかれなかった。したがって全員に同一の点を与えることとする」という大学の発表があった。

▼問い二 「仕事人モード」は傍線部前の文脈にあるように、仕事だと思うと、たとえ理不尽な要求であっても利益のために情動の管理ができ、自然に笑顔で対応できるようになること。「仕事人モード」の状態を説明する問題であるので、仕事であれば情動の管理が自然と行われ、雇い主と自分の利益のために要求される情動が自然と表せるような状態を説明する。かなり字数が厳しいので、仕事であれば利益のための情動が自然に表せるという内容をまとめたい。

▼問い三 傍線部の中の「根本的な問題」がどのようなことかを説明する。傍線部にある「そのような情動」は直前の文脈から、感情労働で求められる情動のこと。その情動が仕事だからという理由で苦痛を感じずに抱けるようになったとしても、感情労働での情動自体に「根本的な問題」があるというのがここの文脈。この文章で言われる「感情労働」の読み取りが必要だが、傍線部後の医師の感情労働の説明から読み取れるように、接客業など「サービス業」において、自分の自然な感情とは異なる感情を労働の中で表すことと読み取れるだろう。初めの形式段落にある「自然に湧いてくる自分の情動を抑えて、その場で求められる情動を無理に抱かなければならない」労働である。その根本的な問題は、最後の形式段落にあるように、「理不尽な要求をする客に喜びを抱くことは、状況に相応しい情動ではない」ことであろう。つまり、感情労働ではその場の状況に相応しくない情動を示さなければならないことが「根本的問題」だと読み取れるだろう。

▼問い四 出題部分の後の展開を、出題部分をもとに想定して記述する問題。二〇一八年度に同じ形式の問題が出題された。自分で自由に考えて書くのではなく、出題部分の文章全体およびこの後に予想される論理展開をふまえて説明するという点に注意する。傍線部に対して、医師の仕事が感情労働ではないように、「接客業もまた、本来は感情労働

一

出典　信原幸弘『情動の哲学入門　価値・道徳・生きる意味』〈第7章　感情労働〉（勁草書房）

解答

問い一　A―尊敬　B―聖職者　C―真摯　D―丁寧　E―立派

問い二　利益のために必要な情動が、仕事として自然に表現可能な状態。（三〇字以内）

問い三　感情労働では、状況に相応しくない情動が必要になるということ。（三〇字以内）

問い四　接客業は利益のみを目的とせず、サービスで客を満足させる仕事で、共感を示すことは適切な情動であるから。（五〇字以内）

◆要　旨◆

接客業など感情労働では、利益のために情動の管理が要求され不自然な情動が求められるが、仕事として行うことで特に辛さを感じなくなる。しかし、感情労働で要求される情動を苦痛なしに抱けることが問題なのではなく、強いられようと強いられまいと、感情労働で求められる自然ではない情動を抱くこと自体が問題なのである。医師にとっては患者の苦境に自然と深い共感を示すことがなすべきことである。しかし接客業は、不当なことにはそれにふさわしい情動で応答しなくてはならないのに、客に喜びを抱くというような、不適切な情動を抱かなければならないからこそ感情労働なのである。

▲解　説▼

▼問い一　漢字の書き取り問題はふだんよく使われる漢字が出題され、突飛なものが出ることはあまりない。A、Dの

· memo ·

/////////////////// · memo · ///////////////////

//////////////////// · memo · ////////////////////

//////////////////// · memo · ////////////////////

· memo ·

大学赤本シリーズ

一橋大学

前期日程

別冊問題編

2025

矢印の方向に引くと
本体から取り外せます

教学社

目　次

問題編

2020 年度

●前期日程

2024年度

問題編

前期日程

問題編

▶試験科目

教　科	科　目
外国語	英語（コミュニケーション英語Ⅰ・Ⅱ・Ⅲ，英語表現Ⅰ・Ⅱ） 聞き取り・書き取り試験〈省略〉を行う。
地　理 歴　史	日本史Ｂ，世界史Ｂ，地理Ｂから試験場において１科目選択。
数　学	数学Ⅰ・Ⅱ・Ａ・Ｂ（数列，ベクトル）
国　語	国語総合
総　合 問　題	社会において数理的なものの考え方を応用する力，情報技術の活用について自ら試行する姿勢を確認する。

▶配　点

学　部	外国語	地理歴史	数　学	国　語	総合問題
商	250	125	250	125	—
経　済	260	160	260	110	—
法	280	160	180	110	—
社　会	280	230	130	180	—
ソーシャル・データサイエンス	230	—	330	100	100

英　語

（120 分）

I　次の英文を読み，下の問いに答えなさい。（＊を付した語句には，問題文の末尾に注がある。）

In the British education system in recent decades, students are often forced to choose between studying either math and science or studying the humanities*. I recall that at the end of my very last English class at high school, in 1991, (1) the teacher gave me a lovely handwritten note with a long list of books she thought I might like, saying, “Sorry to lose you to the lab*.” I was sorry that she considered me lost — because I wasn’t. I love language; I love the way words fit together; I love the way that fiction — like mathematics — can create, play with, and test the limits of imaginary worlds. I went off to Oxford University to study mathematics, very happy to be living one street away from the pub where my childhood literary heroes C. S. Lewis and J. R. R. Tolkien had met each week to discuss their work. The idea that one would have to choose between mathematics and literature is, I think, something of a tragedy — not only because the two fields are inseparably and fundamentally linked, but also because understanding these links can enhance your enjoyment of both.

We can find mathematics at the heart of literature. The universe is full of underlying structure, pattern, and regularity, and mathematics is the best tool we have for understanding it. That’s why mathematics is often called the language of the universe, and why it is so vital to science. Since we humans are part of the universe, it is only natural that our forms of creative expression, literature among them, will also manifest an inclination for pattern and structure. (2) That feeling we get when we read a great novel or a perfect poem — that here is a beautiful thing, with all the parts fitting together perfectly in a harmonious whole — is the same feeling a mathematician experiences when reading a beautiful proof.

All writing has structure. Letters form words, words form sentences, sentences form paragraphs. Just like the point-line-plane hierarchy of geometry*, rules can be imposed at any stage of writing. The question is not whether to have a structure, but what structure to choose. The French author Georges Perec once wrote a novel without once using the letter "e". Eleanor Catton's prize-winning novel, *The Luminaries*, imposes a precise numerical rule on its chapters, each of which is half the length of the last. In both cases, (3)the structural restrictions echo and enforce the novels' themes. The restrictions we choose inspire us to create, to see what is possible — and it's just the same in math.

It's worth pointing out as well that the links between mathematics and literature do not run in just one direction. Mathematics itself has a rich tradition of linguistic creativity. Going back to early India, (4)Sanskrit* mathematics followed an oral tradition*. Mathematical rules were converted to poetry so that they could be passed on by word of mouth. We think of mathematical concepts as relating to precise, fixed words: square, circle. But in the Sanskrit tradition, your words must fit into the meter* of your poem. Number words, for example, can be replaced with words for relevant objects. The number one can be represented by anything that is unique, like the Moon or the Earth, while "hand" can mean two, because we have two hands — but so can "black and white", because that forms a pair. The expression "three voids* teeth" doesn't mean a visit to the dentist, but that three zeros should follow the number of teeth we have: a poetic way to say 32, 000. The huge variety of words and meanings lends a wonderful richness to the mathematics.

Just as mathematics makes use of literary metaphors, literature abounds with ideas that a mathematically trained eye can detect and explore. This adds an extra dimension to our appreciation of a work of fiction. As the pioneering Russian mathematician Sofia Kovalevskaya wrote, "It is impossible to be a mathematician without being a poet in soul . . . the poet must see what others do not see, must see more deeply . . . and the mathematician must do the same." By seeing mathematics and literature as part of the same quest — to understand the world and our place in it — we can add to our experience of both, and bring whole new kinds of enjoyment to our favorite writing.

注 humanities 人文学

lab (主に理数系の)実験室・研究所(laboratory の略)

geometry 幾何学

Sanskrit (古代インドの)サンスクリット語・文化の

oral tradition 口頭による伝承

meter 韻律

void 空白

1 下線部(1)について，①高校の先生から受け取った手書きのメッセージの意味と，②それについて筆者が思ったことを，それぞれ 50 字以内の日本語(句読点を含む)で説明しなさい。

2 下線部(2)を和訳しなさい。

3 下線部(3)が指している具体的な 2 つの事柄を，それぞれ 20 字以内の日本語(句読点を含む)で説明しなさい。ただし，固有名詞は使用しないこと。

4 下線部(4)において，数字「1」と「2」はどのようなもので表されるか，それぞれ 30 字以内の日本語(句読点を含む)で説明しなさい。

5 文学の中に数学を見いだすことができる理由について，筆者の考えを 100 字以内の日本語(句読点を含む)で説明しなさい。

Ⅱ 次の英文を読み，下の問いに答えなさい。(＊を付した語句には，問題文の末尾に注がある。)

It's finally the weekend. This is your opportunity to rest and recharge your batteries from an exhausting work week. There is one problem, though. Relaxing is hard work in itself. You feel restless every time you sit down to take a break. But there's an irresistible urge to turn on the laptop and prepare for work on Monday.

What is going on? How can you look forward to the weekend (A) to struggle to detach from work? To (B) understand this paradox, we need to explore a fundamental concept in psychology: Unsatisfied needs influence your thoughts and actions.

This is apparent with physical needs. Imagine you are hungry, thirsty, or need to use the toilet but are stuck in traffic. Every second feels (イ) an eternity as you think about satisfying these needs. The same holds true for emotional needs. According to psychologist Abraham Maslow, needs are organized in a hierarchy with complex emotional needs emerging after basic physical needs have been satisfied. These include the need to feel safe, to belong, earn respect, and reach our fullest potential.

The psychologist David McClelland argued that additional needs are fundamental to human motivation including the need to achieve, which represents a drive to feel competent as you compete against a task, yourself, and others. Take a moment to consider how your need to achieve developed from a young age. When you were in school, you worked hard to earn good grades, make the soccer team, or perform at the school play. Parents and teachers praised you for performing well. Receiving approval and awards for a job well done only reinforced your need to achieve.

Your need to achieve is a chameleon that manifests differently based on your values. If you care about accumulating power, you will work tirelessly to climb the corporate ladder. If you care about wealth, then your goal will be to make a huge amount of money and buy fancy stuff. If you are academically inclined, your focus is to boost your resume* with publications and presentations to stand (C) from peers. Sometimes the need to achieve is more subtle. If you prefer to stay at home, you may care most about having the best kept lawn in the neighborhood.

There is nothing wrong with setting and achieving goals as long as you are mindful of your motives and not completely consumed by your pursuits. The problem occurs when your need to achieve becomes excessive and overwhelms other parts of your life. Any time a need becomes excessive, you will develop a problem. This is apparent with physical needs. If you need to consume a hot fudge sundae* every night, it is only a matter of time before your health suffers. If you need 18 hours of sleep to have sufficient energy, then you are sleeping your life (D).

The same holds true for emotional needs. If you are desperate to be in a relationship and ignore warning signs, then you will settle for the wrong partner. If your need for safety is such that you are too afraid to leave your house, again you have a problem.

As society becomes increasingly more competitive and achievement-focused, it is easy to be swept by the chase to achieve more. Don't sacrifice your health and loved ones at the altar of achievement. Work (ロ) having a healthy relationship with achievement.

Here are four steps to master your need to achieve:

1. Redefine Success

Society defines success based on external standards that are easily viewed by many, such as fame and fortune. It idealizes those who excel (ハ) these areas. Resist such social expectations (ニ) focusing on internal, more intimate, standards, such as spending quality time with loved ones, being a good person, and doing a kind deed for the day. These standards may go unnoticed by most but have a positive impact in your life and the lives of those who matter most to you.

2. Avoid Social Comparisons

Social comparisons make you feel the urge to do more. They are also a path to suffering. Comparing your real, messy life to someone's idealized image of their life does not serve you. Focus (E) on your personal journey. Concentrate on where you have been, where you are, and where you are heading. After all, we are pursuing different goals to fulfill different emotional needs.

3. Ask Yourself: Why

Before you start a journey towards a goal, press "pause" and reflect on your motives. (あ). Make sure you have realistic expectations of its potential impact on you. We often idealize success and overestimate its impact on happiness. The reality is that achievement comes with its fair share of challenges, such as increased responsibility, stress, and scrutiny. Having a complete picture will protect you from the trap of having unrealistic expectations.

4. Rest is Part of the Process

Taking a break can be hard when you have so many tasks to achieve but so little time. The natural reflex action is to push yourself beyond your limits by skipping exercise, having an extra cup of coffee to stay awake, and substituting nutritious meals (ホ) fast food. It is only a matter of time before such trade-offs come back to bite you. (い) in the long run. Set healthy boundaries with yourself. You are human and need to honor your limits.

注　resume　履歴書

hot fudge sundae　シロップや果物のソースなどがかかったアイスクリームの上に温かいチョコレートソースをかけたデザート

1　空欄(A)―(E)に入れるのに最も適した語を次の中から選び，それぞれ解答欄に書きなさい。ただし，各語は1回のみ使用できるものとする。

apart　　away　　better　　instead　　only

2　空欄(イ)―(ホ)に入れるのに最も適した語を次の中から選び，それぞ

出典追記：Why We Achieve：4 tips to consider so you can master your need to achieve, Psychology Today on July 9, 2023 by Dimitrios Tsatiris

れ解答欄に書きなさい。ただし，各語は1回のみ使用できるものとする。

by	in	like	on	with

3　空欄(　あ　)に入れるものとして，以下の語を最も適切な順に並べ替えたとき，5番目と9番目に来る語を解答欄に書きなさい(並べ替えたとき最初に来る語の最初の文字も小文字にしてある)。

a	are	ask	considering	goal
of	particular	pursuit	the	you
yourself	why			

4　空欄(　い　)に入れるものとして，以下の語を最も適切な順に並べ替えたとき，5番目と9番目に来る語を解答欄に書きなさい(並べ替えたとき最初に来る語の最初の文字も小文字にしてある)。

and	care	effective	efficient	less
make	not	of	taking	will
you	yourself			

III Choose one of the questions below and answer it in English. Your answer should be 100 to 140 words in length. Indicate the number of the question you have chosen. *Correctly* indicate the number of words you have written at the end of the composition.

1 When you read a book or watch a film, do you focus more on the story, the characters, or the atmosphere?

2 When speaking a foreign language, which aspect should people pay most attention to: correctness, creativity, or speed?

3 Which do you think is the most valuable quality for a leader: intelligence, ambition, or honesty?

IV 音声を聞き，その指示に従って，AおよびBの各問いに答えなさい。

（編集の都合上，省略）

日本史

（120分）

（注）解答は解答用紙の所定の位置に横書きで書くこと。他の所に書くと無効になることがある。また，字数などの指示がある場合は，その指示に従って書くこと。なお，字数制限がある場合，算用数字およびアルファベットに限り，1マスに2文字入れることができる。それ以外の句読点や問題番号には1マスを使用すること。ただし，例えば「問1」ならば「1」とのみ書いてよい。なお，問題番号は問題ごとに指定された解答字数に含める。

（例）Ⅰの「問1」の場合 ⟶ **Ⅰ**

				5		
1	．	．	．	．		

Ⅰ　次の文章を読んで，下記の問いに答えなさい。（問1から問4まですべてで400字以内）

城下町は，武家地・町人地・寺社地というように，身分別に居住地が分かれていた。町人地は武家地とくらべて狭く，江戸の場合には，そこに50万人ほどの人々が集住したため，人口密度はきわめて高かった。その住民の大部分は，店借(a)であり，脆弱で不安定な生活を送っていた。そのため，災害・飢饉や物価上昇等にみまわれると，生活が破綻し窮民となった。

町人地では，(b)それまでに形成されていた自治組織と運営手法等が維持される場合もあったが，幕府や藩が設置する町奉行所により管理・統制された。窮民への対応などの都市政策は，(c)町奉行所の重要な役目であった。しかし，享保17(1732)年の享保の飢饉のときに，八代将軍徳川吉宗の呼びかけに応じて，京・大坂・奈良・堺・伏見・長崎，等々，各地の富裕町人が金銀・米穀を出し合い窮民救済をしている。幕府はその町人たちの名前を記した『仁風一覧』という書物を官版で出している。こうして富裕な町人も，窮民救済の担い手となっていったのである。

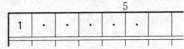

問 1　下線部(a)に関連して，町人地の住民構成について説明しなさい。また，店借とはどのような人たちであったか，説明しなさい。

問 2　下線部(b)について，具体的に説明しなさい。

問 3　下線部(c)に関して，享保期に江戸の都市政策を担った町奉行の名前を挙げ，その人物が主導した防災・窮民対策について，説明しなさい。

問 4　幕府が『仁風一覧』を出版したことの歴史的意義について，考えを述べなさい。

Ⅱ　次の史料A～Cを読んで下記の問いに答えなさい(史料は一部を省略のうえ，表記を改めている)。問1から問5まですべてで400字以内で解答すること。

史料A

第四条　皇居又ハ行在所《あんざいしょ》ヲ距ル三里以内ノ地ニ住居又ハ寄宿スル者ニシテ，内乱ヲ陰謀シ又ハ教唆シ又ハ治安ヲ妨害スルノ虞アリト認ムルトキハ，警視総監又ハ地方長官ハ内務大臣ノ認可ヲ経，期日又ハ時間ヲ限リ退去ヲ命シ，三年以内同一ノ距離内ニ出入寄宿又ハ住居ヲ禁スルコトヲ得

史料B

第十七条　左ノ各号ノ目的ヲ以テ他人ニ対シテ暴行，脅迫シ若《もしく》ハ公然誹毀《ひき》シ又ハ第二号ノ目的ヲ以テ他人ヲ誘惑若ハ煽動スルコトヲ得ス

一　労務ノ条件又ハ報酬ニ関シ協同ノ行動ヲ為スヘキ団結ニ加入セシメ又ハ其ノ加入ヲ妨クルコト

二　同盟解雇若ハ同盟罷業ヲ遂行スルカ為使用者ヲシテ労務者ヲ解雇セシメ若ハ労務ニ従事スルノ申込ヲ拒絶セシメ又ハ労務者ヲシテ労務ヲ停廃セシメ若ハ労務者トシテ雇傭スルノ申込ヲ拒絶セシムルコト

三　労務ノ条件又ハ報酬ニ関シ相手方ノ承諾ヲ強ユルコト

耕作ノ目的ニ出ツル土地賃貸借ノ条件ニ関シ承諾ヲ強ユルカ為相手方ニ対シ暴行，脅迫シ若ハ公然誹毀スルコトヲ得ス

＊誹毀…他人を悪く言って名誉を傷つけること

史料C

第一条　国体ヲ変革シ又ハ私有財産制度ヲ否認スルコトヲ目的トシテ結社ヲ組織シ又ハ情ヲ知リテ之ニ加入シタル者ハ十年以下ノ懲役又ハ禁固ニ処ス
　前項ノ未遂罪ハ之ヲ罰ス

第二条　前条第一項ノ目的ヲ以テ其ノ目的タル事項ノ実行ニ関シ協議ヲ為シタル者ハ七年以下ノ懲役又ハ禁固ニ処ス

第三条　第一条第一項ノ目的ヲ以テ其ノ目的タル事項ノ実行ヲ煽動シタル者ハ七年以下ノ懲役又ハ禁固ニ処ス

第四条　第一条第一項ノ目的ヲ以テ騒擾，暴行其ノ他生命，身体又ハ財産ニ害ヲ加フヘキ犯罪ヲ煽動シタル者ハ十年以下ノ懲役又ハ禁固ニ処ス

問1　史料A～Cの法令の名称を順番に答えなさい。

問2　史料Aを公布した理由について説明しなさい。

問3　史料Bは，従来の関係法令を集大成したものとして公布された。史料Bが継承した従来の法令のうち，1880年および1890年に公布された法令の名称を順番に答えなさい。また，史料Bには，従来の法令にはない新たな規制条項も盛り込まれていた。第17条がまさにそれであるが，このような条項が追加された理由について説明しなさい。

問4　史料Cを公布した理由について説明しなさい。また，その後になされた史料Cの改正の内容について説明しなさい。

問5　史料Cの廃止の直接のきっかけとなったものは何か。簡潔に答えなさい。

III　次の図は，第二次世界大戦後の1949年から1985年までの，日本の物価や賃金の対前年比上昇率を図示したものである。食料価格と光熱価格については，総務省統計局『2020年基準消費者物価指数』のうち「戦前基準5大費目指数(東京都区部)」を，賃金については，厚生労働省『毎月勤労統計調査』より日本労働政策研究・研修機構が編集した「常用労働者1人平均月間現金給与額」から規模30人以上事業所についての数値をもとにしている。たとえば，1949年の東京都区部の食料の平均価格は，1948年と比べて20％弱上昇したと読むことができる。この図を参考に，下記の問いに答えなさい。(問1から問2まですべてで400字以内)

物価賃金上昇率(対前年比)

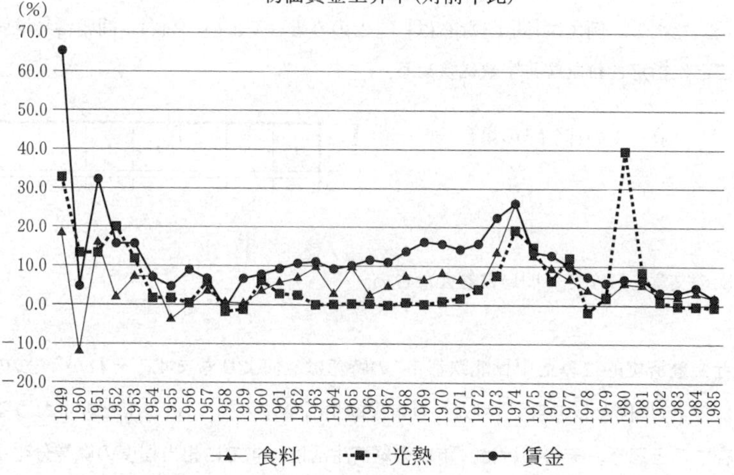

問1　1949年から1950年にかけて，東京都区部の食料価格は対前年比－11.5％と大きく低下した。その理由を，アメリカ合衆国デトロイト銀行頭取の人物の名を冠した政策の内容に触れながら説明しなさい。

問2　1970年代から1980年代初頭にかけて，光熱価格は2度のオイルショックによって急上昇したことが知られている。しかし，この図における第一次オイルショック時と第二次オイルショック時の推移はかなり異なる。違いを指摘したうえで，違いを生み出した政治的経済的背景を述べなさい。

世界史

（120分）

（注）解答は解答用紙の所定の位置に横書きで書くこと。他の所に書くと無効になることがある。また，字数などの指示がある場合は，その指示に従って書くこと。なお，字数制限がある場合，算用数字およびアルファベットに限り，1マスに2文字入れることができる。それ以外の句読点や問題番号には1マスを使用すること。ただし，例えば「問1」ならば「1」とのみ書いてよい。なお，問題番号は問題ごとに指定された解答字数に含める。

（例）　Iの「問1」の場合　⟶　**I**

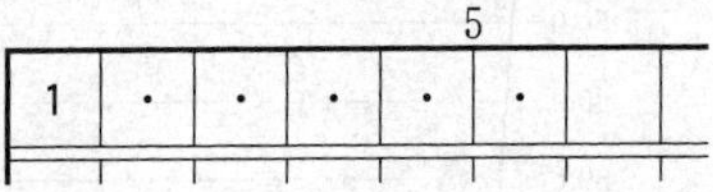

I　次の文章を読んで，問いに答えなさい。

社会経済史的にみた中世北欧都市*の特色は，何よりもまず，それが「一つの大きな家計」単位として自覚せられ，「市民的生活全体の統一」として把握されうる点に存すると思う。そのわけは，市民の経済生活は，すでに相当程度の職業分化を前提としており，各家族のオイコス（家・家政）的・自給自足的理念を克服した点において，またランドゲマインデ（村落共同体）的・地縁的因習に束縛されぬ意味において，さらには領主的封建支配の桎梏を断ちきった意味において，原理的に，およそ村落団体とは異なる形成体となり得たからである。

すぐれて結晶的な景観を示すあの都市の中央に設けられた市場は，市民全体の経済活動の核心をなしていた。市場の繁栄は，ただちにもって「一つの家計」としての同質社会たる市民全体の福祉に影響する。（中略）それゆえ，極言が許されるならば，この家計の構成員たる市民は，文字通り一つの“Stadtvolk”*であり，いうところの「都市経済」とは，“Stadtvolkswirtschaft”*にほかならないとも考えられる。

「都市経済」がこのような基盤と性格とを前提とするものとするならば，そこには必ずこの経済単位を規制する何らかの経済意欲が誕生しなければならない。すなわち，マックス・ウェーバーのいわゆる“wirtschaftsregulierender Verband”*としての意識は，「都市」または「市民」というものをば，まったく新しい経済政策のトレーガー(担い手)として登場せしめることとなる。ここからまたわれわれはいわばパトリモニアル(家産的)な封建領主のそれとは質的に異なった高次の政策意欲を指摘することができよう。

では都市の経済政策は，いかなるかたちをもってあらわれるのであろうか。われわれはこれを，あの有名なビュッヒァーの経済発展段階説がしめすが如き，単に封鎖的なものとして一方的に規定するのではなしに，「封鎖的な面」と「開放的な面」との統合として考察すべき十分の理由をもっている。というわけは，中世社会において，都市が果たした経済的役割の重要性を as such として評価し，他方，中世市民がもっていた経済心理を考慮する場合，どうしてもこの両面の性格が矛盾なく並存していた事実を認めざるを得ないからである。

（増田四郎『増補　西欧市民意識の形成』より引用。但し，一部改変）

*北欧都市：ここではアルプス以北の都市を指す。

*Stadtvolk：「都市住民の総体」等を意味するドイツ語。

*Stadtvolkswirtschaft：「都市住民全体の経済」等を意味するドイツ語。

*wirtschaftsregulierender Verband：「経済的規制団体」等を意味するドイツ語。

問い　文章中の下線部について，下の史料に示されたビュッヒァーの見解の批判的検証を通じて都市経済の「封鎖的な面」と「開放的な面」を明らかにしつつ，アルプス以北の地域において中世都市が果たした社会経済史的意義を，12～14世紀の神聖ローマ帝国領域内の複数の都市の事例に即して考察しなさい。(400字以内)

史料

中世都市市場の搬入及び供給区域は地誌学的に精確に区画され得ないことは，その搬入及び供給の区域は市場貨財の異なるに従って自然にその延長を異にしていたがためではあるが，それにもかかわらずこの区域は経済的意味よりいえば，一箇の閉鎖的区域を形作っていたのである。すなわち各都市は，その周囲の「地方」と共に，自主的なる一経済単位を形成し，この範囲内において，経済生活の全過程がその地特有の規範に準じて，独立的に完遂されていた。
(ビュヒァー(ビュッヒァー)『増補改訂　国民経済の成立』より引用。但し，一部改変)

Ⅱ　大西洋奴隷貿易により始まった南北アメリカ大陸・カリブ海域における奴隷制は，19世紀にそのほとんどが廃止された。19世紀における一連の奴隷解放の動きは，リンカンが「奴隷解放の父」として顕彰されるなど，各国の歴史において偉業と位置づけられ，また近年ではUNESCOなどが，奴隷解放を記念する国際年のイベントを開催している。

しかし，2020年に米国で燃え上がり，世界各地へと広がったブラック・ライヴズ・マター運動では，黒人たちの貧困や黒人への日常的な人種差別，暴力が問われ，彼らは「黒人の命も大切」と訴えた。奴隷解放から一世紀以上が経つのに，なぜ不平等な扱いをいまも強いられるのかと，ブラック・ライヴズ・マター運動ではあらためて奴隷制という負の遺産の大きさと，奴隷解放のプロセスの問題点に注目が集まった。

奴隷貿易や奴隷制の廃止に必ずしも「偉業」とは評価できない側面があり，それが現在の黒人たちの不遇な境遇と結びついているとすれば，それはどのような点だろうか。奴隷を解放した側からではなく，解放された側，すなわち，元奴隷や黒人社会，アフリカ各国の側からみた場合，奴隷解放とその後の解放された黒人に対する政策は，どのように評価することができるか。19世紀の奴隷貿易・奴隷制廃止の一連のプロセスを概説した上で，奴隷解放の問題点を中心に当時の国際関係や政治経済情勢に着目しながら論じなさい。ただし，下記の語句をすべて必ず使用し，その語句に下線を引きなさい。(400字以内)

13植民地の喪失，西半球の最貧国，シェアクロッパー制，アフリカ分割

Ⅲ　10世紀から12世紀頃，唐王朝の滅亡に伴って発生した東アジア世界の政治的・社会的変動を述べなさい。(400字以内)

地　理

（120 分）

（注）解答は解答用紙の所定の位置に横書きで書くこと。他の所に書くと無効になることがある。また，字数などの指示がある場合は，その指示に従って書くこと。なお，字数制限がある場合，算用数字およびアルファベットに限り，1マスに2文字入れることができる。それ以外の句読点や問題番号には1マスを使用すること。ただし，例えば「問1」ならば「1」とのみ書いてよい。なお，問題番号は問題ごとに指定された解答字数に含める。

（例）　Ⅰの「問1」の場合 ⟶　**I**

				5		
1	・	・	・	・	・	

I　以下の問いに答えなさい。

問1　コロンビアでは，今世紀に入ってからバイオエタノールの生産が本格化した。まず，同国産バイオエタノールについて，その主な原料作物と，主な用途を答えなさい。そして，同国がバイオエタノール生産に力を入れている理由について，それに密接に関わる国際的な条約の名称，その締約国会議において2015年に採択された協定の名称を示しながら説明しなさい。（100字以内）

問2　コロンビアは米国と貿易協定を結び，2010年代には米国産バイオエタノールの輸入量が急増した。米国がこのようにバイオエタノールの輸出を増やした理由について，米国におけるバイオエタノールの需要と供給の関係に触れながら説明しなさい。（100字以内）

問3　コロンビアの農民のなかには，麻薬コカインの原料作物であるコカの栽培に依存して生活してきた人々がいる。図Ⅰ—1が示すコカ産地の地理的分布の傾向を指摘しながら，農民がコカを栽培・販売してきた経済的な理由を説明しなさい。その際，内戦下でこの作物の加工販売が反政府勢力の活動資金源の一つとされたことを考慮すること。(100 字以内)

問 4 コロンビアにおいて長年続いた内戦が 2016 年に和平合意に達した後，政府はコカ栽培からの脱却を促すため，農民に転作奨励金を支給する政策を実施し始めた。図Ⅰ―1および図Ⅰ―2の示す傾向を踏まえて，転作政策がもたらした結果とその理由について，あなたの考えを述べなさい。(100 字以内)

図Ⅰ－1　コロンビア(大陸部)のコカ産地

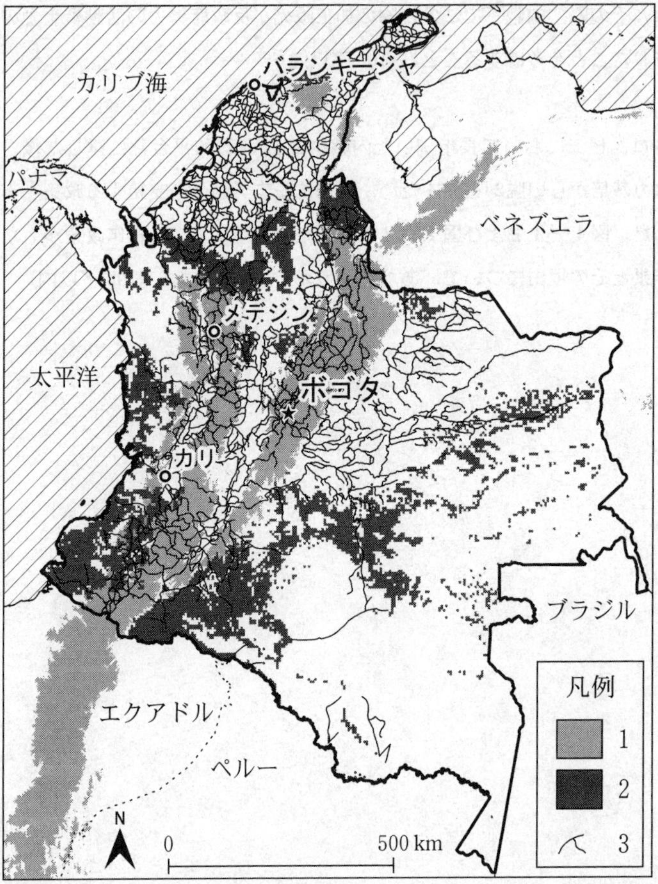

凡例の番号１：標高 1500 m 以上の地域
２：2005 年前後から 2015 年前後にかけて，少なくとも一時的にコカが栽培されていたと判別される地域
３：道路(コロンビア大陸部のみ)

出所：Center for International Earth Science Information Network (Columbia University) および El Observatorio de Drogas de Colombia (United Nations Office on Drugs and Crime) が公開しているデータにより作成。

図Ⅰ―2　コロンビアにおけるコカ栽培面積の推移

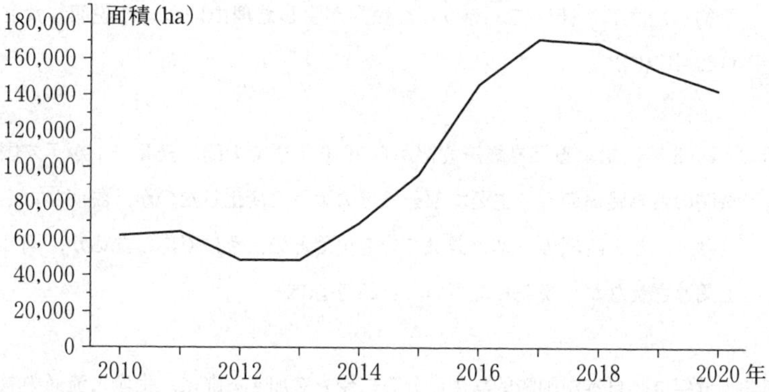

出所：United Nations Office on Drugs and Crime, World Drug Report 2022, Statistical Annex により作成。

Ⅱ　日本を含む国際的な生産分業に関する次の文章を読んで，問いに答えなさい。

近年，通常の貿易統計によって国際的な生産分業のあり方を把握することは，ますます難しくなってきている。一国が生産し輸出する品物には，それに先立って諸外国で生産された付加価値*が含まれている場合が少なくないためである。日本に立地する企業がある完成品の生産工程の上流にあり，原材料およびサービス等(ここではこれらを「中間財」とよぶ)を生産して海外に立地する企業に向けて輸出し，そこでそれらを用いて完成された品物がさらに輸出される場合，日本は国際的な生産分業に「前方参加」しているといえる。他方，日本に立地する企業が生産工程の下流にあって海外から中間財を輸入し，それらを日本で用いて完成させた品物を海外に輸出する場合，日本は国際的な生産分業に「後方参加」しているといえる。図Ⅱ―1は，以上のような日本の前方参加の度合いと後方参加の度合いの変化を示したものである。なお，外国に立地する日系企業が生産した付加価値は，日本ではなく，その国のものとして計上されている。

*ここでは，企業が新たに生産した品物の販売額から使用した原材料などの金額を差し引いたもの，すなわち企業が新たに付加した価値を指す。

問 1　日本の前方参加と後方参加について，図Ⅱ—1が示す期間全体の変化傾向を要約しなさい。続けて，そうした傾向が生じた理由について説明しなさい。(150字以内)

問 2　2008年に始まる世界経済危機から2010年までの間，表Ⅱ—1が示す国・地域間の貿易関係のうち主要な部分はどのように変化したのか，説明しなさい。続けて，この時期の日本企業はこの変化にどのように対応したのか，図Ⅱ—1と関連させながら説明しなさい。(125字以内)

問 3　近年は，日本が国際的な生産分業に後方参加する際に，生産と流通の混乱によって問題を被ることが増えている。この問題について，2020年に始まった新型コロナウイルス感染症の世界的な流行による影響を例として，貿易相手となる国・地域を示しながら，説明しなさい。(125字以内)

図Ⅱ—1　国際的な生産分業における日本の「前方参加」と「後方参加」

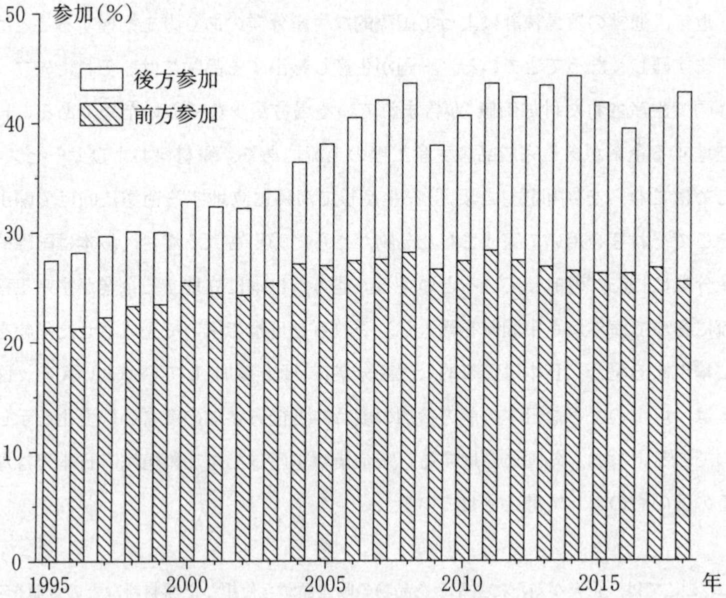

注：前方参加＝他国の総輸出額における日本の付加価値額 ÷ 日本の総輸出額 × 100
　　後方参加＝日本の総輸出額における他国の付加価値額 ÷ 日本の総輸出額 × 100
出所：経済産業省　令和4年版『通商白書』より作成。

表Ⅱ―1　NAFTA・EU・中国・日本の間の貿易関係と貿易額の推移

（億米ドル）

順位	2008年		2009年		2010年	
	貿易関係	貿易額	貿易関係	貿易額	貿易関係	貿易額
1	NAFTA ⇄ EU	7,690	NAFTA ⇄ EU	5,894	NAFTA ⇄ EU	6,388
2	NAFTA ⇄ 中国	4,904	NAFTA ⇄ 中国	4,353	EU ⇄ 中国	5,007
3	EU ⇄ 中国	4,893	EU ⇄ 中国	4,224	NAFTA ⇄ 中国	4,801
4	日本 ⇄ 中国	2,791	日本 ⇄ 中国	2,407	日本 ⇄ 中国	3,031
5	日本 ⇄ NAFTA	2,530	日本 ⇄ NAFTA	1,796	日本 ⇄ NAFTA	2,229
6	日本 ⇄ EU	1,886	日本 ⇄ EU	1,417	日本 ⇄ EU	1,536

注：NAFTAは北米自由貿易協定，EUはヨーロッパ連合である。「中国」には，香港およびマカオのデータは含まれていない。ここでの貿易額とは，貿易関係にある地域・国の間で取引が活発な主要産業についての輸出額と輸入額の合計額である。

出所：経済産業省　平成23年版『通商白書』より作成。

Ⅲ 人の移動に関する問いに答えなさい。

パーソントリップ調査は，人(パーソン)の1日の移動(トリップ)を把握する調査であり，将来のまちづくりや交通計画などを検討するための基礎資料を得ることを目的としている(図Ⅲ―1)。特に東京都市圏(東京都(島しょ部を除く)，神奈川県，埼玉県，千葉県の全域および茨城県南部)では，10年に一度の間隔で実施されている。

また，こうした人の移動に関するデータは，地理空間情報との連携による活用が期待されている。政府は地理空間情報活用推進基本計画を策定している。産学官民が連携した多様なサービスを提供することにより，(1)交通分野においても喫緊の課題に対して，地理空間情報を活用した豊かな暮らしの実現を目指している。

図Ⅲ―1 トリップの概念図

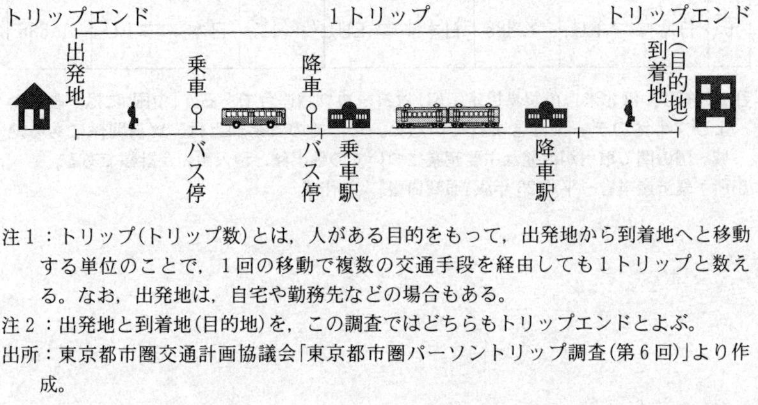

注1：トリップ(トリップ数)とは，人がある目的をもって，出発地から到着地へと移動する単位のことで，1回の移動で複数の交通手段を経由しても1トリップと数える。なお，出発地は，自宅や勤務先などの場合もある。
注2：出発地と到着地(目的地)を，この調査ではどちらもトリップエンドとよぶ。
出所：東京都市圏交通計画協議会「東京都市圏パーソントリップ調査(第6回)」より作成。

問1 表Ⅲ―1について，次の年齢階層3区分，①19歳以下，②20歳～39歳，③65歳以上，それぞれの調査結果が示す傾向を要約しなさい。解答は①…。②…。③…。としなさい。続けて，その傾向がもたらした生活スタイルの変容について，説明しなさい。なお，外出率＝G，1人1日当たりのトリップ数＝Tと略してもよい。(150字以内)

問2 表Ⅲ―2中の(ア)に該当する政令指定都市名を答えなさい。1マス分空け，

東京都市圏における公共交通機関の利用が多い地域と少ない地域では，それぞれ人の移動をめぐってどのような課題があるか説明しなさい。その際，表Ⅲ－2中のいくつかの地域を比較しながら答えなさい。(125字以内)

問3　下線部(1)について，交通システムが抱える喫緊の課題を言及し，地理空間情報の活用やモビリティ・アズ・ア・サービス(MaaS)の導入によって，どのような効果が期待できるか論じなさい。(125字以内)

注：モビリティ・アズ・ア・サービス(MaaS)とは，情報通信技術(ICT)を最大限に活用して，電車やバス，タクシーなどあらゆる公共交通機関の運行を効率化するものである。

表Ⅲ―1　東京都市圏の年齢階層別外出率および1人1日当たりのトリップ数の推移

年齢(歳)	G：外出率(%)				T：1人1日当たりのトリップ数			
	1988年	1998年	2008年	2018年	1988年	1998年	2008年	2018年
85～	18.9	25.4	35.0	33.6	2.30	2.33	2.45	2.44
80～84	32.6	40.1	53.6	51.8	2.42	2.46	2.69	2.68
75～79	43.6	52.3	65.2	60.5	2.53	2.58	2.85	2.79
70～74	50.6	61.7	74.0	64.9	2.62	2.70	2.98	2.82
65～69	60.7	70.9	81.3	68.2	2.72	2.80	3.04	2.79
60～64	69.2	77.9	85.1	75.8	2.76	2.84	2.98	2.65
55～59	79.2	85.5	88.8	80.8	2.74	2.80	2.90	2.60
50～54	83.6	88.0	90.4	81.4	2.81	2.86	2.87	2.62
45～49	86.7	89.9	91.2	82.6	2.88	2.92	2.93	2.65
40～44	88.4	91.1	91.2	82.8	2.99	3.05	3.00	2.71
35～39	89.4	91.6	90.7	81.3	3.13	3.19	3.01	2.73
30～34	89.8	90.3	90.1	81.1	3.21	3.07	2.85	2.62
25～29	89.7	88.6	89.8	80.3	2.95	2.76	2.65	2.46
20～24	91.2	88.0	89.4	78.2	2.70	2.58	2.48	2.32
15～19	95.5	93.5	95.4	90.2	2.42	2.40	2.41	2.29
10～14	99.1	98.4	98.3	95.9	2.71	2.63	2.70	2.49
5～9	97.9	97.9	98.5	95.3	2.79	2.76	2.81	2.50
合計	85.4	85.3	86.4	76.6	2.83	2.82	2.84	2.61

注1：外出率とは，調査日に外出した人の割合である。

注2：1人1日当たりのトリップ数とは，外出した人1人の1日トリップ数の平均を示している。

出所：東京都市圏交通計画協議会「東京都市圏パーソントリップ調査(第3回～第6回)」より作成。

表Ⅲ—2　東京都市圏の代表交通手段別割合とトリップエンド数(2018年)

地域	鉄道(%)	バス(%)	自動車(%)	二輪車(%)	自転車(%)	徒歩(%)	その他(%)	トリップエンド数
東京区部	50.9	3.0	8.0	0.8	13.2	24.0	0.1	45,184,594
川崎市	39.2	4.3	13.8	1.5	14.1	27.0	0.1	5,136,013
(ア)	37.3	5.8	20.2	2.2	7.2	27.3	0.1	13,085,811
千葉市	27.0	2.9	34.9	1.1	10.8	23.2	0.1	3,601,948
埼玉北部	12.7	0.8	58.7	1.1	10.8	15.8	0.2	7,787,840
千葉西南部	8.6	1.0	69.8	0.9	5.9	13.6	0.3	2,054,003
茨城南部	6.7	1.1	70.9	0.7	8.3	12.0	0.2	5,569,461
千葉東部	5.9	0.6	74.9	1.0	7.2	10.3	0.0	2,574,899

注1：1トリップでいくつかの交通手段を乗り換えた場合，そのなかの主な交通手段のことを「代表交通手段」とよび，集計上の優先順位は，鉄道，バス，自動車，二輪車，自転車，徒歩の順となる。

例)自宅から駅まで自動車で移動し，駅から鉄道で勤務先へ行く場合の代表交通手段は「鉄道」となる。

注2：トリップエンドとは，図Ⅲ—1の出発地と到着地(目的地)を表す。

例)出発地が東京区部で到着地が川崎市の場合，トリップエンド数は東京区部が1となり，川崎市が1となる。

注3：代表交通手段別割合をたすと100％になる。

出所：表Ⅲ—1に同じ。

数　学

（120 分）

1 $\displaystyle\sum_{k=1}^{m} k(n-2k) = 2024$ を満たす正の整数の組 $(m,\ n)$ を求めよ。

2 $a,\ b$ を実数とする。曲線 $C : y = x^2$ と曲線 $C' : y = -x^2 + ax + b$ はある点を共有しており，その点におけるそれぞれの接線は直交している。C と C' で囲まれた部分の面積の最小値を求めよ。

3 $f(x)$ は x に関する 4 次多項式で 4 次の係数は 1 である。$f(x)$ は $(x+1)^2$ で割ると 1 余り，$(x-1)^2$ で割ると 2 余る。$f(x)$ を求めよ。

4 実数 $a,\ b$ は $-1 < a < 1,\ -1 < b < 1$ を満たす。座標空間内に 4 点 $\mathrm{A}(a,\ -1,\ -1)$，$\mathrm{B}(-1,\ b,\ -1)$，$\mathrm{C}(-a,\ 1,\ 1)$，$\mathrm{D}(1,\ -b,\ 1)$ をとる。

(1) A，B，C，D がひし形の頂点となるとき，a と b の関係を表す等式を求めよ。

(2) $a,\ b$ が (1) の等式を満たすとき，A，B，C，D を頂点とする四角形の面積の最小値を求めよ。

5　n を 3 以上の奇数とする。円に内接する正 n 角形の頂点から無作為に相異なる 3 点を選んだとき，その 3 点を頂点とする三角形の内部に円の中心が含まれる確率 p_n を求めよ。

総合問題

（60分）

1　図1—1は，40ヶ国の「1人当たりGDP(米ドル)」を横軸に，「平均寿命」を縦軸にとった散布図である（出典：総務省統計局「世界の統計2019」）。円の大きさは各国の人口を表し，円の中心座標が各国の横軸と縦軸の座標に対応する。以下の問に解答せよ。

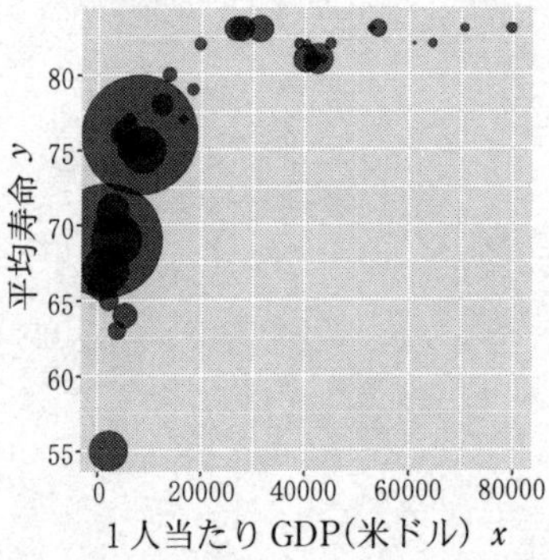

図1—1

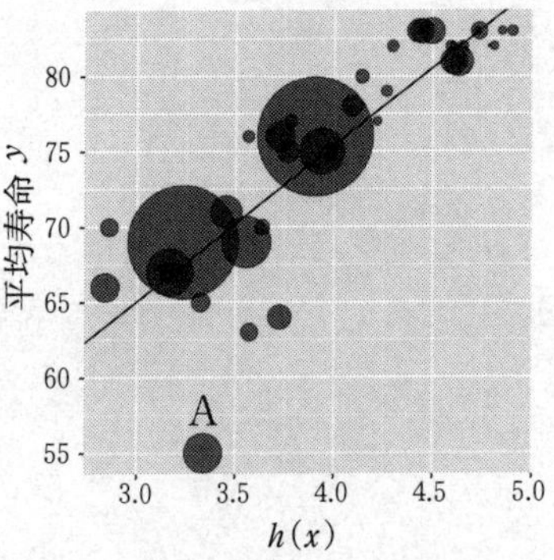

図1—2

問1　図1—2は，図1—1の「1人当たりGDP(米ドル)」にある変換を施したものを横軸にとった散布図である。以下の候補のうち，この変換として妥当と考えられるものを1つ選択せよ。ただし，「1人当たりGDP(米ドル)」をxとし，この変換を関数$h(x)$と定義する。各図における目盛は，それぞれの図で等間隔に取られており，図1—2における横軸の原点座標は0とは限らないことに注意すること。また，xの最小値は687，最大値は79609である。

a．$h(x)=\log_{10}x$

b．$h(x)=\dfrac{1}{x}$

c．$h(x)=x^2$

d．$h(x)=\sqrt{x}$

問２　問１で解答した変換を施した場合，「１人当たりGDP(米ドル)」の変化が，図１―２の横軸の値$h(x)$の変化に与える影響について説明せよ。また，図１―２の直線は$y=34.3+10.7h(x)$を表している。直線の数値に基づき，「１人当たりGDP(米ドル)」の変化が「平均寿命」の変化に与える影響について説明せよ。

問３　図１―２の直線は最小二乗法と呼ばれる手法により当てはめたものである。最小二乗法とは，以下の関数を最小にするようなa，bを求める手法のことである。

$$f(a,\ b)=\sum_{i=1}^{n}(y_i-a-bh(x_i))^2 \tag{1―1}$$

ただし，$f(a,\ b)$はx_1，x_2，…，x_n，y_1，y_2，…，y_nを定数とする，変数aとbの関数である。ここでは，$n=40$，y_iはi番目の国の「平均寿命」，$h(x_i)$は図１―１におけるi番目の国の「１人当たりGDP(米ドル)」に問１の変換を施したものである。いま，$f(a,\ b)$の代わりに以下のような関数を考え，この関数を最小にするようなa，bを求める。

$$g(a,\ b)=\sum_{i=1}^{n}|y_i-a-bh(x_i)| \tag{1―2}$$

ただし，$g(a,\ b)$は$f(a,\ b)$同様，x_1，x_2，…，x_n，y_1，y_2，…，y_nを定数とする，変数aとbの関数である。図１―２のデータに対して，式(１―１)で求めたa，bと比較して，式(１―２)で求めたa，bはどのような値を取ると考えられるか。図１―２のＡ国(座標：(3.34, 55))に着目し，理由も含めて説明せよ。

2 A 国にはＰ党，Ｑ党，Ｒ党の 3 つの政党があり，2020 年と 2024 年の 2 回の国会議員選挙での各党の得票数は以下の通りであった。

表 2 ― 1 ：A 国で 2020 年，2024 年に実施された国会議員選挙における各党の得票数(単位：票)

	2020 年	2024 年
Ｐ党	6000	6300
Ｑ党	2000	2200
Ｒ党	1000	1500
合計	9000	10000

A 国では得票の比率に応じて配分議席を決める。議席の総数に得票率を乗じた値を実数で求めて，その実数の整数部分を議席として各党に割り当てた後，小数部分の大きい順に余った議席を割り当てていく(このような割り当て方式を「最大剰余方式」という)。

2020 年は，この方式に従い，定数の 20 議席が以下の表 2 ― 2 のように配分された。

表 2 ― 2 ：2020 年の各党の配分議席数

	得票数(票)	議席総数 × 得票率	配分議席数
Ｐ党	6000	13.33	13
Ｑ党	2000	4.44	5
Ｒ党	1000	2.22	2
合計	9000	20.00	20

問 1 上記の方式に基づき，2024 年の各党の配分議席数を求めよ。なお，2024 年においても，議員定数は 20 議席である。

問 2 2020 年と 2024 年の得票数を比較したときに，各党の得票数の増加率が何パーセントになるかを小数第二位で四捨五入して求めよ。

最大剰余方式を用いる場合，得票数の変化率と配分議席数の増減とは，必ずしも対応しないことがあり，それを補うために，いくつもの配分議席数計算法が存在する。日本においては「ドント方式」という方法が用いられている。ドント方式は，得票数を１，２，３，…と順に整数で割っていき，その値が大きい順に一議席ずつ議席を割り当てていく。2020年の選挙を例に取ると，各党の得票数と，それを１，２，３，…で割った値は，以下の表２―３のようになる。なお，この表では，簡便のために小数点以下を省略して値を記載している。この表を例に取ると，Ｐ党（÷１）：6000，Ｐ党（÷２）：3000，Ｐ党（÷３）：2000，Ｑ党（÷１）：2000，…という順で議席が割り当てられる。

表２―３：ドント方式による議席配分の例

	得票数（票）	÷１	÷２	÷３	÷４	…
Ｐ党	6000	6000	3000	2000	1500	…
Ｑ党	2000	2000	1000	666	500	…
Ｒ党	1000	1000	500	333	250	…
合計	9000					

問３　ドント方式を用いた場合にＰ，Ｑ，Ｒの各党に割り当てられる議席数を2020年，2024年の両方で求めよ。なお，除算により得られた値が同じであるときには，総得票数の多い政党から順に議席を割り当てることとする。

問４　これまでの問により得られた結果から，最大剰余方式とドント方式を比較して，各党の得票数やその変化率，一票の価値などの観点から，それぞれの方式の特徴をそれぞれ各100字以内で簡潔に述べよ（解答用紙に記載のマス目に記入すること）。

3　ロボットがスタート地点からゴール地点までの最短経路を求めるために，マス目状に分割した地図を用いて考える。図3―1に示すように，ロボットは1回に縦横斜めの8方向に1マスだけ移動できるものとする。

図3―1：ロボットが1回に移動できる方向

ここで，図3―2左の地図においてスタート地点Sからゴール地点Gまでの最短経路を考える。黒いマス目は障害物でありロボットが移動できない。ロボットは，まず1回目の試行でスタート地点に隣接する8方向のマスについて，そのマスに移動することを評価する。2回目以降は前回の試行で評価した移動先の候補となる全てのマスについてそれぞれ隣接する8方向のマスへと1回の試行において評価する範囲を拡大していく。なお，障害物，地図の外，評価済みのマス目に対しては評価を行わない。図3―2右はマス目を何回目の試行で評価したかを評価値として，ゴール地点に到着するまで試行を繰り返した結果と最短経路の1つを矢印で示したものである。

問1　図3―2の地図を考える際に，新たなマス目の評価値Eとして，$E=a+b$を用いる。ここで，a：スタート地点からそのマスに至る最小移動回数，b：評価先のマス目からゴール地点までの障害物上を移動できるものとした場合の最小移動回数とする。地図上で1回目の試行の結果を図3―3に示す。2回目以降の試行は，まだ評価値をつけていないマスに隣接するマスのうち，それまでの試行において最小の評価値Eを持つマスに対して実施するものとする。つまり，図3―3において2回目の試行はSの左上の$E=6$のマスのみにおいて行うことになる。2回目の試行以降から最短経路を得るまでに試行したマス目にa，b，Eの値を記入し，最短経路の1つを矢印で示しなさい。

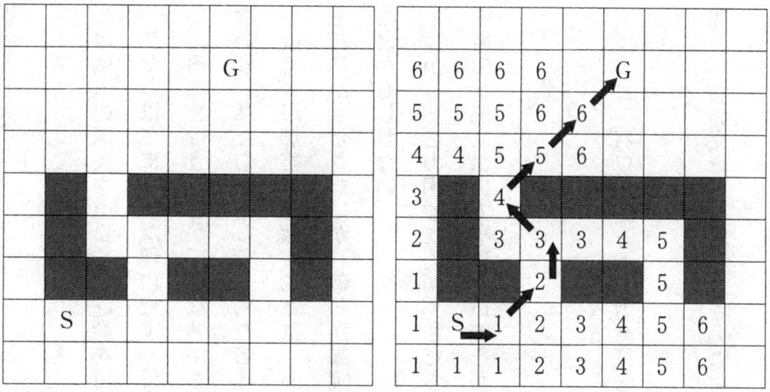

図３—２：経路を考える地図

問２　問１の結果と，図３—２右の結果とを比較したときに，bを評価に加えたことの，最短経路を求める上でのメリットを述べよ。

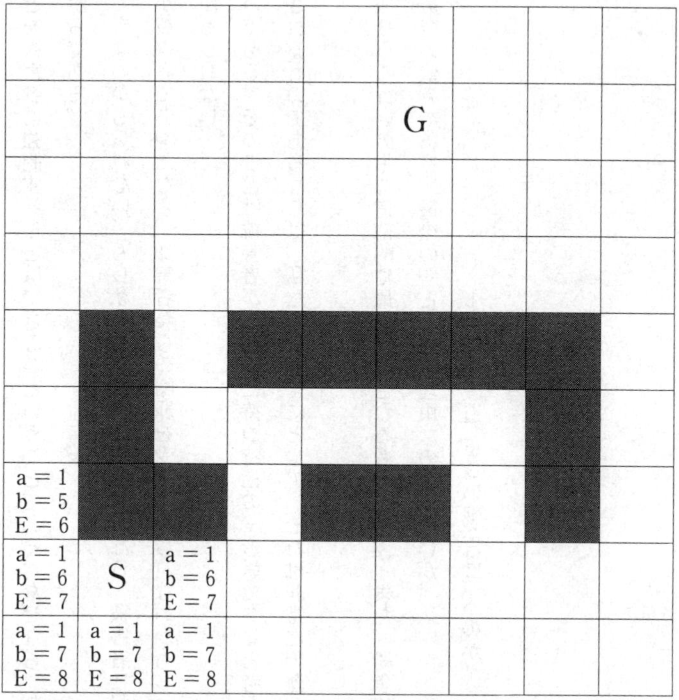

図３—３：１回目の試行結果

赦しは被害者個人の誠実さと良心に由来し、その誠実さと良心による恩恵として被害者にもたらされ、被害者が加害者に与える恩寵《おんちょう》である。

しかし、ここで重要なのは、私たちは、加害者を赦すことを被害者に強制することはできないということである。なぜなら、赦しは個人の誠実さと良心に起源を持つ自発的な行為であるからである。

私たちはさまざまな理由により昔の敵と和解することができないかもしれない。もし私たちが加害者であったなら、被害者に対して謝罪を行うことができないかもしれない。もし私たちが被害者であったなら、加害者からの謝罪を受け入れられないかもしれないし、私たちを害し苦しめた者達を赦すことができないかもしれない。

被害者が加害者を赦すことは、あたかも聖人のような行いである。そのことは被害者が排他的に持つ特権の一形態であると考えられるかもしれないが、赦しが誠実さと良心からのみ履行されるものであるならば、私たちの多くにとって、それは非常に困難なことかもしれない。

しかし、この困難こそが、私たちが、赦しを、被害者が取りうる行いの中で道徳的に最も賞賛されるものと考え、また、紛争終結後の状況において平和と正義をもたらし実現するための最後の望みであり、最後の砦《とりで》とみなす理由なのではないか。

――眞嶋俊造『正しい戦争はあるのか？』

注　エンパワーメント　力や権限を付与すること。

問い　右の文章を要約しなさい（二〇〇字以内）。

第四の形態は、あまりないように思われるかもしれないが、個人の被害者が加害者である集団を赦すという可能性は否定できない。

上記四つの形態の赦しのうち、加害者と被害者の間の関係に最も好ましい関係を構築するために非常に有望であるのは、個人間の赦しである。この形態の赦しは、被害者と加害者双方に対して二方向で機能するかもしれないからである。赦しは、敵対心を取り除き被害者意識を癒すことにより傷ついた関係を修復するとともに、改善された関係をさらに未来志向の前向きで実り豊かなものに変容させていくかもしれない。加害者の悪事を赦す被害者は、まさに赦すという行為そのものによって自身の被害者意識を癒すことができる。被害者は赦すことによって慰められ、昇華、充足を獲得できるからである。

理想世界では、加害者が被害者によって赦されたならば、その時に加害者は、自身の道徳的悪を認識し反省することにより罪を購《あがな》う機会を獲得し、またそれによって道徳的悪の意識が軽減することにより救済の機会を獲得する。

しかし、現実世界では、被害者によって赦されるか否かをまったく気にしない加害者もいる。とはいえ、このことは、被害者が加害者を赦すことにおいてはさしたる問題とはならない。加害者から被害者に対して向けられる謝罪と異なり、赦しは被害者から加害者に対して向けられる。謝罪は被害者によって拒絶されるかもしれないが、赦しの場合においては、加害者が受け入れるか拒絶するかは問題とはならない。その理由は、赦しとは、犠牲者と加害者の双方に降りかかった過去の悲劇を受容するプロセスだからである。

また、赦しは、自分自身をエンパワーメント[注]するプロセスである。過去を受容することにより、被害者は、未来における希望という展望を獲得する。いったんは敵対心や他の負の感情を持ったとしても、その後において加害者を赦すことによって、被害者と加害者を含む世界において建設的な関係の展望を得て、被害者は前向きな感情を持つことができ、被害者意識を癒すことができる。それゆえ、赦しは、自己受容とエンパワーメントを通して、被害者に救済をもたらすことができる。

問題三 次の文章を読んで後の問いに答えなさい。

赦《ゆる》しは、加害者が被害者に対して行った悪事を赦すことにより、加害者と被害者の道徳的関係を修復し癒すプロセスである。「戦争後の正義」において、赦しは、①敵対心を取り除き被害者意識を癒すことにより傷ついた関係を修復し、②改善された関係を前向きで実り豊かなものに変容させていくことによって両者の和解を容易にし、また促進するという二つの機能を持つ。

赦しの役割と機能についてさらに検討していくためには、まず、誰によって、また誰に対して赦しが行われるのかについて明確にしておかなくてはならない。

赦しには、①集団が集団を赦す場合、②（たとえば恩赦のように）集団が個人を赦す場合、③個人の被害者が個人の加害者を赦す場合、④個人が集団を赦す場合という四つの形態が考えられる。

第一の形態は、それ自身としては珍しいことであるが、たとえば、集団間の和平条約といった公的かつ法的なプロセスに組み込まれていたとしてもおかしくはない。

第二の形態は、たとえば、戦争の開始、戦争の継続、またはその両方に責任を負う政治指導者への恩赦や、敵側の戦闘員や非戦闘員に対して戦争犯罪や残虐行為や非人道的な扱いを行った元戦闘員への恩赦などがそれである。この形態の赦しは、もし司法が関与する場合には法的なものになるが、交渉や妥協によるものであれば純粋に政治的なものになる。しかし、これらのいずれもが、個人の被害者の道徳や良心に基づく赦しを構成しないことは明らかである。集団による赦しは、時として政治ゲームになってしまう可能性がある。しかし、この点において、個人の被害者の道徳や良心に基づく赦しは、個人間のみならず社会においても、平和を実現するために強大な力を発揮する潜在可能性を持つ。

第三の形態は、最も一般的な、第一義的には個人の被害者の道徳や良心に基づく個人間の赦しである。

言ひかへて而《し》かも其の意趣を成る可《べ》く其儘に伝ゆるは、文学世界にて一段の妙技と称すべき者なり。苟《いやしく》も心を此《ここ》に用ひず漫然等閑に字句をツヅくりツヅくりて不十分の通弁となるのみにて已《や》まば、原文の意趣茲《ここ》に亡びて其の精神を失はざる者鮮《すくな》し。

今人は大胆なり。マコーレー氏の文も亦《ま》た翻訳し、ユーゴー氏の文も亦た翻訳す。少しく文学世界の地位を解せるものならんには、靦然《てんぜん》逡巡《しゅんじゅん》注之を望て先づ自から忸怩《じくじ》すべき筈《はず》の大家名家の文をも、何の遠慮頓着なく平気野面《のづら》にサツサツと之を翻訳してのけるなり。マコーレー氏の文も亦た翻訳し、ユーゴー氏の文も亦た翻訳す。而《しか》して其の筆力は如何《いかん》、其の心得は如何。嗚呼《ああ》現時の翻訳の原には有らゆる大胆者をつどへたり。大胆者は最早や是にて十分なり。三余は追々其の小心者の出でんを願ふ。

――森田思軒「翻訳の心得」

注　靦然逡巡　はじてためらうさま。

問い一　傍線**一**「其《その》弊は百端にて枚挙す可《べか》らざれども、且《しば》らく其の著しき一二を数へんに」を現代語に訳しなさい。

問い二　傍線**二**「原文の意趣は最早《もは》や亡《ほろ》びて無くなれり。」とあるが、これはなぜか、答えなさい（三〇字以内）。

問い三　傍線**三**「余は追々其の小心者の出でんを願ふ。」とはどういうことか、文章全体をふまえて説明しなさい（五〇字以内）。

問い三　傍線二「階級や性別を超えた外集団への共感」を、「書簡体小説」はなぜ可能にするのか、説明しなさい（三〇字以内）。

問い四　傍線三「権利主体の範囲」はなぜ拡大していくのか、説明しなさい（五〇字以内）。

問題二　次の文章を読んで後の問いに答えなさい。

熟《つらつ》ら今人の外国文を翻訳するを観るに、其《そ》の巧拙高下の差等は様々にて一ならざれども、之《これ》を要するに、概《おおむ》ね己れに先づ確定せる大体の心得を具せず、多くは何の心得義例もなく只《た》だ漫然として等閑に字句をツヾくりツヾくりて、横走の文を縦行の文に更《か》へたりと云《い》ふが如きものに似たり。一其《その》弊は百端にて枚挙す可《べか》らざれども、且《しば》らく其の著しき一二を数へんに、最も広く行はるる弊は漢籍中の典語経語を西洋文の翻訳に用る事なり。経語は格言諺言《げんげん》の類にて、例せば「泰山ヨリ重ク鴻毛《こうもう》ヨリ軽シ」とか「肝ニ銘ズ」とかの如し。典語は故事あり縁起ある熟語にして、例せば「三舎ヲ避ク」とか「全豹《ぜんぴょう》ヲ窺《うかが》フ」とかの如し。元来翻訳なる者は、原文の思想意趣を邦文に言ひかへる事にあらずや。西洋人の脳中には、「重き者」「軽き者」を、泰山、鴻毛に喩《た》とふべき意趣は決して有られ間敷《まじき》わけなるに、若《も》し之を翻訳して泰山、鴻毛と言はば、其の「重き者」「軽き者」と云《い》へる事だけは聞こゆるも、唯《た》だ是れ原文の事を伝ゆるのみにて、二原文の意趣は最早《もは》や亡《ほろ》びて無くなれり。原文に「心ニ印ス」とあらば、直ちに「心ニ印ス」と翻訳し度《た》し。其事恰《あた》かも「肝ニ銘ズ」と相符すればとて、「肝ニ銘ズ」とは翻訳す可《べか》らず。原文の儘《まま》「心ニ印ス」と書かば、啻《た》だ原文の「肝ニ銘ズ」の事を伝ゆるのみならず、西洋人は我の「肝ニ銘ズ」の場合に於《おい》ては「心ニ印ス」と言ふなりと其の意趣をも伝へ得るなり。典語に至りては全く原文に無縁のものを援《ひ》き来《きたり》て其間に挿入するものなれば、其非弁ぜずして明かなるべし。

是は誠に些《さ》末《まつ》の事の様なれども、若し文学の世界より之を眺むるときは、其の関繋《かんけい》決して少小ならず。外国の文を巧みに邦文に当時の読者市民に普遍的人権のルーツを求める、ユニークな歴史学的試みである。もちろん、啓蒙主義に人権思想のルーツを見出すのは一般的なアプローチであるが、そうした思想家の間での観念的議論が当時の大衆文化と呼べる小説や社会的注目を集めた事件によって、一般に広まり、社会運動を盛り上げ、人権に関連する規範や法制度さえも変えていったのは、その後の国際人権の発展の原型とも言えるモデルであった。

そして、人権思想の内在的論理とも言えるものが、三権利主体の範囲を徐々に拡大していくのも、この時期から見られたプロセスであった。ある集団を新しく人権を付与するに値するとみなすことになれば、次には違う集団も同様に扱わなければならなくなる可能性が高まる。人間の身体の尊厳が神聖なものであるとすれば、それは内集団だけでなく、少なくとも周りにいる同じ人間と認識された外集団には広がらなければならない。人間であることがこの原理の適用の基準であるならば、男性だけでなくて女性、さらにはもっと遠くにいる見知らぬ人々にも同じ原則を当てはめなければならない。こうして、異教徒、異人種、異性と次々に人権主体の範囲が拡大され、全ての人間集団が含まれるようになったのが、世界人権宣言である。この人権主体の範囲の拡大は今でも続いており、例えば、一番最近、人権運動に加わった社会集団としては、性的マイノリティーが挙げられるだろう。

――筒井清輝『人権と国家』

注　ナラティブ　narrative　物語。語ること。

問い一　傍線**A・B・C・D・E**のカタカナで書かれた語句を漢字で書きなさい。

問い二　傍線**一**「内集団の構成員」の特徴はどのようなことか、答えなさい（二五字以内）。

土壌を作ったというのがハントの主張である。そして、後にこの共感の範囲の拡大が、例えばフランスで政治参加の権利がカトリック教徒だけだったのが、プロテスタント、ユダヤ人、黒人へと広がっていくこととつながっていく。これらの小説で中心的な役割を果たした女性の権利はまだ限定されていたが、平等な相続の権利や離婚する権利などは獲得し始めていた。

また、時を同じくして18世紀半ば、南フランスでカラス事件という異教徒迫害の冤罪《えんざい》事件が起こった。カラス家での自殺に際して、司法が父親を殺人犯に仕立て上げ、厳しい拷問の末に死刑に処したが、後に冤罪と認められたという有名な事件である。この事件の背景には、異教徒Dジンモンのためということで長らく教会で正当性を持っていた拷問が、この時期も広く公開で行われていたこと、さらにはヨーロッパでの宗教紛争が影を落とし、南フランスでも新教徒に対する迫害が起こっており、カラス家もその新教徒であったことがある。当時の高名な啓蒙思想家ヴォルテールはこの事件に大きな関心を持ち、カラス家の父のEメイヨ回復に奔走し、それに成功、その後も冤罪事件のための活動に身を捧《ささ》げた。そして、この事件に触発されて、チェザーレ・ベッカリアが『犯罪と刑罰』を著し、司法改革、特に拷問廃止を訴えるなど、拷問反対運動が高まった。

この運動の中では、人間の身体の尊厳が強調され、キリスト教的な価値観とも結び付いて、神によって与えられた身体を冒す拷問の非人道性がクローズアップされた。そして、身体の尊厳を持つ主体はキリスト教徒に限らず、人間誰にでも属する特性であることが徐々に確認されていく。それゆえに、異教徒や異人種でも拷問に処することは憚《はばか》られるという考え方が広がったのだ。

運動はその後、ヨーロッパ諸国での拷問廃止への流れを作り、19世紀初頭にはヨーロッパのほとんどの国で拷問は法的正当性を失った。この拷問廃止運動は外集団である異教徒に対しても当てはまるものであり、また地理的に限定的であったとはいえ、国境を越えて広く他国にも広がったという点で、最初の国際人権運動と呼べるかもしれない。そしてこれを可能にしたのが、書簡体小説などで広がった他者への共感能力であるというのだ。

ハントの主張には、様々な批判もあり、また反証可能性のあるようなテーゼではないが、18世紀の啓蒙思想家と小説家、そして国や他の宗教集団に対する共感をジョウセイするものではなかった。例えば、明治時代以降にジョウセイされた日本のナショナリズムは、遠くに住む見知らぬ日本人同士の間での共感の発展に大きく貢献し、国内で国民の権利が守られるためには重要な要素であるが、異国に住む見知らぬルワンダ人やクロアチア人への共感には直接つながらないのである。

では、自分とは違う社会集団に属する人間に対する共感はいつ芽生え、どのようにして広がったのか? リン・ハントは著書『人権を創造する』の中で、啓蒙《けいもう》主義の時代に西欧で流行した書簡体小説にその端緒を見る。サミュエル・リチャードソンやジャン＝ジャック・ルソーによる書簡体小説は、手紙の交換を読むというスタイルで読者のBマイボツ感を高め、登場人物との一体化を促進した。そこで繰り広げられる人間ドラマは、恋愛や結婚、裏切り、出世など世俗的なことが多かったが、登場人物の階層・宗教・国籍・性別の違いが物語のバックボーンをなす場合が多く、そうした社会集団の壁を超えた人間関係を想像させるものとなっていた。

例えば、リチャードソンの代表作『パメラ』では、召使の女性である主人公パメラが、低い身分ゆえに受ける理不尽な仕打ちに苦しみながらも、その精神的美徳を貫き、階層を超えて結婚し、その後もその出自を理由としたCクツジョク的な扱いを受けながらも、その高潔な振る舞いゆえに周りの人々の尊敬を勝ち取っていく。またルソーの『新エロイーズ』でも、貴族の娘ジュリーが平民の家庭教師の青年と恋に落ちるが、階級を超えた恋に対する家族の反対など様々な障害に直面し、それを乗り越えようとする姿が描かれている。手紙の交換や日記を読むという形態で書かれたこれらの作品で、読者は主人公の視点に立ち、女性の権利が様々に制限された当時の社会で女性が自己実現を図り、強く生き抜く姿を自分に置き換えて体験したのであった。中流階級以上の間での識字率の上昇によって、より幅広く読まれるようになったこれらの小説では、個人が自己の運命を自分で決することが重視されており、この自律性も人権感覚の基盤として重要であった。

こうしたナラティブ構成注が、二階級や性別を超えた外集団への共感を可能にし、自律的な個人を大事にする人権理念を受け入れる

国語

（一〇〇分）

問題一　次の文章を読んで後の問いに答えなさい。

　普遍的人権思想の根底にあるのは、他者への共感である。しかも、自分もした同じ経験をもとにする他者との共感・同感(sympathy)ではなくて、見知らぬ他者の、自分ではしたことのない経験に思いを馳《は》せて感じる他者への共感(empathy)が重要になってくる。多くの人間が、家族やその延長線上にある内集団の構成員の痛みや苦しみに共感する能力は持っている。しかし、自分とは異質な外集団の構成員に対する共感は、特に政治的・宗教的な距離があればあるほど、難しくなってくる。

　近代の国民国家形成の歴史の中で、内集団の拡大が重要であったことは、ベネディクト・アンダーソンの『想像の共同体』などで広く指摘されてきたところである。同じ生活空間で日常的に顔を合わせる者との間に限られてきた共同体の概念を、「国民」という観念に拡大し、一生会うこともない見知らぬ他者でも、同じ国家に属しているという一点で内集団の一員と考えさせるのが、国民国家の思想である。こうしてジョウセイされたナショナリズムは、新聞などのメディアや教育、文化をはじめ、美術館、博物館、地図、歴史、「創られた伝統」などを媒体に、近代国家を構成する国民の形成に貢献してきた。

　この国民意識の形成は、内集団の拡大にとって重要であり、普遍的人権思想の発展にも貢献したが、集団間の壁を超えて、他の

2023年度

問題編

■前期日程

問題編

▶試験科目

教　科	科　　　目
外国語	英語（コミュニケーション英語Ⅰ・Ⅱ・Ⅲ，英語表現Ⅰ・Ⅱ） 聞き取り・書き取り試験〈省略〉を行う。
地　理 歴　史	日本史Ｂ，世界史Ｂ，地理Ｂから試験場において１科目選択。
数　学	数学Ⅰ・Ⅱ・Ａ・Ｂ（数列，ベクトル）
国　語	国語総合
総　合 問　題	社会において数理的なものの考え方を応用する力，情報技術の活用について自ら試行する姿勢を確認する。

▶配　点

学　部	外国語	地理歴史	数　学	国　語	総合問題
商	250	125	250	125	—
経　済	260	160	260	110	—
法	280	160	180	110	—
社　会	280	230	130	180	—
ソーシャル・データサイエンス	230	—	330	100	100

英語

(120分)

I 次の英文を読み，下の問いに答えなさい。(＊を付した語句には，問題文の末尾に注がある。)

Meat is essential, or so some of us think: that humans have always eaten it; that it is the anchor of a meal, the central dish around which other foods revolve. But the United Nations Food and Agriculture Organization reports that the consumption of beef per person worldwide has declined for fifteen years. Nearly a fourth of Americans claimed to have eaten less meat in 2019, according to a Gallup poll*. The recipe site Epicurious, which reaches an audience of 10 million, provides far less beef recipes in 2020. Diners at some McDonald's restaurants can now have a vegan* McPlant instead of a cheeseburger. Fake meat products are estimated to reach $85 billion in sales by 2030, according to a recent study, and Tyson Foods, one of the biggest beef packers* in the United States, has introduced its own plant-based line of products.

Even some of the world's most expensive restaurants, where steak is usually served as the conclusion of a multiple-course meal, have abandoned meat within the past year, including the $440-per-person Geranium in Copenhagen (still serving seafood) and the $335-per-person Eleven Madison Park in Manhattan. Could this be the beginning of the end of meat — or at least red meat?

Those who believe humans are born carnivores* might laugh. Indeed, archaeological* evidence shows that we have been carnivores for longer than we have been (A) human. As the science journalist Marta Zaraska explains, two million years ago, early hominids* in the African savanna were (B) eating whatever animals they could catch, from wild pigs and hedgehogs to giraffes and rhinos.

Yet it wasn't (C) human nature to do so. Meat-eating was an adaptation, since, as Zaraska points out, we lack the great yawning jaws and blade-like teeth that enable true carnivores to kill with a bite and then tear raw flesh straight off the bone. To get at that flesh, we had to learn to make weapons and tools, which required using our brains. These in turn grew, a development that some scientists attribute to the intake of calories from animal protein, suggesting that we are who we are — the intelligent humans of today — because we eat meat. But others credit the discovery of fire and the introduction of cooking, which made it easier and quicker for us to digest meat and plants alike, freeing up energy to fuel a bigger brain.

Whatever the cause of our heightened mental abilities, we continued eating meat and getting smarter, better with tools and better able to keep ourselves alive. (1) Then, around 12,000 years ago, our hunter-gatherer ancestors started to raise animals, grow crops and build permanent settlements, or else were driven out by humans who did. Our diet changed.

Far from being essential, for most people around the world, meat has been only occasional, even incidental, to the way we eat. This was true outside of the West well into the 20th century, but even in Europe before the 19th century, the average person depended on grains that made up close to 80 percent of the diet. The Old English "mete" was just a general word for food.

The rich were different, of course, with the resources to dine as they pleased. And not just royals and aristocrats: In 18th-century England, as incomes rose, an ambitious middle class began to claim some of the same privileges as their supposed social superiors. The Finnish naturalist Pehr Kalm, in a 1748 account of a visit to London, reports, "I do not believe that any Englishman who is his own master has ever eaten a dinner without meat." (2) Those not so fortunate as to control their own lives had to make do, as the British poor had done for centuries, with mostly oatmeal, perhaps with some vegetables. So meat was not merely a food — it was a symbol. To eat it was to announce one's mastery of the world.

No wonder, then, that the citizens of a newborn nation, one that imagined itself fashioned on freedom and the rejection of the Old World, should embrace it. "Americans would become the world's great meat-eaters," the former Librarian of Congress Daniel J. Boorstin writes in *The Americans: The Democratic Experience*. And the meat that would come to define Americans was beef: a fat piece, dark-striped from the grill but still red at the heart, bleeding and leaking life.

However, cows are not native to the Americas. The Spanish brought the first cows to the New World in the late 15th century. They were used to turn the sugar mills in what was then the West Indies, on plantations that relied on enslaved people for labor. Later, in both North and South America, the spread of cattle herds became a means of grabbing land from its original inhabitants. "By occupying the vast spaces between population centers, cattle helped secure colonial control of more and more territory," writes Rosa E. Ficek, a cultural anthropologist at the University of Puerto Rico. (3) The beef Americans eat is the beef of empire.

For some, that image of conquest is, arguably, what makes beef so difficult to give up. The so-called "tomahawk steak", named after the ax wielded by some North American Native peoples, is big enough to feed two. But its tomahawk-like shape may also make some Americans nostalgic for the often lawless and sometimes violent Old West. In the decades after the Civil War, a romanticized vision of the cowboy was advertised as the embodiment of American values: a vaguely rebellious figure, quick with a gun, and a rough individualist, driving cattle across the plains while hunters and settlers killed the native bison* that once (D) there, and driving out Native peoples along the way. Beef is the myth of the American frontier.

It was also the foundation of enormous wealth, and it wasn't the cowboys who got rich. "It is difficult to turn a living thing into a meal," notes the American business historian Roger Horowitz. "Animals' bodies resist becoming an expression of our will." The profit (E) in running the meatpacking factories, which were among the first pioneers of the industrial assembly line, and in the railroads, which carried live animals, and then, with the development of refrigerated cars, in the freshly butchered meat that would eventually reach every corner of the country.

It's impossible to talk about beef without talking about capitalism: Cattle were one of the earliest forms of private property, and in England starting in the 12th century, the need for more grassland (　F　) to privatization of what had once been common lands, and peasants with no land of their own had to sweat and slave for wages. Today, the mean hourly wage of an American meat worker is $15, just over the poverty level to support a family of four, although (　G　) serious injuries such as amputations*, head wounds and severe burns. In the United States, meatpacking factories average about seventeen major incidents each month requiring hospitalization and two amputations a week, according to data from the Occupational Safety and Health Administration.

The American activist Carol J. Adams has written of the morality of transforming "living beings into objects." She is referring to animals and their hidden deaths; the workers, and their suffering, are invisible, too. The meat comes to the table, a mass of flesh, carefully stripped of any sign of what it was before.

Americans eat less beef than they used to, down more than a third from a peak of 42.7 kilograms per person in 1976. This is part of an overall trend of eating less meat in the United States, and most respondents to the 2019 Gallup poll said they did so for health reasons — as opposed to animal welfare or the damage to the environment from gigatons of greenhouse gases released by cows, or the 111 million acres of forest that disappeared between 2001 and 2015, replaced by grassland — which suggests that self-interest, rather than compassion, is still the main motive for people to change their behavior.

The idea that not eating meat is a (　H　) (and possibly un-American) persists in the technological race to create non-meat alternatives. The Israeli-based company Redefine Meat, founded in 2018, sells steaks 3-D printed from vegan ingredients. It takes pains to insist on its website, "We don't just love meat; we're obsessed with it," and promises "the same great meat you know and love, simply better." Burger King has introduced a plant-based version of the Whopper, their number-one seller, featuring "Impossible Burger" patties that bleed when cut.

Impossible Burger patties contain heme, a protein present in animal flesh but here derived from plants. Heme adds flavor, but it's the texture that really matters, spilling under the teeth like real blood. Unlike the fake meat cooked for centuries in China — lotus root* standing in for pork ribs, and crispy layers of tofu skin* for duck skin — these fakes aim to provide not just the taste and feeling but the cultural importance of the real thing.

It's as if the only way to get people to stop eating beef is to trick them into thinking they're still eating it. Nothing has been lost, no sacrifice required. We can save the planet from those greenhouse gases without giving up the pleasure of sinking our teeth into what at least feels like animal flesh, rich with fat, full of juices. (4)This is how deep it goes, the myth of settlement and conquest, with the trickle of blood on the plate to reassure us that our own runs red.

注　Gallup poll　米国の統計学者 G. H. Gallup が始めた世論調査

vegan　完全菜食主義者向けの

beef packer　牛肉加工卸売業者

carnivore　肉食動物

archaeological　考古学上の

hominid　ヒト科の動物

bison　野牛

amputation　(脚・腕などの)切断

lotus root　レンコン

tofu skin　湯葉(豆乳を加熱した時表面にできる薄皮を用いた食品)

1　下線部(1)を和訳しなさい。

2　下線部(2)を和訳しなさい。

3　下線部(3)のように言えるのはなぜか，本文の内容に即して80字以内の日本語(句読点を含む)で説明しなさい。

4　下線部(4)が表す内容を30字以内の日本語(句読点を含む)で説明しなさい。

5　空欄(　A　)，(　B　)，(　C　)に入れる語の組み合わせとして最も適切なものを，下の選択肢イ～ニから選び，その記号を解答欄に書きなさい。

	(A)		(B)		(C)
イ	closely	——	occasionally	——	significantly
ロ	fully	——	regularly	——	necessarily
ハ	generally	——	skillfully	——	rarely
ニ	particularly	——	barely	——	essentially

6　空欄(　D　)，(　E　)，(　F　)に入れる動詞として最も適切なものを以下の中から選びそれぞれ正しい形に直して，解答欄に書きなさい。ただし，各動詞は1回のみ使用できるものとする。

break　　feed　　lead　　lie

7　空欄(　G　)に入れるものとして，以下の語を最も適切な順に並べ替えたとき，3番目と8番目に来るものをそれぞれ解答欄に書きなさい。

are	likely	meatpackers	more	others
suffer	than	three	times	to

8　空欄(　H　)に入れる語として，最も適切な英語1語を本文中から抜き出し，解答欄に書きなさい。

9　人類の知力が発達した理由について，本文中に示された二つの説をそれぞれ60字以内の日本語(句読点を含む)で述べなさい。

10 以下の選択肢イ～ホのうち本文の内容と一致するものを一つ選び，その記号を解答欄に書きなさい。

イ Americans now eat more vegetables as part of a sustainable lifestyle.

ロ Cowboys who conquered the new frontier were the first capitalists.

ハ Cows have such a strong will that their flesh is hard to process.

ニ Fake meat is favored by people who cannot afford the real thing.

ホ The word “meat” didn’t originally refer to animal flesh.

Ⅱ Choose one of the pictures below and describe it in English. Your description should be 100 to 140 words in length. Indicate the number of the picture you have chosen. *Correctly* indicate the number of words you have written at the end of the composition.

(1)

⑵

⑶

Ⅲ　音声を聞き，その指示に従って，ＡおよびＢの各問いに答えなさい。

（編集の都合上，省略）

日本史

（120分）

（注）解答は，解答用紙の所定の位置に横書きで書きなさい。他のところに書いても無効になることがあります。また，字数などの指示がある場合は，その指示に従って書きなさい。なお，字数制限がある場合，算用数字及びアルファベットに限り，1マスに2文字入れることができます。それ以外の句読点や問題番号には1マスを使用すること。ただし，例えば「問1」ならば「1」とのみ書いても構いません。なお，問題番号は問題ごとに指定された解答字数に含めます。

（例）Ｉの「問1」の場合 ⟶

					5	
1	·	·	·	·	·	

I　次の文章を読んで，下記の問いに答えなさい。（問1から問5まですべてで400字以内）

江戸時代の儒学者・経世家である［　(a)　］は著作『経済話』において以下のように述べている（原文の表記を改めている）。内容をふまえて解答しなさい。

今，上の法に背く者(b)，刑罰に合はず，上にては，民が孝・悌・忠・信になりたらば法に背くまい，とかく民の孝・悌・忠・信になる様にと思ふこと也。孝・悌・忠・信になる様にと思ふと，不孝・不悌・不忠・不信をさせぬとは大に違《ちがう》なり。
法なしに法に背かぬ様になるは，智者のことなり。士大夫のことなり。士大夫と云《いう》者は，それが為にこそ上より知行を下されて(c)，金がほしいと思ふに及ばず，一心一向に金を得ることに打掛りて居るに及ばず，智を練るにうち掛りて居ることなり。下の愚人は手足を働かせて後に漸《ようやく》衣食を得る故に，六ヶ敷《むつかしき》ことに打掛りては居られぬ也。

問 1　 (a) に入る人名を記しなさい。

問 2　経世論を朱子学および荻生徂徠の学問とそれぞれ関係づけて説明しなさい。

問 3　下線部(b)に関して，当時幕府の刑事司法で用いられていた法の名称を記し，説明しなさい。

問 4　下線部(c)に関して，掛屋と札差について説明しなさい。

問 5　 (a) の著作にも影響を受けながら長州藩の藩政改革を行った人物の名前を記し，改革の内容を説明しなさい。

Ⅱ　次の文章を読んで，下記の問いに答えなさい。(問 1 から問 4 まですべてで 400 字以内)

日本において新聞は，幕末開港以降の外国新聞の翻訳からはじまった。明治はじめには活版印刷技術の発展などによって，都市部を中心に日刊新聞が創刊された。明治期の新聞は，政治評論を中心として西洋近代思想や啓蒙思想を広める役割をもった大新聞と，瓦版の伝統を受け継ぎ娯楽記事を中心とした小新聞に分化していた。また，政府との間で対立し，新聞紙条例で厳しく取り締まられながらも，農村部など全国各地で新聞が創刊され拡大した。加えて，政府の国内外の政策について，激しく意見がかわされ，特に対外戦争に関して，賛成・反対の立場で論戦を行うなど，紙面をにぎわした。

第一次世界大戦以降，発行部数で 100 万部を超える新聞が登場するとともに，総合雑誌や週刊誌が新たに創刊された。ラジオの登場もあわせてマスメディアが発展したのである。満州事変期には，中国各地での日本軍の戦闘行為に関する記事が新聞に連日掲載されるようになった。人々の戦意高揚，戦争熱をあおる行為に新聞などのマスメディアが加担することとなった。

問 1 森有礼を中心に洋学者らによってつくられ，雑誌を発行するとともに啓蒙主義の普及に大きな役割を果たした団体の名前を述べなさい。

問 2 明治初期に新聞紙条例が制定された背景について，当時の政治状況をふまえて述べなさい。

問 3 日露戦争において，当時の新聞がどのような立場で政府を擁護，批判したのか，代表的な新聞をとりあげながら述べなさい。

問 4 日中戦争の全面化以降，政府は新聞，雑誌などマスメディアとどのような関係を持ったのか，戦時体制とのかかわりから述べなさい。

Ⅲ 次の文章を読んで下記の問いに答えなさい。(問1から問5まですべてで400字以内)

太平洋戦争の末期の1945年3月26日，アメリカ軍は沖縄戦を開始し，4月1日に沖縄本島へ上陸した。これに対して日本軍は，(a)本土決戦の準備のための時間をかせぐため，持久戦に持ち込んだ。男子中学生も兵士として動員され， ① と呼ばれる部隊が編成された。民間人を巻き込む激しい戦闘の結果，6月末までに現地の日本軍は壊滅し，アメリカ軍に占領された。

9月2日に日本が正式に降伏した後も，沖縄は本土とは別にアメリカ軍の直接統治の下に置かれ，さらに1952年4月28日に(b)サンフランシスコ平和条約が発効し，日本が独立を回復した後も，沖縄はアメリカの統治下に残された。国際的な冷戦を背景として，アメリカは沖縄で恒久的な基地建設を進めた。「銃剣とブルドーザー」と呼ばれる強制的な土地接収に反発し，1956年には住民による「島ぐるみ闘争」が起きた。

こうしたなか，1960年4月28日に沖縄県祖国復帰協議会が結成された。1965年にアメリカがベトナム戦争への軍事介入を本格化させると，その下で大きな負担を強いられた沖縄では祖国復帰と(c)基地撤去を求める運動が高まった。一方，(d)佐藤栄作内閣は，ベトナム戦争でアメリカに協力しつつ，「核抜き・本土なみ」の沖縄返還を目指した。そして，1971 年 6 月 17 日に沖縄返還協定が調印され，翌年 5 月 15 日に沖縄の日本復帰が実現した。

沖縄返還の過程で核兵器を「持たず，つくらず，持ちこませず」という ② が国の方針となったが，撤去された核兵器について，有事の際の再持ち込みを認める約束が密かに結ばれた。また，沖縄には広大なアメリカ軍基地が残され，事故，公害，犯罪といった多くの問題が起きている。沖縄の基地負担をめぐる問題は，日本全体で向き合わなければならない重要な課題として，現在もなお残されている。

問 1　①と②の空欄に入れるべき適切な語句を書きなさい。

問 2　下線部(a)に関して，戦況の悪化を受け，本土決戦の準備と並んで日本政府が進めた外交交渉について説明しなさい。

問 3　下線部(b)に関して，サンフランシスコ平和条約の締結をめぐり，日本国内でなされた批判について説明しなさい。

問 4　下線部(c)に関して，1968 年に核爆弾を搭載可能な戦略爆撃機 B 52 がベトナムに出撃するために離陸した後に墜落し，爆発・炎上する事故が発生した。この事故が起きたアメリカ空軍基地の名称を書きなさい。

問 5　下線部(d)に関して，佐藤栄作内閣の時期，大都市圏で革新自治体が数多く成立した経済的・社会的背景について説明しなさい。

世界史

（120分）

（注）　解答は，解答用紙の所定の位置に横書きで書きなさい。他のところに書いても無効になることがあります。また，字数などの指示がある場合は，その指示に従って書きなさい。なお，字数制限がある場合，算用数字及びアルファベットに限り，１マスに２文字入れることができます。それ以外の句読点や問題番号には１マスを使用すること。ただし，例えば「問１」ならば「１」とのみ書いても構いません。なお，問題番号は問題ごとに指定された解答字数に含めます。

（例）　Ⅰの「問１」の場合 ⟶

					5	
Ⅰ 1	・	・	・	・	・	

Ⅰ　ジャンヌ・ダルクの活躍によっても有名ないわゆる英仏百年戦争(1337～1453年)を，イギリスとフランスという二つの国家間の戦争と捉えることが必ずしも適切ではないとすれば，その理由は何か答えなさい。また，この戦争が結果的にフランス王国にどのような変化をもたらしたかを，上述の理由と関連付けて説明しなさい。(400字以内)

Ⅱ　次の地図を見て，問いに答えなさい。

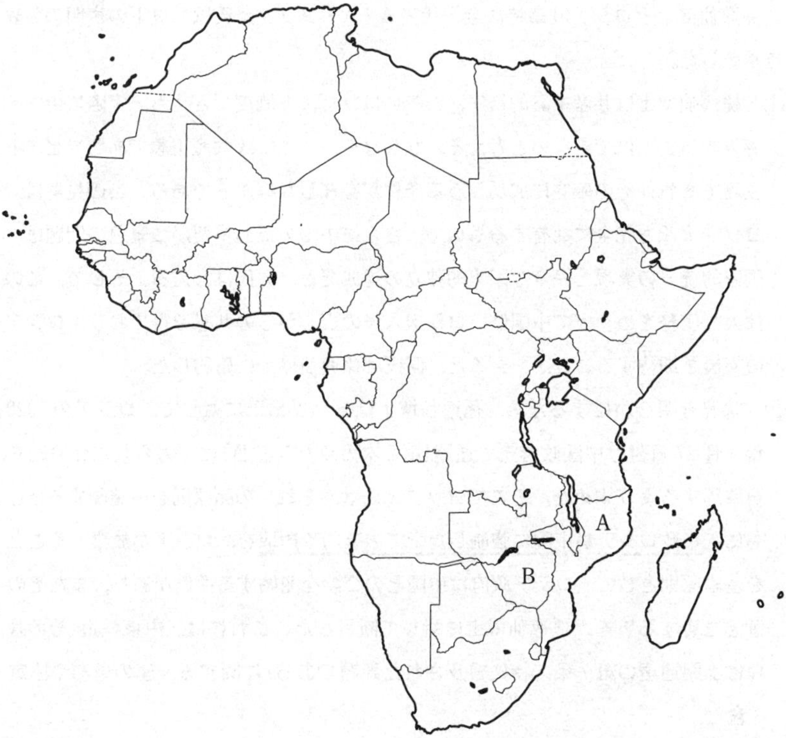

問い　1963年，アフリカ統一機構(OAU)が創設された。しかし，地図中のAとBがOAUに加盟したのは，それぞれ1975年と1980年であった。OAU加盟が10年以上後となった経緯について，AとBの内外の状況に言及しつつ，説明しなさい。その際，AとBそれぞれの宗主国と独立後の国名を明記すること。(400字以内)

Ⅲ　次の文章を読み，問いに答えなさい。(400字以内)

孫逸仙博士とロシア駐華特命全権代表A・A・ヨッフェ氏は，以下の声明の公表を承認した。

(1)　孫逸仙博士は共産主義的秩序，あるいはソビエト制度でさえも，実際に中国へ導入することはできないと考える。なぜなら，ここには共産主義であれソビエト主義であれ，その確立に成功しうる条件が存在しないからである。この見解は，ヨッフェ氏も完全に共有するもので，さらに中国の最も重要かつ緊急の問題は，国家的統一の実現と完全な国家的独立の達成だと，同氏は考える。そして，この偉大な任務をめぐって中国は，ロシア人民の衷心からの共感を得ており，ロシアの支援を期待することができると，同氏は孫逸仙博士に確約した。

(2)　状況を明らかにするため，孫逸仙博士はヨッフェ氏に対して，ロシアの1920年9月27日付け中国政府宛て通達〔第2次カラハン宣言〕に定められた諸原則を，再確認するよう求めた。そこでヨッフェ氏は，それらの諸原則を再確認するとともに，帝政ロシアが中国に強制した全ての条約や搾取を，ロシアが放棄することを基本原則として，ロシア政府は中国との交渉を開始する準備があり，またその意志を有する旨を，孫逸仙博士に対して断言した。これには，中東鉄道(その管理は上記通達の第7条で特に言及された課題である)に関する一連の条約や協定を含む。

……

上海　1923年1月26日

(深町英夫編訳『孫文革命文集』より，一部改変)

問い　下線部のような状況に陥った歴史的経緯を説明した上で，この声明がなされた時期の両国関係の変化が中国に与えた影響を論じなさい。

地理

（120 分）

（注）解答は，解答用紙の所定の位置に横書きで書きなさい。他のところに書いても無効になることがあります。また，字数などの指示がある場合は，その指示に従って書きなさい。なお，字数制限がある場合，算用数字及びアルファベットに限り，１マスに２文字入れることができます。それ以外の句読点や問題番号には１マスを使用すること。ただし，例えば「問１」ならば「１」とのみ書いても構いません。なお，問題番号は問題ごとに指定された解答字数に含めます。

（例）Ｉの「問１」の場合 ⟶

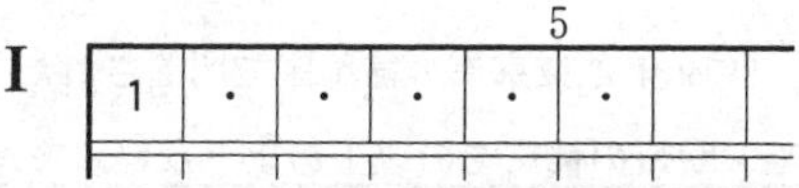

I 都市農業に関する次の文章を読んで，問いに答えなさい。

世界各地の都市では，近郊農業だけでなく，いわゆる市民農園や，都心近くに開設された菜園，土を入れた容器を並べての食料生産など，さまざまなかたちで農業が行われている。(1)空き地などを不法占拠しての耕作，あるいは都市計画のなかに正式に位置づけられていない農業のように，その従事者の貧困削減や栄養改善が期待されるのにもかかわらず，取り締まりの対象とされる場合もある。

日本では，都市農業の継続を図り，その多様な機能を発揮させることによって良好な都市環境を生み出すために，2015 年に都市農業振興基本法が制定・施行され，農林水産省に担当室が設けられた。また，国土交通省は都市農業・農地が良好な市街地環境を形成するものと考え，その保全・活用を図りつつある。そして，(2)居住を促進・誘導しようとする区域の外にある一定規模以上の医療施設，社会福祉施設，教育文化施設，商業施設を，都市機能誘導区域へと移転し，跡地の緑地等への整備を支援するなど，コンパクトシティの形成を進めようとしている。

都市農業が社会問題を解決することへの期待も示されている。カナダ・トロント近郊のある地区では，近年，海外出身者が過半数を超え，彼らが安く手に入るファストフードなどの食品に依存して健康を害しやすいため，そこを“食の泥沼”と呼ぶ人もいる。このため，住宅の裏庭やコミュニティ農園で故郷の食材を栽培し，自給する住民が現れ，それを支援する活動も始まった。さらに，在来植物についての先住民の知識を尊重し，その知識によって栄養問題の改善を図る動きもある。トロントでのこうした活動の関係者は，次のように述べている。

「フィリピンからの移民のなかで，土や農具に触れるのはつまらないと言う人などいませんでしたよ。それは食べ物という，社会と身体の問題を解決しようとする試みでした。それは，母親と子どもの交流でもあり，故郷で食べていた農作物を育てることでもあります。私は人々の好奇心に働きかけて適切な食を促したかったのです。」

(Bessho ほか，2020, Sustainability 2020(12)より翻訳・改変)

2019年に東京都・練馬区で開催された「世界都市農業サミット in 練馬」では，(3)北米・欧州の都市での以上のような経験を踏まえて，都市農業が「社会的課題を解決し，公正で開かれた社会を創り出す」ものであることなどが宣言されている。

表Ⅰ—1　ウガンダ・カンパラ住民の耕地へのアクセス(2002～2004年)

住宅地の例	土地所有率(%)	耕作地の位置(%)				
		自宅近隣	道路脇	湿　地	その他	合　計
①都心周辺	46.2	75.0	7.7	7.7	9.6	100.0
②近郊(街道筋)	22.2	38.9	15.6	32.2	13.3	100.0
③近郊(湖岸)	54.0	82.5	12.7	4.8	0.0	100.0
④郊外農村	64.2	68.5	6.5	19.6	5.4	100.0
合　計	46.1	63.6	10.8	18.2	7.4	100.0

注：土地所有率とは，住宅の建っている土地を自ら所有している住民の割合をさす。
出所：Prain, G. ほか，2010, *African Urban Harvest*. IDRC, Ottawa により作成。

問 1　都市農業を行う人々が下線部(1)の述べるような問題に直面することがとくに多いのは，たとえばウガンダ・カンパラについての表Ⅰ—1が示す4つの住宅地のうち，どこであると考えられるか，丸番号で答えなさい。続けて，そう考えた理由を表Ⅰ—1から得られる情報を用いて説明しなさい。(125 字以内)

問 2　下線部(2)が述べるような政策などによって都市農業が促されると，都市と地球環境の持続可能性はいかにして高まると考えられているのか，コンパクトシティ形成と関連させながら説明しなさい。(125 字以内)

問 3　下線部(3)について，都市農業が社会的課題の解決に役立つと考えられている理由を，トロントの例を用いながら説明しなさい。説明においては，移民が直面する問題の社会的な性格と，都市農業がそれをどのように解決しうるのかについて言及すること。(150 字以内)

Ⅱ

国際協力の経験者の講演を高校生や大学生が聞いた。経験者の発言をまとめた次の文章を読んで，問いに答えなさい。

Aさん「私はアフリカでコミュニティ開発チームのスタッフとして活動してきました。現地では安全な生活用水を確保するため，インフラの整備が必要でした。活動先のケニアのナイヴァシャ湖周辺で盛んに行われている輸出向けの花卉産業(バラ栽培)(1)には，多くの女性が従事していました。外資の流入により福利厚生が整った花卉関連会社へ雇用の機会を求めて，全国からこの地域に多くの人々が流入してきました。急激な社会の変化にインフラの整備が追いつかず，劣悪な環境のスラムで生活をする人もいました。また，大量の農業用水が必要でしたが，環境に配慮した方策が求められていました。Bさんが訪れたラテンアメリカは，いかがでしたか。」

Bさん「私はラテンアメリカの現場で日本の技術を伝えてきました。最初に赴任したのはボリビアです。ペルー南部からボリビアに至る中央アンデスには，東西両山系の間に細長い凹地が形成されています。この地域は降水量が少ないので内陸河川となり，淡水湖であるチチカカ湖や氷期の湖が干上がったウユニ塩原(ウユニ塩湖とも呼ぶ)などがあり，新たな資源の開発が計画されていました(2)。次の赴任先はパナマでした。太平洋と大西洋(カリブ海)をつなぐ約80 kmの(3)パナマ運河は，2016年6月，9年間にわたる拡張工事を完了し，日本向け液化天然ガス(LNG)船も通行可能になりました。運河は2つの大陸の地峡に建設された世界を結ぶ海上物流ルートの要衝となっているのだなと思いました。私はこれからも経済社会の持続的な成長のために，日本の技術を役立てる協力をしたいと考えています。」

問 1　アフリカ地域とラテンアメリカ地域における，流域面積が地域内で最大である河川名をそれぞれあげ，その大河周辺の環境への開発の影響を比較し，2地域の開発目的の違いとグローバルな共通の課題を説明しなさい。2つの河川名には下線を引くこと。(100字以内)

問 2　①下線部(1)に関連して，ナイヴァシャ湖周辺で当該産業が発展した要因と，その後発生した環境問題と対策について説明しなさい。②下線部(2)に関連して，ウユニ塩原周辺の地下に埋蔵されているレアメタル(希少金属)の鉱種と主な用途を答え，この国独自の資源開発の状況を説明しなさい。解答は①…。②…。としなさい。(150字以内)

問 3　下線部(3)に関連して，スエズ運河も2015年に拡張工事が完了している。2016年に初めてパナマ運河を通過した日本向けLNG船の出航国を答えなさい。1マス分空け，この国から運河を通航して輸入することは日本にどのような利点があるか，説明しなさい。続けて，表Ⅱ—1，2は両運河の2007年と2017年の通航状況を示したものであるが，両運河の拡張によって通航貨物はそれぞれどのように変化しているか，論じなさい。(150字以内)

表Ⅱ—1　通航船の隻数と一隻あたりの輸送能力

運　河	年	通航隻数(万隻)	一隻あたりの輸送能力(トン)*
スエズ	2007	1.87	57,567
	2017	1.74	77,337
パナマ	2007	1.24	33,257
	2017	1.20	47,726

*積載できる貨物と燃料などの総重量。

出所：国土技術政策総合研究所資料 No.1164，2021年より作成。

表Ⅱ－2　運河通航貨物の世界海運全体に対するシェア(単位：%)

運　河	年	コンテナ	バルクキャリア	石油類	ガ　ス	自動車
スエズ	2007	16.0	3.0	6.1	6.2	13.0
	2017	17.0	1.9	6.7	7.4	13.0
パナマ	2007	5.2	1.4	1.1	0.9	9.1
	2017	4.1	1.5	1.6	6.6	11.0

注：ここでのシェアは，重量または個数により計算したものである。
出所：国土技術政策総合研究所資料 No.1164，2021 年より作成。

Ⅲ　次の文章を読んで，問いに答えなさい。

子どもにとって，遊ぶことは重要である。しかし大人からみた場合と子どもたち自身からみた場合とで，子どもの「遊び」の意味は大きく異なる。それはたとえば「遊び場」の認識にもあらわれてくる。大人は，子どもが遊ぶとき，何かしらの形態をともなった活動を行っていると考えがちである。そのため公園整備計画でも，子どもの遊び場をそうした活動形態に合わせて準備することが多い。他方，(1)子どもたちが実際にどこで遊んでいるかといえば，大人が遊び場として準備した場所でないことが多く，そこでやっている活動も，大人からみると「何もしていない」ように映るものが多い。

ところが(2)近年，子どもが家の外で行う余暇活動について，より組織化されたものを高頻度で実施するようになっているというデータもあり，遊び本来の無計画さや無秩序さが失われてきているのかもしれない。公園などを整備する際に子どもの意見を取り入れた参加型の計画が行われる例もある。しかし，一般に子どもの(3)遊びを計画と秩序のなかに取り込むことには，注意が必要だろう。

問 1　下線部(1)について，大人が想定していない場所が子どもの遊び場となる事例として，日本国内ではどのような場所が考えられるか。具体的な例を一つ取り上げ，都市構造の変化によって子どもの遊び場がどのように変質してきたか，説明しなさい。なお，「子ども」は 18 歳未満を指すこととする。(100 字以内)

問 2　下線部(2)について，表Ⅲ―1は，ノルウェーで6歳から12歳を対象に行われた調査の結果である。1回目の調査(2005年実施)と2回目の調査(2013年と2014年にまたがって実施)で，ノルウェーの子どもの余暇時間の使い方はどのように変化したか。また2回目の調査時点で，組織的活動，外遊び，友人訪問の3つの余暇時間の使い方が相互にどのように関係していると考えられるか。それぞれ説明しなさい。なお，「組織的活動」には，スポーツクラブ，音楽教室，ユースセンターでの活動などを含む。(150字以内)

問 3　表Ⅲ―2は，インドネシア・ジャカルタ中心部にある性格の異なる住宅地から2つの例を選び，小学生の遊び場と，小学生の近隣との関わりを示したものである。この表から読み取ることのできる両住宅地の違いを，居住環境の違いと関連づけながら説明しなさい。続けて，下線部(3)が述べる計画と遊びの関係について，このジャカルタの事例からいえることを論じなさい。(150字以内)

表Ⅲ―1　ノルウェーにおける子ども(6歳から12歳)の余暇活動

A　実施率	2005年	2013～14年
「組織的活動」を週1回以上行う(%)	88	92
毎日外遊びをする(%)	51	39
週4回以上友人を訪ねる(%)	44	24

B　「組織的活動」の頻度ごとの実施率	「組織的活動」の頻度				
	なし	週1回	週2回	週3回	週4回以上
毎日外遊びをする(%)	32	24	43	41	51
週2回以上友人を訪ねる(%)	46	47	66	77	78

注：Bは2回目調査の2013～14年についてのみ。
出所：Nordbakke, S., 2019, Children's Geographies 17(3)により作成。

表Ⅲ－2　インドネシア・ジャカルタ中心部における小学生の遊びと，近隣との関わり：各項目の回答割合(2018 年)

住宅地の特徴	好きな遊び場(%)		友達と遊ぶ(%)	近隣の人と話すか(%)	
	家の外	家の中		よく/たまに話す	あまり/全く話さない
自然発生的なスラムの例	88	18	76	72	28
計画的住宅地の例	39	66	55	61	39

注：「好きな遊び場」は，家の外と中の両方を回答した場合があるため合計が 100 とならない。

出所：西川紘未ほか，2020，こども環境学研究 16(1)により作成。

数学

（120 分）

1　n を 2 以上 20 以下の整数，k を 1 以上 $n-1$ 以下の整数とする。

$$ {}_{n+2}\mathrm{C}_{k+1} = 2\left({}_{n}\mathrm{C}_{k-1} + {}_{n}\mathrm{C}_{k+1}\right) $$

が成り立つような整数の組 $(n,\ k)$ を求めよ。

2　a を正の実数とする。2 つの曲線 $C_1 : y = x^3 + 2ax^2$ および $C_2 : y = 3ax^2 - \dfrac{3}{a}$ の両方に接する直線が存在するような a の範囲を求めよ。

3　原点を O とする座標空間内に 3 点 A $(-3,\ 2,\ 0)$，B $(1,\ 5,\ 0)$，C $(4,\ 5,\ 1)$ がある。P は $\left|\overrightarrow{\mathrm{PA}} + 3\overrightarrow{\mathrm{PB}} + 2\overrightarrow{\mathrm{PC}}\right| \leqq 36$ を満たす点である。4 点 O，A，B，P が同一平面上にないとき，四面体 OABP の体積の最大値を求めよ。

4 xy 平面上で，x 座標と y 座標がともに正の整数であるような各点に，下の図のような番号をつける。点 $(m,\ n)$ につけた番号を $f(m,\ n)$ とする。たとえば，$f(1,\ 1)=1$，$f(3,\ 4)=19$ である。

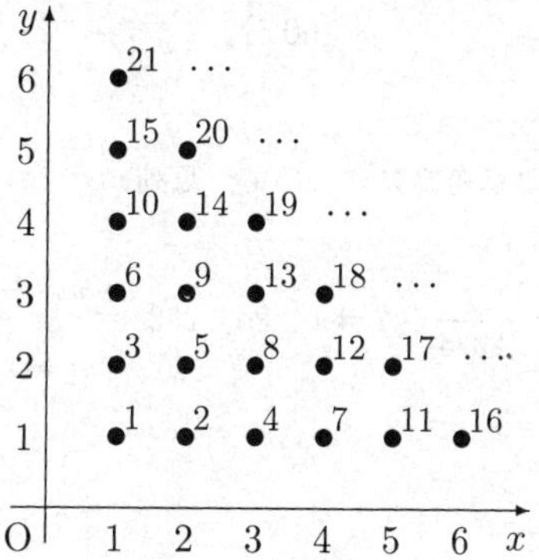

(1) $f(m,\ n)+f(m+1,\ n+1)=2f(m,\ n+1)$ が成り立つことを示せ。

(2) $f(m,\ n)+f(m+1,\ n)+f(m,\ n+1)+f(m+1,\ n+1)=2023$ となるような整数の組 $(m,\ n)$ を求めよ。

5 A，B，C の 3 人が，A，B，C，A，B，C，A，$\cdots$ という順番にさいころを投げ，最初に 1 を出した人を勝ちとする。だれかが 1 を出すか，全員が n 回ずつ投げたら，ゲームを終了する。A，B，C が勝つ確率 P_{A}，P_{B}，P_{C} をそれぞれ求めよ。

総合問題

（60 分）

1 標準正規分布に従う確率変数 X について，数列 x_1，…，x_{2022} を

$$P(X \leqq x_i) = \frac{i}{2023}, \quad i = 1, \cdots, 2022 \tag{1}$$

を満たすように定義する。

問 1 次の a ～ d のうち正しいものをすべて選び，その記号を答えなさい。

a．$i < j$ を満たす任意の i, $j = 1$，…，2022 について $x_i < x_j$ が成り立つ。

b．任意の $i = 1$，…，2022 について $-x_i = x_{2023-i}$ が成り立つ。

c．任意の i, $j = 2$，…，2022 について $x_i - x_{i-1} = x_j - x_{j-1}$ が成り立つ。

d．上式(1)において，X を $-X$ に替えたとき同様に定義される数列を x'_1，…，x'_{2022} とすると，任意の $i = 1$，…，2022 について $x_i = -x'_i$ が成り立つ。

問 2 標準正規分布からの大きさ 2022 の無作為抽出されたデータを小さい順に並べ替えたものを z_1，…，z_{2022} とするとき，$(x_1,\ z_1)$，…，$(x_{2022},\ z_{2022})$ の散布図はどのような形状になるか。必要に応じて図を用いて説明せよ。

問 3 平均 1，分散 1 の正規分布からの大きさ 2022 の無作為抽出されたデータを小さい順に並べ替えたものを z'_1，…，z'_{2022} とするとき，$(x_1,\ z'_1)$，…，$(x_{2022},\ z'_{2022})$ の散布図はどのような形状になるか。問 2 の散布図と比較しつつ，必要に応じて図を用いて説明せよ。

問 4　図1に示された散布図におけるデータ y_1，…，y_{2022} は，どのような分布から抽出されたと考えられるか。その分布の特徴を標準正規分布と比較して述べよ。

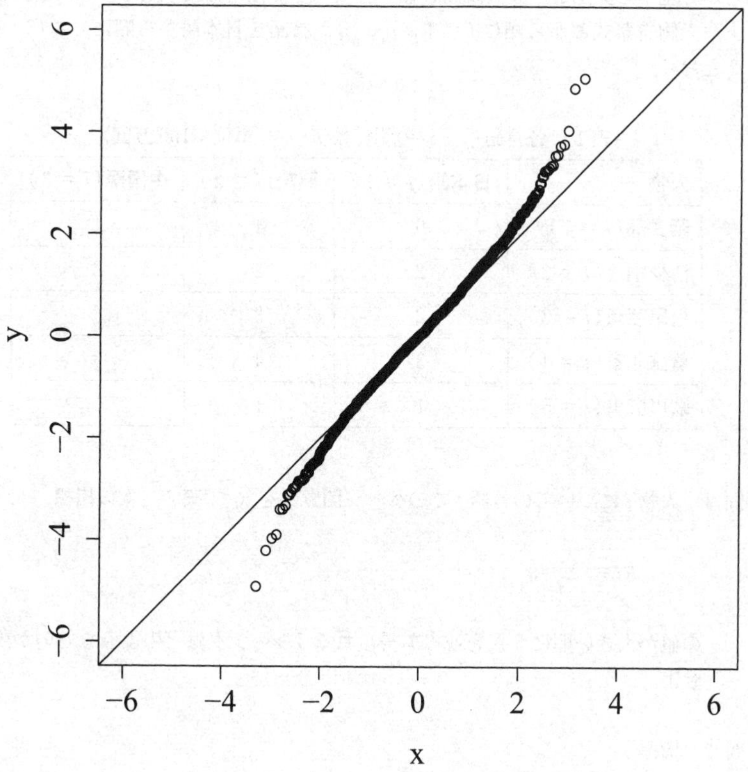

図1：$(x_1,\ y_1)$，…，$(x_{2022},\ y_{2022})$ の散布図

2 　A さんは，百科事典ウェブサイトの人物ページ閲覧数のデータをもとに，日本の芸術偉人ランキングを作成しようと考えた。各人物には，日本語ページだけでなく，英語ページと中国語ページがあり，言語別にページ閲覧数が与えられている。A さんは以下の表 1 の 5 人についての閲覧数データを集めた。A さんは，何らかの基準で算出した数値が高い順に各人物を順位付けようと考えている。便宜上，人物を紫式部から順に $i = 1, \cdots, 5$，言語を日本語から順に $j = 1, 2, 3$ とおく。

表 1：各言語ページの閲覧数データ(単位：100 万回)

人物	**日本語**($j = 1$)	**英語**($j = 2$)	**中国語**($j = 3$)
紫式部($i = 1$)	6	1	1
清少納言($i = 2$)	2	2	2
松尾芭蕉($i = 3$)	2	3	3
葛飾北斎($i = 4$)	3	4	3
歌川広重($i = 5$)	1	1	1

問 1　人物 i についての言語 j でのページ閲覧数を v_{ij} で表す。次の指標

$$R_i = \sum_{j=1}^{3} v_{ij}$$

の値が大きい順に 5 人を並べて得られるランキングはどのようなものか説明せよ。

問 2　指標

$$H_i = -\sum_{j=1}^{3}\left(\frac{v_{ij}}{R_i}\right)\log_2\left(\frac{v_{ij}}{R_i}\right)$$

をもとに，表で示した 5 人について，H_{i} の値が大きい順に順位を記載せよ。対数の計算は以下の値を参考にしてよい。

$\log_2 3 = 1.5850$　　$\log_2 5 = 2.3219$　　$\log_2 7 = 2.8074$

問 3　指標 H_i の値が大きい順に 5 人を並べて得られるランキングはどのようなものか説明せよ。

3　学術セミナーへのWeb登録情報を確認したところ，無効なメールアドレスが混在していることが発覚した。そこで，後述の**正規表現**を用いて，登録されたメールアドレスが有効かどうかを1件ずつ判定することにした。なお，すべてのメールアドレスは，アットマーク(@)を隔てて前半のローカル部と，後半のドメイン部から構成される。また，ドメイン部はドット(.)で区切られた複数の部分を持ち，各部分をラベルと呼ぶ。例えば，次のメールアドレス

user@xyz.co.jp

において，**user**がローカル部，**xyz.co.jp**がドメイン部であり，また，**xyz**，**co**，**jp**の各々がラベルである。

正規表現とは，単一の文字列で複数の文字列を表現する方法であり，特定のパターンを満たす文字列を抽出する際に用いられる。なお，ある文字列が特定の正規表現で表される文字列に該当するかどうか判定することを「文字列照合」といい，該当する場合は「照合する」という。正規表現中の英数字と一部の記号は，表記の通りの英数字・記号と照合する。その一方で，一部の記号，及び，記号と英数字の組合せは特殊な意味や機能を持つ。特殊な表現の例を表2に示す。特殊表現を用いた正規表現と，照合する文字列の例をそれぞれ掲載する。

表2：正規表現の特殊文字・表現

種類	記号	機能	正規表現例	照合文字列例
特殊文字	.	任意の文字と照合	X.Z	XYZ
	\	直後の特殊文字を表記通りに照合	\.	.
特殊表現	[]	括弧内の文字(列)のいずれか1文字と照合	[1@a]	@
		(括弧中の先頭・末尾のハイフン(-)は表記通り照合。	[-abc]	-
		括弧中の文字間のハイフン(-)は文字範囲を表現)	[a-c]	c
	()	括弧内の文字列をグループ化	(abc)	abc
繰り返し	+	直前の文字・グループの1回以上の繰り返しと照合	(ab)+	abab

従って，例えば下記の3つの文字列

`1ab@`　　`321ab@`　　`33333333ab@`

は，正規表現

`[1-3]+ab@`　　(2)

と照合する。翻って，下記の3つの文字列

`1a`　　`41ab@`　　`ab@`

は，正規表現(2)と照合しない。

下記の2つの条件を満たすメールアドレスを，ABC大学ドメインの有効なメールアドレスとして定義する。

・ローカル部は「1文字以上の英字」で表される。

・ドメイン部は「1文字以上の英数字」と「`.abc.ac.jp`」の結合で表される。

ABC大学ドメインの有効なメールアドレスの**ドメイン部**と照合する正規表現は，下記の通りである。

`[a-zA-Z0-9]+\.abc\.ac\.jp`　　(3)

問1　ABC大学ドメインの有効なメールアドレスの**ローカル部**と照合する正規表現を答えよ。

下記の5つの条件を満たすメールアドレスを，有効なメールアドレスとして定義する。

・ローカル部は，以下のいずれか，もしくはそれらの結合で構成される。

　―1文字以上の英数字

　―1つ以上のドット(`.`)

　　―1つ以上のハイフン(-)

　　―1つ以上のアンダースコア(_)

・ドメイン部には複数のラベルが出現する。

・ドメイン部の各ラベルはドット(.)で区切られている。

・ドメイン部の末尾を除く各ラベルは，以下のいずれか，もしくはそれらの結合で構成される。

　　―1文字以上の英数字

　　―1つ以上のハイフン(-)

・ドメイン部の末尾のラベルは，1文字以上の英字から構成される。

問 2　有効なメールアドレスと照合する正規表現を答えよ。なお，必ず **( )** を 1セットと **+** を 4 回使って解答せよ。

ある正規表現が与えられた文字列と照合するか検証するために，正規表現と対応する状態遷移図を用いる。状態遷移図は，状態(○)と，状態から状態への遷移(→)によって構成される。また，特殊な状態として，初期状態(➡○)と受理状態(◎)が存在する。

状態遷移は初期状態に文字列が入力されて始まり，その文字列が1文字ずつ，先頭から末尾に向かって読み込まれる。文字が1つ読み込まれるごとに，その文字の条件に合致した矢印に従って状態が遷移する。末尾の文字が読み込まれて最後の状態遷移が起こり，結果が出力される。そのときの状態が受理状態であれば出力は受理(正規表現と照合する)となり，その他の状態であれば出力は非受理(正規表現と照合しない)となる。

図 2 は，正規表現(2)と対応する状態遷移図である。ここで入力として文字列 **1a** を考える。初期状態は S_1 であり，入力の 1 文字目(先頭)が **1** であることを受けて，状態 S_2 に遷移する。次に 2 文字目(末尾)の **a** を読み込み，状態 S_3 に遷移する。ここで文字列の末尾に到達したものの，状態 S_3 は受理状態でないため，正規表現(2)は文字列 **1a** と照合しないという結果が得られた。

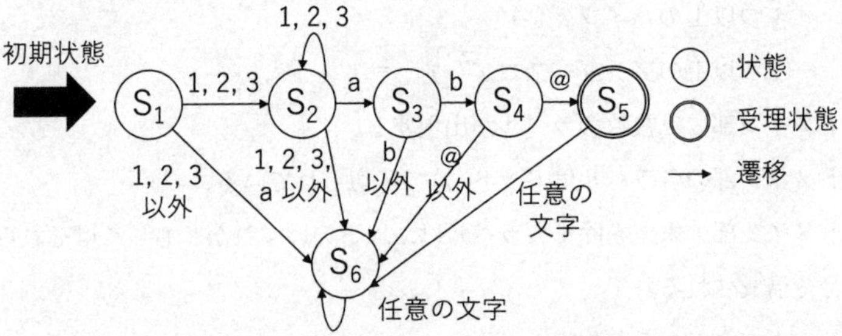

図 2 ：正規表現(2)と対応する状態遷移図

問 3　図 3 は，問 2 で作成した正規表現と対応する状態遷移図である。(ア)～(カ)に該当するものを下記の選択肢①～⑫から選択せよ。なお，同一の選択肢を複数回使用してもよい。

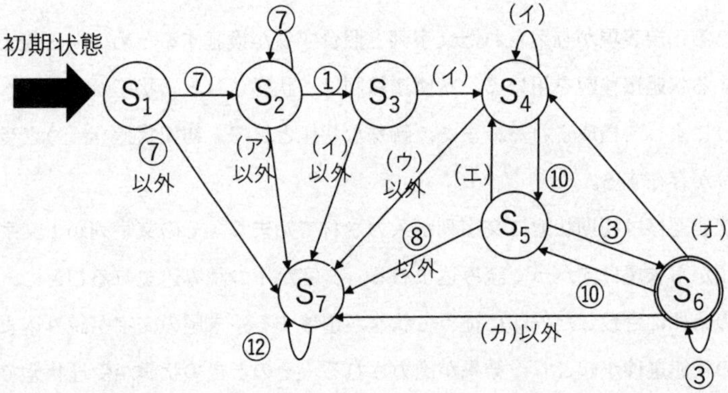

図 3 ：有効なメールアドレスを抽出する正規表現と対応する状態遷移図

①　アットマーク(@)

②　アンダースコア(_)

③　英字

④　英数字

⑤　英数字，ドット(.)，ハイフン(-)

⑥　英数字，ドット(.)，ハイフン(-)，アンダースコア(_)，アットマーク(@)

⑦　英数字，ドット(.)，ハイフン(-)，アンダースコア(_)

⑧　英数字，ハイフン(-)

⑨　数字，ハイフン(-)

⑩　ドット(.)

⑪　ハイフン(-)

⑫　任意の文字

くない」物の比喩として用いられている。

注　イースター蜂起　イギリスの植民地だったアイルランドの独立を目指して、一九一六年の復活祭（イースター）期間中に起こった武装蜂起。

問い　右の文章を要約しなさい（二〇〇字以内）。

本語よりも楽、ということは可能性として起こりうるのだ。新しい言語がいちど多くの人の母語として定着してしまえば、気持ちがどうであれ言語能力と使用に引っ張られることは、アイルランドの多くの人々が民族語であるアイルランド語を話したいとつよく願っていても日常的には英語を用いて生活しているのをみれば明らかである。

　ある日、車内広告に、某子ども英語塾のこんなキャッチコピーを見つけた。「お父さんお母さん。英語を日本語と同じくらい使えたらワクワクするよね。だっていろんな夢が選べると思うから！」(原文は「英語」を色を変えて表示)という女の子の吹き出し。そしてそのあとには、「お子さまの将来の可能性を広げませんか？」との問いかけが続く。英語にみる子どもの将来はアイルランドに重なる。たとえば百五十年前にアイルランドの南西部の地域では、アイルランド語よりも英語に子どもの将来を託した。アイルランドは今年(二〇一六年)三月イースター蜂起[注]からちょうど百年を迎えたが、そのころの政治家たちの多くは古い貧しいアイルランドから脱却して、英語に豊かさを見て躍進しようとしていたのである。

　そしてもうひとつ、この広告の女の子の「英語を日本語と同じくらい使えたら」という願望。早期の英語教育にある自然でイノセントな、バイリンガル化構想にも通ずる。そして、この女の子の願望は、いまの日本を生きるそう少なくない人々に共通のものとしてあるのだ。そして他方で、アイルランドは民族語を話せるバイリンガルを増やす計画のもとにあり、アイルランドの人々はアンケートに「アイルランド語が話せたら」「せめてアイルランド語とのバイリンガルでありたい」と民族語への思いを綴《つづ》る。なんだか、私たちがこれからひょっとすると登り始めることになるかもしれない山の反対側のふもとに、いまのアイルランドの人々の状況を見なくもない。言語交替を経験した国に生きる人々の言葉に、いま耳を傾けてみたい。

――嶋田珠巳『英語という選択　アイルランドの今』

注　英語が「フランスパン」で日本語が「長ネギ」　ここでの「フランスパン」と「長ネギ」は、それぞれ「かっこいい」物と「かっこよガルになったあとのことまでは考えていない。現代は多様な言語文化をもつ人たちがそれぞれに、たとえば英語やスペイン語や中国語といった大言語をある文脈では利用しつつ、なおかつ自分たちの言語をもっているということが可能であり、インターネットを通して世界中いつでもどこでもつながる時代である。だからアイルランドに起こったような言語交替などは起こりにくい状況にある。コミュニティにおける同質性がかつてのようになく、民族言語的に多様であるために、あるひとつの方向に動くということが起こりにくい。そうでなくてもいまのところ、日本は人口が多く、世界経済的にも影響力のある国であるから、そう簡単に国の言語が取り替えられるなどということは考えにくい。私自身もどこかで「日本語はだいじょうぶ」と、理由なき安心がある。

　けれども、これからの日本のことばのことを議論するときに、私たちが知っておかなければならないのは、国民の多くが英語とのバイリンガルになったときには英語に傾くスピードが断然速くなるということである。もちろん、幸運にめぐまれて、安定的な二言語併用状態があるていど続くこともないとはいえないが、そのためには日本に複数言語使用の環境があり、英語と日本語がすくなくとも日本社会において、同じくらいの「力」をもっていることが条件となろう。もしも日本国民の大多数がひとまずなんらかの形で日本語と英語のバイリンガルであるという状況が生まれたときに、そこに加えて、英語が「フランスパン」で日本語が「長ネギ」注ということが日本社会における総意になっているというようなことになれば、日本語はもはや安泰ではなくなる方向におおきく舵《かじ》をきっているかもしれない。

　言語はコミュニティを単位としては三世代あれば替わることが可能である。そこにきてもし、最初には上からの「政策」としてなんとか苦労してであっても、日本全体に英語を浸透させ、英語が話せる国民を増やすということをしたとしよう。これはとてもたいへんなことだから一筋縄ではいかないが、一定の条件が整っていけばまるっきり不可能というわけでもない。その「作業」にしばらく（数百年、もしかしたら百年よりも短いかもしれないくらいの）時間がかかるとしても、日本語と英語のバイリンガル化が完了したつぎの世代には、世界の状況ないし日本を取り巻く環境によっては、英語の使用が増え、そのつぎの世代には英語のほうが日

問い二　傍線一「抑強揚弱の平均力」とはどういうことなのか、この段落の内容をふまえて説明しなさい（三〇字以内）。

問い三　傍線二「当路の者宜《よろし》く鑑みるべき也。」とあるが、ここで筆者が主張したいのはどういうことか、文章全体をふまえて説明しなさい（六〇字以内）。

問題三　次の文章を読んで後の問いに答えなさい。

いまいちど確認しておきたいのは、アイルランドはなにか特別なことをしたために言語交替が起こったのではないということだ。その根底にあるのは、「順位づけ」というありふれた社会的行為である。結果的に言語交替を引き起こすことになった、アイルランドの母親の「わが子にはアイルランド語よりも英語を」という選択は、自分の方言よりも標準語のほうにわが子の将来をみる母親、「子どもには英語をしゃべらせたい」と願う日本の親と、なんら変わるところがない。そしてこのことは、言語もほかのさまざまな事物と同様に社会的な価値判断の対象になる以上、しごく自然なことである。アイルランドのばあいにはそこに植民地支配の過酷な背景があり、支配するものとされるものの力関係があり、貧困があった。そこにきて、大飢饉《ききん》によるアイルランド語話者の急速な減少も追い打ちをかけた。その頃にはしだいに親はわが子にアイルランド語を話さなくなり、あるいはわが子を積極的に英語の環境に置くようにしてバイリンガルに育て、子どものほうでも新しい言語である英語におのずと生きる手段を得ていたのであろう。

日本で近年盛んになっている、早期の英語教育導入の議論、国民が英語を話せるようにするための英語教育の議論は、空気のようにある日本語を前提としている。言い換えれば、その議論は、英語が日本に浸透して多くの国民が英語を日常的に話すバイリン今試に赤道の両辺に巨大の障壁を築き空気の流通を抑止したりと仮想せん乎《か》、夫の障壁の南北に在る空気は益々密縮して其圧力を増し夫の壁間に在る空気は漸く疎薄に趣き其圧力を減じ疎密頗《すこぶ》る其不平均を生ずるに至るべし。若し夫れ然らば南北空気の圧力は漸く強大にして終に其障壁を決壊し家屋を破砕し民人を傷害して異常の災害を致すに至るや必せり。

而して政治の上に於けるも亦《また》此の如し。若し圧制の政府をして民人の権利を奪取するを目的とし、其ウ言路を塞ぎ其結党を禁じ凡《およ》そ政府の主義にエ対頭の説を立つる者は皆な抑制するを為さしめば一時、或は偏重の力を政府に保有するを得べしと雖ども其不平均の久きに至らば、夫の必至の平均力は此の人為の偏重力を打破し其本位に回復するを務め、為めに非常の大乱を醸し以て上位を占むるの人をして其昨非を悔いしむるに至るや明《あきらけ》し。昔時仏国革命の騒乱の如きは実に累世不平均の力ありて平がず、夫《そ》のルイ第十六世の時に至り一朝破裂して其平均を求むる者なるを知る也。今其跡を観るに狂暴惨忍殆《ほと》んど言ふべからざるが如しと雖ども顧みて其累世に積重したる不平均の景況を察すれば其暴其惨亦た大に之を怪しむに足らざる也。余故に曰く苟《いやしく》も人民の上に立ち邦国を平治するの責任を負ふ者は能《よ》く此必至の平均力に注意し能《よ》く之を活用せざるを得ざる也と。

今余を以て之を見るに、英政府は夫れ能く此平均力を承認し能く之を活用する者と謂《い》つて可ならん乎。見よ夫の政府は政治を以て敢て之を妨碍《ぼうがい》せず、唯、其必然の平均力に任せ嘗《かつ》て之を問はざるを。見よ故に新紙雑誌の如きも敢《あえ》て之に干渉せず、一に其必然の平均力に委《まか》し以て之を活用す。是以《ここをもって》一新紙あり、痛く政府の所為を非難するありと雖ども他の新紙は抑強揚弱の情を以て直に起て之を駁撃《ばくげき》し、以て政府を回護するが故に議論能く其平均を保有するを得。記者も亦其間に於て大に自から利す矣。而して彼の政党を見るに亦此の如し。開進党あり守旧党あり互に相箝制《かんせい》して以て政治の平均を全ふする也。吁々《ああ》平均力を抑ゆるの害彼の如く、大に之に従ふの利、此の如く多し。二当路の者宜《よろし》く鑑みるべき也。

——馬場辰猪「平均力の説」

問い一　傍線ア「人性」、傍線イ「異日」、傍線ウ「言路」、傍線エ「対頭」の意味を答えなさい。

問題二　次の文章を読んで後の問いに答えなさい。

事物の平均は必至の勢なり、人得て争ふべからず。今夫《そ》れ二物あり、其《その》含有する温度を問へば各々相同からず。甲は三十度を有《たも》ち乙は七十度を有たしめんに、若《も》し試に之《これ》を取て相接近せしむれば温気移伝の理に由《よ》りて乙は忽《たちま》ち其過剰せる二十度を移して之を甲に伝へ、甲は之を受けて以《もつ》て其不足を補ひ甲乙互に五十の温度を保有し二者両ながら平等の地位に至るあり。空気の疎密を見るに亦《ま》た此《かく》の如し。夫の赤道直下に流動せるものは太陽に熱炎せられ膨張して、自ら疎薄なるを以て夫の寒凛《かんりん》に触れて収縮したる空気は常に南北の両極より赤道の辺に流動しその疎薄なる空気を駆《く》馳《ち》して南北に回旋し去らしむるに由り、寒熱の空気常に両極に流通し各地其疎密を平等するを得る矣《なり》。

然り而《しか》して此《この》力、又大に人間の社会に於《おい》て之を奮ふあり。今試に其一証を挙げんに茲《ここ》に二家の権を争ふ者あり。其始、両雄双《なら》び立つや人或《あるい》は之を憐憫《れんびん》嫉悪するの情を生ぜずと雖《いえ》ども若し一旦、強弱の勢を生じ一は強に一は弱ならしめば、人、必らず其弱を憐《あわれ》んで其強を憎むの意を起すべし。是《こ》れアア人性に強を抑へ弱を揚ぐるの平均力あるに由る者にして、今其的例を観んと欲せば試に源平興亡の史を取て之を誦《ず》せよ。若し読で清盛、天下の大権を握り、平氏、其専横を極め、頼朝、遠く豆州に流竄《りゅうざん》せられ、常盤、児を拉《ひき》て雪中に艱難《かんなん》し、源家の衰替、方《ま》さに極るの件《くだり》に至らば君必ず平氏を憎み源家を憐むの情を起すべし。然れどもイ異日平氏漸《ようや》く衰運に属し挙族、壇浦に死し、頼朝、覇府を鎌倉に創《はじ》むるの条に読み至れば君の胸間、寧《むし》ろ源家を嫉《そね》み平氏を憐むの情を浮ぶべし。是れ他なし抑強揚弱の平均力ありて君の性上に存するあれば也《なり》。而して此理や広く人間万般の事に及び天下の事物、皆な此力に依て其平均を保持せざるはなく古今の人、得て之を争ふべからざる也。

然と雖ども世間或は人為の力を以て此の必然の平均力を抑制し事物の不平均を致さんとする者あり。其始は得て為すべきが如しと雖ども、顧みて其結果を視ば之を異常の禍害に終へざるもの未《いま》だ曽《かつ》て之れあらざる也。乞ふ少しく之を説かん。

さて、哲学に話を戻します。三哲学もまた抵抗です。それは知的な抵抗です。哲学という抵抗もやはり、有用性や有効性によって価値を計られることはありません。

つまり、哲学という抵抗は、世界を実際に変革するとはかぎらない。世界に実際的な影響を及ぼすとはかぎらない。抵抗によって状況が変わることももちろんあるけれども、変わらないことも多い。勝つこともあるけれども、負けることもたくさんある。しかし、勝とうが負けようが、当の哲学の営みによって、そのとき「世界の見えかた」はすでに変わっている。そのような、知的な知覚の変容というところで抵抗をやすやすとEスイコウし、概念のたわみが堪えられる限界までじりじりと抵抗を継続するのが哲学なのです。

——高桑和巳『哲学で抵抗する』

問い一　傍線A・B・C・D・Eのカタカナで書かれた語句を漢字で書きなさい。

問い二　傍線一「支配的な権力」とあるが、それはどのようなものか、説明しなさい（三〇字以内）。

問い三　傍線二「抵抗に、いいも悪いもありません。」とあるが、それはなぜか、説明しなさい（四〇字以内）。

問い四　傍線三「哲学もまた抵抗です。それは知的な抵抗です。」とあるが、どういうことか、文章全体をふまえて説明しなさい（五〇字以内）。

なるほど、戦略的な抵抗を企むこと、抵抗の有効な組織化を計画すること、要するに「勝つこと」を考えることにも意味がないわけではありません。勝てるに越したことはないでしょう。しかし、獲得されるべき効果や成果から遡って抵抗の是非を問い、良し悪しを判定するようなことにはまったく意味がありません。二抵抗に、いいも悪いもありません。このことは、この先も、繰り返しお伝えすることになると思います。

たとえば、私はデモにときどき行きますが、いったいデモに行って何の意味があるというのでしょうか？

デモに行っても、たいていは何も変わらない。デモはマスコミに群集の空撮写真という「絵」を提供したり、問題になっている話題に関する記事を載せる口実を作ったりはできますが、せいぜい効果はそのくらいでしょう。効果という点から言えば、政治参加としては投票のほうがはるかに正攻法であることに疑念の余地はありません。

しかし、だからといって、デモに行くことが否定されるべきとは私はまったく思いません。デモに行くというのは、効果から遡ってなされる営みではない。本当に怒ったとき、なぜかデモに行ってしまう人たちがいる。その人たちは、なぜかプラカードを作り、気がついてみたら「霞ヶ関」駅やら「国会議事堂前」駅やらで下車している。なぜか、知らない人たちと群れている。なぜかシュプレヒコールをあげてしまう。それだけのことです。

皆さんは、叩《たた》かれて「痛い」と言っている人を見て、「きみが『痛い』と言って何の意味があるのか？　叩いてきた奴に反撃しなければ意味はない。だいたい、その『痛い』という声は小さかった。どうせ言うなら大声で、相手に確実に聞こえるように言うべきだった」云々《うんぬん》と批判するでしょうか？　そんな批判は無意味です。

叩かれて「痛い」と言うこと、これはすでに抵抗です。それ自体には何の意味もないと取られることもあるし、そもそも効果がまったく想定されていないことも多い。しかし、「もう、こんなことはいやだ」ということがおのずと発せられている。抵抗というのはそういうものです。

そのような、広い意味での権力にあらがってしまうことが「抵抗」一般です。

抵抗は、強い意志を背景として、決心して、自分に無理をかけて立ち上がる、というしかたでなされるとはかぎりません。もちろん、抵抗すると軋轢《あつれき》や衝突がほぼ必ず生ずるので、きつさ、つらさが生ずるのは事実でしょうが、抵抗は通常、やむにやまれず、ある意味では自然に生ずるものです。はたから見ると不自然に見えることがあるとしてもです。

また、その自然な抵抗の引き金は、自分のうちに少しずつこしらえられていることもあるし、何か外的な状況が自然とそのような引き金になることもあります。誰かの死とか、災害とか、大々的な不正とかいったものです。それは、自分に直接関わるものであるばあいもあるし、自分に直接は関わらなくても、なぜか引き金になってしまうばあいもある。C ギフンが引き起こされるばあいなどはそれにあたるでしょう。

抵抗の形はさまざまです。もちろん、一番イメージしやすいのは政治的な抵抗としてのデモ、集会、リコール、蜂起、テロといったもの、あるいは労働争議としてのスト、サボタージュ、遵法闘争といったもの、また不買運動その他のボイコットや企業への抗議などかと思いますが、抵抗はそれにとどまるものではありません。

抵抗は多様です。芸術制作という形を取ることもあるし、サボりや無視という形を取ることもある。社会的 D キハンに対する違反という形を取ることもあります。

あるいは、意図的にせよ無意識にせよ、体が動かなくなるとか、病気になってしまうとかいった営為も、窮極的には抵抗になるばあいがあります。体が、心が「言うことを聞かない、聞けない」。とにかく、「もうダメだ、このままだと自分はしっくりいかない」ということで、場違いなもの、ふつうではないものと制度側から見なされる行動や不動が引き起こされてしまうとき、それは抵抗です。

抵抗は、それがうまくいくかいかないかという価値判断とは無縁です。

国語

（一〇〇分）

問題一　次の文章を読んで後の問いに答えなさい。

　抵抗とは、やむにやまれぬ振る舞いです。「大きなものに流されそうなときに、断固踏みとどまること」です。それは運動の形を取ることもあれば、不動の形を取ることもあります。「大きなもの」が不動を強いてくるのであれば動くことが抵抗ですし、動きを強いてくるのであれば動かずにいることが抵抗です。総じて、「言うことを聞かないこと」と言ってもいい。

　Aキトク権益に乏しい者が、1支配的な権力のいや増す介入に対して口にしてしまう「もう、これ以上おまえたちの好きにはさせられない」というのが抵抗です。

　ここで軽々しく「権力」という言葉を使いましたが、それは政治的権力だけを指すわけではありません。支配的・体制的な力はすべて権力です。停滞、よどみ、Bダセイ、無思考、泣き寝入り、忘却といったものを強いてくる、あるいは「まあ、これでいいか」と妥協を促してくる、すべての優位な力のことです。

　「こうすべき、こうあるべき」とする、あらゆる意識的・無意識的な、有形・無形の思いなしが、広い意味での権力を駆動させている当のものです。たとえばの話、制度はすべて権力を有しています。事柄の自明視を強制してくるものは、その強制が意識的であろうと無意識的であろうと、すべて権力です。自分のなかにその権力が宿ってしまっていることもよくあります。

//////////////////// · memo · ////////////////////

問題編

ソーシャル・データサイエンス学部「総合問題」

社会において数理的なものの考え方を応用する力，情報技術の活用について自ら試行する姿勢を確認する。

（試験時間：―※）

※サンプル問題では試験時間は示されていないが，実際の総合問題の試験時間は60分である。

（記述式）

設問形式は、自由記述を含め、選択問題、穴埋め問題のいずれの場合もありえる

1. 以下は、数学者ポアンカレの逸話です。これを読んで以下の問いに答えなさい。

ポアンカレは、毎日同じパン屋さんで 1kg として売っているパンを買っていました。彼はいつもパンを買うと重さを量って記録していました。手作りのパンですので、当然毎日重さは全く同じではなく、1kg より軽いときもあれば重いときもあります。$_1$そのデータを見て、$_2$ポアンカレはパン屋さんは、故意に 1kg よりも軽いパン作って、それを 1kg と偽って売っていることを見抜きました。ポアンカレは、パン屋さんに苦情を言いにいき、パン屋さんは不正を認め、次からはちゃんと 1kg のパンを作ると約束しました。その後も、ポアンカレは毎日そのパン屋さんでパンを買い、量り、データを収集しました。苦情を入れて以降、ポアンカレが買うパンはいつも 1kg よりも重くなりました。しかし、$_3$そのデータを見て、ポアンカレは、まだパン屋さんが不正を行っていることを見抜き、ふたたびパン屋さんに苦情を言いました。実は、パン屋さんは、一度目の苦情の後も作るパンの重さは変更しておらず、ポアンカレが買いに来た時だけ、店の中にあるパンの中で重そうなパンを選んで渡していたのでした。

(1) 下線部 1 のデータについて、パンの重さのヒストグラムで表すと、どのようなグラフになるか、次の①～⑤から考えられるものを選べ。

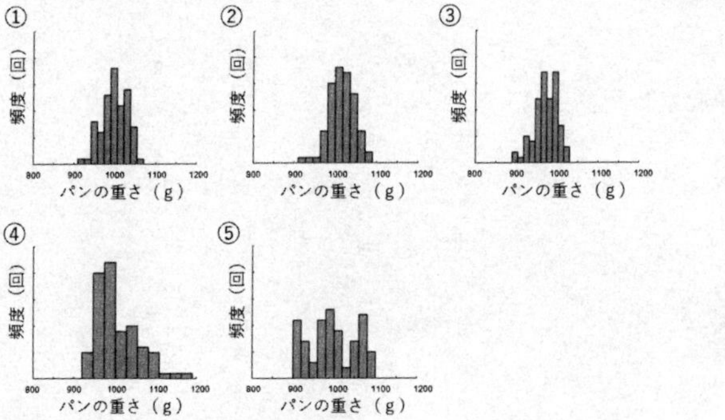

(2) ポアンカレはどのように下線部 2 の結論を得たと考えられるか、簡潔に述べよ。

(3) 下線部 3 のデータについて、パンの重さのヒストグラムで表すと、どのようなグラフになるか、簡潔に述べよ。

2.　次の文章を読んで以下の問いに答えなさい。

赤、青 2 台のスロットマシンがあるとします。スロットを回すごとにポイントがもらえます（もらえるポイントは非負の整数)。もらえるポイントは確率的に決まり期待値は事前に決まっています。例えば、赤のスロットマシンは平均して 30 ポイント当たるものの、そこから外れた値の大きいポイントや小さいポイントとなることもよくあり、青のスロットマシンは平均して 15 ポイントしか当たらないものの、ほぼ 15 ポイント周辺の値のポイントが当たる、などです。ある人（以下、プレイヤーとします）が、ポイントの累計を最大化するようにこれら 2 台のスロットマシンで何度も遊びます。プレイヤーは 2 台のマシンのポイントについての事前の知識は全くありません。このような場合に、プレイヤーがそれぞれの期待値を学習する手続きについて考えます。

最初は、赤、青、両方の期待値について何もわからないので、仮に、プレイヤーは最初の期待値を、10 ポイントと思っていたとします。この"期待値"は、客観的な確率に基づく期待値とは異なる主観的なものなので、このような主観的な期待値を価値と呼ぶことにします。プレイヤーは価値の大きいマシンを選択して、プレイすることでポイントを最大化しようとします。ここでは、二つのマシン両方の価値が 10 で等しいので、最初の試行ではランダムにどちらかを選びます。

仮に赤を選んで、その結果、20 ポイントを得たとしましょう。このとき、10 の価値しかないと思っていたのに、実際には 20 ポイントを得たので、(20-10) ポイントぶんだけ、予想外に多くポイントが得られたことになり、プレイヤーは赤いマシンの価値を大きくする必要があります。ここでは、1 予想外だったポイント (20-10) に $0<\alpha<1$ の係数を掛けて、元の価値に足すことで赤いマシンの価値を更新します。結果として、新しい赤いマシンの価値は $10+\alpha\times(20\text{-}10)$ となります。

今、青いマシンの価値は 10 のまま、赤いマシンの価値は $10+\alpha\times(20\text{-}10)$ になっているので、次の試行では、両者の価値を比べて、より大きい価値を持っている赤いマシンを選ぶことになります。結果、今度ははずれで、0 ポイントだったとしましょう。$10+\alpha\times(20\text{-}10)$ ポイントの価値を見込んでいたのに、実際には 0 ポイントだったのですから、実際と予想のポイントの差は $0\text{-}\{10+\alpha\times(20\text{-}10)\}$ ポイントで、予想外にポイントが少なかったことになり、プレイヤーは赤いマシンの価値を小さくする必要があります。1 回目と同じルールで新しい価値を決めると、赤いマシンの価値は、$10+\alpha\times(20\text{-}10)+\alpha\times[0\text{-}\{10+\alpha\times(20\text{-}10)\}]$ となります。

このあとは、同じ手続きで、赤、青両方のマシンの価値を更新しながら、両方の価値を比べて価値が高い方のマシンを選択するということを繰り返すと、主観的な価値が客観的な期待値に近づいていき、両方の期待値が学習されます。

(1)　下線部 1 に関連して、係数 α を掛けずに（もしくは $\alpha=1$)、赤いマシンの価値を $0+(20\text{-}0)=20$ とするとどのような不都合があると考えられるか、簡潔に述べよ。

(2) 下線部1に関連して、$\alpha=0.3$ としたとき、2回目の選択後の赤いマシンの価値、2回目の選択後の青いマシンの価値、3回目に選択するマシンの種類、をそれぞれ答えよ。

(3) 二重下線部に関連して、ここでは価値の初期値を10とした。初期値の値が小さすぎるとうまく学習が進まないことが知られている。どのような不都合があると考えられるか、簡潔に述べよ。

(4) 異なるタイプの学習として、例えば、最初に青いマシンと赤いマシンの両方をn回ずつプレイして(nは正の整数)、両方の期待値を計算し、その推測される期待値が大きいほうを以降の選択では選び続けるというものが考えられる。このような手続きと比べて、本文の学習手続きはどのような利点あるいは欠点があると考えられるか、簡潔に述べよ。

3. 次の文章を読んで以下の問いに答えなさい。

我々人間を含む動物は、時折、自分自身の利得を犠牲にして他者の利得をあげる利他的行動をとることがあります。これはもちろん進化的に獲得された行動です。進化とは、生存に有利な性質を持つ個体が多く生き残り、遺伝することで、その性質（に関連する遺伝子）が広まることです。しかし、利他的行動は自身の生存確率を下げる行動であるため、一見すると、このような進化の仕組みと反しており、進化上、生き残りえない性質のように思われます。どのように利他的行動は進化しうるのでしょうか？以下のようなゲームを想像してみましょう。

- ゲームは二人で行われ、同時に「協力」もしくは「裏切り」を選択する
- 二人の選択に応じて、以下の利得表に基づく得点を双方が得る
  - 双方が「協力」を選択すると、両方が4点を得る
  - 双方が「裏切り」を選択すると、両方が2点だけを得る
  - 二人の選択が異なる場合は、「裏切り」を選択したほうは6点を得るが、「協力」を選択したほうは0点となる
- ゲームは、同じ相手との間で繰り返し行われ、いつ終わるかはわからない

	相手が協力する	**相手が裏切る**
協力する	4点	0点
裏切る	6点	2点

このような状況で、どのような選択をするべきでしょうか？お互いに協力して4点ずつを得るのが良さそうにも見えますが、それでは裏切られたら損しますし、さっさと裏切って自分の得を取ったほうが良いようにも見えます。ここでの「協力」行動は、自分自身の利得が増える可能性を下げて、相手が得する可能性を高めているので利他的行動と言えます。

1979 年、政治学者アクセルロッドによって、このゲームをプレイするコンピュータプログラム同士が対戦するリーグ戦が開かれ、15 人のゲーム理論の専門家が参加しました。そこでは、それぞれ工夫された戦略が組み込まれた 2 つのプログラムが「協力」、もしくは「裏切り」を選択し、得点が計算されます。プログラムは総当たりで対戦後、全対戦の総得点を競いました。

結果、$_1$しっぺ返し戦略と呼ばれる戦略が優勝しました。しっぺ返し戦略は、基本的には「協力」を選択し、もし裏切られたら、直後に 1 度だけ「裏切り」を選択します。具体的には、以下のとおりです。

- 基本的に「協力」を選ぶ
- 相手に裏切られたら、直後に仕返しとして「裏切り」を選択する
- その後はまた「協力」に戻る

そのほかのプログラムにおいても、自分からは裏切ることのない協力的な戦略が上位を占め、$_2$相手を積極的に裏切るプログラムの多くは下位に終わりました。この結果は、このゲームが表すような環境においては、利他的行動が進化しうる可能性を示唆しています。

(1) 下線部 1 に関連して、問題文中の利得表によって得点が決まるゲームを、二人が 20 回繰り返し行ったとする。ひとりはしっぺ返し戦略をとって、もう一人は 20 回のうち 3 回裏切ったとする。このとき、双方の得点の組み合わせをすべて挙げよ。

(2) しっぺ返し戦略では、対戦相手よりも高い点を取ることができない（各対戦で相手よりも高い点を取るには必ず裏切りが必要)。それにもかかわらず、下線部 2 のように、相手を裏切るプログラムが上位に入れず、しっぺ返し戦略が優勝できた理由を考え、簡潔に述べよ。

(3) 進化生物学者トリヴァースは、しっぺ返し戦略に基づく協力的な社会では、裏切りであるかどうかはっきりとしないため仕返しを受けないような微妙な裏切りが、協力行動とともに進化することを予想した。我々の社会生活における微妙な裏切りの例を一つ挙げ、そのような行動が引き起こしうる社会問題について説明せよ。

· memo ·

2022年度

問題編

■前期日程

問題編

▶試験科目

教科	科目
外国語	英語（コミュニケーション英語Ⅰ・Ⅱ・Ⅲ，英語表現Ⅰ・Ⅱ） 聞き取り・書き取り試験〈省略〉を行う。
地理歴史	日本史Ｂ，世界史Ｂ，地理Ｂから試験場において１科目選択。
数学	数学Ⅰ・Ⅱ・Ａ・Ｂ（数列，ベクトル）
国語	国語総合

▶配点

学部	外国語	地理歴史	数学	国語
商	250	125	250	125
経済	260	160	260	110
法	280	160	180	110
社会	280	230	130	180

英語

（120分）

I 次の英文を読み，下の問いに答えなさい。（*を付した語句には，問題文の末尾に注がある。）

Picture two cartoon characters, one round and the other spiky. Which would you name Bouba, and which one Kiki? And which do you then think is more outgoing? Perhaps surprisingly, most of you will probably attribute the same name and characteristics to each of the shapes. A growing body of research suggests that people tend to make a range of judgments based on nothing (A) the sound of a word or name.

At its most basic, this is known as the *bouba-kiki* effect, or *maluma-takete* effect, because of how our minds link certain sounds and shapes. (1) Across many different languages, people tend to associate the sounds “b”, “m”, “l”, and “o” (as in the made-up words *bouba* and *maluma*) with round shapes. The sounds “k”, “t”, “p”, and “i”, as in the nonsense words *kiki* and *takete*, are commonly seen as spiky. These associations may be partly rooted in the physical experience of saying and hearing sounds, with some feeling more effortful and rough than others.

Surprisingly, the *bouba-kiki* effect even extends into human relationships, and how we imagine the personalities of people we’ve never met. Cognitive psychologist* David Sidhu at University College London and psycholinguist* Penny Pexman at the University of Calgary have found that people perceive certain personal names such as Bob and Molly as round, and others such as Kirk and Kate as spiky. In French, they showed the same effect with the “round” Benoit versus the “spiky” Eric. In a separate study, participants pictured people with those names as having rounded or spiky personalities. “The basic thing we find is that if you compare these very smooth, soft-sounding names, like Molly, to these harsher-sounding names like Kate, that the smoother-sounding names like Molly get associated with things like being more agreeable, more emotional, more responsible, whereas the harsher, spikier-sounding names are thought of as being more extroverted*,” says Sidhu.

These widespread associations may (B) in how these sounds feel in our mouth, according to Sidhu. “If you think about pronouncing an ‘m’ versus a ‘t’, for example, that ‘m’-sound feels much smoother, and that symbolically captures the smoothness of the rounded shape versus the spiky shape.” Sounds like “t” and “k” may feel more energetic, capturing an extroverted, cheerful, lively quality.

And this mouth-feel of the words we use can influence how we experience the world. (C) any given moment we use a series of subtle cues to pull together information from all our senses, and make judgments and predictions about our environment. “There’s something about how humans are fundamentally associative (2),” Pexman says. “We want to see patterns in things, we want to find connections between things, and we’ll find them even between sounds, and the things those sounds stand for in the world.”

Such associations can help us with important real-life tasks, such as language-learning and guessing the meaning of (D) words. In English, words for round things are often round-sounding, as in blob, balloon, ball, marble. Words like prickly, spiny, sting, and perky are spiky both in sound and meaning. Sounds can also indicate size. An “i”-sound is linked to smallness, while an “o”-sound indicates largeness. Some of these links exist across thousands of languages, with the “i”-sound excessively popping up in words for “small” around the world.

For people learning new words, whether babies, young children, or adults, these patterns can be very helpful. Young children and even babies already match round sounds with round shapes. Parents tend to use sound-shape associations to emphasise the meaning of certain words, such as “teeny tiny.” Adults benefit (　E　) associations when they learn a new language, finding it easier to guess or remember foreign words when their sound matches their meaning.

Some argue that these instinctive connections between sounds and meaning may even be a leftover from humanity’s earliest stages of language evolution, and that human language itself started as a string of such expressive, readily guessable sounds.

When it comes to people’s personalities, however, sound is not a reliable guide at all. Sidhu, Pexman, and their collaborators tested whether there was a link between a person’s name and their personality, perhaps because the round or spiky sound of the name became attached to the wearer. They found no such association. “People worry about baby names. It’s this expectation that the label matters so much,” Pexman says. “Our data would suggest that (3)although that’s what we think, if you call the kid Bob, they’re not any more likely to end up with one set of personality characteristics than another.”

Instead, our reaction to a name probably reveals more about our own prejudices. “It does suggest that we’re prepared to read a lot into somebody’s name that probably isn’t a cue to what that person is actually like,” says Pexman.

Results from an ongoing study by Sidhu, Pexman, and collaborators suggest that the sound of a name has less (　F　) an impact as we find out more about people. When participants were shown videos of people with supposedly round or spiky names, the names made no difference to their judgment of them. “When all you know is the name, like in these studies when you’re just shown a name and asked about the personality, then maybe these sounds will play a role,” Sidhu says. “But as you start getting more information about the person, then that actual information about the personality is probably going to cancel these (4)biases.”

The research adds to a growing body of evidence that challenges a long-held view in linguistics: that sounds are arbitrary*, and have no inherent* meaning.

Instead, certain sounds have been found to (G) to mind consistent associations not just with shapes and sizes, but even with flavours and textures. Milk chocolate, brie cheese*, and still water tend to be perceived as *bouba / maluma*, while crisps, bitter chocolate, mint chocolate, and sparkling water are more likely to be experienced as *kiki / takete*.

As widespread as the *bouba-kiki* effect is, it can be changed or cancelled out by different factors, such as our own native sound system. Suzy Styles and her PhD* student Nan Shang tested the *bouba-kiki* effect with Mandarin Chinese*. Mandarin is a tonal language*, where the meaning of a word can completely change depending on the tone* in which it is said. In English, tone can carry some meaning, for example by signalling a question, but (5) イ does ロ extent ハ in ニ it ホ Mandarin ヘ not ト the チ to. The researchers presented English- and Mandarin-speakers with two Mandarin Chinese tones, one high and one falling. The English-speaking participants in the experiment perceived the high tone as spiky, and the falling one as rounded. But Mandarin speakers drew the opposite conclusion, picturing the high tone as rounded, and the falling tone as spiky.

One possible explanation is that if we are (H) with tones in a language, as English-speakers are, then we may mainly hear them as high or low, and form associations based on pitch*. But if we are (I) with tones, as Chinese speakers are, we may be able to distinguish finer nuances. In the experiment, the Mandarin speakers heard the high tone as smooth, drawn-out, and steady, and therefore, rounded. The falling tone was experienced as sudden, because it dropped quickly, making it spiky.

Other studies also found variations in the *bouba-kiki* pattern. The Himba, a remote community in Northern Namibia who speak the Otjiherero language, judged *bouba* to be round and *kiki* to be spiky, in line with the general trend. But they found milk chocolate to be spiky-tasting, suggesting that our associations with regard to our senses are not universal.

When Styles and the linguist Lauren Gawne tested the *bouba-kiki* effect on speakers of Syuba, a language in the Himalayas in Nepal, they found no consistent response either way. The Syuba speakers seemed confused by the made-up words, possibly because they did not sound like any actual Syuba words. (6) イ any　ロ associations　ハ form　ニ hard　ホ it　ヘ made　ト meaningful　チ this　リ to. An analogy would be to say the made-up word "ngf" to an English speaker, and ask if it is round or spiky. It would probably be difficult to make a meaningful choice. "When we hear words that don't follow the word-pattern of our native language, it's often hard to do things with that word," Styles says. "We can't hold it in our short-term memory long enough to make decisions about it."

Cultural factors are also likely to affect our reactions to the sound of personal names. In English, the sounds "k" and "oo" are perceived as inherently humorous. English female names are more likely to contain sounds that are perceived as small, such as the "i"-sound in Emily, and also feature more soft sounds than male names. But in other languages, names can follow a completely different sound pattern. Sidhu hasn't yet tested the name-personality association across different languages, but expects that it would (　J　).

Uncovering these hidden associations holds one important real-life lesson: we probably read too much into other people's names. After all, Sidhu and Pexman found no evidence that Bobs are actually friendlier, or Kirks more extroverted. Their findings may add weight to calls to remove names from important documents such as CVs* or scientific papers under review, to prevent unconscious bias. Sidhu supports the idea (7). "I think that makes a lot of sense," he says. "Whenever someone is being judged, taking away all of these extra things that could bias the judgment is always a good idea."

注　cognitive psychologist　認知心理学者

psycholinguist　心理言語学者

extroverted　外向的な

arbitrary　恣意的な

出典追記：What the sound of your name says about you, BBC Future on May 3, 2021 by Sophie Hardach inherent　本来備わっている

brie cheese　ブリーチーズ(フランス産チーズの一種)

PhD　博士課程の

Mandarin Chinese　標準中国語(Mandarin)

tonal language　声調言語

tone　声調(音の高低)

pitch　音の高さ

CV　履歴書

1　下線部(1)のような傾向はなぜ生じると考えられるか。m 音の場合を例にして，本文の内容に即して 50 字以内の日本語(句読点を含む)で説明しなさい。

2　下線部(2)の表す意味を 40 字以内の日本語(句読点を含む)で具体的に説明しなさい。

3　下線部(3)を that の指し示す内容を明らかにしながら和訳しなさい。

4　下線部(4)と同じ意味で使われている英語 1 語を本文からそのまま抜き出して解答欄に書きなさい。ただし抜き出すべき語は bias 以外とする。

5　下線部(5)の語を正しく並べ替えたとき，3 番目と 6 番目に来る語の記号を解答欄に書きなさい。

6　下線部(6)の語を正しく並べ替えたとき，3 番目と 6 番目に来る語の記号を解答欄に書きなさい。

7　下線部(7) the idea の指し示す内容を，40 字以内の日本語(句読点を含む)で説明しなさい。

8　外国語学習における the *bouba-kiki* effect の利点を，本文の内容に即して 60

字以内の日本語(句読点を含む)で説明しなさい。

9 The *bouba-kiki* effect は架空の語に関しては生じない可能性がある。その理由を本文の内容に即して60字以内の日本語(句読点を含む)で説明しなさい。

10 空欄(A), (C), (E), (F)に入れるのに最も適切な前置詞1語をそれぞれ解答欄に書きなさい。解答はすべて小文字で書いてかまわない。

11 空欄(B), (G), (J)に入れる語として最も適切なものを，下の選択肢イ～ヘから選び，その記号を解答欄に書きなさい。

イ account　　ロ attribute　　ハ bring

ニ develop　　ホ originate　　ヘ vary

12 空欄(D), (H), (I)に入れる語の組み合わせとして最も適切なものを，下の選択肢イ～ニから選び，その記号を解答欄に書きなさい。

	(D)	(H)	(I)
イ	familiar	―― familiar	―― unfamiliar
ロ	familiar	―― unfamiliar	―― familiar
ハ	unfamiliar	―― familiar	―― unfamiliar
ニ	unfamiliar	―― unfamiliar	―― familiar

13 第3段落(Surprisingly で始まる段落)で述べられている内容を下の選択肢イ～ニから二つ選び，それらの記号を解答欄に書きなさい。

イ the *bouba-kiki* effect は，すでに顔見知りの人に対してのみ表れる。

ロ フランス語では Benoit が丸く，Eric はとがった感じに聞こえる。

ハ 丸みを感じる名前は社交的であると感じられ，きつい感じの名前は感情的な性質を思わせる。

ニ Molly や Bob といった名前は丸さ，Kirk や Kate はとがった感じをそれぞれ人々に思わせ，そうした人格を想定させる。

II Choose one of the pictures below and describe it in English. Your description should be 100 to 140 words in length. Indicate the number of the picture you have chosen. *Correctly* indicate the number of words you have written at the end of the composition.

(1)

(2)

(3)

Ⅲ　音声を聞き，その指示に従って，AおよびBの各問いに答えなさい。

（編集の都合上，省略）

日本史

（120 分）

（注）解答は，解答用紙の所定の位置に横書きで書きなさい。他のところに書いても無効になることがあります。また，字数などの指示がある場合は，その指示に従って書きなさい。なお，字数制限がある場合，算用数字及びアルファベットに限り，1 マスに 2 文字入れることができます。それ以外の句読点や問題番号には 1 マスを使用すること。ただし，例えば「問 1」ならば「1」とのみ書いても構いません。なお，問題番号は問題ごとに指定された解答字数に含めます。

（例）　I の「問 1」の場合 ⟶

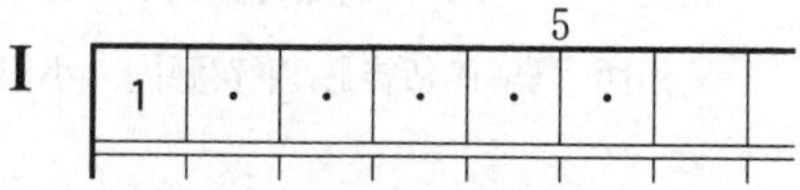

I　次の文章を読んで，下記の問いに答えなさい。（問 1 から問 5 まですべてで 400 字以内）

江戸時代の文人菅江真澄(a)は，その紀行文「楚《そ》頭《と》賀《が》濱風《はまかぜ》」にて［ (b) ］の大飢饉で陰惨をきわめた東北地方の様子をつづり，その後，享和年間には同じ地方の秋田の銅山周辺の紀行で，次のように記した。

「わきてここのこがね山は，［中略］，かなほりの工となる身は，烟てふ病して齢みじかく，［中略］，誰れも女は若くして男にをくれ，身の老ぬるまでは，七たり，八たりの夫をもたるが多しと，声のみて話りけるに，なみだおちたり」

（「秀《す》酒《す》企《き》乃《の》温濤《いでゆ》」の抜粋）

幕府による［ (c) ］の改革をはさんで，秋田の藩主佐竹義和(d)は，農・林・鉱業(e)を育成し，製糸や織物を奨励した名君として有名である。しかし，その殖産の過程において藩がこの煙毒という，労働環境の悪化に起因した鉱夫の健康障害に直面していたことも，真澄の記述から同時にみえてくる。

問 1　下線部(a)の人物とほぼ同じ時代に活躍した越後国魚沼郡塩沢出身の有名な文人は誰か，また，その人物の代表的な作品をひとつ，それぞれ書きなさい。

問 2　(b)，(c)に入る最も適切な元号を書きなさい。

問 3　下線部(d)が設立した藩校の名前を書きなさい。

問 4　下線部(e)の示す最も適切な鉱山名を書きなさい。また，この藩では鉱山開発を契機に，独特の画風もうまれることになった。その経緯について，以下の用語をすべて使い，簡潔に説明しなさい。

用語：『解体新書』，平賀源内，小田野直武

問 5　上の紀行文「秀酒企乃温濤」(抜粋)に描かれている鉱山被害の背景について，その歴史的経緯を，16世紀以降の日本の鉱物資源の開発と利用に関連させながら簡潔に説明しなさい。

Ⅱ　次の史料は，大山捨松の死去を報じる『東京朝日新聞』1919年2月19・20日の記事である（一部を省略のうえ，表記を改めている）。これを読んで下記の問いに答えなさい。（問1から問4まですべてで400字以内）

(a)大山公爵未亡人捨松刀自は本月六日軽微なる感冒に罹り咽喉部に微痛を感じたるにより，千駄ヶ谷穏田の本邸にて静養に努めたるが〔中略〕十六日に至りて肺炎に変症し，爾来刻々険悪となりて昨十八日〔中略〕午後二時半よりは応答も不明となり，同四時二十分令嗣柏氏同武子夫人其の他近親に守られつつ遂に逝去せり。享年六十。

（「大山捨松刀自　(b)流行感冒にて逝去」）

刀自は〔中略〕(c)明治四年〔中略〕黒田清隆が政策上婦人養成の必要を感じて，婦人留学生といふ一新例を開いたとき，刀自は瓜生海軍大将夫人しげ子刀自，津田梅子女史等と共に選ばれて渡米し，紐育州ポツケブレー女学校に入つて女子教育上の諸科を修め，明治十五年に帰朝して大いに婦人界先覚者の名を肆《ほしいまま》にした〔後略〕

（「婦人界の先覚者　明治初年選ばれて　津田女史等と共に渡米」）

大山さんはお若い時代に米国の教育を受けられた為めでもありませうか，大変温順な，そして大変美しい御性格の方であつた。我国婦人に特有な陰険とか蔭日向の心は微塵も御座いません。常に無邪気な御快活な方でした。ですから又旧式の御婦人方とも巧に調和がお出来になり，いつでも(d)西洋の御婦人方と日本の御婦人方との仲に立つて其の仲介の労をとつて居られました。

（「快活で温順な婦人　熱心な読書家　山脇房子女史談」）

＊刀自…女性に用いる敬称　＊紐育…ニューヨーク

問1　下線部(a)に関して，捨松の夫である「大山公爵」の氏名を書きなさい。

問2　下線部(b)に関して，捨松が罹患したこの「流行感冒」は，「スペイン風邪」などと呼ばれたインフルエンザで，1918年から世界規模で流行した。この流行の背景には，当時のどのような世界情勢が関わっていたと考えられるか，簡潔に説明しなさい。

問 3　下線部(c)に関して，捨松が同行した使節の名称を書きなさい。また，留学生のひとりだった津田梅子が，帰国後に力を注いだ事業について，説明しなさい。

問 4　下線部(d)に関して，捨松らによる仲介は，1880年代，どのような歴史的背景のもとで，どのような目的をもっておこなわれたか，説明しなさい。

Ⅲ　次の文章を読んで，下記の問いに答えなさい。（問1から問4まですべてで400字以内）

このころは軍部とくに陸軍の突出に並行するように，民間でも国粋運動が昂揚し，たとえば蓑田胸喜のような狂信的なイデオローグ（デマゴーグ）が三井甲之の主催する『原理日本』などに盛んに知識人批判（狩り）の論説を書いていたが，その矛先は左翼のみならず広くリベラルとみなされていた人々にも向けられた。よく知られたところでは，美濃部達吉，滝川幸辰，大内兵衛(a)，津田左右吉(b)などがその標的であった。西田(c)をはじめとする京都学派も例外ではなく，とくに西田には右翼テロの噂さえ流れていたし，西田が親しくしていた原田熊雄なども親米派と目され，二・二六事件(d)のときには反乱軍の標的になっていた。

（小林敏明『夏目漱石と西田幾多郎』岩波書店）

問 1　下線部(a)の人物は1938年に検挙される。この事件は何と呼ばれているか。また，この事件の内容について説明しなさい。

問 2　下線部(b)の人物は，1940年に蓑田胸喜らから非難され，著書が発禁となったうえ，文部省の要求で大学の職を失い，起訴された。その理由について簡潔に説明しなさい。

問 3　独自な哲学体系を打ち立てたとされる下線部(c)の人物の代表的な著作名を示しなさい。

問 4　下線部(d)の二・二六事件の背景には陸軍の統制派と皇道派の対立があった。両者の主張はどのようなものであるかを示し，事件による両者の関係の変化について説明しなさい。

世界史

（120 分）

（注）解答は，解答用紙の所定の位置に横書きで書きなさい。他のところに書いても無効になることがあります。また，字数などの指示がある場合は，その指示に従って書きなさい。なお，字数制限がある場合，算用数字及びアルファベットに限り，1マスに2文字入れることができます。それ以外の句読点や問題番号には1マスを使用すること。ただし，例えば「問1」ならば「1」とのみ書いても構いません。なお，問題番号は問題ごとに指定された解答字数に含めます。

（例）　Ⅰの「問1」の場合 ⟶

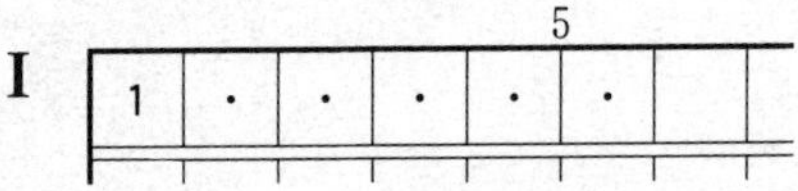

Ⅰ　次の文章は，神聖ローマ帝国の皇帝フリードリヒ1世（バルバロッサ）が1158年にイタリア北部のロンカリアで発した勅法「ハビタ」の全文である。この文章を読んで，問いに答えなさい。

皇帝フリードリヒは，諸司教，諸修道院長，諸侯，諸裁判官およびわが宮宰達の入念なる助言にもとづき，学問を修めるために旅する学生達，およびとくに神聖なる市民法の教師達に，次の如き慈悲深き恩恵を与える。すなわち，彼等もしくは彼等の使者が，学問を修める場所に安全におもむき，そこに安全に滞在し得るものとする。

朕が思うには，善を行う者達は，朕の称讃と保護を受けるものであって，学識によって世人を啓発し，神と神の下僕なる朕に恭順せしめ，朕の臣民を教え導く彼等を，特別なる加護によって，すべての不正から保護するものである。彼等は，学問を愛するが故に，異邦人となり，富を失い，困窮し，あるいは生命の危険にさらされ，全く堪えがたいことだが，しばしば理由もなく貪欲な人々によって，身体に危害を加えられているが，こうした彼等を憐れまぬ者はいないであろう。

このような理由により，朕は永久に有効である法規によって，何人も，学生達に敢えて不正を働き，学生達の同国人の債務のために損害を与えぬことを命ずる。こうした不法は悪い慣習によって生じたと聞いている。

今後，この神聖な法規に違反した者は，その損害を補填しないかぎり，その都市の長官に四倍額の賠償金を支払い，さらに何等の特別な判決なくして当然に，破廉恥の罪によってその身分を失うことになることが知られるべきである。

しかしながら，学生達を法廷に訴え出ようと欲する者は，学生達の選択にしたがい，朕が裁判権を与えた，彼等の師もしくは博士または都市の司教に，訴え出るものとする。このほかの裁判官に学生達を訴え出ることを企てた者は，訴因が正当であっても，敗訴することになる。

朕は，この法規を勅法集第四巻第一三章に挿入することを命ずる。

(勝田有恒「最古の大学特許状 Authenticum Habita」『一橋論叢』第 69 巻第 1 号より引用。但し，一部改変)

問い　この勅法が発せられた文化的・政治的状況を説明しなさい。その際，下記の語句を必ず使用し，その語句に下線を引きなさい。(400 字以内)

ボローニャ大学　自治都市

Ⅱ　次の文章を読んで，問いに答えなさい。

考えてみれば，歴史を通じて，公共投資とインフラが文字通り米国を変革してきた。我々の態度と機会を。大陸横断鉄道や州間ハイウエーが2つの大洋をつなぎ，米国にまったく新しい前進の時代をもたらした。

全国民への公立学校と大学進学援助が機会への扉を広く開いてきた。科学の大躍進が我々を月に，そして今では火星に送り，ワクチンを発見し，インターネットなど多くの技術革新を可能にしてきた。これらは国家として力を合わせて実施した投資であり，政府のみができる立場にあった。こうした投資は，何度となく我々を未来へ進ませてくれた。

一世代に一度の米国自身への投資である「米国雇用計画」を提案しているのはそのためだ。これは第2次世界大戦以来最大の雇用計画だ。交通インフラを更新するための雇用，道路，橋，高速道路を近代化するための雇用，港，空港，鉄道網，交通機関路線を建設するための雇用を生み出す。

(中略)

米国雇用計画は，何百万もの人々が仕事やキャリアに戻れるよう支援する。このパンデミック(世界的大流行)の間に，200万人の女性が仕事を辞めた。200万人だ。子供や助けが必要な高齢者を世話するために必要な支援を受けられなかったため，という理由が余りにも多い。80万もの家族が，高齢の親や障害を持つ家族を自宅で世話するサービスを受けるための(低所得層向けの公的医療保険である)メディケイドの待機リストに載っている。あなたがこれを重要でないと思うなら，自分の選挙区の状況を確認してほしい。

(「全文で振り返るバイデン氏議会演説」『日本経済新聞』電子版，2021年5月5日より引用。但し，一部改変)。

問い　下線部からは，この演説が，「米国雇用計画」に比肩しうるような20世紀アメリカの経済政策を念頭に置いていることがうかがえる。この20世紀アメリカの経済政策は，それ以降のアメリカの経済政策の基調を作った。しかし，こうした方向性の政策は，その後，強く批判されるようになる。この20世紀の経済政策の内容とそれが実施された背景について論じたうえで，それ以降の経済政策への影響を説明しなさい。また，それが，なぜ，どのような理由から批判されるようになったのかについても説明しなさい。(400字以内)

Ⅲ　次の文章を読んで，問いに答えなさい。(問1から問3まですべてで400字以内)

光化門広場はソウル市民の憩いの場であり，多くの観光客が訪れる名所である。一方，ここは社会運動が活発である現在の韓国社会を象徴する空間でもある。2014年にセウォル号沈没事故が発生した際には，犠牲者の追悼や事故の責任を追及するデモがおこなわれた。さらに，2016～2017年には，当時の朴槿恵大統領の退陣を求めて，火を灯したろうそくを持った市民が光化門広場などでたびたびデモを実施し，同大統領は罷免されるに至った。韓国で，このプロセスは「ろうそく革命」と呼ばれており，20世紀後半の民主化運動(a)を継承したものと評価されている。

光化門広場の奥には，朝鮮王朝の始祖・李成桂が漢城(ソウル)に建造した王宮・景福宮がある(光化門は景福宮の正門である)。近年は，韓国のアーティストBTSがここでパフォーマンスを披露したことでも話題になった。きらびやかなイメージのある景福宮だが，その歩んできた道のりは決して平坦なものではなかった。まず，1592年に景福宮の建造物の多くが戦乱(b)のなかで消失した。再建されたのは19世紀半ばのことである。さらに，1894年に景福宮は日清戦争(c)開戦に先立って日本軍に占領され，1895年には日本の朝鮮公使・三浦梧楼らの計画による朝鮮王妃(閔妃，明成皇后)殺害事件の現場ともなった。「韓国併合」後には，日本は景福宮の建造物を撤去し，その敷地内に朝鮮総督府の庁舎を建設した。そして，植民地支配からの解放50年を迎えた1995年以降，朝鮮総督府旧庁舎が撤去された。現在，景福宮の復元事業は大部分が完了している。

問1　下線部(a)に関して，1979年から1980年までの韓国における政治の動向について述べなさい。

問2　下線部(b)が示す戦乱(1592～1598年)の朝鮮側における名称を記したうえで，この戦乱の展開過程，また，この戦乱が明に与えた影響について述べなさい。

問 3 下線部(c)に関して，1880年代から1894年までの朝鮮・清・日本の関係について述べなさい。

地理

（120 分）

（注） 解答は，解答用紙の所定の位置に横書きで書きなさい。他のところに書いても無効になることがあります。また，字数などの指示がある場合は，その指示に従って書きなさい。なお，字数制限がある場合，算用数字及びアルファベットに限り，1 マスに 2 文字入れることができます。それ以外の句読点や問題番号には 1 マスを使用すること。ただし，例えば「問 1」ならば「1」とのみ書いても構いません。なお，問題番号は問題ごとに指定された解答字数に含めます。

（例） Ⅰの「問 1」の場合 ⟶

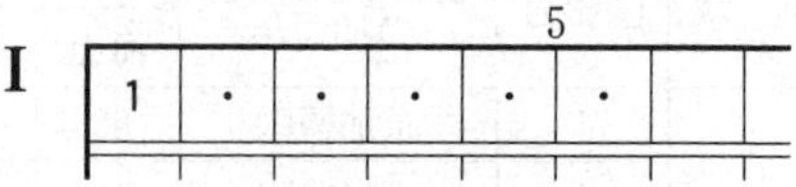

Ⅰ 次の文章を読んで，問いに答えなさい。

今世紀に入り，中国で進められている(1)西部大開発では，チョンチン(重慶)市が中央直轄市として開発の一拠点となっており，その経済成長率は国内上位にある。同市は各種の物品を水運や空運によって輸出しているが，中央アジア・ヨーロッパ向け貨物鉄道の起点ともなった。他方，(2)ヨーロッパ連合(EU)加盟国の EU 域外からの輸入をみると，輸送手段の構成に EU 域内で大きな地域差のあることがわかる。このうち EU への入り口の 1 つに当たるポーランドでは，海外直接投資(FDI)によって外資系企業が集積して，相対的に低賃金の労働力を活用しており，(3)2010 年代に同国の貿易収支は大きく変化した。

問 1 下線部(1)について，中国がこの開発を始めるに至った理由を 1970 年代末以降の地域開発上の課題に即して説明しなさい。また，西部大開発によってチョンチンの産業がどのように変化したのか説明しなさい。（125 字以内）

問 2　表Ｉ―1は，ヨーロッパ内の地域A，B，C，Dに含まれるEU加盟国を8つ選び，それぞれのEU域外からの輸入額割合を輸送手段別に示したものである。地域A，B，C，Dが占める地理的位置に言及しながら，下線部(2)のいう地域差と，その差が生じる理由を説明しなさい。解答にはA，B，C，Dの文字を用いること(国名を答える必要はない)。(150字以内)

問 3　下線部(3)について，表Ｉ―2が示すポーランドの貿易収支の主要な変化を要約しながら，同国の自動車・電機などの製造業がもつ国際分業上の特徴について説明しなさい。(125字以内)

表Ｉ―1　EU加盟国のうち8か国に関するEU域外からの輸送手段別の輸入額割合，および人口(2019年)

地　域	国番号	EEC/EC/EUへの加盟年	輸送手段別の輸入額割合(%)					人　口(百万人)
			海上	航空	道路	鉄道	その他	
A	1	原加盟国	63.6	22.1	8.4	0.2	5.6	17.3
	2	原加盟国	58.8	22.3	16.5	0.5	1.9	11.5
B	3	1986年	77.7	10.0	9.5	0.0	2.7	46.9
	4	1986年	83.7	9.6	5.1	0.5	1.2	10.3
C	5	2004年	55.3	10.2	16.1	8.8	9.6	38.0
	6	2004年	50.4	8.5	14.1	9.2	17.9	5.5
D	7	2004年	23.9	10.7	22.8	16.1	26.5	1.9
	8	2004年	38.7	20.9	21.2	17.6	1.6	1.3

注：EECはヨーロッパ経済共同体を，ECはヨーロッパ共同体をさす。各地域とも，2国は陸上で国境を接する。また，異なる地域にある国は，互いに陸上で国境を接していない。輸送手段とは，EU域内に輸入された際に用いられた輸送手段をさす。輸送手段「その他」は，パイプライン，内陸水路，郵送などを含む。イギリスをEUに含めていない。

出所：Eurostat

表Ｉ－2　ポーランドの貿易収支(億ユーロ)

年	EU 加盟諸国との収支	EU 加盟諸国以外との収支		世界全体との収支
			中国との収支	
2009	−25.7	−67.2	−45.1	−92.9
2010	−31.1	−107.1	−57.0	−138.2
2011	−44.8	−112.5	−61.0	−157.3
2012	−7.5	−99.0	−66.0	−106.5
2013	22.3	−42.1	−68.8	−19.8
2014	50.2	−76.7	−88.7	−26.5
2015	101.8	−78.3	−112.7	23.5
2016	91.7	−52.8	−123.5	38.9
2017	98.8	−93.2	−142.6	5.6
2018	124.0	−169.8	−158.6	−45.8
2019	191.8	−173.6	−178.8	18.2

注：イギリスを EU に含めていない。中国は，台湾，香港，マカオを含まない。
出所：Eurostat

Ⅱ　以下は，神奈川県川崎市を対象に執筆された同じルポルタージュ作品のうち，3 つの箇所からの抜粋である。これを読んで，問いに答えなさい。

川崎は二つの顔を持っている(1)。その地名を聞いたときに，ニュータウンと工場地帯という相反する光景が浮かぶだろう。

川崎区*ではいわゆるヘイト・デモが，2013 年 5 月を皮切りに計 11 回もの数，行われてきた。特に，東京・新大久保や大阪・鶴橋を狙ったそれが社会問題化，同地での開催のハードルが上がって以降は，集中的に狙われてきたといっていい。排外主義者たちが川崎を選んだのは，当然，新大久保や鶴橋同様に外国人市民が多い(2)ためであり，市が推進する多文化共生政策に異を唱えるためである。

*川崎区は川崎市内の一部(引用者による注記)。

スラム・ツーリズムという観光形態がある。日本では，哲学者の東浩紀が提唱した「福島第一原発観光地化計画」(2012年〜)によって知られるところとなったダーク・ツーリズムの変種だ。ただし，ダーク・ツーリズムが，追悼のために，知的好奇心を満たすために，チェルノブイリ原子力発電所や，グラウンド・ゼロといった悲劇の跡地を訪れるものだとしたら，スラム・ツーリズムは，文字通り，スラム＝貧困地域という，現在進行形で人々が生活している場所を訪れるため，たとえ慈善や学習のような目的があったとしても，より倫理的な問題が発生しやすくなる(3)。

(磯部涼『ルポ川崎』2017年，サイゾー。西暦年の表記法等，表記の一部を変えた。)

問1　現代都市における産業や空間の変容にともない，下線部(1)にあるように，1つの都市が「二つの顔」をもつ現象が起きることがある。現代日本において2つの顔をもつと考えられる都市を1つ取り上げ(川崎市を除く)，その都市がどのような意味で2つの顔をもつといえるか，また，どのような過程をへて2つの顔をもつに至ったかについて，背景にある産業や空間の変容と関連づけて論じなさい。なお都市の事例は，特定の地方自治体単位でもよいし，その中の一地域でもよい。(125字以内)

問2　下線部(2)にあるように，外国人市民が多数居住する工業都市における排外主義の台頭は，近年，世界各地の先進国で見られる現象となっている。なぜ排外主義が，先進国の工業都市で台頭しやすかったと考えられるか。都市の産業構造の変動，国際的人口移動の動向，国内の政治・社会の変容に言及しながら，論じなさい。(150字以内)

問3　ツーリズム(観光)はさまざまな目的地をもつ。下線部(3)にあるように，目的地の種類や旅の形態によって，ツーリズムはさまざまなタイプの倫理的問題を引き起こすことがある。スラム・ツーリズム以外のツーリズムの事例を取り上げ，それがどのような倫理的問題を引き起こすことがあるか，目的地の種類や旅の形態と関連づけながら，論じなさい。(125字以内)

Ⅲ　資源・エネルギーに関する以下の文章を読んで，問いに答えなさい。

(1)エネルギーを取り巻く環境が急速に変化している。地球温暖化問題への関心の高まりを背景に，石炭や石油などの化石燃料から，太陽光や風力などの再生可能エネルギーへシフトするエネルギー転換が速度を上げる。〈中略〉

中長期では石炭や石油の燃焼に伴って出る二酸化炭素(CO_2)を地中に戻す技術や，海外の大規模太陽光発電でつくる割安な電気を使って水を電気分解し，取り出した水素を日本に運ぶプロジェクトの実現を急ぐべきだ。

(2)日本と同じように化石燃料への依存度が高いアジアの国々と水素利用のネットワークを築くなど，日本がアジアのエネルギー転換をイノベーションで主導していくことが重要だ。

「日本経済新聞」2020 年 8 月 10 日

問 1　下線部(1)に関連して，図Ⅲ―1 を見ると，中東依存度は 1967 年度をピークとして 1987 年度まで下がる。この理由を説明しなさい。(75 字以内)

問 2　図Ⅲ―1 を見ると，中東依存度は 1987 年度以降再び上昇傾向にある。この背景にはどのような理由が考えられるか。日本に原油を輸出する国を考慮しながら説明しなさい。(75 字以内)

問 3　同じく図Ⅲ―1 を見ると，2000 年代後半より日本の原油輸入量が減少傾向にある。この背景についてエネルギー構成の観点から説明しなさい。(100 字以内)

問 4　下線部(2)に関連して，水素のエネルギー利用には 2 種類の方法がある。これら 2 つの内容を答えなさい。続けて，新型コロナウイルス感染拡大による経済停滞からの復興にあたり，地域における再生可能エネルギー(再エネ)の利用を進めるためには，どのような政策対応が必要であると考えられるか，答えなさい。後半の解答にあたっては，下記の語句を用いて説明しなさい。なお，指定の語句はそれぞれＡ，Ｂ，Ｃと略してもよい。(150 字以内)

Ａ＝カーボンニュートラル　　Ｂ＝グリーンリカバリー　　Ｃ＝地産地消

図Ⅲ－１　日本の原油輸入量と中東依存度の推移

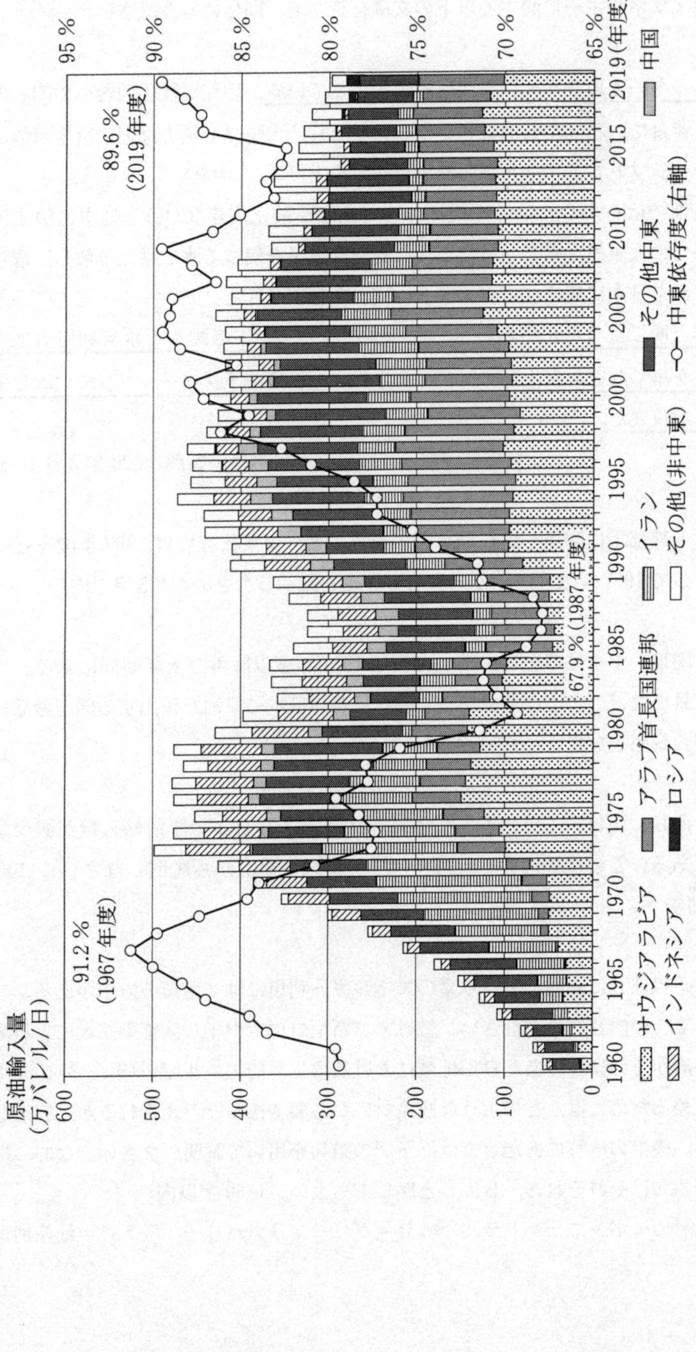

注：中東依存度は，日本の原油輸入量に対する中東地域からの輸入量の割合。グラフは年度集計（４月～翌年３月）。
出所：資源エネルギー庁

数学

（120分）

1 $2^a3^b+2^c3^d=2022$ を満たす0以上の整数 a, b, c, d の組を求めよ。

2 $0 \leqq \theta < 2\pi$ とする。座標平面上の3点 O $(0, 0)$, P $(\cos\theta, \sin\theta)$, Q $(1, 3\sin 2\theta)$ が三角形をなすとき，△OPQ の面積の最大値を求めよ。

3 次の問いに答えよ。

(1) 実数 x, y について，「$|x-y| \leqq x+y$」であることの必要十分条件は「$x \geqq 0$ かつ $y \geqq 0$」であることを示せ。

(2) 次の不等式で定まる xy 平面上の領域を図示せよ。

$$|1+y-2x^2-y^2| \leqq 1-y-y^2$$

4 t を実数とし，座標空間に点 A $(t-1, t, t+1)$ をとる。また，$(0, 0, 0)$, $(1, 0, 0)$, $(0, 1, 0)$, $(1, 1, 0)$, $(0, 0, 1)$, $(1, 0, 1)$, $(0, 1, 1)$, $(1, 1, 1)$ を頂点とする立方体を D とする。点 P が D の内部およびすべての面上を動くとき，線分 AP の動く範囲を W とし，W の体積を $f(t)$ とする。

(1) $f(-1)$ を求めよ。

(2) $f(t)$ のグラフを描き，$f(t)$ の最小値を求めよ。

5　中身の見えない２つの箱があり，１つの箱には赤玉２つと白玉１つが入っており，もう１つの箱には赤玉１つと白玉２つが入っている。どちらかの箱を選び，選んだ箱の中から玉を１つ取り出して元に戻す，という操作を繰り返す。

(1)　１回目は箱を無作為に選び，２回目以降は，前回取り出した玉が赤玉なら前回と同じ箱，前回取り出した玉が白玉なら前回とは異なる箱を選ぶ。n 回目に赤玉を取り出す確率 p_n を求めよ。

(2)　１回目は箱を無作為に選び，２回目以降は，前回取り出した玉が赤玉なら前回と同じ箱，前回取り出した玉が白玉なら箱を無作為に選ぶ。n 回目に赤玉を取り出す確率 q_n を求めよ。

持っている。そう考えれば、これらのものと私との関わりは意味以外の何ものでもないと言ってよい。あるいはいま執筆している私の周りにはいろんな音が響いている。現代の生活環境という空間には、物体だけではなく音響も充満している。しかもこの音が私たちにとって純粋に物理的な音響でしかないということは、ほとんど考えられないであろう。ある音は耳に快く響くし、他の音は不快である。またある音は何かの信号であり、別の音は人間の言葉である。こうして私たちの周辺に流れる音響にも意味がこもっている。（個人的な経験であるが、敗戦後しばらくの間、列車の汽笛や自動車のクラクションがモールス信号による言葉に聞こえたことがある。）物や音との関わりでさえこのように意味につきまとわれているのであるから、まして人との関わりのなかでは、意味を持たないものは考えられないといっても過言ではない。このように見てくると、私たちの生活空間は意味に満ちているばかりでなく、空間そのものが意味となっていると言うこともできよう。

——中埜肇『空間と人間』

注　インプリシット　implicit　暗黙の

注　エクスプリシット　explicit　明白な

問い　右の文章を要約しなさい（二〇〇字以内）。

うかを考えてみれば明らかであろう。手指の使用ということも人間と動物を区別する重要な点であるが、それは直立二足歩行という人間に特有の生理学的な事実に由来するものであって、そのこと自体は意味のレベルのものではないと言えるから、これは別にして、人間の摂食行動に必ず付随する食器・調理・作法などについて考えると、そのいずれをとってみても、そこには人間に独特の文化というものが見られるし、文化とはまさに意味の表現にほかならないのである。（高等類人猿の摂食行動にも一種の文化を認める学説もあるが、ここではそれに立ち入ることはしない。）こうして私たちの生活は、その深奥部にいたるまで意味によって浸透されていることがわかる。

　私たちの生活の場面はさまざまな姿やあり方を持った空間であるが、私たちはその生活空間のなかでいつも何らかの仕方で物および人と関わって生きており、その関わりのなかにも意味が働いている。というよりも、その関わりそのものが意味であるということが多いのである。

　きわめて簡単な例について考えてみよう。いま私は書斎にいて原稿を書いている。その窓から隣の寺の木立が眺められる。また書斎のなかには机、椅子、書棚、書物、筆記用具、原稿用紙、インク壺、などがある。ところで坐っている私の向うに木立が見えるということは、その限りでは単なる事実かもしれない。しかし、私がそれを眺めながら、その枝に咲いた花を美しいと思い、その葉の緑に深い憩いを覚えるとすれば、その木立と私との関わりはもはや事実のレベルのものではなくて、意味のレベルに移っている。すなわち私と木立との関わりは単なる位置関係や、それを見るという認知関係に尽きるものではない。つまり事実関係を超えている。したがってこの関係を含む空間ももはや事実空間ではなくて意味空間となっている。ましてや書斎のなかにあるさまざまの物は、私にとってただそこに在るというだけではない。それらはすべて私が使用するもの、私にとって役に立つものであるが、さらにそこへ好悪の情念や価値判断や記憶・想像を伴うさまざまの想念が加わる。つまりひとつひとつが私にとって意味を火や言葉を使用するとか、技術を用いて労働するとか、さまざまの答えが与えられるであろう。これらの答えはそれぞれに正しいと言える。しかし、ここでは、人間の生き方は事実のレベルにとどまるものではないということをもって答えとしたい。つまり人間は単なる事実のレベルだけではなく、そのうえに別のレベルの生き方を持っているということである。

例えば人間の生涯の出発点である誕生について考えてみても、それはたしかに受胎・妊娠・出産という生理的な現象（つまり事実）を核心に持っていることは言うまでもない。しかし、私たち自身がよく知っているように、人間の誕生は明らかにそれだけのものにはとどまらない。既に受胎の事実が知らされたときから、本人はもとより周辺のひとびとの心に喜び・不安・期待・願望などの（場合によってはこれらとは反対のベクトルを持つ）情念が生起し、それに伴ってさまざまの個人的・社会的な行動が喚起されることによって、受胎という生理的な事実にさまざまの意味づけがなされる。（それの最も極端な例は、西欧の宗教画に頻繁に見られる「受胎告知」というテーマであろう。あれはもちろん聖母マリアがイエスという特別の人間をみごもったことを主題としているが、それよりもむしろおよそ人間の受胎そのものを聖化していると考えることもできる。）同じような意味づけは、妊娠や出産に伴う情念やそれをめぐるもろもろの慣習や儀礼的行動などについても認められる。そしてこのような意味づけは人間の全生涯にわたって、またその生活のあらゆる面について行われている。つまり人間の生活のなかには、常に自然の現象的な事実とともに、それを超えた意味が働いている。したがって人間は、事実と意味の二つのレベルの両方にまたがって生きているわけであるが、事実とは要するに自然現象であり、人間が他の動物と原理的に共有するものである（もっとも直立二足歩行にもとづく人間特有の生理学的な事実があることまで、ここで否定しようとするものではない）から、人間の生活をとくに人間的なものとしているのは意味にほかならないということになる。簡単に言えば、人間は意味によってこそ人間であるし、また人間となるのである。人間のあらゆる営みには意味がつきまとっている。

そのことは、例えば「食べる」という最も素朴で原初的な行動についても、人間の食べ方と他の動物の食べ方がどれほど大きく違

問題三　次の文章を読んで後の問いに答えなさい。

　人間の生涯を考えてみると、それはまず誕生に始まり、成長と成熟の過程を経て生殖を行い、そして老衰の後に死を迎える。個別的な例外は別として、こういう一般的な過程を見る限りにおいて、他の動物(どころか生物一般)の一生もほとんど同じである。つまりこのプロセスは人間と他の生物に共通する自然の現象的な事実である。そして私たちの高度に複雑な生活も、最も基礎的なレベルでは、こういう生物学的な事実に根ざしていることは否定できない。この事実を離れ、あるいはこれを無視した現実の生活などというものはおよそ考えることもできないであろう。そのことは、端的に言って、食欲と性欲とがなければ、私たちの生存が成り立たないということからも明らかである。この二つの欲望は人間が生きるための最も基本的な要因であると同時に、それらは、それ自体としては、人間と他の動物に共通するものであり、人間が動物にほかならないことの証しであるとも言える。言い換えると、事実のレベルで考えるかぎり、人間は他の動物とはなんら異なるところがないと言ってよい。それにもかかわらず、実際には人間の生活と他の動物の生存とは明らかに大きく違っている。両者の間には質的(本質的)な差異があると言ってもさしつかえはないであろう。私たちはその差異を、例えば熱烈なクリスチャンのように、宗教的な権威によって正当化されたものと確信してはいなくても、また人間と動物との間に本質的な差異を認めることを拒否する進化論に対して、常識的な賛意と理解を抱く程度にすぎないとしても、私たちは自分の考えていることや行動の仕方を正直に反省してみれば、やはり人間が他の動物とは根本的に異なっていることを、インプリシット[注]にせよエクスプリシット[注]にせよ、意識せざるをえないし、またその差異を多かれ少なかれ認めているはずである。それがいわば私たちの思考や行動、知識やモラルを支えている良識というものである。思うに、どんなに熱烈な進化論信奉者でも、他の動物に対する人間の独自性を暗に認めないということはありえないであろう。

　ではそのように人間を他の動物から区別する独自性とは何であろうか。もちろんこういう問いに対しては、直立二足歩行とか、

なる意《こころ》ぞや。みづから牛馬におとれる意とはしらずや。又牛つかひ馬おふものの無頼《むらい》がおほきをいかがはせむ。おのれ往年逢坂《あふさか》の山路にて往《ゆき》かぬる牛車をなさけなくうちおひけるをみて、

　小車のめぐりこん世はおのれまたひかれてうしとおもひしるらし

とよめるを、あはれなりといふ人も有しが、因果を信ぜぬ人は非笑すべけれど、そはとまれかくまれ、おもへるまま也。因果はしばらくおきても、惻隠《そくいん》注の意、人にのみ動きて、物のためにつれなからんや。畜類も物をこそいはね、意はかへ《却》りて人よりもさときあり。

——三熊花顛、伴蒿蹊加筆『続近世畸人伝』

注　十念　僧が信者のために念仏を十回唱え、仏道の縁へと導くこと。
注　稟性　天性。
注　蠢動　生き物がうごめくこと。
注　餌取　牛馬を殺してその肉や皮を売る人。
注　惻隠　憐みの心を抱くこと。

問い一　傍線**A**・**B**・**C**の言葉の意味を答えなさい。

問い二　傍線一「はたしてしからば蚤《のみ》、虱《しらみ》、蚊、虻《あぶ》のために人を生ずるやと詰《なじ》りし人もあり」とあるが、どういう理由で詰っているのか、答えなさい（三〇字以内）。

問い三　筆者はこの文で何を言おうとしているのか、説明しなさい（五〇字以内）。

問題二　次の文章を読んで後の問いに答えなさい。

木曽山中、馬夫《まご》孫兵衛なる者あり。何某の阿闍梨《あざり》、江戸よりのかへさ《帰途》、此《この》馬夫が馬に乗られたるに、道あしき所に至れば、孫兵衛馬の荷に肩をいれて、「親方あぶなし」といひてたすく。度々のことにていとめずらしきしわざなれば、あざり、「いかなればかくするぞ」ととひ給ふに、「おのれらおや子四人、此馬にたすけられて、露の命をささへさふらへば、馬とはおもはず、おやかたとおもひていたはる也」とこたへ、「さて、御僧にひとつのねがひあり、此あなた清水のある所にて手あらひ候はんまま、十念注をさづけ給はれ」と乞ければ、「いとすさう《殊勝》のことなり」とうけがはるるに、はたして其《その》所に至りて、あざりを馬よりおろし、おのれ手水《てうづ》をつかひ、馬にも口すすがせて、其馬のおとがひの下にうづくまり、ともに十念をうくるさま也。かくて大キによろこび、又馬にのせて次の駅《うまや》にいたる。其賃銭とてわたし給へば、先《まづ》其銭のはつほ《初穂》とて、五文をとりて餅をかひて馬にくはせ、つひにおのが家のまへにいたりける時、馬のいななきをききて、馬郎の妻むかへに出て、取あへず馬にものくはせぬ。男子も出てあざりをもてなしける。其妻子のふるまひも、孫兵衛にならひて心ありき。此あざりにかぎらず、僧なればいつもあたひを論ぜず。「のる人の心にまかせて、馬とおのれらとが結縁《けちえん》にし侍る」などかたりしとぞ。あざりふかく感じて話せらるるままに記す。

およそ鳥獣、魚虫、形象稟性《けいしやうひんせい》注人にことなり《異》といへども、同じく天地間《かん》の蠢動《しゆんどう》注、仏語もていへば法界《ほふかい》の衆生《しゆじやう》也。しかるをあるひは、人を養ふための天物也などいへる説もあるは笑ふべし。はたしてしからば蚤《のみ》、虱《しらみ》、蚊、虻《あぶ》のために人を生ずるやと詰《なじ》りし人もあり。畢竟《ひつきやう》大小相食《はむ》に過ざれども、農《のう》を害《がい》する獣《けもの》、狩らではあるべからず、海浜の民、生産《すぎはひ》なきは、漁釣せずはあらじ。みなやむことをえざる所にして、これをいたましとて、白河院の殺生を天下に禁じ給ひしごときは、民をいかむ。只生産に預《あづか》らざる人は、微物《びぶつ》といふとも、是を殺し是を苦しむる事を断《だん》ずるこそ常の慎《つつし》みなるべけれ。殊にいたむべきは牛馬也。人をたすけて重きを負ひ、遠きをわたり、ひねもす苦労す。しかるを老さらぼひて用うる所なしとて、餌取《えとり》注の手にわたしてこれを殺すなどは、いか学生たちの言うとおり、小・中・高校において「歴史的に考える」ことは教えられていないのだろうか。たしかに、私自身の記憶を辿《たど》っても、「歴史的に考える」ことに結びつく記憶は学校の授業ではない。家庭生活の中でのものである。私にとっての小・中・高校での授業は、いずれも、教科書にそって、先生が楽しそうに解説しているのを私も楽しんで聞いている（か、全く別のことを考えていたかの）場面として記憶されている。もっとも私は、教科書にそった「歴史」のストーリーを、私なりに「歴史的に考え」ながら聞いていたのかもしれない。それでも、「歴史的に考える」こと自体を学校で教わったという記憶は、今のところ出てこない。

記憶もまた「歴史」であるから、今日の私のバイアスがかかっている。しかし、残念ながらこの記憶については、日本の一般的な初等・中等歴史教育の現状にも当てはまっていると言えるだろう。日本の児童・生徒は、少子化とはいえ相変わらず受験競争にさらされている。教科書に書いてあることの中からであれば入試に出題してもよい、という受験の実態に合わせて、教科書をまんべんなく教え、学力として定着させる授業が広く行われている。学年段階が上がり大学受験に近づくほど、この傾向は強くなる。このような授業観・学力観においては、教科書をバイアスのかかった「歴史」として学ぶことは、重視されない。

―日高智彦「「歴史的に考える」ことの学び方・教え方」

問い一　傍線A・B・C・D・Eのカタカナで書かれた語句を漢字で書きなさい。

問い二　傍線一「「歴史」を認識する」とはどういうことか、簡潔に答えなさい（三〇字以内）。

問い三　傍線二「重視されない」とあるが、なぜなのか、答えなさい（三〇字以内）。

問い四　「歴史的に考える」とはどういうことか、文章全体をふまえて説明しなさい（五〇字以内）。

ると、ほとんどの答えが「大学生になって、歴史学概論の授業を受けた時に初めて知った」であったことが興味深い。小学校・中学校・高等学校時代に「歴史」は学んでも、「歴史的に考える」ことは学ばなかった、という意味の回顧だからである。しかし、この回顧――回顧もまた、過去そのものではないという意味で「歴史」である――は実態なのだろうか。

　ふたたび私個人の話をすれば、「歴史的に考える」ことを自分の思考として最初に経験したのは、「歴史」に出会ってから間もない頃であった。父に買ってもらった豊臣秀吉の伝記漫画を読み、その立身出世のストーリーにCカンメイを受けて歴史好きを自覚した私は、同時並行で観はじめたＮＨＫ大河ドラマの中で、自分が知っている人物像とは大きく異なる豊臣秀吉に出会った。主人公の伊達政宗の目を通して描かれる秀吉は、勝新太郎の迫力ある怪演もあり、小学生の私にはDゴウマンな権力者に映った。文禄・慶長の役（壬辰・丁酉倭乱）を起こしたことも伝記漫画には描かれておらず、ドラマの中で初めて知った。それまで抱いていた偉人としての秀吉像とのあまりの落差に、とても戸惑ったことを覚えている。

　このことを先ほどの学生に話してみると、「そういえば……」という例がぽつりぽつりと挙がり始める。一方で、それも含めて「（私は「歴史的に考える」ということに）たった今、先生の話を聞いて初めて気づかされた」という学生もいる。もちろんその学生も、他の多数の学生が「歴史的に考える」ことを学んだという歴史学概論の授業を受講していたはずなのだが。

　人が「歴史」から学ぶ上で「歴史的に考える」ことはとても大事である。多様性が尊重される社会の実現には、各人が自らの先入観やEヘンケンを自覚し、相対化する力を持つことが不可欠であろう。「歴史的に考える」ことは、この力にかかわっている。ならば、初等（小学校）・中等（中学・高校）教育における歴史教育でこそ、「歴史的に考える」ことは教えられてよいはずだ。しかし、当の初等・中等教育を受け、あまつさえ自らも歴史教育に携わろうとしている大学生が、「歴史的に考える」ことを大学生になって初めて知った、あるいは「大学生になって特定の授業を受けるチャンスに恵まれた者以外は、現在の日本では学べない状態になっている」と回顧することを、どう考えればいいだろうか。

アンケートをとったところ、小学校六年生の社会科の授業で「歴史」に出会ったと回顧する者が、最も多かった。

これは不思議な結果である。好きか嫌いかは別にして、私たちはテレビドラマ、漫画、家族写真などを通じて日常的に「歴史」に出会わないということは、ありえないからである。けれども、「初めて歴史に出会ったのはいつ、どういうとき？」という質問にたいしては、社会科歴史の授業だと回顧・回答されるのだ。人々の「歴史」イメージにとって、学校の授業がいかに大きな影響を及ぼしているかを示しているのだろう。悪く言えば、学校の歴史教育が、「歴史」を身近なところから遠ざけているのかもしれない。

「歴史」に出会うといっても、その時期がいつであれ、場がどこであれ、「経験の外側の過去」そのものに出会えるわけではない。「経験の外側の過去」についての何らかのAコンセキ(＝史料)を通じてしか、人は「歴史」に出会うことはできないのである。より一般的には、歴史家が史料を通じて明らかにした「歴史」記述や、「歴史」記述をも参考にしながら作成された諸メディアを通じて、人は「歴史」に出会う。幼少期の私にとっての歴史漫画や大河ドラマはそうであるし、学校の授業における教科書の記述や教師の説明もそうである。

ということは、私たちが接する「歴史」は、Bジュンゼンたる過去そのものではなく、史料を残した者の意図や、史料を読み解いた歴史家の解釈など、何らかのバイアスがかかっているということだ。また、私たちも歴史的な存在であり、生きている時代や地域の価値観から自由ではないのだから、ものごとをありのままに見られるわけではない。ただでさえバイアスのかかっている「歴史」の中の過去に、さらに自分のバイアスをかけ、デフォルメしながら見ている、というのが実態なのだ。なればこそ、「歴史」にも、「歴史」を見る私たちの目にも、バイアスがかかっていることに自覚的に「歴史」を見ることが大事になる。デフォルメされた過去から無批判に学ぶとき、それが人を苦しめ、誤らせることがあるからだ。「歴史」のバイアスに自覚的になることを、「歴史」が過去そのものではないことに何らかの形で気づく状態も含めて、ここでは「歴史的に考える」と呼ぼう。

では、人はいつ、どういうときに、「歴史的に考える」ことに出会うのだろうか。この旨の質問を、先の同じ大学生にぶつけてみ

国語

（一〇〇分）

問題一　次の文章を読んで後の問いに答えなさい。

　人は、自分が直接に経験していない過去からも学ぶことができる。この能力によって、生物としての「弱さ」を補いながら、社会を発展させてきた。ここで言う「自分が直接に経験していない過去」（「経験の外側の過去」）を、「歴史」と呼ぶことにしよう。では、人は生まれてから、いつ頃に「歴史」を認識するようになるのだろうか。

　発育や環境など個人差はあろうが、自分の中に自分の経験が過去として積み重なっていく（「経験の中の過去」）につれて、時間意識・認識も成長していく。この過程で、たとえば、おとぎ話に出会うようになり、その「物語」の展開を生活経験や想像力をもとに理解できるようになる。そしてやがて、現実に起こった「経験の外側の過去」を、「経験の中の過去」と共時的・通時的につながりある「物語」、すなわち「歴史」として認識し始めるだろう。もちろん、そのタイミングについても個人差があろう。私個人は、小学校二年生の時に、父から豊臣秀吉の伝記漫画を買ってもらい、「歴史が好きだ」という自覚を持ったことを覚えている。そしてその頃から、ＮＨＫ大河ドラマ「独眼竜政宗」（一九八七年放送）を毎週欠かさず観るようになった。

　自覚的な「歴史」との出会いの時期が小学校低学年頃で、きっかけが親類に買ってもらった歴史漫画などという私のような例は、歴史の教育や研究に携わる者の回顧としては、めずらしくはない。では、より一般的にはどうだろうか。私が教えている大学生に

2021年度

問題編

■前期日程

問題編

▶試験科目

教 科	科 目
外国語	英語（コミュニケーション英語Ⅰ・Ⅱ・Ⅲ，英語表現Ⅰ・Ⅱ） 聞き取り・書き取り試験〈省略〉を行う。
地歴等	日本史B，世界史B，地理B，「倫理，政治・経済」〈省略〉，ビジネス基礎〈省略〉から試験場において１科目選択。
数 学	数学Ⅰ・Ⅱ・A・B（数列，ベクトル）
国 語	国語総合

▶配 点

学 部	外国語	地歴等	数 学	国 語
商	250	125	250	125
経 済	260	160	260	110
法	280	160	180	110
社 会	280	230	130	180

英語

（120分）

I 次の英文を読み，下の問いに答えなさい。（＊を付した語句には，問題文の末尾に注がある。）

In the spring of 1935, Sigmund Freud* was not doing well. His health had begun to fail, made worse by an unseasonable Vienna chill. Nazis marched in the streets (and would soon exile him to London). But more immediate concerns were on his mind, as he sat down to write a letter to his friend and fellow psychoanalyst Lou Andreas-Salomé. "What an amount of good nature and humour it takes to endure the terrible business of getting old!" he wrote. "Don't expect to hear anything intelligent from me. I doubt that I can still produce anything. . . but in any case I haven't got the time, as I have to do so much for my health".

Andreas-Salomé, Freud's correspondent, had lived quite a life herself. In her youth she had tried to start a commune* with Friedrich Nietzsche*. But she was now an old woman, staying at a hospital and destined to die of kidney failure* within two years. Freud had known her half his life. Though the letter is mostly light-hearted, he evidently realized that Andreas-Salomé was facing dangerous surgery. His closing is touching: "I wish I could tell you in person how much I have your well-being at heart. —Your old Freud".

Freud may indeed have wished to see Andreas-Salomé in person, but he knew this was mere fantasy. Between him in Vienna and her in Berlin were hundreds of miles, the physical limitations of age, and Adolf Hitler. There was little chance they would ever see one another again. (1) It's easy to picture Freud worrying about his friend's surgery, spending hours sunk in his armchair, sighing, "If only I could see her once more".

Now imagine a different version of this incident. Imagine the smartphone had been invented seventy-five years earlier. Imagine Freud with his FaceTime app* all set up, ready for his weekly video chat with his old friend. This week, especially, he wants to see her before her surgery. But the cellular phone network is down! Freud bangs on his iPhone case, cursing his luck. Imagine him forced to write the same letter: "I wish I could tell you in person how much I have your well-being at heart" has a different intensity now. They were so close to seeing one another, to being in each other's virtual presence one last time before she went (あ) the knife. This version of the wish has a different tone: not a fantasy, but the sorrowful expression of a reasonable desire (A) denied. Technological progress creates new frustrations to go with its new possibilities. When technology makes something newly possible, it changes the status of our wishing for that thing. Once upon a time, wishing to see and speak to an old friend in another country instantly was mere fantasy, the sort of thing for fables of magic mirrors and crystal balls. But now we have portable video cameras and wireless networks. Now a wish to chat with distant loved ones has the status of a perfectly normal desire — one that is vulnerable to painful failure.

Mobile phones provide many examples of this phenomenon. Mary Beard, a scholar of ancient Roman civilization, recently appeared on BBC* radio to discuss the effects of technological change over recent decades. Her thoughts went straight to the effects of mobile phones on dating. In her youth, one would have to spend entire days waiting by the house telephone, hoping that one's boyfriend might call back to make plans. There were not even answering machines. Now, of course, you carry around a little device that allows you to co-ordinate plans with anyone, instantly. But back then you had to make a choice (い) your sense of liberty and your social availability. The path to a lover's heart (2) was permanently fixed in the living room. We can imagine the teenage Mary Beard thinking: *oh, I wish I could go out to the cinema while I'm waiting for this call.* But given the technology of the day, her wish was mere fantasy. It was not something she could (B) have expected to happen, and it would have been strange to feel bitter about the lack of the option.

But compare, now, a contemporary thirteen-year-old whose parents won't let her have a smartphone, though all her friends have one. She knows it's an option. She knows it's available. She knows that she could have this always-on chance to respond to that cute someone at any moment — but it's being denied her, unreasonably, unfairly. It might seem that the teenage Mary Beard, trapped on the living room sofa, wishes for the very same thing as the contemporary teenager who glances (C) at her classmate's iPhone. But this is an illusion. The teenage Mary Beard's wish was a fantasy, an imagining of how things could be better but in fact were definitely not going to be anytime soon. Our contemporary thirteen-year-old's wish is instead a desire. (3) She wants a thing that she very well could have, if only something (or someone) were not keeping it out of her hands. The nearby reality of a wish's fulfillment changes its status from fantasy to desire, and so makes it reasonable to be unhappy in entirely new ways.

This is why the last mortals* will have it particularly bad. Until now, the wish for immortality* was mere fantasy. No one has ever lived beyond 122 years, and no one has reasonably expected to do so. But what happens once the scientists tell us that we're drawing near, that biological immortality will be ready in a generation or two — then what? Suddenly we are Freud banging on his iPhone, missing out on FaceTime with his dear dying Lou. Seneca* told us to meet death cheerfully, because death is "demanded (う) us by circumstances" and cannot be controlled. Death's (4) inevitability is what makes it unreasonable to trouble oneself. Why should we suffer over the inability to attain a fantasy? Yet, as I've been arguing, soon death may cease to be inevitable. (5) It may become an option rather than a giver of orders. And, as the fantasy of immortality becomes a reasonable desire, this will generate not only new sorts of failed desires, but also new ways to become profoundly envious.

The last mortals may be forced to share Earth with the first immortals. This could happen (D), as our confidence grows that biological immortality will be perfected within the lifespans of our great-grandchildren. Or it may come with harsh precision, a divider between the generations. Perhaps it will turn (え) that the only way to cure ageing requires gene manipulation before birth, during early embryo* development. In other words, anyone born before the technology emerges is sentenced to death, but all those born later will gain hundreds or thousands of years. Imagine the envious glances from hospital nurses towards the babies in their care in the months after that announcement.

Vague warnings of this future moment are already available to us; people in rich countries already enjoy life expectancies double those of the poorest places. And overlapping lifespans with people of another era is nothing new. The US Veterans Affairs Department* continues today to pay a pension from the Civil War*, due to the now ninety-something daughter of a Union soldier* who became a father at a very late age. Queen Elizabeth II has held her weekly audiences with prime ministers born in both 1874 and 1966. Two of the people who've held the "oldest living person" title, Anne D'Evergroote of Belgium and Emiliano Mercado del Toro of Puerto Rico, were both alive in 1891; between them they saw every year on this planet from 1783 until 2007.

But it's one thing to imagine little children sailing into the next century. It's another to know many will see the next millennium. The proportions are terribly imbalanced, and their distribution random. This is a sure recipe for jealousy. The last mortals may be ghosts before their time, destined to look (お) in growing envy at the enormous stretches of life left to their near-contemporaries. (6) In one sense, it will be the greatest injustice experienced in all human history. From an objective perspective, the problem of the last mortals seems temporary. After all, they will die off quickly, (E) speaking, and then everyone remaining will share equally in the new problems of extraordinary longevity*. But we may not have the luxury of taking this objective perspective, because we may be those last mortals. We may be the ones turning towards our descendants with the (F) intense anger and envy (G) has (H) known. Is there anything we can do to prepare?

注　Sigmund Freud　ジークムント・フロイト(1856—1939)　オーストリアの精神科医

commune　コミューン(共通する価値観を持つ人々が財産を共有し，責任を分担する共同体)

Friedrich Nietzsche　フリードリッヒ・ニーチェ(1844—1900)　ドイツの哲学者

kidney failure　腎不全

FaceTime app　iPhone などのアップル社製品に搭載されているビデオ通話アプリ

BBC　英国放送協会(テレビ・ラジオ公共放送局)

mortal　(死すべき)普通の人間

immortality　不死

Seneca　ルキウス・アンナエウス・セネカ(c. 4 BC—65 AD)　古代ローマの哲学者

embryo　胎芽(妊娠初期の胎児)

US Veterans Affairs Department　アメリカ退役軍人局

the Civil War　アメリカ南北戦争

Union soldier　アメリカ南北戦争時の北軍兵士

longevity　長寿

1　下線部(1)を和訳しなさい。

2　下線部(2)が指し示すものを表す 3 語から成る語句(冠詞を含む)を，同じ段落からそのまま抜き出して解答欄に書きなさい。

3　下線部(3)を和訳しなさい。

4　下線部(4)の語の定義に最も近いものを下の選択肢イ～ニから一つ選び，その記号を解答欄に書きなさい。

イ　incapability of being escaped

ロ　incapability of being condoned

ハ　incapability of being hidden

ニ　incapability of being satisfied

5　下線部(5)はどのようなことを述べているか。Itの指し示す内容を明らかにしながら，40字以内の日本語（句読点を含む）で説明しなさい。

6　下線部(6)の指す内容を80字以内の日本語（句読点を含む）で説明しなさい。

7　空欄（　あ　）～（　お　）に入れる語として最も適切なものを，以下の選択肢イ～ホからそれぞれ一つ選び，その記号を解答欄に書きなさい。ただし，各選択肢は1回のみ使用できるものとする。

イ　between　　ロ　of　　ハ　on　　ニ　out　　ホ　under

8　空欄（　A　）～（　E　）に入れる語として最も適切なものを，以下の選択肢イ～ホからそれぞれ一つ選び，その記号を解答欄に書きなさい。ただし，各選択肢は1回のみ使用できるものとする。

イ　enviously　　ロ　gradually　　ハ　realistically

ニ　relatively　　ホ　unreasonably

9　空欄（　F　），（　G　），（　H　）に入れる語の組み合わせとして最も適切なものを，以下の選択肢イ～ニの中から一つ選び，その記号を解答欄に書きなさい。

イ　（　F　）almost　（　G　）everyone　（　H　）never

ロ　（　F　）most　（　G　）someone　（　H　）never

ハ　（　F　）almost　（　G　）no one　（　H　）ever

ニ　（　F　）most　（　G　）anyone　（　H　）ever

10　空想（fantasy）が欲望（desire）へ変わると，人の気持ちはどのように変化するかを，本文全体の内容に即して80字以内の日本語（句読点を含む）で説明しなさい。

Ⅱ Choose one of the proverbs below and explain in English what you believe it means. Your explanation should be 100 to 140 words in length. Indicate the number of the proverb you have chosen. *Correctly* indicate the number of words you have written at the end of the composition.

1 A pig and a farmer should not try to be friends.

2 A late reply is worse than no reply at all.

3 The right word is more effective than the wrong book.

Ⅲ 音声を聞き，その指示に従って，ＡおよびＢの各問いに答えなさい。

（編集の都合上，省略）

日本史

（120 分）

（注）解答は，解答用紙の所定の位置に横書きで書きなさい。他のところに書いても無効になることがあります。また，字数などの指示がある場合は，その指示に従って書きなさい。なお，字数制限がある場合，算用数字及びアルファベットに限り，1マスに2文字入れることができます。それ以外の句読点や問題番号には1マスを使用すること。ただし，例えば「問1」ならば「1」とのみ書いても構いません。なお，問題番号は問題ごとに指定された解答字数に含めます。

（例）

Ⅰの「問1」の場合 ⟶

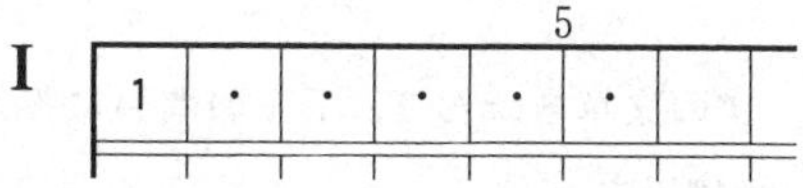

Ⅰ　次の文章を読んで，下記の問いに答えなさい。（問1から問4まですべてで400字以内）

前近代において土地制度は税制と密接な関係を有していた。

律令制下では，班田収授によって口分田が班給され，農民の生活が保障される一方，(a)重税が課され，中央政府の財源とされた。班田制の崩壊後，有力農民が経営する名が徴税単位となり，不輸の権を認可された官省符荘や国免荘が形成された。以後，(b)開発領主による権門勢家への所領寄進と荘園形成（立荘）が進行する中で，院政期には諸領主が荘園・公領から年貢などを徴収する荘園公領制が成立した。

鎌倉幕府は関東御領と関東知行国を保有し，御家人を荘園・公領の年貢徴収などを担う地頭に任命した。室町幕府では，御料所からの年貢よりも，(c)貨幣経済の浸透や京都の支配を前提にした税目が重要な財源となった。

石高制が確立された幕藩体制下では年貢が財政の基盤であり，武士には知行地に代えて蔵米を支給する俸禄制度が行われた。土地台帳たる検地帳が村ごとに作成され，名請人の本百姓が田畑を所持する根拠ともされた。1673 年の［　(d)　］など田畑には様々な規制がなされた。

問 1 下線部(a)について，租税のうち中央政府へ納められた税目を記し，その内容と徴収から納入までの過程を説明しなさい。

問 2 下線部(b)について，荘園公領制の成立の前提として，公領における開発領主の地位の変化を説明しなさい。

問 3 下線部(c)について，税目の名称を記し，その内容を説明しなさい。

問 4 | (d) | の法令の名称を記し，その内容と立法の目的を説明しなさい。

Ⅱ 次の文章を読んで，下記の問いに答えなさい。(問 1 から問 4 まですべてで 400 字以内)

現在，1,300 万人を超える人口を抱える東京は，江戸と呼ばれた近世から多くの人口を抱えた大都市であった。江戸幕府崩壊後，人口が急減したものの，政治・行政の中心地として東京は発展し，人口は増加した。電灯の普及や都市交通の発展といった生活様式の変化がみられ，銀座のような文明開化の象徴となった地域が登場した一方，都市下層の貧民が集中する地域も登場した。明治後期以降，重工業の進展から東京は工業都市としての様相もみせ，工場労働者も数多く集住することとなった。第一次世界大戦以降の東京は，人口を急増させ，特に新たに東京市に編入された新市域と呼ばれる郊外での人口が急増した。

下表は，1920 年から 1955 年までの東京府(1943 年から東京都)の人口をあらわしたものである。第一次世界大戦以降急増した人口は，太平洋戦争の勃発後急減し，1940 年時の人口規模を上回るのは 1955 年であった。

東京府(東京都)の人口

西　暦	人　口
1920	3, 699
1925	4, 485
1930	5, 409
1935	6, 370
1940	7, 355
1947	5, 001
1950	6, 278
1955	8, 037

(単位千人)

問 1　江戸幕府崩壊後，東京の人口が急減した理由を述べなさい。

問 2　明治中期の都市下層社会の劣悪な生活・労働環境を明らかにした著書とその作者の名を，それぞれひとつずつあげなさい。

問 3　1920 年代から 1930 年代の東京府の人口，特に郊外の人口が急増した社会的原因を説明しなさい。

問 4　1940 年から 1955 年までの間，東京府(東京都)の人口がいったんは急減した後，増加した社会的原因を述べなさい。

Ⅲ　次の文章を読んで下記の問いに答えなさい。(問1から問4まですべてで400字以内)

近現代日本の民主化の歴史は，男性と女性のいずれからみるかによって，大きく異なる。1889年，大日本帝国憲法と同時に公布された衆議院議員選挙法は，満25歳以上の男性，かつ直接国税 [①] 円以上の納入者のみに選挙権を付与した。ようやく1925年には普通選挙法が制定されたが，女性には選挙権が与えられず，満25歳以上の男性に限定された。

女性参政権を求める動きがなかったわけではない。平塚らいてう(a)，市川房枝らが1920年に設立した [②] は，その代表例である。1922年には，女性の政治活動への参加を禁止した [③] 第5条が改正され，女性も政治集会に参加できるようになった。1924年には，市川らが婦人参政権獲得期成同盟会を結成した。ところが，女性参政権は翌年の普通選挙法では実現しなかった。

1945年，日本は太平洋戦争に敗れ，アメリカを中心とする連合国の占領下に置かれた。その年の10月，マッカーサー最高司令官が幣原首相に対して五大改革指令(b)を発し，そのなかに女性参政権の付与を盛り込んだ。これを受けて12月に衆議院議員選挙法が改正され，満20歳以上の成人男女に選挙権が与えられた。1947年に施行された日本国憲法には，議員および選挙人の資格を性別で差別してはならないという規定が置かれた。

1946年の戦後初の総選挙では，39名の女性議員が誕生し，衆議院議員の8.4％を占めた。だが，その割合は次第に低下し，参議院議員を含む国会議員全体でも低迷した。こうしたなかで国会についても女性の進出が進む(c)きっかけとなったのは，1989年の参院選であった。この選挙では，日本の憲政史上初めての女性党首となった土井たか子を委員長とする [④] が，多数の女性候補を擁立して躍進し，「マドンナ旋風」と呼ばれた。

しかし，近年も女性の割合は衆議院で1割程度，参議院では2割程度にとどまっている。このような状況を是正するため，2018年，国会と地方議会の選挙で男女候補者数を均等にするよう政党に努力を求める「候補者男女均等法」が成立した。

問1　①～④の空欄に入れるべき適切な語句を書きなさい。

問 2　下線部(a)に関して，この人物ら雑誌『青鞜』の人々が主張した「新しい女」とは何かを説明しなさい。

問 3　下線部(b)に関して，GHQ が占領政策の一環として労働組合の結成を奨励した理由を説明しなさい。

問 4　下線部(c)に関して，1985 年，雇用の面で男女差別の禁止を義務づける法律が制定された。その名称とそれを制定する背景となった国連の動きについて説明しなさい。

世界史

（120 分）

（注）解答は，解答用紙の所定の位置に横書きで書きなさい。他のところに書いても無効になることがあります。また，字数などの指示がある場合は，その指示に従って書きなさい。なお，字数制限がある場合，算用数字及びアルファベットに限り，1マスに2文字入れることができます。それ以外の句読点や問題番号には1マスを使用すること。ただし，例えば「問1」ならば「1」とのみ書いても構いません。なお，問題番号は問題ごとに指定された解答字数に含めます。

（例）

Ⅰの「問1」の場合 ⟶　　**Ⅰ**

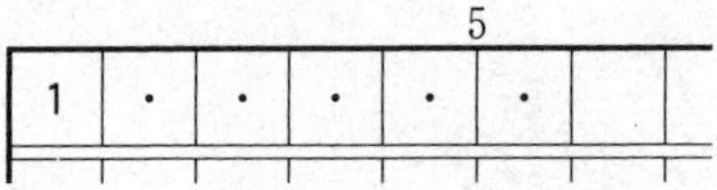

Ⅰ　次の文章を読んで，問いに答えなさい。

19 世紀半ばに行われたイスタンブルのアヤ・ソフィア・モスクの修繕工事において，内壁の漆喰の下から，この建物がモスクに転用される前のハギア・ソフィア聖堂と呼ばれていた時期に製作されたモザイクが多数確認された。そのうちのひとつ，聖母子像を描いた 9 世紀半ばのものとされるモザイクには，破損により一部しか現存していないが，当初は「異端者によって破壊された図像をここに取り戻す」という内容の銘文がつけられていたことが分かっている。モザイクはその後いったん漆喰で埋め戻されたが，1930 年代から改めて本格的な調査・修復が始められ，同時期に決定されたモスクの博物館への転用を経て，一般に公開されるようになった。

問い　この建物の建造の時代背景，および，上記モザイクの銘文設置の政治的・社会文化的背景を説明したうえで，複数回にわたる転用がなぜ起こったのかを念頭に置いて，この建物の意味の歴史的変化を論じなさい。（400 字以内）

Ⅱ　ヨーロッパ文化史に関する次の文章を読み，問いに答えなさい。

「シェークスピアのイングランド」，(a)「ゲーテの時代」，このような言葉から，人々はある特色によって内面的に統一された文化現象の全体的印象を受ける。いやそれ以上に，後代の人々が一種の憧憬れの感情を以て見返るようなもの，後代には既に失われた青春の活力，後代が僅かにその余映を仰ぐような新しい指導価値が，突然に国民の中に芽生え，成長し，彼等の月並な伝統的生活，その動脈硬化的生活力を一新する時代，いわば歴史的な最良の時代を想い浮かべる。丁度，それと同じような意味で，(b)「レムブラント〔レンブラント〕時代」という言葉が，オランダの歴史家達によって使われる。

（村松恒一郎『文化と経済』より引用。但し，一部改変）

問い　下線部(a)(b)について，「ゲーテの時代」と「レムブラント時代」の文化史的特性の差異を，下の史料 1 及び史料 2 を参考にし，当該地域の社会的コンテクストを対比しつつ考察しなさい。(400 字以内)

史料 1

（レンブラント作「織物商組合の幹部たち」）

史料2

たしかにわれわれの帝国の体制はあまりほめられたようなものではなく，法律の濫用ばかりで成り立っていることをわれわれも認めたが，フランスの現在の体制よりはすぐれていると考えた。〔中略〕しかし他の何物よりもわれわれをフランス人から遠ざけたのは，フランス文化追従に熱心な王と同じく，ドイツ人全般に趣味が欠けているという，繰り返し述べられる無礼な主張であった。〔中略〕フランス文学自体に，努力する青年を引きつけるよりは反発させずにはおかないような性質があったのである。すなわち，フランス文学は年老い，高貴であった。そしてこの二つは，生の享受と自由を求める青年を喜ばせるようなものではなかった。

（ゲーテ『詩と真実』山崎章甫訳，岩波書店より引用。但し，一部改変）

Ⅲ　次の文章を読み，問いに答えなさい。

1977年8月，第11回中国共産党代表大会が開かれ，華国鋒が「政治報告」をおこなった。そのなかで彼は依然として継続革命論を「偉大な理論」と称賛し，党路線の中心は「毛主席の旗幟を掲げ守ること」と強調している。しかし同時に，革命と建設の新たな段階に入ったとの認識に立ち，「第1次文化大革命の終了」を宣言し，「4つの近代化建設」を掲げた。ここでの華国鋒の主張は，まさに彼が毛沢東の威信に依拠したために毛の遺産を背負いながら，同時に混乱した経済・社会，そしてむろん政治の混乱を建て直さねばならないというディレンマを物語っていたのである。他方，鄧小平の戦略は極めて明確であった。政治闘争に明け暮れる雰囲気をいかに一掃して経済再建，経済発展に力を集中するかであった。そのためには，文革路線，毛沢東路線さえ事実上，否定してもかまわない，それを積極的に支持するグループを排除しなければならないという決意だったのだろうか。もちろんできる限り政治混乱を起こさないで「巧くやる」ことが大切だという前提であった。

（天児慧『巨龍の胎動：毛沢東VS鄧小平』より，一部改変）

問い　「第1次文化大革命」の経緯を述べた上で，「4つの近代化建設」が1980年代の中国に与えた影響を説明しなさい。（400字以内）

地理

（120分）

（注）解答は，解答用紙の所定の位置に横書きで書きなさい。他のところに書いても無効になることがあります。また，字数などの指示がある場合は，その指示に従って書きなさい。なお，字数制限がある場合，算用数字及びアルファベットに限り，1マスに2文字入れることができます。それ以外の句読点や問題番号には1マスを使用すること。ただし，例えば「問1」ならば「1」とのみ書いても構いません。なお，問題番号は問題ごとに指定された解答字数に含めます。

（例）

Ｉの「問1」の場合 ⟶ **I**

				5		
1	・	・	・	・	・	

I　環インド洋地域に関する次の文章を読んで，問いに答えなさい。

インド洋沿岸諸国の多くは，植民地時代に始まる商業的農園を抱えている。近年では，民間が自発的に設けた基準によってこれらの農園による生産と，その後の商品の流れを認証し，社会経済的にも環境的にも持続可能とする取り組みが進んでいる。(1)この取り組みの対象には，環インド洋地域にある3つの国が世界第4位以内の生産量，輸出量を記録してきた嗜好作物(樹木)が含まれる*。他方，1997年より，この3国を含む沿岸諸国は環インド洋連合(IORA)を設立して協力を進めており，貿易関係が一部に偏ることなくインド洋沿岸に広く及ぶ加盟国もみられる。(2)だが，IORA設立以前から独自の経済協力を進めてきた諸国を含むことが一因となって，IORA全体の経済的な結びつきは弱い。さらに，(3)インド洋に面し，総人口がアジアで第4位(2019年)の地域大国でありながらIORAに加盟していない一国は，加盟している一国との間に双方の独立以来つづく政治・外交上の問題を抱えており，これもIORAの試みに影響を与えている。

*FAOSTAT，2010～2018年のデータによる。

問１　下線部(1)について，該当する作物名を１つ答え，つづけて該当する３つの国の番号を，表Ⅰ－１の下にあるIORA加盟国一覧から選び，任意の順に読点で区切りながら書きなさい。１マス分空け，下線部(1)の取り組みがめざす生産と商品の流れを説明しなさい。その際，「労働者」，「農園」，「製造業者」，「消費者」，「NGO」という語句を用いること。(125字以内)

問２　表Ⅰ－１は，IORA加盟諸国が報告した2017年の輸出と輸入の額を，加盟国を含む地域ごとにまとめたものである。この表から下線部(2)の指摘に最も関連する地域を１つ選び，その地域に付してある英文字で答えなさい。つづけて，その地域に含まれる加盟国がIORA内外に展開している貿易関係の特徴を表から読み取り，その特徴を，主要な貿易品目をあげながら説明しなさい。(175字以内)

問３　下線部(3)に該当する２国の名前を，IORAへの加盟国，非加盟国の順に，読点で区切りながら答えなさい(前者は表Ⅰ—１の国番号を用いること)。１マス分空け，つづけて両国の間にある政治・外交上の問題について，具体的に説明しなさい。(100字以内)

表Ⅰ—１　IORA加盟国の貿易額(地域別集計，10億米ドル，2017年)

貿易額を報告した加盟国を含む地域	各加盟国が他の加盟国を相手に行った輸出と輸入の合計額(地域別)						対世界貿易総額
	A オセアニア	B 東南アジア	C 南アジア	D 中　東	E アフリカ	合　計	
A　オセアニア	—	47.7	18.0	5.0	2.7	73.4	458.3
B　東南アジア	50.8	352.7	72.9	38.9	10.2	525.5	1894.0
C　南アジア	18.7	67.2	19.2	74.6	19.7	199.4	773.7
D　中　東	3.1	16.8	34.7	37.3	6.2	98.1	633.7
E　アフリカ	2.2	9.6	15.9	7.8	13.3	48.8	231.0

加盟国一覧：【Aオセアニア】①オーストラリア，【B東南アジア】②インドネシア，③シンガポール，④タイ，⑤マレーシア，【C南アジア】⑥インド，⑦スリランカ，⑧バングラデシュ(88.7)，⑨モルディブ，【D中東】⑩アラブ首長国連邦，⑪イエメン(8.3，推計)，⑫イラン，⑬オマーン，【Eアフリカ】⑭ケニア，⑮コモロ，⑯セー

シェル，⑰ソマリア(1.6，推計)，⑱タンザニア，⑲マダガスカル，⑳南アフリカ共和国，㉑モザンビーク，㉒モーリシャス。この表Ⅰ—1は2020年9月末の加盟国について2017年の数値を集計したものであり，また貿易相手国別の額を入手できない3つの加盟国の数値を含まない。これらの国に下線を付し，2017年の対世界貿易総額を示した(単位：10億米ドル)。

数値を読む際の注意点：たとえば，オセアニア(A)の加盟国が報告した対東南アジア(B)貿易総額(47.7)と，東南アジア(B)の加盟国が報告した対オセアニア(A)貿易総額(50.8)が異なっているように，同じ2地域の間であっても報告国が異なれば貿易額は必ずしも等しくならない。

出所：UN Comtrade，UNCTAD STAT により算出

Ⅱ　次の文章を読んで，問いに答えなさい。

国境を越える人の移動には，観光や商用のような短期間のものもあれば，労働のような比較的長期にわたるものもある。しかしいずれも，近年世界的に大きな変化が生じてきている。日本もその例外ではない。図Ⅱ—1によれば，日本を訪れた外国人の数(訪日外国人数)は，2005年には年間672万人であったのに対し，2019年には年間3188万人に達した。また図Ⅱ—2によれば，日本で働く外国人労働者数は，2008年の48万人から2019年には165万人となった。

問1　2005年以降における訪日外国人数はどのような推移をへて変化したか。また，その変化はどのような理由によると考えられるか。図Ⅱ—1を参照しつつ，日本国内の理由，日本国外の理由，移動手段に関わる理由に言及しながら，論じなさい。(125字以内)

問2　図Ⅱ－2のうち，A国(アジア)，B国(アジア以外)は何か。A国名，B国名のように答えなさい。労働者の国際移動は，送り出し国側の要因，受け入れ国側の要因の双方によって大きく影響される。日本で働く外国人労働者数が，2010年代後半，大幅に増加したのはどのような理由によると考えられるか。

主要な送り出し国の移り変わりにも言及しながら，受け入れ国側の要因，送り出し国側の要因それぞれについて論じなさい。解答は，国名につづけ，1マス分空けて書きなさい。また要因を論じる際には，A 国，B 国について A，B の記号を用いてよい。（全体で 125 字以内）

問 3　国際的な人の移動の動向は，移動者の受け入れ国の経済や社会にさまざまな影響をもたらす。2010 年代における訪日外国人の増加はどのような影響を日本国内に及ぼしたか。経済的側面，社会的側面の双方について論じなさい。2020 年前半（1 ～ 6 月）の訪日外国人数は合計 394 万人（推計）であった。この変化がもたらすと考えられる影響について，つづけて論じなさい。（150 字以内）

図Ⅱ—1　年間訪日外国人数の推移（単位：万人）

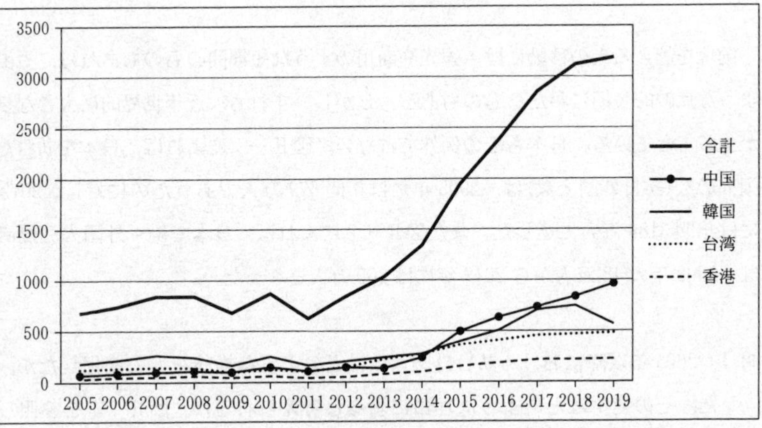

注：2019 年の上位 4 位までの国・地域の推移を示す。国・地域の区分は原資料による。
　　合計には他のすべての国・地域も含まれる。
出所：日本政府観光局（JNTO）「国籍別訪日外客数」各年より作成。

図Ⅱ—2　日本で働く外国人労働者数の推移（単位：万人）

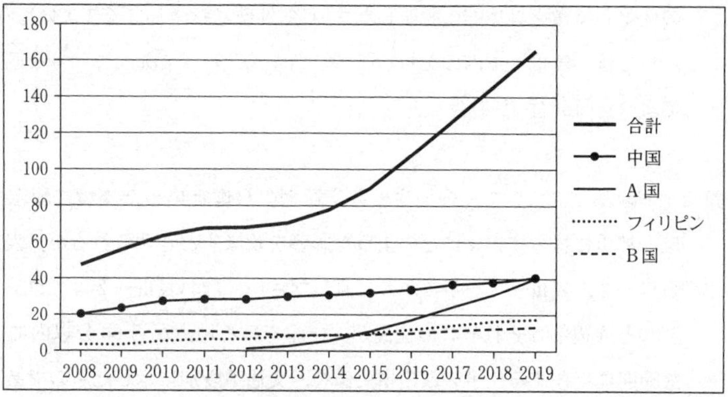

注：2019 年の上位 4 位までの国の推移を示す。数値は毎年 10 月末，外国人を雇用する事業主からの届出人数を集計したもの。A 国は独自に公表されるようになった 2012 年以降を示した。中国には香港などを含む。合計には他のすべての国・地域も含まれる。

出所：厚生労働省「「外国人雇用状況」の届出状況まとめ」各年より作成。

Ⅲ　次の文章を読んで，問いに答えなさい。

近年，世界金融の中心と称されるイギリスの首都ロンドンでは，労働人口の増加とともに不動産価格が急騰している。(1)特に街の中心部で急速にジェントリフィケーションが進んだ背景として，1980 年代から進められてきた中心部東側の大規模な再開発が，今世紀に入って再加速したことが挙げられる。都市再生政策上の大きな転機になったのが，2012 年夏季オリンピック・パラリンピック競技大会である。(2)産業廃棄物で汚染された土壌や河川を浄化して造成したオリンピック・パークは広大な緑地空間を市民に提供し，テムズ川両岸の主な競技会場をつなぐように新たな公共交通網が整備された。それらの会場付近には不動産投資が集まり街の様相が一変したが，(3)目抜き通りのクローン・タウン化が懸念されている。

問 1　下線部(1)について，ロンドン首都圏は，大ロンドン市（中心部および周辺部）と郊外部によって同心円状に構成されている。表Ⅲ—1 は，それぞれの区域内の労働人口に占める各職業分類の割合が 2006 年から 2016 年にかけてどのように変化したかを示している。中心部(a)，周辺部(b)，首都圏全体(c)を比較し，その変化の特徴を具体的に説明しなさい（郊外部は考慮しなくてよい）。解答にあたっては，表Ⅲ―1内の記号（a，b，c，ア，イ，①，②，…）を適宜使用してよい。（150 字以内）

問 2　下線部(2)について，緑地や公共交通網の整備といった環境に配慮した施策は，都市に暮らす人々にどのような影響を及ぼすと考えられるか。表Ⅲ―1，表Ⅲ―2，表Ⅲ―3を手掛かりに論じなさい。なお表Ⅲ―2は，ロンドン中心部(a)と周辺部(b)それぞれの住民が，住んでいる地点から 60 分以内に通勤可能な範囲に存在する仕事の数の中央値を，交通手段別に示したものである。また表Ⅲ―3は，イギリス全体における住宅価格とその緑地への近接性との関係を示している。解答にあたっては，中心部をa，周辺部をbと略記してもよい。（125 字以内）

問 3　下線部(3)について，「クローン・タウン化」はロンドン中心部だけでなくイギリスの多くの都市でみられる。図Ⅲ―1および図Ⅲ―2は，特にその傾向が顕著だと言われる2都市で撮影された目抜き通りの様子である。街の商店構成という点で両者に共通の特徴はどのようなものか，投資が集まることでこのような現象が起きるのはなぜか，またクローン・タウン化の問題点は何か，説明しなさい。（125 字以内）

表Ⅲ－1　2016 年におけるロンドン首都圏の行政区分ごとの労働人口に占める各職業分類の割合(%)および同割合の 2006 年から 2016 年にかけての増減(括弧内)

職業分類		週給の中央値(英ポンド)	ロンドン首都圏の行政区分			
			大ロンドン市		郊外部	c 首都圏全体
			a 中心部	b 周辺部		
ア	① 管理職	1,125	13.4 (＋ 2.2)	11.2 (＋ 0.4)	11.9 (＋ 1.2)	12.0 (＋ 1.2)
	② 専門職	824	27.1 (＋ 3.3)	23.4 (＋ 2.6)	20.7 (＋ 2.2)	23.1 (＋ 2.7)
	③ 技師，準専門職	674	20.9 (＋ 0.7)	15.1 (－ 0.8)	15.5 (＋ 0.6)	16.6 (＋ 0.3)
イ	④ 事務・秘書職	517	8.2 (－ 3.2)	10.7 (－ 4.0)	11.4 (－ 1.7)	10.4 (－ 2.9)
	⑤ 技能工	522	5.3 (－ 1.3)	8.9 (－ 0.5)	10.6 (－ 0.5)	8.8 (－ 0.8)
	⑥ 介護・レジャー・その他サービス従事者	403	6.7 (－ 0.1)	8.2 (＋ 1.0)	8.9 (＋ 0.9)	8.2 (＋ 0.7)
	⑦ 販売・顧客サービス従事者	401	6.3 (－ 0.1)	7.1 (－ 0.4)	7.2 (－ 0.7)	7.0 (－ 0.5)
	⑧ 設備・機械の運転・組立工	560	3.1 (－ 0.6)	5.4 (＋ 0.5)	5.2 (－ 0.7)	4.8 (－ 0.3)
	⑨ 単純作業の従事者	371	8.4 (－ 0.6)	9.7 (＋ 1.5)	8.7 (－ 1.1)	8.9 (－ 0.2)

出所：Smith, D. A. ほか，2020, Journal of Transport Geography 86 をもとに作成

表Ⅲ－2　交通手段ごとの 60 分以内に通勤可能な範囲内に存在する仕事数の中央値(百万件，2011 年)

居住地	自家用車	公共交通*	路線バスのみ	徒歩
a　大ロンドン市中心部	3.4	3.0	1.9	0.2
b　大ロンドン市周辺部	2.7	1.7	0.4	0.1

*公共交通は，鉄道，地下鉄，路線バスを組み合わせて通勤することを想定したもの。
出所：Smith, D. A. ほか，2020, Journal of Transport Geography 86 をもとに作成

表Ⅲ―3　緑地スペースからの距離と住宅価格の関係(イギリス全体，2016 年)

15 万 m^2 相当の緑地外縁からの距離(m)	0	100	200	300	400	500
500 m 以内に緑地がない場合を基準とした住宅価格の平均増加分(%)**	2.48	1.44	1.22	1.03	0.91	0.82

**緑地スペースからの距離以外の要因を取り除いてある。数字は，500 m 以内に緑地がない場合の価格を 100 としたとき，例えば緑地から 0 m なら 102.48 となることを意味する。

出所：イギリス国家統計局

図Ⅲ―1　イギリス都市の目抜き通りの例 1 (リッチモンド)

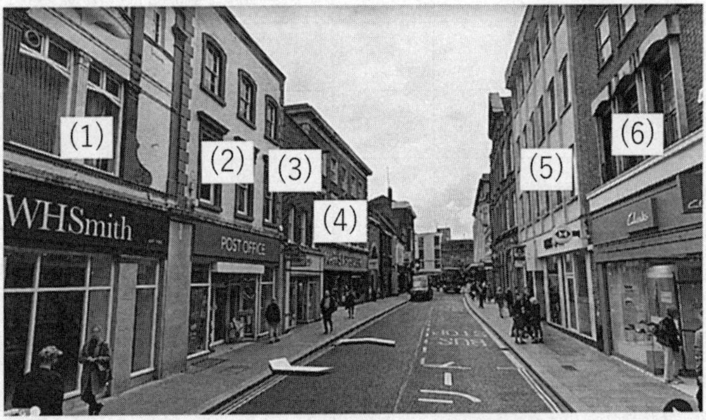

(1)W・H・スミス(コンビニエンスストア)，(2)郵便局，(3)ロクシタン(化粧品，フランス)，(4)マークス&スペンサー(スーパーマーケット)，(5) HSBC(商業銀行)，(6)クラークス(靴)。括弧内の国名は，親会社の本社がある国を示す。国名がないものはイギリス国内に本社をおく。

出所：Google Earth(2020 年 9 月)

図Ⅲ―2　イギリス都市の目抜き通りの例 2（レディング）

(1) W・H・スミス（コンビニエンスストア），(2)空き店舗，(3)ソーントンズ（チョコレート），(4)イツ（すし），(5) HSBC（商業銀行），(6)マークス&スペンサー（スーパーマーケット），(7)ジョン・ルイス（百貨店），(8)ギャップ（衣料品，アメリカ），(9)クラークス（靴）。括弧内の国名は，親会社の本社がある国を示す。国名がないものはイギリス国内に本社をおく。

出所：Google Earth（2020 年 9 月）

数学

（120分）

1　1000以下の素数は250個以下であることを示せ。

2　実数 x に対し，x を超えない最大の整数を $[x]$ で表す。数列 $\{a_k\}$ を

$$a_k = 2^{[\sqrt{k}]} \quad (k = 1,\ 2,\ 3,\ \cdots)$$

で定義する。正の整数 n に対して

$$b_n = \sum_{k=1}^{n^2} a_k$$

を求めよ。

3　次の問いに答えよ。

(1)　a，b を実数とし，2次方程式 $x^2 - ax + b = 0$ が実数解 α，β をもつとする。ただし，重解の場合は $\alpha = \beta$ とする。3辺の長さが1，α，β である三角形が存在する (a, b) の範囲を求め図示せよ。

(2)　3辺の長さが1，α，β である三角形が存在するとき，

$$\frac{\alpha\beta + 1}{(\alpha + \beta)^2}$$

の値の範囲を求めよ。

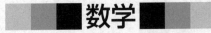

4　$k>0$ とする。円 C を $x^2+(y-1)^2=1$ とし，放物線 S を $y=\dfrac{1}{k}x^2$ とする。

(1)　C と S が共有点をちょうど 3 個持つときの k の範囲を求めよ。

(2)　k が (1) の範囲を動くとき，C と S の共有点のうちで x 座標が正の点を P とする。P における S の接線と S と y 軸とによって囲まれる領域の面積の最大値を求めよ。

5　サイコロを 3 回投げて出た目を順に a，b，c とするとき，

$$\int_{a-3}^{a+3}(x-b)(x-c)\,dx=0$$

となる確率を求めよ。

う言葉づかいが、スポーツ選手、俳優、ミュージシャン、そして、手堅いとはされていない仕事をしている人に使われることを見てきた。従来の本質主義の考え方に従えば、この現象は、これらの職業に従事している人には何か共通した特性があり、翻訳家がそれを表現するために「ぼく、さ」を使ったという見方がされる。しかし、構築主義は、このように話し手があらかじめ特定のアイデンティティを持っているという立場はとらない。むしろ、話し手は、特定の言葉づかいを使うことで特定のアイデンティティを表現するという考え方を採用している。

翻訳の場合も、これらの職業人の発言を繰り返し同じような言葉づかいに翻訳する行為が、これらの職業人に共通したアイデンティティを付与することになると考えるのである。スポーツ選手、俳優、ミュージシャンらの発言を「さ」に翻訳する行為が、海外のこれらの職業人に、〈気軽な親しさ〉というアイデンティティを共通して付与すると考える。そして、その結果、日本語にどのような変化がもたらされたのかを考えるのである。

――中村桃子『翻訳がつくる日本語　ヒロインは「女ことば」を話し続ける』

問い　右の文章を要約しなさい（二〇〇字以内）。

の状況に応じてことばを使い分けているということである。私たちが実際の場面で使っている言葉づかいは、さまざまな要因によって多様に変化している。同じ人でも、家庭での言葉づかいと職場での言葉づかいは異なる。同じ職場でも、話す相手や、場所、目的によっても異なる。また、同じ人でも子どものときと大人になってからでは言葉づかいが変わる。同じ〈男〉という属性を持っている人の中でも、その言葉づかいは互いに異なる。それだけではない。男も「女ことば」を使う場合もあるし、女も「男ことば」を使う場合がある。

私たちが、あらかじめ持っているアイデンティティに基づいて特定の話し方をすると考えると、このようにことばをさまざまに使い分けていることを説明することができない。

そこで提案されたのが、アイデンティティを言語行為の原因ではなく結果ととらえる考え方である。このように、アイデンティティを、言語行為を通して私たちが作りつづけるものだとみなす考え方を「構築主義」と呼ぶ。私たちは、あらかじめ備わっている〈日本人・男・中年〉という属性に基づいてことばを選択するのではなく、特定の言葉づかいをする行為によって自分のアイデンティティを作り上げていると考える。「私は日本人だから」「男として恥ずかしい」「もう中年だなあ」などと言う行為が、その人をその時〈日本人〉〈男〉〈中年〉として表現する。言葉づかいで言えば、「おれも、もう中年だなあ」のように、男性人称詞の「おれ」を使って「中年だ」と言う行為が、日本人中年男性のアイデンティティを表現すると考えるのである。

それでは、自分という人間の統一性などないのかと不安になる人もいるかもしれない。昨日の「私」と今日の「私」が違うなどということは考えにくい。構築主義ではこの問題を、「習慣」という概念で説明している。私たちは、繰り返し習慣的に特定のアイデンティティを表現しつづけることで、そのアイデンティティが自分の「核」であるかのような幻想を持つ。この幻想が、自分という人間には一定の統一性があるように感じさせているのである。

構築主義の考え方を翻訳に当てはめると、どうなるのだろう。たとえば、私たちは翻訳では、「やあ、〇〇。ぼくは、～さ」とい

問題三　次の文章を読んで後の問いに答えなさい。

　女ことばや男ことば、方言のような言葉づかいの働きの一つは、話し手や聞き手、話題となっている人のアイデンティティを表現することである。「わたし、○○だわ」「おれ、○○だぜ」「わし、○○ですだ」のような言葉づかいを聞くと、私たちは、話し手がどのような人物であるのかを推測することができる。このように特定の言葉づかいと結びついた人物像は、アイデンティティと呼ばれる。

　以下では、さまざまな言葉づかいを、私たちがアイデンティティを表現する時に利用する材料とみなす考え方を紹介して、その考え方に沿って翻訳を理解する意義を見ていこう。

　では、ことばとアイデンティティはどのように関係しているのだろうか。その関係は、大きく本質主義と構築主義に分けて理解することができる。

　これまで、ことばとアイデンティティの関係は、話し手にはあらかじめ特定の特徴が備わっていて、話し手は、その特徴に基づいて特定の話し方をすると理解されていた。このように、アイデンティティをその人にあらかじめ備わっている属性のように捉えて、人はそれぞれの属性に基づいてことばを使うという考え方を「本質主義」と呼ぶ。

　たとえば、アイデンティティのうちでジェンダー（女らしさや男らしさ）に関わる側面を本質主義に基づいて表現すると、ある人は、〈女らしさ／男らしさ〉というジェンダーを「持っている」、あるいは、〈女／男〉というジェンダーに「属している」と理解される。話し手は、各々が持っている女らしさ／男らしさを表現するために、あるいは、各々が属しているジェンダーに基づいてことばを使うと考えられていた。

　しかし、このような考え方では説明のつかないことがたくさん出てきてしまった。もっとも大きな問題は、人は誰でもそれぞれとするにはあらざる乎。我若し我身を忘れて他人の為めに落涙する時は我心は恰《あたか》も敵視世界の塵埃《じんあい》を洗ひ去られたるが如きの感なくんばあらず。他人の悲哀をもて我心を充たし、其悲哀と我とは別物にあらざるが如くに思ふの瞬間は自らこぼす涙によりて我諸悪を洗ひ去られたるが如きの思あり。譬《たと》へば天然界の真美景に接するか若しくは人間界の真美人に接せば（若し其真美を見るの眼あるものなれば）只だ恍惚《こうこつ》として其前に直立して我を忘れたるの有様に陥るべし。只だ唯だ其美しさに見取れて慾《よく》も思もなきに至るべし。此境界に至りてこそ始めて真に其美を嘆美すると云ふべけれ。此境界に至れるの瞬間は（ショーペンハウエルの云へる如くに）殆《ほとん》ど一切の煩悩を打忘れて我心が一時の浄楽に入れるの有様と云ひて可ならん。他人の悲哀に我身を打忘れて熱き涙を流す時も亦右と同じく一時の救に入れるが如きの思あるなり。

――大西祝「悲哀の快感」

問い一　傍線ア「得ればなり」、傍線イ「なくんばあらず」、傍線ウ「云ひて可ならん」を現代語に訳しなさい。

問い二　傍線一「他の喜を喜ぶは天使の心」とあるが、「他の喜を喜ぶ」ことがなぜ「天使の心」と言えるのか、答えなさい（二五字以内）。

問い三　傍線二「他人の悲哀に我身を打忘れて熱き涙を流す時も亦右と同じく一時の救に入れるが如きの思あるなり。」とあるが、「他人の悲哀に我身を打忘れて熱き涙を流す」ことがなぜ「救に入れるが如きの思」を発生させるのか。文章全体をふまえて説明しなさい（六〇字以内）。

問い四　筆者のいう、ヨーロッパの「文化」概念をまとめなさい（六〇字以内）。

問題二　次の文章を読んで後の問いに答えなさい。

吾れ人の性を顧るに喜ぶ者と共に喜ぶの心は悲しむ者と共に悲しむの心よりも遥に薄弱なりと云《い》はざるを得ず。是れ一は社会的の必要に出でて所謂《いわゆ》る社会的の練習によりて同悲の性情が同喜の性情よりも其発達完全なるによるならん。然れども亦一は快楽を享受する者を見る時は吾れ人の性情として抑え難き嫉《ねた》みてふものが大なる妨害を為すにもよるならん。故にジャン、パウルは一他の喜を喜ぶは天使の心、其悲を悲しむは人間の心と云へり。予が茲《ここ》に云ふ所はこの悲を悲しむ人間の心にして此心を満足せしむるものは我性の一の強大なる要求を満足せしむるものなり。

故に予は思ふ、小説若しくは戯曲を読んで可憐《かれん》なる少女の悲哀に泣くを見て我も共に泣く時の心の中に言ひ難きの快味《スウィートネス》を覚ゆるは是れ我社会的の性情を満足せしむるによるならんと。我れ他の為めに泣く時は我狭隘《きょうあい》なる、窮屈なる利己の圧束を脱して我心は人類の大なるが如くに大に、社会の広きが如くに広きを覚ゆ。是れ我心の一時の救《サルヴエーション》にあらざる乎《か》。狭隘なる利己の心は是れ我本真の性にあらず。他人の為めに涙を流して他と我との差別を忘るるの時は是れ我本性の光明を放つ瞬間なり。吾れ人は其本性に復《かえ》らんことを求む。是れ之れによりて仮我を去つて実我をア得ればなり。是れ真に我に復るなり。彼の所謂る社会的の性情は（若し其根本を云はば）即ち此復我の一片のみ。詩歌と云ひ、美術と云ひ、皆此大目的に向かつて進むものにはあらざる乎。

見よ弱肉強食の無情界に匍匐《ほふく》する陋巷《ろうこう》の愚夫愚婦が義人の不運を悼み、雅人の薄命に落涙せんとて一日の閑を偸《ぬす》んで演劇場に入り来るは是れ知らず識らず利己の狭きを脱して同情一致の広きを求めんとするにはあらざる乎。我本真の性に契《かな》ふの喜びを求めんニュアンスがある。人類の先端文明、ヨーロッパ内にもそのような乖離《かいり》の歴史があり、「英仏」対「独」の対立構図は、列強間の牽制《けんせい》的外交と二〇世紀の大戦にまで繋《つな》がっていきました。

しかしここで浮上するのが先住民「文化」の宝庫、アメリカ（の人類学）です。「精神的なものの記憶、思索、その芸術的表現の総体」を意味する「文化」という概念は、ドイツ出身のフランツ・ボアズを介して合衆国に持ち込まれたといえます。ボアズはユダヤ系で、故郷**D**ソウシツの「ディアスポラ」の文化を感性的に携え新天地アメリカに移住し、先住民の文化芸術に関する**E**チミツで情熱的な民族調査をしました。

ドイツの一八―一九世紀の芸術・思想には「文化《クルトウア》」と重奏したキーワードとして「故郷《ハイマート》」という言葉があり、民族固有の故郷を絵画や文学で表象しました。アメリカという新天地で一八八〇年代、先駆者としてボアズが先住の人々の「土地《ラント》」に愛着をもって踏み入り、土地・親族・交換・成長……の根源の場を踏査しました。同じ人類学者でも、モーガン（『古代社会』一八七七年）が先住民イロクォイ族の共有地を分割しようとしたこととは対照的に、**二**人類学における「文化」「文明」観の重さを告げ知らせて来ます。

――鶴岡真弓「「芸術人類」の誕生――「根源からの思考」」

問い一　傍線**A**・**B**・**C**・**D**・**E**のカタカナで書かれた語句を漢字で書きなさい。

問い二　傍線**一**「西洋人類学の信念」とは何か、簡潔に答えなさい（三〇字以内）。

問い三　傍線**二**「人類学における「文化」「文明」観の重さ」とあるが、なぜ重いのか、簡潔に答えなさい（三〇字以内）。

もうひとつ人類学史のスコープにおいて特記すべきは、歴史的に西洋の「文明の発展史観・進化主義」には「文化」と「文明」の概念に厳格な位階があり、現代でもそれが生きているということです。「文化」を精神《こころ》の、「文明」を物質《もの》の所産として、どちらも人類・人間活動の成果として用いる日本人にとっては、想像を超える複雑な歴史がヨーロッパにはあり、特にイギリスやフランスでは「文明／シヴィライゼーション」は「文化／カルチャー」よりも高位の概念でしたし、現在もそうであることです。アメリカにおいて「文化人類学」と呼ばれている学問は、ヨーロッパではイギリス、フランスを主に「社会人類学」と呼ばれ、「文化」の語は用いられません。「国家や法律が存在し、階層秩序・文字・芸術が発達している社会」が「文明社会」と定義されますから、先住民の無文字社会には「文化」として神話や芸術があっても「文明」はないという概念です。

この二語の区別は、先住民へのまなざしだけに適応されたものではなく、ヨーロッパ内の民族・国家の発展に関わる要の術語であり、美術史学や文学をはじめ人文科学の文化概念もそれに関係してきたことは看過できません。

一九世紀、近代国家フランス、イギリスに大幅な遅れをとったドイツは、「文明」に対抗し、「文化」という言葉・概念を、国民の統一を図るキーワードとして用いました。ドイツの知識人にとって「文化」とは自民族・自国民の「言語・慣習・記憶・哲学・文学」を指し、「精神的・特殊的・伝統的なもの」を意味しました。「物質的・普遍主義的・革新的なもの」を指す「文明」に対抗する概念として用いたのです。

ゲルマン民族の国民国家構築のための文化称揚は、逆に英仏にとっては遅れた文明、途上の国と映りました。ですから人類学をリードするフランスの国立社会科学高等研究院の大学院課程では、現在でも「文化」の語を用いず、アメリカが用いた「文化人類学」は「社会人類学」と称され使い分けられています。また現代でもフランス社会では「文化」という言葉は、外国人移民とその子弟を「文化的他者」とみなす極右の主張にまで継承されているといいます。「文化」という言葉には「特殊的」で「排除すべきもの」という

国語

（一〇〇分）

問題一　次の文章を読んで後の問いに答えなさい。

西洋Aハッショウの人類学の手法の特徴は、「文明の頂点にいる西洋人」の先進文明からみて、非西洋という「外部」「遠隔」にいる「異民族」「無文字社会」の習俗・習慣等を、観察し分析することにありました。従って「芸術」とは「民族芸術」を指し、今日ルーヴル美術館はじめ欧米の美術館にある西洋中心の美術作品以外の「非西洋の芸術」が考察の対象でした。西洋人類学の土台に「民族学《エスノロジー》」があり、人類学における芸術研究は「民族芸術」が対象でした。特定の「未開」文化集団の工作物を観察し、「原初の様式《プリミティヴ》」の中に、社会と芸術が対応するとみなされる発展過程や心性を発見しようとしたのです。

こうした人類学の背骨には、「アジア・アフリカ・オセアニア・南北アメリカ」へと進出した列強の「植民地帝国」の観念である、「未開の異境」への探査があったことはいうまでもありません。進化主義人類学のヘンリー・モーガン（一八一八—八一）はカナダ北太平洋沿岸先住民居住地に早期から親しみ、伝播《でんぱ》主義のフランツ・ボアズ（一八五八—一九四二）はドイツからアメリカに帰化して六〇〇点もの論文をものし、構造主義のレヴィ＝ストロース（一九〇八—二〇〇九）は新旧大陸のBオウカン者として南北アメリカをCショウリョウしました。これは彼らの個人的な開拓ではなく、一西洋人類学の信念が「他者の地」へ足を踏み入れさせたのでした。しかしそこで彼らは装飾性豊かな仮面・神像・民具等の多様な美的工作物に出会います。

· memo ·

2020年度

問題編

■前期日程

問題編

▶試験科目

教 科	科 目
外国語	英語（コミュニケーション英語Ⅰ・Ⅱ・Ⅲ，英語表現Ⅰ・Ⅱ） 聞き取り・書き取り試験〈省略〉を行う。
地歴等	日本史Ｂ，世界史Ｂ，地理Ｂ，「倫理，政治・経済」〈省略〉，ビジネス基礎〈省略〉から試験場において１科目選択。
数 学	数学Ⅰ・Ⅱ・Ａ・Ｂ（数列，ベクトル）
国 語	国語総合

▶配 点

学 部	外国語	地歴等	数 学	国 語
商	250	125	250	125
経 済	260	160	260	110
法	280	160	180	110
社 会	280	230	130	180

英語

（120分）

I　次の英文を読み，下の問いに答えなさい。（＊を付した語句には，問題文の末尾に注がある。）

A ban on advertisements featuring "harmful gender stereotypes" or those which are likely to cause "serious or widespread offense" has come into force. The ban covers scenarios such as a man with his feet up while a woman cleans, or a woman failing to park a car. The UK's advertising watchdog introduced the ban because it found some portrayals could play a part in "(1)limiting people's potential." It said it was pleased with how advertisers had responded.

The new rule follows a review of gender stereotyping in advertisements by the Advertising Standards Authority (ASA)—the organization that administers the UK Advertising Codes, which cover both broadcast and non-broadcast advertisements, including online and social media. The ASA said the review had found evidence suggesting that harmful stereotypes could "restrict the choices, aspirations and opportunities of children, young people and adults and these stereotypes can be reinforced by some advertising, which plays a part in unequal gender outcomes." ASA chief executive Guy Parker said, "Our evidence shows how harmful gender stereotypes in ads can contribute to inequality in society, with costs for all of us. (A) simply, we found that some portrayals in ads can, over time, play a part in limiting people's potential."

Blogger and father of two Jim Coulson thinks the ban is a good idea. He dislikes advertisements that perpetuate stereotypes about dads being "useless." (2)"Each stereotype is small, but small things build up, and those small things are what inform the subconscious," he told the BBC. "That's the problem... that advertisements rely on stereotypes. We know why they do it, because it's easy."

But columnist Angela Epstein disagrees, and thinks that society has become "oversensitive." "There's a lot of big things we need to fight over — equality over pay, bullying in the workplace, domestic violence, sexual harassment — these are really big issues that we need to fight over equally," she told the BBC. "But when you add in the fact that women are doing the dishes in advertisements, (3) it's not in the same category. When we mix them all together and become less sensitive, we (B) those important arguments we need to have."

As part of its review, the ASA brought together members of the public and showed them various advertisements to assess how they felt about how men and women were depicted. One of them was a 2017 television advertisement for Aptamil baby milk formula*, which showed a baby girl growing up to be a ballerina and baby boys engineers and mountain climbers. The ASA found some parents "felt strongly about the gender-based aspirations shown in this advertisement, specifically noting the stereotypical future professions of the boys and girls shown. These parents questioned why these stereotypes were needed, feeling that they lacked (C) of gender roles and did not represent real life." At the time it was released, the campaign prompted complaints but the ASA did not find grounds for a formal investigation as it did not break the rules.

However, Fernando Desouches, managing director of marketing agency New Macho, which specializes in targeting men, said this was an example of a past advertisement that would not pass the new ASA legislation. (4) He said it showed how easy it can be for "deeply held views on gender to come through in an ad that claims to be caring and nurturing of future generations." He was "unsurprised it generated a backlash."

Other situations unlikely to satisfy the new rule include:

- Advertisements which show a man or a woman failing at a task because of their gender, like a man failing to change a nappy* or a woman failing to park a car
- Advertisements aimed at new mothers which suggest that looking good or keeping a home tidy is more important than emotional

wellbeing

・Advertisements which ridicule a man for carrying out stereotypically female roles

However, the new rules do not (D) the use of all gender stereotypes. The ASA said the aim was to identify "specific harms" that should be prevented. So, for example, advertisements would still be able to show women doing the shopping or men doing DIY*, or use gender stereotypes as a way of challenging their negative effects.

The ASA outlined the new rules at the end of last year, giving advertisers six months to prepare for their introduction. Mr Parker said the watchdog was pleased with how the industry had already responded. The ASA said it would deal with any complaints on a case-by-case basis and would assess each advertisement by looking at the "content and context" to determine if the new rule had been broken.

From 'Harmful' gender stereotypes in adverts banned, BBC News on June 14, 2019

注　Aptamil baby milk formula　アプタミルというブランドの粉ミルク
　　nappy　おむつ
　　DIY　日曜大工，自分で作ること

1　下線部(1)が表す内容を具体的に50字以内の日本語(句読点を含む)で述べなさい。

2　下線部(2)を和訳しなさい。

3　下線部(3)が指す内容を具体的に60字以内の日本語(句読点を含む)で述べなさい。

4　下線部(4)を和訳しなさい。

5　空欄(A)～(D)に入れる語として最も適切なものを，以下の選択肢イ～ニの中から一つ選び，その記号を解答欄に書きなさい。

A	イ Cut	ロ Let	ハ Put	ニ Set
B	イ undergo	ロ underline	ハ understand	ニ undervalue

C　イ　capability　　ロ　diversity　　ハ　familiarity　　ニ　regularity

D　イ　admit　　ロ　disappoint　　ハ　encourage　　ニ　prohibit

Ⅱ　次の英文を読み，下の問いに答えなさい。（＊を付した語句には，問題文の末尾に注がある。）

According to The People's Dispensary for Sick Animals (PDSA)*, half of British people own a pet. Many of these owners view the 11.1 million cats, 8.9 million dogs, and 1 million rabbits sharing their homes as family members. But although we love them, care for them, celebrate their birthdays, and mourn them when they die, is it ethical to keep pets in the first place? Some animal rights activists and ethicists, myself included, would argue that it is not.

The practice of pet-keeping is fundamentally unjust as it involves the manipulation of animals' bodies, behaviors and emotional lives. For centuries, companion animals' bodies (particularly dogs, horses, and rabbits) have been shaped to suit human fashions and fancies. And this often causes these animals considerable physical harm.

Particular breeds, for instance, are often at risk of painful and frequently fatal genetic defects. Highly-prized physical features — such as small and large statures or pushed-in noses — can cause (　A　) in breathing, giving birth, and other normal functions.

Even those animals who are not purpose-bred often face bodily manipulations which impede their comfort and safety. This can include uncomfortable clothing, painful leashes that pull at the throat, docked tails and ears*, and declawing*. Pets are also often restricted in their daily movements, sometimes caged, and regularly kept indoors — always at the mercy of their human owners.

Pets also symbolically reinforce the notion that vulnerable groups can be owned and fully controlled for the pleasure and convenience of more privileged and powerful groups. (1)And this has implications for vulnerable human groups.

For instance, sexism is partially maintained by treating women as if they were pets — "kitten," "bunny" — and physically by confining them to the home to please and serve the male head of the family.

Social workers further recognize the powerful link between pet abuse and the abuse of children and women in domestic settings. (2) The idea that it is acceptable to manipulate the bodies and minds of a vulnerable group to suit the interests of more privileged groups is consistent with the culture of oppression.

Through this forced dependency and domestication, the lives of companion animals are almost completely controlled by humans. They can be terminated at any time for (3) the most trivial of reasons — including behavioral "problems" or the owner's inability (or unwillingness) to pay for medical treatment.

In the mid-20th century, sociologist Erving Goffman introduced the concept of a "total institution." This sees the inhabitants cut off from the wider society under a single authority in an enclosed social space. Natural barriers between groups of people are artificially eliminated and an intense socialization process takes place to ensure that inmates conform.

Sociologists typically study prisons, asylums, and other physical spaces as examples. But I believe pet-keeping (　B　) a sort of "total institution." This is because nonhuman animals are unnaturally forced under human authority, restrained, and re-socialized. True (　C　) is not possible under such conditions. Animals are trained to participate and those who are unable to follow the rules of human social life are likely to be punished — sometimes fatally.

This is not in any way to suggest that dogs, cats, and other species cannot express love and happiness as "pets." But it is important to recognize that their complacency within the institution of pet-keeping is entirely manufactured (sometimes quite cruelly) by humans through behavior "corrections" and the manipulative process of domestication itself.

Ultimately, companion animals, by their very position in the social order, (　D　) equals. The institution of pet-keeping maintains a social hierarchy which privileges humans and positions all others as objects of lower importance — whose right to existence depends wholly on their potential to benefit humans. That said, the population of dogs, cats, rabbits, and other domesticated "pet" animals currently rivals that of humans such that they are likely to remain a consistent feature of human social life. And while it may not be ethical to pursue the future breeding of nonhuman animals for comfort, humans do have a duty to serve, protect, and care for them. Recognizing the inherent inequality in human and nonhuman relations will be (　E　).

注　The People's Dispensary for Sick Animals (PDSA)　無料または廉価で動物の病気や怪我を治療するイギリス最大級の慈善団体
docked tails and ears　尾や耳を短く切り詰めること
declawing　手術で猫の爪を取り除くこと

1　下線部(1)はどのようなことを述べているか，文脈に即して60字以内の日本語(句読点を含む)で説明しなさい。

2　下線部(2)を和訳しなさい。

3　下線部(3)が指し示すものを二つ，日本語で答えなさい。

4　空欄(　A　)に入れる語句として最も適切なものを，以下の選択肢イ～ニの中から一つ選び，その記号を解答欄に書きなさい。

イ　discomfort and difficulty
ロ　discomfort and diversion
ハ　distraction and difficulty
ニ　distraction and diversion

5　空欄(　B　)と(　C　)に入れる語の組み合わせとして最も適切なものを，以下の選択肢イ～ニの中から一つ選び，その記号を解答欄に書きなさい。

(　B　)—(　C　)

イ constitutes ― consent

ロ deserves ― desire

ハ excludes ― expansion

ニ predicts ― predetermination

6 空欄(D)に入れる語句として最も適切なものを，以下の選択肢イ～ニの中から一つ選び，その記号を解答欄に書きなさい。

イ are but should not be

ロ are not and cannot be

ハ are not and must not be

ニ are not but will be

7 空欄(E)に入れる語句として，以下の語を最も適切な順に並べ替えたとき，三番目に来る語と七番目に来る語を解答欄に書きなさい。

an, best, imperfect, in, making, of, situation, the, vital

Ⅲ Choose one of the topics below. Indicate the number of the topic that you have chosen. In English, write 100 to 130 words about the topic. *Correctly* indicate the number of words you have written at the end of the composition.

1 Introduce your favorite Japanese book to a non-Japanese speaker.

2 Describe a situation when you felt proud of yourself.

3 Explain the differences between a friend and an acquaintance.

Ⅳ 音声を聞き，その指示に従って，AおよびBの各問いに答えなさい。

（編集の都合上，省略）

日本史

（120分）

（注）解答は，解答用紙の所定の位置に横書きで書きなさい。他のところに書いても無効になることがあります。また，字数などの指示がある場合は，その指示に従って書きなさい。なお，字数制限がある場合，算用数字及びアルファベットに限り，1マスに2文字入れることができます。それ以外の句読点や問題番号には1マスを使用すること。ただし，例えば「問1」ならば「1」とのみ書いても構いません。なお，問題番号は問題ごとに指定された解答字数に含めます。

（例）

Ⅰの「問1」の場合 ⟶　**Ⅰ**

				5		
1	・	・	・	・	・	

Ⅰ　次の史料1～3を読んで，下記の問いに答えなさい。史料は書き下しの上，一部改変したり省略したりしたところがある。（問1から問5まですべてで400字以内）

史料1

四民共に行旅の事は，故なくしてはする事なき物なり。士は君命に随て旅行し(a)，農商工はそれぞれ家職(b)の為，或は後世菩提に信を起して国々を巡礼(c)修行する有り。余情の人有りて，慰み遊山の為に旅行(d)する，世に稀なり。さなくしては唯だ我が屋に居て起臥の心の侭《まま》なる楽みにしくはなし。とにかくに旅行はつらき物なれば，かはゆき子に旅をさすべしと言ふ諺，尤《もっと》も可なり。

史料 2

史料 3

問 1　史料 1 は，『民間省要』の一節である。『民間省要』とはどのような書物か。史料 2 あるいは史料 3 に描かれていることと関連させながら，説明しなさい。

問 2　下線部(a)に関わって，『民間省要』の作者らに課せられた負担について，史料 2 あるいは史料 3 に描かれていることと関連させながら，説明しなさい。

問 3　下線部(b)に関連して，行商と出店のかたちで活動した商人を一つあげなさい。

問 4　下線部(c)の旅は中世でも行われた。中世の巡礼を具体的に挙げるとともに，それとくらべて，近世の巡礼の特質はどこにあるのか，説明しなさい。

問 5　下線部(d)について，『民間省要』が書かれた時代では稀であるとしているが，後に盛んになる。盛んになった時期はいつかを指摘するとともに，その背景について史料 2，史料 3 と関連させながら説明しなさい。

Ⅱ　次の史料は，随筆『みみずのたはごと』の一節である（一部を省略のうえ，表記を改めている）。これを読んで下記の問いに答えなさい。（問 1 から問 4 まですべてで 400 字以内）

七月三十一日。

鬱陶《うっとう》しく，物悲しい日。

新聞は皆黒縁《くろぶち》だ。不図《ふと》新聞の一面に「睦仁」の二字を見つけた。下に「先帝御手跡」とある。孝明天皇の御筆かと思うたのは一瞬時，陛下は已《すで》に先帝とならせられたのであった。新帝陛下の御践祚《せんそ》*があった。(a)明治と云《い》う年号は，昨日限り「大正」と改められる，と云う事である。

(b)陛下が崩御《ほうぎょ》になれば年号も更《かわ》る。其《そ》れを知らぬではないが，余《よ》は明治と云う年号は永久につづくものであるかの様に感じて居た。余は明治元年十月の生れである。即ち(c)明治天皇陛下が即位式を挙げ玉うた年，初めて京都から東京に行幸あった其月，東京を西南に距《さ》る三百里，薩摩に近い肥後葦北《あしきた》の水俣と云う村に生れたのである。余は明治の齢《よわい》を吾《わが》齢と思い馴れ，明治と同年だと誇りもし，恥じもして居た。

陛下の崩御は明治史の巻を閉じた。(d)明治が大正となって，余は吾生涯が中断されたかの様に感じた。明治天皇が余の半生を持って往っておしまいになったかの様に感じた。

＊践祚…皇位を継承すること

問 1　この随筆に先だって『国民新聞』に連載してベストセラーとなった小説『不如帰』などで知られる，この随筆の作者の氏名をあげなさい。

問 2　下線部(a)(b)に関して，直接の根拠になった当時の「皇室典範」には「明治元年ノ定制ニ従フ」とある。ここで「明治元年ノ定制」とされた制度の名称をあげ，その内容を説明しなさい。

問 3　下線部(c)に関して，明治天皇への践祚と「即位式」とのあいだには，１年以上の隔たりがあり，この間に天皇の政治的な位置づけは大きく変化した。この変化について，当時の政治的な動向をふまえながら説明しなさい。

問 4　この随筆の作者が下線部(d)のように感じた背景には，さまざまな機会に天皇の存在が人びとの意識のなかに浸透していったことがあると考えられる。この点に関して，明治なかば以降の出来事がどのような影響を及ぼしたと考えられるか，下記の語句をすべて用いて説明しなさい。

教育に関する勅語　　大日本帝国憲法　　日清戦争　　戊申詔書

Ⅲ　1889 年 2 月の大日本帝国憲法(明治憲法)の公布によって，日本でも近代的議会制度が成立した。しかし，その後，日中戦争以降の戦時体制への移行に伴って，日本における議会制度は大きく変容していくことになる。議会制度の歴史について，下記の問いに答えなさい。(問 1 から問 5 まですべてで 400 字以内)

問 1　大日本帝国憲法では，「帝国議会」は貴族院と衆議院によって構成されると規定していた。貴族院と衆議院の違いについて説明しなさい。

問 2　大日本帝国憲法では議会にどのような権限が与えられていたか，議会の権限について具体的に説明しなさい。

問 3　1938 年 4 月には，戦時統制を強化するための重要な法律が公布されている。その法律の名前をあげ，同法によって議会の権限が実質的にどのように変わったか，具体的に説明しなさい。

問 4　1940 年 10 月には大政翼賛会が成立した。成立の経緯についても触れながら，大政翼賛会が実際に果たした役割について具体的に説明しなさい。

問 5　1942 年 4 月には 5 年ぶりの総選挙が行われた。従来の総選挙との相違に留意しながら，この総選挙について具体的に説明しなさい。

世界史

（120分）

（注）解答は，解答用紙の所定の位置に横書きで書きなさい。他のところに書いても無効になることがあります。また，字数などの指示がある場合は，その指示に従って書きなさい。なお，字数制限がある場合，算用数字及びアルファベットに限り，1マスに2文字入れることができます。それ以外の句読点や問題番号には1マスを使用すること。ただし，例えば「問1」ならば「1」とのみ書いても構いません。なお，問題番号は問題ごとに指定された解答字数に含めます。

（例）

Ｉの「問1」の場合 ⟶

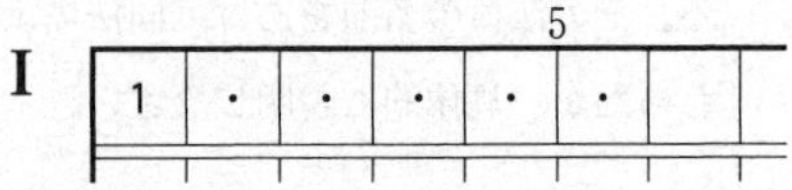

I　次の文章は，ルターがその前年に起こった大規模な反乱について1525年に書いた著作の一部である。この文章を読んで，問いに答えなさい。（問1，問2をあわせて400字以内）

農民たちが創世記1章，2章を引きあいに出して，いっさいの事物は，自由にそして［すべての人々の］共有物として創造せられたものであると言い，また私たちはみなひとしく洗礼をうけたのだと詐称してみても，そんなことは農民にはなんの役にもたちはしない。なぜならモーセは，新約聖書においては発言権をもたないからである。そこには私たちの主キリストが立ちたもうて，私たちも，私たちのからだも財産も挙げてことごとく，皇帝とこの世の法律に従わせておられるからである。彼は「皇帝のものは皇帝にかえしなさい」と言われた。パウロもローマ13章において，洗礼をうけたすべてのキリスト者に，「だれでも上にたつ権威に従うべきである」と言っている。（中略）

それゆえに，愛する諸侯よ，ここで解放し，ここで救い，ここで助けなさい。領民にあわれみを垂れなさい。なしうるものはだれでも刺し殺し，打ち殺し，絞め殺しなさい。そのために死ぬならば，あなたにとって幸いである。

（「農民の殺人・強盗団に抗して」『ルター著作集』第1集第6巻より引用。但し，一部改変）

問1　下線部は「農民たち」によって提出された要求を比喩的に説明したものである。具体的にはどのような要求であったか述べなさい。

問2　「聖書のみ」というルターの主張は，各方面に大きな影響を及ぼした。「農民たち」が考える「聖書のみ」と，ここでルターが表明している意見の相違はどのようなものであり，どのような理由で生じたと考えられるか，述べなさい。

Ⅱ　20世紀中葉において資本主義世界の覇権がイギリスからアメリカ合衆国に移行した過程を，19世紀後半以降の世界史の展開をふまえ，第2次世界大戦・冷戦・脱植民地化との関係に必ず言及して論じなさい。（400字以内）

Ⅲ　次の文章A，Bを読んで，問いに答えなさい。(問1，問2をあわせて400字以内)

A　(1860年代において，当時の朝鮮の政権と思想的方向性を同じくする)奇正鎮・李恒老は(中略)攘夷論を開陳した。たとえば奇正鎮は，「洋胡」(西洋諸国)と条約を結べば，儒教の道徳や礼制はたちまちに滅び，「人類」(朝鮮の人間)は禽獣となると危機感を表明した。これは，「邪説」を排撃して「正学」(朱子学)を崇ぶという「衛正斥邪」の内容をさらに拡大して，西洋諸国を夷狄(「洋夷」)・禽獣であるとして全面的に排斥し，儒教道徳・礼制，それに支えられた支配体制を維持擁護しようとする主張であった。

西洋諸国を夷狄・禽獣と視るのは，［　①　］意識によるものであった。(中略)西洋諸国は儒教を否定する「邪教」の国であるから，夷狄あるいはそれ以下の存在である禽獣ということになる。

B　(1876年に)李恒老の門人の崔益鉉は開国反対上疏を呈した。崔益鉉は条約調印に反対する理由として五点を挙げたが，そのなかには次のような点があった。

「日本との交易を通じて，『邪学』が広まり，人類は禽獣に化してしまう。」「内地往来・居住を拒めないから，日本人による財貨・婦女の略奪，殺人，放火が横行して，人理は地を払い，『生霊(じんみん)』の生活は脅かされる。」「人と『禽獣』の日本人とが和約して，何の憂いもないということはありえない。」

崔益鉉の描く日本人像は，奇正鎮の描いた「洋夷」像と何ら異なるところがない。実際に崔益鉉は上疏において，倭(日本)と洋は一心同体であるとする「倭洋一体論」を展開した。

(糟谷憲一「朝鮮ナショナリズムの展開」『岩波講座世界歴史20　アジアの<近代>』より引用。但し，一部改変)

問1　［　①　］は，17世紀の国際関係の変化を受けて高揚した，自国に対する朝鮮の支配層の意識を示す言葉である。これを記しなさい。

問2　［　①　］意識がいかなるものであり，どのような背景があったのか，また，それが1860～70年代にどのような役割を果たしたのかについて，それぞれ国際関係の変化と関連付けて述べなさい。

地理

（120 分）

（注）解答は，解答用紙の所定の位置に横書きで書きなさい。他のところに書いても無効になることがあります。また，字数などの指示がある場合は，その指示に従って書きなさい。なお，字数制限がある場合，算用数字及びアルファベットに限り，1 マスに 2 文字入れることができます。それ以外の句読点や問題番号には 1 マスを使用すること。ただし，例えば「問 1」ならば「1」とのみ書いても構いません。なお，問題番号は問題ごとに指定された解答字数に含めます。

（例）

Ⅰの「問 1」の場合 ⟶

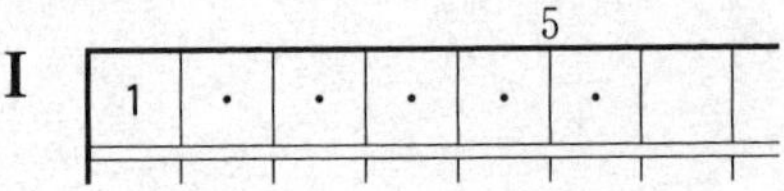

Ⅰ　アフリカにおける携帯電話などの普及に関する次の文章を読んで，問いに答えなさい。

携帯電話の利用はアフリカでも近年急速に広がっている。サブサハラアフリカ（サハラ以南アフリカ），すなわち北アフリカを除いたアフリカでは，携帯電話サービス利用者数（加入者数）は 2012 年の 2 億 8700 万から 2018 年には全人口の 44 % に相当する 4 億 5600 万に達したと推計されている。国別で見ると，表Ⅰ―1 に示したように，サブサハラアフリカの 10 か国程度で人口 100 人当たりの加入者数が 100 人を越えた。このように携帯電話の普及は進んでいるが，スマートフォンの割合は低く（携帯電話のうち 39 %，2018 年），またインターネットを利用する人口の率は低い。

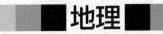

セーシェル，モーリシャス，カーボベルデを除くと，固定電話はほとんど普及していなかったから，携帯電話はアフリカの多くの人々に初めて通信手段を与えたと言える。アフリカでも携帯電話は通話に用いられるだけではない。民間企業，公的機関双方が携帯端末を様々なサービスの受信機として使うようになっている。

民間における成功例として有名なのが，ケニアで最初に広まった，携帯電話を利用した送金やキャッシュレス決済などのサービスの提供で，「モバイル金融」とか「モバイル・マネー」と呼ばれる。都市へ出稼ぎに行った労働者が農村の家族に送金するといった需要が幅広く存在していたが，多数の人々に利用可能な個人金融サービスが少なく，たとえば銀行を利用した送金は盛んではなかった。ケニアの携帯電話会社が2007年に始めたモバイル金融サービスは送金サービスを中心に人気を博し，サービス開始後3年で国民の4割が利用するほど爆発的に普及した。

問1　サブサハラアフリカにおいて携帯電話加入者上位を占める国には携帯電話の普及に関係する条件や特徴があったと考えられる。表Ⅰ—1に示した番号1から5のような国はどのような条件，特徴の国か，個々の国に言及しながら説明しなさい。対比するなどのために1から5以外の国に言及してもよい。なお，個々の国に言及する時は，例えば「南アフリカ共和国」という国名で書く代わりに「2」というように表Ⅰ—1中の番号で略称してよい。(175字以内)

問2　アフリカで携帯電話が，パソコン利用によるインターネットよりも急速に普及したのはなぜだと考えられるか説明しなさい。携帯端末・パソコンの普及の度合い，使いこなすのに必要な能力の違い，通信網の整備に言及すること。(125字以内)

問3　ケニアで銀行よりも携帯電話の金融サービスが広まった理由としてどのようなことが考えられるか説明しなさい。(100字以内)

表Ⅰ－1　サブサハラアフリカから選んだ国の電話加入者数とインターネット利用者人口比率

国　名	番号	携帯電話加入者数 100 人あたり		固定電話加入者数 100 人あたり		インターネット利用者人口比率　%	
		2017 年	2010 年	2017 年	2010 年	2017 年	2013 年
セーシェル	1	177	136	20.7	25.5	59	50
南アフリカ共和国	2	156	101	8.5	8.4	56	47
モーリシャス	3	145	92	32.7	29.8	56	39
ボツワナ	4	141	118	6.2	6.9	47	30
ガボン	5	132	107	1.0	2.0	62	31
コートジボワール	6	131	76	1.3	1.4	44	12
ガーナ	7	127	72	1.0	1.1	38	15
カーボベルデ	8	112	75	11.9	14.5	57	38
ナミビア	9	106	67	7.6	6.7	51	14
セネガル	10	99	67	1.8	2.8	46	13
ケニア	11	86	62	0.1	0.9	18	13
ナイジェリア	12	76	55	0.1	0.7	42	19
ルワンダ	13	72	33	0.1	0.4	22	9
タンザニア	14	70	47	0.2	0.4	25	4
ウガンダ	15	58	38	0.6	1.0	24	16
モザンビーク	16	40	31	0.3	0.4	10	7
エチオピア	17	38	8	1.1	1.1	19	5

出所：World Bank, Africa Development Indicators 2012/13
World Bank, World Development Indicators 2015, 2018, 2019 各年版より作成。

Ⅱ　次の文章を読み，以下の問いに答えなさい。

表Ⅱ—1は，1964年以降のオリンピック大会(冬季大会を除く)について，開催に向けた最終立候補を国際オリンピック委員会(IOC)に対して行った都市の一覧である。このうち下線を付けた都市で大会は開催された(2020年以降は開催予定)。

立候補都市は世界に広がり多岐にわたるが，(1)大陸・地域を越えて似た特徴をもつ場合がある。立候補する都市の数が時期によってかなり変化してきたことも，表Ⅱ—1から読み取れる。(2)多くの都市がオリンピック開催をめざす時期もあれば，立候補都市の数が限られる時期もあった。オリンピックは，(3)取り巻く情勢や条件の変化もあり，開催に当たって多くの課題や困難に直面するようになっている。

問 1　下線部(1)に関連して，1964年から1992年にかけての立候補都市には，大陸・地域を越えて似た特徴をもつ都市のグループ(都市群)を見出せる。このうち異なる大陸・地域にまたがる2都市以上を含む都市群を2つ選び出し，それぞれについて，共通する特徴，属する都市の名称を順に答えなさい。同一都市が2つの都市群に含まれていてもよい。都市数が多い場合には一つの都市群について任意の5都市までを列挙すること。(125字以内)

問 2　下線部(2)に関連して，1992年大会以降，立候補都市が大幅に増加したことが表Ⅱ—1から読み取れる。この増加はなぜ起きたと考えられるか。世界情勢の変化，都市が直面する条件の変化などに留意しつつ，1992年から2000年までの立候補都市名を具体的に挙げながら，説明しなさい。(150字以内)

問 3　2012年以降の開催都市(2016年は除く)と，それ以前の開催都市には特徴の違いを読み取ることができる。また2012年以降，立候補都市の数も変化している。どのような違いや変化があるかを説明した上で，下線部(3)に関連し，オリンピックがどのような課題や困難に直面しているか，都市にまつわる要因，大会開催にまつわる要因の両方に留意しながら論じなさい。(125字以内)

表Ⅱ—1　1964年以降開催のオリンピックに向けた立候補都市（冬季除く）

開催年	大陸・地域				
	ヨーロッパ	北米	アジア	中南米	アフリカ・オセアニア
1964	ウィーン，ブリュッセル	デトロイト	東京		
1968	リヨン	デトロイト		ブエノスアイレス，メキシコシティ	
1972	ミュンヘン，マドリード	デトロイト，モントリオール			
1976	モスクワ	モントリオール，ロサンゼルス			
1980	モスクワ	ロサンゼルス			
1984		ロサンゼルス			
1988			名古屋，ソウル		
1992	アムステルダム，バーミンガム，パリ，バルセロナ，ベオグラード				ブリズベン
1996	アテネ，ベオグラード，マンチェスター	アトランタ，トロント			メルボルン
2000	ベルリン，マンチェスター		イスタンブール，北京		シドニー
2004	アテネ，ストックホルム，ローマ			ブエノスアイレス	ケープタウン
2008	パリ	トロント	イスタンブール，大阪，北京		
2012	パリ，マドリード，モスクワ，ロンドン	ニューヨーク			
2016	マドリード	シカゴ	東京	リオデジャネイロ	
2020	マドリード		イスタンブール，東京		
2024	パリ	ロサンゼルス			
2028		ロサンゼルス			

注：最終立候補をIOCに対して行った都市を示す（制度の変化もあり，一部例外を含む）。下線は開催都市（2020年以降は予定）。イスタンブールはアジアに含めた。

資料：J. E. Findling and K. Pelle, *Encyclopedia of the Modern Olympic Movement,* 2004ほかより作成。

Ⅲ　水産業に関する以下の文章を読んで，問いに答えなさい。

1973年に当時のアフリカ統一機構(現・アフリカ連合)は排他的経済水域(EEZ)の設定を提唱し，たとえば(1)沖合に好漁場の広がるアフリカ大陸北西沿岸の各国はこれを設けて漁業振興に着手した。その後，1982年にEEZを定める国連海洋法条約が採択されたのを先取りするかたちで暫定的に200海里水域を設ける国が相つぎ，これは世界の水産業を変化させることになった。(2)たとえば，図Ⅲ—1が示すように，各国のEEZは日本の水産業を著しく変えたし，その変化は，1989年に国連において大規模公海流し網禁止決議が採択されたことによって，さらに促された。

各国によるEEZの設定は漁業活動を公海に集中させ，1980年代末をピークに世界の漁業資源は減少し始めたとされる。これは，1990年代末に国際的な非営利団体が持続可能な水産業を目指して水産エコラベル認証に乗り出すきっかけとなった。この制度は，漁業者，流通業者，小売業者，レストラン等の提供する水産物が持続可能な漁業・養殖業に由来することを証明し，その消費を促そうとするものである。だが，(3)魚種や漁業者・水揚げ場を多く抱え，かつ資源調査のための資金・技術が不足している国がこの制度の定める漁獲可能量等を遵守するのは難しく，水産エコラベルの国際的な広まりには懸念が示されている。他方，資源管理や違法漁業等の取り締まりなど(4)水産資源管理能力の向上や，さまざまな経済的効果を狙って，日本政府はこうした諸国への開発協力(開発援助)において零細漁業の振興を重視するようになった。

問1　下線部(1)について，この海域が好漁場となる理由を，気候および海洋の動きを具体的に説明しながら述べなさい。(75字以内)

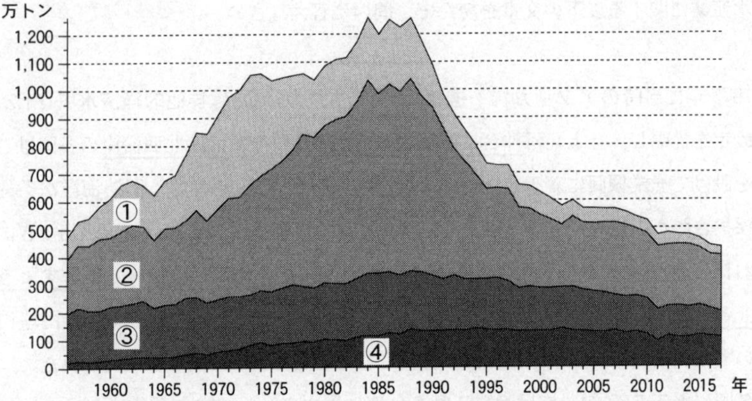

図Ⅲ―1：日本の漁業・養殖業生産量の変化

注：捕鯨業の生産量，水産加工業の生産量，および内水面（河川・湖沼等）での漁業・養殖業の生産量を除く。

出所：農林水産省　漁業・養殖業生産統計より作成。

問 2　海面で行われる漁業は，漁港と漁場の間の距離，漁に要する日数，漁船の規模等によって 3 つの種類に分けられる。図Ⅲ―1 は，これらに海面での養殖業を加えてそれぞれに丸番号を与え，それぞれの生産量を積み上げて示したものである（捕鯨業，水産加工業，および内水面漁業・養殖業を除く）。これら 4 種類の水産業のなかから本文の下線部⑵に関連する最も適当なものを一つ選び，その丸番号およびそれが示す水産業の種類を答えながら，その水産業の生産量がなぜ，どのように変化したのかを説明しなさい。（125 字以内）

問 3　下線部⑶について，とくに生産国の関係者はどのような理由で水産エコラベルに懸念をもっているのか，説明しなさい。（100 字以内）

問 4　下線部⑷について，水産資源に恵まれた発展途上国がそれら資源の管理能力を高めるために零細漁業の振興を必要とする理由を答えなさい。つづけて，零細漁業の振興によって期待される経済的効果について説明しなさい。（100 字以内）

数学

（120分）

1　以下の問いに答えよ。

(1)　10^{10} を 2020 で割った余りを求めよ。

(2)　100 桁の正の整数で各位の数の和が 2 となるもののうち，2020 で割り切れるものの個数を求めよ。

2　a を定数とし，$0 \leqq \theta < \pi$ とする。方程式

$$\tan 2\theta + a \tan \theta = 0$$

を満たす θ の個数を求めよ。

3　半径 1 の円周上に 3 点 A，B，C がある。内積 $\overrightarrow{\mathrm{AB}} \cdot \overrightarrow{\mathrm{AC}}$ の最大値と最小値を求めよ。

4　$x > 0$ に対し

$$F(x) = \frac{1}{x} \int_{2-x}^{2+x} |t - x| \, dt$$

と定める。$F(x)$ の最小値を求めよ。

5　n を正の整数とする。1枚の硬貨を投げ，表が出れば1点，裏が出れば2点を得る。この試行を繰り返し，点の合計が n 以上になったらやめる。点の合計がちょうど n になる確率を p_n で表す。

(1)　p_1，p_2，p_3，p_4 を求めよ。

(2)　$|p_{n+1} - p_n| < 0.01$ を満たす最小の n を求めよ。

——鷲田清一『老いの空白』

問い　右の文章を要約しなさい（二〇〇字以内）。

〈成熟〉とはあきらかに〈未熟〉の対になる観念である。生まれ、育ち、大人になり、老いて、死を迎える……。そういう過程としてひとの生が思い浮かべられている。そのなかで大人になることと未だ大人になっていないこととが、〈成熟〉と〈未熟〉として生の過程を二分している。

これは別に、人間にかぎって言われることではない。〈成熟〉とはまずは生きものが自活できるということであろう。食べ、飲み、居場所をもち、仲間と交際することが独力でできるということ、つまりはじぶんでじぶんの生活をマネージできるということであろう。もっともひとは、他の生きもの以上に、生活を他のひとと協同していとなむという意味では社会的なものであって、だから〈成熟〉とは、より正確には、社会のなかでじぶんの生活をじぶんで、じぶんたちの生活をじぶんたちで、マネージできるということである。そのかぎりでひとにおいて成熟とはその生活の相互依存ということを排除するものではない。産み落とされたとたんに見捨てられ、野ざらしになって死にっきりということがわたしたちの社会ではよほどのことがないかぎりありえない以上、生まれたときもわたしたちは他の人たちに迎えられたのであり、死ぬときも他の人たちに見送られる。だれもが、生まれるとすぐだれかに産着を着せられ、食べさせてもらうのであり、死ぬときもだれかに死装束にくるまれ、棺桶《かんおけ》に入れてもらうのである。

そうするとひとが生きものとして自活できるといっても、単純に独力で生きるということではないことになる。食べ物ひとつ、まとう衣ひとつ手に入れるのも、他のひとたちの力を借りないとできないのがわたしたちの生活であるかぎり、自活できるというのは他のひとたちに依存しないで、というのとはちがうのである。むしろそういう相互の依存生活を安定したかたちで維持することをも含めて、つまりじぶんのことだけでなく共同の生活の維持をも含めて、つまり他のひとの生活をも慮《おもんぱか》りながらじぶん(たち)の生活をマネージできるということが、成熟するということなのである。

となると成熟／未熟も、たんに生物としての年齢では分けられなくなる。〈成熟〉には社会的な能力の育成ということ、つまりは訓練と心構えが必要になるからである。

問題三　次の文章を読んで後の問いに答えなさい。

〈老い〉がまるで無用な「お荷物」であって、その最終場面ではまず「介護」の対象として意識されるという、そんな惨めな存在であるかのようにイメージされるようになったのには、それなりの歴史的経緯がある。生産と成長を基軸とする産業社会にあっては、停滞や衰退はなんとしても回避されねばならないものである。そしてその反対軸にあるものとして、〈老い〉がイメージとして位置づけられる。生産性（もしくはその潜勢性）や成長性、効率性、速度に、非生産的＝無用なもの、衰退＝老化――そういえば社会システムの老化のことを「制度疲労」とも言うのであった――として対置されるかたちで。〈若さ〉と〈老い〉という二つの観念は、産業社会ではたがいに鏡合わせの関係にある。

鏡合わせとは対になってはたらいているということであるが、その二つはいうまでもなく正負の価値的な関係のなかで捉えられている。そして重要なことは、〈老い〉が負の側を象徴するのは、時間のなかで蓄えられてきた〈経験〉というものにわずかな意味しか認められないということである。〈経験〉ということで、身をもって知っていること、憶えてきたことをここでは言っているのだが、産業社会では基本的に、ひとが長年かけて培ってきたメチエともいうべき経験知よりも、だれもが訓練でその方法さえ学習すれば使用できるテクノロジー（技術知）が重視される。機械化、自動化、分業化による能率性の向上が第一にめざされるからである。そしてこの「長年かけて培ってきた」という、その時間過程よりも結果に重きが置かれるというところから、〈経験〉の意味がしだいに削がれてきたのである。〈老い〉が尊敬された時代というのは、この〈経験〉が尊重された時代のことである。かつて、いろり端での老人と孫の会話では、孫は老人から知恵と知識を得た。現在では、老人が孫からコンピュータの使い方を教わる。〈経験〉がその価値を失うということ、それは〈成熟〉が意味を失うということだ。さらに〈成熟〉が意味を失うということは、「大人」になるということの意味が見えなくなることだ。

に躰《たい》せざる也。故に唯物論者の経験すべき苦痛、寂寥《せきりょう》、失望を味はざる也。彼等が憲法を説くや亦唯憲法として之を説くのみ、未だ嘗て憲法国の民として之を論ぜざる也、故に其言人の同感を引くに足らざるなり。彼等の議論は彼等の経験より来らざる也、彼等の智識は彼等の物とはならざる也。

明治の文学史は我所謂才子に負ふ所多くして彼の学者先生は却つて為す所なきは之が為なり。

――山路愛山「明治文学史」

（注）井上哲次郎（一八五五～一九四四）　哲学者。帝国大学教授。

（注）高橋五郎（一八五六～一九三五）　語学者、評論家、翻訳家。

（注）国民之友　雑誌。評論を多く掲載した。

問い一　傍線一「去りながら博学畢竟《ひっきょう》拝むべき者なりや否や。」を現代語に訳しなさい。

問い二　傍線二「是豈衣裳《いしょう》を拝んで人品を忘るる者に非ずや。」とあるが、このたとえで筆者が批判したいのはどういうことか、簡潔に答えなさい（二五字以内）。

問い三　筆者の考える「才子」とはどのようなものか。文章最終行にある「学者先生」と対比しつつ答えなさい（五〇字以内）。

問題二　次の文章を読んで後の問いに答えなさい。

天下の人、指を学者に屈すれば必ず井上哲次郎君(注)を称し、必ず高橋五郎君(注)を称す。吾人は幸にして国民之友(注)紙上に於て二君の論争を拝見するを得たり。井上君拉甸《ラテン》語、伊太利亜語、以斯班牙《イスパニア》語を引証せらるれば高橋君一々其出処を論ぜらる。無学の拙者共には御両君の博学ありありと見えて何とも申上様なし。一 去りながら博学畢竟《ひっきょう》拝むべき者なりや否や。若しもシエーキスピーアを読まずんば戯曲の消息を解すべからずとせばシエーキスピーアは何を読んでもシエーキスピーアたりしや。若しも外国語に通ぜずんば大文豪たる能はずんば、未だ外交の開けざる国に生れたる文家は三文の価値なき者なりや否や。二君の博学は感服の至りなれども博学だけにては余り難レ有くもなし、勿論こはくもなし。然るに奇なるかな世人は此博学の人々を学者なりとてエラク思ひ、学問は二の町なれど智慧《ちえ》才覚ある者を才子と称して賞讃の中に貶《へん》す。二 是豈衣裳《いしょう》を拝んで人品を忘るる者に非ずや。

才子なるかな、才子なるかな、吾人は真の才子に与《くみ》する者也。

吾人の所謂《いわゆる》才子とは何ぞや。智慧《ウィズドム》を有する人也。智慧とは何ぞや、内より発する者也、外より来《きた》る者に非る也。事物の真に達する者なり、其表面を瞥見《べっけん》するに止《とどま》る者に非る也。自己の者也、他人の者に非る也。智慧を有する人に非んば世を動かす能はざる也、智慧を有する人に非んば人を教ふる能はざる也。更に之を詳《つまびらか》に曰へば智慧とは実地と理想とを合する者なり、経験と学問とを結ぶ者なり、坐して言ふべく起つて行ふべき者なり。之なくんば尊ぶに足らざる也。

吾人の人を評する唯正に彼の智慧如何と尋ぬべきのみ、たとひ深遠なる哲理を論ずるも、彼れの哲理に非ずして、書籍上の哲理ならば、何ぞ深く敬するに足らんや。たとひ美を論じ高を説くも其人にして美を愛し、高を愛するに非んば何ぞ一顧を価せんや。自ら得る所なくして漫りに人の言を借る、彼れの議論奚《いずくん》ぞ光焔《こうえん》あり精采あるを得んや。博士、学士雲の如くにして、其言聴くに足る者少なきは何ぞや。是れ其学自得する所なく、中より発せざれば也。彼等が唯物論として之を説くのみ、未だ嘗て自ら之を身の場合には、理不尽な要求をする患者にも共感を抱くことが、状況に相応しい情動であった。しかし、接客業の場合には、理不尽な要求をする客に喜びを抱くことは、状況に相応しい情動でない。それは不適切な情動である。そのような不適切な情動を抱かなければならないからこそ、**ウ**接客業は感情労働なのである。

——信原幸弘『情動の哲学入門　価値・道徳・生きる意味』

問い一　傍線**A**・**B**・**C**・**D**・**E**のカタカナで書かれた語句を漢字で書きなさい。

問い二　傍線**ア**「仕事人モード」とあるが、それはどのような状態か、説明しなさい（三〇字以内）。

問い三　傍線**イ**「そのような情動を抱くことには何か根本的な問題があるように思われる。」とあるが、「根本的な問題」とはどのようなことか。文章全体をふまえて答えなさい（三〇字以内）。

問い四　傍線**ウ**「接客業は感情労働なのである。」とあるが、筆者は少し後の段落で、医師の仕事が感情労働ではないように、「接客業もまた、本来は感情労働ではないのである。」と述べている。なぜそのように言えるのか、文章全体およびこの後に予想される論理展開をふまえて説明しなさい（五〇字以内）。

しかし、医師の仕事を本当に接客業と同じサービス業とみなしてよいのだろうか。患者は客なのだろうか。医師の仕事と接客業のあいだには重要な違いがあるように思われる。たしかに医師にも、自然な情動を抑えて、求められる情動を示さなければならない場合がある。「飲みたいだけお酒を飲んでも、糖尿病が悪くならないように、先生、何とかならないでしょうか」と患者が言っても、「何を言っているのですか」と頭にきて叱りとばすのではなく、患者に共感を示しつつ、その要求を満たすことがいかに不可能かを納得させてあげなければならない。しかし、それはたんに、そうしなければ、患者が自分のところに来なくなってしまって、収入の道を閉ざされるからではない。むしろ、病のために好きなお酒を制限しなくてはならない患者の苦境に深い共感を示すことが、患者を治療する医師にとってまさになすべきことだからである。ここでは、たとえ強いられたものであれ、共感を抱くことがまさになすべきことであり、それゆえ適切なことなのである。

そうだとすれば、無理やりではなく自然に共感を抱けるようになれば、もう何も言うことはないだろう。医師が自然に共感を示すことができず、むしろ怒りを抑えて、無理やり共感を示さなければならないとすれば、それはその医師がまだ十分一人前の医師になりきれていないからである。たしかに怒りにまかせて叱りとばすよりはよほどましであるが、自然に共感を抱くことができないというのは、医師としてまだ修行が足りない。Eリッパな医師であれば、おのずと共感が湧いてくるはずだ。そして自然に共感を抱けるようになれば、それでもう何も問題はない。最初のうちは、おのずと湧き起こってくる怒りを抑えて、無理に共感を示さなければならなかったとしても、やがて自然に共感が湧いてくるようになれば、それですべてよしである。そのとき、医師はまさに自分が抱くべき共感を自然に抱いているのである。

それにたいして、接客業の場合には、不当な要求をしてくる客にたいして笑顔で応対するのは不適切である。そのような客には、たとえ客であっても、毅然《きぜん》とした態度で怒りを示さなければならない。不当なことには怒りで応答すべきである。不当なことに喜びで、あるいはその演技で応答してはならない。不当なことには、それに相応《ふさわ》しい情動で応答しなくてはならないのだ。医師くれば、理不尽な要求をしてくる客であっても、仕事だと思って自然に笑顔で応対できるようになってくるだろう。仕事でなければ、当然、理不尽な要求をしてくる人には怒りを覚えるが、仕事であれば、とくに怒りを感じることもなく、笑顔を見せることができる。つまり、仕事かどうかで、切り替えができるのだ。仕事であれば、ア仕事人モードになるようにし、そうでなければ、常人モードになる。いや、それどころか、さらに慣れてくると、強いて切り替えることさえ必要なくなる。仕事になれば、おのずと仕事人モードになるのだ。このように雇い主と自分の利益のために要求される情動が何の強制も感じず、まったく自然なものになれば、そのような情動を抱くことがけっして辛いことではなくなるだろう。おのずと湧き上がる情動に身をまかせ、おのずとその情動を顔に出せばよい。何も辛いことはない。

しかし、辛いことでなくなりさえすれば、それでよいのだろうか。感情労働で求められる情動がとくに苦痛を感じずに自然に抱けるようになれば、それで問題はなくなるのだろうか。そうではなく、たとえそうなったとしても、イそのような情動を抱くことには何か根本的な問題があるように思われる。感情労働において問題になるのは、たんにある種の情動を強いられるということではなく、強いられようと強いられまいと、そのような情動を抱くことそれ自体が問題なのではないだろうか。情動を強いられるということが問題の本質でないことを、医師の感情労働にそくして見ておこう。

今日では、接客業に従事する人たちだけではなく、医師もまた、BセイショクシャCや教師などとならんで、感情労働に従事する人とみなされる。今日の医師は、かつての医師がそうであったかもしれないように、患者が言うことを聞かなければ、ただ叱りとばしていればよい、というわけではない。患者の言うことにCシンシに耳を傾け、病状をわかりやすく説明したり、患者の納得のいく治療方針を示したりしなければならない。たとえ患者が無茶な要求をしてきても、けっして怒ったりせず、その要求が理に適《かな》っていないことをDテイネイに説明し、患者に納得してもらわなければならない。接客業の従事者と同じく、医師も情動の管理を求められ、ときに不自然な情動を強いられる。今日では、医師の仕事もサービス業になったのである。

国語

（一〇〇分）

問題一　次の文章を読んで後の問いに答えなさい。

　感情労働の一番辛いところは、情動を強いられることであろう。嬉《うれ》しくないのに、嬉しそうにしなくてはならない。ちっともAソンケイしていないのに、心からソンケイしているように見せなければならない。すごい人だと感じないのに、褒めそやさなければならない。感情労働に従事する人は、自然に湧いてくる自分の情動を抑えて、その場で求められる情動を無理に抱かなければならない。あるいは、少なくとも、そのような情動を抱いているかのように見せなくてはならない。それはたしかに辛いことである。

　では、なぜ感情労働においては、自然な情動を抑えて、不自然な情動を示さなくてはならないのだろうか。なぜそのような情動の管理が要求されるのだろうか。それはもちろん、情動の管理が雇用者の利益につながり、ひいては従業員の利益につながるからである。店員が無愛想な顔をしていれば、店に客が寄ってこない。店の売り上げが下がり、店員の給料も下がる。店員は解雇されるか、店がつぶれて失業する。そうなるのが眼に見えている。だから、いやいやでも、店員は客に笑顔を示さなければならない。店主も、店がつぶれては困るから、店員に笑顔を見せることを要求する。新米の店員には、どんな状況でも笑顔を絶やさないように訓練しさえする。こうして雇用者と従業員の利益のために、情動の管理が要求され、不自然な情動が求められるのである。

　では、利益のために求められる情動が強いられたものでなく、ごく自然なものになれば、それでよいのだろうか。仕事に慣れて

・memo・

//////////////////// · memo · ////////////////////

//////////////////// · memo · ////////////////////

//////////////////// · memo · ////////////////////

//////////////////// · memo · ////////////////////

・memo・

· memo ·

教学社 刊行一覧

2025年版 大学赤本シリーズ

374大学556点
全都道府県を網羅

国公立大学（都道府県順）

全国の書店で取り扱っています。店頭にない場合は，お取り寄せができます。

1 北海道大学（文系－前期日程）
2 北海道大学（理系－前期日程） 医
3 北海道大学（後期日程）
4 旭川医科大学（医学部〈医学科〉） 医
5 小樽商科大学
6 帯広畜産大学
7 北海道教育大学
8 室蘭工業大学／北見工業大学
9 釧路公立大学
10 公立千歳科学技術大学
11 公立はこだて未来大学 総推
12 札幌医科大学（医学部） 医
13 弘前大学 医
14 岩手大学
15 岩手県立大学・盛岡短期大学部・宮古短期大学部
16 東北大学（文系－前期日程）
17 東北大学（理系－前期日程） 医
18 東北大学（後期日程）
19 宮城教育大学
20 宮城大学
21 秋田大学 医
22 秋田県立大学
23 国際教養大学 総推
24 山形大学 医
25 福島大学
26 会津大学
27 福島県立医科大学（医・保健科学部） 医
28 茨城大学（文系）
29 茨城大学（理系）
30 筑波大学（推薦入試） 医 総推
31 筑波大学（文系－前期日程）
32 筑波大学（理系－前期日程） 医
33 筑波大学（後期日程）
34 宇都宮大学
35 群馬大学 医
36 群馬県立女子大学
37 高崎経済大学
38 前橋工科大学
39 埼玉大学（文系）
40 埼玉大学（理系）
41 千葉大学（文系－前期日程）
42 千葉大学（理系－前期日程） 医
43 千葉大学（後期日程） 医
44 東京大学（文科） DL
45 東京大学（理科） DL 医
46 お茶の水女子大学
47 電気通信大学
48 東京外国語大学 DL
49 東京海洋大学
50 東京科学大学（旧 東京工業大学）
51 東京科学大学（旧 東京医科歯科大学） 医
52 東京学芸大学
53 東京藝術大学
54 東京農工大学
55 一橋大学（前期日程）
56 一橋大学（後期日程）
57 東京都立大学（文系）
58 東京都立大学（理系）
59 横浜国立大学（文系）
60 横浜国立大学（理系）
61 横浜市立大学（国際教養・国際商・理・データサイエンス・医〈看護〉学部）
62 横浜市立大学（医学部〈医学科〉） 医
63 新潟大学（人文・教育〈文系〉・法・経済科・医〈看護〉・創生学部）
64 新潟大学（教育〈理系〉・理・医〈看護を除く〉・歯・工・農学部） 医
65 新潟県立大学
66 富山大学（文系）
67 富山大学（理系） 医
68 富山県立大学
69 金沢大学（文系）
70 金沢大学（理系） 医
71 福井大学（教育・医〈看護〉・工・国際地域学部）
72 福井大学（医学部〈医学科〉） 医
73 福井県立大学
74 山梨大学（教育・医〈看護〉・工・生命環境学部）
75 山梨大学（医学部〈医学科〉） 医
76 都留文科大学
77 信州大学（文系－前期日程）
78 信州大学（理系－前期日程） 医
79 信州大学（後期日程）
80 公立諏訪東京理科大学 総推
81 岐阜大学（前期日程） 医
82 岐阜大学（後期日程）
83 岐阜薬科大学
84 静岡大学（前期日程）
85 静岡大学（後期日程）
86 浜松医科大学（医学部〈医学科〉） 医
87 静岡県立大学
88 静岡文化芸術大学
89 名古屋大学（文系）
90 名古屋大学（理系） 医
91 愛知教育大学
92 名古屋工業大学
93 愛知県立大学
94 名古屋市立大学（経済・人文社会・芸術工・看護・総合生命理・データサイエンス学部）
95 名古屋市立大学（医学部〈医学科〉） 医
96 名古屋市立大学（薬学部）
97 三重大学（人文・教育・医〈看護〉学部）
98 三重大学（医〈医〉・工・生物資源学部） 医
99 滋賀大学
100 滋賀医科大学（医学部〈医学科〉） 医
101 滋賀県立大学
102 京都大学（文系）
103 京都大学（理系） 医
104 京都教育大学
105 京都工芸繊維大学
106 京都府立大学
107 京都府立医科大学（医学部〈医学科〉） 医
108 大阪大学（文系） DL
109 大阪大学（理系） 医
110 大阪教育大学
111 大阪公立大学（現代システム科学域〈文系〉・文・法・経済・商・看護・生活科〈居住環境・人間福祉〉学部－前期日程）
112 大阪公立大学（現代システム科学域〈理系〉・理・工・農・獣医・医・生活科〈食栄養〉学部－前期日程） 医
113 大阪公立大学（中期日程）
114 大阪公立大学（後期日程）
115 神戸大学（文系－前期日程）
116 神戸大学（理系－前期日程） 医
117 神戸大学（後期日程）
118 神戸市外国語大学 DL
119 兵庫県立大学（国際商経・社会情報科・看護学部）
120 兵庫県立大学（工・理・環境人間学部）
121 奈良教育大学／奈良県立大学
122 奈良女子大学
123 奈良県立医科大学（医学部〈医学科〉） 医
124 和歌山大学
125 和歌山県立医科大学（医・薬学部） 医
126 鳥取大学 医
127 公立鳥取環境大学
128 島根大学 医
129 岡山大学（文系）
130 岡山大学（理系） 医
131 岡山県立大学
132 広島大学（文系－前期日程）
133 広島大学（理系－前期日程） 医
134 広島大学（後期日程）
135 尾道市立大学 総推
136 県立広島大学
137 広島市立大学
138 福山市立大学 総推
139 山口大学（人文・教育〈文系〉・経済・医〈看護〉・国際総合科学部）
140 山口大学（教育〈理系〉・理・医〈看護を除く〉・工・農・共同獣医学部） 医
141 山陽小野田市立山口東京理科大学 総推
142 下関市立大学／山口県立大学
143 周南公立大学 新 総推
144 徳島大学 医
145 香川大学 医
146 愛媛大学 医
147 高知大学 医
148 高知工科大学
149 九州大学（文系－前期日程）
150 九州大学（理系－前期日程） 医
151 九州大学（後期日程）
152 九州工業大学
153 福岡教育大学
154 北九州市立大学
155 九州歯科大学
156 福岡県立大学／福岡女子大学
157 佐賀大学 医
158 長崎大学（多文化社会・教育〈文系〉・経済・医〈保健〉・環境科〈文系〉学部）
159 長崎大学（教育〈理系〉・医〈医〉・歯・薬・情報データ科・工・環境科〈理系〉・水産学部） 医
160 長崎県立大学 総推
161 熊本大学（文・教育・法・医〈看護〉学部・情報融合学環〈文系型〉）
162 熊本大学（理・医〈看護を除く〉・薬・工学部・情報融合学環〈理系型〉） 医
163 熊本県立大学
164 大分大学（教育・経済・医〈看護〉・理工・福祉健康科学部）
165 大分大学（医学部〈医・先進医療科学科〉） 医
166 宮崎大学（教育・医〈看護〉・工・農・地域資源創成学部）
167 宮崎大学（医学部〈医学科〉） 医
168 鹿児島大学（文系）
169 鹿児島大学（理系） 医
170 琉球大学 医

2025年版　大学赤本シリーズ

国公立大学 その他

171 〔国公立大〕医学部医学科 総合型選抜・学校推薦型選抜※ 医 総推
172 看護・医療系大学〈国公立 東日本〉※
173 看護・医療系大学〈国公立 中日本〉※
174 看護・医療系大学〈国公立 西日本〉※
175 海上保安大学校／気象大学校
176 航空保安大学校
177 国立看護大学校
178 防衛大学校 総推
179 防衛医科大学校(医学科) 医
180 防衛医科大学校(看護学科)

※No.171～174の収載大学は赤本ウェブサイト(http://akahon.net/)でご確認ください。

私立大学①

北海道の大学(50音順)
201 札幌大学
202 札幌学院大学
203 北星学園大学
204 北海学園大学
205 北海道医療大学
206 北海道科学大学
207 北海道武蔵女子大学・短期大学
208 酪農学園大学(獣医学群〈獣医学類〉)

東北の大学(50音順)
209 岩手医科大学(医・歯・薬学部) 医
210 仙台大学 総推
211 東北医科薬科大学(医・薬学部) 医
212 東北学院大学
213 東北工業大学
214 東北福祉大学
215 宮城学院女子大学 総推

関東の大学(50音順)

あ行(関東の大学)
216 青山学院大学(法・国際政治経済学部ー個別学部日程)
217 青山学院大学(経済学部ー個別学部日程)
218 青山学院大学(経営学部ー個別学部日程)
219 青山学院大学(文・教育人間科学部ー個別学部日程)
220 青山学院大学(総合文化政策・社会情報・地球社会共生・コミュニティ人間科学部ー個別学部日程)
221 青山学院大学(理工学部ー個別学部日程)
222 青山学院大学(全学部日程)
223 麻布大学(獣医、生命・環境科学部)
224 亜細亜大学
226 桜美林大学
227 大妻女子大学・短期大学部

か行(関東の大学)
228 学習院大学(法学部ーコア試験)
229 学習院大学(経済学部ーコア試験)
230 学習院大学(文学部ーコア試験)
231 学習院大学(国際社会科学部ーコア試験)
232 学習院大学(理学部ーコア試験)
233 学習院女子大学
234 神奈川大学(給費生試験)
235 神奈川大学(一般入試)
236 神奈川工科大学
237 鎌倉女子大学・短期大学部
238 川村学園女子大学
239 神田外語大学
240 関東学院大学
241 北里大学(理学部)
242 北里大学(医学部) 医
243 北里大学(薬学部)
244 北里大学(看護・医療衛生学部)
245 北里大学(未来工・獣医・海洋生命科学部)
246 共立女子大学・短期大学
247 杏林大学(医学部) 医
248 杏林大学(保健学部)
249 群馬医療福祉大学・短期大学部
250 群馬パース大学 総推
251 慶應義塾大学(法学部)
252 慶應義塾大学(経済学部)
253 慶應義塾大学(商学部)
254 慶應義塾大学(文学部) 総推
255 慶應義塾大学(総合政策学部)
256 慶應義塾大学(環境情報学部)
257 慶應義塾大学(理工学部)
258 慶應義塾大学(医学部) 医
259 慶應義塾大学(薬学部)
260 慶應義塾大学(看護医療学部)
261 工学院大学
262 國學院大學
263 国際医療福祉大学 医
264 国際基督教大学
265 国士舘大学
266 駒澤大学(一般選抜T方式・S方式)
267 駒澤大学(全学部統一日程選抜)

さ行(関東の大学)
268 埼玉医科大学(医学部) 医
269 相模女子大学・短期大学部
270 産業能率大学
271 自治医科大学(医学部) 医
272 自治医科大学(看護学部)／東京慈恵会医科大学(医学部〈看護学科〉)
273 実践女子大学 総推
274 芝浦工業大学(前期日程)
275 芝浦工業大学(全学統一日程・後期日程)
276 十文字学園女子大学
277 淑徳大学
278 順天堂大学(医学部) 医
279 順天堂大学(スポーツ健康科・医療看護・保健看護・国際教養・保健医療・医療科・健康データサイエンス・薬学部) 総推
280 上智大学(神・文・総合人間科学部)
281 上智大学(法・経済学部)
282 上智大学(外国語・総合グローバル学部)
283 上智大学(理工学部)
284 上智大学(TEAPスコア利用方式)
285 湘南工科大学
286 昭和大学(医学部) 医
287 昭和大学(歯・薬・保健医療学部)
288 昭和女子大学
289 昭和薬科大学
290 女子栄養大学・短期大学部 総推
291 白百合女子大学
292 成蹊大学(法学部ーA方式)
293 成蹊大学(経済・経営学部ーA方式)
294 成蹊大学(文学部ーA方式)
295 成蹊大学(理工学部ーA方式)
296 成蹊大学(E方式・G方式・P方式)
297 成城大学(経済・社会イノベーション学部ーA方式)
298 成城大学(文芸・法学部ーA方式)
299 成城大学(S方式〈全学部統一選抜〉)
300 聖心女子大学
301 清泉女子大学
303 聖マリアンナ医科大学 医
304 聖路加国際大学(看護学部)
305 専修大学(スカラシップ・全国入試)
306 専修大学(前期入試〈学部個別入試〉)
307 専修大学(前期入試〈全学部入試・スカラシップ入試〉)

た行(関東の大学)
308 大正大学
309 大東文化大学
310 高崎健康福祉大学
311 拓殖大学
312 玉川大学
313 多摩美術大学
314 千葉工業大学
315 中央大学(法学部ー学部別選抜)
316 中央大学(経済学部ー学部別選抜)
317 中央大学(商学部ー学部別選抜)
318 中央大学(文学部ー学部別選抜)
319 中央大学(総合政策学部ー学部別選抜)
320 中央大学(国際経営・国際情報学部ー学部別選抜)
321 中央大学(理工学部ー学部別選抜)
322 中央大学(5学部共通選抜)
323 中央学院大学
324 津田塾大学
325 帝京大学(薬・経済・法・文・外国語・教育・理工・医療技術・福岡医療技術学部)
326 帝京大学(医学部) 医
327 帝京科学大学 総推
328 帝京平成大学 総推
329 東海大学(医〈医〉学部を除くー一般選抜)
330 東海大学(文系・理系学部統一選抜)
331 東海大学(医学部〈医学科〉) 医
332 東京医科大学(医学部〈医学科〉) 医
333 東京家政大学・短期大学部 総推
334 東京経済大学
335 東京工科大学
336 東京工芸大学
337 東京国際大学
338 東京歯科大学
339 東京慈恵会医科大学(医学部〈医学科〉) 医
340 東京情報大学
341 東京女子大学
342 東京女子医科大学(医学部) 医
343 東京電機大学
344 東京都市大学
345 東京農業大学
346 東京薬科大学(薬学部) 総推
347 東京薬科大学(生命科学部) 総推
348 東京理科大学(理学部〈第一部〉ーB方式)
349 東京理科大学(創域理工学部ーB方式・S方式)
350 東京理科大学(工学部ーB方式)
351 東京理科大学(先進工学部ーB方式)
352 東京理科大学(薬学部ーB方式)
353 東京理科大学(経営学部ーB方式)
354 東京理科大学(C方式、グローバル方式、理学部〈第二部〉ーB方式)
355 東邦大学(医学部) 医
356 東邦大学(薬学部)

2025年版　大学赤本シリーズ

私立大学②

357 東邦大学（理・看護・健康科学部）
358 東洋大学（文・経済・経営・法・社会・国際・国際観光学部）
359 東洋大学（情報連携・福祉社会デザイン・健康スポーツ科・理工・総合情報・生命科・食環境科学部）
360 東洋大学（英語〈3日程×3カ年〉）
361 東洋大学（国語〈3日程×3カ年〉）
362 東洋大学（日本史・世界史〈2日程×3カ年〉）
363 東洋英和女学院大学
364 常磐大学・短期大学 総推
365 獨協大学
366 獨協医科大学（医学部） 医

な行（関東の大学）

367 二松学舎大学
368 日本大学（法学部）
369 日本大学（経済学部）
370 日本大学（商学部）
371 日本大学（文理学部〈文系〉）
372 日本大学（文理学部〈理系〉）
373 日本大学（芸術学部〈専門試験併用型〉）
374 日本大学（国際関係学部）
375 日本大学（危機管理・スポーツ科学部）
376 日本大学（理工学部）
377 日本大学（生産工・工学部）
378 日本大学（生物資源科学部）
379 日本大学（医学部） 医
380 日本大学（歯・松戸歯学部）
381 日本大学（薬学部）
382 日本大学（N全学統一方式－医・芸術〈専門試験併用型〉学部を除く）
383 日本医科大学 医
384 日本工業大学
385 日本歯科大学
386 日本社会事業大学 総推
387 日本獣医生命科学大学
388 日本女子大学
389 日本体育大学

は行（関東の大学）

390 白鷗大学（学業特待選抜・一般選抜）
391 フェリス女学院大学
392 文教大学
393 法政大学（法〈Ⅰ日程〉・文〈Ⅱ日程〉・経営〈Ⅱ日程〉学部－A方式）
394 法政大学（法〈Ⅱ日程〉・国際文化・キャリアデザイン学部－A方式）
395 法政大学（文〈Ⅰ日程〉・経営〈Ⅰ日程〉・人間環境・グローバル教養学部－A方式）
396 法政大学（経済〈Ⅰ日程〉・社会〈Ⅰ日程〉・現代福祉学部－A方式）
397 法政大学（経済〈Ⅱ日程〉・社会〈Ⅱ日程〉・スポーツ健康学部－A方式）
398 法政大学（情報科・デザイン工・理工・生命科学部－A方式）
399 法政大学（T日程〈統一日程〉・英語外部試験利用入試）
400 星薬科大学 総推

ま行（関東の大学）

401 武蔵大学
402 武蔵野大学
403 武蔵野美術大学
404 明海大学
405 明治大学（法学部－学部別入試）
406 明治大学（政治経済学部－学部別入試）
407 明治大学（商学部－学部別入試）
408 明治大学（経営学部－学部別入試）
409 明治大学（文学部－学部別入試）
410 明治大学（国際日本学部－学部別入試）
411 明治大学（情報コミュニケーション学部－学部別入試）
412 明治大学（理工学部－学部別入試）
413 明治大学（総合数理学部－学部別入試）
414 明治大学（農学部－学部別入試）
415 明治大学（全学部統一入試）
416 明治学院大学（A日程）
417 明治学院大学（全学部日程）
418 明治薬科大学 総推
419 明星大学
420 目白大学・短期大学部

ら・わ行（関東の大学）

421 立教大学（文系学部－一般入試〈大学独自の英語を課さない日程〉）
422 立教大学（国語〈3日程×3カ年〉）
423 立教大学（日本史・世界史〈2日程×3カ年〉）
424 立教大学（文学部－一般入試〈大学独自の英語を課す日程〉）
425 立教大学（理学部－一般入試）
426 立正大学
427 早稲田大学（法学部）
428 早稲田大学（政治経済学部）
429 早稲田大学（商学部）
430 早稲田大学（社会科学部）
431 早稲田大学（文学部）
432 早稲田大学（文化構想学部）
433 早稲田大学（教育学部〈文科系〉）
434 早稲田大学（教育学部〈理科系〉）
435 早稲田大学（人間科・スポーツ科学部）
436 早稲田大学（国際教養学部）
437 早稲田大学（基幹理工・創造理工・先進理工学部）
438 和洋女子大学 総推

中部の大学（50音順）

439 愛知大学
440 愛知医科大学（医学部） 医
441 愛知学院大学・短期大学部
442 愛知工業大学 総推
443 愛知淑徳大学
444 朝日大学 総推
445 金沢医科大学（医学部） 医
446 金沢工業大学
447 岐阜聖徳学園大学 総推
448 金城学院大学
449 至学館大学 総推
450 静岡理工科大学
451 椙山女学園大学
452 大同大学
453 中京大学
454 中部大学
455 名古屋外国語大学 総推
456 名古屋学院大学 総推
457 名古屋学芸大学 総推
458 名古屋女子大学 総推
459 南山大学（外国語〈英米〉・法・総合政策・国際教養学部）
460 南山大学（人文・外国語〈英米を除く〉・経済・経営・理工学部）
461 新潟国際情報大学
462 日本福祉大学
463 福井工業大学
464 藤田医科大学（医学部） 医
465 藤田医科大学（医療科・保健衛生学部）
466 名城大学（法・経営・経済・外国語・人間・都市情報学部）
467 名城大学（情報工・理工・農・薬学部）
468 山梨学院大学

近畿の大学（50音順）

469 追手門学院大学 総推
470 大阪医科薬科大学（医学部） 医
471 大阪医科薬科大学（薬学部） 総推
472 大阪学院大学 総推
473 大阪経済大学 総推
474 大阪経済法科大学 総推
475 大阪工業大学 総推
476 大阪国際大学・短期大学部 総推
477 大阪産業大学 総推
478 大阪歯科大学（歯学部）
479 大阪商業大学 総推
480 大阪成蹊大学・短期大学 総推
481 大谷大学 総推
482 大手前大学・短期大学 総推
483 関西大学（文系）
484 関西大学（理系）
485 関西大学（英語〈3日程×3カ年〉）
486 関西大学（国語〈3日程×3カ年〉）
487 関西大学（日本史・世界史・文系数学〈3日程×3カ年〉）
488 関西医科大学（医学部） 医
489 関西医療大学 総推
490 関西外国語大学・短期大学部 総推
491 関西学院大学（文・法・商・人間福祉・総合政策学部－学部個別日程）
492 関西学院大学（神・社会・経済・国際・教育学部－学部個別日程）
493 関西学院大学（全学部日程〈文系型〉）
494 関西学院大学（全学部日程〈理系型〉）
495 関西学院大学（共通テスト併用日程〈数学〉・英数日程）
496 関西学院大学（英語〈3日程×3カ年〉） 新
497 関西学院大学（国語〈3日程×3カ年〉） 新
498 関西学院大学（日本史・世界史・文系数学〈3日程×3カ年〉） 新
499 畿央大学 総推
500 京都外国語大学・短期大学 総推
502 京都産業大学（公募推薦入試） 総推
503 京都産業大学（一般選抜入試〈前期日程〉）
504 京都女子大学 総推
505 京都先端科学大学 総推
506 京都橘大学 総推
507 京都ノートルダム女子大学 総推
508 京都薬科大学 総推
509 近畿大学・短期大学部（医学部を除く－推薦入試） 総推
510 近畿大学・短期大学部（医学部を除く－一般入試前期）
511 近畿大学（英語〈医学部を除く3日程×3カ年〉）
512 近畿大学（理系数学〈医学部を除く3日程×3カ年〉）
513 近畿大学（国語〈医学部を除く3日程×3カ年〉）
514 近畿大学（医学部－推薦入試・一般入試前期） 医 総推
515 近畿大学・短期大学部（一般入試後期） 医
516 皇學館大学 総推
517 甲南大学 総推
518 甲南女子大学（学校推薦型選抜） 新 総推
519 神戸学院大学 総推
520 神戸国際大学 総推
521 神戸女学院大学 総推
522 神戸女子大学・短期大学 総推
523 神戸薬科大学 総推
524 四天王寺大学・短期大学部 総推
525 摂南大学（公募制推薦入試） 総推
526 摂南大学（一般選抜前期日程）
527 帝塚山学院大学 総推
528 同志社大学（法、グローバル・コミュニケーション学部－学部個別日程）

共通テスト対策関連書籍

共通テスト対策も赤本で

❶ 過去問演習

2025年版

共通テスト赤本シリーズ

全12点

A5判／定価1,320円
（本体1,200円）

- 英国数には新課程対応オリジナル実戦模試 掲載！
- 公表された新課程試作問題はすべて掲載！
- くわしい対策講座で得点力UP
- 英語はリスニングを10回分掲載！ 赤本の音声サイトで本番さながらの対策！

- ●英語 リーディング／リスニング DL
- ●数学Ⅰ, A／Ⅱ, B, C
- ●国語
- ●歴史総合, 日本史探究
- ●歴史総合, 世界史探究
- ●地理総合, 地理探究
- ●公共, 倫理
- ●公共, 政治・経済
- ●物理
- ●化学
- ●生物
- ●物理基礎／化学基礎／生物基礎／地学基礎

DL 音声無料配信

❷ 自己分析

赤本ノートシリーズ 過去問演習の効果を最大化

▶共通テスト対策には

赤本ノート
（共通テスト用）

赤本ルーズリーフ
（共通テスト用）

共通テスト赤本シリーズ

新課程攻略問題集

全26点に対応!!

▶二次・私大対策には

大学赤本シリーズ

全556点に対応!!

赤本ノート（二次・私大用）

❸ 重点対策

共通テスト赤本プラス

新課程攻略問題集

基礎固め&苦手克服のための分野別対策問題集!!
厳選された問題でかしこく対策

- ●英語リーディング
- ●英語リスニング DL
- ●数学Ⅰ, A
- ●数学Ⅱ, B, C
- ●国語（現代文）
- ●国語（古文, 漢文）
- ●歴史総合, 日本史探究
- ●歴史総合, 世界史探究
- ●地理総合, 地理探究
- ●公共, 政治・経済
- ●物理
- ●化学
- ●生物
- ●情報Ⅰ

DL 音声無料配信

全14点 好評発売中！

A5判／定価1,320円（本体1,200円）

手軽なサイズの実戦的参考書

目からウロコのコツが満載！

直前期にも！

満点のコツシリーズ

赤本ポケット

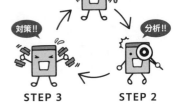

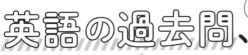